中华传世藏书　图文珍藏版

国学经典文库

邹博⊙主编

线装書局

图书在版编目（CIP）数据

子学经典／邹博主编 .-- 北京：线装书局，
2011.7（2022.3）
（国学经典文库）
ISBN 978-7-5120-0378-1

Ⅰ．①子…　Ⅱ．①邹…　Ⅲ．①先秦哲学　Ⅳ．① B22

中国版本图书馆CIP数据核字（2011）第122929号

国学经典文库

主　　编：邹　博
责任编辑：崔建伟　高晓彬
出版发行：**线裝書局**
　　　　　地　　址：北京市丰台区方庄日月天地大厦 B 座 17 层（100078）
　　　　　电　　话：010-58077126（发行部）010-58076938（总编室）
　　　　　网　　址：www.zgxzsj.com
经　　销：新华书店
印　　制：北京彩虹伟业印刷有限公司
开　　本：787×1092 毫米　1/16
印　　张：336
字　　数：3800 千字
版　　次：2022 年 3 月第 1 版第 2 次印刷
印　　数：3001-9000 套

定　　价：4680.00 元（全十二卷）

线装书局官方微信

国学经典文库 图文珍藏版

子学经典

邹博⊙主编

线装书局

卷首语

　　子学又称诸子百家之学，或者诸子学，是国学最重要的组成部分。子学与经学、史学、集学共同构成国学。因春秋战国时期的诸多思想流派，其代表人物被尊称为"子"而得名。《荀子》称："诸侯异政，百家异说。"子学展现了我们中华民族哲学思辨的高度，反映了众多圣哲们对于宇宙、社会、人生不同角度的思考。

　　子学的许多思想给后代留下了深刻的启示。如墨家的科学思想；法家的唯物思想；庄子的逍遥思想等，在今天依然闪烁光芒。即便是那"诡辩"的名家，也开创了中国哲学史上的逻辑学领域。

　　子学是华夏民族的文化精华，也是华夏固有价值系统的一种表现。它已渗透传统文化的每一根毛细血管之中，极大地影响着中国文化的每一个领域。凡是从中国土壤里产生的学说思想、宗教派别，甚至是外来文化、外来宗教，都不能避免带上子学的痕迹。于今而言，犹不止此。

目　录

国学经典文库 子学经典

图文珍藏版

中华传世藏书

国学经典文库

目录

图文珍藏版

荀子

【导语】

荀子是战国末期著名的思想家、文学家,也是先秦儒家思想的集大成者,他与孔子、孟子一起,被称为是先秦儒学最重要的三个人物。荀子本名况,又号荀卿(汉代人避汉宣帝讳,改称孙卿),赵国人,生卒年代已经无考,大约在公元前298~公元前238年间。根据《史记·孟子荀卿列传》记载,他五十岁来到齐国,曾在齐襄王的稷下学宫讲学,三为祭酒,后因被谗,到了楚国,被春申君用为兰陵令。春申君死后被废,失官家居逝世,葬在兰陵。

荀子像

荀子的思想资料主要保存在《荀子》一书中。起初,荀子的作品以单篇流传,有三百二十三篇,西汉刘向校书的时候,将其整理校订,编辑成书,定为三十二篇,十二卷,当时称为《孙卿新书》。后来唐人杨倞为其作注,将其编为二十卷,才更名为《荀子》。这就是我们今天所看见的《荀子》。

荀子的思想,综合了战国道家、墨家、名家、法家诸家的思想成分,而对儒学做了创造性的发展,其中特别重要的是他关于人性、礼法、人的地位、名实关系的学说。

《荀子》是先秦学术思想成果总结性的著作,里面涉及荀子的哲学思想、政治问题、治学方法、立身处世之道、学术论述等诸多方面,可以说每篇都有一定的价值。但我们的想法,是希望取其精华、选择其中最能代表荀子思想的部分来加以介绍。荀子书中,最当精读的有《天论》《礼论》《正论》《乐论》《解蔽》《正名》《性恶》诸篇,前面介绍的关于荀子的基本思想大都集中在这几篇中。故全文录入。除此而外,我们还选了《劝学》《修身》《非十二子》《非相》《王制》等几篇,这些文章或是脍炙人口的名篇,或能反映荀子其他思想,同时也是公认的荀子的作品,选录的目的,是希望在帮助读者理解荀子思想框架的同时,更加全面地了解他的思想。全书均加以简要的注释和翻译。

劝　学

【题解】

此为《荀子》开篇之作,主旨在劝勉人努力学习。文章使用了大量比喻,说明后天努

力和学习的重要性,指出学习贵在锲而不舍、长期积累,用心专一,无所旁顾。需要注意的是,荀子之学,以礼为归,他所论的学,并非我们今天所指的一般性学习的概念,而是指为士、为君子、为圣人之学。他特别强调学习之根本目的是为了积善成德,培养道德操守,涵育君子人格,所以他所说的学习方法就是诵读《诗》《书》《礼》《乐》《春秋》等儒家经典,并接近贤师益友。这也是贯穿在他全书中的一个观点。文章辞藻丰富、比喻繁多,是《荀子》书中最美丽的篇章,也是最脍炙人口的篇章。

【原文】 君子曰:学不可以已。青,取之于蓝而青于蓝①;冰,水为之而寒于水。木直中绳②,𫐓以为轮③,其曲中规④,虽有槁暴⑤,不复挺者,𫐓使之然也。故木受绳则直,金就砺则利⑥。君子博学而日参省乎己⑦,则知明而行无过矣⑧。

【注释】 ①青:靛青。蓝:植物名,其叶可制蓝色染料。②中:符合。绳:木匠用来测定直线的墨线。③𫐓:扭使屈曲。指用火烤使木材弯曲。轮:圆如车轮。④规:量圆的工具。⑤槁暴:晒干,枯干。暴,太阳晒。⑥金:金属。这里指用金属做成的刀或剑。砺:磨刀石。利:锋利。⑦参:通“三”。这里指多。省:反省。⑧知:同“智”。

【译文】 君子说:学习是不能停止的。靛青从蓝草中提取,却比蓝草的颜色更青。冰由水凝结而成,却比水更寒冷。笔直的木材,合乎墨线的要求,如果把它煨烤,就可以弯成车轮,弯曲的程度能够合乎圆的标准了,这样即使再暴晒,木材也不会再变直,原因就在于被加工过了。所以,木材经过墨线量过才能取直,刀剑经过磨砺才能变得锋利。君子广泛地学习,每天多多反省自己,就会聪明智慧,行为没有过错了。

【原文】 故不登高山,不知天之高也;不临深谿①,不知地之厚也;不闻先王之遗言②,不知学问之大也。干、越、夷、貉之子③,生而同声,长而异俗,教使之然也。《诗》曰:“嗟尔君子,无恒安息。靖共尔位,好是正直。神之听之,介尔景福④。”神莫大于化道,福莫长于无祸。

【注释】 ①谿:山涧。②先王:指上古帝王。③干、越:春秋时的两个诸侯国,干国小,为吴国所灭。这里通指吴越地区。夷:古代对异族的称呼,多指东方民族。貉:古代北方民族名。④“嗟尔”六句:此处引诗出自《诗经·小雅·小明》。恒,常,总是。靖共尔位,谨守其职位。靖共,即靖恭,恭谨地奉守。介尔景福,帮助你获得大的福气。介,佐助,帮助。景,大。

【译文】 所以,不登上高山,就不知道天有多高;不亲临深涧,就不知道地有多厚;不懂得先代帝王的遗教,就不知道学问有多么博大。吴国、越国、东夷、北貉之人,刚生下来啼哭的声音都是一样的,长大后风俗习惯却各不相同,就是教育使他们如此的。《诗经》上说:“唉,君子啊,不要老是想着安逸。恭谨地对待你的本职,爱好正直之道。神明听到这一切,就会赐给你巨大的幸福。”精神修养没有比受道的教化更大的,福分没有比无灾

无祸更长远的。

【原文】　吾尝终日而思矣，不如须臾之所学也；吾尝跂而望矣①，不如登高之博见也。登高而招，臂非加长也，而见者远；顺风而呼，声非加疾也②，而闻者彰③。假舆马者④，非利足也，而致千里；假舟楫者，非能水也，而绝江河⑤。君子生非异也，善假于物也。

【注释】　①跂：踮起脚。②疾：这里指声音洪大。③彰：清楚。④假：凭借，借用。舆马：车马。⑤绝：渡过。

【译文】　我曾经整天思索，却不如片刻学到的知识多；我曾经踮起脚远望，却不如登到高处看得广阔。登到高处招手，手臂并没有加长，远处的人却看得到；顺着风呼叫，声音并没有加大，闻者却听得很清楚。借助车马的人，并不是脚走得快，却可以到达千里之外；借助舟船的人，并不是水性特别好，却可以横渡江河。君子的天性跟一般人没什么不同，只是善于借助外物罢了。

【原文】　南方有鸟焉，名曰蒙鸠①，以羽为巢而编之以发②，系之苇、苕③。风至苕折，卵破子死。巢非不完也，所系者然也。西方有木焉，名曰射干④，茎长四寸，生于高山之上而临百仞之渊⑤；木茎非能长也，所立者然也。蓬生麻中⑥，不扶而直。白沙在涅⑦，与之俱黑。兰槐之根是为芷⑧。其渐之滫⑨，君子不近，庶人不服，其质非不美，所渐者然也。故君子居必择乡，游必就士⑩，所以防邪僻而近中正也⑪。

【注释】　①蒙鸠：即鹪鹩，体型很小，将自己的巢建在芦苇上。②编之以发：用自己的羽毛编织而成。③苇、苕：皆植物名，属芦茅之类。④射干：一种草，可入药。⑤仞：古代八尺为仞。⑥蓬：一种草，秋天干枯后，随风飘飞，故又称飞蓬。⑦涅：黑泥，黑色染料。⑧兰槐：香草名，即白芷。⑨其渐之滫：如果浸泡在臭水中。渐，浸泡，浸渍。滫，淘米水，指臭水。⑩游：指外出交往。就：接近。士：有知识、有地位的人。⑪中正：恰当正确的东西。

【译文】　南方有一种鸟，名叫蒙鸠，它用自己的羽毛做巢，又用毛发细细编织，系于芦苇之上。大风一来，芦秆折断，鸟蛋摔破了，幼鸟也死了。这并不是因为鸟巢做得不完美，而是它所依托的东西使它这样的。西方有一种草，名叫射干，它的干长四寸，生长在高山上，俯对着百丈深渊；之所以如此，不是因为它的干长，而是它所生长站立的地势高。飞蓬生长在大麻之中，不用扶持自然就能长直。白沙混杂在黑泥中，自然也会和它一起变黑。兰槐芳香的根叫白芷。如果用酸臭的脏水浸泡它，君子不愿意接近它，普通人也不愿意佩戴它，这并不是因为它的本质不美好，而是因为被脏水浸泡的结果。因此，君子定居时一定要选择乡邻，出游时一定要亲近有品学之士，用来防止沾染邪恶的东西、接近正确恰当的思想。

【原文】 物类之起,必有所始。荣辱之来,必象其德①。肉腐出虫,鱼枯生蠹。怠慢忘身,祸灾乃作。强自取柱②,柔自取束③。邪秽在身,怨之所构④。施薪若一⑤,火就燥也;平地若一,水就湿也。草木畴生⑥,禽兽群焉,物各从其类也。是故质的张而弓矢至焉⑦,林木茂而斧斤至焉,树成阴而众鸟息焉,醯酸而蚋聚焉⑧。故言有召祸也,行有招辱也,君子慎其所立乎⑨!

【注释】 ①象:接近,相应。意思是为善可以获福,为恶则遇祸,祸福与品德相应。②强自取柱:意思是大刚则折。柱,通"祝",折断。③束:束缚。④构:集结,连结。⑤施薪:布薪,把柴草放在地上。⑥畴生:即同类相聚的意思。畴,俦,同类。⑦质的:箭靶。的,箭靶的中心。张:张设。⑧醯:醋。蚋:蚊子。⑨君子慎其所立:君子对自己的立足之处要慎重。

【译文】 凡一种事物的兴起,一定有它的根源。荣耀和屈辱的到来,一定同一个人的思想品德有对应的关系。肉腐烂后就会生蛆,鱼枯死后就会生蛀,懈怠散漫,忘乎所以,灾祸就要发生了。刚强自取摧折,柔弱自取束缚。自己身上有邪恶污秽的东西,必然会招致怨恨。同样是柴草放在地上,火必然先烧那些干燥的;同样是平地,水必然往潮湿低洼处流。草和树长在一起,飞鸟和野兽总是同群,世间万物大都各从其类。箭靶树起来,弓箭才会射到那儿,林木长得茂盛,才会招来斧头的砍伐。树林成荫,鸟雀才会栖居其上。醋变质后蚊虫才会聚生其中。所以言语有时会招来祸患,行为有时会招致侮辱,君子于自立之所一定要慎重选择啊!

【原文】 积土成山,风雨兴焉;积水成渊,蛟龙生焉;积善成德,而神明自得①,圣心备焉。故不积跬步②,无以致千里;不积小流,无以成江海。骐骥一跃③,不能十步;驽马十驾④,功在不舍。锲而舍之⑤,朽木不折;锲而不舍,金石可镂。螾无爪牙之利⑥,筋骨之强,上食埃土,下饮黄泉,用心一也。蟹六跪而二螯⑦,非蛇鳝之穴无可寄托者⑧,用心躁也。是故无冥冥之志者无昭昭之明⑨,无惛惛之事者无赫赫之功。行衢道者不至⑩,事两君者不容。目不能两视而明,耳不能两听而聪。螣蛇无足而飞⑪,鼫鼠五技而穷⑫。《诗》曰:"尸鸠在桑,其子七兮。淑人君子,其仪一兮。其仪一兮,心如结兮⑬。"故君子结于一也。

【注释】 ①神明:指无所不达有如神明般的境界。荀子论学,认为成圣在于积善,积善达到的最高境界就是神明之境。②跬步:半步,相当于今之一步。③骐骥:骏马。④驾:马行一日,夜则休驾,故以一日为一驾。十驾,十日之程也。⑤锲:和下文的"镂"都是刻的意思。木谓之锲,金谓之镂。⑥螾:蚯蚓。⑦跪:足。螯:蟹头上的二爪,形似钳子。⑧鳝:同"鳝"。⑨冥冥:与下文的"惛惛"皆指专一、精诚之貌。⑩衢道:歧路。⑪螣蛇:古代传说中一种能穿云驾雾的蛇。⑫鼫鼠:一种危害农作物的老鼠。五技:谓能飞不能过

屋,能缘不能穷木,能游不能渡谷,能穴不能掩身,能走不能先人。⑬"尸鸠"六句:此处引诗出自《诗经·曹风·尸鸠》。传说尸鸠养育幼子早上从上而下,傍晚从下而上,平均如一。用尸鸠起兴,表示君子执义当如尸鸠待七子如一,如一则用心坚固。尸鸠,布谷鸟。淑人,善人。结,凝结不变。

【译文】 土堆积起来成了高山,风雨就从这里兴起;水流汇积成为深渊,蛟龙就从这儿诞生;积累善行养成高尚的品德,自然就会达到最高的智慧,具备圣人的精神境界。所以不积累一步半步的行程,就没有办法到达千里之远;不积累细小的流水,就没有办法汇成江河大海。千里马再快,一跃也不超过十步;劣马十天却能走得很远,它的功劳就在于不停地走。刻一下就停下来,腐烂的木头也不能断;坚持不断地刻下去,金石也能雕成形。蚯蚓没有锐利的爪子和牙齿,强健的筋骨,却上能吃到泥土,下能喝到黄泉,原因就在于它用心专一。螃蟹有六只脚,两只大钳子,离开了蛇、鳝的洞穴却无处存身,就是因为它用心浮躁不专一。因此没有专一精诚的精神,就没有清明的智慧;没有坚定不移的行为,就不会有巨大的成就。彷徨于歧路的人到达不了目的地,同时事奉两个君主的人,会被两者不容。眼睛不能同时看清楚两样东西,耳朵不能同时听清楚两种声音。腾蛇没有脚但却能飞,鼫鼠有五种生存技能却常常处于穷境。《诗经》上说:"布谷鸟在桑树上筑巢,公平如一地养育它的七只幼鸟。善良的君子们,他们的行为仪态多么坚定专一。坚定专一不偏邪,思想才会如磐石坚。"所以君子要坚定专一啊。

【原文】 昔者瓠巴鼓瑟而流鱼出听①,伯牙鼓琴而六马仰秣②。故声无小而不闻,行无隐而不形③。玉在山而草木润,渊生珠而崖不枯。为善不积邪,安有不闻者乎?

【注释】 ①瓠巴:与下文的"伯牙"皆是古代传说中善鼓琴瑟者。流鱼:《大戴礼记》作"沉鱼"。②六马:天子辂车之马。仰秣:形容马仰首而听之状。③隐:隐蔽。形:有形可见。

【译文】 过去瓠巴鼓瑟,水中的鱼也会浮到水面来听;伯牙鼓琴,六马仰首而听。所以声音不会因为小而不被听见,行为不会因为隐蔽而不被看见。山里有玉,连草木都会润泽,深渊有珠,连崖岸都不会干枯。为善而不积的人有,若积善,哪里有不为人知的道理?

【原文】 学恶乎始①?恶乎终?曰:其数则始乎诵经②,终乎读礼;其义则始乎为士③,终乎为圣人。真积力久则入,学至乎没而后止也④。故学数有终,若其义则不可须臾舍也。为之,人也;舍之,禽兽也。故《书》者,政事之纪也;《诗》者,中声之所止也⑤;《礼》者,法之大分⑥,类之纲纪也⑦;故学至乎《礼》而止矣!夫是之谓道德之极。《礼》之敬文也⑧,《乐》之中和也,《诗》《书》之博也,《春秋》之微也,在天地之间者毕矣。

【注释】 ①恶:何处,哪里。②数:数术,即方法、办法。经:指儒家经典,即《诗》

《书》《礼》《乐》《易》《春秋》。③义：意义。与上文的"数"相对为义。士：志道之士。荀书中每以士、君子、圣人为三等。④没：通"殁"，死。⑤中声：中和之声。《诗》本是入乐的，故有中声之说。止：犹言极也。⑥大分：大要，要领。⑦纲纪：事物之纲要。⑧文：文明，礼仪。所谓"周旋揖让之节，车服等级之文"。

【译文】　学习从哪里开始？在哪里结束？答曰：学习的方法，应当以诵读经文为起始，以研究礼法为目的。学习的意义，以做有志之士为起始，以成为圣人为目标。果真能持久努力不懈就能深入进去，一直到身死才可以停止学习。所以从学习方法上说，诵读经典，是可以中止的，但从学习的意义上说，求为圣人的追求，是片刻都不能停止的。努力学习，就是人；放弃学习，就是禽兽了。《书》是记载古代政治事迹的，《诗》是中和之声的极致，《礼》是法律的根本，是万事万物的纲要。所以学习到了《礼》就达到了最终目的，可称是道德之极境啊！《礼》之敬重文明礼仪，《乐》之中和，《诗》《书》之广博，《春秋》之精微，将天地间所有的道理都包括进去了。

【原文】　君子之学也①，入乎耳，箸乎心②，布乎四体，形乎动静。端而言，蝡而动，一可以为法则。小人之学也，入乎耳，出乎口。口耳之间则四寸耳，曷足以美七尺之躯哉！古之学者为己，今之学者为人。君子之学也，以美其身；小人之学也，以为禽犊③。故不问而告谓之傲④，问一而告二谓之嚼⑤。傲，非也；嚼，非也；君子如向矣⑥。

【注释】　①君子：有德、精进之人。在荀子书中，君子常常与小人相对而言。小人指无德而见利忘义之人。②箸：刻。指心中领会得十分深刻。③禽犊：赠献之物。这里比喻卖弄。④傲：急躁。⑤嚼：多言，语声繁碎的样子。⑥向：通"响"，回响。即所谓"善待问者如撞钟，小叩小鸣，大叩大鸣，不叩不鸣"。

【译文】　君子为学，听在耳里，记在心上，外散于身体仪态之中，而表现于一举一动之间。即使是极细小的一言一行，都可以作为人的楷模。小人为学，从耳朵里进，从嘴巴里出，口耳之间不过才四寸，怎么能够对七尺之躯有补益呢！古代的人学习是为了修养自身，现在的人学习则是为了获取其他东西。君子学习，是为了完善身心；小人学习，只是想用所学的东西向他人显示。所以别人不问，你告诉了他，这是急躁，问一而告二，这是啰唆。急躁是不对的，啰唆也是不对的。君子当如钟的回响，问什么答什么。

【原文】　学莫便乎近其人①。《礼》《乐》法而不说②，《诗》《书》故而不切③，《春秋》约而不速④。方其人之习君子之说⑤，则尊以遍矣⑥，周于世矣⑦。故曰：学莫便乎近其人。

【注释】　①其人：指通经之士，贤师。②不说：没有说明、解说。③故：过去的典故、事情。不切：不切合于时世。④"《春秋》"句：《春秋》文辞简约，褒贬难明，所以不能速解。⑤方：效仿。习：讲习，积贯。⑥尊以遍：养成崇高的品格，得到全面的知识。⑦周：周到，通达。

【译文】　为学，没有比亲近贤师更简便的了。《礼》《乐》有大法但没有详细的解说，《诗》《书》记载了古代的故事，而未必切于实用，《春秋》文辞简约，意旨遥深而难以速解。效仿贤师而聆听学习君子的学说，就能养成崇高的品格，得到诸经之传，而合于世用。所以说：学习没有比接近贤师更简便的了。

【原文】　学之经莫速乎好其人^①，隆礼次之。上不能好其人，下不能隆礼，安特将学杂识志^②，顺《诗》《书》而已耳，则末世穷年，不免为陋儒而已。将原先王，本仁义，则礼正其经纬蹊径也^③。若挈裘领，诎五指而顿之^④，顺者不可胜数也。不道礼宪^⑤，以《诗》《书》为之，譬之犹以指测河也，以戈舂黍也，以锥餐壶也^⑥，不可以得之矣。故隆礼，虽未明，法士也^⑦；不隆礼，虽察辩^⑧，散儒也^⑨。

【注释】　①经：通"径"，道也。②安：此处解作"则"。特：但也。杂：指杂记之书、百家之说。识、志：都是记的意思。③经纬蹊径：纵横道路。④诎：同"屈"。顿：抖动而使整齐。⑤道：由。礼宪：礼法。⑥壶：古代储饭的器皿。⑦法士：守礼法之士。⑧察辩：明察善辩。⑨散儒：不守礼法的儒士。

【译文】　为学的要道，没有比亲近贤师更直接快速的了，其次才是遵守礼法。如果不能师法有道君子，又不能尊崇礼法，而只是学习、杂记百家之说，记诵一些《诗》《书》的条文，那么就算学到老，也不免只是浅薄之陋儒而已。如果能溯源先王之道，推究仁义之本，那么学习礼就是其正途了。这就好像用手握住皮衣的领子，用力抖动，皮衣的毛自然都顺了。若不由礼法，而只致力于《诗》《书》，就无异于用手指测河，用戈戟舂米，用锥子进食，是不可能达到目的的。所以，尊崇礼法，即使不十分明察善辩，也不失为守法之士；不尊崇礼法，即使聪明善辩，终究也是不守礼法的儒士。

【原文】　问楛者勿告也^①，告楛者勿问也，说楛者勿听也，有争气者勿与辩也。故必由其道至，然后接之，非其道则避之。故礼恭而后可与言道之方^②；辞顺而后可与言道之理；色从而后可与言道之致。故未可与言而言谓之傲，可与言而不言谓之隐，不观气色而言谓之瞽^③。故君子不傲，不隐，不瞽，谨顺其身。《诗》曰："匪交匪舒，天子所予^④。"此之谓也。

【注释】　①楛：恶也。荀子这里说的"恶"指的是与礼无关者。②方：术，方法。③瞽：盲人。④"匪交"两句：此引诗出自《诗经·小雅·采菽》，为天子答诸侯诗。匪，非。交，急迫。舒，缓慢。

【译文】　凡所问非关礼者，不必告诉他。所告非关礼者，不要再去多问。有人说到与礼无关的事，也不必听。有意气求胜而无益者，不要同他辩论。所以抱着求道之心而来的，才能与之交往，不是为求道的就回避他。礼貌谦恭的，才可以告诉他达道的方法；言辞和顺的，才可以告诉他道的理论；脸色表现出从善之诚意的，才可以和他谈道的极

致。不可以和他说却和他说叫急躁,可以同他说却不同他说叫隐瞒,不看脸色而说叫盲目。所以君子不急躁、不隐瞒、不盲目,顺其人之可与言否,小心谨慎地言说。《诗经》说:"不急迫,不缓慢,就会受到天子的赏赐。"说的就是这个意思。

【原文】 百发失一,不足谓善射。千里跬步不至,不足谓善御。伦类不通,仁义不一①,不足谓善学。学也者,固学一之也。一出焉,一入焉,涂巷之人也②。其善者少,不善者多,桀、纣、盗跖也③。全之尽之,然后学者也。君子知夫不全不粹之不足以为美也,故诵数以贯之④,思索以通之,为其人以处之,除其害者以持养之,使目非是无欲见也,使耳非是无欲闻也,使口非是无欲言也,使心非是无欲虑也。及至其致好之也,目好之五色,耳好之五声,口好之五味,心利之有天下⑤。是故权利不能倾也,群众不能移也,天下不能荡也。生乎由是,死乎由是,夫是之谓德操⑥。德操然后能定,能定然后能应。能定能应,夫是之谓成人⑦。天见其明,地见其光,君子贵其全也。

【注释】 ①一:纯一,专一。②涂:同"途",道路。③桀:夏朝最后一个君主。纣:商朝最后一个君主。都是荒淫无道之主。跖:传说春秋末年的一个大盗。④诵数:诵说。这里指只能诵说其文,不能通知其义。⑤"目好"四句:这几句中的"之"都作"于"解,表示胜于的意思。⑥德操:守道不变之情操。⑦成人:即前文所言"全之尽之"之学者。

【译文】 射一百支箭,有一支没射中就不能叫善射。驾车行千里,而差半步不到,就不能叫善御。学者为学,而不能尽知其伦类,不能专一于仁义,就不能叫善学。学,就是求其专一。一会儿出、一会儿进,那就不过是一般人了。从善者少,从不善者多,就是桀、纣、盗跖之流了。完全、彻底地学善,才可以称得上是学者。君子知道不全不纯不足以为美,所以诵说经典,以求贯穿其大义,研读思索以求其精旨,设身处地,以古人所做的事情为楷模,而求其所处之法,根除一切害道之事,以保持学之所得。使眼睛非所学不想看,耳朵非所学不想听,嘴巴非所学不想说,心非所学不愿意想。等到喜爱到顶点的时候,耳不好五声,所好远甚于五声,眼不好五色,所好远甚于五色,口不好五味,所好远甚于五味,心中所好,则远甚于拥有天下。因此权力和利益不能打动他,众人不能改变他,天下之大也不足以动摇他的心志。生执于此,死由于此,这就叫道德操守。有德操就有定力,有定力才能应变外来事物。内有定,外有应,才可称为全人。天之所贵在其大,地之所贵在其广,君子所贵就在其全啊。

修　身

【题解】

这是一篇专门论述修身之道,即如何进行道德修养以及最后所达到境界的文章。

文章首先指出，修身养性是一件关系到个人安危、国家存亡的大事。然后指出，君子有所谓"遍善之度"，即无往而不善之道，用此可治气养心，可修身自强，其功堪称重大。这"遍善之度"就是礼。在谈到具体的修养方法时，文章指出修身养性之术，"莫径由礼，莫要得师，莫神一好"，强调了礼的正身作用与师的正礼作用在修身中的重要作用，以及坚持不懈、用心专一的重要性。最后指出，具备了道德修养的人，就能够做到骄富贵、重道义、轻王公，走遍天下而受人尊敬，并获得上天的福佑。

【原文】 见善，修然必以自存也①；见不善，愀然必以自省也②。善在身，介然必以自好也③；不善在身，菑然必以自恶也④。故非我而当者，吾师也；是我而当者，吾友也；谄谀我者，吾贼也⑤。故君子隆师而亲友，以致恶其贼。好善无厌，受谏而能诫，虽欲无进，得乎哉！小人反是，致乱而恶人之非己也，致不肖而欲人之贤己也，心如虎狼、行如禽兽而又恶人之贼己也。谄谀者亲，谏争者疏，修正为笑，至忠为贼，虽欲无灭亡，得乎哉！《诗》曰："噏噏呰呰，亦孔之哀。谋之其臧，则具是违；谋之不臧，则具是依⑥。"此之谓也。

【注释】 ①修然：整饬的样子。存：察，审查。②愀然：忧惧的样子。③介然：坚固的样子。④菑然：意思是如同有灾害在身。菑，同"灾"。⑤贼：害。⑥"噏噏"六句：此处引自《诗经·小雅·小旻》。噏噏，附和的样子。呰呰，诋毁、诽谤的样子。呰，同"訾"。孔，很，十分。臧，好，善。具，俱，都。

【译文】 见有善行，一定要恭谨自查，自己是否也有此善行；见到不善的行为，一定要惊心警惕，反省自己是否也有此不善。自己身上的善，一定要固守；身上的不善，一定要畏恶它如同灾祸。所以批评我而所言恰当的人，是我的老师；赞誉我而所言恰当的人，是我的朋友；献媚阿谀我的人，是害我的谗贼。所以君子尊崇老师而亲近朋友，对于谗贼则深恶痛绝。爱好善而永不知足，听到规谏而能戒惕，即使想不长进也做不到啊！小人正好相反，极为悖乱而厌恶别人批评自己，极为不肖却希望别人认为他贤能，心像虎狼一样，行如禽兽一般，却厌恶别人视他为谗贼。亲近阿谀奉承之辈，疏远直言相谏者，把修正规劝的行为视为讥笑，把直谏忠诚的人视为谗贼，这样的人想不灭亡也做不到啊！《诗经》说："同那些阿谀之徒一拍即合，对那些谏诤者厌恶诋毁，这是多么可悲啊！好的意见统统不听，不好的意见却全部听从。"说的就是这种人。

【原文】 扁善之度①，以治气养生则后彭祖②；以修身自名则配尧、禹。宜于时通，利以处穷③，礼信是也。凡用血气、志意、知虑，由礼则治通，不由礼则勃乱提僈④；食饮、衣服、居处、动静，由礼则和节⑤，不由礼则触陷生疾⑥；容貌、态度、进退、趋行，由礼则雅，不由礼则夷固僻违、庸众而野⑦。故人无礼则不生，事无礼则不成，国家无礼则不宁。《诗》曰："礼仪卒度，笑语卒获⑧。"此之谓也。

【注释】 ①扁善：无所往而不在之善的法则。扁，通"遍"。度：道。②后：这里是追随的意思。彭祖:传说中的老寿星,年八百岁。③穷:困境。④勃乱:昏乱。勃,通"悖"。提僈:松弛缓慢。⑤由:遵循。和节:合适,协调。⑥触陷生疾:意思是一举一动都会发生毛病。⑦夷固:傲慢。僻违:偏邪不正。⑧"礼仪"两句:此处引诗出自《诗经·小雅·楚茨》。卒,尽,完全。获,得当。

【译文】 君子有无往而不善之道,用它来治气养生,则寿命可追随彭祖;用它来修养品德,那名声就可同尧、禹相比。既适宜于通达之时,也适宜于窘困之时的,只有礼和信。大凡血气、志意、思虑,依礼就和谐通畅,不依礼则悖乱弛怠;饮食起居、言谈举止,依礼行事就得体合适,不依礼则一举一动都会发生毛病。容貌、仪态、进退、疾走、慢行,有礼就雍容儒雅,无礼则倨傲偏邪、庸俗粗野。所以人不守礼就没法生存,做事没有礼就不能成功,国家没有礼则不安宁。《诗经》说:"礼仪如果完全合乎法度,言谈笑语就会得当。"说的就是这个意思。

【原文】 以善先人者谓之教,以善和人者谓之顺①;以不善先人者谓之谄,以不善和人者谓之谀。是是、非非谓之知②,非是、是非谓之愚。伤良曰谗③,害良曰贼。是谓是,非谓非曰直。窃货曰盗,匿行曰诈,易言曰诞④,趣舍无定谓之无常⑤,保利弃义谓之至贼。多闻曰博,少闻曰浅;多见曰闲⑥,少见曰陋。难进曰偍⑦,易忘曰漏。少而理曰治,多而乱曰秏⑧。

【注释】 ①和:附和,响应。②是是、非非:意思是能辨别是非。是,正确的。非,错误的。这里的第一个"是"和"非"作动词用,表示肯定和否定的意思。③谗:用言语陷害人、攻击人。④易言:轻易说话,说话轻率。⑤趣舍:取舍。趣,通"取"。⑥闲:娴雅。⑦偍:迟缓。⑧秏:通"眊",昏乱。

【译文】 用善引导人的是教诲,用善响应人的是和顺;用不善引导人的是谄佞,用不善附和人的是阿谀。能辨别正确的为正确、错误的为错误叫作明智,认正确的为错误、错误的为正确叫作愚昧。伤害好人叫作陷害,陷害好人叫作奸贼。坚持对的就是对的、错的就是错的是正直。偷东西的是盗贼,隐瞒自己行为的是欺诈,轻率乱言的是放诞。取舍没有定准的叫作无常,为了利益放弃道义的叫作至贼。多闻者为广博,少闻者为浅陋;多见者则娴雅,少见者则孤陋。进展艰难叫作迟缓,容易忘记叫作疏漏。遇事能举其要而有条理叫作治,多而杂乱叫作秏。

【原文】 治气养心之术:血气刚强,则柔之以调和①;知虑渐深,则一之以易良②;勇胆猛戾③,则辅之以道顺④;齐给便利⑤,则节之以动止;狭隘褊小⑥,则廓之以广大⑦;卑湿、重迟、贪利⑧,则抗之以高志⑨;庸众驽散,则劫之以师友⑩;怠慢僄弃⑪,则炤之以祸灾⑫;愚款端悫⑬,则合之以礼乐,通之以思索。凡治气养心之术,莫径由礼,莫要得师,莫神一好⑭。夫是之谓治气养心之术也。

【注释】　①调和：调试和平。②易良：平易温良。③猛戾：乖戾，乖张。④道顺：导训。道，引导。顺，通"训"。⑤齐给便利：都是快捷、不慎重的意思。⑥褊小：心胸狭小。⑦廓：开阔。⑧卑湿：志意卑下。重迟：迟缓。⑨抗：举。⑩劫：夺去。指用师友去其旧性。⑪僄：轻薄。弃：自暴自弃。⑫炤：同"照"，明显告之的意思。⑬愚款：单纯朴实。款，诚款。端悫：端正朴实。悫，朴实，谨慎。⑭一：并一不二。在荀子的思想中，"一"通常指专一好礼，认为专一好礼则可以通于神明，达到神化之境。

【译文】　调理性情、修养身心的办法是：血气刚强的人，就用心平气和来调和他；思虑过于深沉复杂的人，就用平易温良来和谐他；性情勇猛暴躁的人，就开导他，使其驯顺；行动快捷急遽的人，就用恰当的举止节制他；气量狭隘的人，就用开阔的思想扩大他；志向卑下、思想迟钝、贪图小利的人，就用高远的志向提升他；低劣平庸不成材的人，就用良师益友帮助他；懒散轻浮、自暴自弃的人，就用祸福之事来告诫他；过分朴实单纯的人，就用礼乐来润色他。大凡调理性情、修养身心，最直接的途径是按照礼去做，最关键的是得到好的老师，最能发生神妙作用的是专心致志。这就是调理性情、修养身心的办法了。

【原文】　志意修则骄富贵①，道义重则轻王公，内省而外物轻矣。传曰②："君子役物，小人役于物。"此之谓矣。身劳而心安，为之；利少而义多，为之。事乱君而通③，不如事穷君而顺焉④。故良农不为水旱不耕，良贾不为折阅不市⑤，士君子不为贫穷怠乎道。

【注释】　①志意：志向。修：荀子书中常用语，表示修正、修炼、美好。②传：古书所传之言。先秦典籍中常用"传曰"表示引用古代的话。③乱君：大国暴乱之君。④穷君：小国窘迫之君。顺：顺利。这里指顺行道义。⑤折阅：亏损出售。折，亏损。阅，卖。

【译文】　志意修炼就会傲视富贵，崇尚道义就会藐视王侯，自思无所愧疚就不会为外物所动。古书上说："君子役使外物，而不为外物所支配。"说的就是这个意思。身体虽然辛苦但心安理得，就去做；利益少而多合乎道义，就去做；侍奉上国暴君而显达，不如侍奉能顺道而行的窘迫小国之君。所以好的农夫不会因为洪涝、干旱之灾而不耕田，好的商人不会因为亏损而不做生意，士君子不会因为贫穷而懈怠于道。

【原文】　体恭敬而心忠信，术礼义而情爱人①，横行天下②，虽困四夷，人莫不贵。劳苦之事则争先，饶乐之事则能让③，端悫诚信，拘守而详④，横行天下，虽困四夷，人莫不任。体倨固而心势诈⑤，术顺、墨而精杂污⑥，横行天下，虽达四方，人莫不贱。劳苦之事则偷儒转脱⑦，饶乐之事则佞兑而不曲⑧，辟违而不悫⑨，程役而不录⑩，横行天下，虽达四方，人莫不弃。

【注释】　①术：法，遵行。爱人：仁爱。人，通"仁"。②横行：广行。③饶乐：富足、享乐。④拘守而详：谨守法度、明察事理。⑤倨：傲。固：固陋。⑥顺、墨：当作"慎、墨"。慎，慎到，战国思想家，其学说本黄老、归刑名，"尚法""重势"。墨，墨翟，战国墨家学说创始人,提倡节俭。精:当作"情",性情。杂污:肮脏。这里指非礼义之言。⑦偷儒:苟且懒惰怕事。偷,偷懒。儒,懦弱。转脱:婉转推脱。⑧佞兑:口才捷利。兑,通"锐",行动快、疾。不曲:直取之,指毫不谦让。⑨辟违:邪恶。辟,邪僻。⑩程役:通"逞欲"。录:通"逮",谨慎。

【译文】 体貌恭敬而内心忠信,遵循礼义而内心仁爱,那么走遍天下,即使不受重用而困于四夷之地,人们也没有不敬重他的。劳累辛苦的事则抢先去做,安逸享乐的事则让给别人,端正朴实、诚实守信,谨守法度、明察事理,那么走遍天下,即使遭受穷困到了四夷之地,也不会没有人任用他。体貌倨傲而内心权诈,遵循慎到、墨子的学说而内心杂乱污浊,那么走遍天下,即使到处通达,人们也没有不轻视他的。劳苦的事就懒惰推脱,享乐的事就身手敏捷毫不谦让,辟邪而无诚信,一味追求自己的私欲而不知谨慎,那么走遍天下,即使到处通达,人们也没有不鄙弃他的。

【原文】 行而供翼①,非渍淖也②;行而俯项③,非击戾也④;偶视而先俯⑤,非恐惧也。然夫士欲独修其身,不以得罪于比俗之人也⑥。

【注释】 ①供:通"恭",恭敬。翼:敬。②渍淖:陷在烂泥里。淖,烂泥。③俯项:低头。④击戾:碰撞着东西。⑤偶视:两人同视,对视。⑥比俗之人:普通人。

【译文】 行走时恭敬小心,不是因为害怕陷入烂泥里;走路时低头,不是因为害怕撞上东西;两人对视,先俯身行礼,并不是惧怕对方。这乃是因为君子想要修养自身的品德,不想因为这个得罪于世俗之人。

【原文】 夫骥一日而千里,驽马十驾则亦及之矣。将以穷无穷逐无极与?其折骨绝筋,终身不可以相及也;将有所止之①,则千里虽远,亦或迟或速、或先或后,胡为乎其不可以相及也?不识步道者②,将以穷无穷逐无极与?意亦有所止之与③?夫"坚白""同异""有厚无厚"之察④,非不察也,然而君子不辩,止之也。倚魁之行⑤,非不难也,然而君子不行,止之也。故学曰:"迟彼止而待我⑥,我行而就之,则亦或迟、或速、或先、或后,胡为乎其不可以同至也?"故跬步而不休,跛鳖千里;累土而不辍,丘山崇成⑦。厌其源⑧,开其渎⑨,江河可竭;一进一退,一左一右,六骥不致。彼人之才性之相县也⑩,岂若跛鳖之与六骥足哉?然而跛鳖致之,六骥不致,是无它故焉,或为之,或不为尔!道虽迩,不行不至;事虽小,不为不成。其为人也多暇日者⑪,其出入不远矣⑫。

【注释】 ①止:终点,目的,止境。在儒家经典中,"止"字有特别的含义,指全身心专注追求的目标,比如射箭,其所射的箭靶就是"止"。所谓"止于至善""学之止"等都可从这一意义上理解。②步道:道路。③意:通"抑",抑或。④坚白、同异:指战国名家惠施、公孙龙的学说,有坚石非石,白马非马,同者异、异者同等命题。有厚无厚:也是惠施的理论,讲空间上的无限性问题。一说这是春秋邓析提出的一个命题。⑤倚魁:怪诞骇俗之

行。倚，读作"奇"。魁，大。⑥"迟彼止"句：此处疑有脱文，姑且遵一般看法进行解释。学曰，学者相传此言。迟，待。⑦崇：通"终"，最终。⑧厌：塞。⑨渎：沟渠。⑩县：同"悬"，悬殊。⑪多暇日：指怠惰。⑫出入：意思难通，依王念孙解作"出人"。

　　【译文】　良马一天走一千里的路程，劣马走十天也能达到。想要走完无穷之路，追逐没有终点的所在吗？这样的话，即使走到骨折筋断，一辈子也无法到达；如果有止境有目的，那么千里虽远，也只是或慢或快，或前或后的问题，怎么可能走不到呢？不认识道路的人，是去走那无穷之路，追逐没有终点的所在呢？还是有所止境？"坚白""同异""有厚无厚"的辩说，不能说不精察，然而君子不去争论，因为君子有自己追求的目标。怪诞骇俗的行为，不是不难做，但是君子不做，因为君子有自己追求的目标。所以古语相传，学习好比行路。得路之人，在前面等着我，我便努力地追赶上去，那么或早或晚、或先或后，怎么会不到达同一个地方呢？所以一步一步不停地走，即使是跛足的鳖，也可以抵达千里；一层一层积累不停，平地最终也能变山丘。堵塞住源头，开通沟渠，江河也会枯竭。一会儿前进，一会儿后退，一会儿左一会儿右，六骥也到达不了远处。人和人之间才性的差异，哪里会有跛鳖和六骥的差异那么大！然而跛鳖能够到达，六骥不能到达，这并没有其他的原因，只是因为有的做，有的不做啊！道路虽近，不走就不可能到达；事情虽小，不做就不会成功。那些整日游手好闲的人，他的成就就不会超出常人多远了。

　　【原文】　好法而行①，士也；笃志而体②，君子也；齐明而不竭③，圣人也。人无法，则伥伥然④；有法而无志其义，则渠渠然⑤；依乎法而又深其类⑥，然后温温然⑦。

　　【注释】　①法：礼法。②笃：坚定。体：实行。③齐明：这里指智虑敏捷。④伥伥然：无所适从的样子。⑤渠渠然：无守、局促不安的样子。⑥深：深知。类：统类，指能按礼法去类推，掌握各种事物。⑦温温然：润泽之貌。这里指优游不迫。

　　【译文】　爱好礼法而能依其行事的，是士；志向坚定而能身体力行的，是君子；智虑敏捷而不枯竭的，则是圣人。人没有礼法，则无所适从；有法而不知其深义，则茫然无所遵从；依据礼法，又能深明其统类，然后才能优游不迫啊。

　　【原文】　礼者，所以正身也；师者，所以正礼也。无礼，何以正身？无师，吾安知礼之为是也？礼然而然，则是情安礼也①；师云而云，则是知若师也。情安礼，知若师，则是圣人也。故非礼，是无法也；非师，是无师也。不是师法而好自用，譬之是犹以盲辨色，以聋辨声也，舍乱妄无为也②。故学也者，礼法也。夫师，以身为正仪而贵自安者也③。《诗》云："不识不知，顺帝之则④。"此之谓也。

　　【注释】　①情安礼：意思是，好像天性所安，不是后天学的。②舍：除了。乱妄：悖乱狂妄。③正仪：正确的标准，即典范、表率。自安：自己安心于此。④"不识"两句：此处引诗见于《诗经·大雅·皇矣》。帝，老天。

【译文】 礼，是用来端正身心的；老师，是用来端正礼法的。没有礼，用什么来修正自己的行为？没有老师，我怎么知道礼是这样的？礼是怎样规定的就怎样做，这就是天性安于礼；老师怎样说就怎样做，这就是智慧同老师一样。能做到情安于礼，智慧如同老师，这就是圣人。所以，违背礼，就是不以法度为法度；违背老师，就是不以老师为老师。不遵照师法的教导和规定去做，而喜欢自行其是，这就好像让瞎子辨别颜色，让聋子辨别声音，除了悖乱狂妄之事，干不出别的了。所以学习的根本之处，在于礼法。至于老师，则是以其言行来给人们做表率的，最为可贵的是教人们安心这样去做。《诗经》上说："不知道为什么要这样做，然而它是符合老天的自然法则的。"说的就是这个意思。

【原文】 端悫顺弟①，则可谓善少者矣；加好学逊敏焉②，则有钧无上③，可以为君子者矣。偷儒惮事，无廉耻而嗜乎饮食，则可谓恶少者矣；加惕悍而不顺④，险贼而不弟焉，则可谓不详少者矣⑤，虽陷刑戮可也。老老而壮者归焉⑥，不穷穷而通者积焉⑦，行乎冥冥而施乎无报⑧，而贤不肖一焉。人有此三行，虽有大过，天其不遂呼！

【注释】 ①顺弟：逊顺孝悌，尊敬长者。顺，依顺。弟，同"悌"。②逊敏：谦逊敏捷。③钧：通"均"，相等。④惕悍：放荡凶悍。惕，同"荡"。⑤详：通"祥"，吉利。⑥老老：以老者之礼敬老。⑦穷穷：逼迫穷境之人。这里的第一个"老""穷"都做动词用。通：贤能的人。⑧行乎冥冥：意思是行事不务求人知。

【译文】 端正朴实，尊重长者，可说是好青年啊；如果再加以谦虚勤学，那就只有与他平等的人，而没有能超过他的人了，他就可以成为君子了。怠惰苟且，胆小怕事，没有廉耻而又好吃懒做，可说是坏青年了；加之放荡凶悍不逊顺，阴险害人而不尊敬长者，那就是不吉利的人了，即使遭到刑罚杀戮也是应该的。尊敬长者，壮年人就会归附他；不轻视逼迫处境窘迫的人，那么贤能的人都会聚集过来；做了好事不求人知，对人施恩也不求报答，这样无论是贤人还是不肖之徒都会慕名而来亲附他。人有以上三种品行，纵是遇上大祸，老天爷也不会让他陷于祸患。

【原文】 君子之求利也略①，其远害也早，其避辱也惧，其行道理也勇。君子贫穷而志广，富贵而体恭，安燕而血气不惰②，劳勤而容貌不枯③，怒不过夺，喜不过予。君子贫穷而志广，隆仁也④；富贵而体恭，杀势也⑤；安燕而血气不衰，柬理也⑥；劳勤而容貌不枯，好文也⑦；怒不过夺，喜不过予，是法胜私也。《书》曰⑧："无有作好，遵王之道。无有作恶，遵王之路⑨。"此言君子之能以公义胜私欲也。

【注释】 ①略：疏略，不斤斤计较。②安燕：安闲，闲居。③勤：疲劳，疲倦。枯：通"楛"，苟且，随便。④隆：尊重。⑤杀势：不以势欺人。杀，减弱。⑥柬：挑选，选择。理：礼。⑦好文：指注重礼仪。文，原文作"交"，因形近而误，依上下文义改，礼仪，文明。⑧《书》：指《尚书》。⑨"无有"四句：此处所引见《尚书·洪范》。作好，个人的喜好。作

恶,个人的憎恶。道,路。这里指先王制定的礼仪。

【译文】 君子对于谋求私利很不在意,对于祸害早早远离,对于耻辱警惕而回避,对于道义所在,又极其勇毅去担当。君子贫穷却志向广大,富贵却恭敬有礼,安闲的时候血气不懈怠,劳倦的时候容色不轻慢随便,发怒的时候不过分处罚,高兴的时候不过分赏赐。贫穷而志向广大,是因为尊崇仁爱;富贵而恭敬有礼,是不以势骄人;安闲的时候血气不懈怠,是按照礼仪所宜去做;劳倦的时候容色不轻慢随便,是注重礼仪;生气的时候不过分处罚,高兴的时候不过分赏赐,是能以礼法克制私意。《尚书》说:"不要凭着个人的喜好办事,要遵照先王的正道去做。不要凭着个人的憎恶办事,要遵照先王的礼仪去做。"这是说君子能用公义战胜私意了。

非　相

【题解】

此篇内容分三个部分。第一部分举出种种实例批判相人之术,认为人之吉凶与否并不在于长相的长短、小大、善恶,而在于能否遵守等级名分,此即所谓"相形不如论心,论心不如择术"之义。第二部分阐述了"法后王"的思想,对当时社会"舍后王而道上古"的主张提出了批判,认为上古圣王的事迹、"文久而灭,节族久而绝",所以欲观圣王之迹,则只有"于其粲然者",即后王处才能得到,否则就如同"舍己之君,而事人之君也"。第三部分说明了辩说的重要性和方法。

文章以《非相》为题,旨在批判迷信的相人之术,但后两部分却与篇题无关。或以为是《荣辱》之错简。但由于此篇文采斐然,"法后王"一段论述极其透彻,又代表了荀子思想中非常重要的一部分,故全文选录。

【原文】 相人,古之人无有也,学者不道也。

【译文】 看相,古代的人不做这样的事,有知识的人也不屑说这些事。

【原文】 古者有姑布子卿①,今之世,梁有唐举②,相人之形状颜色而知其吉凶妖祥,世俗称之。古之人无有也,学者不道也。故相形不如论心,论心不如择术③。形不胜心,心不胜术。术正而心顺之,则形相虽恶而心术善,无害为君子也;形相虽善而心术恶,无害为小人也。君子之谓吉,小人之谓凶。故长短、小大、善恶形相,非吉凶也。古之人无有也,学者不道也。

【注释】 ①姑布子卿:春秋郑国人,曾为孔子和赵襄子看过相。②唐举:战国时相士,曾为李兑和蔡泽看过相。③论心:研究人的思想。论,考察。术:方法、道路,指所行所学而言。

【译文】　古代有一个姑布子卿，现在梁国有一个唐举，能根据人的容貌、气色而预知人的吉凶祸福，社会上一般人都称赞他们的相术。但古代的人是不做这样的事的，有知识的人也不屑说这些事。所以相人的形貌不如观察人的立心，观察他的立心不如研究他的所行所学。相貌不能决定人的内心，而内心又受到所行所学的影响。所学所行正，心也顺着它，那么形貌虽然丑恶心术也会善，不妨碍成为君子。所学所行不正，那么形貌虽好心术也会恶，终究还是小人。做君子就会吉祥，做小人则不吉祥。所以外形的高或低、魁梧或瘦小、丑陋或漂亮，不能决定吉凶。古代的人不做这样的事，有知识的人也不屑说这些事。

【原文】　盖帝尧长①，帝舜短，文王长，周公短，仲尼长②，子弓短③。昔者卫灵公有臣曰公孙吕④，身长七尺，面长三尺，焉广三寸⑤，鼻目耳具⑥，而名动天下。楚之孙叔敖⑦，期思之鄙人也⑧，突秃长左⑨，轩较之下⑩，而以楚霸。叶公子高⑪，微小短瘠⑫，行若将不胜其衣。然白公之乱也⑬，令尹子西、司马子期⑭，皆死焉；叶公子高入据楚，诛白公，定楚国，如反手尔，仁义功名善于后世。故事不揣长⑮，不揳大⑯，不权轻重，亦将志乎尔。长短、小大、美恶形相，岂论也哉！

帝尧像

【注释】　①盖：发语词。②仲尼：孔子的字。③子弓：一说为孔子的学生仲弓；一说为馯臂子弓，传《易》者，荀子之师。④卫灵公：春秋时卫国的国君，历史上著名的荒淫无道之君。公孙吕：人名，事迹不详。⑤焉：通"颜"。这里指额。⑥具：完备，齐全。这里指鼻耳目都有，但相去甚远，所以为异。⑦孙叔敖：春秋时楚庄王的宰相。⑧期思：地名，楚国之邑。鄙人：郊野之人。⑨突秃：头秃发少。长左：左手长。⑩轩较之下：指个子矮小。轩，古代车前的直木。较，古代车前的横木。⑪叶公子高：楚大夫沈诸梁。⑫微小短瘠：形容个子矮小瘦弱。⑬白公之乱：事见《左传·哀公十六年》。白公，名胜，楚平王的孙子。⑭令尹：官名。子西：平王长庶子，公子申。司马：官名。子期：平王子，公子结。⑮事：通"士"。揣：测度。⑯揳：比较，估量。

【译文】　帝尧身材高大，帝舜身材矮小，周文王身材高大，周公身材矮小，孔子身材高大，子弓身材矮小。从前，卫灵公有个大臣叫公孙吕，身高七尺，脸长得很狭长，有三尺，额头宽三寸，鼻眼耳朵虽然都有，却相去甚远，但他的名声却震动了天下。楚国的孙叔敖，是期思这个地方的粗人，头秃发少，左手比右手长，身高不及车前的横木，却使楚国称霸于诸侯。楚国大夫叶公子高，长得又瘦又小，走起路来好像连衣服都撑不起来，然而白公之乱，令尹子西、司马子期都死于其中，叶公子高却引兵入楚，诛杀了白公，安定了楚国，行事如翻过手掌一样轻松自如，他的仁爱和功名，远扬于后世。所以，对于士，不要只

去看他的高矮、壮弱、轻重，而要看他的志气如何。高矮大小、外形体貌的美丑，难道值得一谈吗？

【原文】　且徐偃王之状①，目可瞻焉；仲尼之状，面如蒙倛②；周公之状，身如断菑③；皋陶之状④，色如削瓜；闳夭之状⑤，面无见肤；傅说之状⑥，身如植鳍⑦；伊尹之状⑧，面无须麋⑨。禹跳，汤偏。尧、舜参牟子⑩从者将论志意⑪，比类文学邪？直将差长短，辨美恶，而相欺傲邪？

【注释】　①徐偃王：西周时徐国国君。传说其目只能仰视，可以看到自己的额头，但却不能俯视。②倛：古代打鬼驱疫时戴的面具。这里指孔子的长相很凶。③菑：立着的枯树。④皋陶：上古人名，相传是舜的司法官。⑤闳夭：周文王的大臣，曾设计使纣释放了囚于羑里的文王，后来辅佐武王灭纣。⑥傅说：人名，曾是为人筑墙的工匠，后为殷王武丁的大臣。⑦身如植鳍：身上好像长了鱼鳍一样。这里指驼背。⑧伊尹：商汤王的大臣。⑨须麋：同“须眉”，即胡子眉毛。⑩参：相参。这里指有两个瞳仁。牟：通“眸”。这里指瞳仁。⑪从者：指荀况的学生。一说指“学者”。

【译文】　况且，徐偃王的眼睛只能朝上看不能朝下看；孔子脸长得如傩神；周公瘦得好像立着的枯树干；皋陶脸色青绿，如同削去皮的瓜；闳夭满脸胡须，见不到皮肤；傅说是个驼背；伊尹脸上没有胡须眉毛。禹瘸着走路，汤半身不遂，尧和舜都有两个瞳仁。你们是论意志，比学识呢？还是比高矮，看美丑，互相欺骗、互相傲视呢？

【原文】　古者桀、纣长巨姣美，天下之杰也，筋力越劲，百人之敌也。然而身死国亡，为天下大僇①，后世言恶则必稽焉②。是非容貌之患也，闻见之不众，论议之卑尔。

【注释】　①僇：耻辱。②稽：考察，指以之为借鉴。

【译文】　古时候的桀和纣，身材高大俊美，是天下相貌超群的人物，身手敏捷有力，能抵御百人。然而最后落得身死国亡，为天下人羞辱，后代的人谈到恶人，一定要以他们为例。这不是容貌带来的祸患，而是由于他们见识浅陋，思想境界卑下造成的。

【原文】　今世俗之乱君，乡曲之儇子①，莫不美丽姚冶，奇衣妇饰，血气态度拟于女子；妇人莫不愿得以为夫，处女莫不愿得以为士，弃其亲家而欲奔之者，比肩并起。然而中君羞以为臣，中父羞以为子，中兄羞以为弟，中人羞以为友，俄则束乎有司而戮乎大市②，莫不呼天啼哭，苦伤其今而后悔其始，是非容貌之患也，闻见之不众，论议之卑尔！然则从者将孰可也？

【注释】　①儇子：轻薄巧慧的男子。②俄：不久，一会儿。这里指有朝一日。束乎有司：被司法机关逮捕。

【译文】　如今世俗不安分的乱民，乡村中的轻薄子，个个都美丽妖艳，穿着奇装异服，打扮如女人一般，性格态度柔弱也似女人；妇女们没有不想找他们做丈夫的，姑娘们没有不想找他们做未婚夫的，抛弃自己的家庭而与之私奔的，一个接一个。然而为君的却羞于让这样的人成为自己的臣下，为父的却羞于让这样的人成为自己的儿子，为兄的却羞于让这样的人成为自己的弟弟，一般人却羞于以这种人为朋友，有朝一日，这种人就会被官府囚禁，在闹市中被处死，个个哭叫连天，悲痛今日，而后悔当初。这并不是容貌造成的祸患，而是由于他们见识浅陋，思想境界卑下造成的。那么你们认为怎样做才是对的呢？

【原文】　人有三不祥：幼而不肯事长，贱而不肯事贵，不肖而不肯事贤，是人之三不祥也。人有三必穷：为上则不能爱下，为下则好非其上，是人之一必穷也；乡则不若①，偝则谩之②，是人之二必穷也；知行浅薄，曲直有以相县矣③，然而仁人不能推，知士不能明，是人之三必穷也。人有此三数行者，以为上则必危，为下则必灭。《诗》曰："雨雪瀌瀌，宴然聿消。莫肯下隧，式居屡骄④。"此之谓也。

【注释】　①乡：通"向"，面对面。若：顺。②偝：背后，私下。谩：毁谤。③曲直：能与不能，指才能上差别甚远。④"雨雪"四句：此处引诗见《诗经·小雅·角弓》。雨雪，下雪。瀌瀌，雪大的样子。宴然，日出和暖的样子。宴，通"暖"，日出。聿消，自消。隧，通"坠"。这里指退位。式，语助词。居，占据。

【译文】　人有三件不祥之事：年轻而不肯侍奉年长的，地位低而不肯侍奉地位高的，才智驽钝而不肯侍奉贤能之士，这是人的三种不祥。人在三种情况下一定会处于困境：做君主的不爱护臣下，做臣子的喜欢非难君主，这是第一种情况；当面不顺从，背后毁谤别人，这是第二种情况；知识品行浅薄，才能又与贤人差得很远，却又不能推举仁人、尊崇智士，这是第三种情况。人如果有这三种情况所说的种种行为，做君主就一定会危险，做臣子就一定会灭亡。《诗经》上说："大雪纷纷扬扬地下，太阳出来一照就融化了。可是有人却不从位置上退下，反而占据着高位，傲视别人。"说的就是这种情况。

【原文】　人之所以为人者，何已也①？曰：以其有辨也②。饥而欲食，寒而欲暖，劳而欲息，好利而恶害，是人之所生而有也，是无待而然者也③，是禹、桀之所同也。然则人之所以为人者，非特以二足而无毛也，以其有辨也。今夫狌狌形笑④，亦二足而无毛也，然而君子啜其羹，食其胾⑤。故人之所以为人者，非特以其二足而无毛也，以其有辨也。夫禽兽有父子而无父子之亲，有牝牡而无男女之别⑥。故人道莫不有辨。

【注释】　①已：同"以"，由于。②辨：指上下、贵贱、长幼、亲疏的等级区分。③无待而然者：指自然拥有的，不需要后天学习就有的天性。④狌狌：猩猩。形笑：当为"形状"。⑤胾：块状的肉。⑥牝：雄性动物。牡：雌性动物。

【译文】　人之所以为人，是因为什么呢？答：因为人能辨别上下、贵贱、长幼、亲疏等等级秩序。饿了想吃，冷了想暖，累了想休息，喜欢好处而讨厌祸害，这是人天生就有、不

需要学习就具备的本性,是大禹和夏桀都有的人性。这样说来,人之所以为人,不只是因为人长了两只脚,身上没有毛,而是因为人能分辨等级秩序。猩猩的样子也是长了两只脚,脸上没有毛,但是人却能喝它的汤,吃它的肉。所以人之所以为人,不只是因为人长了两只脚,身上没有毛,而是因为人能分辨等级秩序。禽兽也有父子关系但却没有父子亲情,有雌雄而没有男女之别。所以人类社会的根本在于有各种等级的区别。

【原文】 辨莫大于分[①],分莫大于礼,礼莫大于圣王。圣王有百,吾孰法焉?故曰:文久而灭[②],节族久而绝[③],守法数之有司极而褫[④]。故曰:欲观圣王之迹,则于其粲然者矣[⑤],后王是也。彼后王者,天下之君也,舍后王而道上古,譬之是犹舍己之君而事人之君也。故曰:欲观千岁则数今日[⑥],欲知亿万则审一二,欲知上世则审周道[⑦],欲知周道则审其人所贵君子。故曰:以近知远,以一知万,以微知明[⑧],此之谓也。

【注释】 ①分:名分。②文:礼法制度。③节族:节奏,乐的节奏。族,通"奏"。④极:久远。褫:废弛,松弛。⑤粲然:明白、清楚的样子。⑥数:考察。⑦周道:周朝的治国原则,即所谓文武周公之道。一说指完备的道路。此处取前说。审周道体现了荀子的"法后王"思想。⑧微:微弱,细小。明:明显,广大。

【译文】 分辨等级秩序最重要的在于等级名分,等级名分最重要的在于礼,而礼最重要的是制定它的圣王。有人问:圣王有数百个,我仿效谁呢?答:时间长了礼法制度就会湮灭,时间久了乐的节奏就会失传,年代久远了主管礼法的官吏也会松弛懈怠。所以说:想知道圣王的遗迹,就要去看那些保存清楚明白的,也就是后王的治国之道。后王是天下的君主,放弃后王而颂扬上古的君主,这就如同放弃自己的君主而侍奉别人的君主一样。所以说:想知道千年之远的事,就要看现在,想知道亿万,要先从一二数起,想知道上古的事,就要考察周代的治国制度,想知道周代的治国制度,就要考察它重视哪些君子。所以说:从近代的可以推知远古的,从一可以知道万,从细微之处可以知道事情的广大,说的就是这个意思。

【原文】 夫妄人曰[①]:"古今异情,其所以治乱者异道。"而众人惑焉。彼众人者,愚而无说,陋而无度者也[②]。其所见焉,犹可欺也,而况于千世之传也!妄人者,门庭之间,犹可诬欺也,而况于千世之上乎!

【注释】 ①妄人:无知妄为的人。②度:测度,考虑。

【译文】 有些愚妄的人说:"古今情况不同,所用来治理天下的道也是不同的。"众人被这种话迷惑而相信了它。那些众人,愚昧而不能辩说,浅陋而不能测度。亲眼目睹的事,都能被欺骗,更何况千载相传之事!这些妄人,在日常生活中,尚且要进行欺诈、蒙骗,更何况对于那些千载之上,人所不能见的事情?

【原文】 圣人何以不可欺?曰:圣人者,以己度者也[①]。故以人度人,以情度情,以类

度类,以说度功,以道观尽,古今一也。类不悖,虽久同理,故乡乎邪曲而不迷③,观乎杂物而不惑,以此度之。

【注释】 ①以已度者:根据自己的经验去衡量古代的事情。②乡:通"向",面向。邪曲:邪僻,不正。

【译文】 然而圣人为什么不会受骗呢? 答:圣人是根据自己的经验去衡量古代的东西。根据人性去测度一个人,以常情去测度个别人的情感,根据事物的一般情况去衡量其中的个别事物,依据言论的内容来测度实际的功业,用道来观察一切事物,这古今都是一致的。只要同类事物不相背离,即使时间相隔很长,道理还是一样的,所以面对邪说歪理也不会迷乱,看到杂乱无章的事物也不会困惑,这就是因为按照这个道理推测一切事物的缘故。

【原文】 五帝之外无传人①,非无贤人也,久故也。五帝之中无传政,非无善政也,久故也。禹、汤有传政而不若周之察也,非无善政也,久故也。传者久则论略,近则论详。略则举大②,详则举小。愚者闻其略而不知其详,闻其小而不知其大也,是以文久而灭,节族久而绝。

【注释】 ①五帝:传说中的黄帝、颛顼、帝喾、尧、舜。②举:列举。大:大概。下文的"小"指细节。

【译文】 古代传下来的皇帝,除了五帝,就没有其他人了,这不是因为没有贤人,而是年代过于久远。五帝的政事,也都不传,不是因为没有善政,而是时间过于久远。禹、汤的政事有传下来的,但没有周代的详细,不是因为没有善政,而是因为时间太久的缘故。传说离得越远的,就越简略,传说离得越近的,就越翔实。简略的就只能列举其大概,翔实的则可以列举其细节。愚昧的人听到大概而不知其细节,听到细节而不知其大概。所以时间长了礼法制度就会湮灭,时间久了乐的节奏就会失传。

【原文】 凡言不合先王,不顺礼义,谓之奸言,虽辩,君子不听。法先王,顺礼义,党学者①,然而不好言,不乐言,则必非诚士也。故君子之于言也,志好之,行安之,乐言之。故君子必辩。凡人莫不好言其所善,而君子为甚。故赠人以言,重于金石珠玉;观人以言②,美于黼黻文章;听人以言,乐于钟鼓琴瑟。故君子之于言无厌③。鄙夫反是,好其实,不恤其文,是以终身不免埤污佣俗④。故《易》曰:"括囊,无咎无誉⑤。"腐儒之谓也。

【注释】 ①党:亲近。②观人:当作"劝人"。③无厌:不厌倦。④埤污:卑污。佣俗:庸俗。佣,平庸。⑤"括囊"二句:括,结扎。囊,口袋。咎,过错。

【译文】 凡言说不合于先王之法,不顺乎礼义之道,就叫作奸言,虽然讲得头头是道,君子也不会听。效法先王之法,顺乎礼义之道,亲近学者,然而不好发于言论,不乐于谈论,这也不是真诚追求道的学者。所以君子对于辩说,一定是志之所好在此,行之所安在此，并以积极宣扬为乐。人都喜欢谈说自己崇尚的东西，君子尤其如此。所以赠人以善言，比金石珠玉更有价值；用善言劝勉人，比华丽的衣服色彩更美好；听从善言，比听钟鼓琴瑟之音还快乐。所以君子对于善言，津津乐道而从不厌倦。庸俗的人则与之相反，过于看重实际而不在乎文饰，所以终身不免低下、庸俗。《易经》上说："扎紧口袋，无过失也无美誉。"说的就是那些陈腐无用的儒生。

【原文】　凡说之难①，以至高遇至卑，以至治接至乱。未可直至也，远举则病缪②，近世则病佣③。善者于是间也，亦必远举而不缪，近世而不佣，与时迁徙，与世偃仰④，缓急、赢绌⑤，府然若渠匽、櫽栝之于己也⑥，曲得所谓焉⑦，然而不折伤。

【注释】　①说：这里指游说。②远举：援引上古之事。缪：荒谬，谬妄。③佣：庸俗，一般化。④偃仰：俯仰，高低。⑤赢绌：这里是进退伸屈的意思。赢，盈余，满。⑥府然：宽广包容的样子。渠匽：渠堰。匽，通"堰"，渠坝。櫽栝：矫正弯木的工具。⑦曲：委曲。

【译文】　游说之难，在于用最高的道理来劝说最卑劣的人，用先王治世的理论来劝说末世最混乱的君主。不可以直接去劝说，列举上古的事又担心谬妄不切于实际，列举近代的事又担心流于一般而不为人接受。善于游说的人于是取其中间。一定要做到引用远古的事但不流于谬妄，列举近世的事而不流于平庸，随着时代变迁而变迁，随着世事变化而变化，或慢或急，或伸或曲，都好像堤坝控制着水流，櫽栝矫正弯木那样掌控着，曲尽其理，而又不挫伤别人。

【原文】　故君子之度己则以绳①，接人则用抴②。度己以绳，故足以为天下法则矣。接人用抴，故能宽容，因众以成天下之大事矣③。故君子贤而能容罢④，知而能容愚，博而能容浅，粹而能容杂，夫是之谓兼术。《诗》曰："徐方既同，天子之功⑤。"此之谓也。

【注释】　：
①绳：绳墨。②抴：通"枻"，船桨，接人上船之物，引申为引导。③因众：依靠众人。④罢：同"疲"，指才劣之人。⑤"徐方"两句：此处引诗见《诗经·大雅·常武》。徐方，古代偏远地区的一个国名，在今淮河流域中下游地区。

【译文】　所以君子严于律己，好像用绳墨量木材，对待别人，就应该用引导的方法，这就像用舟楫接引人上船，这样才能做到宽广包容，依靠众人而成天下之大事。所以君子自己贤能却能包容才劣之人，自己智慧却能包容愚钝之人，自己广博却能包容浅陋之人，自己专精却能包容知识驳杂之人，这就是兼容之道。《诗经》说："徐族的人已经统一了，这是天子的功劳啊。"说的就是这个意思。

【原文】　谈说之术：矜庄以莅之①，端诚以处之②，坚强以持之，譬称以喻之，分别以明之，欣驩芬芗以送之③，宝之，珍之，贵之，神之。如是则说常无不受。虽不说人，人莫不贵。夫是之谓能贵其所贵。传曰："唯君子为能贵其所贵。"此之谓也。

【注释】　①矜庄:庄重、严肃。莅:临。②端诚:正直真诚。③欣驩芬芗:指和气。驩,通"欢"。芗,通"香"。

【译文】　说服的方法:要以庄重严肃、正直真诚的态度对待人,坚持不懈地说服别人,用比喻的方法启发人,通过分析使之明白是非同异,和蔼地把自己的思想传达给别人,自己一定要珍爱、宝贵、重视、崇信自己的学说,这样所讲的就没有不被别人接受的。即使沉默不说,别人也都会尊重他。这就叫能让自己所宝贵的学说得到重视。古书上说:"只有君子才能让自己所宝贵的学说得到重视。"说的就是这个意思。

【原文】　君子必辩。凡人莫不好言其所善,而君子为甚焉。是以小人辩言险而君子辩言仁也。言而非仁之中也①,则其言不若其默也,其辩不若其呐也②;言而仁之中也,则好言者上矣,不好言者下也。故仁言大矣。起于上所以道于下,政令是也;起于下所以忠于上,谋救是也。故君子之行仁也无厌。志好之,行安之,乐言之。故言君子必辩。小辩不如见端③,见端不如见本分。小辩而察,见端而明,本分而理,圣人、士君子之分具矣④。

【注释】　①中:符合。②呐:拙于言辞。③小辩:辩说小事。端:头绪。④分:职分,分界。具:全备。

【译文】　君子一定要辩说。人都喜欢谈说自己崇尚的东西,君子尤其如此。所以小人宣扬的是邪恶,君子宣扬的是仁爱。言论与仁爱无关,那么他说话就不如不说,善辩还不如口齿笨拙;所言与仁爱有关,则以好说为上,以不好说为下。所以仁道之言的意义很重大。发自君主,用来引导人民的言语,就是政令;出自臣子,忠于君主的言论,就是谏救。所以君子对于仁的践行从不厌倦。一定是志之所好在此,行之所安在此,并以积极宣扬为乐。所以说君子一定是好辩说的。辩说小事,不如把握好事情的头绪,把握好事情的头绪,不如抓住根本。辩说小事能够精察,抓住头绪能够明白,抓住了尊卑上下的根本就能得到辩说的根本意义。圣人、士君子所应有的作用全在于此。

【原文】　有小人之辩者,有士君子之辩者,有圣人之辩者。不先虑,不早谋,发之而当,成文而类,居错迁徙①,应变不穷,是圣人之辩者也。先虑之,早谋之,斯须之言而足听②,文而致实,博而党正③,是士君子之辩者也。听其言则辞辩而无统④,用其身则多诈而无功⑤,上不足以顺明王,下不足以和齐百姓,然而口舌之均⑥,噡唯则节⑦,足以为奇伟偃却之属⑧,夫是之谓奸人之雄。圣王起,所以先诛也。然后盗贼次之。盗贼得变,此不得变也。

【注释】　①居错:举措,举用或废置。居,读为"举"。错,置。迁徙:变动,变化。②斯须:片刻,一会儿。③党:同"谠",正直。④无统:没有要领。⑤用其身:任用其人。⑥均:调也。这里指说话动听、口舌调均。⑦噡唯:语言或多或少。噡,多言。唯,少言。⑧奇伟:夸大。偃却:同"偃蹇",高傲。

【译文】　有小人之辩说，有士君子之辩说，有圣人之辩说。事先不思考，不提早谋划，说出来就很恰当，而自与理暗合，说出的话秩然有文采、有体系，无论情况怎样千变万化，都能应变不穷，这是圣人的辩说。事先经过考虑，提前谋划过，仓促之间说出的话也能有足够的力量打动人，说出的言论有文采而又质朴平实，渊博而又正直，这是士君子的辩说。听他的言论虽然振振有词但却没有要领，任用他则多狡诈而没有成就，上不足以顺事贤明的君主，下不足以和谐百姓，然而却说话动听，言谈或多或少都很适当，完全可以称之为骄傲自大之流，这种人可称之为奸雄。圣王出现，一定要先诛杀此等人，而盗贼还在其次。因为盗贼尚且可以得到改变，而这种奸人却不会变。

非十二子

【题解】

　　这是一篇考量春秋战国诸子得失的文字，与《庄子·天下》篇近似，是我们研究先秦诸子学说思想的一篇重要文献。

　　文章主要评述了道、墨、名、法及儒家各流派的思想学说。其所说的十二子是指它嚣、魏牟、陈仲、史䲡、墨翟、宋钘、慎到、田骈、惠施、邓析、子思、孟轲。

　　荀子认为这十二家所鼓吹的都是些欺惑愚众的学说，他依据"礼"的标准，对这几家思想都进行了尖锐的批判和否定，而独独推尊以礼义为宗旨的仲尼、子弓的学说，认为这是"总方略，齐言行，壹统类"的最高法则。

　　文章后半部对古今之仕士、古今之处士进行了对比描述，对当时社会的知识分子，也即荀子所谓的"贱儒"的种种丑态进行了辛辣的讽刺。文笔酣畅淋漓，描述颇为生动。

【原文】　假今之世①，饰邪说，文奸言，以枭乱天下②，矞宇嵬琐③，使天下混然不知是非治乱之所存者有人矣。

【注释】　①假：借。②枭乱：扰乱。枭，通"挠"。③矞宇：谲诡。矞，通"谲"，诡诈。宇，通"訏"，诡诈。嵬：怪癖。奸诈，琐：细小，卑鄙。

【译文】　借着今天这混乱之世，文饰奸言邪说，用来扰乱天下，诡诈邪恶，琐屑怪异，使天下人心智混乱，不知何为是何为非，何为治何为乱，这样的人大有人在。

【原文】　纵情性①，安恣睢②，禽兽行，不足以合文通治③；然而其持之有故④，其言之成理，足以欺惑愚众，是它嚣、魏牟也⑤。

【注释】　①情性：指人的好利恶害、好逸恶劳的天性。②安：指心中无所愧疚的样子。恣睢：任意胡为。③合文通治：合于礼义，达到国家的治理。④故：所以然之理，即有根据。或曰故实，也可通。⑤它嚣：人名，其生平事迹无考。魏牟：战国时人，与庄子同

23

时。

【译文】　放纵自己邪恶的天性，肆意胡为而无所愧疚，行为如同禽兽，不足以符合礼义而达到国家的治理，然而却说得有根有据，有条有理，足以欺骗迷惑愚昧的老百姓，它嚣、魏牟就是这样的人。

【原文】　忍情性，綦谿利跂①，苟以分异人为高，不足以合大众，明大分②；然而其持之有故，其言之成理，足以欺惑愚众，是陈仲、史䲡也③。

【注释】　①綦：极。谿：深的意思。利跂：超凡独立。利，通"离"。跂，立，踮起脚。②大分：君臣上下之名分。③陈仲：名定，又名田仲、陈仲子，战国齐国贵族，认为哥哥拥有的是不义之财，所以离开兄长，隐居长白山，靠编草鞋为生。史䲡：又名史鱼，春秋时卫国大夫，曾多次劝谏卫灵公任用贤人，没有被采纳，临死时，嘱咐儿子不要将自己的尸体入棺，进行"尸谏"。卫灵公知道后，对他大加赞扬，由此获得了敢谏的美名。荀子认为陈仲故作清高，史鱼则有盗名之嫌，所以对其进行批判。

【译文】　强忍着自己的欲望和天性，用心极其深沉，行为极其孤僻，一心只想显示出和别人不一样，不能够与大众和谐相处、遵守等级名分；然而却说得有根有据，有条有理，足以欺骗迷惑愚昧的老百姓，陈仲、史䲡就是这样的人。

【原文】　不知壹天下、建国家之权称①，上功用、大俭约②，而僈差等③，曾不足以容辨异、县君臣④；然而其持之有故，其言之成理，足以欺惑愚众，是墨翟、宋钘也⑤。

【注释】　①壹：统一。权称：指准则。这里指礼。②上：同"尚"，崇尚。③僈：轻视。④县：同"悬"。⑤墨翟：墨子，战国春秋鲁国人，墨家创始人。宋钘：战国宋国人。

【译文】　不知道统一天下、建立礼制的重要性，崇尚实用，过分强调节约，而轻视等差秩序，以至于不能区分上下之别、君臣之异，然而却说得有根有据，有条有理，足以欺骗迷惑愚昧的老百姓，墨翟、宋钘就是这样的人。

【原文】　尚法而无法，下修而好作①，上则取听于上，下则取从于俗，终日言成文典②，反纠察之③，则偶然无所归宿④，不可以经国定分⑤；然而其持之有故，其言之成理，足以欺惑愚众，是慎到、田骈也⑥。

【注释】　①下修：与"尚法"对文，不尚贤之意。修，贤能，修能。荀子书中每用来称君子之志意德行。好作：指不遵守先王礼制，自作主张。②文典：法律条文。③纠察：循省审查。纠，通"循"。④偶然：远离的样子。⑤经国：治理国家。⑥慎到：战国赵国人，早期法家的代表人物之一。田骈：战国齐国人，道家代表人物之一。

【译文】　崇尚法制而不以礼法为法，轻视贤能而好自作主张，上面君王听取他，下面社会上的人也顺从他，整日讲述着法律条文，等到循省审查研究，却脱离实际而没有着落，不能够用来治理国家、确定名分；然而却说得有根有据，有条有理，足以欺骗迷惑愚昧

的老百姓,慎到、田骈就是这样的人。

【原文】 不法先王,不是礼义,而好治怪说,玩琦辞①,甚察而不急,辩而无用,多事而寡功,不可以为治纲纪;然而其持之有故,其言之成理,足以欺惑愚众,是惠施、邓析也②。

【注释】 ①琦:通"奇"。②惠施:战国宋国人,名家的代表人物。邓析:春秋郑国人,刑名学家。

【译文】 不效法先王,诽毁礼义,却喜好钻研奇谈怪论,玩弄奇怪的文辞,说得十分入微却没有什么实际用处,说得头头是道却没有什么用处,做的事很多却没有什么功效,不能作为治国的纲领;然而却说得有根有据,有条有理,足以欺骗迷惑愚昧的老百姓,惠施、邓析就是这样的人。

【原文】 略法先王而不知其统,然而犹材剧志大①,闻见杂博。案往旧造说②,谓之五行③,甚僻违而无类④,幽隐而无说⑤,闭约而无解⑥。案饰其辞而祗敬之曰⑦:此真先君子之言也⑧。子思唱之⑨,孟轲和之,世俗之沟犹瞀儒⑩,嚾嚾然不知其所非也⑪,遂受而传之,以为仲尼、子游为兹厚于后世,是则子思、孟轲之罪也。

【注释】 ①材剧:才多。剧,繁多。②案:按照。往旧:古代。造说:臆造一种邪说。③五行:意思不明。一说即五常,仁、义、礼、智、信。④僻违:邪僻。⑤幽隐:隐晦。⑥闭约:隐晦。⑦案:语助词。其:指子思、孟子。祗敬:恭敬。⑧先君子:指孔子。⑨唱:通"倡",倡导。⑩沟犹瞀:沟瞀,愚昧无知。犹,语助词,或以为衍字。⑪嚾嚾然:形容喧吵的样子。

【译文】 粗略地效法先王,而不知百王相传,自有其要领,然而却做出才能很多,志向很大,博闻多见的样子。依从古老的观念来臆造学说,称之为五行,这些学说十分邪僻而没有纲要,隐晦而不成学说,晦涩而不可理解。他们修饰自己的言辞,并且十分抬高自己的学说,说:这是孔子的学说啊。前有子思提倡,后有孟轲附和,世俗一般愚蠢的人吵吵闹闹争先学习,却根本不知道它的错误,于是接受并传承它,以为孔子、子游的学说因为他们这些人的努力才被后世推崇。这是子思、孟轲的罪过。

【原文】 若夫总方略①,齐言行,壹统类,而群天下之英杰,而告之以大古②,教之以至顺③,奥窔之间④,簟席之上⑤,敛然圣王之文章具焉⑥,佛然平世之俗起焉⑦,六说者不能入也⑧,十二子者不能亲也⑨,无置锥之地而王公不能与之争名,在一大夫之位则一君不能独畜,一国不能独容,成名况乎诸侯⑩,莫不愿以为臣,是圣人之不得势者也,仲尼、子弓是也。

【注释】 ①总:总括,统领。方略:道,道术。②大古:指古代帝王的业绩。③顺:循,循其理。④奥窔:屋子的西南角叫奥,东南角叫窔。⑤簟席:用竹做成的席子。⑥敛然:聚集的样子。⑦佛然:勃然兴起的样子。⑧六说者:指魏牟、墨子、孟子、田骈、邓析、史鳅等六家学说。⑨十二子：指以上所提到的十二人。⑩况：增益，超过。

【译文】 至于总括治国的方针，统一人们的言行，统一治事的纲纪，进而聚集天下的英杰，告知上古先王的礼法，教之以遵循礼法之道，就连一室之内，居处之私，圣王的文饰礼仪都会聚集在那里，社会安定的礼仪也勃然兴起，魏牟、墨子等人的学说不能进入，十二子的学说也不能靠近，即使穷得没有立足之地，王公贵卿也不能与他争名，当了一国的大夫，一个君主不能将其占为己有，一个国家也不能将其单独容纳，他的盛名可以超过诸侯，没有一个国君不想以他为臣，这就是没有得到权势的圣人，仲尼、子弓就是这样的人。

【原文】 一天下，财万物①，长养人民，兼利天下，通达之属②，莫不从服，六说者立息，十二子者迁化，则圣人之得势者，舜、禹是也。

【注释】 ①财：通"裁"，管理，利用。②通达之属：舟车所到，人迹所通的地方。这里指天下。

【译文】 统一天下，利用万物，养育人民，使整个天下都得到好处，天下之人，没有不向往服从的，魏牟、墨子等人的学说会立刻消失，十二子的学说也会受到影响而渐渐改变，这就是得到势位的圣人，舜、禹就是这样的人。

【原文】 今夫仁人也，将何务哉①？上则法舜、禹之制，下则法仲尼、子弓之义，以务息十二子之说。如是则天下之害除，仁人之事毕，圣王之迹著矣②。

【注释】 ①将何务哉：打算怎么做呢？②著：显著，彰显。

【译文】 当今那些仁人，该怎样努力去做呢？上则效法舜、禹的制度，下则效法仲尼、子弓的礼义，一定要消灭十二子的学说，这样的话天下的祸害就会消除，仁人的事情也就完成了，圣王的业绩也就得到了彰显。

【原文】 信信，信也；疑疑，亦信也。贵贤，仁也；贱不肖，亦仁也。言而当，知也；默而当，亦知也。故知默犹知言也。故多言而类①，圣人也；少言而法，君子也；多言无法而流湎然②，虽辩，小人也。故劳力而不当民务，谓之奸事；劳知而不律先王，谓之奸心；辩说譬谕、齐给便利而不顺礼义，谓之奸说③。此三奸者，圣王之所禁也。知而险，贼而神，为诈而巧，言无用而辩，辩不急而察，治之大殃也。行辟而坚④，饰非而好，玩奸而泽⑤，言辩而逆⑥，古之大禁也。知而无法，勇而无惮，察辩而操僻，淫大而用乏⑦，好奸而与众⑧，利足而迷，负石而坠⑨，是天下之所弃也。

【注释】 ①类：统类。在荀子书中常指礼义。②流湎：沉溺。③齐给便利：迅速便捷。④辟：邪僻。⑤泽：润泽。这里指巧为润色，使人不知其奸。⑥逆：指悖于理。⑦淫大：奢侈浪费。大，同"太"。⑧与：党与，指拉帮结伙。⑨"利足"两句：意颇难解，一说，前句指走捷径而陷入窘境，后句指力小任重，位高而跌。

26

【译文】 相信应该相信的，是诚信；怀疑应该怀疑的，也是诚信。尊崇贤人，是仁；鄙

视不肖之徒,也是仁。说话得体,是智慧的;不说话也得体,也是智慧的。所以懂得沉默与懂得说话是一样的。说话很多,但都合于礼义,这是圣人;说话很少,但合于法则,这是君子;说话很多但不合礼法,却沉溺其中,即使说得头头是道,也是小人。所以费力而对百姓的事情没有帮助,这叫奸事;劳心费脑,而不合于先王的法制,这叫奸心;辩说比喻,口才敏捷,但不遵循礼义,这叫奸说。这三奸,是圣王所禁止的。智巧而险诈,阴贼而诡秘难测,用心诡诈而巧言辩说,言论没有什么用处却说得头头是道,辩说不合于实用却分析得很细微,这是治理国家的最大灾祸。行为邪僻而顽固不化,掩饰过错而十分巧妙,玩弄权术而十分圆滑,说得貌似有理却违反常理,这是上古之人最要禁止的。聪明而不守法度,勇猛而无所忌惮,考察事物很精细而所操之术却很邪恶,奢侈浪费而导致财物匮乏,喜欢干坏事而党羽众多,贪图便利而陷入迷途,窃取重位而跌入深渊,这是天下人都厌恶的人。

【原文】 兼服天下之心:高上尊贵不以骄人,聪明圣知不以穷人^①,齐给速通不争先人^②,刚毅勇敢不以伤人;不知则问,不能则学,虽能必让,然后为德。遇君则修臣下之义,遇乡则修长幼之义^③,遇长则修子弟之义,遇友则修礼节辞让之义,遇贱而少者则修告导宽容之义。无不爱也,无不敬也,无与人争也,恢然如天地之苞万物^④,如是则贤者贵之,不肖者亲之。如是而不服者,则可谓讹怪狡猾之人矣^⑤,虽则子弟之中,刑及之而宜。《诗》云:"匪上帝不时,殷不用旧。虽无老成人,尚有典刑。曾是莫听,大命以倾^⑥。"此之谓也。

【注释】 ①穷人:使人难堪。②齐给速通:口才流利,反应敏捷。③乡:乡人,乡亲。④恢然:广大的样子。苞:通"包"。⑤讹怪:妖邪,怪异。讹,同"妖"。⑥"匪上帝"六句:此处引诗见《诗经·大雅·荡》。匪,不。时,通"是"。旧,指先王之道。老成人,指像伊尹、伊陟之类的人。典刑,指各种法度和事例。大命,国家的命运。倾,倒。

【译文】 使天下人都心悦诚服的办法:身份地位高而不傲视别人,聪明圣智而不逼人至困境,才能敏捷而不与人争先,刚毅勇猛而不伤害他人;不知道就虚心求教,不会的就认真去学,有能力而懂得谦让,然后就能成就圣贤之德了。对待君主,就慎重地按照臣下之义务去做,对待乡人,就按照长幼的秩序去做,对待长者,就按照弟子恭敬的礼义去做,对待朋友,就慎重地按照礼节辞让之义去做,遇到地位低、年纪轻的人,就应该本着教导、宽容的原则去做。与人相处,没有不仁爱的,没有不恭敬的,不与他人相争,心胸如同天地包容万物那样广大。如此,贤能的人就会尊崇他,不肖之人也会亲近他。像这样如果还有人不顺服,那就可以说是妖怪狡诈之人了,虽然是一家人,对其处以刑罚,也是应该的。《诗经》上说:"不是上帝的过错,是因为纣王不遵守先王之道。即使没有伊尹、伊陟这样老成的人,也还是有先王的典则和刑法可以效法。但是殷纣王连这些都不听,所

以导致了国家的灭亡。"说的就是这种情况。

【原文】 古之所谓仕士者^①，厚敦者也。合群者也，乐可贵者也^②，乐分施者也，远罪过者也，务事理者也，羞独富者也。今之所谓仕士者，污漫者也^③，贼乱者也，恣睢者也，贪利者也，触抵者也，无礼义而唯权势之嗜者也。古之所谓处士者^④，德盛者也，能静者也，修正者也，知命者也，箸是者也^⑤。今之所谓处士者，无能而云能者也，无知而云知者也，利心无足而佯无欲者也，行伪险秽而强高言谨悫者也^⑥，以不俗为俗，离纵而跂訾者也^⑦。

【注释】 ①仕士：做官的人。与下文"处士"对文。②乐可贵：指注重道德。③污漫：欺骗，诡诈。④处士：隐士。⑤箸是：宣扬正确的主张。箸，通"著"，显扬。⑥行伪险秽：行为阴险肮脏。谨悫：谨慎诚实。⑦纵：同"踪"，车迹。跂訾：显示自己与众不同。跂，抬起脚后跟。訾，通"恣"。

【译文】 古代所说的做官的人，是老实忠厚的人，团结群众的人，注重道德的人，乐于施惠的人，远离罪过的人，研究事物道理追求合道的人，以自己独富为羞耻的人。而当今这些做官的人，是欺骗诡诈的人，为非作歹、伤害他人的人，放纵性情胡为的人，贪图利益的人，触犯法令的人，不在乎礼义而只追求权势的人。古代所说的隐士，是道德高超的人，修身自洁、行为端正的人，自安于命而不妄求的人，宣扬正确主张的人。而当今所谓的隐士，没有能力而自夸有能力，无知而自以为有知，贪得无厌而假装没有欲望，行为阴险肮脏而硬要把自己说成老实忠厚，作离俗之状以自视清高，这是故作自己与众不同的人。

【原文】 士君子之所能不能为^①：君子能为可贵，不能使人必贵己；能为可信，而不能使人必信己；能为可用，而不能使人必用己。故君子耻不修^②，不耻见污；耻不信，不耻不见信；耻不能，不耻不见用。是以不诱于誉，不恐于诽，率道而行，端然正己，不为物倾侧^③，夫是之谓诚君子。《诗》云："温温恭人，维德之基^④。"此之谓也。

【注释】 ①能不能为：能做的和不能做的。②不修：道德不修。修，善。③倾侧：倾斜。这里指动摇。④"温温"两句：此处引诗见《诗经·大雅·抑》。

【译文】 士君子能做的和不能做的事有：君子能做到道德高尚，但不必一定要别人尊贵自己；能做到讲信用，但不必一定要别人相信自己；能做到任用贤能，但不必一定要别人任用自己。所以君子以道德不修为耻，而不以被人污蔑为耻；以不讲信义为耻，而不以不被人信任为耻；以没有能力为耻，而不以没有得到任用为耻。所以不被浮名所诱惑，不被诽谤所吓倒，行为做事遵循着道的规范，严肃地端正自己的言行，不为外物所动摇，这样的人才称得上是真正的君子。《诗经》说："多么宽厚谦恭的人啊，这是道德的基础。"说的就是这个意思。

【原文】 士君子之容:其冠进①,其衣逢②,其容良③,俨然④,壮然⑤,祺然⑥,蕼然⑦,恢恢然,广广然⑧,昭昭然,荡荡然⑨,是父兄之容也。其冠进,其衣逢,其容悫,俭然⑩,恀然⑪,辅然⑫,端然,訾然洞然⑬,缀缀然⑭,瞀瞀然⑮,是子弟之容也。

【注释】 ①进:通"峻",高。②逢:宽大。③良:温和。④俨然:庄重的样子。⑤壮然:通"庄",严肃而不可侵犯的样子。⑥祺然:安详的样子。⑦蕼然:宽舒的样子。⑧恢恢然、广广然:指气度开阔的样子。⑨昭昭然、荡荡然:明朗、坦率的样子。⑩俭然:自谦的样子。⑪恀然:依恃尊长的样子。⑫辅然:亲近的样子。⑬訾然:柔顺的样子。訾,通"孳"。洞然:恭敬的样子。⑭缀缀然:不背离的样子。⑮瞀瞀然:不敢正视的样子。

【译文】 士君子的仪容应该是这样的:帽子高,衣服宽大,容颜平和温善;庄重、严肃、安详、宽舒、气度恢宏、明朗坦率,这是父兄的仪容。帽子高,衣服宽大,容色小心谨慎;谦虚、依恃、亲切、正直、柔顺、恭敬、不背乱、遇到长者时不正视,这是子弟的仪容。

【原文】 吾语汝学者之嵬容①:其冠俛②,其缨禁缓③,其容简连④;填填然⑤,狄狄然⑥,莫莫然⑦,瞡瞡然⑧;瞿瞿然⑨,尽尽然⑩,盱盱然⑪;酒食声色之中则瞒瞒然、瞑瞑然⑫;礼节之中则疾疾然⑬,訾訾然⑭;劳苦事业之中则偝偝然⑮,离离然⑯,偷儒而罔⑰,无廉耻而忍𧮪诟⑱,是学者之嵬也。

【注释】 ①嵬容:怪异之容。②俛:同"俯"。③缨:帽带。禁:通"衿",腰带。缓:松。④简连:傲慢的样子。⑤填填然:自我满足的样子。⑥狄狄然:跳跃的样子。⑦莫莫然:沉默寡言的样子。⑧瞡瞡然:见识浅短的样子。⑨瞿瞿然:惊慌失措的样子。⑩尽尽然:消沉沮丧的样子。⑪盱盱然:直目瞪眼的样子。⑫瞒瞒然、瞑瞑然:沉醉迷乱的样子。⑬疾疾然:憎恶的样子。⑭訾訾然:骂骂咧咧的样子。⑮偝偝然:怠慢的样子。⑯离离然:不亲自去做的样子。⑰偷儒:偷懒而怯懦的样子。儒,懦弱。⑱𧮪诟:辱骂,谩骂。

【译文】 我告诉你们读书人的丑态:帽子低斜,帽带和腰带系得松松垮垮,态度傲慢;满意自得,上蹿下跳;沉默寡言,见识短浅;遇到事情就惊慌失措,常常是一副消沉沮丧的样子,看人的时候直目瞪眼;酒食声色中,则沉醉迷乱;礼节之中,总是一副愤愤不平、骂骂咧咧的样子;做事情的时候则怠慢拖延,什么都不愿意亲自动手,懒惰胆怯而不怕被人指责,没有廉耻而能够忍受污辱和谩骂,这是学者中的怪类。

【原文】 弟佗其冠①,神禫其辞②,禹行而舜趋,是子张氏之贱儒也③。正其衣冠,齐其颜色,嗛然而终日不言④,是子夏氏之贱儒也⑤。偷儒惮事,无廉耻而耆饮食⑥,必曰君子固不用力,是子游氏之贱儒也⑦。

【注释】 ①弟佗:颓唐。②神禫:通"冲淡"。③子张氏:姓颛孙,名师,字子张,孔子的门徒。④嗛然:不足的样子。嗛,通"歉"。⑤子夏氏:姓卜,名商,字子夏,孔子的门徒。⑥耆:通"嗜"。⑦子游氏:姓言,名偃,字子游,孔子的门徒。

【译文】　帽子戴得歪歪斜斜,说话平淡无味,装出一副禹、舜走路的样子,这就是子张氏这样的贱儒。衣冠整齐,神情严肃,不满足而嘴上却不说,这就是子夏氏这样的贱儒。苟且懒惰而又胆小怕事,没有廉耻而好吃懒做,还非要说君子本来就不应该干活,这就是子游氏这样的贱儒。

【原文】　彼君子则不然。佚而不惰,劳而不僈,宗原应变,曲得其宜,如是,然后圣人也。

【译文】　而那些真正的君子则不是这样的。安逸而不懒惰,劳作而不懈怠,遵守着根本原则来应对各种情况的变化,各方面都做得恰当,这样才能成为圣人。

王　制

【题解】

本篇是集中体现荀子政治思想的重要文章。文章通过论述王与霸、安存与危亡等政治状况和“王者”“霸者”“强者”的区别,提出了实行王道的主张,并列举了政治纲领、策略措施、用人方针、听政方法、管理制度、官吏职事等各项举措:政治制度方面,强调“隆礼义”,以等级名分确立统治秩序;任用人才方面,尚贤任能,破格提拔,奖功罚罪,加强集权;发展经济方面,提倡重视农耕,保护山林湖泽,加强物资流通。

文中提出了“一天下”的主张,描绘了结束分裂割据、建立统一国家的理想图景,符合历史发展的趋势。在推崇“王道”的同时,对“霸道”也给予了肯定,初步透露了对法家思想的借鉴。此外,荀子看到了统治者与人民的矛盾关系,提出“水则载舟,水则覆舟”的启示,具有可贵的民本思想。

【原文】　请问为政?

曰:贤能不待次而举,罢不能不待须而废①,元恶不待教而诛②,中庸民不待政而化。分未定也则有昭缪③。虽王公士大夫之子孙也,不能属于礼义④,则归之庶人。虽庶人之子孙也,积文学⑤,正身行,能属于礼义,则归之卿相士大夫。故奸言、奸说、奸事、奸能、遁逃反侧之民⑥,职而教之⑦,须而待之⑧,勉之以庆赏,惩之以刑罚,安职则畜,不安职则弃。五疾⑨,上收而养之,材而事之,官施而衣食之,兼覆无遗。才行反时者死无赦。夫是之谓天德⑩,王者之政也。

【注释】　①罢:同“疲”,指没有德才的人。须:须臾,片刻。②元恶:罪魁祸首。③昭缪:古代宗法制度用以分别上下辈分的宗庙或墓地排列次序:始祖居中;二世、四世、六世位于始祖的左方,称昭;三世、五世、七世位于右方,称穆。缪,通“穆”。④属于:符合于。⑤文学:指文献典籍。⑥反侧:不安分守己。⑦职:事,指安置工作。⑧须:等待。⑨五

疾：五种残疾，即哑、聋、瘸、骨折、侏儒。⑩天德：至高的德行。

【译文】 请问怎样治理国家？

回答说：对于德才兼备的人，不墨守级别次序而破格提拔；对于无德无能的人要立刻罢免；对于罪魁祸首，不需教育而立即处决；对于普通民众，不靠强制的政令而进行教育感化。名分没有确定时，就应该像宗庙的昭穆那样划分出次序来。即使是帝王公侯士大夫的子孙，如果不合乎礼义，就把他们归入平民。即使是平民的子孙，如果积累了文化知识，端正了行为，能合乎礼义，就把他们归入卿相士大夫。对于那些散布邪恶言论、鼓吹邪恶学说、从事邪恶行为、具备邪恶本领、四处流窜而不守本分的人，就强制劳役进行教育，静待他们转变；用奖赏去激励他们，用刑罚去惩处他们；安心工作的就留用，不安心工作的就流放出去。对患有五种残疾的人，君主收留并养活他们，根据其才能安排工作，由官府供给衣食，全部加以照顾而不遗漏一个人。对那些用才能和行为来反对现行制度的人，坚决处死决不赦免。这就是最高的德行，是成就帝王之业所应采取的政治措施。

【原文】 听政之大分①：以善至者待之以礼，以不善至者待之以刑。两者分别则贤不肖不杂，是非不乱。贤不肖不杂则英杰至，是非不乱则国家治。若是，名声日闻，天下愿，令行禁止，王者之事毕矣。凡听：威严猛厉而不好假道人②，则下畏恐而不亲，周闭而不竭，若是，则大事殆乎弛，小事殆乎遂③。和解调通，好假道人而无所凝止之④，则奸言并至，尝试之说锋起⑤，若是，则听大事烦⑥，是又伤之也。故法法而不议，则法之所不至者必废。职而不通，则职之所不及者必队⑦。故法而议，职而通⑧，无隐谋，无遗善，而百事无过，非君子莫能。故公平者，职之衡也；中和者，听之绳也。其有法者以法行，无法者以类举，听之尽也；偏党而无经，听之辟也⑨。故有良法而乱者有之矣；有君子而乱者，自古及今，未尝闻也。传曰："治生乎君子，乱生乎小人。"此之谓也。

【注释】 ①大分：要领，关键。②假道：待人宽容。假，宽容。道，由，从。③遂：通"坠"，失落。④凝止：有限度。凝，止定。⑤锋：通"蜂"。⑥听大：所听太多。⑦队：同"坠"。⑧职：当是"听"字之误。⑨辟：偏邪，不公正。

【译文】 处理政事的要领是：对那些心怀好意而来的人，就以礼相待；对那些心怀恶意而来的人，就用刑罚对待。这两种情况能区别开来，那么有德才的人和没有德才的人就不会混杂在一起，是非也就不会混淆不清。有德才的人和没有德才的人不混杂，那么英雄豪杰就会到来；是非不混淆，那么国家就能得到治理。像这样，名声就会一天天显赫，天下就会仰慕向往，就能做到有令必行、有禁必止，这样，圣王的事业也就完成了。凡在朝廷上听政的时候：如果威武严肃、凶猛刚烈而不喜欢宽容别人，那么臣下就会恐惧而不敢亲近，隐瞒真情而不畅所欲言，那么大事恐怕会废弛，小事也将落空。如果过于随和，喜欢宽容诱导，顺从别人而无限度，那么奸诈邪恶的言论就会丛生，各种试探性地说

法就会群拥而起，这样，所听太杂，事务繁杂，同样也会对政事有害。所以制定了法律而不再讨论研究，那么法令没有涉及的事情就会被废弃不管。规定了各级官吏的职权范围而不彼此沟通，那么职权范围没有涉及的地方就会漏空。所以制定了法律而又加以讨论研究，规定了官吏的职权范围而又彼此沟通，那就不会有隐藏的图谋，不会有遗漏的善行，而各种工作也就不会失误，若非君子是不能做到这样的。公正是处理政事的原则；宽严适中是处理政事的准绳。那些有法律依据的就按照法律来办理，没有法律条文可遵循的就按法令以类相推来办理，这是处理政事的最佳措施。偏袒而无原则，是处理政事的歧途。所以，有了完善的法制而产生动乱是出现过的；有了德才兼备的君子而国家动乱，从古到今还不曾听说过。古书上说："国家的安定是由于君子，国家的动乱则来自小人。"说的就是这个道理。

【原文】 分均则不偏①，势齐则不壹，众齐则不使。有天有地而上下有差，明王始立而处国有制。夫两贵之不能相事，两贱之不能相使，是天数也。势位齐而欲恶同，物不能澹则必争②；争则必乱，乱则穷矣。先王恶其乱也，故制礼义以分之，使有贫富贵贱之等，足以相兼临者③，是养天下之本也。《书》曰："维齐非齐④。"此之谓也。

【注释】 ①偏：部属。这里用作动词，表示上下的统属关系。②澹：通"赡"，满足。③相兼临：全面进行统治。④维齐非齐：引文见《尚书·吕刑》，本义为"要整齐不整齐的东西"。但荀子引此句是表示要上下齐一，就必须有等级差别。

【译文】 名分等级拉平了就不能有所统属，势位权力相同了就难以统一，大家平等了就无法役使。自从有了天地就有了上和下的差别；贤明的君主一登上王位，治理国家就有了一定的等级制度。同样高贵的两个人不能互相侍奉，同样卑贱的两个人不能互相役使，这是必然的现象。人们的权势地位相等，爱好与厌恶也必相同，而财物不能满足需要，就肯定会发生争夺；相争一定会引起混乱，社会混乱就会导致国家危机。古代的圣明君王痛恨这种混乱，所以制定了礼义来加以区分，使人们有贫穷与富裕、高贵与卑贱的差别，使自己能够凭借这些差别来全面统治他们，这是治理天下的根本原则。《尚书》上说："要做到整齐划一，关键在于不整齐划一。"说的就是这个道理。

【原文】 马骇舆则君子不安舆；庶人骇政则君子不安位。马骇舆则莫若静之；庶人骇政则莫若惠之。选贤良，举笃敬，兴孝弟①，收孤寡②，补贫穷，如是，则庶人安政矣。庶人安政，然后君子安位。传曰："君者，舟也；庶人者，水也。水则载舟，水则覆舟。"此之谓也。

【注释】 ①弟：同"悌"。②孤寡：少而无父者谓之孤，老而无夫者谓之寡。

【译文】 驾车的马受惊狂奔，那么君子就不能稳坐车上；百姓被苛政惊扰，那么君子就不能稳坐江山。驾车的马受惊，最好的办法就是让它安静下来；百姓被苛政惊扰，最好的办法就是给他们恩惠。选用贤良之人，提拔忠厚恭谨之人，提倡孝顺父母、敬爱兄长，收养孤儿寡妇，资助贫穷的人，像这样，百姓就服从统治了。百姓服从统治，然后君子的统治地位才能稳固。古书上说："君王好比船；百姓好比水。水能浮起船，也能掀翻船。"说的就是这个道理。

【原文】 故君人者，欲安则莫若平政爱民矣，欲荣，则莫若隆礼敬士矣，欲立功名则莫若尚贤使能矣，是君人者之大节也。三节者当，则其余莫不当矣；三节者不当，则其余虽曲当，犹将无益也。孔子曰："大节是也，小节是也，上君也。大节是也，小节一出焉，一入焉，中君也。大节非也，小节虽是也，吾无观其余矣。"

【译文】 所以统治人民的君主，要想安定，就没有比公平执政、爱护人民更好的了，要想显荣，就没有比尊崇礼义、敬重士人更好的了，要想建立功名，就没有比推崇贤良、任用能人更好的了。这些是当君主的关键。这三个关键都做得恰当，那么其余的就没有什么不当了。这三个关键做得不恰当，那么其余的即使处处恰当也于事无补，孔子说："大的方面对，小的方面也对，这是上等的君主；大的方面对，小的方面有些出入，这是中等的君主；大的方面错了，小的方面即使对，我不必再看其余的也知道这是下等的君主了。"

【原文】 成侯、嗣公①，聚敛计数之君也，未及取民也；子产②，取民者也，未及为政也；管仲③，为政者也，未及修礼也。故修礼者王，为政者强，取民者安，聚敛者亡。故王者富民，霸者富士，仅存之国富大夫，亡国富筐箧，实府库。筐箧已富，府库已实，而百姓贫，夫是之谓上溢而下漏，入不可以守，出不可以战，则倾覆灭亡可立而待也。故我聚之以亡，敌得之以强。聚敛者，召寇、肥敌、亡国、危身之道也，故明君不蹈也。

【注释】 ①成侯：战国时卫国国君，名遫（或作不逝），公元前361～前333年在位。嗣公：即卫嗣君（秦贬其号曰"君"），卫国国君，卫成侯之孙，公元前324～前283年在位。②子产：姓公孙，名侨，春秋时郑国政治家，公元前554年为卿，公元前543年执政，在郑国实行改革，并推行法治。③管仲：春秋时齐国政治家，曾辅佐齐桓公称霸诸侯，成为春秋时期第一个霸主。其主要言论和思想保留在《国语·齐语》和《管子》一书中。

【译文】 卫成侯、卫嗣公，是搜刮民财、工于算计的国君，没能做到取得民心；子产，是取得民心的人，却没能做到刑赏治国；管仲，是做到了刑赏治国的人，但没能做到推行礼义。做到礼义的能成就帝王之业，善于刑赏治国的能使国家强大，可以取得民心的能使国家安定，搜刮民财的会使国家灭亡。称王天下的君主使民众富足，称霸诸侯的君主使武士富足，勉强维持的国家使大夫富足，亡国的君主只装满了自己的筐子、箱子和朝廷的仓库。自己的筐子、箱子和仓库塞满了，而百姓则陷入贫困，这叫作上面满溢而下面漏空。这样的国家，内不能防守，外不能出战，那么它的灭亡将立刻到来。自己搜刮民财以致灭亡，敌人得到这些财物反而富强。搜刮民财，实是招致侵略、养肥敌人、灭亡本国、危

害自身的道路,所以贤明的君主是不走这条路的。

【原文】 王夺之人①,霸夺之与,强夺之地。夺之人者臣诸侯,夺之与者友诸侯,夺之地者敌诸侯。臣诸侯者王,友诸侯者霸,敌诸侯者危。

【注释】 ①夺之人:争取人心。夺,夺取,争取。

【译文】 成帝王之业的争取民众,称霸诸侯的争取友邦,以力服人的争夺土地。争取民众的可以使诸侯臣服,争取友邦的可以使诸侯为友,争夺土地的会使诸侯敌对。使诸侯臣服的能称王天下,同诸侯友好的能称霸诸侯,和诸侯为敌的就危险了。

【原文】 用强者,人之城守,人之出战,而我以力胜之也,则伤人之民必甚矣。伤人之民甚,则人之民恶我必甚矣;人之民恶我甚,则日欲与我斗。人之城守,人之出战,而我以力胜之,则伤吾民必甚矣。伤吾民甚,则吾民之恶我必甚矣;吾民之恶我甚,则日不欲为我斗。人之民日欲与我斗,吾民日不欲为我斗,是强者之所以反弱也。地来而民去,累多而功少,虽守者益,所以守者损,是大者之所以反削也。诸侯莫不怀交接怨而不忘其敌,伺强大之间,承强大之敝①,此强大之殆时也。知强大者不务强也,虑以王命全其力。凝其德。力全则诸侯不能弱也,德凝则诸侯不能削也,天下无王霸主②则常胜矣。是知强道者也。

【注释】 ①敝:疲惫,衰败。②此处"王"为衍字。

【译文】 单纯依靠强大武力的君主,对方或者据城坚守,或者出城迎战,而我方却想用武力去战胜他们,那么对方的百姓必然受到严重伤害。对方的百姓受到严重伤害,那么必然极其仇恨我方。极其仇恨我方,就会天天想和我方战斗。对方或者据城坚守,或者出城迎战,而我方却想用武力去战胜他们,那么本国百姓必然受到严重伤害。本国百姓受到严重伤害,那么必然极其仇恨我方。极其仇恨我方,那就天天不想为我方战斗。对方的百姓天天想和我战斗,我方的百姓越来越不愿为我战斗,这就是强国反而变弱的原因。夺来土地而失却民心,负累增多而功效甚少,虽然需要守卫的土地增加了,但用来守卫土地的人却减少了,这就是大国反而被削弱的原因。诸侯无不互相结交、心怀怨恨而不忘记他们的共同敌人,他们窥伺强国的破绽,趁其凋敝来进攻,这就是强国的危险时刻了。懂得强大之道的君主不单纯倚仗武力强大,而是以王天下为自己的使命,使自己实力强大,威望巩固。实力强大了,各国诸侯就不能削弱它,威望巩固了,各国诸侯就不能损害它,天下不恃称霸的君主,才能常胜。这是懂得强大之道的君主。

【原文】 彼霸者不然。辟田野,实仓廪,便备用①,案谨募选阅材伎之士②,然后渐庆赏以先之③,严刑罚以纠之。存亡继绝,卫弱禁暴,而无兼并之心,则诸侯亲之矣;修友敌之道以敬接诸侯④,则诸侯说之矣⑤。所以亲之者,以不并也,并之见则诸侯疏矣⑥;所以说之者,以友敌也,臣之见则诸侯离矣。故明其不并之行,信其友敌之道,天下无王,霸主则常胜矣^⑦。是知霸道者也。

【注释】　①便:使……便于使用,改进。备用:兵革器具。②案:语助词,无实义。阅:容纳。伎:技能。③渐:加重。先:引导。④敌:对等。⑤说:同"悦"。⑥见:同"现"。⑦霸主:应为衍字。

【译文】　那些奉行霸道的君主就不是这样。他开垦田地,充实粮仓,改进设备器用,严格谨慎地招募、选拔、接纳有才能技艺的士人,然后用重赏来诱导他们,用严刑来约束他们;使将要灭亡的国家能存在下去,使灭亡了的国家的后代能继续祭祀祖先,保护弱小的国家,制止残暴的国家,却无吞并别国的野心,那么各诸侯国就会亲附;遵行友好平等的原则去恭敬地对待各诸侯国,那么各诸侯国就会悦服。各诸侯国之所以亲附,是因为自己不吞并别国,如果吞并的野心暴露出来,那么各诸侯国就会疏远。各诸侯国之所以悦服,是因为自己遵行友好平等的原则;如果使臣服诸侯的意图暴露出来,那么各国诸侯就会背离。所以,表明自己并无吞并别国的念头,信守友好平等的原则,天下如果没有成就王业的君主,这奉行霸道的君主就能常胜了。这是懂得称霸之道的君主。

【原文】　闵王毁于五国^①,桓公劫于鲁庄^②,无它故焉,非其道而虑之以王也。

【注释】　①闵王:即齐闵王,或作齐湣王、齐愍王,战国时齐国国君,他在位时齐国曾一度强盛,也曾被燕、秦、魏、韩、赵等五国打败。②桓公劫于鲁庄:桓公五年(公元前681年),齐桓公与鲁庄公在柯订立盟约,庄公之臣曹沫以匕首胁迫齐桓公归还鲁国被齐国所侵占的领土汶阳之田,齐桓公只得答应。后人大多认为此事出于战国人杜撰。桓公,齐桓公,春秋时齐国国君。鲁庄,即鲁庄公,春秋时鲁国国君。

齐桓公像

【译文】　齐闵王被五国联军击败,齐桓公被鲁庄公的臣子劫持,没有其他的原因,就是因为他们实行的不是王道却想以此来称王。

【原文】　彼王者不然,仁眇天下^①,义眇天下,威眇天下。仁眇天下,故天下莫不亲也;义眇天下,故天下莫不贵也;威眇天下,故天下莫敢敌也。以不敌之威,辅服人之道,故不战而胜,不攻而得,甲兵不劳而天下服,是知王道者也。知此三具者^②,欲王而王,欲霸而霸,欲强而强矣。

【注释】　①眇:高。②三具:指上文所述或强、或霸、或王的条件。具,条件。

【译文】　那些奉行王道的君主就不是这样。他的仁德高于天下,道义高于天下,威严高于天下。仁德高于天下,所以天下没有人不亲近他。道义高于天下,所以天下没有人不尊重他。威严高于天下,所以天下没有谁敢与其为敌。拿不可抵挡的威严辅助使人

心悦诚服的仁义之道，那么无须战斗即可胜利，不必进攻就能得到，不用一兵一甲而使天下归服，这是懂得称王之道的君主。懂得了这三种条件的君主，想要称王就能称王，想要称霸就能称霸，想要致强就能致强。

【原文】　王者之人①：饰动以礼义②，听断以类③，明振毫末，举措应变而不穷。夫是之谓有原。是王者之人也。

【注释】　①人：指君主及其大臣。②饰：通"饬"，整饬。③听断：处理决断事情。

【译文】　能够成就王业的人：都是能用礼义来约束行为，能遵照法度来处理政事，明察秋毫，能随各种变化采取相应措施而不会束手无措。这叫作掌握了政事的根本。这就是能够实现王道的人。

【原文】　王者之制：道不过三代，法不贰后王①。道过三代谓之荡②，法贰后王谓之不雅③。衣服有制，宫室有度，人徒有数④，丧祭械用皆有等宜，声则凡非雅声者举废，色则凡非旧文者举息，械用则凡非旧器者举毁。夫是之谓复古。是王者之制也。

【注释】　①贰：背离，违背。②荡：荒远，引申为渺茫。③不雅：不正。④人徒：仆役随从。

【译文】　奉行王道的君主所实行的制度是：奉行的政治原则不超出夏、商、周三代，实行的法度不背离当代的帝王。政治原则超过了三代就太渺茫，法度背离了当代的帝王便叫作不正。不同级别的人着装各有规格，住房各有标准，侍从各有定数，丧葬祭祀用的器具各有等级。音乐凡不合正声的全部废除，色彩凡不合乎原色的全部禁止，器具凡不合旧制的全部毁弃。这就是复古。这就是奉行王道的君主所实行的制度。

【原文】　王者之论①：无德不贵，无能不官，无功不赏，无罪不罚，朝无幸位，民无幸生，尚贤使能而等位不遗；折愿禁悍而刑罚不过②。百姓晓然皆知夫为善于家而取赏于朝也，为不善于幽而蒙刑于显也。夫是之谓定论。是王者之论也。

【注释】　①论：通"伦"，等类，指用人的方针。②折：抑制。愿：通"偄"，狡诈。

【译文】　奉行王道的君主选用人的方针是：没有德行的不给他尊贵的位置，没有才能的不授予他官爵，没有功劳的不赐予他奖赏，没有罪过的不对他加以处罚。朝廷上没有侥幸获得官位的，百姓中没有触犯法律侥幸逃生的。崇尚贤德，任用才能，授予相适应的地位而无偏差；制裁狡诈，禁止凶暴，施加相适应的刑罚而不过分。使百姓都明白地知道：即使在家里行善修德，也能取得朝廷的奖赏；即使在暗地里为非作歹，也会在光天化日之下受到惩处。此乃公认的用人方针。这就是奉行王道的君主选用人的方法。

【原文】　王者之法①：等赋、政事②，财万物③，所以养万民也。田野什一，关市几而不征④，山林泽梁以时禁发而不税⑤。相地而衰政⑥，理道之远近而致贡，通流财物粟米，无有滞留，使相归移也⑦。四海之内若一家。故近者不隐其能，远者不疾其劳，无幽闲隐僻

之国莫不趋使而安乐之⑧。夫是之谓人师⑨,是王者之法也。

【注释】 ①王者之法:指具体的经济政策。原无"法"字,据上文体例补。②政:通"正",治。③财:通"裁",裁断。④几:检查。⑤泽梁:指代湖泊河流等可供发展渔业的内陆水域。泽,湖泊。梁,河堤。⑥衰:等差。政:通"征"。⑦归:通"馈",供给。移:运输流通。⑧无:即使。⑨人师:人们的表率、榜样。

【译文】 奉行王道的君主的经济政策是:规定好赋税等级,管理好民众事务,管理好万物,来养育亿万民众。农田征收十分之一的田税,关卡和集市只进行检查而不征税,山林湖堤按时封闭和开放而不收税。察看土地的肥瘠来区别征税数额,区分道路的远近来规定进贡数量。使财物和粮食及时流通而无积压,使各地互通有无彼此供给,四海之内就像一家人一样。所以附近的人不隐藏自己的才能,偏远的人不在乎奔走的劳苦,即使是遥远偏僻的国家也无不乐于前来归附并听从驱使。这种君主叫作民众的师表。这就是奉行王道的君主所实行的法度。

【原文】 北海则有走马吠犬焉,然而中国得而畜使之;南海则有羽翮、齿革、曾青、丹干焉①,然而中国得而财之②;东海则有紫、绤、鱼、盐焉③,然而中国得而衣食之;西海则有皮革、文旄焉④,然而中国得而用之。故泽人足乎木,山人足乎鱼,农夫不斲削、不陶冶而足械用,工贾不耕田而足菽粟。故虎豹为猛矣,然君子剥而用之。故天之所覆,地之所载,莫不尽其美、致其用,上以饰贤良,下以养百姓,而乐安之。夫是之谓大神⑤。《诗》曰:"天作高山,大王荒之。彼作矣,文王康之⑥。"此之谓也。

【注释】 ①羽翮:指鸟类羽毛,可做装饰品。翮,鸟羽中间的茎状部分,中空透明。曾青:矿物质,铜的化合物,色青,可供绘画及熔化黄金。一说即碳酸铜。丹干:同"丹矸",硃砂,又叫丹砂,即硫化汞。②财:通"裁",指根据情况安排使用。③紫:读作"缔",细麻布。绤:读作"绤",粗葛布。④文旄:指有花纹的牦牛尾。文,花纹,纹理。旄,古代用牦牛尾做装饰的旗子。⑤神:治。《荀子·儒效》:"尽善挟治之谓神。"⑥"天作"四句:引诗见《诗经·周颂·天作》。大王,太王,指古公亶父。文王,周文王。荒,大,名望增大。康,安定。

【译文】 北方有赛马和猎狗,而中原各国可以得到并畜养役使它们;南方有羽毛、象牙、犀牛皮、铜精、朱砂,而中原各国可以得到并利用它们;东方有粗细麻布、鱼、盐,而中原各国可以得到并以其为衣食;西方有皮革和色彩斑斓的牦牛尾,而中原各国可以得到并使用它们。所以渔民会有足够的木材,樵夫会有足够的鲜鱼,农民不必砍削、烧窑、冶炼而有足够的器具,工匠、商人不种地而有足够的粮食。虎、豹够凶猛了,但是君子能够剥下它们的皮来使用。所以天所覆盖的,地所承载的,无不充分发挥其效用,上可以展示君子的尊贵,下可以供养百姓使之安乐。这叫作大治。《诗经》上说:"天生成了高大的岐

中华传世藏书

国学经典文库 荀子

图文珍藏版

山,太王使它名声增大;太王已经使它名声增大啊,文王又使它安定。"说的就是这个意思。

【原文】 以类行杂,以一行万,始则终,终则始,若环之无端也,舍是而天下以衰矣。天地者,生之始也;礼义者,治之始也;君子者,礼义之始也。为之,贯之,积重之,致好之者,君子之始也。故天地生君子,君子理天地。君子者,天地之参也①,万物之总也,民之父母也。无君子则天地不理,礼义无统,上无君师,下无父子,夫是之谓至乱。君臣、父子、兄弟、夫妇,始则终,终则始,与天地同理,与万世同久,夫是之谓大本。故丧祭、朝聘、师旅一也②。贵贱、杀生、与夺一也。君君、臣臣、父父、子子、兄兄、弟弟一也。农农、士士、工工、商商一也。

【注释】 ①参:参与,配合。指人有治天时、地财和社会的能力。参见《天论》。②朝聘:古时诸侯定期入都朝见天子。师旅:古时军队中的编制,泛指军队。

【译文】 按类别治理各种纷繁复杂的事物,用统一的法则去治理万事万物,从始到终,周而复始,就像圆环一样没有终端,如果舍弃了这个原则,那么天下就要衰败了。天地是生命的本源,礼义是治国的本源,君子是礼义的本源。制定礼义,推行礼义,培养礼义,到达爱好礼义的地步,是成为君子的本源。所以天地生养君子,君子治理天地。君子是与天地相参配的人,是万物的总管、百姓的父母。没有君子,天地就不能治理,礼义就没有头绪,上无君主、师长的尊严,下无父子之间的伦理道德,这就叫作大乱。君臣、父子、兄弟、夫妻之间的伦理关系,从始到终,从终到始,与天地有上下之分是相同的道理,与千秋万代一样长久,这叫作最大的本源。所以丧葬祭祀的礼仪、诸侯定期朝见天子的礼仪、军队中的礼仪,都是遵循同一道理。使人高贵或卑贱、将人处死或赦免、给人奖赏或处罚,都是遵循同一道理。君主要像个君主、臣子要像个臣子、父亲要像个父亲、儿子要像个儿子、兄长要像个兄长、弟弟要像个弟弟,其道理是一样的。农民要像个农民、读书人要像个读书人、工人要像个工人、商人要像个商人,都是遵循同一道理。

【原文】 水火有气而无生①,草木有生而无知,禽兽有知而无义,人有气、有生、有知,亦且有义,故最为天下贵也。力不若牛,走不若马,而牛马为用,何也?曰:人能群,彼不能群也。人何以能群?曰:分。分何以能行?曰:义。故义以分则和,和则一,一则多力,多力则强,强则胜物,故宫室可得而居也。故序四时,裁万物,兼利天下,无它故焉,得之分义也。故人生不能无群,群而无分则争,争则乱,乱则离,离则弱,弱则不能胜物,故宫室不可得而居也,不可少顷舍礼义之谓也。

【注释】 ①气:古代哲学概念,指构成宇宙万物的元素。

【译文】 水、火有气却没有生命,草木有生命却没有知觉,禽兽有知觉却不讲礼义,人有气、有生命、有知觉,而且讲究礼义,所以人在天下万物中最为尊贵。人的力气不如

牛大。奔跑不如马快,但牛、马却被人役使,这是为什么呢?就是因为:人能结成社会群体,而它们不能。人为什么能结成社会群体?就是因为有等级名分。等级名分为什么能实行?就是因为有礼义。所以,按礼义确定名分人们就能和睦协调,和睦协调就能团结一致,团结一致力量就大,力量大了就强盛,强盛了就能战胜外物,所以人才有可能在房屋中安居。人能按照四季顺序管理好万事万物,使天下都受益,这并没有其他缘故,就是因为有名分和礼义。所以人要生存就不能没有社会群体,但结成了社会群体而没有等级名分的限制就会发生争夺,争夺就会产生动乱,产生动乱就会离散,离散就会削弱力量,力量弱了就不能胜过外物,所以也就不能在房屋中安居了,这就是说人不能片刻舍弃礼义。

【原文】 能以事亲谓之孝,能以事兄谓之弟,能以事上谓之顺,能以使下谓之君。君者,善群也①。群道当则万物皆得其宜,六畜皆得其长②,群生皆得其命。故养长时则六畜育,杀生时则草木殖,政令时则百姓一,贤良服。

【注释】 ①君者,善群也:这里用"群"字来解释"君",以语音相近的字来解释字义,是我国古代训诂学中的"声训"传统,这种方法往往能揭示词汇间的同源现象。②六畜:六种家畜,即马、牛、羊、鸡、狗、猪。

【译文】 能够按礼义来侍奉父母的叫作孝,能够按礼义来侍奉兄长的叫作悌,能够按礼义来侍奉君主的叫作顺,能够按礼义来役使臣民的叫作君。所谓君,就是善于把人组织成社会群体的意思。组织社会群体的原则恰当,那么万物都能得到合宜的安排,六畜都能得到应有的生长,一切生物都能得到应有的寿命。所以养殖适时,六畜就生育兴旺,砍伐种植适时,草木就繁殖茂盛,政策法令适时,百姓就能统一,有德才的人就能悦服。

【原文】 圣王之制也,草木荣华滋硕之时则斧斤不入山林①,不夭其生,不绝其长也;鼋鼍、鱼鳖、鳅鳝孕别之时②,罔罟、毒药不入泽③,不夭其生,不绝其长也;春耕、夏耘、秋收、冬藏四者不失时,故五谷不绝而百姓有余食也;洿池、渊沼、川泽谨其时禁④,故鱼鳖优多而百姓有余用也;斩伐养长不失其时,故山林不童而百姓有余材也。

圣王之用也,上察于天,下错于地⑤,塞备天地之间,加施万物之上,微而明,短而长,狭而广,神明博大以至约。故曰:一与一⑥,是为人者,谓之圣人。

【注释】 ①荣华:草本植物开花叫"荣",木本植物开花叫"华"。②鼋:大鳖,背青黄色,头有疙瘩,俗称癞头鼋。鼍:扬子鳄,俗称猪婆龙。鳝:同"鳝"。别:指离别母体,即生育。③罔:网。罟:网的通称。④洿池:蓄水的池塘。洿,停积不流的水。渊:深水潭。沼:水池。川:河流。泽:湖泊。⑤错:通"措",采取措施。⑥与:通"举",统率。

【译文】 圣明帝王的制度是:草木正在开花生长的时候,不准进山采伐,这是为了不

妨害它们的生长和繁殖；鼋、鼍、鱼、鳖、泥鳅、鳝鱼等受孕产卵的时候，渔网、毒药不准投入湖泽，这是为了不妨害它们的生长和繁殖；春天耕种、夏天锄草、秋天收获、冬天储藏，这四件事都不误时节，五谷就会不断生长而百姓便有余粮；池塘、水潭、河流、湖泊，严禁在规定时期内捕捞，鱼、鳖就会丰饶繁多而百姓便食之不尽；树木的砍伐与培植不误时节，山林就不会光秃秃的而老百姓便会有富余的木材。

圣明帝王的作用是：上能明察天时的变化，下能安排好土地的开发；其作用充满天地之间，施加到万物之上，隐微而又显著，短暂而又久长，狭窄而又广阔，圣明博大却又极为简约。所以说：以统一的礼义原则来统率一切事物的人，就叫作圣人。

【原文】 序官：宰爵知宾客、祭祀、飨食、牺牲之牢数①，司徒知百宗、城郭、立器之数②，司马知师旅、甲兵、乘白之数③。修宪命，审诗商④，禁淫声，以时顺修，使夷俗邪音不敢乱雅⑤，大师之事也⑥。修堤梁，通沟浍⑦，行水潦⑧，安水臧⑨，以时决塞，岁虽凶败水旱，使民有所耘艾⑩，司空之事也⑪。相高下，视肥垆⑫，序五种，省农功，谨蓄藏，以时顺修，使农夫朴力而寡能，治田之事也。修火宪，养山林薮泽草木鱼鳖百索⑬，以时禁发，使国家足用而财物不屈⑭，虞师之事也⑮。顺州里⑯，定廛宅⑰，养六畜，闲树艺⑱，劝教化，趋孝弟⑲，以时顺修，使百姓顺命，安乐处乡，乡师之事也⑳。论百工，审时事，辨功苦㉑，尚完利，便备用，使雕琢文采不敢专造于家，工师之事也㉒。相阴阳㉓，占祲兆㉔，钻龟陈卦㉕，主禳择五卜㉖，知其吉凶妖祥，伛巫、跛击之事也㉗。修采清㉘，易道路，谨盗贼，平室律㉙，以时顺修，使宾旅安而货财通，治市之事也。抃急禁悍㉚，防淫除邪，戮之以五刑㉛，使暴悍以变，奸邪不作，司寇之事也㉜。本政教，正法则，兼听而时稽之，度其功劳，论其庆赏，以时慎修，使百吏免尽而众庶不偷㉝，冢宰之事也。论礼乐，正身行，广教化，美风俗，兼覆而调一之，辟公之事也㉞。全道德，致隆高，綦文理㉟，一天下，振毫末，使天下莫不顺比从服，天王之事也。故政事乱则冢宰之罪也；国家失俗则辟公之过也；天下不一，诸侯俗反㊱，则天王非其人也。

【注释】 ①宰爵：官名。掌管接待宾客、祭祀时供应酒食祭品等事务。宰，主管。爵，古代酒器。知：掌管。飨：用酒食招待人。牺牲：供祭祀用的牛、羊、猪等牲畜。牢：指祭祀的牲品。古代以猪、牛、羊三牲称作太牢。猪、羊二牲称为少牢。②司徒：官名，掌管民政与教化。③司马：官名，掌管军队。师旅：泛指军队。古代军制以二千五百人为师、五百人为旅。乘白：车马士兵。剩，四马一车为一乘。白，通"伯"，古代军队的编制，十人为什，百人为伯。④商：通"章"，乐章。⑤夷俗：指野蛮落后的风俗习惯。夷，古代对少数民族的蔑称。⑥大师：乐官之长。大，同"太"。⑦浍：田间的大沟渠。沟宽、深各四尺，浍宽、深各一丈六尺。⑧潦：积水。⑨臧：同"藏"，储藏之处。⑩艾：通"刈"，收割。⑪司空：主管农田水利工程的长官。⑫垆：土质坚硬而不肥沃。⑬百索：对山林薮泽的各种需求，

如伐木、捕鱼之类。⑭屈:竭,尽。⑮虞师:管理山林湖泊的长官。⑯州里:周代二千五百家为州,二十五家为里。本为行政单位,此处泛指乡里。⑰廛宅:市场上的店铺叫"廛",居民区的住所叫"宅"。⑱闲:学习。树艺:种植。栽植称"树",播种称"艺"。⑲趋:敦促,促使。弟:同"悌"。⑳乡师:周代行政长官,一乡辖五州(一万二千五百家,参上注)。㉑功:精善。苦:通"盬",粗劣。㉒工师:管理手工制造的长官。㉓阴阳:古代思想家认为,万物的构成皆有一对正反矛盾的基本元素,二者对立统一又此消彼长,谓之阴阳。天地、日月、昼夜、男女等等皆分属阴阳。万物的生成、变化、发展、衰落都取决于阴阳的转化,所以预测事物发展趋势就要观察阴阳。㉔占:观察征兆来预测吉凶。祲:象征不祥的云气。㉕钻龟:古代占卜之法,在龟底板上钻孔,烧烤钻孔处使其出现裂纹,根据裂纹预测吉凶。陈卦:古代占卜之法,用四十九根蓍草按一定的方式计算,把得出的奇数偶数作为阴阳符号,排列成卦,以此来推断吉凶。古人用卜和筮两种迷信方法推断吉凶,遇到大事先筮后卜。㉖禳:古代以祭祷来排除灾祸的一种迷信活动。择:选择吉日,古时祭祀、婚嫁、安葬等,均须选吉日而行。五卜:指占卜时龟板上出现的五种兆形,即雨兆(雨点状)、雾兆(云雾状)、蒙兆(阴云状)、驿兆(云气断而不连状)、克兆(云形交错状)。详见《尚书·洪范》。㉗击:读为"觋"。古代专职卜卦者,男称觋,女称巫。㉘采清:等于说"粪溷",粪坑、厕所的意思。采,即古"屎"字。清,通"圊",厕所。㉙室律:室,当是"质"之音误,贸易时买方抵押给卖方的代金券。因为它具有法律效力,所以称"质律"。㉚扜急:为"折愿"之误。㉛五刑:五种轻重不同的刑法,各时代内容不尽相同。古代以墨(脸上刺字后涂墨)、劓(割鼻)、剕(断脚)、宫(割掉生殖器)、大辟(砍头)为五刑。㉜司寇:主管司法的最高长官。㉝免:通"勉",努力。尽:指尽心。㉞辟公:诸侯。㉟綦文理:使礼义法度极为完善。㊱俗:通"欲"。

【译文】 说说官吏的职责:宰爵掌管接待宾客和祭祀时供给酒食和牺牲的数量,司徒掌管宗族的世系人口和城郭器械的数量,司马掌管军队和铠甲、兵器、车马、士兵的数量。修订法令,审查诗歌乐章,禁止淫邪的音乐,根据时势进行整顿,使蛮夷的风俗和淫邪的音乐不敢扰乱正声雅乐,这是太师的职责。修理堤坝桥梁,疏通沟渠,引水排涝,修固水库,根据时势来放水蓄水,即使是歉收或旱涝不断的凶年,也能使民众能够耕耘而有所收获,这是司空的职责。观察地势的高低,识别土质的肥沃与贫瘠,合理安排各种农作物的种植季节,检查农事,认真储备,根据时势进行整顿,使农民朴实勤劳地耕作而不旁骛,这是农官的职责。制订防火的条令,养护山林、湖泊中的草木、鱼鳖,对于人们的各种需求。按照时节来禁止或开放,使国家有足够用的物资而不匮乏,这是虞师的职事。和顺乡里,划定店铺与民居的区域,使百姓饲养六畜、熟习种植,鼓励人们接受教育感化,促使人们孝顺父母、敬爱兄长,根据时势进行整顿,使百姓服从命令,安居乡里,这是乡师的

职责。考察各类工匠的手艺,审察各个时节的生产事宜,鉴定产品质量的好坏,重视产品的坚固好用,储藏设备用具便于使用,使雕刻图案的器具与有彩色花纹的礼服不敢私自制造,这是工师的职责。观察阴阳的变化,视云气来预测吉凶,钻灼龟甲,排列蓍草以观卦象,掌管五占,预见吉凶祸福,这是驼背女巫与跛脚男巫的职责。整治厕所,平整道路,严防盗贼,公正地审定贸易债券,根据时势来整治,使商人旅客安全而货物钱财顺畅流通,这是治市的职责。制裁狡猾奸诈的人,禁锢凶狠强暴的人,防止淫乱,铲除邪恶,用五种刑罚来惩治罪犯,使强暴凶悍的人有所转变,使淫乱邪恶的事不再发生,这是司寇的职责。把政治教化作为治国的根本,修正法律准则,多方听取意见并按时对臣属进行考核,衡量功绩,评定奖赏,根据时势进行整顿,使各级官吏都尽心竭力而老百姓都不敢苟且,这是冢宰的职责。重视礼乐,端正行为,推广教化,改善风俗,管理百姓使之协调一致,这是诸侯的职责。完善道德,追求崇高的政治,崇尚文理,统一天下,即使是微小事都能振兴,使天下没有谁不归顺悦服,这是天王的职责。所以政事混乱,就是冢宰的罪过;国家风俗败坏,就是诸侯的过错;天下不统一,诸侯想造反,那便是因为天子不是理想的人选。

【原文】 具具而王①,具具而霸,具具而存,具具而亡。用万乘之国者,威强之所以立也,名声之所以美也,敌人之所以屈也,国之所以安危臧否也②,制与在此,亡乎人③。王、霸、安存、危殆、灭亡,制与在我,亡乎人。夫威强未足以殆邻敌也,名声未足以县天下也④,则是国未能独立也,岂渠得免夫累乎⑤!天下胁于暴国,而党为吾所不欲于是者⑥,日与桀同事同行,无害为尧,是非功名之所就也,非存亡安危之所堕也⑦。功名之所就,存亡安危之所堕,必将于愉殷赤心之所⑧。诚以其国为王者之所,亦王;以其国为危殆灭亡之所,亦危殆灭亡。

【注释】 ①具具:前"具"为动词,具备;后"具"为名词,条件。②臧否:好坏。此为偏义表达,偏指"安""臧","危""否"无义。③与:通"举",都。亡:无,不。④县:同"悬",挂。此句指挂在天下人嘴边,到处传扬。⑤渠:通"讵",岂。⑥党:同"倘",倘若。⑦存亡安危:偏指"存""安"。堕:当为"随"字之误。⑧愉殷:当殷盛之时而愉乐。愉,愉快。殷,强盛。

【译文】 具备了相应的条件就能够称王,具备了相应的条件就可以称霸,具备了相应的条件就能安存,具备了相应的条件就会灭亡。治理拥有万乘兵车的大国的君王,其威势之所以确立,其名声之所以美好,其敌人之所以屈服,其国家之所以安全发达,关键在于自身而不在别人。是称王还是称霸,是平安生存还是危殆乃至灭亡,关键都在自身而不在别人。威势还不足以震慑相邻的敌国,名声还没有使天下有口皆碑,那么这国家还不能独立,哪里能够免除忧患呢?天下被强暴的国家所胁迫,而倘若这种情况是我方所不愿接受的,那么即使天天与桀那样的暴君一同做事和行动,也不妨害自己成为尧那

样的贤君,所以说这不是成就功名的关键,也不是存亡安危的根本原因。成就功名的关键,存亡安危的根本原因,必定取决于国家富强时真心赞同什么与反对什么。如果一心要把自己的国家变成一个实行王道的地方,也就能成就帝王之业;如果要把自己的国家变成危机四伏、覆亡在即的地方,也就会危险乃至灭亡。

【原文】 殷之日,案以中立无有所偏而为纵横之事①,偃然案兵无动②,以观夫暴国之相卒也③。案平政教,审节奏④,砥砺百姓,为是之日,而兵刬天下劲矣⑤;案修仁义,伉隆高⑥,正法则,选贤良,养百姓,为是之日,而名声刬天下之美矣。权者重之,兵者劲之,名声者美之。夫尧、舜者,一天下也,不能加毫末于是矣。

【注释】 ①案:语助词,无实义。无:通"毋",不要。纵:南北为纵,此指合纵。战国时苏秦主张齐、楚、燕、韩、赵、魏六国结成联盟对抗秦国。以六国地理位置上成南北向,故称"合纵"。横:东西为横,此指连横。秦国为了对付合纵,采纳张仪的主张,与六国分别结盟以各个击破。以秦国在六国之西,东西联合,故称"连横"。②案:通"按"。③卒:通"捽",冲突,对打。④节奏:指礼义制度。⑤刬:专擅,独占。⑥伉:达到极点。

【译文】 在富强的时候,要保持中立,不要有所偏袒而参与合纵连横,要偃旗息鼓、按兵不动,来静观那些残暴的国家互相争斗。要搞好政治教化,审察礼义制度,训练百姓,做到了这一点的时候,那么军队就是天下最为强劲的了;奉行仁义之道,追求崇高的政治环境,调整法令,选拔贤良,使百姓休养生息,做到了这一点的时候,那么名声就是天下最美好的了。使政权巩固,使军队强劲,使名声美好。就是尧、舜的一统天下,也不过如此而难以再增加一丝一毫了。

【原文】 权谋倾覆之人退,则贤良知圣之士案自进矣;刑政平,百姓和,国俗节,则兵劲城固,敌国案自诎矣;务本事,积财物,而勿忘栖迟薛越也①,是使群臣百姓皆以制度行,则财物积,国家案自富矣。三者体此而天下服②,暴国之君案自不能用其兵矣。何则? 彼无与至也。彼其所与至者,必其民也,其民之亲我也欢若父母,好我芳若芝兰;反顾其上则若灼黥③,若仇雠。彼人之情性也虽桀、跖④,岂有肯为其所恶贼其所好者哉? 彼以夺矣⑤。故古之人有以一国取天下者,非往行之也,修政其所莫不愿,如是而可以诛暴禁悍矣。故周公南征而北国怨⑥,曰:"何独不来也?"东征而西国怨,曰:"何独后我也?"孰能有与是斗者与? 安以其国为是者王。

【注释】 ①忘:通"妄",胡乱。栖迟:分散遗弃。薛越:同"屑越",碎落的意思,即搞得破碎散乱后又抛弃它。与"屑播"同义。②体:即"笃志而体""身体力行"之"体",与"行"同义。③灼:烧。黥:即墨刑,用刀在犯人的面额上刺字,再用墨涂在刺纹中。④桀:夏朝暴君。跖:春秋时人,传说为暴虐的盗贼。此喻残暴、贪婪之人。⑤以:通"已"。⑥周公:周文王子姬旦,辅佐武王灭纣建周,武王死后其子年幼,周公摄政,东征灭管叔等

人叛乱,周代礼乐制度相传亦为其所制订,被古人视为仁德之主。

【译文】 玩弄权术机谋进行倾轧陷害的小人被废黜了,那么贤能善良明智圣哲的君子自然就得到进用了;刑法政令宽严适中,百姓和睦,国家风俗合乎礼义,就能兵力强劲、城防坚固,那么敌国自然就屈服了;致力农耕、积聚财物而不随意挥霍糟蹋,使群臣百姓都按照制度来办事,财物积累、那么国家自然就富足了。用人、理政、理财这三个方面都能按上述去做,那么天下就会归顺,强暴之国的君主也就自然不能对我们动用武力了。为什么呢?因为他已经没有拥护者一起来侵略了。和他一起来侵略的,一定是他统治下的百姓;而他的百姓亲近我方就像亲近父母一样,喜欢我方就像酷爱芝兰的芬芳一样,而回头看他们的国君,却像看到烧伤皮肤、刺脸涂墨的罪犯一样厌恶,像看到了仇人一样愤怒。一个人的本性即便像夏桀、盗跖那样,难道肯为他所憎恶的人去残害他所喜爱的人吗?他们已经被我们争取过来了。所以古人有凭借一个国家而取得天下的,并不是靠武力前往掠夺,而是在本国内修明政治,结果没有人不愿归顺,像这样就可以铲除凶恶制止暴行了。所以周公征伐南方时北方的国家都抱怨说:"为什么单单不来我们这里呢?"征伐东方时西面的国家都抱怨说:"为什么单单把我们丢在后面呢?"谁能同这种人争斗呢?能在自己的国家做到这些的君主就能称王天下。

【原文】 殷之日,安以静兵息民,慈爱百姓,辟田野,实仓廪,便备用,安谨募选阅材伎之士;然后渐赏庆以先之,严刑罚以防之,择士之知事者使相率贯也,是以厌然畜积修饰而物用之足也①。兵革器械者,彼将日日暴露毁折之中原,我今将修饰之,抪循之②,掩盖之于府库。货财粟米者,彼将日日栖迟薛越之中野,我今将畜积并聚之于仓廪;材技股肱、健勇爪牙之士③,彼将日日挫顿竭之于仇敌,我今将来致之、并阅之、砥砺之于朝廷④。如是,则彼日积敝,我日积完;彼日积贫,我日积富;彼日积劳,我日积佚。君臣上下之间者,彼将厉厉焉日日相离疾也⑤,我今将顿顿焉日日相亲爱也⑥,以是待其敝。安以其国为是者霸。

【注释】 ①厌然:安然。②抪循:通"抪巡",抚慰,引申为爱护保养。③股肱:大腿和上臂。喻得力助手。④并:吞并,此处指包容、接纳。阅:容纳。⑤厉厉焉:嫉恨的样子。⑥顿顿焉:诚恳笃厚的样子。

【译文】 在国家强盛时,采取停止用力、休养人民的方针,爱护百姓,开垦田野,充实粮仓,储存设备器用以备使用,谨慎地招募、选拔、接纳有才能技艺的士人,然后加重奖赏来诱导他们,加重刑罚来约束他们,挑选其中明白事理的人统率他们,这样就可以积蓄粮食财物、修理改进器用设备,那么财富物资也就充足。兵革器械之类,对方天天毁坏丢弃在原野上,而我方则修整爱护、勤加保养,收藏在仓库里;财物粮食之类,对方天天把它们遗弃散落在田野中,而我方则不断积累,集中储藏在仓库里。有才能技艺的辅佐大臣、健

44

壮勇敢的武士,对方天天让他们在对敌时备受挫折、困顿而筋疲力尽,而我方则在朝廷上招募、容纳、锻炼他们。像这样,那么对方一天天地衰败,我方则一天天地完善;对方一天天地贫困,我方则一天天地富裕;对方一天天地疲惫,我方则一天天地安逸。君臣上下之间的关系,对方是恶狠狠地日渐背离、憎恨,我方则诚心诚意地日渐相亲相爱,以此来等待他们的衰败。能在自己的国家做到这些的君主就能称霸诸侯。

【原文】 立身则从佣俗①,事行则遵佣故,进退贵贱则举佣士,之所以接下之人百姓者则庸宽惠,如是者则安存。立身则轻楛②,事行则蠲疑③,进退贵贱则举佞说④,之所以接下之人百姓者则好取侵夺,如是者危殆。立身则恈暴⑤,事行则倾覆,进退贵贱则举幽险诈故⑥,之所以接下之人百姓者,则好用其死力矣,而慢其功劳,好用其籍敛矣⑦,而忘其本务,如是者灭亡。

【注释】 ①佣:平庸,平常。②楛:恶。③蠲疑:毫不迟疑,指急躁鲁莽、毫无顾忌。蠲,除去。④佞说:口齿伶俐。说,通"锐"。一说"说"通"悦",讨好,佞说指谄媚之人。⑤恈:骄矜。⑥故:巧诈。⑦籍:税。敛:征收。

【译文】 做人依从平常的风俗,做事遵循平常的惯例,在任免、升迁方面提拔平庸无能的人,用来对待百姓的政令宽容仁爱,像这样的君主只能安全生存。做人草率恶劣,做事肆无忌惮,在任免、升迁方面提拔巧言令色的人,用来对待百姓的政令热衷于侵占掠夺,像这样的君主就危险了。做人骄傲暴虐,做事则反复无常,在任免、升迁方面提拔阴险狡诈的人,用来对待百姓的态度是只令其为自己卖命而怠慢其功劳、一味搜刮聚敛而不扶持农业,像这样的君主就会灭亡。

【原文】 此五等者,不可不善择也,王、霸、安存、危殆、灭亡之具也。善择者制人,不善择者人制之;善择之者王,不善择之者亡。夫王者之与亡者、制人之与人制之也,是其为相县也亦远矣①。

【注释】 ①县:同"悬",悬殊,差别。

【译文】 以上这五种做法,不能不好好选择,它们是称王、称霸、安存、危险、灭亡的条件。善于选择的就能制服别人,不善于选择的就被别人制服;善于选择的就能称王天下,不善于选择的就会灭亡。而称王和灭亡、制服别人和被人制服,其间的差别就太远了。

天　论

【题解】

天论是一篇论述天人之间,即自然与社会关系的文章。中心思想是"天有其时,地有

其财,人有其治"及"官天地、役万物"。

荀子认为,"天行有常",自然的运行有其自身的规律,不会受任何人类意志的影响。因此,他明确提出"明于天人之分"的观点,认为人应该"不与天争职""不慕其在天者",而要"敬其在己者",做自己所能做的事,从而与天相参。他所说的人之所参,不是指违背自然规律行事,而是指取法天地,在顺应、利用客观规律的基础上,改造自然,从而达到为人类谋福利的目的。此即所谓"物畜而制之""制天命而用之"的意思。

文章还批驳了当时流行的一些迷信思想,认为很多自然中的现象,如日月蚀、风雨不时、怪星党见等,都是自然现象的变异,与人治无关。这些都是荀子思想中非常独特而有价值的地方。

【原文】 天行有常①,不为尧存,不为桀亡②。应之以治则吉③,应之以乱则凶。强本而节用④,则天不能贫,养备而动时⑤,则天不能病;循道而不忒⑥,则天不能祸。故水旱不能使之饥渴,寒暑不能使之疾,祅怪不能使之凶⑦。本荒而用侈,则天不能使之富;养略而动罕⑧,则天不能使之全;倍道而妄行,则天不能使之吉。故水旱未至而饥,寒暑未薄而疾⑨,祅怪未至而凶。受时与治世同,而殃祸与治世异,不可以怨天,其道然也。故明于天人之分,则可谓至人矣。不为而成,不求而得,夫是之谓天职⑩。如是者,虽深,其人不加虑焉;虽大,不加能焉;虽精,不加察焉;夫是之谓不与天争职。天有其时,地有其财,人有其治,夫是之谓能参。舍其所以参,而愿其所参,则惑矣!

【注释】 ①天行:天道,自然界的运行规律。常:有一定之常轨。②尧:传说中上古的圣君。桀:夏代最后一个君主,荒淫无道之恶君。③应:承接,接应。之:指天道。治:在《荀子》书中,常与"乱"对文,表示合于礼义,合理。下文的"乱"则指不合礼义、不合理。④本:指农业。古代以农桑立国,故谓之本,工商则谓之末。⑤养:养生之具,即衣食之类。备:充足。动时:动之以时。这里指役使百姓,不违背时令。⑥循:遵循,原文作"修",据文义改。忒:差错。⑦祅怪:妖怪,指自然灾害和自然界的变异现象。祅,同"妖"。⑧略:不足。动罕:怠惰的意思。⑨薄:迫近。⑩"不为"三句:即孔子所言"天何言哉?四时行焉,百物生焉,天何言哉"之意。为,作为。谋,求取。

【译文】 自然界的运行有自己的规律,不会因为尧之仁而存在,也不会因为桀之暴而消亡。用合理的措施来承接它就吉利,用不合理的措施来承接它就不吉利。加强农业,节省用度,那么老天不会让他贫穷,衣食充足而让百姓按季节劳作,那么老天就不会使其困苦;顺应自然规律而无差失,那么老天就不会降祸于他。所以水涝干旱不能使之饥渴,四季冷热的变化不能使其生病,灾异的现象也不能带来灾凶。反之,农业荒芜而用度奢侈,那么老天不会使其富裕;衣食不足而又懒于劳作,那么老天就不会保全其生;违背天道而胡乱行事,那么老天不会让其安吉。所以没有水旱之灾却出现饥寒,没有冷热

近身却出现疾病，没有灾异却发生了凶灾。遭到的天时与治世相同，遇到的灾祸却与治世大异，这不可以归咎于天，而是由于人自己的行为招致的。所以明白天人之间的区别，便可以说是圣人了。不用作为而有成，不用求取而有得，这便是老天的职能。如此，天道虽然深远，圣人不会随意测度；天道虽然广大，圣人也不会以为自己有能力去施加什么；天道虽然精微，圣人也不去考察；这就叫不与老天争职。天有四季寒暑，地有自然资源，人有治理能力，这就叫与天地参与配合。放弃自己配合参与的能力，而羡慕天时地财的功能，这就是糊涂了。

【原文】 列星随旋①，日月递炤②，四时代御③，阴阳大化④，风雨博施，万物各得其和以生，各得其养以成，不见其事而见其功，夫是之谓神。皆知其所以成，莫知其无形⑤，夫是之谓天⑥。唯圣人为不求知天。

【注释】 ①随旋：相随旋转。②递：互相更替。炤：同"照"。③代御：交替进行。御，进行。④阴阳大化：寒暑变化万物。⑤无形：没有形迹可见。⑥"夫是"句：一说"天"字下脱一"功"字，应为"夫是之谓天功"。

【译文】 群星相随相转，日月交替照耀，四季循环代行，寒暑变化，万物生长，风雨普施人间，万物都得其调和以生，都得其长养以成，看不见它化生万物的痕迹，只见到它的功效，这就是大自然的神妙啊。人们都看得见大自然所生成的万物，却不知道它生成万物的那种无形过程，这就是称其为天的原因啊。天道难测，所以只有圣人才知道只尽人事，而不费力气去寻求了解天的道理。

【原文】 天职既立，天功既成，形具而神生。好恶、喜怒、哀乐臧焉①，夫是之谓天情②。耳、目、鼻、口、形能③，各有接而不相能也，夫是之谓天官④。心居中虚以治五官⑤，夫是之谓天君。财非其类⑥，以养其类，夫是之谓天养。顺其类者谓之福，逆其类者谓之祸。夫是之谓天政⑦。暗其天君，乱其天官，弃其天养，逆其天政，背其天情，以丧天功，夫是之谓大凶。圣人清其天君，正其天官，备其天养，顺其天政，养其天情，以全其天功。如是，则知其所为，知其所不为矣，则天地官而万物役矣⑧。其行曲治⑨，其养曲适⑩，其生不伤，夫是之谓知天。

【注释】 ①臧：通"藏"。②天情：人所自然具有的情感。③形能：当为"形态"。④天官：人所自然具有的感官。⑤中虚：人之中心空虚之地，指胸腔。治：支配，统治。⑥财：通"裁"，裁夺，利用。非其类：人类以外的万物，如饮食衣服等。⑦政：政治，言有赏罚之功。⑧官：职，指天地各得其职。役：驱使。⑨曲治：各方面都治理得很好。曲，曲尽，周遍。⑩曲适：各方面都恰当。

【译文】 天的职能已经确立，天的功效已经形成，人的形体也具备了，于是精神也产生了。好恶、喜怒、哀乐都藏于其中，这就是人自然的情感。耳、目、鼻、口、形各有不同的感触外界的能力,却不能互相替代,这就是人天生的感官。心居中心而统率五官,这就是天生的主宰者。饮食、衣服等万物,不是人类,人们却利用它来供养自己的口腹身体,这就是老天的自然之养。能利用自然之物来供养人类的就是福,不能利用自然之物供养人类的就是祸患,这就叫天之政令。心智昏乱不清,声色犬马过度,不能务本节用,不能裁用万物养育人类,喜怒、哀乐没有节制,从而失去了天的生成之功,这就是大灾难了。圣人则心智清明,端正其官能享受,完备其养生之具,顺应自然的法则,调和喜怒哀乐的情感,以此来保全天的生成之功。这样的话,就知道人所能做和应做的事,也知道人所不能做和不应做的事,那么天、地都能发挥它的作用,万物都能被人类役使了。人的行动在各方面都处理得很好,养民之术完全得当,使万物生长,不被伤害,这就叫作"知天"。

【原文】 故大巧在所不为,大智在所不虑。所志于天者①,已其见象之可以期者矣②;所志于地者,已其见宜之可以息者矣③;所志于四时者,已其见数之可以事者矣④;所志于阴阳者,已其见和之可以治者矣⑤。官人守天⑥,而自为守道也。

【注释】 ①所志于天者:所知于天者。志,通"识",知。下同。②已:通"以"。下同。见:同"现"。象:天之垂象,指日月星辰之类。期:四时之节候。③宜:适宜。这里指适宜农作物生长。息:蕃息,繁殖生长。④数:指四时季节变化的次序,即春生夏长秋收冬藏。事:这里指从事农业生产。⑤和:调和,和谐。⑥官人:指掌管天文历法和掌管农业生产的官,主管观测天象,辨别土宜、测查气候,协调阴阳寒暑等事。

【译文】 所以最能干的人在于他有所不为,不去做那些不能做和不应做的事,最聪明的人在于他有所不想,不去考虑那些不能考虑和不应考虑的事。从天那里可以了解到的,是通过垂象之文,可以知道节候的变化;从地那里可以了解到的,是通过土地的适宜生长,可以知道农作物的繁殖;从四季那里可以了解到的,是根据节气变化的次序可以安排农业生产;从阴阳变化可以了解到的,是从阴阳调和中可以知道治理的道理。掌管天文历法的人只是观察天象,而圣人则是按照上面所说的道理治理天下。

【原文】 治乱天邪?曰:日月、星辰、瑞历①,是禹、桀之所同也,禹以治,桀以乱,治乱非天也。时邪?曰:繁启蕃长于春夏②,畜积收藏于秋冬,是又禹、桀之所同也,禹以治,桀以乱,治乱非时也。地邪?曰:得地则生,失地则死,是又禹、桀之所同也,禹以治,桀以乱,治乱非地也。《诗》曰:"天作高山,大王荒之;彼作矣,文王康之③。"此之谓也。

【注释】 ①瑞历:历象。古代作璇、玑、玉衡以象日月星辰之运转,故曰瑞历。②繁启:指农作物纷纷发芽出土。蕃:茂盛。③"天作"四句:此处引诗见《诗经·周颂·天作》。高山,岐山,在今陕西岐山。大王,太王,即周人的祖先古公亶父。荒,大。康,安定。

【译文】 治、乱是由天决定的吗?日月、星辰、历象,这在大禹、夏桀时代都是相同

的,禹用此而治,桀用此而乱,可见治、乱之由不在于天。是由时令决定吗?春生夏长,秋收冬藏,这也是大禹、夏桀所共同的,禹用此而治,桀用此而乱,可见治、乱之由不在于时。是由地决定吗?植物得到土地就生,失去土地就死,这又是大禹、夏桀所共同的,禹用此而治,桀用此而乱,可见治、乱之由不在于地。《诗经》上说:"天生这座高山啊,太王使它名声增大;太王使它名声增大啊,周文王又使它安定。"说的就是这个意思。

【原文】 天不为人之恶寒也辍冬①,地不为人之恶辽远也辍广,君子不为小人匈匈也辍行②。天有常道矣③,地有常数矣④,君子有常体矣⑤。君子道其常而小人计其功。《诗》曰:"礼义之不愆兮,何恤人之言兮⑥。"此之谓也。

【注释】 ①辍:停止。②匈匈:同"讻讻",喧哗之声。③常道:一定之道。常,恒常。④常数:一定的法则。⑤常体:一定的行为标准。⑥"礼义"两句:此处引诗不见于《诗经》,当为逸诗。愆,差失。恤,在意,顾虑。

【译文】 天不会因为人讨厌冷而废止冬天,地不会因为人讨厌辽远而废止广大,君子也不会因为小人的吵闹喧嚷而停止善行。天有一定之道,地有一定的法则,君子有一定的做人标准。君子执守善道,小人却计算其功利得失。《诗经》说:"在礼义上没有差失,又何必顾虑别人的议论呢?"说的就是这个意思。

【原文】 楚王后车千乘①,非知也②;君子啜菽饮水③,非愚也,是节然也④。若夫志意修,德行厚,智虑明,生于今而志乎古,则是其在我者也。故君子敬其在己者,而不慕其在天者;小人错其在己者⑤,而慕其在天者。君子敬其在己者而不慕其在天者,是以日进也;小人错其在己者而慕其在天者,是以日退也。故君子之所以日进与小人之所以日退,一也⑥。君子小人之所以相县者,在此耳。

【注释】 ①乘:一车四马为乘。②知:同"智"。③啜:吃。菽:豆类的总称。这里泛指粗粮。④节:适。适与之遇,所谓命也。⑤错:通"措",舍弃。⑥一:理由是一样的。这里是指君子小人同是出于"慕"字,所慕不同,结果也就不同。

【译文】 楚王后面跟随的车有一千辆,并不是因为他聪明;君子吃粗粮淡饭,并不是因为他愚笨,只是命运的安排,恰好碰上了。如果一个人志意端正、德行美好,思虑精明,生活在今天却向往古代圣贤之道,那么这就是在意自己的努力了。所以君子尊重自己的努力,而不美慕那些由上天决定的事;小人放弃了自己的努力,而美慕由上天决定的事。君子重视自己的努力而不美慕由上天决定的事,所以日益精进;小人放弃自己的努力而美慕由上天决定的事,所以每日退步。君子日进而小人日退,道理是一样的。君子和小人之所以相差如此悬殊,原因就在这里。

【原文】 星队、木鸣①,国人皆恐。曰:是何也?曰:无何也,是天地之变,阴阳之化,物之罕至者也,怪之可也,而畏之非也。夫日月之有蚀,风雨之不时,怪星之党见②,是无

49

世而不常有之。上明而政平,则是虽并世起,无伤也;上暗而政险,则是虽无一至者,无益也。夫星之队、木之鸣,是天地之变,阴阳之化,物之罕至者也。怪之可也,而畏之非也。

【注释】 ①星队:流星坠落。队,同"坠"。木鸣:古代祭神用的树,因风吹而发出声音,古人以为怪异。木,指社树。②党:同"倘",偶然。

【译文】 流星坠落,树木发声,人们都感到恐慌。说:这是怎么回事? 答到:没有什么,这只是天地阴阳的变化,事物中较少出现的现象。感到奇怪是可以的,但惧怕它却是不可以的。日月有亏蚀,风雨可能不按时节,怪星偶然出现,这是任何时代都曾经出现过的。君主贤明而政治稳定,那么即使这些现象在一个时代出现,也不会有什么妨害。君主昏聩而政治险恶,那么即使这些现象都不出现,也没有什么帮助。因此,流星坠落,树木发声,这只是天地阴阳的变化,事物中较少出现的现象。感到奇怪是可以的,但惧怕它却是不可以的啊。

【原文】 物之已至者,人祅则可畏也①。楉耕伤稼②,楉耘失岁,政险失民,田薉稼恶③,籴贵民饥④,道路有死人,夫是之谓人祅。政令不明,举错不时,本事不理⑤,夫是之谓人祅。礼义不修,内外无别,男女淫乱,则父子相疑,上下乖离⑥,寇难并至,夫是之谓人祅。祅是生于乱。三者错⑦,无安国。其说甚尔⑧,其灾甚惨。勉力不时,则牛马相生,六畜作祅⑨,可怪也,而不可畏也。传曰:"万物之怪,书不说。无用之辩,不急之察,弃而不治。"若夫君臣之义,父子之亲,夫妇之别,则日切瑳而不舍也⑩。

【注释】 ①人祅:人为的灾祸。②楉:粗劣。③薉:通"秽",荒芜。④籴贵:粮价贵。籴,买粮食。⑤本事:指农业生产。⑥乖离:背离。⑦三者:指上述三种人祅。错:交错。⑧尔:通"迩",浅近。⑨"勉力不时"三句:与前后文义不接,疑为传抄之误,当删去。⑩切瑳:切磋。瑳,通"磋"。

【译文】 在已经发生的事情中,人为的灾祸是最可怕的了。耕作粗劣,伤害庄稼,锄草粗糙,影响收成,政治险恶,失去民心,田地荒芜,庄稼粗恶,粮价昂贵,百姓饥饿,路有死人,这就叫人为的灾祸。政治法令不明,举措失当,不理农事,这也是人为的灾祸;礼义不整顿,男女无别,关系淫乱,就会导致父子之间互相不信任,上下背离,内忧外患一起到来,这也是人为的灾祸。人祸源于混乱。三种灾祸交错而至,国泰民安就实现不了。这个道理说起来很简单,但带来的灾难却非常惨重。可以感到奇怪,但不可畏惧。古书上说:"天下的怪现象,书上是不讲的。无用的辩说,不切急用的考察,应当抛弃不要。"至于君臣之义,父子之亲,夫妇之别,则应该天天琢磨研究而不能有片刻停止。

【原文】 雩而雨①,何也? 曰:无何也,犹不雩而雨也。日月食而救之,天旱而雩,卜筮然后决大事②,非以为得求也,以文之也③。故君子以为文,而百姓以为神,以为文则吉,以为神则凶也。

【注释】　①雩:古代求雨的祭祀。②卜:古代用龟甲兽骨占吉凶叫卜。筮:古代用蓍草占吉凶叫筮。③文:文饰。

【译文】　祭神求雨而下了雨,这是为什么? 答:没什么,如同不祭神求雨而下雨一样。日食月食发生了人们会去求救,天旱了会去祭神求雨,通过占卜来决定国家大事,这些都不是因为能祈求到什么,而是一种文饰,只是为了向百姓表示关切之心。所以君子认为这些只是文饰,而百姓会以为是神灵之事。顺人之情,只当作文饰就是无害的,以为真有神灵,淫祀祈福,则是凶险的。

【原文】　在天者莫明于日月,在地者莫明于水火,在物者莫明于珠玉,在人者莫明于礼义。故日月不高,则光晖不赫;水火不积,则晖润不博①;珠玉不睹乎外,则王公不以为宝;礼义不加于国家,则功名不白②。故人之命在天,国之命在礼。君人者隆礼尊贤而王③,重法爱民而霸,好利多诈而危,权谋、倾覆、幽险而尽亡矣。

【注释】　①晖:同"辉"。润:指水的光泽。②白:显露。③王:称王于天下。

【译文】　在天上的没有比日月更明亮的了,在地上的没有比水火更鲜明的了,在万物中没有比珠玉更光亮的了,在人群中没有比礼义更明亮的了。所以日月不高悬于天,它的光辉就不显赫;水火不厚积,它的光辉和光泽就不多;珠玉不显露于外,王公贵卿就不会以之为宝;礼义不施于国家,那么它的功绩和名声就不会显著。所以人的命运在于如何对待天,国家的命运在于如何对待礼义。君主尊尚礼义,敬重贤人,才能称王于天下,重视法制,爱护人民,才能称霸于诸侯;贪婪自私而狡诈,国家就会危险;玩弄权术、搞颠覆、阴险狡诈,国家就会灭亡。

【原文】　大天而思之,孰与物畜而制之①? 从天而颂之,孰与制天命而用之? 望时而待之,孰与应时而使之? 因物而多之②,孰与骋能而化之? 思物而物之③,孰与理物而勿失之也? 愿于物之所以生,孰与有物之所以成④? 故错人而思天,则失万物之情⑤。

【注释】　①孰与:哪里比得上。物畜:把天当作物来看待。②因:顺,引申为听任。③物之:使物为己所用。④"愿于"两句:荀子的思想,以为物之生虽在天,物之成却在人,主张不必去探究万物为什么产生,而要尽人事促成其成。愿,仰慕,思慕。有,据有,把握。⑤"故错人"两句:荀子认为,物生在天,成之在人,这才是万物之情。如果放弃人事努力而一味仰慕天,就失去了万物最真实的情。错,通"措",置,放弃。万物之情,万物的实情。

【译文】　推崇天而思慕它,何如当作物来控制它? 顺从天而赞美它,何如制服天而利用它? 盼望天时而指望它,何如顺应季节的变化而役使它? 听任万物而美慕其多,何如施展自己的才能而化用它? 希望得到万物以为己用,何如治理万物而让它得到充分合理的利用? 思考万物之所以产生,何如把握万物之所以成? 所以放弃人事努力而思慕天

的恩赐,就会失掉万物之实情。

【原文】 百王之无变,足以为道贯①。一废一起②,应之以贯,理贯不乱。不知贯,不知应变,贯之大体未尝亡也。乱生其差③,治尽其详④。故道之所善⑤,中则可从⑥,畸则不可为⑦,匿则大惑⑧。水行者表深,表不明则陷;治民者表道,表不明则乱。礼者,表也。非礼,昏世也。昏世,大乱也。故道无不明,外内异表,隐显有常⑨,民陷乃去。

【注释】 ①道贯:一贯的原则。这里指礼。②一废一起:指朝代的兴衰。③其差:运用道发生差错。④其详:运用道周密详尽。⑤所善:所认为正确的东西。⑥中:符合。⑦畸:指与道偏离。⑧匿:同"慝",差错。⑨有常:有一定的规则。

【译文】 经历百代帝位都没有改变的东西,是足以作为通用的原则的。朝代的兴衰之间,都应该有一个通用的原则去顺合它,有一个通用的原则,社会就可以不乱。不知道一贯的原则,就不知道怎样应变。这个原则的基本内容从来不曾消亡过。社会发生混乱,是因为这个原则的运用发生了偏差,社会安定,是因为这个原则运用得完备周详。所以,道的标准认为正确的东西,符合的就可以照办,偏离的就不能做,违背的就会造成极大的惑乱。涉水的人,要靠指示水的深浅的标志过河,如果标志不清楚,就会掉进河里淹死;统治民众的人,必然要标出其所行之道,标志不明就会导致混乱。礼,就是治国的标志。违背礼,就是昏暗的年代。昏暗的年代,天下就会大乱。所以道没有不明确的,外事内政有不同的标准,内在的外在的都有一定的规则,这样,人民的灾难就可以避免了。

【原文】 万物为道一偏,一物为万物一偏,愚者为一物一偏,而自以为知道,无知也。慎子有见于后①,无见于先;老子有见于诎②,无见于信③;墨子有见于齐④,无见于畸⑤;宋子有见于少⑥,无见于多。有后而无先,则群众无门⑦;有诎而无信,则贵贱不分⑧;有齐而无畸,则政令不施⑨;有少而无多,则群众不化⑩。《书》曰:"无有作好,遵王之道;无有作恶,遵王之路⑪。"此之谓也。

【注释】 ①慎子:慎到,战国中期法家代表人物之一。慎到主张法治,认为人只要跟在法后面就行了。反对运用智慧,任用贤能,有所倡导。后:被动地跟在事物的后面。下文的"先",指根据事物的变化而有所倡导。②诎:同"屈"。③信:通"伸"。老子主张以屈为伸,以柔克刚,所以荀子批评他"见于诎,无见于信"。④墨子:墨翟,墨家的创始人。⑤畸:不齐。墨子讲"兼相爱,交相利",反对儒家的尊卑有序的等级制,所以荀子批评他"见于齐,无见于畸"。⑥宋子:宋钘,战国宋国人。宋子认为人天生的欲望是很少的,很容易得到满足。而荀子则认为人生来就是"好利""好声色"的,所以他批评宋子"有见于少,无见于多"。⑦"有后"两句:意思是如果在上者无意化导人民,那么人民想为善就会无门可入。⑧"有诎"两句:荀子认为按照老子的思想去做,则人人委曲不争,没有人会进取,那么贵贱就没有区别了。⑨"有齐"两句:荀子认为像墨子那样讲平等兼爱,那么人人

地位相等，政令也就无由推行了。⑩"有少"两句：荀子认为人天性贪婪多欲，倾向争夺，这种天性只有靠后天礼义法度的教化才能得到改变。如果按照宋子的理论去做，以为人天性寡欲，那就不需要教化人民了。⑪"无有"四句：此处引文见《尚书·洪范》。作好，有所偏好。作恶，有所偏恶。

【译文】 世界上的各种事物都只是道的一部分，每一样事物也只是万物的一部分，愚昧的人只认识一种事物的一部分，就自以为认识了整个道，这实在是太无知了。慎子只看到跟从法治的作用，而不了解预先倡导的重要；老子只强调柔顺、无为，而不懂得积极有为的重要；墨子主张平等相爱，却不懂得尊卑有序的道理；宋钘以为人天生寡欲，却不知道人天性是贪婪好利的。如果按照慎子的思想去做，那么在上者就会无意化导人们，人们想为善也就会无门可入了；如果按照老子的思想去做，那么人人都会消极顺从，贵贱也就没有区别了；如果按照墨子的思想去做，那就会造成政令无法推行；如果按照宋子的思想去做，百姓就得不到教化。《尚书》上说："不要有所偏好，应当遵循圣王的道路前进；不要有所偏恶，应当遵循圣王的道路前进。"说的就是这个意思。

正　论

【题解】

这篇文章的内容主要是驳斥当时社会上流行的一些观点。

文章列举了十种观点，即"主道利周""桀、纣有天下，汤、武篡而夺之""治古无肉刑，而有象刑""汤、武不能禁令""尧、舜擅让""尧、舜不能教化""太古薄葬、乱今厚葬"及宋子"见侮之不辱，使人不斗""见侮不辱""人之情欲寡"等观点，然后对之进行了批判。而荀子批评的标准则是他所谓的"王制"思想。

文章没有中心的思想，颇近拉杂，但某些篇章可与《解蔽》《非十二子》《天论》等互相发明，能帮助我们更好地理解荀子的一些思想，所论也颇有深刻透彻之处。

【原文】 世俗之为说者曰："主道利周①。"是不然。主者，民之唱也②；上者，下之仪也③。彼将听唱而应，视仪而动。唱默则民无应也，仪隐则下无动也。不应不动，则上下无以相胥也④。若是，则与无上同也，不祥莫大焉。故上者，下之本也，上宣明则下治辨矣⑤，上端诚则下愿悫矣，上公正则下易直矣⑥。治辨则易一，愿悫则易使，易直则易知。易一则强，易使则功，易知则明，是治之所由生也。上周密则下疑玄矣⑦，上幽险则下渐诈矣⑧，上偏曲则下比周矣⑨。疑玄则难一，渐诈则难使，比周则难知。难一则不强，难使则不功，难知则不明，是乱之所由作也。故主道利明不利幽，利宣不利周。故主道明则下安，主道幽则下危。故下安则贵上，下危则贱上。故上易知则下亲上矣，上难知则下畏上

矣。下亲上则上安,下畏上则上危。故主道莫恶乎难知,莫危乎使下畏己。传曰:"恶之者众则危。"《书》曰:"克明明德⑩。"《诗》曰:"明明在下⑪。"故先王明之,岂特玄之耳哉⑫!

【注释】　①周:密,指隐匿真情,不让下面的人知道。②唱:倡,倡导。③仪:准则。④胥:等待。原为"有",据上下文义改。⑤宣明:无所隐瞒。治辨:治理。这里指明确治理的方向。⑥易直:平易正直。⑦玄:通"眩",迷惑。⑧幽险:隐瞒实情,难以猜测。渐诈:欺诈。⑨偏曲:偏私不公正。比周:互相勾结,结党营私。⑩明德:优良的品德。此话见于《尚书·康诰》。⑪明明在下:《诗经·大雅·文王》篇的诗句,意思是文王之德,明明在下,所以赫然见于天。这里引用是为了说明统治者要让在下的人了解实情。⑫玄:当作"宣",公开。

【译文】　世俗人有一种说法:"君主治理国家的最好办法是隐瞒真情。"这是不对的。君主,是民众的倡导者;人君,是人民的楷模。底下的人将随着君主的引导而应和,看着君主的榜样而行动。上面沉默,则百姓无法应和,上面没有榜样,则人民无法行动。不应和不行动,那么上下就无法互相依靠了。这样的话,就与没有君主一样,这是最大的灾祸了。所以,上面是下面的根本,上面无所隐瞒,下面就有治理的方向,上面正直诚实,下面就谨慎忠厚,上面公正无私下面就平易正直。得到治理就容易统一,谨慎忠厚就容易役使,平易正直就容易了解和掌握;容易统一国家就能强盛,容易役使就便于收到成效,容易了解和掌握就能做到掌握下情心中有数,这些就是社会达到治理安定的本源了。上面隐瞒实情下面就会疑惑不明,上面神秘莫测下面就会欺诈隐瞒,上面偏私不正下面就会结党营私。疑惑不明则难于统一,欺诈隐瞒就难以役使,结党营私则难以了解掌握;难于统一国家就不会强大,难以役使就不会有成效,难以了解掌握就不会心中有数,这些就是社会混乱的本源了。所以统治之道,以公开透明好,而不宜于隐瞒真情。治理国家公开明白,下面就会安宁无事,隐瞒实情则会导致下面人人自危不安。所以底下安定了就会尊重上面,底下不安就会轻视上面。上面容易了解,底下人就会亲近他;上面难于了解,底下人就会畏惧他。统治之道,最坏的莫过于让底下人觉得难以了解他,最危险的莫过于让底下人畏惧他。古书上说:"憎恶他的人多了,君主就会危险。"《尚书》上说:"一定要让光明的德行发扬光大。"《诗经》上说:"君主的举措,让底下的人知道得清清楚楚。"所以先王特意让自己的行为光明显露,岂止是公开而已!

【原文】　世俗之为说者曰:"桀、纣有天下,汤、武篡而夺之。"是不然。以桀、纣为常有天下之籍则然①,亲有天下之籍则不然,天下谓在桀、纣则不然。古者天子千官,诸侯百官。以是千官也②,令行于诸夏之国③,谓之王;以是百官也,令行于境内,国虽不安,不至于废易遂亡④,谓之君。圣王之子也,有天下之后也,势籍之所在也⑤,天下之宗室也;然而不材不中,内则百姓疾之,外则诸侯叛之,近者境内不一,遥者诸侯不听,令不行于境内,

甚者诸侯侵削之，攻伐之，若是，则虽未亡，吾谓之无天下矣。圣王没，有势籍者罢不足以县天下⑥，天下无君，诸侯有能德明威积⑦，海内之民莫不愿得以为君师，然而暴国独侈，安能诛之⑧，必不伤害无罪之民，诛暴国之君若诛独夫⑨，若是，则可谓能用天下矣。能用天下之谓王。汤、武非取天下也，修其道，行其义，兴天下之同利，除天下之同害，而天下归之也。桀、纣非去天下也，反禹、汤之德，乱礼义之分，禽兽之行，积其凶，全其恶，而天下去之也。天下归之之谓王，天下去之之谓亡。故桀、纣无天下而汤、武不弑君⑩，由此效之也⑪。汤、武者，民之父母也；桀、纣者，民之怨贼也。今世俗之为说者，以桀、纣为君而以汤、武为弑，然则是诛民之父母而师民之怨贼也，不祥莫大焉。以天下之合为君，则天下未尝合于桀、纣也。然则以汤、武为弑，则天下未尝有说也，直堕之耳⑫！故天子唯其人。天下者，至重也，非至强莫之能任；至大也，非至辨莫之能分；至众也，非至明莫之能和。此三至者，非圣人莫之能尽。故非圣人莫之能王。圣人备道全美者也，是县天下之权称也⑬。桀、纣者，其志虑至险也，其志意至闇也⑭，其行为至乱也；亲者疏之，贤者贱之，生民怨之，禹、汤之后也，而不得一人之与；剖比干⑮，囚箕子，身死国亡，为天下之大僇⑯，后世之言恶者必稽焉⑰；是不容妻子之数也。故至贤畴四海⑱，汤、武是也；至罢不容妻子，桀、纣是也。今世俗之为说者，以桀、纣为天下，而臣汤、武，岂不过甚矣哉！譬之，是犹伛巫、跛匡大自以为有知也⑲。故可以有夺人国，不可以有夺人天下；可以有窃国，不可以有窃天下也。夺之者可以有国，而不可以有天下，窃可以得国，而不可以得天下。是何也？曰：国，小具也，可以小人有也，可以小道得也，可以小力持也；天下者，大具也，不可以小人有也，不可以小道得也，不可以小力持。国者，小人可以有之，然而未必不亡也，天下者，至大也，非圣人莫之能有也。

【注释】　①常：通"尝"，曾经。籍：位。②以：任用。③诸夏之国：指中原地区各诸侯国。④废易：废黜。易，易位。⑤势籍：势位。⑥罢：同"疲"，无能，不贤。县天下：这里指掌管天下。县，同"悬"，衡。荀子书中通常用权衡、悬衡、悬、衡指礼义。⑦德明威积：声望大，威信高。⑧安：同"案"，荀子书中常借作"则"。能：无意义，当删。⑨独夫：指众叛亲离、孤立无援的人。⑩弑：杀，指臣杀君。⑪效：效验，证明。⑫堕：毁谤。⑬权称：这里指标准。⑭闇：昏暗。这里指卑下。⑮剖：剖心。比干：与下文的"箕子"，都是殷纣王的叔父，因为劝谏纣王而被剖心、降为奴隶。⑯僇：耻辱。⑰稽：考察。这里指借鉴。⑱畴：通"帱"，覆盖。⑲伛：驼背。匡：通"尪"，废疾之人。这里指巫。大：可能是"而"的讹文。

【译文】　世俗人有一种说法："桀、纣拥有天下，被汤、武篡夺了。"这是不对的。认为桀、纣曾经拥有天下的位置，这是对的，但是说桀、纣靠自己的才德亲自拥有了天下就错了。认为天下人心归于桀、纣那就更错了。古代天子有千官，诸侯有百官。用这千官，政令能够行于诸侯之国的，可以叫作天子；用这百官，政令能够行于国内的，即使国家不够

中华传世藏书

国学经典文库　荀子

图文珍藏版

安定，但不到被废黜坠亡的地步，就可以叫国君。圣王的子孙，是拥有天下的天子的后代，占据着势位，是天下的宗主；然而既无才能又无德行，内则百姓痛恨，外则诸侯反叛，由近处看，境内不能统一，由远处看，诸侯也不听从，更有甚者诸侯还削夺攻伐他，像这样，那么即使没有灭亡，我也称之为没有天下。圣王逝世了，有继承权的人无能而不足以掌管天下，使天下陷于没有君主的状态，诸侯中有声望大、威信高的，海内之人都愿意让他做君主，诛杀那些强暴国家、奢侈放纵的人，一定不去伤害无辜之人，诛杀暴国之君就好像诛杀独夫民贼一样，像这样，才可以说是善于治理国家。善于治理国家才能称得上是王。汤、武不是夺取了天下，而是因为修道行义，为天下人兴利，为天下人除害，天下人才归顺了他们。桀、纣不是被夺去了天下，而是因为他们违背了禹、汤的道德，扰乱了礼义秩序，行同禽兽，罪恶累积，恶事做尽，天下人才离弃了他们。天下人都归顺的叫作王，天下人都离弃的叫作自取灭亡。所以桀、纣根本就没有拥有天下，汤、武也根本没有弒君，由这个道理可以得到验证。汤、武是人民的父母；桀、纣则是人民怨恨的残贼。今天一般人的看法，认为桀、纣是君主，而汤、武弒杀了君主，这样，等于是要杀人民的父母，而推尊人民的怨贼了，这实在是不吉祥啊！如果认为人心所归才能称为君主，那么天下从来就没有归于桀、纣。这样说来，认为汤、武为弒君之人，则非但根本没有任何道理，而且就是毁谤了！所以，能不能当君主，要看他的德行，而不是看他的势位。天下是最重的东西，不是最强毅的人就不足以担当；天下是最大的东西，不是最明察的人就不足以处理得各得其分；天下是复杂的东西，不是最圣明的人就不足以使之和睦。所以若不是圣人根本就做不了王。圣人具备了所有的美德，是衡量天下的标准。桀、纣这样的人，其思虑至为险恶，其思想情感至为卑下，其行为至为淫乱；亲近的人疏远他们，贤能的人蔑视他们，老百姓则怨恨他们，虽然是禹、汤的后代却得不到一个人的赞助；挖掉比干的心，囚禁箕子，落得身死国亡，为天下耻笑的结局，后世人说到恶君者无不以之为例证；这是连妻子儿女都保不住的必然道理。所以最贤能的人能保全四海，汤、武就是这样的人；最无能的人连妻子儿女都不能保全，桀、纣就是这样的人。现在世俗人的说法，认为桀、纣拥有天下而以汤、武为其臣子，岂不是错得太厉害了！打个比方说，这就好像一个跛足而驼背的巫自以为高明一样。所以可能有夺人国家的事；但不可能有夺人天下的事，可能有窃国之事，不可能有窃天下之事。篡夺可能占有一个诸侯国，但不能拥有天下；偷窃可能占有一个诸侯国，却不可以获得天下。这是因为什么？答：国家，是小器物，可以为小人所占有，可以用小手段得到，可以凭借小的力气保持；天下，是大器，不可以为小人所占有，不可以用小手段得到，不可以凭借小的力气保持。国家，小人可以拥有，但未必不会灭亡；天下是至大之物，除了圣人没有人能拥有。

56　　　【原文】　世俗之为说者曰："治古无肉刑①，而有象刑②：墨黥③；慅婴④；共、艾毕⑤；

菲、綦屦⑥，杀、赭衣而不纯⑦。治古如是。"是不然。以为治邪？则人固莫触罪，非独不用肉刑，亦不用象刑矣。以为人或触罪矣，而直轻其刑，然则是杀人者不死，伤人者不刑也。罪至重而刑至轻，庸人不知恶矣，乱莫大焉。凡刑人之本，禁暴恶恶，且征其未也⑧。杀人者不死而伤人者不刑，是谓惠暴而宽贼也，非恶恶也。故象刑殆非生于治古，并起于乱今也。治古不然，凡爵列、官职、赏庆、刑罚，皆报也，以类相从者也⑨。一物失称⑩，乱之端也。夫德不称位，能不称官，赏不当功，罚不当罪，不祥莫大焉。昔者武王伐有商，诛纣，断其首，县之赤旆。夫征暴诛悍，治之盛也。杀人者死，伤人者刑，是百王之所同也，未有知其所由来者也。刑称罪则治，不称罪则乱。故治则刑重，乱则刑轻，犯治之罪固重，犯乱之罪固轻也。《书》曰："刑罚世轻世重⑪。"此之谓也。

【注释】 ①治古：古代安定的社会。肉刑：古代五种刑罚，有黥（在脸上刺字，涂墨）、劓（割鼻子）、刖（剁脚）、宫（割掉生殖器）、大辟（砍头）。②象刑：象征性的惩罚。③墨黥：用黑墨画脸代替黥刑。④憯婴：让犯人戴上用草做的帽带代替劓刑。憯，通"草"。婴，通"缨"，帽子的带子。⑤共、艾毕：割去犯人衣服膝盖部分代替宫刑。共，通"宫"，宫刑。艾，通"刈"，割。毕，同"韠"，古代衣服上的蔽膝。⑥菲綦屦：让犯人穿麻鞋代替刖刑。菲，通"刖"。綦屦，麻鞋。⑦杀、赭衣而不纯：让犯人穿去掉衣领的赭衣来代替大辟。赭衣，赤褐色的衣服。纯，衣服的镶边。⑧征：通"惩"，惩戒，通过刑罚来警戒。⑨以类相从：善有善报，恶有恶报。⑩失称：失其平也。称，权衡。⑪"刑罚"句：引文见《尚书·甫刑》。世轻世重，意思是世有治有乱，故刑有轻有重。

【译文】 世俗之人有一种说法："古代安定的时代没有肉刑，只有象刑：用涂墨于面代替黥刑；让犯人戴上用草做的帽带代替劓刑；割去衣服膝盖部分代替宫刑；让犯人穿麻鞋代替刖刑；让犯人穿去掉衣领的赭衣来代替杀头的刑罚。古代安定的时代的刑罚就是这样的。"这是不对的。认为社会已经很安定了吗？那么人本来就不会去犯罪，不但不需要肉刑，连象刑都不需要。以为人一旦犯罪，就直减轻其刑罚，那么这就成了杀人者不偿命，伤人者不受刑。罪行很重处罚却很轻，一般人就不会知道所犯的罪恶，没有比这更混乱的了。大凡刑罚人的根本目的，即在于禁止暴行、反对作恶，并警戒将来。杀人者不偿命，伤人者不受刑，这就叫作施惠暴恶，宽大犯罪，就不是反对作恶了。所以象刑大概并不是产生于古代安定的社会，而是产生于近今之乱世。古代安定的社会不是这样的，凡爵位、官职、奖励、刑罚都是与人所作所为相称的，善有善报，恶有恶报。一件事情失去了公平，祸乱就开始了。如果德行与其位置不相称，能力与官职不相称，赏赐与功劳不相称，处罚与罪行不相称，那就成了最大的不吉祥。过去武王伐商诛纣，就割掉他的脑袋，并悬于红色的旗子上示众。惩罚暴行诛杀凶悍之徒，是国家治理的大事。杀人者偿命，伤人者受刑，这在历代帝王都是一样的，没有人知道它的由来。刑罚与罪行相称国家就会安定，不相称国家就会混乱。所以社会安定是由于刑罚重，社会混乱是由于刑罚轻。在安定的时代犯罪，刑罚必定是重的，在混乱的时代犯罪，刑罚必定是轻的。《尚书》上说："世有治有乱，所以刑有轻有重。"说的就是这个意思。

【原文】 世俗之为说者曰："汤、武不能禁令①。是何也？曰：楚、越不受制②。"是不然。汤、武者，至天下之善禁令者也。汤居亳、武王居鄗③，皆百里之地也，天下为一，诸侯为臣，通达之属莫不振动从服以化顺之④，曷为楚、越独不受制也？彼王者之制也，视形势而制械用，称远迩而等贡献，岂必齐哉！故鲁人以榶⑤，卫人用柯⑥，齐人用一革⑦，土地刑制不同者，械用备饰不可不异也。故诸夏之国同服同仪⑧，蛮、夷、戎、狄之国同服不同制⑨。封内甸服⑩，封外侯服⑪，侯、卫宾服⑫，蛮夷要服⑬，戎狄荒服⑭。甸服者祭，侯服者祀，宾服者享，要服者贡，荒服者终王⑮。日祭、月祀、时享、岁贡、终王，夫是之谓视形势而制械用，称远近而等贡献，是王者之制也。彼楚、越者，且时享、岁贡、终王之属也，必齐之日祭、月祀之属然后曰受制邪？是规磨之说也⑯，沟中之瘠也⑰，则未足与及王者之制也。语曰："浅不足与测深，愚不足与谋智，坎井之鼃不可与语东海之乐⑱。"此之谓也。

【注释】 ①不能禁令：意思是禁令有不能到达之处。②制：礼制。③亳：商汤王的都城，在今河南商丘东南。鄗：周武王的都城，在今陕西西安西南。④通达之属：指交通可到的地方。⑤榶：碗。⑥柯：盂，古代盛食物的器具。⑦一革：未详何物，大概是一种皮制的酒具。⑧诸夏之国：指当时中原地区各国。服：服侍天子。仪：制度。⑨蛮、夷、戎、狄：指各地方的少数民族。⑩封内：王畿之内，即天子所居都城五百里之内的地方。甸服：耕种王田，以供日祭之品。甸，王田。⑪封外：封内之外的五百里以内的地方。侯：同"候"，指侦察敌情，担任警卫。⑫侯、卫：指侯圻和卫圻。从侯圻到卫圻，共分五圻，分别为侯、甸、男、采、卫。每圻为五百里。宾服：意思是按时进贡，以服侍天子。⑬要服：用礼义教化约束，使之顺服天子。要，约束。⑭荒服：不定时向天子进贡。荒，无常。⑮"甸服"五句：祀，月祀。享，四时之享。贡，岁供。终王，崇王，指承认天子的统治。终，通"崇"。⑯规磨：这里指揣测的说法。⑰沟中之瘠：因贫穷死在沟中的人。这里指智识浅陋的人。⑱坎井：坏井。鼃：同"蛙"。

【译文】 世俗之人有一种说法："汤、武的禁令有不能到达之处，为什么这么说？因为楚国、越国就不受其礼制的管束。"这种说法是不对的。汤、武是天下最善于施行禁令的人了。商汤住的亳城、周武王住的鄗京，都不过是百里之地，而天下却能统一，诸侯都能臣服，所有交通所达之地的人，都畏惧他们的威力，服从他们的统治，受到教化而归顺他们，怎么能说楚国、越国单单不受其礼制的管束呢？那时候，王者的制度，是根据不同的地区制定不同的器用，根据距离的远近制定进贡的物品，何必一定要一致呢？所以鲁国人用碗，卫国人用盂，齐国人用一革，各地环境和风俗不同，器用和各种装饰物也就一

定不同。所以中原地区各国服侍同一个天子而制度相同，边远少数民族的属国也服侍同一个天子，制度却不相同。王畿之内叫甸服，负责耕种王田。王畿之外叫侯服，侯服负责侦察敌情。卫服负责按时进贡，蛮夷地区用礼义教化约束，使之顺服天子。不定时向天子进贡。甸服进贡日祭的物品，侯服进贡月祭的物品，宾服进贡四时之享的物品，要服岁贡，荒服则承认天子的统治。日祭、月祀、时享、岁贡、终王，这就叫根据不同的地区制定不同的器用，根据距离的远近制定进贡的物品，这才是王者的制度。楚、越之国，只是属于时享、岁贡、终王之类的国家，难道一定要他们同日祭、月祀之国一样才叫受其礼制的管束吗？这是揣测的论调，是浅陋的见解，不足以谈论王者的制度。俗话说："浅的东西不足以测量深的东西，愚昧的人不足以与智慧的人相谋，坏井里的青蛙无法和它谈论遨游东海的乐趣。"说的就是这个意思。

【原文】 世俗之为说者曰："尧、舜擅让①。"是不然。天子者，势位至尊，无敌于天下，夫有谁与让矣？道德纯备，智惠甚明，南面而听天下②，生民之属莫不振动从服以化顺之，天下无隐士③，无遗善，同焉者是也④，异焉者非也。夫有恶擅天下矣？曰："死而擅之。"是又不然。圣王在上，决德而定次，量能而授官，皆使民载其事而各得其宜，不能以义制利，不能以伪饰性⑤，则兼以为民。圣王已没，天下无圣，则固莫足以擅天下矣。天下有圣而在后子者，则天下不离，朝不易位，国不更制，天下厌然⑥，与乡无以异矣⑦，以尧继尧，夫又何变之有矣？圣不在后子而在三公⑧，则天下如归，犹复而振之矣，天下厌然，与乡无以异也，以尧继尧，夫又何变之有矣？唯其徙朝改制为难。故天子生则天下一隆⑨，致顺而治，论德而定次；死则能任天下者必有之矣。夫礼义之分尽矣，擅让恶用矣哉？曰："老衰而擅。"是又不然。血气筋力则有衰，若夫智虑取舍则无衰。曰："老者不堪其劳而休也。"是又畏事者之议也。天子者，势至重而形至佚，心至愉而志无所诎，而形不为劳，尊无上矣。衣被则服五采，杂间色⑩，重文绣⑪，加饰之以珠玉；食饮则重大牢而备珍怪⑫，期臭味⑬，曼而馈⑭，代睪而食⑮，雍而彻乎五祀⑯，执荐者百人侍西房⑰；居则设张容⑱，负依而坐⑲，诸侯趋走乎堂下；出户而巫觋有事⑳，出门而宗祝有事㉑，乘大路、趋越席以养安㉒，侧载睪芷以养鼻㉓，前有错衡以养目㉔，和鸾之声㉕，步中武、象㉖，骤中韶、濩以养耳㉗，三公奉軶持纳㉘，诸侯持轮挟舆先马㉙，大侯编后，大夫次之，小侯、元士次之，庶士介而夹道㉚，庶人隐窜，莫敢视望：居如大神，动如天帝，持老养衰，犹有善于是者与不㉛？老者，休也，休，犹有安乐恬愉如是者乎？故曰：诸侯有老，天子无老，有擅国，无擅天下，古今一也。夫曰"尧、舜擅让"，是虚言也，是浅者之传，陋者之说也，不知逆顺之理，小大、至不至之变者也㉜，未可与及天下之大理者也。

【注释】 ①擅让：通"禅让"，把帝位让给别人。②南面：指帝位。古代天子面朝南，臣的位置向北。听天下：决断天下大事。③无隐士：与下文的"无遗善"指没有被埋没的人才。④焉:代词,指尧、舜。⑤伪:后天、人为。详细解释见《性恶》篇。⑥厌然:驯顺的样子。⑦乡:通"向",过去。⑧三公:太师、太傅、太保。这里泛指大臣。⑨一隆:统于一尊。⑩间色:两种颜色混合叫间色。⑪文绣:华丽的绣花。⑫大牢:太牢,即牛、羊、猪三牲具备。珍怪:珍贵少见的食物。⑬期:同"綦",极,尽。臭:香味。⑭曼而馈:跳着舞,列队送上食物。曼,舞名。馈,进食。⑮代罿:应为"伐皋",敲鼓,皋,通"鼛",大鼓。⑯雍:乐章名。彻:撤去,撤除。五祀:古代五种祭祀。这里指祭灶。⑰执荐者:服侍天子吃饭的人。荐,荐陈之物。⑱张:通"帐"。容:屏风之类的东西。⑲依:通"扆",户牖之间的屏风。⑳巫觋:古代从事求神卜卦的人。男为觋,女为巫。㉑宗:大宗伯,古代主管祭祀的官。祝:大祝,古代祈福求祥的官。㉒大路:即"大辂",古代天子坐的车。越席:用蒲草编的席子。㉓侧:大路的两旁。载:放置。罿芷:香草。罿,通"泽"。㉔错:涂金,镀金。衡:车前的横木。㉕和鸾:车上的铃。㉖武:武王乐。象:武王舞。㉗骈:通"趋",指快走。韶:舜乐。頀:汤乐。㉘軏:同"軛",牲口驾车时加在脖子上的曲木。纳:同"钠",套马的环。㉙持轮:扶车轮。挟舆:在车左右。先马:牵着马在前面引路。㉚介:披着甲。㉛不:同"否"。㉜至:指上文天子的"至重、至佚、至愉"。

【译文】 世俗之人有一种说法:"尧、舜曾经禅让。"这种说法是不对的。天子,是势位最为尊贵的人,天下没有与之匹敌的,又能把帝位让给谁呢?他的道德纯粹完全,智慧十分高明,南面而统治天下,百姓无不畏惧服从而受到他的教化,天下没有被埋没的人才,合乎他的就是对的,不合乎他的就是错的。又有什么理由禅让天下呢?又说:"死了就可以禅让。"这又错了。圣王的统治,是根据德行的好坏来规定等级次序,按照才能的大小来授予官职,使老百姓担任的事都适合自己的特长,不能用礼义克制利欲,不能通过后天的努力来改造恶的本性,那就只能做普通的百姓。圣王既然已死,天下已经没有圣人,那根本就没有人能够接受禅让的了!如果天下有能继起的圣王,而且就是圣王的后代,那么天下人都不会背离他,朝廷也不会易位,国家也不会改制,天下人都驯顺服从新王的统治而与从前没有两样,这是用尧一样的人来继承尧,又会有什么需要变化的呢?如果继承的不是圣王的儿子而是三公,那么天下人也会归顺他,就好像重新振兴一样,天下人都驯顺服从新王的统治而与从前没有两样,这是用尧一样的人来继承尧,又会有什么需要变化的呢?只有改朝换代,更改制度才是难的。所以,天子活着,天下统于一尊,人们极其顺从,国家安定,根据道德而定次序;天子死了,那能够担当天下的人,一定会出现。只要礼义的大分做到了,又何必用禅让来博取美誉?又有一说:"天子老迈了就禅让。"这又错了。人的血气身体会衰老,但智虑判断力是不会衰老的。又有人说:"老人承受不了那种辛苦而应该休息。"这是怕苦怕累的人说的话。做天子的,势位最重但形体安逸,心情愉快而不压抑,形神不劳而尊贵无比。穿着绣着华丽文采的五色衣服,上面装饰

着珠玉；吃的是各种美味佳肴，闻尽各种香味，吃饭的时候有人跳着舞送上食物，还有鼓乐相伴，在雍乐声中撤下灶祭，西厢有百人服侍吃饭。听朝接见诸侯的时候，要布置帐幕，安放屏风，背对着屏风而坐，诸侯在殿堂下快步向前朝见；出门有巫觋为之扫除不祥，出国门有宗祝为之祈福；乘着大辂之车，坐着蒲席以养护身体，车的左右两旁载满香草以养鼻，前面的横木上涂着金饰让眼睛舒适，车缓行的时候，伴着和鸾之声，合着武、象之乐的节奏，快行的时候，则合着韶、濩音乐的节拍，听上去十分悦耳，王公大臣扶着驾车的曲木和马缰绳，诸侯有的扶着车轮，有的站在车的两旁，有的牵着马在前面引路，大国的公侯跟在后面，大夫跟随在公侯后面，小侯、上士又随其后，士兵们披着甲在两旁警卫，一般百姓都躲藏逃避而没有敢抬头看的；安居的时候如大神，行动的时候如天帝，养护身体避免衰老，还有比这更好的吗？所谓老就要休息，休息有这么安乐愉快吗？所以说，诸侯有老的时候，天子却没有，有让国之事，没有让天下之事，古今都是如此。那些说尧、舜禅让的，都是假话，是浅薄之人的传言，是愚陋的说法。他们不知对错的道理，不知"大"和"小"，"至"和"不至"的差别，这种人是不可以和他谈天下的大理的。

【原文】　世俗之为说者曰："尧、舜不能教化，是何也？曰：朱、象不化①。"是不然也。尧、舜，至天下之善教化者也，南面而听天下，生民之属莫不振动从服以化顺之；然而朱、象独不化，是非尧、舜之过，朱、象之罪也。尧、舜者，天下之英也；朱、象者，天下之嵬②，一时之琐也。今世俗之为说者不怪朱、象而非尧、舜，岂不过甚矣哉！夫是之谓嵬说。羿、蠭门者③，天下之善射者也，不能以拨弓、曲矢中微④；王梁、造父者⑤，天下之善驭者也，不能以辟马毁舆致远⑥；尧、舜者，天下之善教化者也，不能使嵬琐化。何世而无嵬，何时而无琐，自太皞、燧人莫不有也⑦。故作者不祥⑧，学者受其殃，非者有庆。《诗》曰："下民之孽，匪降自天。噂沓背憎，职竞由人⑨。"此之谓也。

【注释】　①朱：朱丹，尧的儿子，传说他为人不守忠信而又好争辩。象：舜的异母弟弟，传说他曾设计杀害舜。②嵬：怪。③羿：后羿，传说中善射箭者。蠭门：即"逢蒙"，相传是夏代善射的人，曾跟羿学射。④拨弓：不正的弓。曲矢：弯曲的箭。中微：射中微小的目标。与下文"致远"相对为文。微，小。⑤王梁：即"王良"，传说中善于驾车的人。造父：传说中周穆王的车夫，善于驾车。⑥辟：通"躄"，跛足。毁舆：坏车。⑦太皞：伏羲，传说中东方部落的首领。燧人：传说中火的发明者。⑧作者：编造这种传说的人。⑨"下民"四句：此处引诗见《诗经·小雅·十月之交》。噂沓，当面谈笑。背憎，背后憎恨。职竞由人，全都在于人。

【译文】　世俗之人有一种说法："尧、舜的教化有不能到达之处。为什么这么说？因为朱、象就是没有得到教化的人。"这种说法是不对的。尧、舜是天下最善于教化的人了，南面而统治天下，百姓无不畏惧服从而受到他的教化；然而朱、象独独没有得到教化，这不是尧、舜的过错,而是朱、象的罪过。尧、舜是天下的英豪;朱、象则是当时偶有的怪民、小人。今天世俗的说法,不怪罪朱、象而责备尧、舜,不是错得太厉害了吗?这就是奇谈怪论。后羿、逢蒙是天下最善于射箭的人了,他们也不能用不正的弓、弯曲的箭射中微小的目标;王良、造父是天下最善于驾车的人,他们也不能驾着跛足的马、赶着坏的车到达远方;尧、舜是天下最善于教化的人,也无法让怪人、小人得到感化。哪个时代没有怪人,哪个时代没有小人,从伏羲、燧人之时起就有了。所以编造这种传说的人是坏人,听信这种传说的人会受害,不接受这种传说的人则是值得庆幸的。《诗经》上说:"老百姓有罪孽,不是老天降下的。当面说说笑笑,背后憎恨攻击,这完全在于人为啊!"说的就是这个意思。

【原文】 世俗之为说者曰:"太古薄葬,棺厚三寸,衣衾三领^①,葬田不妨田,故不掘也。乱今厚葬饰棺,故抇也^②。"是不及知治道,而不察于抇不抇者之所言也。凡人之盗也,必以有为,不以备不足,则以重有余也。而圣王之生民也,皆使当厚优犹知足^③,而不得以有余过度。故盗不窃,贼不刺^④,狗豕吐菽粟^⑤,而农贾皆能以货财让,风俗之美,男女自不取于涂^⑥,而百姓羞拾遗^⑦。故孔子曰:"天下有道,盗其先变乎!"虽珠玉满体,文绣充棺,黄金充椁,加之以丹矸^⑧,重之以曾青^⑨,犀象以为树^⑩,琅玕、龙兹、华觐以为实^⑪,人犹且莫之抇也。是何故也?则求利之诡缓,而犯分之羞大也。

【注释】 ①三领:三称。单衣复衣合起来为一套。②抇:挖。这里指盗墓。③当厚:疑当作"富厚"。优犹:优裕。④刺:探取。⑤菽粟:泛指粮食。⑥取:通"聚",聚集。涂:同"途",道路。⑦拾遗:捡拾丢掉的东西。⑧丹矸:朱砂。⑨曾青:铜精,一种绘画用的颜料。⑩犀、象:犀牛角、象牙。⑪琅玕、龙兹、华觐:都是珠玉的名字。

【译文】 世俗之人有一种说法:"远古的时候举行薄葬,棺材厚才三寸,死人的衣服只有三套,葬在田里不妨碍种田,所以没有人去盗墓。当今乱世举行厚葬,用珠宝装饰棺材,所以会被盗掘。"这是不懂得治理之道,又不去考察盗墓与不盗墓的原因的人说的话。大凡人去盗墓,一定会有原因,不是为了补充自己的不足,就是为了更多地获得财物。而圣王对于老百姓,都应该使其达到富裕宽厚而知足,但也不要超过限度。这样就会强盗不抢,小偷不窃,连猪狗都不吃粮食了,而农民和商人都能以财货相让,风俗如此之美,男女自然不会聚集于道路,百姓也都以拾取他人财物为耻了。所以孔子说:"天下有道,从盗贼的变化最先看得出啊!"这样死者虽然珠玉满身,棺材里装满了色彩美丽的丝织品,棺椁上涂满了黄金,上面用朱砂、铜金涂饰,用犀角象牙做树,用琅玕、龙兹、华觐做果实,人也不会去挖墓的。这是因为什么呢?因为人求利的诡诈之心不那么急切了,而以违背礼义为耻。

【原文】 夫乱今然后反是:上以无法使,下以无度行,知者不得虑,能者不得治,贤者

不得使。若是，则上失天性，下失地利，中失人和，故百事废，财物诎而祸乱起。王公则病不足于上，庶人则冻馁羸瘠于下^①，于是焉桀、纣群居，而盗贼击夺以危上矣。安禽兽行^②，虎狼贪，故脯巨人而炙婴儿矣^③。若是，则有何尤扣人之墓、抉人之口而求利矣哉^④！虽此倮而薶之^⑤，犹且必扣也，安得葬薶哉！彼乃将食其肉而龁其骨也^⑥。夫曰："太古薄葬，故不扣也；乱今厚葬，故扣也"，是特奸人之误于乱说^⑦，以欺愚者而淖陷之以偷取利焉^⑧，夫是之谓大奸。传曰："危人而自安，害人而自利。"此之谓也。

【注释】　①馁：饥饿。羸瘠：贫困。②安：同"案"，荀书中常借为"乃"。③脯：肉干。④有：通"又"。尤：怨恨。抉：剜出。⑤倮：裸。薶：同"埋"。⑥龁：咬，啃。⑦特：只是。奸人：邪恶诡诈的人。⑧淖陷：陷害。淖，溺。

【译文】　今天这混乱的世道却相反：君主不按法度统治，臣民不按法令行事，有智慧的人不让他参与政事，有能力的人不让他去治理国家，有德行的人得不到重用。像这样，就会上失天时，下失地利，中失人和，导致百事废弛，财物穷尽，而祸乱出现。就会出现王公贵族担心财物不够用，老百姓饥寒交迫的情况，于是桀、纣那样的人就会大量出现，而盗贼也到处抢劫财物，危及统治者。于是人行如禽兽，贪如虎狼，吃人肉而食婴儿。这样的话，又何必责备那些掘人坟墓，从死人的口中去挖珠玉的人！像这样即使赤身裸体而埋，也一定会有人去掘的，哪里还能够安葬！那些人会把死者的肉和骨头都吃掉的。今天有人说："远古的时候实行薄葬，所以没人盗墓；混乱的今天举行厚葬，所以会被人盗墓。"这只是那些奸邪的人故意制造乱说，以欺骗愚昧的人，使他们陷于迷惑，以便从死人身上得利罢了。这种人是最坏的。古书上说："危害别人而保全自己，损害别人而让自己得利。"说的就是这种人。

【原文】　子宋子曰^①："明见侮之不辱，使人不斗。人皆以见侮为辱，故斗也；知见侮之为不辱，则不斗矣。"应之曰：然则亦以人之情为不恶侮乎^②？曰："恶而不辱也。"曰：若是，则必不得所求焉^③。凡人之斗也，必以其恶之为说，非以其辱之为故也。今俳优、侏儒、狎徒詈侮而不斗者^④，是岂钜知见侮之为不辱哉^⑤？然而不斗者，不恶故也。今人或入其央渎^⑥，窃其猪彘，则援剑戟而逐之，不避死伤，是岂以丧猪为辱也哉？然而不惮斗者，恶之故也。虽以见侮为辱也，不恶则不斗；虽知见侮为不辱，恶之则必斗。然则斗与不斗邪，亡于辱之与不辱也^⑦，乃在于恶之与不恶也。夫今子宋子不能解人之恶侮，而务说人以勿辱也，岂不过甚矣哉！金舌弊口^⑧，犹将无益也。不知其无益则不知；知其无益也，直以欺人则不仁^⑨。不仁不知，辱莫大焉。将以为有益于人，则与无益于人也，则得大辱而退耳。说莫病是矣。

【注释】　①子宋子：即宋钘。②恶：憎恶。③所求：指宋荣子追求的目标，即救民于斗。④俳优：古代宫廷里的歌舞艺人。侏儒：身材矮小不正常的人，通常是宫廷里豢养的

玩物。押徒：用一些低级趣味的东西逗人笑的人。詈侮：互相责骂，侮辱。詈，责骂。⑤岂钜知：哪里知道。钜：通"讵"。⑥央渎：大洞。央，大。渎，通"窦"，洞穴，窟窿。⑦亡：无。⑧金舌：形容嘴巴会说。弊口：说破了嘴。⑨直：只是。

【译文】 宋子说："明白受到欺侮并不是受辱的道理，人们就不会发生争斗了。每个人都知道受到欺侮是耻辱，所以相互间争斗不休；知道受到欺侮并不是耻辱的道理，就不会有争斗了。"请问：照这样说来，是认为不憎恶被欺侮是人之常情呢？答道："憎恶但并不以之为耻辱。"答道：如果是这样，宋子的目的肯定是达不到了。大凡人之间发生争斗，一定是出于憎恶，而不是因为受到侮辱。你看俳优、侏儒、小丑这类人，互相之间辱骂侮辱但却不发生争斗，这难道是因为明白受到欺侮并不是耻辱的道理？他们不发生争斗，只是因为互相并不憎恶。今天如果有人从水洞中进入别人的家，偷了别人的猪，被偷者就一定会拔出剑戟来追打他，不担心会死伤人，这难道是因为丢了猪感到耻辱吗？之所以不怕争斗，是因为憎恶偷窃者。所以，即使以被欺侮作为耻辱，互相不憎恶就不会发生争斗；即使不以被欺侮为耻辱，互相憎恶也一定会发生争斗。如此看来，斗或者不斗，不在于是否感到耻辱，而在于是不是感到憎恶。今天宋子不能消除人们之间憎恶被欺侮的心理，而一定要劝说人不要以之为辱，岂不是错得太厉害了！就算怎样能言善辩、说破了嘴都没有用。不知道没有用，就是不够智慧；知道没有用，而只是拿它来骗人，就是不仁了！不仁不智，没有比这更大的耻辱了。自以为其学说是有益于人的，其实是无益于人的，最后只落得最大的羞辱而退。没有比宋子的学说毛病更大的了。

【原文】 子宋子曰："见侮不辱。"应之曰：凡议，必将立隆正然后可也①，无隆正，则是非不分而辨讼不决。故所闻曰："天下之大隆，是非之封界，分职名象之所起②，王制是也。"故凡言议期命③，是非以圣王为师，而圣王之分，荣辱是也。是有两端矣：有义荣者，有势荣者④；有义辱者，有势辱者。志意修，德行厚，知虑明，是荣之由中出者也，夫是之谓义荣。爵列尊，贡禄厚，形势胜，上为天子诸侯，下为卿相士大夫，是荣之从外至者也，夫是之谓势荣。流淫、污僈、犯分、乱理、骄暴、贪利⑤，是辱之由中出者也，夫是之谓义辱。詈侮捽搏⑥，捶笞、膑脚⑦，斩、断、枯、磔⑧，藉、靡、舌緤⑨，是辱之由外至者也，夫是之谓势辱。是荣辱之两端也。故君子可以有势辱，而不可以有义辱；小人可以有势荣，而不可以有义荣。有势辱无害为尧，有势荣无害为桀。义荣势荣，唯君子然后兼有之；义辱势辱，唯小人然后兼有之。是荣辱之分也。圣王以为法，士大夫以为道，官人以为守，百姓以成俗，万世不能易也。

【注释】 ①隆正：指判断是非的最高标准。②分职：指等级官员。名象：名物制度。③期：约定。命：指规定事物的名称。④势：势位。这里指外边加上去的东西。⑤流淫：荒淫无度。污：秽行。僈：通"漫"，污。⑥捽：揪着头发。搏：用手打。⑦捶笞：鞭打。膑

脚:古代去掉膝盖的刑罚。⑧斩:砍头。断:断尸。枯:暴尸。磔:车裂。⑨靡:同"縻",绳子。舌绁:当为"后缚",反缚。

【译文】 宋子说:"受到欺侮不要觉得受辱。"回应道:大凡一种议论,一定要建立一个最高标准才能进行。没有标准就会导致是非不清而争论不定。所以听说:"天下最高的标准,判断是非的界限,确定各种官制、名物制度的根据,就是王制。"凡是要发表议论或规定事物的名称,都要以圣王为标准。而圣王的纲要,则是荣辱。荣辱各有两个方面,有内在的荣,有外在的荣;有内在的辱,有外在的辱。志意美好,德行美厚,思虑精明,这是发自内在的荣,就是义荣。爵位尊贵,贡禄丰厚,势位高,上为天子诸侯,下为卿相士大夫,这是来自外部的荣,这就是势荣。荒淫无度,行为放荡污杂,违反名分,悖乱礼义,骄横跋扈,暴躁贪婪,这是发自内在的辱,这就叫义辱。被人辱骂,揪住殴打,鞭打挖膝,砍头断尸,暴尸车裂,用绳子反绑,这是来自外部的侮辱,这就叫势辱。这就是荣辱的两个方面。君子可以有势辱而不可以有义辱,小人可以有势荣而不可能有义荣。有势辱并不妨碍成为尧,有势荣并不妨碍会成为桀。义荣、势荣,只有君子才能兼有;义辱、势辱,只有小人才能兼有。这就是荣辱的分别了。圣王以之为法则,士大夫以之为正道,官吏以之为操守,百姓以之为习俗,这是万世都不能改变的。

【原文】 今子宋子案不然①,独诎容为己,虑一朝而改之,说必不行矣。譬之,是犹以埤塞江海也②,以焦侥而戴太山也③,蹎跌碎折不待顷矣④。二三子之善于子宋子者,殆不若止之,将恐得伤其体也。

【注释】 ①案:相当于"则"。②埤:同"砖"。涂:泥。③焦侥:传说中的矮人。戴:顶。太山:同"泰山"。④蹎跌:跌倒。

【译文】 现在宋荣子则不是这样,不但自己甘心受辱,还希望很快改变人们的观点,这种学说必然是行不通的。打个比方,这就好像用砖和泥来堵塞江海,让焦侥背负泰山,立刻就会跌倒、被压碎。那些赞成宋子观点的人,如果不赶快纠正这种看法,那就恐怕要自食其果,伤害自己了。

【原文】 子宋子曰:"人之情,欲寡,而皆以己之情为欲多,是过也。"故率其群徒,辨其谈说,明其譬称①,将使人知情之欲寡也。应之曰:然则亦以人之情为目不欲綦色②,耳不欲綦声,口不欲綦味,鼻不欲綦臭,形不欲綦佚。此五綦者,亦以人之情为不欲乎?曰:"人之情欲是已。"曰:若是,则说必不行矣。以人之情为欲此五綦者而不欲多,譬之是犹以人之情为欲富贵而不欲货也,好美而恶西施也。

【注释】 ①譬:比喻。称:说的意思。②綦:极,很。

【译文】 宋子说:"人之本性是寡欲的,而都以为自己的本性是多欲的,这是错误的。"所以率领他的弟子,为他的学说辩护,阐明他的比喻和思想,想使人接受本性寡欲的理论。问道:这样说来也就是认为人天生不想看到各种美丽的颜色,不想听到各种悦耳的声音,不想吃到各种美味佳肴,不想享受各种身体的安逸。这五个方面极尽的享受,难道人的本性都不想要吗?回答说:"这正是人的本性所想要的。"答道:如果是这样,那么宋子的学说一定行不通了。认为人的本性想要这五种极大的享受但不想多要,这就犹如说人的本性希望富贵却不要财物,喜欢美色却讨厌西施一样。

【原文】 古之人为之不然。以人之情为欲多而不欲寡,故赏以富厚而罚以杀损也①,是百王之所同也。故上贤禄天下②,次贤禄一国,下贤禄田邑,愿悫之民完衣食。今子宋子以是之情为欲寡而不欲多也,然则先王以人之所不欲者赏而以人之所欲者罚邪?乱莫大焉。今子宋子严然而好说③,聚人徒,立师学,成文典,然而说不免于以至治为至乱也,岂不过甚矣哉!

【注释】 ①杀:减少。②禄天下:这里指三公。下文"禄一国"指诸侯,"禄田邑"指士大夫。③严然:同"俨然",庄重。

【译文】 上古的人不是这样做的。认为人的本性是多欲而不是寡欲,所以有功就赏赐以财富,有过就减少赏赐,这在历代帝王都是一样的。所以最贤能的人受封为三公,次一等的人被封为诸侯,再次一等的人被封为士大夫,老实本分的人则使其保持基本的衣食生活。现在宋子以人之本性为寡欲而不多欲,这样说,那么先王是用人不想要的东西赏赐人,而用人想要的东西惩罚人吗?没有比这更混乱的了。今天宋子庄重立说,沾沾自喜,聚集弟子,自居师位,著书写文,然而这样的学说最终不免陷于把极好的说成是极坏的,这不是错得太厉害了吗?

礼 论

【题解】

这是荀子著作中最重要的一篇,系统论述"礼"的起源、内容和作用。大戴《礼记》和小戴《礼记》都曾节选其文。

荀子的礼学以"性恶论"为基础,他认为"人生而有欲",欲而不得,就会产生争夺和混乱。制定礼义的目的即在调节人的欲望,从而避免纷争,保持社会安定。礼的内容,荀子认为有"养"和"别"两个方面。"养"即"养人之欲,给人之求",即满足人的物质欲望和需求,"别"即"贵贱有等,长幼有差,贫富轻重皆有称者"。荀子认为这两者是相互依存的。

文章对礼的内容进行了详细的分析,并重点论述了丧祭之礼,然后提出了"隆礼"的观点,指出礼是治国的根本,是"人道之极","天下从之者治,不从者乱,从之者安,不从者危,从之者存,不从者亡",对礼在维护社会安定方面的作用予以高度评价。

【原文】 礼起于何也？曰：人生而有欲，欲而不得，则不能无求；求而无度量分界①，则不能不争；争则乱，乱则穷。先王恶其乱也，故制礼义以分之，以养人之欲，给人之求，使欲必不穷于物，物必不屈于欲②，两者相持而长，是礼之所起也。

【注释】 ①度量：所以定多少之数。分界：所以定彼此之分。②屈：竭尽。

【译文】 礼的兴起因为什么？答：人生来就有欲望，有欲望而得不到，就不可能不去寻求；寻求而没有限度和界限，就不能不争夺；争夺就产生混乱，混乱则导致无法收拾的局面。过去的圣王憎恨这种混乱的局面，所以制定礼义以区分等级界限，以调节人们的欲望，满足人们的需求，让人们的欲望一定不会因为物质的不足而得不到满足，物质也一定不会因为欲望之无穷而耗尽，欲望与物质相互制约而长久地保持协调，这就是礼的源起。

【原文】 故礼者，养也。刍豢稻粱①，五味调香②，所以养口也；椒兰芬苾③，所以养鼻也；雕琢、刻镂、黼黻、文章④，所以养目也；钟鼓、管磬、琴瑟、竽笙，所以养耳也；疏房、檖貌、越席、床笫、几筵⑤，所以养体也。故礼者，养也。

【注释】 ①刍豢：指牛羊猪犬之类的肉类。②香：当作"盉"，通"和"。③苾：芳香。④黼黻：绣有各种华丽花纹的服装。文章：错杂的色彩花纹。⑤疏：通，指敞亮。檖：深远。貌：同"庙"。越席：蒲席。笫：竹编的床席。几筵：古代人席地而坐，依靠的叫几，垫席叫筵。

【译文】 所以，礼就是满足人的欲望的。鱼肉五谷，美味佳肴，是用来满足人的嘴巴需求的；各种香味，是用来满足人的鼻子需求的；雕刻精美的器皿和花纹色彩美丽的衣服，是用来满足人的眼睛需求的；钟鼓、管磬、琴瑟、竽笙等各种乐器，是用来满足人的耳朵需求的；高屋大房，竹席几筵，是用来满足人的身体需求的。所以礼也是用来满足人的欲望的。

【原文】 君子既得其养，又好其别。曷谓别？曰：贵贱有等，长幼有差，贫富轻重皆有称者也①。故天子大路越席②，所以养体也；侧载睪芷③，所以养鼻也；前有错衡④，所以养目也；和鸾之声⑤，步中武、象⑥，趋中韶、護⑦，所以养耳也；龙旗九斿⑧，所以养信也⑨；寝兕、持虎、蛟韅、丝末、弥龙⑩，所以养威也；故大路之马必倍至教顺，然后乘之，所以养安也。孰知夫出死要节之所以养生也！孰知夫出费用之所以养财也！孰知夫恭敬辞让之所以养安也！孰知夫礼义文理之所以养情也⑪！故人苟生之为见，若者必死；苟利之为见，若者必害；苟怠惰偷懦之为安，若者必危；苟情说之为乐⑫，若者必灭。故人一之于礼义，则两得之矣；一之于情性，则两丧之矣。故儒者将使人两得之者也，墨者将使人两丧之者也，是儒、墨之分也。

【注释】 ①轻重：卑尊。称：相称，合宜。②大路：即"大辂"，古代天子坐的车。

③侧：大路的两旁。载：放置。罢芷：香草。罢，能"泽"。④错：涂饰。衡：车前的横木。⑤和鸾：车上的铃。⑥武：武王乐。象：武王舞。⑦韶：舜乐。濩：汤乐。⑧斿：旗上的飘带。⑨信：通"伸"，又通"神"，神气。⑩寝兕：卧着的犀牛。持虎：蹲着的虎。持，同"跱"。这两样东西都是画在天子车轮上的图案。蛟鞢：鲛鱼皮做的马肚带。鞢，马肚带。丝末：丝织的盖车布。末，通"幭"，车轼上的覆盖物。弥龙：金饰的龙首，在车子的衡轭的末端。⑪礼义文理：礼义的各种规范和仪式。⑫说：同"悦"。

【译文】 君子既得到了养欲之道，同时也强调其中的区别。什么是区别呢？答：就是贵贱有等级、长幼有差别，贫富尊卑都有与其相称者。所以天子出门则乘大辂，坐蒲席，用这些来使其身体舒服；车两边放上香草，是为了满足嗅觉的需要；镀金的横木，是为了让眼睛看着舒服；车上和鸾的声音，慢行的时候，合乎武、象的音乐，疾走的时候，合乎韶、濩的音乐，是为了听上去悦耳；龙旗上有九条飘带，是为了显示君主的气派；车轮上画的卧着的犀牛、蹲着的虎、鲛鱼皮做的马肚带、丝织的车帘、金饰的龙首，都是为了衬托君主的威严；所以为天子驾车的马，一定要选择天性驯良的，并教之使其驯服，然后才能乘坐，目的就是为了让天子安心舒适。谁会知道舍生而求名节也是为了养生！谁会知道舍得花钱也是为了求财！谁会知道恭敬辞让也是为了达到安定无争夺！谁会知道礼义仪式也是为了培养高尚的情感！所以一个人假如只是一味贪生，这样的人就一定会死！假如一个人只是一味贪利，这样的人就一定会招来祸害！假如一个人安于松懈懒惰，这样的人就一定会有危险！假如一个人只以满足性情为乐，这样的人就一定会丧失礼义道德！所以一个人专一于礼义，那么性情和礼义都可以得到；一个人一味追求性情的满足，那么两样都会失去。所以儒家是要使人两样都得到，墨家则是要使人两样都失去，这就是儒、墨的区分所在。

【原文】 礼有三本①：天地者，生之本也；先祖者，类之本也；君师者，治之本也。无天地恶生？无先祖恶出？无君师恶治？三者偏亡焉，无安人。故礼，上事天，下事地，尊先祖而隆君师②。是礼之三本也。

【注释】 ①本：根本，本源。②隆：推崇。

【译文】 礼有三个本源：天地，是生命的本源；先祖，是族类的本源；师长，是治理国家的本源。没有天地，生命从何而来？没有先祖，我们从何而来？没有师长，国家如何得到治理？三者缺一方面，人们就没法得到安宁。所以礼，上是用来祭祀天的，下是用来祭祀地的，也是表示对祖先和君师的尊重。这是礼义的三个根本。

【原文】 故王者天太祖①，诸侯不敢坏，大夫士有常宗②，所以别贵始③。贵始，得之本也④。郊止乎天子⑤，而社止于诸侯⑥，道及士大夫⑦，所以别尊者事尊，卑者事卑，宜大者巨，宜小者小也。故有天下者事七世⑧，有一国者事五世⑨，有五乘之地者事三世⑩，有

三乘之地者事二世^⑪，持手而食者不得立宗庙，所以别积厚者流泽广^⑫，积薄者流泽狭也。

【注释】 ①天太祖：以太祖配天祭祀。太祖，每个朝代的开创皇帝。②常宗：指"百世不迁之大宗"，即一个宗族的嫡长子传下来的大宗。③别贵始：重视各自宗族的始祖。④得：通"德"。⑤郊：古代的祭天之礼。⑥社：古代的祭地之礼。⑦道：除丧服的祭祀。⑧有天下者：指天子。事七世：侍奉七代祖先，即可以立七代祖先的神庙。⑨有一国者：指诸侯。《礼记·王制》："天子七庙，三昭三穆，与太祖之庙而七。诸侯五庙，二昭二穆，与太祖之庙而五。大夫三庙，一昭一穆，与太祖之庙而三。"⑩五乘之地者：五十里封地，指大夫。古代十里为成，每成出兵车一辆。⑪三乘之地者：指士。⑫积厚：功业大。积，通"绩"。流泽：流传给后世的遗风。泽，遗风。

【译文】 所以做王的人将开国君主配天进行祭祀，诸侯也不敢毁坏始祖的宗庙，大夫和士也都有百世不变的祭祀的大宗，目的就是为了表示尊重各宗族的始祖。尊重始祖，就是道德的开始。只有君主才能祭天，只有诸侯以上的才能祭地，士大夫以上的都可以有除丧服的祭祀，这就是为了有所区别，只有尊贵的才能侍奉尊贵的，卑贱的只能侍奉卑贱的，应该大的就大，应该小的就小。所以天子可以立七代祖先的庙，诸侯可以立五代祖先的庙，大夫可以立三代祖先的庙，一般的士阶层可以立二代祖先的庙，普通劳动者，不可以设立宗庙，目的就是要有所区别，让功业大的流传广大，功业小的流传狭小。

【原文】 大飨^①，尚玄尊^②，俎生鱼^③，先大羹^④，贵食饮之本也^⑤。飨^⑥，尚玄尊而用酒醴^⑦，先黍稷而饭稻粱^⑧，祭，齐大羹而饱庶羞^⑨，贵本而亲用也。贵本之谓文^⑩，亲用之谓理，两者合而成文，以归大一^⑪，夫是之谓大隆^⑫。故尊之尚玄酒也，俎之尚生鱼也，豆之先大羹也^⑬，一也^⑭。利爵之不醮也^⑮，成事之不俎不尝也，三臭之不食也^⑯，一也^⑰。大昏之未发齐也^⑱，大庙之未入尸也，始卒之未小敛也^⑲，一也^⑳。大路之素未集也^㉑，郊之麻絻也^㉒，丧服之先散麻也^㉓，一也^㉔。三年之丧，哭之不反也^㉕，清庙之歌^㉖，一唱而三叹也，县一钟^㉗，尚拊^㉘膈，朱弦而通越也^㉙，一也^㉚。

【注释】 ①大飨：在太庙中合祭历代祖先。②尚：同"上"，供上。玄尊：盛清水的酒杯。这里用清水作为酒。③俎：祭器，盛载鱼肉。④大羹：不加调味的肉汁。大，读作"太"。⑤本：本源，本始。⑥飨：通"享"，指四季的庙祭。⑦用：酌献。酒醴：甜酒。⑧黍稷：指五谷粮食。饭稻粱：指供上熟米饭。⑨齐：读为"跻"，升。庶羞：指各种美味。⑩文：文饰，指礼的形式。⑪大一：太一，太古之时。大，同"太"。⑫大隆：最隆重。⑬豆：古代盛食物的器皿。⑭一也：意思是一同于太古。以上所言皆贵本的意思，所以说一。⑮利爵：利献上的酒。利，古代祭祀时用一个活人代表死者受祭，叫作"尸"，劝"尸"吃东西的人叫"利"。醮：喝尽。⑯臭：用鼻子闻其气，意思是食毕。⑰一：三者是礼之终，故云"一"。⑱昏：同"婚"。发：致。齐：读作"醮"，古代婚礼的一种形式，父亲亲自醮子，令其

69

前往迎亲。⑲小敛：为死者换上寿衣。⑳一：三者都是礼之初始，仪文有所未备，故云"一"。㉑素末：即上文的"丝末"，丝织的车帘。㉒绕：通"冕"，帽子。㉓散麻：腰间系的麻带。㉔一：三者都是质朴不文，故云"一"。㉕不反：指哭声很大，好像往而不返。㉖清庙：《诗经·周颂》里的篇名。㉗县：同"悬"。㉘柎、膈：都是古代乐器。㉙朱弦：指瑟。通越：在瑟底通空，使瑟音低沉。越，瑟的底孔。㉚一：以上三者是讲礼的仪式等从质朴，故云"一"。

【译文】　在太庙中合祭历代祖先，供上盛着清水的酒杯，将生鱼放在俎中，先献上没有调料的肉汁，这是表示尊重饮食的本源。四季祭祖的时候，供上盛着清水的酒杯，然后供上甜酒，先献上五谷粮食，然后献上熟米饭，每月的祭祀，供上没有调料的肉汁，然后献上各种美味的食品，这表示既尊重饮食的本源，又便于被祭祀者食用。尊重饮食的本源是礼的形式，便于食用近于人情常理，两者相合就成为完备的礼仪，而合乎太古时代的情况，这就是最隆重的礼。所以用酒杯供上清酒，用俎供上生鱼，用豆献上没有调料的肉汁，意思是一致的，都是要尊重饮食的本源。"尸"不把"利"献上的酒喝干净，祭祀完毕不尝俎上的生鱼，对于献上的食物三次歆享其气而不吃掉，意思也是一致的，都是表示祭祀完毕。举行盛大的婚礼还没有开始去迎亲的时候，祭祀太庙时"尸"还没有进入的时候，人刚死去还没有换上寿衣的时候，这都是礼刚开始的情况。大辂上丝织的车帘，郊祭时戴的麻布帽，丧服腰间所系的麻带，都是表示礼的服饰要跟从简朴的原则。人死三年祭祀的时候，哭声号啕，唱《清庙》之歌，一人唱而三人和，悬挂一口钟，上面有柎、膈，将瑟的底部穿上孔，这也都是表示礼的仪式应该质朴不文。

【原文】　凡礼，始乎梲①，成乎文，终乎悦校②。故至备，情文俱尽；其次，情文代胜；其下，复情以归大一也。天地以合③，日月以明，四时以序，星辰以行，江河以流，万物以昌，好恶以节，喜怒以当，以为下则顺，以为上则明，万变不乱，贰之则丧也④。礼岂不至矣哉！立隆以为极⑤，而天下莫之能损益也。本末相顺⑥，终始相应⑦，至文以有别，至察以有说⑧。天下从之者治，不从者乱；从之者安，不从者危；从之者存，不从者亡。小人不能测也。

【注释】　①梲：应作"脱"，简略。②校：当作"恔"，快意，称心。③合：和谐，调和。④贰：违背。丧：丢失。⑤立隆：指建立完备的礼制。隆，中正，最高的准则。极：最高准则。⑥本：礼的根本原则。末：礼的各种具体规定。⑦终：即前面所言终于悦恔。始：即前面所言始于疏略。⑧说：所以然之理。

【译文】　礼，开始时都很简陋，逐渐完备，最后达到乐的境界。所以礼达到最完备的时候，人情能得到充分的表现，礼仪也能非常完善；次一等，或者情胜过文，或者文胜过情；最次一等，是只重视质朴的情感，回归到太古之时的情况。天地因为有礼而更加调

和，日月因为有礼而更加明亮，四时因为有礼而更加有序，星辰因为有礼而正常运行，江河因为有礼而奔流不息，万物因为有礼而繁荣昌盛，人之好恶因为有礼而得到节制，喜怒因为有礼而恰当得宜，用礼来约束百姓，百姓就顺从，用礼来规范君主，君主就会贤明，以礼为标准，则世间万物虽然变化多端也不会混乱，违背礼就会失去这些。礼，难道不是最高的境界吗！建立完备的礼制作为最高准则，那么天下就没有什么东西能对它有所更正。礼的根本原则和具体规则互相顺应，情感和仪式互相应合，最完备的礼义，尊卑则有别，最细密的礼义，是非标准就会清楚。遵循礼义之道天下就会得到治理，不遵循就会混乱，遵循礼义之道天下就会安定，不遵循就会危险，遵循礼义之道天下就会保全，不遵循就会灭亡。小人是不能深刻理解其中的道理的。

【原文】 礼之理诚深矣，"坚白""同异"之察入焉而溺①；其理诚大矣，擅作典制辟陋之说入焉而丧②；其理诚高矣，暴慢、恣睢、轻俗以为高之属入焉而队③。故绳墨诚陈矣，则不可欺以曲直；衡诚县矣④，则不可欺以轻重；规矩诚设矣⑤，则不可欺以方圆；君子审于礼，则不可欺以诈伪。故绳者，直之至；衡者，平之至；规矩者，方圆之至；礼者，人道之极也⑥。然而不法礼，不足礼⑦，谓之无方之民⑧；法礼足礼，谓之有方之士。礼之中焉能思索，谓之能虑；礼之中焉能勿易⑨，谓之能固。能虑能固，加好者焉，斯圣人矣。故天者，高之极也；地者，下之极也；无穷者，广之极也；圣人者，道之极也。故学者，固学为圣人也，非特学为无方之民也。

【注释】 ①坚白：即"离坚白"，名家公孙龙的命题之一。同异：即"合同异"，名家惠施辩论的命题之一。察：察辩。溺：淹没。②擅作典制：擅自编造典章制度。③暴慢、恣睢：胡作非为，放荡不羁。队：同"坠"，失败。④衡：秤。县：同"悬"。⑤规矩：圆规和曲尺。⑥人道：为人、治国的原则。⑦足礼：重视礼。⑧无方：无道，指不走正道而走邪道。⑨礼之中焉：在礼之中。意思是如果不在礼之中，即使能思索、能坚持，也是无益的。

【译文】 礼的道理实在是深啊，"离坚白""合同异"之说可谓辩察，然而一旦与礼相遇，立刻就被淹没；礼的道理真是伟大啊，那些擅自编造典章制度、邪僻浅陋的学说，一旦与礼相遇，立刻就会消亡；礼的道理实在是高明啊，那些胡作非为，放荡不羁，轻薄浅俗而又自命为高的人，一旦与礼相遇，立刻就败倒。所以真正的绳墨标准在那里，就没法混淆曲直来欺骗人了；秤摆在前面，就没法混淆轻重来欺骗人了；规矩设立了，就没法混淆方圆来欺骗人了；君子明察于礼，奸诈不实的学说就没法欺骗人了。所以绳墨是最直的；秤是最公平的；规矩是方圆的最高标准；礼，则是为人、治国的最高准则。不遵守礼，不重视礼，就是不走正道的人；遵守礼，重视礼，就是走正道的人。在礼之中，能思考，叫作深思熟虑；在礼之中，能不变，叫作坚定。能深思熟虑、能不变，加上爱好礼，这就是圣人了。天，是高的极限；地，是低的极限；无穷，是广大的极限；圣人，则是道德的最高标准。所

以,学习,是要学着做圣人,而不是要学做不守道的人。

【原文】 礼者,以财物为用①,以贵贱为文②,以多少为异,以隆杀为要③。文理繁,情用省④,是礼之隆也;文理省,情用繁,是礼之杀也。文理、情用相为内外表里,并行而杂,是礼之中流也⑤。故君子上致其隆,下尽其杀,而中处其中。步骤、驰骋、厉骛不外是矣⑥,是君子之坛宇、宫廷也⑦。人有是⑧,士君子也;外是,民也;于是其中焉,方皇周挟⑨,曲得其次序,是圣人也。故厚者,礼之积也;大者,礼之广也;高者,礼之隆也;明者,礼之尽也。《诗》曰:"礼仪卒度,笑语卒获⑩。"此之谓也。

【注释】 ①以财物为用:指互相馈赠礼物,表达情意的行为。②以贵贱为文:车服旗章,各有不同,贵贱所分,这就是文仪。③杀:简省。④文理繁,情用省:文理,威仪。情用,忠诚。文理表现于外,情用则表现于内。⑤中流:中道。⑥步骤:走。厉:疾飞。骛:奔驰。是:指礼的范围。⑦坛宇、宫廷:这里是借屋宇为喻,意思是范围,表示君子的活动应在礼的范围内。⑧有:指居住。⑨方皇:通"彷徨"。周挟:周遍。⑩"礼仪"两句:此处引诗出自《诗经·小雅·楚茨》。卒,尽,完全。获,得当。

【译文】 礼,以财物馈赠为行礼之用,以车服旗章的不同为贵贱的文饰,以衣物车马等多少的不同来表示上下等级,以丰厚或者简省得当为要。文饰礼仪多,诚心少,这是隆重礼的表现。文饰礼仪少,诚心多,这是简省礼的表现。文饰礼仪和内心的情感内外符合,互相表里,并行相会,这就是礼的中道。所以君子,对待大礼则极其隆重,对待小礼则尽量简省,对待中等的礼则取其适中。所以,走路、疾走、快跑,君子的一切行为都不应该超出礼的范围;这就像是君子应当住在屋宇宫廷中一样。居住在其中就是士君子,住在它的外面,就是普通人了;如果在礼的范围内,能够随意活动而又能完全符合礼的要求,这就是圣人了。所以说君子厚重的德行,是积累礼义所致;君子博大的精神,是处处遵循礼义所致;君子高尚的品德,是推崇礼的结果;君子能够明察,是因为完全做到了礼的要求。《诗经》上说:"礼仪如果完全合乎法度,言谈笑语就会得当。"说的就是这个意思。

【原文】 礼者,谨于治生死者也。生,人之始也;死,人之终也;终始俱善,人道毕矣。故君子敬始而慎终。终始如一,是君子之道,礼义之文也。夫厚其生而薄其死,是敬其有知而慢其无知也,是奸人之道而倍叛之心也①。君子以倍叛之心接臧谷②,犹且羞之,而况以事其所隆亲乎③!故死之为道也,一而不可得再复也,臣之所以致重其君,子之所以致重其亲,于是尽矣。故事生不忠厚,不敬文谓之野④,送死不忠厚,不敬文,谓之瘠⑤。君子贱野而羞瘠,故天子棺椁七重⑥,诸侯五重,大夫三重,士再重。然后皆有衣衾多少厚薄之数,皆有翣菨文章之等以敬饰之⑦,使生死终始若一,一足以为人愿,是先王之道,忠臣孝子之极也。天子之丧动四海,属诸侯;诸侯之丧动通国,属大夫⑧;大夫之丧动一国,属修士⑨;修士之丧动一乡,属朋友;庶人之丧合族党,动州里⑩。刑余罪人之丧不得合族党⑪,

独属妻子,棺椁三寸,衣衾三领,不得饰棺,不得昼行,以昏殣^⑫凡缘而往埋之,反无哭泣之节,无衰麻之服,无亲疏月数之等,各反其平,各复其始,已葬埋,若无丧者而止,夫是之谓至辱。

【注释】 ①倍叛之心:指背离了对死者生前的敬重。倍,通"背"。②接:对待。臧:奴仆。谷:小孩。③所隆亲:指君主和父母。④野:文的反义词,表示无礼。⑤瘠:薄,奉养薄。⑥椁:套棺。⑦翣菨:当作"菨菨",棺材上的装饰物。⑧属:合,汇聚。⑨修士:士之进修者,指上士,士阶层中地位较高的那一部分。⑩州里:乡里。⑪刑余罪人:指犯罪而受到制裁的人。⑫昏殣:黄昏时埋葬。殣,葬,掩埋。

【译文】 礼,对于生死之事的办理最为慎重。活着,是生命的开始;死亡,是人生的终结;生与死都能按照礼处理得十分妥善,人道就全了。所以君子敬畏生命而慎重对待死亡。君子敬畏生命,慎重对待死亡,态度如一,这就是礼义文理了。人活着的时候善待他,人死后却怠慢他,这是只尊敬他有知觉的时候而怠慢其无知觉的时候,这就是恶人的做法,背叛了始终如一的原则。君子用背叛之心对待奴仆、小孩尚且觉得羞耻,更何况用这种态度对待自己所尊重的君主和父母!死这件事,只能有一次而不可能有第二次,生命不可以复生,所以臣对君主的特别敬重,儿子对父母的特别敬重,在死这一点上,最能得到表达。生前对君主父母侍奉得不够忠心诚厚,不恭敬而有礼文,这就是无礼;送死的时候不忠诚笃厚,不恭敬而有礼文,这叫作刻薄。君子轻视无礼而以刻薄为羞,所以天子的棺椁有七层,诸侯有五层,大夫有三层,士有两层。然后衣被等所有送终之物,其多少厚薄都有一定的规定,棺椁上的装饰物和图案,也都有不同的等级,以此来表达敬饰之意,使生死如一,一切都满足人的愿望,这是先王之道,是忠臣孝子之极致啊。天子的丧事惊动天下,诸侯都汇聚而来参加丧礼;诸侯的丧事惊动通好之国,大夫都汇聚而来参加丧礼;大夫的丧礼惊动了同朝的官吏,修士都汇聚而来参加丧礼;修士的丧礼惊动了一乡,朋友都汇聚而来参加丧礼;庶人的丧礼,汇聚了同族的人,惊动了乡里。受过刑罚的人,死了不可以聚合同族乡党,只能聚集妻子儿女,其棺椁只能有三寸之厚,陪葬的衣服被子只能有三件,棺材上不能有装饰,不在白天行殡,只能在黄昏时埋葬,埋葬时死者的妻子穿戴一如平常。回来时没有哭泣的礼节,不穿麻戴孝,也没有各种守丧的规定,埋葬后,他的妻子儿女就恢复到平时的样子,已经埋葬后,就好像家里没有死人,做到这样就止住了,这便是最耻辱的了。

【原文】 礼者,谨于吉凶不相厌者也^①。纮绖听息之时^②,则夫忠臣孝子亦知其闵已^③,然而殡敛之具未有求也;垂涕恐惧,然而幸生之心未已,持生之事未辍也;卒矣,然后作、具之^④。故虽备家,必逾日然后能殡,三日而成服^⑤。然后告远者出矣,备物者作矣。故殡,久不过七十日,速不损五十日。是何也?曰:远者可以至矣,百求可以得矣,百事可以成矣,其忠至矣,其节大矣,其文备矣⑥。然后月朝卜日⑦,月夕卜宅,然后葬也。当是时也,其义止⑧,谁得行之?其义行,谁得止之?故三月之葬,其貌以生设饰死者也⑨,殆非直留死者以安生也,是致隆思慕之义也。

【注释】 ①相厌:互相遮掩。厌,掩。②纩绕听息:把新棉絮放在快死者的鼻前,观察病者的气息,看其是否断气。纩,安放。绕,新棉絮,易动,所以用来试病者的气息。③闵:病非常重。④作:开始作。具:备。⑤成服:穿丧服。⑥文:器用和仪制。⑦月朝:当作"日朝",早上。下文"月夕"当作"日夕",晚上。⑧义:这里指按照礼的规定去办理丧事的原则。⑨貌:同"貌",象,效法。

【译文】 礼,对于吉凶之事最为谨慎,不能让它们互相混淆。人在弥留之际,虽然忠臣孝子知道他病得很重,但殡殓的物品,还不能准备;虽然流泪恐惧,但期望病者能活下来的心还存在,所以还做着侍奉活者的事;人死了,才开始准备殡殓之物。所以虽然是准备充分的人家,也一定要过几天才能殡葬,三天后再穿孝服。然后去外地报丧的人才可以出发,准备物品的人才开始办理。所以殡葬,长的不超过七十天,短的不会低于五十天。这是什么原因?答:这样的话,远方吊唁的人可以赶来了,需要准备的各种东西也都齐全了,各种要办的事情也都做好了,可以说诚心到了极点,人子之孝节也都尽到了,各种器用和仪制也都完备了。然后早上占卜选择下葬的日期,下午占卜选择下葬的地点,之后才能下葬。在这种时候,按照礼的要求应当停止的,谁能强行再做什么?按照礼的要求该做的事情,谁能停止不做?所以三个月以后再埋葬,三个月之内效法活着时的陈设来装饰死者,这并不是为了要留下死者来安慰活人,而是对死者表达尊重悼念的感情。

【原文】 丧礼之凡①:变而饰②,动而远③,久而平。故死之为道也,不饰则恶,恶则不哀④,尔则玩⑤,玩则厌⑥,厌则忘⑦,忘则不敬。一朝而丧其严亲,而所以送葬之者不哀不敬,则嫌于禽兽矣⑧,君子耻之。故变而饰,所以灭恶也;动而远,所以遂敬也;久而平,所以优生也⑨。

【注释】 ①凡:总括,概要。②变:指尸体变形。③动而远:越动越远。此即子游所谓"饭于牖下,小敛于户内,大敛于阼阶,殡于客位,祖祭于庭,葬埋于墓"的意思(《礼记·檀弓》)。④恶:丑恶。这里指尸体变形很难看。⑤尔:通"迩",近。⑥玩:狎昵。⑦忘:应为"怠",怠慢。下同。⑧嫌:疑似。⑨优生:对活着的人有好处,不使其因哀伤毁伤身体。

【译文】 丧礼的大要是:尸体逐渐变形,要加以整饰,从入殓到殡葬,死者放的地方越来越远,时间久了哀痛的心情要逐渐平复。所以对待死者,尸体不整饰就很难看,难看就不会引起生者的悲哀,太靠近就会狎昵,狎昵就会讨厌,讨厌则会怠慢,怠慢就会产生不敬。一旦失去了自己尊敬的父母,而送葬的人却不哀不敬,这就与禽兽近似了,君子是以此为耻的。所以尸体变形就要整饰,目的是为了避免难看;死者放的地方越来越远,是

为了表达对死者的敬意；时间久了，哀痛的心情慢慢平复，是为了让生者好好活下去。

【原文】 礼者，断长续短①，损有余，益不足，达爱敬之文，而滋成行义之美者也②。故文饰、粗恶、声乐、哭泣、恬愉、忧戚，是反也；然而礼兼而用之，时举而代御③。故文饰、声乐、恬愉，所以持平奉吉也④；粗恶、哭泣、忧戚，所以持险奉凶。故其立文饰也不至于窕冶⑤；其立粗恶也，不至于瘠弃⑥；其立声乐恬愉也，不至于流淫惰慢；其立哭泣哀戚也，不至于隘慑伤生⑦，是礼之中流也。故情貌之变足以别吉凶，明贵贱亲疏之节，期止矣，外是，奸也，虽难，君子贱之。故量食而食之，量要而带之⑧。相高以毁瘠，是奸人之道也，非礼义之文也，非孝子之情也，将以有为者也⑨。故说豫娩泽⑩，忧戚萃恶⑪，是吉凶忧愉之情发于颜色者也。歌谣谑笑，哭泣谛号⑫，是吉凶忧愉之情发于声音者也。刍豢、稻粱、酒醴⑬、饘鬻、鱼肉、菽藿、酒浆⑭，是吉凶忧愉之情发于食饮者也。卑绖、黼黻、文织⑮，资粗、衰绖、菲缌、菅屦⑯，是吉凶忧愉之情发于衣服者也。疏房、檖貌、越席、床笫、几筵、属茨、倚庐、席薪、枕块⑰，是吉凶忧愉之情发于居处者也。两情者⑱，人生固有端焉。若夫断之继之，博之浅之，益之损之，类之尽之，盛之美之，使本末终始，莫不顺比⑲，足以为万世则，则是礼也，非顺孰修为之君子莫之能知也⑳。

【注释】 ①断长续短：取长补短。这里指的是，让贤者不要过于执于礼，让不肖的人勉力做到礼。②滋成：养成。行义：按照礼的规则去做。③御：使用。④持平奉吉：对待平安吉祥的事。持，对待。奉，伺候。⑤窕冶：妖艳。⑥瘠弃：贫瘠。⑦隘慑：过分悲伤。隘，穷。慑，悲伤。⑧量：适量。要：同"腰"。⑨将以有为者：指有其他目的。如《不苟》篇中陈仲、史䲣之类欺世盗名者之所为。⑩说：同"悦"。豫：快乐。娩泽：面色润泽。娩，明媚。⑪萃：通"悴"，憔悴。⑫歌谣：唱歌。谑：同"傲"，戏谑。谛：同"啼"。⑬酒醴：甜酒。⑭饘：稠粥。鬻：同"粥"，稀粥。菽：豆类。藿：豆叶。酒浆：当作"水浆"。刍豢、稻粱、酒醴、鱼肉，是办吉事的饮食；饘鬻、菽藿、酒浆是办凶事的饮食。⑮卑绖：卑冕。衮冕以下之通称。绖，通"冕"。文织：有彩色花纹的丝织品。⑯资粗：粗布。衰绖：丧服。菲缌：薄而稀的布。菲，稀。缌，细疏布，因薄而名菲缌。菅屦：草鞋。⑰属茨：以茨草相联属，指草屋。倚庐：守丧人住的简陋木屋。席薪：居丧时以柴草委席。枕块：居丧时以土块为枕。⑱两情：指吉与凶、忧与喜。⑲顺比：协调。比，比附。⑳顺孰修为之君子：指精习于礼的人。顺，通"慎"。孰，同"熟"。修为，修治。

【译文】 礼，就是用来取长补短，减少多出的，弥补不足的，既要达到爱慕崇敬死者的礼节目的，又能养成按照礼的规则去做的美德。所以文饰与粗恶、声乐与哭泣、恬愉与忧愁，这些情感是对立的；然而礼都能兼用，随时变换使用。文饰、声乐、恬愉，是用来对待平安吉祥的事；粗恶、哭泣、忧戚是用来对待凶险的事。所以礼虽有文饰，但不会流于妖冶，虽用粗恶的仪式，但不会流于贫瘠；礼有声乐、恬愉，但不会流于放荡懈怠；礼有哭泣哀戚，但不会过分悲伤而伤害身体，这就是礼的中道。所以人们情貌的变化，只要能达到辨别吉凶、明晰贵贱亲疏的差别，这就可以了，如果不是这样，就是奸人的行为，虽然做起来很难，君子也看不起他。所以要根据食量大小而进食，根据腰的粗细扎带子，用毁伤自己的身体来追求更高的名利，这是奸人的行为，不是礼义的节文，不是孝子的真情，而是有其他的目的。高兴快乐、面色润泽，忧愁悲戚，面色憔悴，是吉凶忧喜之情在脸上自然的外现。唱歌戏谑、哭啼号呴，是吉凶忧喜之情在声音上自然的外现。刍豢、稻粱、酒醴，馈鬻、鱼肉、菽藿、酒浆是吉凶忧喜之情在饮食上自然的表现。卑绖、黼黻、文织，粗布、衰经、菲繐、草鞋是吉凶忧喜之情在衣服上自然的表现。疏房、檖貌、越席、床第、几筵、草屋、倚庐、席薪、枕块是吉凶忧喜之情在居室上自然的表现。吉与凶，忧与喜，是人生固有的两类情感。如果能够以礼节制情感，取长补短，中断的补上，不足的扩大，过分的减少，使同类事物，各尽其位，丰盛完美，让文饰与情感，生和死都很协调完备，完全可以成为万世不变的法则，这就是礼。若不是对礼十分谨慎、精熟，而且努力去做的君子，是不能明白这个道理的。

【原文】 故曰：性者，本始材朴也[1]；伪者[2]，文理隆盛也。无性则伪之无所加，无伪则性不能自美。性伪合，然后圣人之名一，天下之功于是就也。故曰：天地合而万物生，阴阳接而变化起，性伪合而天下治。天能生物，不能辨物也；地能载人，不能治人也；宇中万物生人之属，待圣人然后分也[3]。《诗》曰："怀柔百神，及河乔岳[4]。"此之谓也。

【注释】 [1]材朴：材质。[2]伪：人为。[3]分：等分。印所谓贵贱之等、父子之分、男女之别。[4]"怀柔"两句：引诗见《诗经·周颂·时迈》。怀柔，安抚。乔，高。

【译文】 所以说：本性，是人天生的材质；人为，是盛大的礼法文理。没有本性，那么礼法文理就没有地方施加，没有人为，人本始的天性就不能自己变得美起来。本性与人为的结合，才能成就圣人之名，天下的功业也才能完成。所以说：天地和谐，万物才能生长，阴阳相接，世界才能变化，人的天性与后天的礼义结合，天下才能得到治理。天能产生万物，却不能治理它；地能养育人，却不能治理人；世界上的万物和人类，必须依靠圣人制定礼法，然后才能各得其位。《诗经》说："安抚百神，以及大河高山。"说的就是这个意思。

【原文】 丧礼者，以生者饰死者也，大象其生以送其死也[1]。故事死如生，事亡如存，终始一也[2]。始卒，沐浴、鬠体、饭唅[3]，象生执也[4]。不沐则濡栉三律而止[5]，不浴则濡巾三式而止[6]。充耳而设瑱[7]，饭以生稻，唅以槁骨[8]，反生术矣。设褖衣[9]，袭三称[10]，缙绅而无钩带矣[11]。设掩面儇目[12]，鬠而不冠笄矣[13]。书其名，置于其重[14]，则名不见而柩独明矣。荐器则冠有鍪而毋縰[15]，瓮、庑虚而不实[16]，有簟席而无床第[17]，木器不成斫[18]，陶器不成物[19]，薄器不成内[20]，笙竽具而不和，琴瑟张而不均，舆藏而马反[21]，告不用也。具生器以适

墓^㉒，象徙道也。略而不尽，貌而不功，趋舆而藏之，金革辔蚭而不入^㉓，明不用也。象徙道，又明不用也，是皆所以重哀也。故生器文而不功，明器额而不用^㉔。凡礼，事生，饰欢也；送死，饰哀也；祭祀，饰敬也；师旅^㉕，饰威也：是百王之所同，古今之所一也，未有知其所由来者也。故圹垄^㉖，其额象室屋也；棺椁，其额象版、盖、斯、拂也^㉗；无、帾、丝歶、缕翣^㉘，其额以象菲、帷、帱、尉也^㉙。抗折^㉚，其额以象椻茨、番、阏也^㉛。故丧礼者，无它焉，明死生之义，送以哀敬而终周藏也^㉜。故葬埋，敬藏其形也；祭祀，敬事其神也；其铭、诔、系世^㉝，敬传其名也。事生，饰始也；送死，饰终也。终始具而孝子之事毕，圣人之道备矣。

【注释】　①大象：大致效法。②终始一也：指对生死都以礼来对待。③鬓：把头发束在一起。体：剪指甲等。饭唅：把玉、珠、贝、米之类放在死者的嘴里，放的东西视贵贱有所不同。④象生执：仿效活着时做事的样子。⑤濡：沾湿。栉：梳篦之类的总称。律：梳头发。⑥式：通"拭"，擦拭。⑦充耳：塞耳。瑱：塞耳的玉。⑧槁骨：应为"皓贝"，白色的贝壳。⑨袭衣：内衣。⑩袭三称：入殓前给死者加外衣三套。⑪缙绅：插笏的腰带。缙，同"搢"，插。绅，古代贵族束在腰间的大带。钩：衣带上的钩子。人死不必穿衣解衣，所以不设钩带。⑫帻：通"帼"，读如"茶"，掩盖。⑬笄：插在头发上的饰物。⑭重：木做的代以受祭的神主牌。⑮荐器：陈设陪葬的器物。鍪：帽子。毋：无。縱：包头发的丝织物。⑯瓮庑：都是陶制的器皿。庑，即"瓾"。⑰簟席：细苇席。无床第：棺中不设床垫。⑱斫：雕饰。⑲不成物：只具形状，未成完整能用的器皿。⑳薄器：竹或苇做的器皿。内：或以为当作"用"。㉑舆：丧车。藏：埋。马反：驾车的马返回不埋。㉒生器：活着时的用器，如弓矢盘盂之类。适：往。㉓金：车铃。革：车鞍。辔：嚼子和缰绳。蚭：车上套马用的皮带。㉔明器：随葬品，也叫鬼器。额：同"貌"。㉕师旅：这里指军事活动中的礼仪。㉖圹：墓穴。垄：坟墓。㉗版：车辆旁挡风沙的厢板。盖：车顶盖。斯：疑为"靳"字之误，"靳"借做"鞎"，即车前革制的车饰。拂：即"茀"，车后的遮蔽。㉘无：通"幠"，帐子一类的东西。帾：通"裯"，帐子一类的东西。这两种东西都是棺木上的装饰物。丝歶：大概是丝织的丧车车饰。缕翣：同"蒌翣"，棺材上的装饰物。㉙菲：挡门的草帘。帱：单帐子。尉：通"罻"，像网状的帷帐。㉚抗：挡土的葬具。折：垫在坑下的葬具。㉛椻：用泥土涂抹墙壁和房顶。茨：用茅草或苇盖房子。番：通"藩"，篱笆。阏：遮塞。这里指挡风尘的门户。㉜周：周备，完备。藏：埋葬。㉝铭：把死者的事迹刻在器物上。诔：哀悼死者的文字、文章。系世：世代传袭的记载，如家谱之类。

【译文】　丧礼，就是用生前的样子去装饰死者，大致模仿他活着的时候的样子把死者送走。所以侍奉死者如同生者，侍奉死去的人如同他活着的时候，对于生死存亡都能按照礼的规定来做。人刚死时，要给他洗头、洗身体，要把头发束起来，为其修剪指甲，把玉、珠、贝、米之类放在死者的嘴里，都是仿效他活着时所做的事。不洗头的话就把梳篦沾湿,为死者梳三次头发。不洗身体的话就把毛巾沾湿,为其擦拭三遍。然后在他的耳朵里塞上玉,嘴巴里放上生的稻米,嘴里含上白色的贝壳,这是返生之法。入殓前给死者穿上内衣,外面加上三层衣服,把笏插在腰带上而不要设钩带。用绢帛盖住死者的面孔,头发束起来,男不戴帽,女不插笄。然后把死者的名字写在旌旗上,放在神主牌上,那么死者的名字就仅仅出现在柩前。陈设陪葬的器物:头上有帽子但没有包头发的布,有陶器但里面不放东西,有席子但没有床垫,木器不加雕饰,陶器只有简单的形状,但不能用,竹编的器物也只是略具其形而不能用,笙竽、琴瑟都陈设在那儿但不能弹奏音乐,送葬的车要埋掉,驾车的马则可以返回不埋,但不再用了。准备日常用品拉到墓地,像搬家一样。简略而不全备,只是大貌相似,而不求精工细作,赶着车把伴藏物品运到墓地埋葬,车铃、车鞅、嚼子和缰绳、车套都不入葬,但都不再用了。像搬家一样,又表示不再用了,这些都是为了强调孝子的哀思。所以活着时用的器皿,只是起到仪式的作用而不是要有实用,随葬品只是象征品而不是有实用。大致说来,礼的目的,侍奉生者,是为了表达欢乐;往送死者,是为了表示悲哀;祭祀,是为了表达敬意;军事礼仪,是为了表现军威:历代帝王都是这样做的,古今也都是一样的,但没有人知道这些礼仪的来源。所以墓穴和坟墓的样子,像人住的房子,棺椁的形状,像车的样子;覆盖尸体的布,覆盖棺材的帐子、装饰棺材的物品,丧车的饰品,样子都像门帘帷帐;挡土的那些葬具,样子像墙壁、屋顶、篱笆和门户。所以丧礼没有别的意思,只是用来表明生与死的意义,表示用哀痛崇敬的心情送死,并最后加以周全地埋葬。埋葬,就是怀着敬意把死者的形体收起来;祭祀,就是怀着敬意侍奉神灵;那些铭文诔文,世代相传的记载,就是怀着敬意把死者的名字传下去。侍奉活着的人,是用礼对待生命的开始,送死,是用礼对待生命的终结。养生送死都做到尽心尽力,那么孝子该做的事情也就做完了,圣人之道也就全备了。

【原文】 刻死而附生谓之墨①,刻生而附死谓之惑,杀生而送死谓之贼。大象其生以送其死,使死生终始莫不称宜而好善,是礼义之法式也②,儒者是矣。

【注释】 ①刻:刻薄。附:增添,丰厚。墨:指墨家的节葬主张。②法式:法则仪式。

【译文】 刻薄死者而厚待活着的人,这是墨家的主张,刻薄活着的人而厚葬死去的人,这是糊涂,杀死活着的人去陪葬死者,这是害人。大致模仿一个人活着时候的情形去为他送死,使得生死始终无不合宜完善,这是礼义的法则仪式,是儒家的主张。

【原文】 三年之丧何也?曰:称情而立文①,因以饰群别、亲疏、贵贱之节而不可益损也②,故曰无适不易之术也。创巨者其日久,痛甚者其愈迟,三年之丧,称情而立文,所以为至痛极也;齐衰、苴杖、居庐、食粥、席薪、枕块③,所以为至痛饰也。三年之丧,二十五月而毕,哀痛未尽,思慕未忘,然而礼以是断之者,岂不以送死有已,复生有节也哉!凡生天地之间者,有血气之属必有知,有知之属莫不爱其类。今夫大鸟兽则失亡其群匹④,越月

逾时,则必反铅过故乡⑤,则必徘徊焉,鸣号焉,踟蹰焉⑥,踟蹰焉⑦,然后能去之也。小者是燕爵⑧,犹有啁啾之顷焉⑨,然后能去之。故有血气之属莫知于人,故人之于其亲也,至死无穷。将由夫愚陋淫邪之人与⑩?则彼朝死而夕忘之,然而纵之,则是曾鸟兽之不若也,彼安能相与群居而无乱乎?将由夫修饰之君子与?则三年之丧,二十五月而毕,若驷之过隙⑪,然而遂之,则是无穷也。故先王圣人安为之立中制节⑫,一使足以成文理,则舍之矣。

【注释】 ①称情:根据哀情轻重。立文:制定丧礼的规定。②饰群:区别人的亲疏贵贱。群,指五服之亲属。③齐衰:熟麻布做的一种衣服。苴杖:哭丧时拄的竹杖。居庐:同"倚庐",守丧人住的小木屋。④匹:配偶。⑤铅:同"沿"。⑥踟蹰:徘徊不进。⑦踟蹰:犹豫不决。⑧爵:通"雀"。⑨啁啾:小鸟悲叫声。顷:一会儿。⑩将由:依照。⑪驷之过隙:好像快马从空隙中飞跑而过一样,形容时间过得快。⑫立中制节:制定适当的服丧年月加以限制。

【译文】 人子为父母服丧三年,这是为什么呢?答:这是根据哀情轻重而制定的丧礼的规定,用以分别人的亲疏贵贱的礼节,不能增减。所以说这是到哪里都不变的法则。大凡人创伤愈大,愈合得愈慢,痛得愈厉害,好得愈慢,三年的服丧,这是根据哀情而制定的规定,表示至痛到极点;穿麻衣、拄竹杖、居庐屋、喝稀粥、睡草席、枕土块,就是为了表示至痛之情。服丧三年,二十五月才结束,哀痛还没有完,思念还没有忘却,然而礼却规定这时候中止,难道不是因为送死应该有停止的时候,适当的时候应该恢复正常生活?大凡生于天地之间,有血气的必然有知觉,有知觉的没有不爱其同类的。比如,大鸟兽一旦失去同伴,过了几个月,或者一定的时间,必然会沿着原路返回,经过故乡,一定在那儿徘徊,在那儿鸣叫,在那儿流连,在那儿犹豫,然后才能飞走。就连最小的燕雀,也会悲叫徘徊一会儿,然后才会离去。有血气的动物中,人最聪慧,所以人对自己父母的情感,到死都不会完。按照愚陋淫邪之人的做法办吗?亲人早上死了,晚上就忘到脑后去了,这样放纵下去,那就会连鸟兽都不如了,这种人怎么能与人友好地相处而不作乱呢?依着有品德的君子的做法办吗?那么三年的服丧,二十五个月,就好像快马过隙,但是假如顺其心愿去做,永远不除丧,那就会无穷无尽。所以先王圣人为人们制订适当的服丧年月加以限制,使人们一旦达到礼的规定,就可以除去丧服了。

【原文】 然则何以分之①?曰:至亲以期断②。是何也?曰:天地则已易矣,四时则已遍矣③,其在宇中者莫不更始矣④,故先王案以此象之也⑤。然则三年何也?曰:加隆焉⑥,案使倍之,故再期也⑦。由九月以下何也?曰:案使不及也。故三年以为隆,缌、小功以为杀⑧,期、九月以为间⑨。上取象于天,下取象于地,中取则于人,人所以群居和一之理尽矣。故三年之丧,人道之至文者也。夫是之谓至隆,是百王之所同也,古今之所一也。

【注释】 ①分:区分亲疏不同的丧礼。②至亲:指父母。期:周年。断:丧终。③遍:轮流一遍。④更始:更新,重新开始。⑤案:语助词。象:象征。⑥隆:隆重。⑦再期:二年。⑧缌:用细麻做成的丧服,服期三个月。小功:用较细的麻做成的衣服,服期五个月。杀:减省。⑨间:在隆和杀之间。

【译文】 然而如何区分亲疏不同的丧礼呢?答:父母之丧,本以一年为终结。这又是为什么呢?答:一年之中,天地已经变了,四季已经轮流了一遍,天地中的有生之物,没有不开始更新的了,所以先王以人事效法天地,以此来象征新的开始。然而又有三年之丧的说法,这又是为什么?答:这是特别加重哀情的意思,使其加倍,所以加了两年。从九月以下递降,这又是因为什么?答:使其丧礼不如父母的隆重。所以三年服丧是最隆重的,穿缌,服期三个月,服期五个月是损减的礼,服期一年、九个月是中等的礼。礼的制定,上取法于天,下取法于地,中间取法于人,人们共同居住、和谐统一的道理全在这里了。所以三年之丧,是人间最完善的礼义制度。这就叫最为隆盛的礼,是历代帝王的共同之处,是古今一致遵守的原则。

【原文】 君子丧所以取三年,何也?曰:君者,治辨之主也①,文理之原也,情貌之尽也,相率而致隆之,不亦可乎!《诗》曰:"恺悌君子,民之父母②。"彼君子者,固有为民父母之说焉。父能生之,不能养之,母能食之③,不能教诲之,君者,已能食之矣,又善教诲之者也。三年毕矣哉!乳母,饮食之者也,而三月;慈母,衣被之者也,而九月;君,曲备之者也④,三年毕乎哉!得之则治,失之则乱,文之至也;得之则安,失之则危,情之至也。两至者俱积焉,以三年事之犹未足也,直无由进之耳⑤。故社⑥,祭社也;稷⑦,祭稷也;郊者⑧,并百王于上天而祭祀之也。

【注释】 ①治辨:治理。②"恺悌"两句:此处引诗见《诗经·大雅·泂酌》。恺悌,和蔼可亲。③食:喂养。④曲备:各方面都具备。⑤直:但,只是。⑥社:土地神。⑦稷:谷神。⑧郊:祭祀天。郊祭是古代最隆重的祭祀制度,荀子的意思是说君主之恩,大于父母,所以祭祀君主可与祭天并重。

【译文】 君主的丧礼也是三年,这是为什么?答:君主,是治理国家的主宰,是礼法文理的根本,是忠诚恭敬的楷模,做人臣的,相率服丧三年以推重君主,不也是应当的吗!《诗经》上说:"和蔼可亲的君子啊,是人民的父母。"君主,本来就有为民父母之说啊。父亲能给孩子生命,却不能喂养他,母亲能喂养孩子,却不能教诲他,君主是既能给他衣食,又善于教诲他的人,哀感之情,三年才可以完毕了啊!乳母是哺育孩子的人,还要服丧三月;慈母,是抚养孩子的人,还要服丧九月;而君主,养育与教诲,各方面都做到了,所以服丧三年才可以完毕啊!照这样做,国家就能治理好,不这样做,国家就会混乱,这是最完备的礼法;照这样做,国家就能安定,不这样做,国家就会危险,这是最充分的情感表达。

最完备的礼法与最充分的情感都具备了，服丧三年还不觉得够，只是没有办法再增加了。所以社祭，只是祭祀土地神的；稷祭，只是祭祀谷神的，而郊祭，则是一起祭祀百王和天的。

【原文】　三月之殡何也①？曰：大之也，重之也。所致隆也，所致亲也，将举措之，迁徙之，离宫室而归丘陵也，先王恐其不文也，是以繇其期②，足之日也。故天子七月，诸侯五月，大夫三月，皆使其须足以容事③，事足以容成，成足以容文，文足以容备，曲容备物之谓道矣。

【注释】　①殡：是殓后到埋葬前停丧的一段时间。②繇：通"遥"。③须：等待。

【译文】　停殡三个月，这是为什么呢？答：是为了表示重视其事，不敢草率的意思。心里最尊重的人，最亲爱的人，将要安置他，搬迁他，要将他从宫室搬走而安葬在丘陵里，先王担心礼数有所不够，所以延长殡的日期，使其时间充足。所以天子殡七月，诸侯五月，大夫三月，都是要有足够的时间准备各种丧葬事宜，将丧事办得完全达到礼的要求，各方面都达到完备，就符合丧礼的原则了。

【原文】　祭者，志意思慕之情也。愅诡、唈僾而不能无时至焉①。故人之欢欣和合之时，则夫忠臣孝子亦愅诡而有所至矣。彼其所至者甚大动也，案屈然已②，则其于志意之情者惆然不嗛③，其于礼节者阙然不具④。故先王案为之立文，尊尊亲亲之义至矣。故曰：祭者，志意思慕之情也，忠信爱敬之至矣，礼节文貌之盛矣，苟非圣人，莫之能知也。圣人明知之，士君子安行之，官人以为守，百姓以成俗。其在君子，以为人道也；其在百姓，以为鬼事也。故钟鼓、管磬、琴瑟、竽笙、韶、夏、濩、武、汋、桓、箾、象⑤，是君子之所以为愅诡其所喜乐之文也。齐衰、苴杖、居庐、食粥、席薪、枕块，是君子之所以为愅诡其所哀痛之文也。师旅有制，刑法有等，莫不称罪，是君子之所以为愅诡其所敦恶之文也⑥。卜筮视日、斋戒修涂、几筵、馈荐、告祝⑦，如或飨之。物取而皆祭之，如或尝之。毋利举爵⑧，主人有尊⑨，如或觞之。宾出，主人拜送，反易服，即位而哭，如或去之。哀夫！敬夫！事死如事生，事亡如事存，状乎无形影，然而成文。

【注释】　①愅：变。诡：异。唈僾：抑郁不乐的样子。②案：语气助词。屈然：空无所有的样子。屈，竭尽。③惆然不嗛：悲哀不愉快。④阙然：缺少的样子，不完备的样子。⑤韶：舜乐。夏：禹乐。濩：汤乐。武：周武王的乐。汋、桓：周代明堂祭祀武王的乐。箾：周文王的舞曲名。象：周武王伐纣的乐曲。⑥敦：通"憝"，怨恨。⑦卜筮视日：占卜以择日。修涂：修饰，打扫。涂，通"除"。馈：指祭祀时进献牲畜。荐：祭祀时进献黍稷。告祝：祭礼的一种形式。祝，辅助祭祀的人。⑧利：祭祀中劝食的人。⑨有尊：即"侑尊"，指献酒。

【译文】　祭祀的目的，是为了表达人们对死者的思慕之情。死亡之变使人忧郁痛

苦,这种情感会在意想不到的时候到来。所以在人欢乐、团聚的时候,那些忠臣孝子也会触景伤情而思念自己的君主和父母,并有所表现。当他有所感发的时候,情激于中,甚为感动,但因为没有祭祀的礼仪,内心感到空虚而没有东西可以表达,那么他内心积郁的情感就会变成怅然不快,会感到礼仪的缺乏。所以先王为他们制订祭祀礼仪,使尊敬君主、孝敬父母的礼仪都全备了。所以说:祭祀,是表达人们对死者思慕之情的方式,是忠信爱敬之德的极致,是礼节文饰的极盛,如果不是圣人,是不能理解其中的精义所在的。圣人明白其中的意思,士君子安心去实行它,祭祀之官则以之为职守,百姓则以之为习俗。对君子来说,这是治理人间的一种方式;对百姓来说,则认为是一种侍奉鬼神的活动。所以钟鼓、管磬,琴瑟、竽笙吹奏出的乐曲,韶、夏、護、武、汋、桓、箾、象等乐舞,是君子表示他的喜乐情感变化的礼仪形式。穿麻衣、挂竹杖、居庐屋、喝稀粥、睡草席、枕土块,是君子表示他的悲痛情感变化的礼仪形式。师旅有军规,刑法有等级,都与其罪行相称,这是君子表示他的憎恶情感变化的礼仪形式。占卜选择日子,斋戒打扫房屋,在室中放设筵几,进献牲畜和黍稷,告祝,好像鬼神真的会歆享一样。各样东西都取一点来祭祀,好像鬼神真的会品尝一样。不要劝食的人代为敬酒,主人自己献酒,好像鬼神真的会喝酒一样;客人走了,主人拜送,回来后脱去祭服,换上丧服,入座而哭,如同亲人的神灵离去一样。悲哀啊! 尊敬啊! 侍奉死者如同侍奉生者,侍奉死亡的人如同侍奉活着的人,好像没有形状,然而都是合乎为人、治国的礼义的。

乐 论

【题解】

这是一篇论礼乐关系及乐的社会作用的文章,部分收入《礼记·乐记》中。

先秦诸子中,墨子对于礼乐最为反对,有"非乐""节葬"等主张。荀子此文即从批判墨子出发,阐述了音乐对于维护统治的重要性。文章指出,音乐源自人心,能极尽情感之变化,乃"人情之所必不免"之物,具有"入人也深,化人也速""移风易俗"的效用。因此,音乐对于引导人民、治理国家具有重要的作用。他主张"贵礼乐而贱邪音",以雅正之音陶冶人民,调整君臣上下、父子兄弟、乡里族长之间关系,使民和顺,国安宁。

此外,文章中提出"乐和同,礼别异"的观点,也是对礼和乐关系的精辟论述。

【原文】 夫乐者①,乐也,人情之所必不免也,故人不能无乐。乐则必发于声音②,形于动静③,而人之道,声音、动静、性术之变尽是矣④。故人不能不乐,乐则不能无形,形而不为道⑤,则不能无乱。先王恶其乱也,故制雅、颂之声以道之⑥,使其声足以乐而不流⑦,使其文足以辨而不諰⑧,使其曲直、繁省、廉肉、节奏⑨,足以感动人之善心,使夫邪污之气

无由得接焉。是先王立乐之方也⑩，而墨子非之，奈何！

【注释】　①乐者：指音乐、歌舞。下一个"乐"字读作"快乐"之"乐"。②声音：指嗟叹歌咏。③动静：指手舞足蹈。④性术之变：指思想感情的变化。尽是：尽于是。意思是人的喜怒哀乐的情感在嗟叹歌咏、手舞足蹈中全部都表现出来了。⑤形：指动静歌舞。道：引导。⑥雅、颂：《诗经》中的两类诗。古代诗都能入乐，所以这里指雅乐、颂乐。⑦流：淫放。⑧文：指乐曲的篇章。辨：辨明。这里指辨清乐曲的含义。愬：当作"偲"，邪。⑨曲直：声音的曲折与平直。繁省：声音的复杂与简单。廉肉：声音的单薄与丰满。⑩方：原则，道。

【译文】　音乐，就是高兴，是人不可避免会有的情感。所以人不能没有音乐。高兴就一定会嗟叹歌咏，发抒于声音，手舞足蹈，表现于动作，而人之所以为人，就是因为在嗟叹歌咏、手舞足蹈中，喜怒哀乐的情感全部都表现出来了。所以人不可能没有快乐，有快乐就不能不有所表现，有所表现而不去引导，就会流于乱。先王憎恶这种乱，所以制作了雅、颂的音乐以引导它，目的是使其声音足以表达快乐，而不流于淫放，使其篇章足以耐人寻味而不流于淫邪，使其音乐的曲折与平直、复杂与简单、单薄与丰满等节奏足以感发人的善心，让淫邪肮脏之气无法接触到。这是先王创造音乐的原则，墨子却表示反对，有什么道理呢！

【原文】　故乐在宗庙之中，君臣上下同听之，则莫不和敬；闺门之内①，父子兄弟同听之，则莫不和亲；乡里族长之中，长少同听之，则莫不和顺。故乐者，审一以定和者也②，比物以饰节者也③，合奏以成文者也，足以率一道④，足以治万变。是先王立乐之术也，而墨子非之，奈何！

【注释】　①闺门：指家庭。②审：审定。一：这里指中和之声。③比：配。物：指各种乐器。饰：通"饬"，整饬，调整。④一道：指君臣上下、父子兄弟、长少之间的"和敬""和亲""和顺"等根本道理。

【译文】　所以在宗庙里，君臣上下一起听，那就没有不和睦相敬的；在家庭中，父子兄弟一起听，那就没有不和睦相亲的；在乡里族党中，老人年轻人一起听，那就没有不和睦顺从的。所以，音乐就是要审定一个标准来确定调和之音，然后配上各种乐器来调整节奏，一起合奏来构成和谐的音乐，这样的音乐足以统率根本的道理，足以调整各种情感的变化。这是先王创造音乐的原则，墨子却表示反对，有什么道理呢！

【原文】　故听其雅、颂之声，而志意得广焉①；执其干戚②，习其俯仰屈伸③，而容貌得庄焉；行其缀兆④，要其节奏⑤，而行列得正焉，进退得齐焉。故乐者，出所以征诛也⑥，入所以揖让也⑦。征诛揖让，其义一也。出所以征诛，则莫不听从；入所以揖让，则莫不从服。故乐者，天下之大齐也⑧，中和之纪也⑨，人情之所必不免也。是先王立乐之术也，而墨子非之，奈何！

【注释】 ①志意得广：心胸变得开阔。②干戚：古代表演战争内容所用的舞具。这里指干戚之舞。因为是威仪之舞，所以说"容貌得庄"。干，盾牌。戚，斧头。③俯仰屈伸：舞蹈的各种动作。④缀兆：舞蹈排列的位置。缀指行列的位置，兆指行列的地段。⑤要：符合。⑥征诛：征伐杀敌。⑦揖让：礼让。⑧大齐：指行动完全整齐统一。⑨中和：指性情符合礼法的要求。纪：纲纪。

【译文】 所以听雅、颂之乐，思想情感会变得开阔；拿着干戚，演习各种俯仰屈伸的动作，容貌就可以变得庄重；按着要求的排列行走，随着音乐的节奏进退，那么行列就会规整，进退就会整齐。所以，音乐用于出征，是用来鼓舞杀敌的勇气，用于宗庙，是用来培养人们的礼让情感。无论是出征还是宗庙，它们的意义是一样的。对外用于征伐，那天下没有不听从指挥的；对内用于礼让，那天下没有不服从统治的。所以音乐是统一天下人的重要东西，是和顺人性情的纲要，是人情所不能没有的。这是先王创造音乐的原则，墨子却表示反对，有什么道理呢！

【原文】 且乐者，先王之所以饰喜也；军旅铁钺者①，先王之所以饰怒也。先王喜怒皆得其齐焉②。是故喜而天下和之，怒而暴乱畏之。先王之道，礼乐正其盛者也，而墨子非之。故曰：墨子之于道也，犹瞽之于白黑也③，犹聋之于清浊也，犹欲之楚而北求之也。

【注释】 ①铁钺：一种大斧，古代以此来刑杀。铁，同"斧"。②齐：恰当，适宜。③瞽：瞎子。

【译文】 而且音乐，是先王用来表达喜悦的；军旅刑杀的音乐，是先王用来表示愤怒的。先王的喜和怒都是恰当的。所以先王喜，天下人都附和他，先王怒，暴乱之人都会惧怕他。先王治国之道，以礼和乐最为重要，然而墨子却反对礼乐。所以说：墨子对于道，犹如瞎子不能分辨颜色的黑白，聋子不能分辨声音的清浊，犹如要去楚国却往北走一样。

【原文】 夫声乐之入人也深，其化人也速，故先王谨为之文。乐中平则民和而不流，乐肃庄则民齐而不乱。民和齐则兵劲城固，敌国不敢婴也①。如是，则百姓莫不安其处，乐其乡，以至足其上矣。然后名声于是白②，光辉于是大，四海之民莫不愿得以为师。是王者之始也。乐姚冶以险③，则民流僈鄙贱矣④。流僈则乱，鄙贱则争。乱争则兵弱城犯⑤，敌国危之。如是，则百姓不安其处，不乐其乡，不足其上矣。故礼乐废而邪音起者，危削侮辱之本也。故先王贵礼乐而贱邪音。其在序官也⑥，曰："修宪命⑦，审诗商⑧，禁淫声，以时顺修，使夷俗邪音不敢乱雅⑨，太师之事也⑩。"

【注释】 ①婴：侵犯。②白：显赫。③姚冶：妖艳，指音乐不正派。险：邪。④流僈：放纵散漫。⑤犯：似应作"脆"，脆弱。⑥序官：叙述官的职责与权职，这里指《礼记·王制》中"序官"一段。⑦宪命：法令文告。⑧商：通"章"。⑨夷俗邪音：指那些与雅乐不同

的少数民族和民间的音乐。夷,古代对中原以外少数民族的蔑称。雅:正,这里指雅乐、正声。⑩太师:乐官之长。

【译文】 音乐生于人心,感人的力量最深,改变人的情感也最快,所以先王非常谨慎地制定音乐。音乐中正平和,百姓就和睦而不至于淫放,音乐严肃庄重,百姓就整齐而不陷于纷乱。百姓和睦整齐,军队的力量就很强大,城墙牢固,敌国就不敢侵犯。如果做到这样,百姓没有不安居乐业,不尽心奉养君主的。然后名声会因此而显赫,光辉因此而广大,四海之民,没有不希望以他为君长的。这就是王政的开始了。音乐妖艳淫邪,人民就会放纵散漫,鄙陋低贱。放纵散漫就会混乱,鄙陋低贱则互相争夺。混乱争夺,军队的力量就很弱小,城墙脆弱,就会受到敌国威胁。如果像这样,百姓既不能安居乐业,也不会尽心奉养君主。所以礼乐荒废而邪音兴起是国家危险削弱受到侮辱的本源。所以先王推崇礼乐而轻视邪音。这些记载在《王制》里可以见到:"修订法令文告,审查诗歌篇章,禁止淫邪之声,顺应时势的变化,随时修订诗篇乐章,使那些夷俗邪音不敢扰乱雅声,这是太师的职责。"

【原文】 墨子曰:"乐者,圣王之所非也,而儒者为之,过也。"君子以为不然。乐者,圣人之所乐也,而可以善民心,其感人深,其移风易俗易,故先王导之以礼乐而民和睦。夫民有好恶之情而无喜怒之应则乱。先王恶其乱也,故修其行,正其乐,而天下顺焉。故齐衰之服,哭泣之声,使人之心悲;带甲婴轴①,歌于行伍,使人之心伤②;姚冶之容,郑、卫之音③,使人之心淫;绅、端、章甫④,舞韶歌武⑤,使人之心庄。故君子耳不听淫声,目不视女色,口不出恶言,此三者,君子慎之。凡奸声感人而逆气应之⑥,逆气成象而乱生焉⑦;正声感人而顺气应之,顺气成象而治生焉。唱和有应,善恶相象⑧,故君子慎其所去就也。

【注释】 ①婴:戴。轴:同"胄",头盔。②伤:当作"扬",发扬,振作。③郑、卫之音:指春秋时郑、卫两国的新乐。常用来指代轻佻的音乐。④绅:古代贵族束在腰间的大带子。端:礼服名。章甫:礼帽。⑤韶:相传是古代禹舜时代的一种乐曲。武:相传是周武王时的一种乐曲。⑥逆气:指不合正道的邪逆之气。⑦成象:指形于歌舞。⑧相象:这里也是相对应的意思。

【译文】 墨子说:"音乐,是圣王所反对的,而儒者却去提倡它,这是错误的。"君子认为这话说得不对。音乐,是圣人所喜欢的,它可以改善人心,它的声音感人至深,容易移风易俗,所以先王用礼乐来引导百姓而使其和睦。百姓内有好恶的情感而外无表达喜怒的东西和它相应,那就要乱了。先王憎恶这种混乱,所以要修养德行,订正音乐,这样天下就和顺了。所以穿上丧服,听到哭泣的声音,会使人心生悲哀;穿上盔甲,听到队伍中的歌声,会使人心情振奋;妖艳的容貌,郑、卫的音乐,会使人生出放荡的情思;束上大带,穿上礼服,戴上礼帽,跳着韶舞,唱着武乐,会使人心情庄重。所以君子不听淫荡的声音,

不看女色，不说恶言。这三点，君子一定要很慎重。而奸邪的声音感动人心，邪逆之气就会相应，相应而形于歌舞，那么悖乱就出现了。合于正道的音乐感动人心，驯顺之气就会相应，相应而形于歌舞，那么国家就会得到治理了。有唱的就一定会有和的，善唱则有善和，恶唱则有恶和，所以君子对于音乐的选择要特别谨慎。

【原文】 君子以钟鼓道志①，以琴瑟乐心，动以干戚，饰以羽旄②，从以磬管。故其清明象天③，其广大象地，其俯仰周旋有似于四时。故乐行而志清，礼修而行成，耳目聪明，血气和平，移风易俗，天下皆宁，美善相乐。故曰：乐者，乐也。君子乐得其道，小人乐得其欲。以道制欲，则乐而不乱；以欲忘道，则惑而不乐。故乐者，所以道乐也，金石丝竹④，所以道德也。乐行而民乡方矣⑤。故乐者，治人之盛者也，而墨子非之。

【注释】 ①道：引导。②羽：野鸡毛。旄：牦牛尾。两者都是古代舞蹈中的用具。③清明：清脆，明朗，指人声。④金石丝竹：各种乐器。这里指演奏出的音乐。⑤乡：通"向"。方：这里指正确的方向。

【译文】 君子用钟鼓之乐来引导自己的志意，用琴瑟之音来愉悦心情，跳舞时手里拿着盾、斧，饰以羽毛、牛尾，伴随着磬管奏出的音乐。其人声清脆明朗如天，钟鼓之声深沉广远如地，舞者之俯仰旋转好像四季的轮转变化。所以音乐得到推行，人们的志向就纯洁，礼仪完备，人们的道德就能养成，耳目聪明，血气和平，就能移风易俗，天下太平，使美和善相得益彰。所以说：音乐，就是快乐的表现。君子喜欢音乐是为了提高道德修养，小人喜欢音乐是为了满足个人欲望。用道来控制欲望，就会喜乐而不悖乱；欲望过分而忘记了道，就会迷惑而不快乐。所以，音乐是用来引导快乐的，金石丝竹之声，是用来引导道德的。音乐得到推行人们就会朝着正确的方向走。音乐，是治理百姓最好的东西，但墨子却反对它。

【原文】 且乐也者，和之不可变者也；礼也者，理之不可易者也。乐合同，礼别异。礼乐之统①，管乎人心矣。穷本极变②，乐之情也；著诚去伪③，礼之经也。墨子非之，几遇刑也④。明王已没⑤，莫之正也。愚者学之，危其身也。君子明乐，乃其德也。乱世恶善，不此听也⑥。於乎哀哉⑦！不得成也。弟子勉学，无所营也⑧。

【注释】 ①统：总体，总括。②本：人心。变：指哀乐之变。③著：深入。伪：虚伪。④几遇刑也：接近于触犯刑罚。⑤没：通"殁"，死。⑥此：指君子明乐。⑦於乎：呜呼，感叹词。⑧营：迷惑。

【译文】 乐，是和谐人心的根本；礼，是区分上下等级的原则。音乐使人心达到和谐，礼使人们区分上下等级。礼乐的关键，是能约束人心。源于人心，极尽情感之变化，是乐的本质；表达诚心，去掉虚伪，是礼的原则。墨子反对礼乐，是接近于犯罪了。明智的君主已经没有了，也没有人去纠正墨子"非乐"的错误了。愚蠢的人照着墨子的主张去

做，就会危害自己。君子提倡乐教，是他自守道德的表现。乱世之人厌恶好的品德，不听君子的善言。呜呼哀哉！音乐不能充分发挥作用啊！弟子们要好好学习，不要被邪说迷惑了！

【原文】　声乐之象：鼓大丽①，钟统实②，磬廉制③，竽笙肃和④，埙篪发猛⑤，埙篪翁博⑥，瑟易良⑦，琴妇好⑧，歌清尽，舞意天道兼⑨。鼓，其乐之君邪！故鼓似天，钟似地，磬似水，竽笙、埙篪似星辰日月，鞉、柷、拊、鞷、椌、楬似万物⑩。曷以知舞之意？曰：目不自见，耳不自闻也，然而治俯仰、诎信、进退、迟速莫不廉制⑪，尽筋骨之力以要钟鼓俯会之节⑫，而靡有悖逆者，众积意谆谆乎⑬！

【注释】　①丽：通"厉"，形容声音高亢。②统：一说为"充"，充实。③廉：有棱角，引申为声音清晰。制：有节制。这里引申为有节奏。磬是明亲疏贵贱长幼之节的，所以说有制。④肃和：整齐和谐。原作"箫和"，据文义改。⑤埙、篪：均为古代编管乐器。发：猛。⑥埙：陶土制的吹乐器。篪：单管横吹乐器。翁博：低沉博大。⑦易良：声音平和。⑧妇好：声音柔婉。⑨天道兼：把天道的内容都包括了。天有尊卑大小之别，俯仰屈伸快慢之节，舞意能尽情表达，故云。⑩鞉、柷、拊、鞷、椌、楬：都是古代打击乐。⑪诎信：屈伸。⑫要：应合。⑬众积意谆谆乎：意思是说仿佛被人谆谆教导过一样。谆谆，谆谆。

【译文】　声乐之形于歌舞：鼓声大而高，钟声洪亮而雄厚，磬声清晰而有节奏，竽、笙整齐和谐，埙、篪振奋激昂，埙、篪低沉宽广，瑟声安宁平和，琴声柔和婉转，歌声清晰而曲尽其情，舞蹈能表达自然界的万事万物。鼓，是乐中的君子啊！所以鼓像天，钟似地，磬似水，竽、笙、埙、篪像星辰日月，鞉、柷、拊、鞷、椌、楬则似世间万物。怎么知道舞蹈的含义呢？答：舞者眼睛看不到自己，耳朵听不到自己，然而载歌载舞，其俯仰屈伸快慢节奏，都是清楚而有规矩的，用尽筋骨的力量应合钟鼓的节奏，而没有悖乱不合的，聚集了各种乐器的声音，而能合于节奏，就好像有人谆谆教导过一样啊！

【原文】　吾观于乡①，而知王道之易易也②。主人亲速宾及介而众宾皆从之③。至于门外，主人拜宾及介，而众宾皆入；贵贱之义别矣。三揖至于阶，三让以宾升。拜至献酬④，辞让之节繁。及介省矣。至于众宾，升受、坐祭、立饮⑤，不酢而降⑥。隆杀之义辨矣。工入，升歌三终⑦，主人献之；笙入三终⑧，主人献之；间歌三终⑨，合乐三终，工告乐备⑩，遂出。二人扬觯⑪，乃立司正⑫，焉知其能和乐而不流也。宾酬主人，主人酬介，介酬众宾，少长以齿⑬，终于沃洗者⑭，焉知其能弟长而无遗也。降，说屦⑮，升坐，修爵无数⑯。饮酒之节，朝不废朝，莫不废夕⑰。宾出，主人拜送，节文终遂，焉知其能安燕而不乱也⑱。贵贱明，隆杀辨，和乐而不流，弟长而无遗，安燕而不乱；此五行者，足以正身安国矣。彼国安而天下安。故曰：吾观于乡，而知王道之易易也。

【注释】　①乡：指乡人饮酒的礼仪。②易易：非常容易。以下这段文字《礼记》中也有,上有"孔子曰"三字。③主人:指诸侯之乡大夫。速:召,指到贤能之家亲自迎接。介:指中等地位的宾客。古代诸侯之乡大夫,三年大比,献贤能于其君,与贤能饮酒,即乡饮酒礼。贤者为宾,其次为介,又其次为众介。介,是宾的主要陪同,其他陪客为众宾。④拜至:对来的宾客进行礼拜。献酬:主人拿酒献宾,宾用酒回敬,主人又自酌自饮以答谢宾。⑤升受:升堂、受酒。坐祭:坐着祭酒。⑥不酢:客人不用酒回敬主人。⑦升歌:升到堂上演奏歌曲。终:演奏、歌唱一篇诗为一终。⑧笙入三终:吹笙的人进入堂下,奏乐三曲。⑨间歌三终:堂上乐工先歌唱一曲,然后堂下吹笙的人吹奏一曲,这叫作间歌,这样演奏三遍叫三终。⑩工告乐备:乐工报告乐已完毕。⑪二人扬觯:主人的两个侍从举杯向宾和介敬酒。觯,酒杯。⑫司正:专门负责监礼的人。⑬齿:年龄。⑭沃洗者:洗酒器的人。⑮说:通"脱"。屦:鞋。⑯修:行。爵:酒杯。⑰莫:同"暮"。⑱安燕:安然。

【译文】 孔子说,我看了乡饮酒礼,就知道王道是很容易实行的。主人到贤者家里亲自迎接宾和介,其他陪同的众宾都跟着。到了主人门外,主人拜宾和介,陪同的众宾则不需拜迎就进入房子;这样贵贱的不同就通过礼节仪式区分开了。然后,经过三次揖让,宾客才登上台阶,再经过三次揖让,宾客才登上厅堂。之后行跪拜礼,互相献酒,这些谦让的礼节是十分繁多的。对介的礼节就要省略得多。至于众宾,则先登堂接受主人的献酒,然后坐着祭酒,站着喝酒,不用回敬主人酒就可以退下。这样礼仪是隆重还是简略就可以分辨得很清楚了。乐工走进来,升到堂上演奏三曲,主人向他们献酒;吹笙的人进入堂下演奏三曲,主人向他们献酒;然后堂上乐工先歌唱一遍,堂下吹笙的吹奏一遍,这样反复三次,唱歌吹笙的再一起合奏三曲,最后由乐工宣布乡饮酒礼的音乐吹奏完了,于是退了出去。然后由主人的两个侍从举酒杯向众人敬酒;还设立一个专门负责监礼的人,由此可知整个过程都能做到和乐而不放荡。宾回敬主人,主人答谢主宾,主宾酬谢众宾,按照年龄的大小为序,最后酬谢洗酒器的人,从中可以看到人们都能够尊敬长者,而且不遗漏一个人。下堂脱鞋,然后升堂就座,互相不断地敬酒。饮酒的礼节,早上饮酒,不会影响早上要做的事,晚上饮酒,不会影响晚上要做的事。宾客走了,主人要拜送,这样礼节仪式就完成了,从中可以看到人们在饮酒时也安然不过分,都能遵守礼节制度。贵贱分明、隆杀清楚、和乐而不放荡、尊敬长者而无遗漏、饮酒时也安然不过分;这五种品行,足以端正个人的品行和安定国家了。国家安定了天下也就安定了。所以说:我看了乡饮酒礼,就知道王道是很容易实行的。

【原文】 乱世之征①:其服组②,其容妇③。其俗淫,其志利,其行杂④,其声乐险,其文章匿而采⑤。其养生无度,其送死瘠墨⑥,贱礼义而贵勇力,贫则为盗,富则为贼;治世反是也。

【注释】 ①征:特征。②服组:服装华丽。组,丝织有花纹的宽带。③容妇:男人模仿妇女的打扮,指妖里妖气的打扮。④杂:污,行为恶劣。⑤匿:同"慝"。邪恶。⑥瘠:菲薄。墨:指墨子的节葬思想。

【译文】　乱世的特征:男人穿着华丽的服装,打扮得好像女人。风俗淫荡,一心好利,行为污杂,其音乐邪僻不正,而内容则邪恶而华丽。乱世之人生活腐烂没有节制,送死的礼节又很刻薄,蔑视礼义而崇尚武力,穷则为盗,富则为贼;治世则与之相反。

解　蔽

【题解】

此篇主旨在谈"蔽"之害处及解蔽的方法。

荀子认为,古往今来,人们最容易犯的错误就是主观武断,这个错误的产生是由人认识上的片面性,即所谓"蔽于一曲"造成的。因此,要想对事物有全面的认识,就必须要"解蔽",解蔽的方法就是通过心去了解"道",心要了解"道",就要做到"虚壹而静",即虚心、专一、宁静三德,只有具备这三德,才能进入大清明的境界,成为不为任何事物所蔽的"圣人""至人"。如此,就可以治理天地而利用万物,掌握自然和社会的全面道理而使整个宇宙得到治理。

文章对春秋战国之际诸子百家之"蔽"都进行了批评,而其批评的标准,当然也是基于其学说基础的礼法思想。

【原文】　凡人之患,蔽于一曲而暗于大理①。治则复经②,两则疑惑矣。天下无二道,圣人无两心。今诸侯异政,百家异说,则必或是或非,或治或乱。乱国之君,乱家之人,此其诚心莫不求正而以自为也,妒缪于道而人诱其所迨也③。私其所积④,唯恐闻其恶也;倚其所私,以观异术,唯恐闻其美也。是以与治离走而是己不辍也,岂不蔽于一曲而失正求也哉!心不使焉,则白黑在前而目不见,雷鼓在侧而耳不闻,况于使者乎!德道之人⑤,乱国之君非之上,乱家之人非之下,岂不哀哉!

【注释】　①蔽:这里指认识上的局限性。曲:局部,片面。暗:不清楚。大理:大道,全面正确的道理。②治:谓治其蔽。经:正道,常道,即"大理"。③妒缪:背离。意思是心有偏好,不免党同妒异也。缪,乖误。所迨:所近。如性近于俭,则会诱于墨子,性近于辩论,则会诱于惠施。④私:偏爱。积:素习,指自己平时所掌握的知识。⑤德道:得道。德,通"得"。

【译文】　大凡人的通病,是被片面的认识所局限,而不明白全面正确的道理。纠正了片面的认识,才能使认识符合正道,对正道三心二意则必然产生疑惑。天下没有两个道,圣人没有两种思想。现今各诸侯国所实行的政治措施不同,各个学派所持的学说也不一样,那么必然有的对有的错,有的导致国家安定,有的导致国家混乱。造成国家混乱的君主,持片面观点的学者,他们的本意没有不想求正道而有所作为的,但是因为他们偏离了正道,别人就会以其所好来引诱他们。偏爱自己的学说,唯恐别人说其不好;依据自己的偏见,去看不同的学说,唯恐别人说其好。这就是背道而驰,还自以为是,不知改正,这岂不是要被片面的见识蒙蔽,而失去追求正道的本意吗!心不在焉,那么白黑在眼前也会看不见,雷鼓在旁也会听不到,更何况心有所蔽的人!获得正道的人,乱国之君在上面责难他,蔽于一曲的各派学者在下面指责他,这难道不是很可悲的吗!

【原文】 故为蔽①:欲为蔽,恶为蔽②,始为蔽,终为蔽,远为蔽,近为蔽,博为蔽,浅为蔽,古为蔽,今为蔽。凡万物异则莫不相为蔽,此心术之公患也③。

【注释】 ①故:犹"胡",表示问句。②恶:憎恨,讨厌。③心术:思想方法。

【译文】 蔽是怎么造成的呢?心之所好能成为蔽,心之所恶能成为蔽,只看到起始能成为蔽,只看到终结能成为蔽,只看到远处能成为蔽,只看到近处能成为蔽,博学能成为蔽,浅薄能成为蔽,泥古不化是蔽,知今不知古也是蔽。世界上的事物都有差异,有差异就会互相形成蔽塞,这是人思想方法上的通病。

【原文】 昔人君之蔽者,夏桀、殷纣是也。桀蔽于末喜、斯观①,而不知关龙逢②,以惑其心而乱其行;纣蔽于妲己、飞廉③,而不知微子启④,以惑其心而乱其行。故群臣去忠而事私,百姓怨非而不用⑤,贤良退处而隐逃,此其所以丧九牧之地而虚宗庙之国也⑥。桀死于鬲山⑦,纣县于赤斾⑧,身不先知,人又莫之谏,此蔽塞之祸也。成汤监于夏桀⑨,故主其心而慎治之⑩,是以能长用伊尹而身不失道⑪,此其所以代夏王而受九有也。文王监于殷纣⑫,故主其心而慎治之,是以能长用吕望而身不失道⑬,此其所以代殷王而受九牧也。远方莫不致其珍,故目视备色,耳听备声,口食备味,形居备宫,名受备号,生则天下歌,死则四海哭,夫是之谓至盛。《诗》曰:"凤凰秋秋,其翼若干,其声若箫。有凤有凰,乐帝之心⑭。"此不蔽之福也。

【注释】 ①末喜:即"妹喜",夏桀的妃子。斯观:人名,当是夏桀的臣子,其事无考。②关龙逢:桀之贤臣。桀为酒池肉林,关龙逢进谏,立而不去,因此被杀。③妲己:殷纣的妃子。飞廉:纣之佞臣。④微子启:殷纣王的庶兄启。纣王荒淫无道,微子启谏而不听,于是远走隐居。⑤怨非:怨恨咒骂。非,通"诽"。不用:不愿为君主效力。⑥九牧:九州,指全国。虚:同"墟",灭而为废墟。宗庙:古代天子和诸侯祭祀祖先的地方,象征着国家政权。⑦鬲山:即历山,在今安徽,传说桀死于此。⑧县:同"悬"。赤斾:红色的旗子。传说周武王斩殷纣王,并将他的头挂在旗杆上示众。⑨成汤:商汤王,商代第一个君王。监:通"鉴",借鉴。⑩主:掌握。⑪伊尹:商汤的宰相,曾辅助商汤灭夏兴商。⑫文王:周文王。⑬吕望:即姜尚、姜太公,西周初著名政治家,曾辅佐文王、武王建立周朝。⑭"凤

凰"五句:此处引诗失传。秋秋,同"跄跄",指凤凰起舞的样子。干,盾牌。

【译文】 过去人君之有所闭塞的,就是夏桀、殷纣。桀被妹喜、斯观这样的佞人所蒙蔽,而不知道关龙逢之忠直,所以导致思想迷惑和行为昏乱;纣被妲己、飞廉这样的佞人所蒙蔽,而不知微子启之贤,所以导致思想迷惑和行为昏乱。结果群臣皆不肯尽忠为国,而务营私。百姓怨恨咒骂,而不为国效力,贤良都退出朝廷,隐居逃避,这就是他所以丧失了九州土地,丢掉了国家政权的原因。桀身死于历山,纣悬头于赤旆,他们自己不能预先知道,他人又不肯进谏,这就是闭塞的祸患了。成汤以夏桀之败为鉴,能保持清醒的头脑,小心谨慎地治理国家,所以能够长期重用伊尹,而自己不脱离正道,这就是他能够代替夏王而统治天下的原因。周文王以殷纣之败为鉴,能保持清醒的头脑,小心谨慎地治理国家,所以能够长期重用吕望,而自己不脱离正道,这就是他能够代替殷王而统治天下的原因。统治了天下,远方之国莫不进贡其珍宝物品,使得眼睛能够看到各种美丽的色彩,耳朵能够听到各种动人的音乐,嘴里能够吃到各种美味佳肴,身体能够住尽各种华丽的宫殿,名字能够享受到各种美好的赞誉,活着的时候天下人都歌颂,死的时候天下人都号哭,这才可以说是天下之至盛啊。《诗经》上说:"凤凰翩然起舞,它的翅膀好比盾牌一样威武雄壮,它那悠扬的叫声好像箫音一般和谐动人,有凤啊又有凰,使得帝王乐开怀!"这就是不被壅蔽的福气了。

【原文】 昔人臣之蔽者,唐鞅、奚齐是也①。唐鞅蔽于欲权而逐载子②,奚齐蔽于欲国而罪申生③,唐鞅戮于宋,奚齐戮于晋。逐贤相而罪孝兄,身为刑戮,然而不知,此蔽塞之祸也。故以贪鄙、背叛、争权而不危辱灭亡者,自古及今,未尝有之也。鲍叔、宁戚、隰朋仁知且不蔽④,故能持管仲而名利福禄与管仲齐⑤;召公、吕望仁知且不蔽⑥,故能持周公而名利福禄与周公齐⑦。传曰:"知贤之为明,辅贤之谓能,勉之强之,其福必长。"此之谓也。此不蔽之福也。

【注释】 ①唐鞅:战国时宋康王的佞臣,后被康王所杀。奚齐:春秋时晋献公的宠妃骊姬的儿子。②欲权:贪图权位。载:当作"戴",指宋太宰戴谨,被唐鞅驱逐到齐国。③申生:战国时期晋献公的太子,奚齐的异母兄长。骊姬为使奚齐得继王位,常在晋献公面前进谗言,致使晋献公杀死申生,立奚齐为太子。④鲍叔、宁戚、隰朋:都是齐桓公的大臣。⑤持:支持,帮助。管仲:齐桓公的相,曾辅助齐桓公改革、称霸。⑥召公:姓姬,名奭,周武王的异母兄弟。⑦周公:周公旦,周文王的儿子,周武王的弟弟,曾帮助武王伐纣,武王死后,又辅佐成王执政。

【译文】 过去人臣有所闭塞的,有宋国的唐鞅、晋国的奚齐。唐鞅蔽塞于权力欲而驱走了戴谨,奚齐蔽塞于得到国家的欲望而加罪于申生,唐鞅最终被杀于宋国,奚齐也在晋国被戮。一个驱逐贤相,一个加罪于孝敬的兄长,自身遭到杀戮,却不知道是什么原

因，这就是受壅蔽造成的灾祸。所以，以贪婪卑鄙、背叛的手段争夺到权力而不危险、不受辱、不灭亡的，从古到今，还没有过。鲍叔、宁戚、隰朋仁爱而有智慧，不蔽于一曲，所以能扶助管仲，而名誉利益福禄也与管仲相等。召公、吕望仁爱而有智慧，不蔽于一曲，所以能扶助周公，而名誉利益福禄也与周公相等。古书上说："能够识别贤良的叫作明，能够辅助贤良的叫作能，在这方面勤奋努力，他的幸福一定长久。"说的就是这个意思。这就是不被蒙蔽的福气。

【原文】 昔宾孟之蔽者①，乱家是也。墨子蔽于用而不知文②，宋子蔽于欲而不知得③，慎子蔽于法而不知贤④，申子蔽于势而不知知⑤，惠子蔽于辞而不知实⑥，庄子蔽于天而不知人⑦。故由用谓之道，尽利矣；由欲谓之道，尽嗛矣⑧；由法谓之道，尽数矣⑨；由势谓之道，尽便矣⑩；由辞谓之道，尽论矣；由天谓之道，尽因矣⑪：此数具者，皆道之一隅也⑫。夫道者，体常而尽变，一隅不足以举之。曲知之人⑬，观于道之一隅而未之能识也，故以为足而饰之，内以自乱，外以惑人，上以蔽下，下以蔽上，此蔽塞之祸也。

【注释】 ①宾孟：即宾萌，战国时期称往来于各诸侯国之间的游说之士为宾孟，即下文提到的墨子、宋子、慎子等人。②"墨子"一句：墨子崇尚实用，认为古代礼乐"饥不可食""寒不可衣"，乃无用之物。所以荀子批评他"蔽于用而不知文"。文，即古代之礼乐典章制度。③宋子：宋钘，战国宋国人。宋子认为人天生的欲望是很少的，很容易得到满足，而对于人之贪欲一面较少了解，所以荀子批评他"蔽于欲而不知得"。欲：欲望。得：贪得。④慎子：慎到。慎子本黄、老，归刑名，注重法治，认为只要有法，即使没有贤人国家也可以得到治理，所以主张不贵贤、不使能。所以荀子批评他"慎子蔽于法而不知贤"。

⑤申子：申不害。其说同慎到相近，也主张以刑法、势术驭下，不尚贤。所以荀子批评他"蔽于势而不知知"。知：同"智"。⑥惠子：惠施，战国名家，善辩，注重逻辑推理。辞：这里指逻辑命题、概念游戏。⑦庄子：庄周，战国道家代表人物。道家论道，以为道法自然，任天而不任人。所以荀子批评他"蔽于天而不知人"。天：自然。⑧嗛：同"慊"，满足，快意。⑨数：法律条文。⑩便：便利，方便。⑪因：顺从。这里指听天由命。⑫一隅：一角，一个方面。⑬曲知：认识片面。

【译文】 从前游说之士有所闭塞的，就是那些杂学乱派的人。墨子只知道实用，而不懂得礼乐的作用，宋子只看到人寡欲的一面，而不知道人的贪得之心，慎子只看到法的作用，而不明白任用贤良的重要，申子只知道运用权势，而不知道任用智慧之人的重要，惠子只知道玩弄概念，而不知道事物的实际，庄子只知道顺应自然，而看不到人的力量。所以，把实用称为道，那么人追求的全都是利益了；把欲望称为道，人们追求的全都是快意了；从法的角度来讲道，那就只有法律条文了；从术势的角度来讲道，道就全成了方便自己的东西了；从辞说的角度来谈道，道就全变成了诡辩了；从顺其自然的角度来讲道，

那么人们就会变成听天由命者了：以上这几条，都是道的一角。所谓道，它本身是不变的，但却能穷尽一切事物的变化，一隅是不能概括这些变化的。只知道局部的人，只看到道的一个方面而不能认识道的全部，所以把片面的认识当作全面的认识来炫耀。对内扰乱了自身，对外迷惑了别人，在上的就蔽塞了下面的人，在下的就蔽塞了上面的人，这就是蔽之灾祸。

【原文】　孔子仁知且不蔽，故学乱术足以为先王者也①。一家得周道②，举而用之，不蔽于成积也③。故德与周公齐，名与三王并④，此不蔽之福也。

【注释】　①乱术：治术，治理国家的方法。②一家：指孔子。周：全面，与"曲"对文。③成积：已有的知识。④三王：三代之王，指夏禹、商汤、周文王、周武王。

【译文】　孔子仁爱智慧而且无所蔽，所以他的学术和治理天下之道，足以与先王媲美。孔子得到道的全体，按照它去做，就不会蔽于平时所积累的成见。所以道德与周公齐名，声望与三王共存，这就是不蔽的福气了。

【原文】　圣人知心术之患，见蔽塞之祸，故无欲无恶，无始无终，无近无远，无博无浅，无古无今，兼陈万物而中县衡焉①。是故众异不得相蔽以乱其伦也②。

【注释】　①中：中间。县：同"悬"。衡：秤，标准。②伦：次序。

【译文】　圣人知道思想方法偏颇的坏处，看到了闭塞的祸害，所以不特别喜好一样东西，也不特别憎恶一样东西，不过分强调开始，也不过分强调结局，不偏重近，也不偏重远，不过分博大，也不过分浅近，不泥古，也不薄今。把各种不同的事物都排列出来，在中间建立一个正确的标准。因此各种事物的差异就不会造成认识上的片面和局限，以至搞乱事物的本身秩序。

【原文】　何谓衡？曰：道。故心不可以不知道。心不知道，则不可道而可非道①。人孰欲得恣而守其所不可②，以禁其所可？以其不可道之心取人，则必合于不道人，而不合于道人。以其不可道之心与不道人论道人，乱之本也。夫何以知③？曰：心知道，然后可道；可道，然后能守道以禁非道。以其可道之心，取人，则合于道人，而不合于不道之人矣。以其可道之心，与道人论非道，治之要也。何患不知？故治之要在于知道。

【注释】　①可：肯定，认同。②恣：放纵，无拘束。③知：同"智"，智慧。

【译文】　什么是标准？答：就是道。心不能不了解道。心不了解道，就会不认同正确的道而认同错误的道。如果能够随心所欲，人谁愿意守着自己不愿意做的事，而不去做自己愿意做的事？用不合于道的心去选择人才，那一定会选择不守道的人，而不选择守道的人。用不合道的心和不守道的人去论守道之人，这是祸乱的根源。怎样才能有智慧？答：心要了解道，才能赞同道；赞同道，才能坚守道而不做不合于道的事。用合于道的心选取人才，那一定会选择有道之人，而不选择不守道的人。用肯定道的心和守道的

人去议论不守道的人,这是治理国家的关键。这样的话还怕没有智慧吗?所以道之关键在于了解道。

【原文】 人何以知道?曰:心。心何以知?曰:虚壹而静^①。心未尝不臧也^②,然而有所谓虚;心未尝不两也^③,然而有所谓一;心未尝不动也,然而有所谓静。人生而有知,知而有志。志也者,臧也,然而有所谓虚,不以所已臧害所将受谓之虚。心生而有知,知而有异,异也者,同时兼知之。同时兼知之,两也,然而有所谓一,不以夫一害此一谓之壹。心,卧则梦,偷则自行^④,使之则谋。故心未尝不动也,然而有所谓静,不以梦剧乱知谓之静^⑤。未得道而求道者,谓之虚壹而静。作之,则将须道者虚则入^⑥,将事道者之壹则尽,将思道者静则察。知道察,知道行,体道者也。虚壹而静,谓之大清明。万物莫形而不见,莫见而不论^⑦,莫论而失位。坐于室而见四海,处于今而论久远。疏观万物而知其情,参稽治乱而通其度^⑧,经纬天地而材官万物^⑨,制割大理^⑩,而宇宙理矣。恢恢广广^⑪,孰知其极!睪睪广广^⑫,孰知其德!涽涽纷纷^⑬,孰知其形!明参日月,大满八极,夫是之谓大人。夫恶有蔽矣哉!

【注释】 ①虚:虚心。壹:专心一致。②臧:通"藏",贮藏。这里指记忆。③两:同时认识不同的事物。④偷:松懈。自行:放纵。⑤剧:烦乱。⑥须:求。入:接受。原作"人",根据上下文义改。又"虚"之上原有"之"字,根据上下文义删。⑦论:通"伦",伦理,指次序。⑧参稽:检验,考察。参,验。稽,考。度:界线。⑨经纬:治理,安排。材官:管理,利用。材,意思是使事物得到合适的使用。官,意思是任之各合其用。⑩制割:掌握。⑪恢恢:宽广。广广:通"旷旷",深远的样子。⑫睪睪:广大的样子。⑬涽涽:水沸腾的样子。纷纷:杂乱的样子。

【译文】 那么,人怎样才能了解"道"?答:用心。心怎么能了解道呢?答:靠虚心、专一、平静。心里不是没有记忆,然而有所谓虚心。心里不是没有装两样事的时候,然而有所谓专一。心里不是没有动的时候,然而有所谓静。人天生就有认识能力,有认识能力就有记忆。有记忆就是贮藏,然而也有所谓虚,所谓虚,就是不因为已经获得的去妨碍将要接受的。心天生有认识能力,有认识就会有差异,差异就是同时知道很多不同事物。同时知道很多不同事物,就是两,然而有所谓一,不因对这一事物的认识而妨碍对另一事物的认识叫作一。人心最为微妙,睡觉就会做梦,松懈就会胡思乱想,用它就会思考。所以心未必不动,然而有所谓静,不因为梦之杂乱而干扰心智就叫静。对于不认识道而求道的人,就告诉他虚、壹、静三德。心这样动作的话,那么想要求道的人,能虚就可以接受道;想要致力于道的人,能专一就能全面认识道;想要研究道的人,能静就可以明察道。认识道而又理解得十分清楚,认识道又能照着去做,这才是身体力行于道的人。虚心、专一,安静,才能达到认识上极其透彻、没有遮蔽的境界。进入这种境界,世界万物没有不

显现出来的，显现出来的都能加以归类、排列次序，能排列次序的都会让其各得其位。进入这种境界，就可以坐在室内而认识天下，处于今世而论述往古，通观万物而知其真实，考察社会的兴衰而通晓其间的界线。治理天地而利用万物，掌握自然和社会的全面道理而使整个宇宙得到治理。宽广深远啊，谁能看到它的边际！广大深奥啊，谁能了解它的品德！纷纷繁繁啊，谁能知道它的形象！它的光辉可与日月相并，它的广大充满整个宇宙，进入这种境界的人就叫作"大人"。这样的境界，这样的人，哪里还会有遮蔽呢？

【原文】　心者，形之君也，而神明之主也①，出令而无所受令。自禁也，自使也，自夺也，自取也，自行也，自止也。故口可劫而使墨云②，形可劫而使诎申③，心不可劫而使易意，是之则受，非之则辞。故曰：心容其择也④，无禁必自见，其物也杂博，其情之至也不贰⑤。《诗》云："采采卷耳，不盈倾筐。嗟我怀人，置彼周行⑥。"倾筐易满也，卷耳易得也，然而不可以贰周行。故曰：心枝则无知⑦，倾则不精，贰则疑惑。壹于道以赞稽之⑧，万物可兼知也。身尽其故则美⑨，类不可两也，故知者择一而壹焉。

【注释】　①神明：精神，天赋的智慧。②劫：胁迫。墨：通"默"。云：言。③诎申：屈伸。诎，同"屈"。④心容：心灵之容状。⑤情：精神，思想。贰：旁骛，三心二意。⑥"采采"四句：此处引诗见《诗经·周南·卷耳》。卷耳，苓耳，一种可食用的植物。倾筐，畚箕之类的容器，用草绳或竹篾编成。怀人，思念人。周行，大路。⑦枝：分散。指思想分散。⑧壹于道：原文无此三字，根据文义增。赞：助。稽：考察，验证。⑨故：理，即所以然之理。

【译文】　心，是身体的支配者，精神的主宰者，是发出命令而不是接受命令的。心的约束和使用，夺去和获取，行动和停止，都是自己决定的。所以嘴巴可以因为受到胁迫而沉默，形体可以因为受到胁迫而屈伸，心却不可以因为受到胁迫而改变其意，认为正确的就接受它，认为错误的就不接受。所以说：心的状态是，它的选择是不受任何东西限制的，只是顺着本心自然而然地显现，它接纳的事物很繁杂，它精神专注到极点的时候，不会有所旁顾。《诗经》说："采卷耳呀采卷耳，总是装不满一筐子。我怀念着心爱的人，索性将它放在大路上。"倾筐虽然容易满，卷耳也容易采，但以怀人之心采之，又放之于大路上是满不了的。所以说，思想分散就不能获得对事物的了解，心思不专一认识就不会精深，三心二意就会疑惑。专一于道，并用来帮助考察万物，那么万物都可以被认识了。一个人只要明白其中的道理，并尽力去做了，就能做到身美，凡万事万物的道理，都不能执两端而得，所以明智之人选择一端而专心以赴。

【原文】　农精于田而不可以为田师①，贾精于市而不可以为贾师，工精于器而不可以为器师。有人也，不能此三技而可使治三官，曰：精于道者也，精于物者也。精于物者以物物②，精于道者兼物物，故君子壹于道而以赞稽物。壹于道则正，以赞稽物则察，以正志

行察论③,则万物官矣④。

【注释】 ①田师:与下文的贾师、器师一样都是官名,分别管理农、商、工。师,官长。②物物:管理事物。第一个"物"是动词,表示管理。③论:这里含有对事物的理解的意思。④官:治理。

【译文】 农夫精通于种田而不能成为田师,商人精通于做生意而不能成为贾师,工匠精通于做器具而不能成为器师。有这样的人,他虽然没有这三种技能,却可以用来管理这三种行业的官,这是因为他是精通于道的人,而不是精通于某种具体事务的人。精通于某种具体事物的人,可以让他来治理这一类事物,精通于道的人,却可以治理各种事物,所以君子专一于道,能够用道帮助考察万物。专心于道,心志就纯正不偏,用它来帮助考察万物,就能明察,用纯正的思想,明察的行为去对待万物,那么万物都可以得到治理了。

【原文】 昔者舜之治天下也,不以事诏而万物成①。处壹危之②,其荣满侧;养壹之微③,荣矣而未知。故《道经》曰④:"人心之危,道心之微⑤。"危微之几⑥,惟明君子而后能知之。故人心譬如槃水⑦,正错而勿动⑧,则湛浊在下而清明在上⑨,则足以见须眉而察理矣⑩。微风过之,湛浊动乎下,清明乱于上,则不可以得大形之正也。心亦如是矣。故导之以理,养之以清,物莫之倾,则足以定是非,决嫌疑矣。小物引之则其正外易,其心内倾,则不足以决粗理矣。故好书者众矣,而仓颉独传者⑪,壹也;好稼者众矣,而后稷独传者⑫,壹也;好乐者众矣,而夔独传者⑬,壹也;好义者众矣,而舜独传者,壹也。倕作弓⑭,浮游作矢⑮,而羿精于射⑯;奚仲作车⑰,乘杜作乘马⑱,而造父精于御⑲。自古及今,未尝有两而能精者也。曾子曰⑳:"是其庭可以搏鼠,恶能与我歌矣!"

舜像

【注释】 ①诏:告,指具体告之。②壹:专一,指专一于道。危:心存戒惧。③微:精微,精妙。④《道经》:大概是一种古书的名字,现已经失传。⑤"人心"两句:人心,指遵循道的心。道心,掌握了道的心。⑥几:微妙细小的差别。⑦槃:同"盘"。⑧正:端正。错:通"措",放置。⑨湛浊:指泥滓、脏物。湛,同"沉"。⑩须眉:胡须、眉毛。理:皮肤上的纹理。⑪仓颉:传说中黄帝的史官,中国文字的创造者。⑫后稷:传说中尧时的农官,周朝始祖。⑬夔:传说中舜时的乐官。⑭倕:古代传说中的巧匠,创造了弓。⑮浮游:传说中箭的创造者。⑯羿:传说中夏代有穷氏的国君,善射。⑰奚仲:传说中夏禹时的车正(管

理车的官）。⑱乘杜：传说中周朝祖先契的孙子，最先发明驾车技术。乘马：四马。⑲造父：传说中周穆王的车夫。⑳曾子：名参，孔子的门徒。此处句意甚难解，权依郝懿行说解释。

【译文】　过去舜治理天下，不是每件事都告诉手下人如何去做，但各种事情却都运转得很成功。专一于道而小心翼翼，心存戒惧，就可获得外在的安荣；专一于道，以道养心，而入于精微，其内心的安荣，就可不期然地获得。《道经》上说："求道的心会时时警惕小心，掌握了道的心则会进入精微的境界。"谨慎小心与进入精微之间微妙的差别，只有君子才能知道。所以人心譬如一盘水，把它放平而不动，那么脏东西就会沉淀在底下，上面的水就很清，足以照出人的胡须头发和皮肤的纹理。清风吹过，泥滓会泛上来，水面会变浑浊，这样就得不到人体的真实形象。心也是如此啊。所以用道理引导它，用平和之气涵养它，不让外物干扰它，那就足以判定是非、解决嫌疑了。如果用小物来引诱它，那么它的正就会被改变，内心会有所动摇倾斜，就连最粗浅的道理都不能判断。所以喜欢文字的人很多，只有仓颉的名声传了下来，原因就在于他专一；喜欢种粮食的人很多，只有后稷的名声传了下来，原因就在于他专一；喜欢音乐的人很多，只有夔的名声传了下来，原因就在于他专一；喜好道义的人很多，只有舜的名声传了下来，原因就在于他专一。倕发明了弓，浮游发明了箭，而羿精于射箭；奚仲创造了车，乘杜创造了驾车，造父善于驾车。自古及今，不曾有用心不专而能精通一样事物的。曾子说："庭院里如此安静，其中有潜修而深思之士，我怎能用歌唱来扰乱他呢？"

【原文】　空石之中有人焉，其名曰觙①，其为人也，善射以好思②。耳目之欲接则败其思，蚊虻之声闻则挫其精，是以辟耳目之欲③，而远蚊虻之声，闲居静思则通。思仁若是，可谓微乎？孟子恶败而出妻④，可谓能自强矣，未及思也；有子恶卧而焠掌⑤，可谓能自忍矣，未及好也⑥。辟耳目之欲，而远蚊虻之声，可谓危矣，未可谓微也。夫微者，至人也⑦。至人也，何强，何忍，何危！故浊明外景⑧，清明内景⑨。圣人纵其欲⑩，兼其情，而制焉者理矣，夫何强，何忍，何危？故仁者之行道也，无为也⑪；圣人之行道也，无强也⑫。仁者之思也恭，圣人之思也乐。此治心之道也。

【注释】　①觙：人名。②射：射覆，古代一种猜谜游戏。③辟：回避。④出妻：古书中记载，有一次，孟子回家进门，正碰上妻子更换衣服，他认为这是伤风败俗的事情，于是要休掉妻子，后被其母阻止。⑤有子：即有若，孔子的学生。焠：烧。古书记载，有子看书时，担心自己睡着了，用火来烧手掌。⑥好：喜好。这里的意思是如果对读书好之乐之，自然就不必烧烤手掌。⑦至人：荀子心中最完美的人。⑧浊明：外明而内暗。这里指那些对道认识肤浅的人。外景：指如火日之类。下文的"内景"指如金水等。景，光色。⑨清明：内明而清。这里指完全认识了道的人。⑩纵：当为"从"，纵其欲，意思是从心所

欲。⑪无为：不刻意去做、不思而得。⑫无强：不勉强。

【译文】 从前在石穴中有一个人，名叫觙。他为人善于猜谜思考。耳朵听到声音，眼睛看到颜色，就扰乱了他的思考，蚊子的声音，也会搅乱他的沉思。于是要避开蚊子的声音，独居精思才能想通问题。如果像这样思考仁，能说是明白了道的精微之处吗？孟子担心败坏自己的名声而休妻，可说是能自强于修身的了，但不能说考虑得很周到；有子看书时担心睡着了，用火烧手掌，可说是能自我克制了，但不能说对读书有足够的爱好；躲开耳目欲望，避开蚊子的嗡鸣，可说是能小心戒惧了，但不能说达到了认识道的精微的程度。能做到认识精微者，就是至人啊。到了圣人的境界，又何须自强、自忍、自危！所以说，那些没真正掌握道的人，像火一样，只是外表明白，而那些真正掌握了道的人，像水一样，那是心里清亮。圣人从心所欲，尽得其情，治理一切都很合理。又何须自强、自忍、自危！所以仁者推行道，并不刻意去做；圣人推行道，不必勉强去做。仁者在思虑道时，是恭敬的，圣人在思虑道时，是乐在茸中的。这就是治心的根本办法。

【原文】 凡观物有疑，中心不定，则外物不清，吾虑不清，则未可定然否也。冥冥而行者①，见寝石以为伏虎也②，见植林以为立人也，冥冥蔽其明也。醉者越百步之沟，以为跬步之浍也③，俯而出城门，以为小之闺也④，酒乱其神也。厌目而视者⑤，视一以为两；掩耳而听者，听漠漠而以为哅哅⑥；势乱其官也。故从山上望牛者若羊，而求羊者不下牵也，远蔽其大也；从山下望木者，十仞之木若箸，而求箸者不上折也，高蔽其长也。水动而景摇，人不以定美恶，水势玄也⑦。瞽者仰视而不见星⑧，人不以定有无，用精惑也⑨。有人焉，以此时定物，则世之愚者也。彼愚者之定物，以疑决疑，决必不当。夫苟不当，安能无过乎？

【注释】 ①冥冥：昏暗的样子。②寝石：横卧的石头。③浍：小沟。④闺：上圆下方的小门。⑤厌：压。这里指按。⑥漠漠：无声。哅哅：喧哗声。⑦玄：通"眩"，动荡不定。⑧瞽：瞎子。⑨精：视力。惑：迷乱，不清。

【译文】 大凡观察事物，有疑惑时，心中就捉摸不定，那么对外物的认识也就会不清楚，我们头脑思考不清楚，就很难定是非。在黑暗中走路的人，见到一块卧石，会认为是蹲着的老虎，见到树木，会认为是站着的人，这是因为黑暗遮蔽了他的视力。喝醉酒的人跨过百步之沟时，会以为是半步之宽的小水沟，低头过城门时，误以为到了小闺门，这是因为酒扰乱了他的心神。按住眼睛去看的人，会把一个物体看成两个；按住耳朵而听的人，会把寂寂无声听成喧哗吵闹，这是因为外力扰乱了他的感官。所以从山上望一只牛就像羊一样小，而找羊的人却不会上山去牵它，因为知道距离改变了牛的大小；从山下望树，十仞高的大树好像筷子一样矮小，但找筷子的人不上去折它，因为他知道高山缩短了树的长。水晃动，水中的倒影也会晃动，人们并不会用倒影的样子来判定景物的美丑，因

为知道是水的晃动扰乱了倒影。盲人抬头看不见星星，人们并不因此判定天空没有星星，因为知道这是视力不清造成的。如果有一个人，用此时的情况来判断事物，那就是世上最愚蠢的人。那些愚蠢的人，用不清楚来判定不清楚，其判断肯定不会恰当。如果不恰当，怎么能够没有错误呢？

【原文】　夏首之南有人焉①，曰涓蜀梁②，其为人也，愚而善畏。明月而宵行，俯见其影，以为伏鬼也，卬视其发③，以为立魅也，背而走，比至其家，失气而死，岂不哀哉！凡人之有鬼也，必以其感忽之间、疑玄之时定之④。此人之所以无有而有无之时也，而己以正事⑤。故伤于湿而痹⑥，痹而击鼓烹豚，则必有敝鼓丧豚之费矣，而未有俞疾之福也⑦。故虽不在夏首之南，则无以异矣。

【注释】　①夏：河名，即夏水，在今湖南境内。②涓蜀梁：人名。无考。③卬：同"仰"。④感忽：精神恍惚。疑玄：神志不清。玄，通"眩"。定：原文为"正"，据文义改。⑤此处恐有脱文，似脱"岂不哀哉！"几字。⑥痹：风湿病。⑦俞：通"愈"，治愈。

【译文】　夏水之南有一个人，叫涓蜀梁，他的为人，愚蠢而胆小。在月光明亮的夜晚行走，低头看见自己的影子，以为是伏在地上的鬼，抬头看见头上的发，以为是站着的鬼，吓得转身就跑，等跑到家，便气绝身亡，这难道不是很可悲的事吗？凡是人认为有鬼，那一定是在他精神恍惚、神智眩昏时做出的判断。这正是人们把有当无，把无当有的时候，然而自己却在这个时候判定事情。伤于潮湿而得了风湿病，就去打鼓杀猪，祭祀神鬼，那一定会有打破鼓，损失猪的破费，而不会有治好病的福气。所以这样的人，虽然不在夏水之南，与那个被鬼吓死的人却没有什么不同。

【原文】　凡以知，人之性也；可以知，物之理也。以知人之性，求可以知物之理而无所疑止之①，则没世穷年不能徧也②。其所以贯理焉虽亿万，已不足以浃万物之变③，与愚者若一。学，老身长子而与愚者若一，犹不知错，夫是之谓妄人。故学也者，固学止之也④。恶乎止之？曰：止诸至足。曷谓至足⑤？曰：圣王。圣也者，尽伦者也；王也者，尽制者也。两尽者，足以为天下极矣。故学者，以圣王为师，案以圣王之制为法⑥，法其法，以求其统类⑦，以务象效其人⑧。向是而务，士也；类是而几⑨，君子也；知之，圣人也。故有知非以虑是，则谓之攫⑩；有勇非以持是，则谓之贼；察孰非以分是⑪，则谓之篡；多能非以修荡是，则谓之知；辩利非以言是⑫，则谓之詍⑬。传曰："天下有二：非察是，是察非。"谓合王制与不合王制也。天下有不以是为隆正也⑭，然而犹有能分是非、治曲直者邪？若夫非分是非，非治曲直，非辨治乱，非治人道，虽能之无益于人，不能无损于人。案直将治怪说，玩奇辞⑮，以相挠滑也⑯；案强钳而利口⑰，厚颜而忍诟，无正而恣睢，妄辨而几利⑱；不好辞让，不敬礼节，而好相推挤：此乱世奸人之说也，则天下之治说者方多然矣。传曰："析辞而为察，言物而为辨，君子贱之；博闻强志，不合王制，君子贱之。"此之谓也。

【注释】　①疑：读作"凝"，止。②徧：同"遍"，穷尽。③浃：周遍。一说，通"挟"，持，掌握。④止：就是上文"凝止之"之"止"，表示限度和目的，与"徧"对文。⑤曷：何。⑥案：相当于"而"，为荀子文章特别用语。⑦统类：大纲。⑧象效：仿效。⑨是：这个，指上文所言法圣王。几：接近。⑩攫：原文作"惧"，据文义改。⑪察孰：熟察，察析精熟。孰，同"熟"。分：分辨。⑫辩利：能说会道。辩，辩说。利，利口。⑬诎：多言，废话。⑭隆正：正中，即标准。⑮"案直"两句：案，语气词。怪说、奇辞，这里指惠施、邓析等人的学说。参见《非十二子》。⑯挠：扰。滑：乱。⑰钳：箝制人口。庄子曾讥议惠施，说其能服人之口，不能服人之心。此即"钳"字之义。利口：口才便捷。⑱妄辨：无理而辩。几：近。

【译文】　能够认识事物，是人的本性；可以被认识，是事物的自然之理。以人的认识的本性，去探求可知的事物的道理，如果没有一定的目标所止，那就会终身辛苦，甚至到死也不能穷尽事物的道理。这样的人所学习、所领会的事理即使很多，但对于变化无穷的万事万物，最终都不足以全部了解，这与一般的愚人没有什么两样。学习，一直到老了，儿女都长大了，仍然和愚人一般，并且还不懂得放弃这种做法，这种人就是妄人。所以学习，根本目的就在于学习"所定止"的东西。定止在哪里呢？答：在至足之境。什么是至足之境？答：就是圣、王之境。所谓圣，就是完全精通事物之理的人；所谓王，就是完全精通治国制度的人。精通这两个方面的人，就是天下人的最高标准。所以学者以圣王为师，而以圣王的制度为法，效法圣王的礼法，以求知它的纲要，并努力仿效他的为人。向着这个标准努力的，就是士；与这个标准近似而差不多要达到的，就是君子；完全通晓这个标准的，就是圣人。所以有智慧而不用来考虑圣王之法，就是瞎抓；有勇气而不用来持守圣王之法，就是残贼；察析精熟而不用来分辨圣王之法，这就叫作混淆视听；有很多能力，但不用来发扬光大圣王之法，这就叫作巧诈；能说会道，但不用来宣说圣王之法，这就叫作废话。古书上说："天下的事有两种：用不对的分辨出正确的，用正确的分辨出不对的。"这就是要分辨出合于王制的与不合于王制的。天下人如果不以王制作为标准，如此还能有评定是非曲直的标准吗？如果一种学说不分是非，不理曲直，不辨治乱，不研究做人的道理，那么即使掌握了它，对人类也没有什么好处，不懂得它，对人类也没有什么坏处。这些不过是研究怪说，玩弄奇辞，用来互相干扰罢了；强迫别人而巧言为自己辩护，厚着脸皮忍受着辱骂，不走正道而任意胡行，无理巧辩而唯利是图；不喜欢谦让，不尊重礼节，而喜欢互相排挤，这是乱世奸人的学说，而今天天下治学说的，大多却是如此。古书上说："玩弄文字，而自以为是明察，谈论各种事物，而自以为能辨别，君子瞧不起这种人；博闻强志，却不合于王制，君子瞧不起这种人。"说的就是这个意思。

【原文】　为之无益于成也，求之无益于得也，忧戚之无益于几也①，则广焉能弃之矣②。不以自妨也，不少顷干之胸中③。不慕往，不闵来④，无邑怜之心⑤，当时则动，物至

而应,事起而辨,治乱可否,昭然明矣。

【注释】 ①几:危机。②广:读为"旷",远。能:相当于"而"。③少顷:片刻。干:扰。④闵:忧悯,悯念。⑤邑:通"悒",忧愁。

【译文】 做了却无益于成功,追求却无益于得到,忧愁却无益于解决危机,对于这样的事,就应当将它抛弃得远远的。不因为它而妨碍自己,也不让它对心有片刻干扰。不羡慕过去,不忧念未来。没有忧愁或怜悯的心情,时机合适就行动,事物来了就应对,事情发生了就处理,这样什么是治,什么是乱,什么要肯定,什么要否定,就一清二楚了。

【原文】 周而成①,泄而败,明君无之有也;宣而成②,隐而败,暗君无之有也。故君人者周则谗言至矣,直言反矣③,小人迩而君子远矣。《诗》云:"墨以为明,狐狸而苍④。"此言上幽而下险也⑤。君人者宣则直言至矣,而谗言反矣,君子迩而小人远矣。《诗》曰:"明明在下,赫赫在上⑥。"此言上明而下化也。

【注释】 ①周:周密。这里指隐瞒真实。②宣:宣露,即开诚布公之意。③反:离开,远去。④"墨以"两句:此处引诗应为逸诗。引诗的意思与指鹿为马同。墨,暗。⑤幽:昏聩。险:险诈,佞诈。⑥"明明"两句:此处引诗见《诗经·大雅·大明》。

【译文】 隐瞒真情会成功,公开真情会失败,明智的君主不会有这样的事;宣露真情会成功,隐瞒真情会失败,昏庸之君不会有这样的事。所以做君主的做事喜欢隐蔽真情,那么谗言就会来了,直言却没有了,小人都来亲近而君子却疏远了。《诗经》说:"把黑的当作亮色,把黄色当作黑色。"说的就是君主昏庸、臣属险诈的情形。为人君者,做事喜欢公开宣露,那么直言就会来到,谗言就会远离,君子都来亲近而小人疏远了。《诗经》说:"在下的臣属光明磊落,是因为在上的君主正大英明。"说的就是上面的人如果贤明,下面的人就会得到感化。

正　名

【题解】

名实关系是先秦诸子非常重视的一个问题,各家都有讨论。然而论述最为深刻、理论最为完整的当数荀子这一篇《正名》。

文章首先对王者制名与正名的重要意义进行了论述,指出"名定而实辨,道行而志通",谨守名约是国家长治久安的根本。然后指出每一个新王朝的兴起,"都必将有循于旧名,有作于新名"。所以他从三个方面对后王作新名的问题进行了论述。指出制定名称的由来,在于"制名以指实,上以明贵贱,下以辨同异";确定名称同异的标准依靠的则是"天官"和"心";而以"稽实定数""约定俗成"为制名之枢要。

文章后半部又论述了辩说的重要性和方法,针对宋子、墨子、公孙龙、惠施、庄子等之"乱名"而发,强调了"易一以道"的重要性。

【原文】 后王之成名①:刑名从商②,爵名从周③,文名从《礼》④。散名之加于万物者⑤,则从诸夏之成俗曲期⑥;远方异俗之乡则因之而为通。散名之在人者:生之所以然者谓之性⑦,性之和所生⑧,精合感应,不事而自然谓之性。性之好、恶、喜、怒、哀、乐谓之情。情然而心为之择谓之虑⑨。心虑而能为之动谓之伪⑩。虑积焉,能习焉,而后成谓之伪。正利而为谓之事⑪,正义而为谓之行。所以知之在人者谓之知。知有所合谓之智。所以能之在人者谓之能。能有所合谓之能。性伤谓之病。节遇谓之命。是散名之在人者也,是后王之成名也。

【注释】 ①后王:指近世的、当时的君王。成名:人所公认的名称。②刑名:刑法的名称。③爵名:即公侯伯子男五等诸侯及周官三百六十官的名称。④文名:礼节仪式的名称。《礼》:指《礼经》。⑤散名:一般事物之杂名。⑥诸夏:指中原地区。成俗:已有的风俗习惯语言。曲期:共同约定。曲,委曲周遍,即多方面的意思。期,约定。⑦性:指天生的生理之性,耳、目、口等五官的功能。⑧和:指阴阳二气的和合。⑨情然:情有所动,意思是有所欲。虑:思考,思虑。⑩能:人体官能。动:行动。伪:人为。⑪正利:不失其正之利,如生计之类。事:应当做的事。

【译文】 当代君王使用的现成的名称:刑法的名称仿效商代,爵位的名称仿效周代,礼节仪式的名称仿效《周礼》。其他一般事物的名称,就仿效中原地区已有的风俗习惯和共同约定的名称,边远地区不同风俗的地方,则依据中原地区的习俗名称来沟通。其他关于人的各种名称有:生来就如此的生理本能叫天性,天性是阴阳二气和合而成的,人的感官与外物接触感应,不经过后天努力和社会教化而自然有的反应,叫作天性。天性中所表现出的好、恶、喜、怒、哀、乐的情感就叫情。情有所欲,心对它进行选择判断就叫思虑。思虑以后,人体官能照着去做就叫人为。思虑长期积累,官能反复去做,然后所形成的言行规范叫作伪。出于利的目的而又不失其正去做的,叫作事;符合义的标准而去做的,叫作德行。人固有的认识客观事物的本能就叫知。这种本能与客观万物相合就叫智慧。人固有的掌握外物的才能叫作本能。本能与外物相合的叫作才能。人的天性受到伤害叫作病。恰好碰上的遭遇叫作命运。这些就是关于人的各种名称,就是当代君主所使用的已有的名称。

【原文】 故王者之制名,名定而实辨①,道行而志通②,则慎率民而一焉。故析辞擅作名以乱正名③,使民疑惑,人多辨讼,则谓之大奸,其罪犹为符节、度量之罪也④。故其民莫敢托为奇辞以乱正名。故其民悫⑤,悫则易使,易使则公。其民莫敢托为奇辞以乱正名,故壹于道法而谨于循令矣⑥。如是,则其迹长矣。迹长功成,治之极也,是谨于守名约

之功也⑦。

【注释】　①实:指客观事物。辨:分辨。②道:指制定名字的基本规则。志通:志意相通。③析辞:玩弄辞句。指惠施、公孙龙"坚白""异同"之类。④为:同"伪",伪造。符节:古代用竹、木、铜等做的凭信之物,分为两半,两人各执一半,合者为符。⑤悫:朴实,谨慎。⑥道法:根本的法度。循令:遵守政令。⑦名约:约定的名称。约,要,犹如界说之义。

【译文】　所以圣王制定事物的名称,名称定下来才能对客观事物分辨清楚,实行了制定名称的原则,人们的思想感情就会得到沟通,然后就谨慎地率领人民统一遵守这些名称。所以那些玩弄辞句,淆乱正确的名称,让人们困惑,使人争辩不休的人,就是大奸之人;其罪行犹如伪造符节和度量衡一样大。所以老百姓没有人敢借伪造的奇谈怪论来扰乱正确的名称,这样人民都诚实谨慎。诚实谨慎则容易统治,容易统治就能收到功效。老百姓没有人敢借伪造的奇谈怪论来扰乱正确的名称,就会专心于法度而谨慎遵守法令了。如此则业绩长远。业绩长远,功业有成,就是治理的极点,这都是谨慎遵守统一的名称的功效啊。

【原文】　今圣王没,名守慢,奇辞起,名实乱,是非之形不明,则虽守法之吏,诵数之儒①,亦皆乱也。若有王者起,必将有循于旧名,有作于新名。然则所为有名,与所缘以同异,与制名之枢要,不可不察也。

【注释】　①诵数:诵说,常指只能诵说其文,不能通知其义。

【译文】　如今圣王已经泯灭,人们对共同遵守名称的事懈怠了,奇谈怪论,纷纷出现,名称和实际淆乱,是非真相不明,这样即使是遵守法令的官吏、诵说经典的儒生,也都不免于迷乱了。如果有新的圣王出现,一定会沿用一些旧的名称,制作一些新的名称。这样,为什么要制定名称,以及根据什么来制定名称的同异,还有制定名称的关键,都是不能不认真考察的问题。

【原文】　异形离心交喻①,异物名实玄纽②,贵贱不明,同异不别。如是则志必有不喻之患,而事必有困废之祸。故知者为之分别,制名以指实,上以明贵贱,下以辨同异。贵贱明,同异别,如是则志无不喻之患,事无困废之祸,此所为有名也。

【注释】　①异形:不同的人。离心:指各人有不同的想法。交喻:共喻。②异物:不同的事物,如牛马之为兽,雁鹜之为禽。玄:通"眩",眩乱。纽:结。

【译文】　不同的人,想法不一样,需要互相理解,不同的事物,名实混杂在一起,就会纷结难知,分不清贵贱,区分不了同异。这样的话必然会存在思想上互相不理解的弊病,事情也因此必然会遇到做不成的灾祸。所以,为了避免这种情况,明智的人对事物进行区分,制定出各种名称来指代它们,上则为了明确贵贱等级,下则为了辨别同异。明确了贵贱等级,辨别出同异,这样的话,就不会有思想上互相不理解的弊病,不会有事情做不成的灾祸。这就是为什么要有名称的原因了。

【原文】 然则何缘而以同异?曰:缘天官①。凡同类、同情者,其天官之意物也同②,故比方之疑似而通③,是所以共其约名以相期也④。形体、色、理以目异⑤,声音清浊、调节奇声以耳异⑥,甘、苦、咸、淡、辛、酸、奇味以口异,香、臭、芬、郁、腥、臊、漏、庮、奇臭以鼻异⑦;疾、养、沧、热、滑、铍、轻、重以形体异⑧,说、故、喜、怒、哀、乐、爱、恶、欲以心异⑨。心有征知⑩。征知则缘耳而知声可也,缘目而知形可也⑪,然而征知必将待天官之当簿其类然后可也⑫。五官簿之而不知,心征之而无说,则人莫不然谓之不知,此所缘而以同异也。

【注释】 ①天官:即指人的五官。《天论》篇:"耳、目、鼻、口、形,能各有所接而不相能也,夫是之谓天官。"②意物:对事物的感觉印象。③比方:合并,归类。方,两舟相并,也可指两物相并。疑似:模拟得大体相似。疑,通"拟",模拟。④约名:共同约定的名称,约定俗成的名字。期:期会,交往。⑤形体:形状。色、理:颜色纹理。⑥调节:本作"调竽",根据文义改,调和节制。⑦郁:这里指香味。漏:马膻味。原为"酒",据文义改。庮:牛臊味,原为"酸",据文义改。⑧疾:痛。养:通"痒"。沧:寒。铍:同"涩"。原为"铍",形近而误。⑨说:同"悦",心情舒畅。故:通"固",心之郁结。⑩征:验证,考察。⑪"征知"两句:意思是说,心能验证五官的感觉,所以可以因耳而知声,因目而知形。为之立名,心虽有知,不因耳目,也不可。缘:因,通过。⑫簿:簿书。这里指分类记录。类:分门别类。

【译文】 然而人们根据什么来区别名称的同异?答:根据人天生的感官。大凡同类同情的事物,人们的感官对于世界的感觉印象是相同的,所以将其合并归类,模拟得大体相似,这就是为什么大家要共同约定名称以互相交流的原因。人们用眼睛来区分形状、颜色、纹理,用耳朵来分辨音色的清浊、调和节制不和谐的声音,用嘴巴来分辨甘、苦、咸、淡、辛、酸或其他特殊的味道,用鼻子来分辨香、臭、芬、郁、腥、臊、漏、庮各种味道,用身体来分辨痛、痒、寒、热、滑、涩、轻、重各种感觉,用心来区分舒畅、郁闷、喜、怒、哀、乐、爱、恶、欲等各种情感。心有对感觉印象进行分析、辨别的功能。有这种功能,才可能通过耳朵知道声音的不同,通过眼睛知道形体的不同,但是,心的感知必须在耳目等感官,对于其所接触的事物分辨其种类,而记下之后才能发生作用。如果五官收集了对外物的印象但却不能分析、辨别,心感知到了外物却不能辨认它们,那么人们就会把这种情况说成是无知,这就是人们区别名称的同和不同的根据。

【原文】 然后随而命之:同则同之,异则异之,单足以喻则单①,单不足以喻则兼②,单与兼无所相避则共③,虽共,不为害矣。知异实者之异名也,故使异实者莫不异名也,不可乱也,犹使同实者莫不同名也。故万物虽众,有时而欲徧举之④,故谓之物。物也者,大

共名也。推而共之，共则有共，至于无共然后止。有时而欲偏举之，故谓之鸟兽。鸟兽也者，大别名也⑤。推而别之，别则有别，至于无别然后止。名无固宜，约之以命，约定俗成谓之宜，异于约则谓之不宜。名无固实，约之以命实，约定俗成谓之实名。名有固善，径易而不拂⑥，谓之善名。物有同状而异所者，有异状而同所者，可别也。状同而为异所者，虽可合，谓之二实。状变而实无别而为异者，谓之化⑦。有化而无别，谓之一实。此事之所以稽实定数也⑧，此制名之枢要也。后王之成名，不可不察也。

【注释】　①单：单名，指一个字的名称。②兼：复名，指两三个字的名称。③避：违背。共：共名，指更高一级的分类。例如，白马、黄马，毛色不一，但都可以命名为马。④徧：同"遍"，全面。⑤别名：低一级的类概念。⑥径易：直接简明，不用解释就可知道的。拂：违背。⑦化：变化。如幼之化而为老，蚕之化而为蛾。其名不同，其实一也。⑧稽：考察。数：这里指制定名称的法度。

【译文】　随即接着给事物命名：相同的事物就取相同的名字，不同的事物取不同的名字，用单字足以指明的就用单字，用单字表达不清的就用复名，单字和复名没有什么冲突的就用共名，使用了共名，也不会有什么妨害。知道不同的事物有不同的名字，所以就应该让不同的事物有不同的名字，不可以混淆，这就好像让同样的事物有同样的名字的道理一样。所以世界上万物虽多，有时为了全面概括，就称之为"物"。所谓"物"，就是一个大的共名。按照这种办法，一步步往上推，共名之上还有共名，一直推到无法再推的共名才停止。有时想部分概括起来说，就称为鸟兽。鸟兽是一个大的别名。按照这种办法，一步步往下推，别名之下还有别名，一直推到无法再推的别名才停止。名字本来无所谓合适不合适，是人们约定而命名的，约定俗成了，就成为合适的，与约定俗成不一样的就是不合适。名称本来没有固定的指代，是人们约定了来指代某种事物，约定俗成了，就成了某种事物的名称。有本来就很好的名称，简单明了而又不违背人意，这就是好的名称。事物有相同的形状而在不同的地方，或者在同一个地方而形状不同，这是可以区别开的。形状相同而地方不同，虽然可以合用一个名称，也应该说是两个东西。形状变化了，但本质并没有变为另一种东西，这就叫"化"。有变化而实质未变，仍然叫作同一个实物。这就是为什么要考察事物的实体来确定事物名称的法度的原因，这是制定名称的关键所在。后王是根据已有的名称来制定名称的，所以对此三点不可不察。

【原文】　"见侮不辱"①，"圣人不爱己"②，"杀盗非杀人也"③，此惑于用名以乱名者也④。验之所为有名而观其孰行，则能禁之矣。"山渊平"⑤，"情欲寡"⑥，"刍豢不加甘，大钟不加乐"⑦，此惑于用实以乱名者也⑧。验之所缘以同异而观其孰调，则能禁之矣。"非而谒楹⑨，有牛马非马也"⑩，此惑于用名以乱实者也⑪。验之名约，以其所受悖其所辞，则能禁之矣。凡邪说辟言之离正道而擅作者⑫，无不类于三惑者矣。故明君知其分而

不与辨也。

【注释】 ①见侮不辱：受到欺侮而不以为是侮辱。这是宋钘的一个观点。②圣人不爱己：圣人不珍爱自己，对自己和别人一样。这可能是墨家的思想。③杀盗非杀人：杀死强盗不是杀人。这是墨家的一个观点。④用名以乱名：指用名词的表面异同来抹煞其实质的异同。例如，"侮"与"辱"表面上是两个名词而实质相同，圣人只爱人，其实自己也是一个人，"盗"与"人"是两个名词，但"盗"其实还是人的一部分。⑤山渊平：高山和深渊一样平。这是名家惠施的观点。⑥情欲寡：人的欲望少。这是宋钘的观点。⑦"刍豢"两句：肉并不比一般食物好吃，大钟的音乐并不能给人带来比一般声音更大的快乐。刍豢，指牛羊猪犬之类的肉类。这是庄子的思想。⑧惑于用实以乱名：指用实际中的特殊情况来搞乱名词的本质含义。例如，如果一座高山上有湖泽，这湖泽实际上可能和低处的山在同一平面上。但是，不能用这种特殊性去代替普遍性，得出山和深渊同样平的结论。⑨非而谒楹：含义不明，阙疑。⑩有牛马非马也：指墨子的"牛马非马"之说。⑪用名以乱实者：指用事物的名称来搞乱事物的实际。例如：从名称上说，牛马确实不等于马，但如果实际考察被称为"牛马"的动物，就会发现他们其实是马。说"牛马非马"就是用名称的不同搞乱事物的实际关系。⑫辟言：谬论。辟，邪僻。

【译文】 "见侮不辱"，"圣人不爱己"，"杀盗非杀人也"，这些都是只取其名，不究其实，用表面名称惑乱正名的例子。只要查看一下为什么要有名称，观察一下名称怎么用，就能禁止这种说法了。"山渊平"，"情欲寡"，"刍豢不加甘，大钟不加乐"，这些是用混乱实际来搞乱正名的例子。只要考察一下为什么有同有异，再看看这种说法与通常的说法哪种更符合实际，就能禁止这种说法了。"非而谒楹""有牛马非马也"，这是用混乱名称而扰乱实际的例子。只要用约定俗成的原则考察一下，用他赞成的去反驳他所反对的，就能禁止这种说法了。大凡那些离开正道而擅作主张者的邪说谬论，无不出于以上三种情况。所以英明的君主知道正说和邪说的分别，而不去辨说这些。

【原文】 夫民易一以道而不可与共故①，故明君临之以势，道之以道，申之以命，章之以论②，禁之以刑。故其民之化道也如神，辨说恶用矣哉！今圣王没，天下乱，奸言起，君子无势以临之，无刑以禁之，故辨说也。实不喻然后命，命不喻然后期③，期不喻然后说，说不喻然后辨。故期、命、辨、说也者，用之大文也④，而王业之始也。名闻而实喻，名之用也。累而成文，名之丽也⑤。用、丽俱得，谓之知名。名也者，所以期累实也。辞也者，兼异实之名以论一意也。辩说也者，不异实名以喻动静之道也⑥。期命也者，辨说之用也。辨说也者，心之象道也⑦。心也者，道之工宰也⑧。道也者，治之经理也⑨。心合于道，说合于心，辞合于说，正名而期，质请而喻⑩。辨异而不过，推类而不悖⑪，听则合文⑫，辨则尽故。以正道而辨奸，犹引绳以持曲直，是故邪说不能乱，百家无所窜。有兼听之明而无

奋矜之容⑬；有兼覆之厚而无伐德之色⑭。说行则天下正，说不行则白道而冥穷⑮，是圣人之辨说也。《诗》曰："颙颙卬卬，如珪如璋，令闻令望。岂弟君子，四方为纲⑯。"此之谓也。

【注释】　①一以道：用正道来统一。②章：表明，开导。③期：会。意思是以形状大小会之，使人易晓。如仅说马不能明白，则加以白字，以白马使人明白。④文：文饰。⑤丽：这里是连接、配合的意思。⑥不异实名：名实一致，指用同一个概念和事物。⑦象：表现，反映。⑧工宰：主管者。⑨经理：原则。⑩质请：合乎实际情况。质，朴实，请，通"情"，实。⑪不悖：不违背正道。⑫文：合于礼义。⑬奋矜：骄傲自大。⑭伐：自夸。德，通"得"，自得。⑮白道：说明正道。冥穷：指隐居。⑯"颙颙"五句：此处引诗见《诗经·大雅·卷阿》。颙颙，恭敬温和的样子。卬卬，气概轩昂的样子。珪璋，两种玉。这里指纯洁温润。令，好，善。岂弟：同"恺悌"，和乐平易。纲，纲要。

【译文】　一般的百姓，智识浅陋，所以容易用正道来统一他们的言行，但不能跟他们讲明理由，所以明君用权势来统治他们，用正道来引导他们，用命令来申诫他们，用言论来开导他们，用刑法来管制他们。所以百姓顺从教化如有神力，哪里用得上辩说！当今圣王不在，天下大乱，奸诈的言论纷纷兴起，君子没有势位可以君临天下，没有刑法能够禁止邪说，所以辩说不得不兴起了。对于实物不能明白，就给它起个名字，起了名字还不明白，就用大小形状等来加以形容，这样还不明白，再告诉他们为什么会这样，如果还不明白，就只有通过反复论证来辨明它。所以期、命、辨、说，是治道的最重要的文饰，是王业的开始。听到名称就能明白其所指，这就是名的用处。累积名称而成文辞，这就是名称的互相配合。名的用处和互相配合都得当，便可以说是容易明白的名称。名称，就是用来表达各种事物的。辞，是将不同事物的名称连缀起来表达一个意思的。辩说，是人们用同一个概念和事物来反复说明是非的道理。各种名词、概念，是供人们辩论说明是非道理时使用的，辩说是心对道的认识的表达。心是道的主管，道则是治理国家的原则。心与道符合，解说与心符合，辞与解说符合，运用正确的名称而合乎共同的约定，这样就可以合乎事物的实际情况而达到互相了解。辨别不同事物而不与实际发生差错，推理各种事物的类别而不与正道偏离，听人说话要合于礼义，与人辩说则要把道理说清楚。用正道来辨析奸言邪说，就好像引绳墨而正曲直，这样邪说就不能扰乱正道，百家之说就无处藏身了。有兼听百家的明察，而没有自大骄傲的神色；有无所不包的度量，而没有自夸美德的神色。学说得到推行，那么天下会因之而归于正道，学说得不到推行，那么就向天下说明自己的理论然后隐退，这就是圣人的辩说。《诗经》上说："恭顺温和志气昂扬，就好像珪璋一样，有美好的名声。平易和气的君子啊，四方人民都以他为典范。"说的就是这个意思。

【原文】 辞让之节得矣，长少之理顺矣①，忌讳不称，袄辞不出②；以仁心说，以学心听，以公心辨。不动乎众人之非誉③，不冶观者之耳目④，不赂贵者之权势⑤，不利便辟者之辞⑥，故能处道而不贰⑦，吐而不夺⑧，利而不流，贵公正而贱鄙争，是士君子之辨说也。《诗》曰："长夜漫兮，永思骞兮。大古之不慢兮，礼义之不愆兮，何恤人之言兮⑨！"此之谓也。

【注释】 ①辞让之节、长少之理：皆指君子辩说的风度。②袄：同"妖"。③非：通"诽"，诽谤。④冶：通"蛊"，迷惑。⑤赂：以财物贿赂人，引申为以语言取悦于人。⑥利：喜爱。便辟：身边亲近的人。厚为"传辟"，据上下文义改。⑦不贰：一心一意。⑧吐：发言。不夺：不受外力胁迫而改变。⑨"长夜"五句：此处引诗不见于《诗经》，应该是逸诗。骞，过错。大，同"太"。慢，怠慢。愆，差错，引申为违背。

【译文】 君子辩说，如果具备了谦让的品德，顺从着长幼的道理，那么忌讳的话就不会说，奇谈怪论也不会出口；用仁慈的心去宣讲自己的学说，用学习的心去听别人讲说，用公正的心去分辨是非。不因为众人的毁谤或赞誉而动摇，不用漂亮的话去迷惑听者的耳目，不讨好于有权势者，不偏爱身边花言巧语者的话，这样就能够遵守正道而心无旁骛，敢于发表自己的见解而不受外力胁迫，言辞流畅而不流于随便乱说，崇尚公正而藐视无聊的争吵，这就是士君子的辩说。《诗经》上说："在漫漫长夜里，我常常思考自己。没有怠慢上古的道理啊，没有违背礼义啊，又何必顾虑别人的议论！"说的就是这个意思。

【原文】 君子之言，涉然而精①，俛然而类②，差差然而齐③。彼正其名，当其辞④，以务白其志义者也。彼名辞也者，志义之使也，足以相通则舍之矣⑤；苟之⑥，奸也。故名足以指实，辞足以见极⑦，则舍之矣。外是者谓之讱⑧，是君子之所弃，而愚者拾以为己宝。故愚者之言，芴然而粗⑨，啧然而不类⑩，谇谇然而沸⑪。彼诱其名，眩其辞，而无深于其志义者也。故穷藉而无极⑫，甚劳而无功，贪而无名。故知者之言也，虑之易知也，行之易安也，持之易立也，成则必得其所好而不遇其所恶焉。而愚者反是。《诗》曰："为鬼为蜮，则不可得，有腼面目，视人罔极。作此好歌，以极反侧⑬。"此之谓也。

【注释】 ①涉然：深入的样子。②俛然：俯就的样子，引申为贴切、中肯。俛，同"俯"。类：有条理，不虚浮。③差差然：不齐。这里指从不同的角度。④名：指事物的名称。辞：指有意义的辞语。⑤舍：止。⑥苟：苟且。这里指枝蔓。⑦极：至。这里指主要的思想。⑧讱：难，指故意把话讲得难懂。⑨芴然：无根本的样子。芴，通"忽"。粗：疏略。⑩啧然：争吵的样子。⑪谇谇然：形容多话的样子。沸：沸腾。这里之指乱说、吵闹。⑫穷藉：承上面所言"诱其名，眩其辞"而言，指穷尽各种浮夸的词汇。⑬"为鬼"六句：此处引诗见《诗经·小雅·何人斯》。蜮，传说中一种害人的动物。腼，形容脸上的表情。反侧，这里指反复无常的人。

【译文】 君子的言谈,深沉而精粹,贴切而有统类,论列事情,看似纷纷繁繁而实际都很一致。他选择正确的名称,运用恰当的辞句,务在宣明自己的思想。名称和言辞,是思想的使者,只要做到足以沟通思想就可以了;如果过于枝蔓,就是邪说了。所以名称足以代表事物的实际,言辞足以表达事物的本质意义,到这儿就可以停止了。离开这个标准就是故意说一些难解的话,这是君子所要抛弃的,而愚昧的人会当作宝贝一般捡起来。所以愚蠢的人说的话,没有依据而又粗陋,争吵而没有头绪,七嘴八舌如水之沸腾。他们使用各种诱人的名称和华丽的词句,其实却没有真正深刻的内容。所以,虽然极尽假借名称玩弄辞藻之能事,费了很大的力气,却没有成效,拼命追求好名声反而得不到。所以智慧之人的话,想一下就能懂得,实践起来很容易做,坚持它就很容易站得住,成功的话就一定会得到自己所喜欢的结果而不会得到自己厌恶的结果;而愚蠢的人则与之相反。《诗经》说:"如果你是个鬼是个蜮,那我的确就见不到你。但你有鼻子有眼,在一起看得久了,就一定会看见你。我做这首好歌,就是为了把你反复无常的面目全部揭穿。"说的就是这种情况。

【原文】 凡语治而待去欲者,无以道欲而困于有欲者也。凡语治而待寡欲者,无以节欲而困于多欲者也。有欲无欲,异类也,性之具也①,非治乱也。欲之多寡,异类也,情之数也,非治乱也。欲不待可得,而求者从所可。欲不待可得,所受乎天也;求者从所可,所受乎心也。所受乎天之一欲,制于所受乎心之多,固难类所受乎天也。人之所欲,生甚矣,人之所恶,死甚矣,然而人有从生成死者,非不欲生而欲死也,不可以生而可以死也。故欲过之而动不及,心止之也。心之所可中理,则欲虽多,奚伤于治!欲不及而动过之,心使之也。心之所可失理,则欲虽寡,奚止于乱!故治乱在于心之所可,亡于情之所欲。不求之其所在②,而求之其所亡,虽曰我得之,失之矣。

【注释】 ①性之具也:与下文"情之数也"相对为文,原文为"生死也",根据文义改。②所在:指心。下文的"所亡"指欲望。

【译文】 凡是谈论治理国家而靠除去欲望的人,只是那些没有办法引导人的欲望而又被人的欲望太多难住了的人。凡是谈论治理国家而靠寡欲的人,只是那些没有办法节制人的欲望而又被人的欲望太多难住了的人。有欲望和无欲望是两种不同的类型,是人天性中所具有的,与国家治理或不治理没有关系。欲望有多有少,也是两种不同的类型,这是人天生具有的情感,与国家治理或不治理也没有关系。人的欲望并不是在可以得到时才产生的,追求欲望的人只是在自己认为可能的时候才去做,欲望不是在可以得到时才产生,这是出于人的天性;只做自己认为可能的事,是因为心能够节制欲望。人天生的欲望是单纯的,但受制于内心多方面的考虑,所以和天生的单纯欲望是不能比的了。人最大的愿望是活着,人最厌恶的莫过于死了,然而有人放弃生命选择死亡,这不是因为他

109

不愿意活着，愿意死，而是因为不可以偷生而应该选择死。所以有时有强烈的欲望，但行动上却没有这样做，这是因为心阻止了这种欲望。心里所想的符合理，那么虽然欲望很多，对于国家的安定也没有什么妨害！欲望不强烈而行动上却做了，这也是由于心的指使。心里所想的不符合理，那么即使欲望不强烈，也不能阻止国家的混乱！所以国家的安定与否，在于心之所想是否合理，而不在于欲望之有无。不从心里找理由，而从欲望找理由。虽然自以为找到了根源，其实并没有。

【原文】 性者，天之就也；情者，性之质也；欲者，情之应也。以所欲为可得而求之，情之所必不免也；以为可而道之，知所必出也。故虽为守门，欲不可去，性之具也。虽为天子，欲不可尽。欲虽不可尽，可以近尽也；欲虽不可去，求可节也。所欲虽不可尽，求者犹近尽；欲虽不可去，所求不得，虑者欲节求也。道者，进则近尽，退则节求，天下莫之若也。

【译文】 天性，是人天生的东西；情是天性的实质内容；欲望，是情的感应。以为自己的愿望是可以达到的，而去追求它，这是人之常情所不可避免的；以为是可以做的而去做它，这是人的智慧所要求的必然选择。所以即使是低贱如守门的人，也不可能没有欲望之心，这是人天性中具有的东西。即使贵为天子，也不可能做到。欲望虽然不可完全满足，但可以接近于完全的满足；欲望虽然不可以完全去除，但可以得到节制。欲望虽然不可完全满足，追求的人有时依然会接近于完全的满足；欲望虽然不可以完全去除，所求也有所不得的时候，智谋之士则懂得节制欲望的追求。按照道来行事，能够满足欲望的时候就尽量满足，不能满足的时候就节制欲望，天下没比这更好的原则了。

【原文】 凡人莫不从其所可，而去其所不可。知道之莫之若也，而不从道者，无之有也。假之有人而欲南无多；而恶北无寡。岂为夫南者之不可尽也，离南行而北走也哉？今人所欲无多，所恶无寡，岂为夫所欲之不可尽也，离得欲之道而取所恶也哉？故可道而从之，奚以损之而乱！不可道而离之，奚以益之而治！故知者论道而已矣，小家珍说之所愿者皆衰矣①。

【注释】 ①小家珍说：指前面所说的各家异说。珍，稀奇古怪。所愿：指宋钘、墨子等人希望人去欲、寡欲的学说。

【译文】 大凡人，没有不顺从自己所认可的，而舍弃所不认可的。知道世界上没有比道更好的了，却不跟从道，这样的人是没有的。假如有人想向南走，那么无论路程多远，他都愿意；假如他讨厌北边，那么无论路程多近，他都不会去。他难道会因为往南走的路程太遥远，就放弃南行而选择往北走吗？同样，人们对于想得到的，再多也不嫌多；对于所厌恶的，再少也不想要。难道会因为想得到的不能完全得到满足，就放弃它而选择去追求自己讨厌的吗？所以如果内心认同道而按照它去做，那就不会有什么能损害道

而产生混乱！如果不认同道而背离它，那就不会有什么能对道有益而产生安定！所以聪明的人，只是根据道来行事罢了，这样各家异说自然都消亡了。

【原文】 凡人之取也，所欲未尝粹而来也；其去也，所恶未尝粹而往也。故人无动而不可以不与权俱①。衡不正②，则重县于仰而人以为轻③，轻县于俛而人以为重④，此人所以惑于轻重也。权不正，则祸托于欲而人以为福，福托于恶而人以为祸，此亦人所以惑于祸福也。道者，古今之正权也，离道而内自择，则不知祸福之所托。

【注释】 ①权：秤锤。这里指道。俱：同。②衡：秤杆。③县：同"悬"。④俛：同"俯"。

【译文】 大凡人想要求得某件东西，所想的未必都能得到；而他不喜欢的，也未必都会离开他。所以人的一举一动，没有什么能离得开权的标准。就好像称东西，秤不准，那重的东西挂上后秤杆反而会仰起来，使人误以为东西很轻，而轻的东西挂上后秤杆反而会低下去，使人误以为东西很重，这是人对轻重产生迷惑的原因。同样，标准不正确，那么灾祸就已经蕴含在他所希望的事情中，人却误以为是福，福气已经蕴藏在他所厌恶的事情中了，人却以为是祸，这是人对灾祸产生迷惑的原因。道，是古今衡量事物的正确标准，离开道而自己任意选择，就是不知道什么包藏着灾祸，什么包藏着福气了。

【原文】 易者以一易一①，人曰无得亦无丧也；以一易两，人曰无丧而有得也；以两易一，人曰无得而有丧也。计者取所多，谋者从所可。以两易一，人莫之为，明其数也。从道而出，犹以一易两也，奚丧！离道而内自择，是犹以两易一也，奚得！其累百年之欲，易一时之嫌②，然且为之，不明其数也。

【注释】 ①易：交换。②嫌：恶，指不喜欢的事情。

【译文】 交换，就是以一个换另一个，人们会说这是没得到也没损失；用一个换两个，人们会说这是没有损失而有所得；用两个换一个，人们会说这是损失了而没得到。会计算的人愿意以少换多，会谋划的人能照有利自己的方面去做。用两个换一个，谁都不会做这种事，因为明白其中多寡之数的道理。依照道去做，这就好像用一个换两个，怎么会有损失！背离道而由自己任意选择，这就好像用两个换一个，怎么会有所得！累积了很长时间想得到，却换取了自己讨厌的，然而却会去做，这就是不明白得失间的数量关系。

【原文】 有尝试深观其隐而难察者①，志轻理而不重物者②，无之有也；外重物而不内忧者，无之有也；行离理而不外危者，无之有也；外危而不内恐者，无之有也。心忧恐则口衔刍豢而不知其味③，耳听钟鼓而不知其声，目视黼黻而不知其状，轻煖平簟而体不知其安④。故向万物之美而不能见嗛也⑤，假而得间而嗛之，则不能离也。

故向万物之美而盛忧，兼万物之利而盛害。如此者，其求物也，养生也？粥寿也⑥？故欲养其欲而纵其情，欲养其性而危其形，欲养其乐而攻其心，欲养其名而乱其行。如此者，虽封侯称君，其与夫盗无以异；乘轩戴绖⑦，其与无足无以异。夫是之谓以己为物役矣。

【注释】　①有：通"又"。②理：道之精微者。③刍豢：牛羊犬豕之类的家畜。这里泛指肉类食品。④轻煖：轻裘暖衣。煖，同"暖"。平簟：平整的竹席。⑤向：通"享"。下同。嗛：通"慊"，满足。⑥粥：同"鬻"，出卖。⑦轩：古代士大夫以上乘坐的车。绖：通"冕"，古代士大夫以上戴的礼帽。

【译文】　又曾经试着深入观察一个隐蔽而难以觉察的道理，内心轻视道而不重视物质欲望的人，是没有的；重视物质欲望而内心不忧虑的人，是没有的；行为背离大道而不遭遇危险的人，是没有的；遭遇危险而内心不恐惧的人，是没有的。内心忧惧，则尝着刍豢，也会不知其味，听着钟鼓之乐，也会不知其声，看着锦绣文采，也感觉不到它的存在，穿着暖衣，睡着平整的竹席，身体也不觉得安逸。所以享受着万物之美而得不到满足，即使间或感到了满足，忧愁恐惧的心情还是不能离去。这样，享受着万物之美却非常忧虑，拥有了万物的好处却成了很大的祸害。像这样的人，他追求物质利益，是为了保养生命？还是为了出卖生命？所以本来是为了满足自己的欲望，却放纵了自己的情欲，本来是为了保养自己的生命，却危害了自己的身体，本来是培养快乐的心情，却伤害了自己的心，本来是为了建立名望，却扰乱了自己的行为。像这样的人，就算是封侯称君，其实与盗贼无异；乘车戴冕，其实与衣食不足的百姓没有什么两样。这就叫让自己被物欲所奴役。

性　　恶

【题解】

这是一篇系统阐述荀子"性恶论"思想的文章。

全篇围绕着"人之性恶，其善者伪也"的观点展开。荀子所谓"性"，就是"不可学、不可事而在人者"，即天性，也就是文中提到的"人情"，而"伪"，则是"可学而能、可事而成之在人者"，即后天的努力、环境和教育。荀子认为人生而有耳目口腹之欲，贪利争夺之心，所以其天性是恶的。因此需要通过对"师法之化，礼义之道"的学习去改变、矫正恶的天性，此即所谓"化性起伪"。他坚决反对孟子的"性善"学说，认为圣人和普通人在天性上是一致的，所不同者，乃在圣人能用礼义法度来治理、改变天性。所以他又提出了"涂

之人可以为禹"的观点，认为普通人只要"伏术为学，专心一志，思索孰察，加日县久，积善而不息"，就会达到"通于神明，参于天地"的境界，成为和圣人一样的人。

【原文】 人之性恶，其善者伪也①。今人之性，生而有好利焉，顺是，故争夺生而辞让亡焉；生而有疾恶焉②，顺是，故残贼生而忠信亡焉；生而有耳目之欲，有好声色焉，顺是，故淫乱生而礼义文理亡焉③。然则从人之性④，顺人之情，必出于争夺，合于犯分乱理而归于暴⑤。故必将有师法之化⑥，礼义之道，然后出于辞让，合于文理，而归于治。用此观之，人之性恶明矣，其善者伪也。

【注释】 ①"人之性"两句：性，本性。伪，为，人为。②疾恶：嫉妒，憎恨。③文理：节文，条理，秩序。④从：同"纵"，放纵。⑤分：名分，等级。理：指礼义。⑥师法之化：老师和法制的教化。

【译文】 人天性是恶的，善只是一种勉励矫正的人为的东西。人的天性，生来就喜好利益，顺着这个天性，争夺就会出现而谦让就会消失；生来就会嫉妒憎恶，顺着这个天性，伤害好人的贼人就会产生而忠信之人就会消亡；生来就有耳目之欲，喜好声色，顺着这个天性，淫乱就会出现而礼义文明就会消亡。如此，则放纵人的天性，顺着人的性情，就必然会造成争夺，出现违反等级名分、破坏礼义的事情而导致社会暴乱。所以一定要有老师和法制的教化，礼义的引导，然后才能出现谦让，才能与礼义秩序符合，达到社会安定。从这点上看，人性恶是很明明白白的了，人性之善只是后天人为的东西。

【原文】 故枸木必将待檃栝、烝、矫然后直①，钝金必将待砻、厉然后利②。今人之性恶，必将待师法然后正，得礼义然后治。今人无师法则偏险而不正③，无礼义则悖乱而不治。古者圣王以人之性恶，以为偏险而不正，悖乱而不治，是以为之起礼义、制法度，以矫饰人之情性而正之，以扰化人之情性而导之也④。始皆出于治，合于道者也。今人之，化师法⑤，积文学⑥，道礼义者为君子；纵性情，安恣睢而违礼义者为小人。用此观之，人之性恶明矣，其善者伪也。

【注释】 ①枸：弯曲。檃栝：矫正弯木的工具。烝：烘烤，加热。②钝金：不锋利的刀剑等。砻、厉：都是磨砺的意思。③偏：偏邪。险：邪恶。④扰化：驯服教化。扰，驯养。⑤化师法：受师法的教化。⑥积文学：积累文化知识。古代所谓文学，指诗、书等六艺之文。

【译文】 弯曲的木头必须在用檃栝矫正和加热之后才可以变直，钝的刀剑必须在磨砺后才能变得锋利。现在人之本性是恶的，那就一定要经过师法的教育才可以变得端正，得到礼义的教化才能治理。人没有师法，就偏邪不正，无礼义教化，就悖乱而无治。古代的圣王认为人性是恶的，认为人性会偏邪而不正，悖乱而无治，所以为人们建立起礼

义、制定了法度，以矫正文饰人的性情，使之得到端正，以驯服教化人的天性，使之得到引导。使人们都受到治理，符合于道。现在的人，受到了师法的教化，积累了文化知识，行为出于道义的，就是君子；放纵本性，任意胡作非为，违背礼义的，就是小人。由此看来，人性恶是很明明白白的了，人性之善只是后天人为的东西。

【原文】　孟子曰①："人之学者，其性善。"曰：是不然。是不及知人之性，而不察乎人之性、伪之分者也。凡性者，天之就也，不可学，不可事；礼义者，圣人之所生也，人之所学而能，所事而成者也。不可学、不可事而在人者谓之性，可学而能、可事而成之在人者谓之伪，是性、伪之分也。

【注释】　①孟子：孟轲，战国中期儒家的代表人物。孟子道性善，言必称尧舜。认为人天性本善，但这种天性后天会丢失，学习的目的就在保持善之本性，使其不失。

【译文】　孟子说："人之所以学习，是因为人本性是善的"。说：这是不对的！这是没有真正认识人的本性，而且是不了解本性和人为之间区别的一种说法。所谓本性，就是天生的东西，不可以通过学习得到，不可以经过努力从事而做成；而礼义，则是圣人制定出的，可以通过学习而得到，可以通过努力从事而做成。不可以学习，不可以经过努力而做成，出于天生的，叫作天性，可以学习、可以通过人为努力而做到，取决于人自己的，叫作伪，这就是天性和人为的区分。

【原文】　今人之性，目可以见，耳可以听。夫可以见之明不离目，可以听之聪不离耳，目明而耳聪，不可学明矣。孟子曰："今人之性善，将皆失丧其性故也。"曰：若是，则过矣。今人之性，生而离其朴，离其资，必失而丧之。用此观之，然则人之性恶明矣。所谓性善者，不离其朴而美之，不离其资而利之也。使夫资朴之于美，心意之于善，若夫可以见之明不离目，可以听之聪不离耳，故曰目明而耳聪也。今人之性，饥而欲饱，寒而欲暖，劳而欲休，此人之情性也。今人饥，见长而不敢先食者，将有所让也；劳而不敢求息者，将有所代也。夫子之让乎父、弟之让乎兄，子之代乎父、弟之代乎兄，此二行者，皆反于性而悖于情也。然而孝子之道，礼义之文理也。故顺情性则不辞让矣，辞让则悖于情性矣。用此观之，人之性恶明矣，其善者伪也。

【译文】　人的本性，眼睛可以看，耳朵可以听。可以看东西的视力离不开眼睛，可以听东西的听觉离不开耳朵，所以，眼睛的视觉、耳朵的听觉是学不来的。孟子说："今天人们的天性本是善的，之所以变恶，是因为丧失了其本性。"答：这样说就错了。如果人的本性生下来就脱离了它的自然素质，那就一定要丧失本性。由此看来，人之性恶是非常明明白白的了。因为所谓性善，应该是不脱离它的本真而美，不脱离它的自然属性而好。美和资、朴的关系，心意和善的关系，就好像视觉离不开眼睛、听觉离不开耳朵一样，所以才会有目明耳聪之说。人的天性，饿了就想吃饭，冷了就想穿衣，累了就想休息，这是人

的常情和天性。现在有一个人饿了，见到长者不敢先吃，这是因为要有所礼让；累了而不敢要求休息，是因为要代替长辈劳动。儿子让父亲、弟弟让兄长，儿子替父亲劳动，弟弟替兄长劳动，这两种行为，都与人性相反与常情相悖。然而这就是孝子之道，礼义之理。所以顺着常情和天性就会没有谦让，谦让与天性是相悖的。由此看来，人性恶是很明明白白的了，人性之善只是后天人为的东西。

【原文】 问者曰："人之性恶，则礼义恶生①？"应之曰：凡礼义者，是生于圣人之伪，非故生于人之性也②。故陶人埏埴而为器③，然则器生于陶人之伪，非故生于人之性也。故工人斫木而成器，然则器生于工人之伪，非故生于人之性也。圣人积思虑，习伪故④，以生礼义而起法度，然则礼义法度者，是生于圣人之伪，非故生于人之性也。若夫目好色、耳好声、口好味、心好利、骨体肤理好愉佚⑤，是皆生于人之情性者也，感而自然，不待事而后生之者也。夫感而不能然，必且待事而后然者，谓之生于伪。是性、伪之所生，其不同之征也。故圣人化性而起伪，伪起而生礼义，礼义生而制法度。然则礼义法度者，是圣人之所生也。故圣人之所以同于众，其不异于众者，性也；所以异而过众者，伪也。夫好利而欲得者，此人之情性也。假之人有弟兄资财而分者，且顺情性，好利而欲得，若是，则兄弟相拂夺矣；且化礼义之文理，若是，则让乎国人矣。故顺情性则弟兄争矣，化礼义则让乎国人矣。

【注释】 ①恶：何处。②故：通"固"，本来。③埏埴：用水和粘土制作陶器。埏，用水和土。埴，粘土。④习：积习，熟习。伪：人为的事情。在荀子思想中，伪并不是不善，只是与性相对的一个概念。为之积之的善，也叫伪。⑤肤理：皮肤的纹理。愉佚：安逸。

【译文】 问的人说："人性既然是恶的，那么礼义是从哪里产生的？"回答说：礼义，是产生于圣人的创造，不是人的天性就有的。陶器工人用水和粘土制作出陶器，那么陶器就产生于陶人之造作，而不是产生于陶人的天性。工匠削木为器，那么木器就产生于工匠的造作，而不是产生于工匠的天性。圣人积累思考，熟悉社会情况，因此而制造礼义兴起法度，如此看来，礼义法度，是产生于圣人的创造，而不是产生于圣人的天性。像眼睛喜欢美色、耳朵喜欢美声、嘴巴喜欢美味、心喜欢利益、身体喜欢安逸，这些全都是出于人的天性和常情，有接触就自然如此，不是依赖后天学习而产生的。接触而不能自然产生，需要后天人工努力才产生的，就叫作产生于伪。所以性、伪的产生，特点是不一样的。圣人变化了人的本性而兴起伪，兴起伪，就产生了礼义，产生了礼义就制定了法度。所以礼义法度就是圣人的创造。因此，圣人与一般人相同，而不超乎一般人的地方，就是天性；与一般人不同，而超乎一般人的地方，就是人为。贪利而想得到，这是人之常情和天性。假如有弟兄二人分财产，如果顺着人的天情，贪利而想得到，那么兄弟就会互相争夺；如

果用文明礼义教化了他们，那他们就是对一般人也会相让。所以顺着人的天性就会兄弟相争，用礼义教化就会对一般人也相让。

【原文】 凡人之欲为善者，为性恶也。夫薄愿厚，恶愿美，狭愿广，贫愿富，贱愿贵，苟无之中者，必求于外；故富而不愿财，贵而不愿势，苟有之中者，必不及于外。用此观之，人之欲为善者，为性恶也。今人之性，固无礼义，故强学而求有之也；性不知礼义，故思虑而求知之也。然则生而已①，则人无礼义，不知礼义。人无礼义则乱，不知礼义则悖。然则生而已，则悖乱在己。用此观之，人之性恶明矣，其善者伪也。

【注释】 ①然则生而已：如果只凭着本性。生，天性，本性。下同。

【译文】 大凡人之所以想为善，正是因为人的本性是恶的。薄的想变厚，丑的想变美，窄的想变宽，穷的想变富，贱的想变贵，假如自己本身没有，就会向外寻求；所以有钱的不慕财，地位高的不慕势，如果自己本身已经有了，就不会向外寻求了。由此看来，人之所以想为善，正是因为人的本性是恶的。人的本性，本来没有礼义，所以要努力学习去求得它；天性不知礼义，所以要思考以求知道。如果只凭着本性，那么人就没有礼义，不知礼义。人没有礼义就会混乱，不知礼义就会悖谬。如果只凭着本性，那么悖乱就会集于一身。由此看来，人性恶是很明明白白的了，人性之善只是后天人为的东西。

【原文】 孟子曰："人之性善。"曰：是不然。凡古今天下之所谓善者，正理平治也；所谓恶者，偏险悖乱也。是善恶之分也已。今诚以人之性固正理平治邪，则有恶用圣王，恶用礼义矣哉！虽有圣王礼义，将曷加于正理平治也哉！今不然，人之性恶。故古者圣人以人之性恶，以为偏险而不正，悖乱而不治，故为之立君上之势以临之，明礼义以化之，起法正以治之，重刑罚以禁之，使天下皆出于治，合于善也。是圣王之治，而礼义之化也。今当试去君上之势，无礼义之化，去法正之治，无刑罚之禁，倚而观天下民人之相与也，若是，则夫强者害弱而夺之，众者暴寡而哗之，天下悖乱而相亡不待顷矣。用此观之，然则人之性恶明矣，其善者伪也。

【译文】 孟子说："人的本性是善的"答：这是不对的。大凡古今天下所说的善，指的是合乎礼义法度，遵守社会秩序；所说的恶，是指狡诈不正违背混乱。这是善和恶的分界。如果一定认为人性本来就是合乎礼义法度，遵守社会秩序的，那么要圣王有什么用！要礼义有什么用！即使有圣王、礼义，又能在已经正理平治的人身上加什么！今天看来不是这样的，人性是恶的。古代圣人认为人之性恶，认为人的天性是偏险而不正，悖乱而不治的，所以为人们树立了君主的权威以进行统治，明确了礼义以进行教化，兴起法度以进行治理，加重刑罚以禁止犯罪，使天下都得到治理，符合善的标准。这就是圣王的治理，礼义的教化。今天如果试着去掉君主的权威，礼义的教化，去掉法正之治理，刑罚之

禁令,站在一边任百姓随意交往,这样的话,就会出现强者伤害弱者并掠夺弱者,人多的欺凌人少的并侵扰他们的情况,天下大乱,灭亡就是顷刻之间的事了。由此看来,人性恶是很明明白白的了,人性之善只是后天人为的东西。

【原文】 故善言古者必有节于今①,善言天者必有征于人②。凡论者,贵其有辨合③,有符验。故坐而言之,起而可设,张而可施行。今孟子曰:"人之性善。"无辨合符验,坐而言之,起而不可设,张而不可施行,岂不过甚矣哉!故性善则去圣王,息礼义矣;性恶则与圣王,贵礼义矣。故檃栝之生,为枸木也;绳墨之起,为不直也;立君上,明礼义,为性恶也。用此观之,然则人之性恶明矣,其善者伪也。

【注释】 ①节:符合,验证。②征:验证。③辨合:古代人一种凭信的方式,将一物一分为二,各持其一,相合为验。辨,别,别之为两。合,合之为一。

【译文】 善于谈论古代的人,一定能在当今得到验证,善于谈论天道的人,一定能在人间得到验证。大凡建言立说,重要的是要有证明、有根据。所以坐而论道,站起来就应该能够张设,张设了要能施行。现在孟子说:"人性是善的。"却得不到任何验证,坐而空谈,起来不能够张设,张设了不能施行,岂不是错得太厉害了!因此如果认为人性善,那就是不需要圣王、不要礼义;如果认为人性恶,那就是赞成圣王、推崇礼义。所以檃栝的产生,是因为有曲木;绳墨的发明,是因为有弯曲的木料;设立君主,明确礼义,是因为人性是恶的。由此看来,人性恶是很明明白白的了,人性之善只是后天人为的东西。

【原文】 直木不待檃栝而直者,其性直也;枸木必将待檃栝、烝、矫然后直者,以其性不直也。今人之性恶,必将待圣王之治,礼义之化,然后始出于治,合于善也。用此观之,人之性恶明矣,其善者伪也。

【译文】 不依靠檃栝而直,因为它天生是直的;曲木必须要经过檃栝、加热矫正之后才直,是因为其天性不直。现在人性的恶,一定要经过圣王的治理,礼义的教化,之后才能够得到治理,符合善的标准。由此看来,人性恶是很明明白白的了,人性之善只是后天人为的东西。

【原文】 问者曰:"礼义积伪者,是人之性,故圣人能生之也。"应之曰:是不然。夫陶人埏埴而生瓦,然则瓦埴岂陶人之性也哉①?工人斫木而生器,然则器木岂工人之性也哉②?夫圣人之于礼义也,辟则陶埏而生之也③,然则礼义积伪者,岂人之本性也哉?凡人之性者,尧、舜之与桀、跖,其性一也;君子之与小人,其性一也。今将以礼义积伪为人之性邪?然则有曷贵尧、禹,曷贵君子矣哉?凡所贵尧、禹、君子者,能化性,能起伪,伪起而生礼义。然则圣人之于礼义积伪也,亦犹陶埏而生之也。用此观之,然则礼义积伪者,岂人之性也哉?所贱于桀、跖、小人者,从其性,顺其情,安恣睢,以出乎贪利争夺。故人之性恶明矣,其善者伪也。

【注释】　①瓦埴:用土制成的瓦。②器木:用木制成的器。③辟:通"譬",譬如。

【译文】　问的人说:"礼、义、积、伪四者,是人的本性,所以圣人才能创造它们。"回应说:这是不对的。陶人用水和粘土制作陶器而造出瓦,难道瓦是陶人的天性?工匠削木为器,难道器木是工匠的本性?圣人之于礼义,就像陶人之于陶器一样,如此,那礼、义、积、伪,怎么能说是人的本性?大凡人的天性,尧、舜与桀、跖都是一样的;君子与小人,其本性也是一样的。现在将以礼、义、积、伪为人的本性吗?这样的话,又何必推崇尧、禹,推崇君子?人之所以推崇尧、禹、推崇君子,是因为他们能变化天性中的恶,能兴起后天的善,兴起后天的善就产生了礼义。所以说,圣人与礼、义、积、伪的关系,就好像陶人用水和泥制作陶器一样。由此看来,礼、义、积、伪这些东西,哪里是人的天性?之所以蔑视桀、跖、小人,是因为他们放纵自己的天性,顺从自己天情,任意胡作非为,表现出贪利争夺。所以人性恶是很明明白白的了,人性之善只是后天人为的东西。

【原文】　天非私曾、骞、孝己而外众人也①,然而曾、骞、孝己独厚于孝之实,而全于孝之名者,何也?以綦于礼义故也②。天非私齐、鲁之民而外秦人也,然而于父子之义、夫妇之别,不如齐、鲁之孝具敬文者③,何也?以秦人之从情性、安恣睢、慢于礼义故也,岂其性异矣哉?

【注释】　①私:偏爱。曾:曾参。骞:闵子骞。两人都是孔子的学生,以孝闻名。孝己:殷高宗的儿子,也有孝名。②綦:极、很。③孝具:孝道具备。敬文:恭敬有礼节,原文为"敬父",依文义改。

【译文】　老天并不是偏爱曾参、闵子骞、孝己而嫌弃众人,然而只有曾参、闵子骞、孝己注重孝的实践,而完全获得了孝的美名,为什么?这是因为他们能尽力于礼义的缘故。老天不是偏爱齐、鲁之人而嫌弃秦人,然而在父子之义、夫妇之别上,他们不如齐、鲁之人孝道具备、恭敬有礼,为什么?这是因为秦人放纵自己的天性,任意胡作非为,怠慢于礼义的缘故啊。难道是他们的本性不一样吗?

【原文】　"涂之人可以为禹。"曷谓也?曰:凡禹之所以为禹者,以其为仁义法正也。然则仁义法正有可知可能之理,然而涂之人也,皆有可以知仁义法正之质,皆有可以能仁义法正之具,然则其可以为禹明矣。今以仁义法正为固无可知可能之理邪?然则唯禹不知仁义法正,不能仁义法正也。将使涂之人固无可以知仁义法正之质,而固无可以能仁义法正之具邪?然则涂之人也,且内不可以知父子之义,外不可以知君臣之正。今不然。涂之人者,皆内可以知父子之义,外可以知君臣之正,然则其可以知之质、可以能之具,其在涂之人明矣。今使涂之人者以其可以知之质,可以能之具,本夫仁义法正之可知可能

之理,然则其可以为禹明矣。今使涂之人伏术为学①,专心致志,思索孰察,加日县久,积善而不息,则通于神明,参于天地矣。故圣人者,人之所积而致矣。

【注释】 ①伏:通"服",从事。术:方法。这里指掌握道术的方法。

【译文】 "路上的普通人也可以成为大禹。"为什么这么说呢? 答:禹之所以为禹,因为他能实行"仁义法正"的缘故。这样说来,仁义法正就有可以知道、可以做到的道理,这样说来,普通人都有能够知道仁义法正的材质,都有能做到仁义法正的条件,所以他能成为禹的道理是很明显的。现在如果以仁义法正为根本不可知不可做之理,那么即使是大禹也会不知仁义法正,做不到仁义法正。假使普通人根本没有能够知道仁义法正的材质,根本不具备做到仁义法正的条件,那么普通人就会在家不知道父子之义,在外不知道君臣的规矩。但事实并非如此。现在的普通人在家都知道父子之义,在外都知道君臣的规矩,这样看来,普通人有知道仁义法正的材质,能做到仁义法正的条件是显而易见的了。现在让这些普通人,用其知道仁义法正的材质,以及能够做到仁义法正的条件,本着仁义法正可知可做的道理去做,那么他们能成为大禹就是很清楚的事了。如果让普通人掌握道术的方法,努力学习,专心致志,认真思索,仔细考察,日积月累,积累善行而不停息,就会达到神明的境界,与天地相参。所以,圣人是通过积累仁义法正而达到的。

【原文】 曰:"圣可积而致,然而皆不可积,何也?"曰:可以而不可使也。故小人可以为君子而不肯为君子,君子可以为小人而不肯为小人。小人、君子者,未尝不可以相为也,然而不相为者,可以而不可使也。故涂之人可以为禹则然,涂之人能为禹,则未必然也。虽不能为禹,无害可以为禹。足可以遍行天下,然而未尝有能遍行天下者也。夫工匠农贾,未尝不可以相为事也,然而未尝能相为事也。用此观之,然则可以为,未必能也;虽不能,无害可以为。然则能不能之与可不可,其不同远矣,其不可以相为明矣。

【译文】 问:"圣人可以通过积累善行而达到,然而大多数人都达不到,为什么?"答:可以做而未必一定要这样做。所以小人能做君子,而不肯做君子,君子可以做小人,而不肯为小人。小人、君子,未必不可以互相做。然而不互相做,就因为可以做而不肯做。所以普通人有可能做大禹,那是一定的,普通人一定能成为禹,却未必如此。虽然不一定能成为禹,不妨碍他们可能成为禹。脚可以走遍天下,然而不曾有走遍天下的人。工匠、农夫、商人,未必不可以互相交换着做事,然而不曾互相交换。由此看来,那就是有可能做,但未必一定能做到;虽然不一定能做到,但不妨碍有可能做。如此,则能不能做到与有没有可能做,其间差别太大了。它们之间不能等同看待是很明显的。

【原文】 尧问于舜曰:"人情何如?"舜对曰:"人情甚不美,又何问焉? 妻子具而孝衰于亲,嗜欲得而信衰于友,爵禄盈而忠衰于君。人之情乎! 人之情乎! 甚不美,又何问

焉?"唯贤者为不然。有圣人之知者,有士君子之知者,有小人之知者,有役夫之知者:多言则文而类①,终日议其所以,言之千举万变,其统类一也,是圣人之知也。少言则径而省②,论而法③,若佚之以绳④,是士君子之知也。其言也谬⑤,其行也悖,其举事多悔,是小人之知也。齐给、便敏而无类⑥,杂能、旁魄而无用⑦,析速、粹孰而不急⑧,不恤是非,不论曲直,以期胜人为意,是役夫之知也。

【注释】　①文:指一个人言语文雅不粗鄙,与礼义之"文"的"文"不同。类:有系统,有条理。②径:直接。省:少。③论:通"伦"。法:有法度。④佚:俞樾以为当读为"袠",又通"程",事物的标准,这是用作动词。⑤谬:荒诞,可疑。⑥齐给:指口齿敏捷。⑦旁魄:同"磅礴",指广泛。⑧析:析辞为察之析,如名家之辨之类。粹孰:粹熟,精熟。

【译文】　尧问舜说:"人的性情到底是怎样的?"舜回答说:"人的性情很不好,又何必问? 有了妻子儿女,对父母的孝敬就减退了,欲望满足了,对朋友的诚信就减退了,有了高官厚禄,对君主的忠诚就减退了。这就是人的性情啊! 这就是人的性情啊! 太不好了,又何必问?"只有贤者才不是这样的。有圣人的智慧,有士君子的智慧,有小人的智慧,有役夫的智慧。言语多,但文雅而有条理,终日议论其所以如此主张的道理,语言虽千变万化,但其总原则只有一个,这是圣人的智慧。言语少,简洁直接,有条例有章法,就好像用绳墨量过一样,这是士君子的智慧。言语荒诞,行为悖乱,做事多后悔,这是小人的智慧。口齿伶俐而无统类,才能博杂而无用,分析得头头是道而不合急用,不顾是非,不管曲直,只是以胜过别人为满足,这就是役夫的智慧。

【原文】　有上勇者,有中勇者,有下勇者。天下有中,敢直其身;先王有道,敢行其意;上不循于乱世之君,下不俗于乱世之民;仁之所在无贫穷,仁之所亡无富贵;天下知之,则欲与天下同乐之;天下不知之,则傀然独立天地之间而不畏①,是上勇也。礼恭而意俭②,大齐信焉而轻货财③,贤者敢推而尚之,不肖者敢援而废之,是中勇也。轻身而重货,恬祸而广解,苟免④,不恤是非、然不然之情,以期胜人为意,是下勇也。

【注释】　①傀:岿然,高大的样子。②意俭:心意谦虚。③大:重视。齐:庄敬。④恬:安。广解:多方推脱。

【译文】　有上勇的人,有中勇的人,有下勇的人。天下有礼义,敢于挺身而出,先王有道,敢于践行其意;上不苟且顺从乱世之君,下不随从乱世之民;仁之所在,虽贫穷,不以为苦,仁之所无,虽富贵,不以为乐;天下人知道他,则愿与天下人共乐;天下人不知道他,则岿然独立于天地之间而无所惧,这是上勇。礼貌恭敬,心意谦虚,看重庄敬诚信而轻视财富,敢于把贤能的人举荐上去,敢于把不肖之人拉下来,这是中勇。不惜性命,追求财富,为祸而不知耻,且多方设法解脱,逃避罪责,不顾是非曲直、赞同不对的情况,只是以胜过别人为满足,这是下勇。

【原文】 繁弱、巨黍①，古之良弓也，然而不得排檠②，则不能自正。桓公之葱③，太公之阙④，文王之录⑤，庄君之曶⑥，阖闾之干将、莫邪、巨阙、辟闾⑦，此皆古之良剑也，然而不加砥厉则不能利，不得人力则不能断。骅骝、骐骥、纤离、绿耳⑧，此皆古之良马也，然而必前有衔辔之制⑨，后有鞭策之威，加之以造父之驭，然后一日而致千里也。夫人虽有性质美而心辩知，必将求贤师而事之，择良友而友之。得贤师而事之，则所闻者尧、舜、禹、汤之道也；得良友而友之，则所见者忠信敬让之行也。身日进于仁义而不自知也者，靡使然也。今与不善人处，则所闻者欺诬诈伪也，所见者污漫、淫邪、贪利之行也，身且加于刑戮而不自知者，靡使然也。传曰："不知其子视其友；不知其君视其左右。"靡而已矣！靡而已矣！

【注释】 ①繁弱、巨黍：都是古代的良弓。②排檠：矫正弓弩的工具。③桓公：齐桓公，春秋齐国国君，春秋五霸之一。葱：和下文的"阙""录""曶""干将""莫邪""巨阙""辟闾"，都是剑名。④太公：姜太公，即吕望，周文王大臣，文王死后，辅佐周武王。⑤文王：指周文王。⑥庄君：楚庄王，春秋时楚国国君，春秋五霸之一。⑦阖闾：春秋时吴国国君。⑧骅骝、骐骥、纤离、绿耳：都是良马的名称。⑨衔：马嚼子。辔：马缰绳。

【译文】 繁弱、巨黍，是古代的良弓，然而不得排檠的矫正就不能变正。齐桓公的葱，姜太公的阙，周文王的录，楚庄王的曶，阖闾的干将、莫邪、巨阙、辟闾，这些都是古代的良剑，然而不进行砥砺就不会锋利，不借助于人力的加工，就不能断物。骅骝、骐骥、纤离、绿耳，这都是古代的良马，然后一定要前面加上辔头制约它，后有鞭策的威慑，加上造父精良的驾车术，然后才能日行千里。一个人虽有好的素质，又有较好的辨别能力，但一定还要找到贤师并师从他，选择良友并结交他。得到贤师并师从他，那所听到的都是尧、舜、禹、汤之道，得良友并结交他，那么所见到的都是忠、信、敬、让的行为。自己在不知不觉中一天天懂得了"仁义"，这都是环境的力量造成的。现在与不善的人相处，所听见的都是欺骗奸诈，所看见的都是肮脏、淫邪、贪利的行为，自己都要遭到刑杀了却还不自知，这都是环境的力量造成的。古书上说："不了解一个人的儿子，看看他儿子的朋友就清楚了；不了解他的君主，看看君主身边的人就知道了。"说的就是潜移默化的影响罢了！说的就是潜移默化的影响罢了！

墨子

【导语】

《墨子》,是中国文化中的一部奇书,也是一部寂寞的书。

鲁迅先生说:伟大也要有人懂。而伟大的《墨子》却在中国文化传统中,沉默了两千年;长时间在黑暗中的沉默,不仅影响了对其深层思想的诠释,甚至影响了对其浅层语言的理解,而且,也限制乃至取消了她对中华文化建构的发言权,墨子的思想与精神只好�蜷伏在中华文化的潜流之中,或沉默,或偶尔嗫嚅着发出微弱的声音。

然而,历史是公平的,一部真正伟大的作品可以暂时寂寞,但她不会永远寂寞,她终究会迎来发言的机会,而且,这一发言必然是黄钟大吕,天下耸动。转机来自传统文化的变革:西学东渐的历程与新文化运动的勃兴,为古老的中国文

墨子像

化打开了新的视野,新的目光触及了黑暗中的《墨子》,才惊讶地发现,她原本就焕发着异样的光彩。

在清末,有一批认识了西方的学者对墨子做出了新的判断。邹伯奇提出了"西学源出墨学"的说法,他认为西方的天文、历法、算学等,都导源于《墨子》,并曾经依墨子的理论做过小孔成像的实验,制造过望远镜与我国历史上最早的照相机。张自牧在论说了墨家科技成就后说"墨子为西学鼻祖"。王闿运认为《墨子》是西方宗教的源头,如佛家之释迦牟尼、基督教之耶稣都无官位俸禄而被奉为圣师,当受惠于墨学。郭嵩焘认为耶稣视人如己的教义正是墨家兼爱的意思。黄遵宪则从五个方面来论述这一命题:即西方的人权源于墨子的尚同;西方的独尊上帝源于墨子的尊天明鬼;西方的平等博爱源于墨子的兼爱;西学物理发达,源于《墨经》;西学长于器械制造,源于墨学备攻乃至于墨子造纸鸢之术。甚至得出"至于今日,而地球万国行墨之道者,十居其七"的结论……我们并不否认这些说法有"数人之齿而以为富"(《墨子·公孟》)的心理,但也要承认他们显然拥有了新的目光,并能重估墨子的价值。

在戊戌变法到五四时期,学人逐渐抛开了前者的夜郎心理,但对墨子的推崇却有增无减。《民报》创刊号卷首列古今中外四大伟人肖像,以墨子与黄帝、卢梭、华盛顿并列,被尊为"世界第一平等、博爱主义大家"。梁启超针对当时的国情,提出"今欲救之,厥惟

墨学"的口号。爱国志士易白沙说:"周秦诸子之学,差可益于国人而无余毒者,殆莫过于墨子矣。其学勇于救国,赴汤蹈火,死不旋踵,精于制器,善于治守,以寡少之众,保弱小之邦,虽大国莫能破焉。"谭嗣同更为墨子精神的实践者,他不仅"深念高望,私怀墨子摩顶放踵之志",而且能舍生赴死,慷慨就义,甘愿成为变革中不可避免的牺牲……

中国历史与中国文化崭新的一页,是伴随着墨子的被重新"发现"而缓缓打开的。

亲士

【题解】

"亲士"的意思是说要重视人才,这其实与墨子"尚贤"的主张是一致的,即认为一个国家,兴盛与否的关键在于是否能够任用贤才。《墨子》一书以此为开首第一篇,也可见其重视程度,这也无疑表现出了墨子宏通与长远的战略眼光。

文章首先把贤士的作用提到了一个极高的位置,然后通过晋文公、齐桓公与越王勾践的例子以及夏桀与商纣的反例来证明用贤的重要。接下来,作者还认为,国君要用贤,一定要律己严而待人宽,只有这样,才会有更多的贤人为国所用。此外,作者还极为深刻地指出,士因其能力的突出而遭受杀身之祸的事例太多了,所以警诫帝王一定要善待贤士,凡是人才,都有一定的个性,难于驾驭,但正因如此,帝王才更要尊重他们,只有这样,才能成就帝王的大业。

全文说理层层深入,几次变换角度,让人觉得似乎作者已经离开了中心,甚至有人怀疑"今有五锥"一段不是墨子原文,其实,如果扣紧"亲士"的主题去理解,就会发现其文章的理路血脉贯通。

【原文】 入国而不存其士①,则亡国矣。见贤而不急,则缓其君矣。非贤无急,非士无与虑国。缓贤忘士,而能以其国存者,未曾有也。昔者文公出走而正天下②,桓公去国而霸诸侯③,越王勾践遇吴王之丑④,而尚摄中国之贤君⑤。三子之能达名成功于天下也,皆于其国抑而大丑也⑥。太上无败,其次败而有以成,此之谓用民。

【注释】 ①存:恤问,即关心的意思。②文公:指晋文公重耳,他曾被迫流亡于外十九年,后来回国即位。他在位期间,重用贤才,终于使晋国强大起来,成为春秋五霸之一。③桓公:指齐桓公,他未做国君前,他的哥哥齐襄公昏庸无道,而被迫出奔莒国,襄公死后他被迎回即位。此后他重用管仲,也成为春秋五霸之一。④勾践:越国国君,曾被吴王夫差打败,于是卧薪尝胆,励精图治,终于在范蠡与文种等贤臣的帮助下消灭吴国,报仇雪恨,并成为春秋五霸之一。⑤摄:同"慑"。⑥而:同"尔"。

【译文】 治理国家却不关心那里的贤士,就会有亡国的危险。见到贤人却不马上任用,他们就会怠慢君主。没有比任用贤士更急迫的事了,如果没有贤士也就没人谋划国家大事。怠慢贤士、轻视人才,而能使国家长治久安,是从来没有过的。从前,晋文公被迫出逃却能够匡正天下,齐桓公流亡国外却能称霸诸侯,越王勾践遭受到败于吴王的耻辱,却还能威慑中原各国的贤君。这三个人能成功扬名于天下,都是因为他们在自己的国家能够忍受极大的屈辱。所以说,最好是不失败,其次则是败了却还有办法成功,这才叫善于用人。

【原文】 吾闻之曰:"非无安居也,我无安心也;非无足财也,我无足心也。"是故君子自难而易彼,众人自易而难彼。君子进不败其志,内究其情①,虽杂庸民,终无怨心,彼有自信者也。是故为其所难者,必得其所欲焉,未闻为其所欲,而免其所恶者也。

【注释】 ①内:当作"讷",即"退"的意思。

【译文】 我听说:"不是没有安定的住处,而是我的心不安定;不是没有足够的财物,而是我的心不满足。"所以君子严于律己宽以待人,而平庸的人却宽于待己而严于律人。君子对于进取的士人,能够不挫败他的志向,而对于退隐的士人,也要体察他的苦衷,即使贤士中杂有平庸的人,也并无怨悔之心,这是他有自信的缘故。所以,即使做很困难的事,也一定能够达到目的,没听说过想达到自己的愿望,而能回避困难的。

【原文】 是故偏臣伤君①,谄下伤上。君必有弗弗之臣②,上必有诤诤之下③。分议者延延,而支苟者诤诤④,焉可以长生保国⑤。臣下重其爵位而不言,近臣则喑⑥,远臣则唫⑦,怨结于民心;谄谀在侧,善议障塞,则国危矣。桀纣不以其无天下之士邪⑧?杀其身而丧天下。故曰:"归国宝⑨,不若献贤而进士。"

【注释】 ①偏:当作"佞"。②弗:同"拂",矫正,纠正。③诤诤:直言争辩的样子。④支苟:当作"交儆",即"交儆",交相警诫的意思。⑤焉:这里是"乃"的意思。⑥喑:沉默不语。⑦唫:同"吟",沉吟的意思。⑧桀纣:分指夏桀和商纣,分别是夏、商两朝的末代君主,历史上有名的暴君。⑨归:通"馈",赠送。

【译文】 因此,佞臣会损伤君主,谄媚的下属也会损伤主上。君主必须有敢于矫正君主过失的大臣,主上一定要有敢于直言的下属。纷争的人长时间的议论,相互警诫的人也直言不讳,就可以长养民生,长保其国。臣下如果过于看重自己的爵位而不敢进谏,君主身边的臣子沉默不言,身处远方的臣子沉吟不语,不满的情绪都结于民心;谄媚阿谀的人在君主身边,好的建议被阻塞,那么国家就危险了。夏桀和商纣不就是没有任用天下之贤士吗?而遭杀身之祸并丧失了天下。所以说:"赠送国宝,不如举荐贤能的人才。"

【原文】 今有五锥,此其铦①,铦者必先挫;有五刀②,此其错③,错者必先靡。是以甘井近竭④,招木近伐⑤,灵龟近灼⑥,神蛇近暴⑦。是故比干之殪⑧,其抗也⑨;孟贲之杀⑩,其勇也;西施之沉⑪,其美也;吴起之裂⑫,其事也。故彼人者,寡不死其所长,故曰:太盛难守

也。

【注释】 ①铦:锋利。②刀:当为"石"。③错:磨刀石。④近:当为"先"字。⑤招木:即乔木,高大的树木。⑥灵龟近灼:古人用烧灼龟甲来占卜吉凶。⑦神蛇近暴:古人常通过曝晒蛇来祈雨。暴,同"曝"。⑧比干之殪:商朝贤臣,因为向纣王进谏而被杀。殪,杀死。⑨抗:同"亢",正直的意思。⑩孟贲:传说中齐国的大力士。⑪西施:越国的美女,越王勾践把她献给吴王夫差,来消磨他的意志,最终报仇雪恨。西施的结局传闻异辞,有的说跟随范蠡入五湖隐居,而《吴越春秋·逸篇》则云其被沉于江。而墨子距此事更近,所以记载也更可信。⑫吴起:战国时楚国著名军事家,但后来被车裂而死。

【译文】 现在有五把锥子,其中一把最锋利,但锋利的会最先被用钝;有五块石头,有一个是磨刀石,那么它会最先被磨损。所以说甘甜的井水最先枯竭,高大的树木最先被砍伐,灵异的乌龟最先被烧灼,神奇的长蛇最先被曝晒。所以说比干的死是因为他正直;孟贲被杀是因为他勇武;西施被沉于江是因为她美丽;吴起被车裂是因为他有能力。这些人很少不是死于自己的长处的,所以说:事物达到顶峰就难以持久。

【原文】 故虽有贤君,不爱无功之臣,虽有慈父,不爱无益之子。是故不胜其任而处其位,非此位之人也;不胜其爵而处其禄,非此禄之主也。良弓难张,然可以及高入深;良马难乘,然可以任重致远;良才难令,然可以致君见尊。是故江河不恶小谷之满己也,故能大。圣人者,事无辞也,物无违也,故能为天下器。是故江河之水,非一源之水也;千镒之裘①,非一狐之白也②。夫恶有同方不取而取同己者乎?盖非兼王之道也。是故天地不昭昭,大水不潦潦,大火不燎燎,王德不尧尧者,乃千人之长也。其直如矢,其平如砥,不足以覆万物。是故溪陕者速涸③,逝浅者速竭,硗埆者其地不育④,王者淳泽,不出宫中,则不能流国矣。

【注释】 ①镒:古代黄金的重量单位。②非一狐之白:古代有集腋成裘的说法,因为狐狸腋下的毛是纯白的颜色,但却只是很小的一块,做成一件裘皮衣需要很多这样的皮集合而成。③陕:同"狭"。④硗埆:指土地坚硬贫瘠的意思。

【译文】 所以,虽然有贤明的君主,也不会欣赏没有功劳的大臣,虽然有慈爱的父亲,也不会喜欢没用的儿子。因此,不能胜任却占据着那个职位,他就是不该在这个位子上的人;不胜任他的爵位而拿着这种爵位俸禄的人,就不是这种俸禄的主人。优良的弓难以拉开,但它可以射到最高最深的地方;骏马虽然难以驾驭,但它可以负载重物到达远方;杰出的人难以调遣,但却可以让君主受到尊敬。所以长江黄河不嫌弃小溪的水来灌注,就能汇成巨流。被称作圣人的人,不推辞难事,不违背物理,所以能成为治理天下的大人物。因此说,长江黄河的水不是来自一个源头,价值千金的皮衣也不是一只狐狸腋下的毛所成。怎么会有不用同道的人而只用与自己意思相同的人的道理呢。这可不是兼爱天下之君王的道理。所以天地不夸耀自己的明亮,大水不夸耀自己的清澈,大火不夸耀自己的炎烈,有德之君也不夸耀自己德行的高远,这样才能做众人的领袖。如果心直如箭杆,平板如磨刀石,就不足以覆盖万物。所以狭窄的小溪很快会干涸,太浅的流水很快会枯竭,贫瘠的土地不生五谷,如果君王淳厚的恩泽只局限在宫廷之中,那就不可能泽被全国。

修身

【题解】

本篇承上篇脉络讨论了一个人怎样才能成为贤士的问题,也就是"修身"的问题。所以,"修身"已经不仅是君子的个人修养,其实也关系到一个国家的治乱兴衰。

作者首先指出,君子务本,而这个根本就是修身,而且,他强调了"反之身"的修养方法。至于修身都包括什么内容,墨子也提出了很多原则,这些原则直至今天也仍有借鉴意义:如"谮慝之言,无入之耳;批扞之声,无出之口";"贫则见廉,富则见义";"务言而缓行,虽辩必不听;多力而伐功,虽劳必不图"等。

在谈论根本的时候,作者也顺笔讽刺了儒家的礼。在作者看来,丧礼中最根本的应该是"哀"而不是"礼",如果对于死者没有哀思,再多的繁文缛节也没有用。这也可以看出墨子的通达。

【原文】 君子战虽有陈①,而勇为本焉;丧虽有礼,而哀为本焉;士虽有学②,而行为本焉。是故置本不安者③,无务丰末;近者不亲,无务来远;亲戚不附,无务外交;事无终始,无务多业;举物而闇④,无务博闻。

【注释】 ①陈:同"阵"。②士:同"仕"。③置:同"植"。④闇:不明白,不懂得。

【译文】 君子作战虽然布阵,但还是以勇敢为本;办丧事虽有一定的礼仪,但还是以哀痛为本;做官虽讲究才学,但还是以品行为本。所以,根基树立不牢的人,不要期望有茂盛的枝叶;身旁的人都不能亲近,就不要希望招徕远方的人;亲戚都不归附,也就不要对外交际;办一件事都不能善始善终,就不要做很多事;举一个事物尚且不明白,就不要追求见多识广。

【原文】 是故先王之治天下也,必察迩来远。君子察迩修身也,修身见毁而反之身者也。此以怨省而行修矣①。谮慝之言②,无入之耳;批扞之声③,无出之口;杀伤人之孩④,无存之心。虽有诋讦之民⑤,无所依矣。故君子力事日强,愿欲日逾⑥,设壮日盛⑦。

【注释】 ①此以:吴汝纶认为,《墨子》中的"此以"就是"是以",从之。②谮慝之言:诬蔑毁谤的坏话。谮,诋毁,诽谤。慝,邪恶。③批扞之声:指抨击冒犯别人的话。④杀

伤人之孩:当为"杀伤之刻"。⑤诋讦:诽谤攻击别人。⑥逾:通"偷",即苟且之意。⑦设壮:当作"敬庄"。

【译文】 所以古代的君王治理天下,必定是以明察左右来使四方臣服。君子明察左右来提高自己的修养,修养后还遭到别人的诋毁时,会再反省自己。这样就能少些怨言,而自己的品性也得到了提高。对于诬陷与恶毒的话,不要听它;诽谤攻击别人的话,不要说它;伤害别人的刻薄想法,不要放在心里。这样,虽然有专门搬弄是非的人,也就无处可依了。因此,君子努力做事就日渐强大,安于嗜欲就日渐苟且,恭敬庄重就日益繁盛。

【原文】 君子之道也,贫则见廉,富则见义,生则见爱,死则见哀,四行者不可虚假,反之身者也。藏于心者,无以竭爱;动于身者,无以竭恭;出于口者,无以竭驯①。畅之四支②,接之肌肤,华发隳颠③,而犹弗舍者,其唯圣人乎!

【注释】 ①驯:雅驯,即典雅的意思。②支:同"肢"。③华发隳颠:形容老年人的样子。华发,即花发。隳颠,即堕颠,秃顶的意思。

【译文】 君子的处世原则是,贫穷时要廉洁,富贵时要义气,爱护活着的人,哀悼死去的人。这四种行为一定不要虚伪做假,因为这是反求于自身的表现。埋藏于心中的,是无尽的仁爱;表现在行动上的,是无比的谦恭;说出口的,是无比的典雅。这些通达到他的四肢与肌肤,即使头发花白、头顶变秃都不会放弃的,恐怕只有圣人了吧!

【原文】 志不强者智不达,言不信者行不果。据财不能以分人者,不足与友;守道不笃,遍物不博①,辩是非不察者,不足与游。本不固者末必几②,雄而不修者③,其后必惰④。原浊者流不清,行不信者名必耗⑤。名不徒生而誉不自长,功成名遂。名誉不可虚假,反之身者也。务言而缓行,虽辩必不听;多力而伐功,虽劳必不图⑥。慧者心辩而不繁说,多力而不伐功,此以名誉扬天下。言无务为多而务为智,无务为文而务为察。故彼智无察⑦,在身而情⑧,反其路者也。善无主于心者不留,行莫辩于身者不立。名不可简而成也,誉不可巧而立也。君子以身戴行者也。思利寻焉,忘名忽焉,可以为士于天下者,未尝有也。

【注释】 ①遍:当为"别"。②几:危险。③雄:当为"先"的意思。④惰:衰败,堕落。⑤耗:同"耗",败坏的意思。⑥图:图谋。这里是认可的意思。⑦彼:当作"非"。⑧情:当作"惰",懈怠。

【译文】 意志不坚强的人才智也不会通达,说话没有信用的人行动也不会有结果。占据财物而不能分施给别人的,不值得与他交友;不能信守原则,辨别事物不广博,对是非分辨不清楚的人,不值得与他交游。根不牢固的枝叶必然会很危险,开始不修身的人,后来肯定会堕落。源头浑浊的水流不会清澈,行为不守信用的人名声必然会败坏。名声不是凭空产生的,赞誉也不会自己增长,只有成就了功业,名声才会到来。名声与荣誉不

能有虚假的成分，因为这是要反求于自身的。只着力于空谈而很少行动的人，即使善于辩论，也没有人听从他；出力很多却爱夸耀功劳的人，虽然辛苦，却没有人认可他。有智慧的人心里明辨却不多说，做得多却不夸耀功劳，所以，他的名声与荣誉才会传扬于天下。话不在多而在于机智，不在文雅而在于明确。所以没有智慧就不能明察，再加上自身的懈怠，想成功就好像背道而驰一样。一种善行没有内心的支持就不能长久保持，一种行为如果得不到自身的理解就无法树立。名声不会因简略而获得，荣誉也不会因机巧的办法建立。君子是以身体力行来达到的。在利益上想得很深远，而对于名却很轻忽就忘掉了，这样做而能成为天下贤士的，从来没有过。

所染

【题解】

染丝是一件再普通不过的事了。但是，在这个思想深远、情感丰富而敏锐的墨家巨子看来，它却呈现出了深刻的哲学内涵。而且，在《淮南子》与《论衡》等典籍的记载里，对这一事实的描述都用了"泣"这样的字。可见，墨子对于染丝这件事所反映出来的人性的易变以及保持其积极变化之难有着多么痛切的感受。所以，在墨子的这声长叹里，不仅飞翔着墨家尚贤的精灵，也不仅映照出历史与后世的万千史实，而且也表现出墨子博大而悲悯的胸怀。

全篇由墨子叹染丝而起，接以"非独染丝然也，国亦有染"，便把一件普通的事情上升到哲学高度。于是作者举了十九组例证，涉及五十七位历史人物，虽然所举稍嫌繁多，但我们看到，其例证是有内在逻辑关系的：先举出了四位圣明的天子，再相对举出四位残暴的天子，接下来列举了春秋时五位有作为的国君，继而列举了六位春秋时期亡国丧生的国君，于是通过大量的历史事实告诉人们，所染当与不当会给国家造成多么大的影响。至此，全文已经神完气足了，但作者却又一转，提出"非独国有染也，士亦有染"，又从宏观的论述递进到微观的探讨，并列举了六位历史人物来证明。全文最后以《诗》作结，堪称精绝。

这样具有严密的逻辑性，且全文层层递进、浑然一体的说理文在墨子以前还很少看到，这也是墨子对中国散文史的贡献。

【原文】 子墨子见染丝者而叹曰①：染于苍则苍，染于黄则黄。所入者变，其色亦变。五入必②，而已则为五色矣。故染不可不慎也！

【注释】 ①子墨子：即指墨子。古人称自己的老师时，要在姓氏前加一"子"字。《墨子》一书多是墨家后学所记录，所以称"子墨子"。②必：通"毕"，全，都。

【译文】 墨子看见染丝的人就长叹说:丝被青色一染就成了青色,被黄色一染就成了黄色。放入的颜料变了,丝的颜色也就变了。放入五种颜色,就能染出五色的丝来。所以,对于"染"不能不谨慎啊!

【原文】 非独染丝然也,国亦有染。舜染于许由、伯阳①,禹染于皋陶、伯益②,汤染于伊尹仲虺③,武王染于太公、周公④。此四王者,所染当,故王天下,立为天子,功名蔽天地。举天下之仁义显人,必称此四王者。夏桀染于干辛、推哆⑤,殷纣染于崇侯、恶来⑥,厉王染于厉公长父、荣夷终⑦,幽王染于傅公夷、祭公敦⑧。此四王者,所染不当,故国残身死,为天下僇⑨。举天下不义辱人,必称此四王者。

【注释】 ①舜:上古传说中的圣明君王。许由:尧、舜时代的高士,尧要让天下给他,他却不愿意接受。伯阳:尧、舜时代的贤臣,帮助尧治国。②禹:夏禹,古时圣君,夏朝的第一个帝王。皋陶:禹手下的贤臣。伯益:禹的大臣,曾帮助大禹治水。③汤:商汤,商朝的第一代贤君。伊尹:汤的得力大臣。仲虺:汤的左相。④武王:周武王姬发,建立周朝的第一代贤君。太公:即姜太公,是辅佐武王取得天下的重要人物。周公:即周武王的弟弟姬旦,中国历史上有名的贤臣。⑤干辛:夏桀手下的奸臣。推哆:夏桀的力士。⑥殷纣:即商纣王。崇侯:即崇侯虎,纣王手下的佞臣。恶来:纣王的力士。⑦厉王:西周的暴君。厉公长父:周厉王朝中奸臣。荣夷终:厉王的宠臣,曾以利诱惑厉王。⑧幽王:西周最后的君王。傅公夷:此人于史无考。祭公敦:周朝的卿士。⑨僇:通"戮"。

【译文】 不光染丝是这样,国家也会被染。舜被许由、伯阳所染,禹被皋陶、伯益所染,汤被伊尹、仲虺所染,周武王被姜太公、周公旦所染。这四个帝王,受到的熏染是得当的,所以能称王于天下,被立为天子,功业和声名覆盖天地。列举天下以仁义而显要于世的,必定会称颂这四个帝王。夏桀被干辛、推哆所染,殷纣被崇侯虎、恶来所染,周厉王被厉公长父、荣夷终所染,周幽王被傅公夷、祭公敦所染。这四个帝王,接受的熏染不当,所以国亡身死,被天下所杀戮。列举天下不行仁义而自取其辱的人,必定会提到这四个帝王。

【原文】 齐桓染于管仲、鲍叔①,晋文染于舅犯、郭偃②,楚庄染于孙叔、沈尹③,吴阖闾染于伍员、文义④,越勾践染于范蠡、大夫种⑤。此五君者所染当,故霸诸侯,功名传于后世。范吉射染于长柳朔、王胜⑥,中行寅染于籍秦、高彊⑦,吴夫差染于王孙雒、太宰嚭⑧,知伯摇染于智国、张武⑨,中山尚染于魏义、偃长⑩,宋康染于唐鞅、佃不礼⑪。此六君者所染不当,故国家残亡,身为刑戮,宗庙破灭,绝无后类,君臣离散,民人流亡,举天下之贪暴苛扰者,必称此六君也。凡君之所以安者,何也?以其行理也,行理生于染当。故善为君者,劳于论人,而佚于治官。不能为君者,伤形费神,愁心劳意,然国逾危,身逾辱。此六君者,非不重其国爱其身也,以不知要故也。不知要者,所染不当也。

【注释】 ①管仲：是齐桓公能够称霸于诸侯的主要谋划者。鲍叔：即鲍叔牙，齐桓公的贤臣，是他推荐了管仲。②舅犯：即子犯，晋文公的舅舅，曾跟随他出逃并辅佐他回国为君并治国称霸。郭偃：即卜偃，晋国大夫。③楚庄：即楚庄王，春秋五霸之一。孙叔：即孙叔敖，楚国有名的贤相。沈尹：即沈尹茎，曾向楚庄王推荐孙叔敖。④阖闾：吴国有名的国君，春秋五霸之一。伍员：即伍子胥，曾辅佐阖闾及其子夫差，是有名的忠臣。文义：阖闾曾尊其为师。⑤范蠡：越王勾践的大臣，曾助越王打败吴国。大夫种：即文种，也是辅佐勾践的大臣。⑥范吉射：春秋后期晋国范氏的首领，后被灭亡。长柳朔：范吉射的家臣。王胜：也是范吉射的家臣。⑦中行寅：春秋后期晋国中行氏的首领，后被灭。籍秦、高彊：二人皆中行寅的家臣。⑧夫差：吴国国君，因为昏庸无道，被越王勾践所灭。王孙雒：吴国大臣。太宰嚭：即伯嚭，吴国的太宰，正是他收了贿赂而同意与越国讲和，才给了越国复仇的机会。⑨知伯摇：即智襄子，春秋后期晋国智氏的首领，曾掌晋国大权，后被韩、赵、魏三家所灭。智国：即智伯国，智氏家族的人。张武：即长武子，智襄子的家臣，他导致了智氏的灭亡。⑩中山尚：春秋时期鲜虞国君。魏义、偃长，都当是中山尚的臣子，但事迹不可考。⑪宋康：春秋时宋国末代国君，后被齐国所灭。唐鞅：宋康王的相，让康王滥杀无辜，后来自己也被康王所杀。佃不礼：宋国臣子。

管仲像

【译文】 齐桓公被管仲、鲍叔牙所染，晋文公被他的舅舅子犯和卜偃所染，楚庄王被孙叔敖与沈尹茎所染，吴王阖闾为伍子胥、文义所染，越王勾践为范蠡、文种所染。这五个国君，受到的熏染是得当的，所以能称霸诸侯，功业和声名流传后世。范吉射被长柳朔与王胜所染，中行寅被籍秦、高彊所染，吴王夫差被王孙雒和太宰嚭所染，智襄子被智伯国和长武子所染，中山尚被魏义与偃长所染。这六个国君，所受到的熏染不得当，所以国家败亡，自身也遭到杀戮，祖宗的基业破灭，也没有了后代，君臣分离失散，百姓流离失所。列举天下贪婪残暴并以苛政扰民的人，必然要提到这六个国君。大凡君主之所以能使国家安定的原因是什么呢？是因为他们行事合理，行事合理来自受到的熏染得当。所以善于当君主的人，都会劳心费力地选拔人才，而可以放松管理官吏。不善于当君主的人，虽然身体劳累，费尽精神，心烦意乱，但国家却更加危险，自己也更受屈辱。这六个国君，并不是不重视他的国家、不爱惜自己，而是不知道要领的缘故。所谓不知道要领，就是受到的熏染不得当。

【原文】 非独国有染也，士亦有染。其友皆好仁义，淳谨畏令，则家日益、身日安、名日荣，处官得其理矣。则段干木、禽子、傅说之徒是也①。其友皆好矜奋②，创作比周③，则

家日损、身日危、名日辱,处官失其理矣。则子西、易牙、竖刀之徒是也^④。诗曰"必择所堪,必谨所堪"者^⑤,此之谓也。

【注释】 ①段干木:子夏的学生,以品行高洁著称。禽子:即禽滑釐,墨子最有名的弟子。傅说:本是在傅岩筑墙的奴隶,因有才能被武丁任命为相。②矜奋:狂妄,骄傲自负。③创作比周:胡作非为而又营私结党。创作,即胡作非为。比周,即结党。④子西:即楚国令尹公子申,他曾任用白公胜,但后来白公胜叛乱时,他反而被杀。易牙、竖刀:都是齐桓公的幸臣,桓公死后便作乱。⑤堪:当为"湛",通"渐",即渍、染的意思。

【译文】 不只是国家有染的问题,对士而言也有受人熏染的问题。如果他的朋友都崇尚仁义,淳厚谨慎,恪守法令,那么他的家族就会日渐兴旺,自身也渐渐安然,名声日渐荣耀,在他的官位上也能办事得当。如段干木、禽子、傅说就是这样的人。如果他的朋友都妄自尊大,胡作非为而又营私结党,那么他的家族就会日渐损耗,自身也慢慢走向危险,声名也日渐降低,在他的官位上办事也就没有理路。如子西、易牙、竖刀就是这样的人。《诗经》上说"必须选择所使用的染料,必须谨慎地来浸染",就是这个意思。

法仪

【题解】

法仪就是指法度。墨子认为,做任何事情,都要有法度。他先从百工的实践谈起,娓娓道来,以百工尚且有法来反衬治国无法之谬。此后,作者又进一步讨论了应该以什么为法的问题。在墨子看来,父母、老师、国君三者都是有缺点的,都谈不上仁爱,所以不可以当作效法的对象。那么到底以什么为法呢?墨子提出了"法天"的命题。而且,墨子进一步认为,天是兼爱的,所以以天为法也要兼爱,并用了极为严密的逻辑推理来论证天的确是兼爱的,这便与其兼爱之说潜脉暗通,交相为证了。最后,作者还举出了历代帝王的不同结果来佐证,使得论证无懈可击。结尾两句看似平淡,但以慨叹的语调出之,却表现出作者对历史上作恶而得祸者的遗憾与对今天不知借鉴而仍在作恶者的痛惜。

【原文】 子墨子曰:天下从事者,不可以无法仪。无法仪而其事能成者,无有也。虽至士之为将相者,皆有法;虽至百工从事者^①,亦皆有法。百工为方以矩,为圆以规,直以绳,正以县^②。无巧工不巧工,皆以此五者为法^③。巧者能中之,不巧者虽不能中,放依以从事^④,犹逾己。故百工从事,皆有法所度^⑤。今大者治天下,其次治大国,而无法所度,此不若百工辩也^⑥。

【注释】 ①百工:从事各种行业的工匠。②县:同"悬",即用悬垂的方法来测是否垂直于地面。③五者:文中只提了四种,据《考工记》,应该还有"平以水"一种。④放依:仿

效。放,仿效,模仿。⑤所:意为"可"。⑥辩:聪明。

【译文】 墨子说:全天下做事情的人,都不能没有法度。没有法度而能把事情做成功的人,是没有的。即使很高明的士人做了将相,也都有法度;即使最灵巧的百工干活,也都有法度。百工用矩来画方形,用规来画圆形,用墨绳来画直线,用悬垂的方法来测偏正。无论灵巧的工匠还是不灵巧的工匠,都以这五种方法作为法度。灵巧的人能做得非常合适,不灵巧的人虽然不能这么合适,但仿效着这个法度来做,还是会超过自以为是去做的。所以说百工干事,都有法规可以衡量。现在大到治理天下,其次治理大国,却没有法度来衡量,这就是还不如百工聪明了。

【原文】 然则奚以为治法而可?当皆法其父母奚若①?天下之为父母者众,而仁者寡,若皆法其父母,此法不仁也。法不仁,不可以为法。当皆法其学奚若②?天下之为学者众,而仁者寡,若皆法其学,此法不仁也。法不仁,不可以为法。当皆法其君奚若?天下之为君者众,而仁者寡,若皆法其君,此法不仁也。法不仁,不可以为法。故父母、学、君三者,莫可以为治法。

【注释】 ①当:相当于"倘",倘若。下同。奚若:怎么样。②学:指老师。

【译文】 那么,以什么为做事的法度才行呢?倘若都效法父母会怎么样呢?天下做父母的很多,但是仁爱的人很少,如果都效法自己的父母,就是效法不仁爱的人。效法不仁爱的人,是不可以作为法度的。如果都效法自己的老师会怎么样呢?天下做老师的很多,但是仁爱的人很少,如果都效法自己的老师,就是效法不仁爱的人。效法不仁爱的人,是不可以作为法度的。如果都效法自己的国君会怎么样呢?天下做国君的人很多,但是仁爱的人很少,如果都效法自己的国君,就是效法不仁爱的人。效法不仁爱的人,是不可以作为法度的。所以,父母、老师、国君三者,都不能当作做事的法度。

【原文】 然则奚以为治法而可?故曰:莫若法天。天之行广而无私①,其施厚而不德,其明久而不衰,故圣王法之。既以天为法,动作有为,必度于天。天之所欲则为之,天所不欲则止。然而天何欲何恶者也?天必欲人之相爱相利,而不欲人之相恶相贼也。奚以知天之欲人之相爱相利,而不欲人之相恶相贼也?以其兼而爱之、兼而利之也。奚以知天兼而爱之、兼而利之也?以其兼而有之、兼而食之也。今天下无大小国,皆天之邑也。人无幼长贵贱,皆天之臣也。此以莫不犓牛羊、豢犬猪②,絜为酒醴粢盛③,以敬事天,此不为兼而有之、兼而食之邪?天苟兼而有食之,夫奚说以不欲人之相爱相利也。故曰:"爱人利人者,天必福之;恶人贼人者,天必祸之。"曰:"杀不辜者,得不祥焉。"夫奚说人为其相杀而天与祸乎④?是以知天欲人相爱相利,而不欲人相恶相贼也。

【注释】 ①行:道的意思。②犓牛羊:饲养牛羊。原文脱"牛"字,据《墨子·天志上》补。豢:养。③絜:通"洁"。酒醴粢盛:代指祭品。粢,祭祀用的谷物。盛,放在祭器

中的祭品。④天与祸：当作"天不与祸"。

【译文】 那么，以什么为做事的法度才行呢？可以说，不如效法天。天道博大而无私，它施恩深厚却不自以为有德，它永久光明永不衰竭，所以，圣明的君王都效法它。既然把天作为法度，一举一动，都必须用天理来衡量。天希望做的就做，天不希望做的就停止。但是天喜欢什么厌恶什么呢？天肯定希望人们互相关爱互相帮助，而不希望人们互相憎恶互相残害。怎么知道天希望人们互相关爱互相帮助，而不希望人们互相憎恶互相残害呢？因为天对天下所有的人都关爱，对所有的人都有利。怎么知道天对所有的人都关爱，对所有的人都有利呢？因为天容纳了所有的人，供养了所有的人。现在天下不论大国还是小国，都是天的领地，人不论老少贵贱，都是天的臣民。所以没有人不饲牛羊、喂猪狗，把美酒和供品收拾干净，恭敬地献给上天，这难道不是容纳所有的人、供养所有的人吗？天既然容纳和供养了所有的人，怎么能说不希望人们互相关爱互相帮助呢。所以说："关爱别人、帮助别人的人，天必定会赐福给他；憎恶别人、残害别人的人，天必定会降祸给他。"因此说："杀害无辜的人，会得到不祥的后果。"谁说有人互相残杀天不降灾祸给他呢？因此可以知道，天是希望人们互相关爱互相帮助，而不希望人们互相憎恶互相残害的。

【原文】 昔之圣王禹汤文武①，兼爱天下之百姓，率以尊天事鬼，其利人多，故天福之，使立为天子，天下诸侯皆宾事之②。暴王桀纣幽厉③，兼恶天下之百姓，率以诟天侮鬼，其贼人多，故天祸之，使遂失其国家，身死为僇于天下，后世子孙毁之，至今不息。故为不善以得祸者，桀纣幽厉是也。爱人利人以得福者，禹汤文武是也。爱人利人以得福者有矣，恶人贼人以得祸者亦有矣。

【注释】 ①禹汤文武：夏禹、商汤、周文王、周武王，是夏商周三代的开国贤君。②宾：尊敬。③桀纣幽厉：夏桀、商纣、周幽王、周厉王，是夏商周三代的暴君。

【译文】 古代的圣王夏禹、商汤、周文王、周武王，关爱天下所有的百姓，带领他们尊敬上天、敬事鬼神，他们给人的利益多，所以天赐福给他们，让他们成为天子，天下的诸侯也都恭敬地服侍他们。残暴的君主夏桀、商纣、周幽王、周厉王，憎恶天下所有的百姓，并带领他们咒骂上天、侮辱鬼神，他们残害的人多，所以上天降灾祸给他们，让他们丧失了自己的国家，遭到杀身之祸还被天下人所辱骂，后世的子孙也诅咒他们，到现在还没有停止。所以，做不好的事情因而得到灾祸的，夏桀、商纣、周幽王、周厉王就是例子。而关爱别人帮助别人因而得福的，夏禹、商汤、周文王、周武王就是例子。关爱别人帮助别人因而得福的人有，而憎恶别人残害别人因而得祸的人也有啊！

七患

【题解】

"七患"指治理国家时的七种隐患,墨子归纳出的这七种隐患大到与邻国的关系,小到君臣之间的关系,概括了君主应该警惕的方方面面。在列举了七患之后,作者的笔锋却突然一转,谈论起"五谷"来,这只是第七患中的一部分,但却是最重要的一部分。在对此的详尽论述中,作者指出,要消除七患,国家就必须有"备",无论是心理上与策略上的防备还是物资上的储备,都要重视。而由于粮食是一个国家的根本,所以,对于粮食的储备就更应当重视,这其实也是农业文明的一个典型表现。

吴汝纶认为,这篇文章应该是两篇,一为"七患",一为"国备",其实他没有看到,后边大段论述"备"之用意乃在于教人严密为"备",以防"患"于未然,仍是清晰严密的。

【原文】 子墨子曰:国有七患。七患者何?城郭沟池不可守,而治宫室,一患也。边国至境,四邻莫救,二患也。先尽民力无用之功①,赏赐无能之人,民力尽于无用,财宝虚于待客,三患也。仕者持禄,游者忧反②,君修法讨臣,臣慑而不敢拂,四患也。君自以为圣智,而不问事③,自以为安强,而无守备,四邻谋之不知戒,五患也。所信者不忠,所忠者不信,六患也。畜种菽粟不足以食之④,大臣不足以事之,赏赐不能喜,诛罚不能威,七患也。以七患居国,必无社稷。以七患守城,敌至国倾。七患之所当,国必有殃。

【注释】 ①民力:此二字为衍文,当删。②忧反:当为"优交"。③事:当为"吏"字之形误。④畜:储存,积蓄。

【译文】 墨子说:国家有七种隐患。这七种隐患是什么呢?内城、外城及壕沟等工事不足以防守,却大力修筑宫室,这是第一种隐患。如果边远的国家打到了自己的国境,而邻国却都不肯援救,这是第二种隐患。先大做没什么用处的事,又赏赐没有什么能力的人,民力都耗在这些没用的事上,财宝也都用在接待这些无能的人上,这是第三种隐患。做官的只顾保持自己的俸禄,游学未仕的人只顾优待自己的知交,国君立严苛的法令来统治臣子,大臣畏惧而不敢矫正国君,这是第四种隐患。国君自以为神圣聪明,而不去咨询官吏,自以为国家安定而强大,而不注重防守,周围的邻国图谋侵略他却不知道戒备,这是第五种隐患。信任的人并不忠诚,忠诚的人却得不到信任,这是第六种隐患。储存和种植的粮食不够吃,大臣不能胜任国事,赏赐并不能让人欢喜,责罚也不能让人畏惧,这是第七种隐患。带着这七种隐患治国,国家肯定会灭亡。带着这七种隐患来守城,敌人一到国家就会倾覆。七种隐患到哪里,哪里的国家必会遭殃。

【原文】 凡五谷者,民之所仰也,君之所以为养也。故民无仰,则君无养。民无食,

则不可事。故食不可不务也,地不可不力也,用不可不节也。五谷尽收,则五味尽御于主;不尽收则不尽御。一谷不收谓之馑,二谷不收谓之旱,三谷不收谓之凶,四谷不收谓之匮,五谷不收谓之饥。岁馑,则仕者大夫以下皆损禄五分之一。旱,则损五分之二。凶,则损五分之三。匮,则损五分之四。饥,则尽无禄,禀食而已矣①。故凶饥存乎国,人君彻鼎食五分之三,大夫彻县②,士不入学,君朝之衣不革制,诸侯之客,四邻之使,雍食而不盛③,彻骖騑④,涂不芸⑤,马不食粟,婢妾不衣帛,此告不足之至也。

【注释】 ①禀食:赐给粮食吃。禀,赐给人谷物。②县:同"悬",指悬挂的乐器。③雍食:即饔飧,招待外国使节到达时的宴礼。④骖騑:古代用四匹马拉一辆车,中间两匹叫作"服",两边的叫"騑",也叫"骖"。⑤涂不芸:不修整道路。涂,同"途"。芸,通"耘",清除杂草的意思。

【译文】 五谷,是人民所赖以生存,也是国君用来牧养百姓的东西。如果百姓没有了这个依赖,那么国君也就无以牧养百姓。百姓如果没有粮食,就不能供君主役使。所以,粮食不可不努力生产,土地不可不努力耕种,用度不可不力行节俭。五谷都丰收了,那么五味就可以都让国君吃到;如果不是全部丰收,就不能全部吃到。一种谷物没有收获叫作"馑",两种谷物没有收获叫作"旱",三种谷物没有收获叫作"凶",四种谷物没有收获叫作"匮",五种谷物没有收获叫作"饥"。遇到"馑"年,做官的自大夫以下都减去俸禄的五分之一。遇到"旱"年,就减五分之二。遇到"凶"年,就减五分之三。遇到"匮"年,就减五分之四。遇到"饥"年,就全都没有俸禄,靠官府储藏的粮食了。所以,若国家遇到凶饥之年,君主要撤去鼎食的五分之三,大夫撤去悬挂的乐器,读书人停止入学,国君上朝的衣服不再做新的,对诸侯派来的宾客,周边邻国的使节,招待的礼宴不铺张,将车驾两侧的马撤去,道路不特意修整,马不吃粮食,婢妾不穿丝织的衣服,这些都表示国家的匮乏已经到了极点。

【原文】 今有负其子而汲者,队其子于井中①,其母必从而道之②。今岁凶、民饥、道饿③,重其子此疚于队④,其可无察邪?故时年岁善,则民仁且良;时年岁凶,则民吝且恶。夫民何常此之有?为者寡,食者众,则岁无丰。故曰:"财不足则反之时,食不足则反之用。"故先民以时生财,固本而用财⑤,则财足。

【注释】 ①队:同"坠"。②道:同"导"。③饿:当为"馑",即"殣",饿死的意思。④重其子此疚于队:当作"此疚重于队其子"。⑤用财:当作"节用"。

【译文】 现在如果有一个人背着孩子去井边汲水,不小心把孩子掉进井里,孩子的母亲一定会赶快拉他上来。如今年成大欠、百姓饥饿、路上有饿死的人,这种痛苦要比把孩子掉进井里更重,难道可以忽视吗?所以,在收成好的年头,百姓就仁义善良;遇到荒年,那么百姓也会吝啬而凶恶。百姓的性情哪里能长久不变呢?生产的人少,而吃的人

多，那也就不可能有丰收的年头。所以说："财物不足就反省是否重视农时，食物不足就反省是否节省用度。"所以从前的贤君按照农时来生财，巩固根本并节约用度，财物自然就丰足了。

【原文】 故虽上世之圣王，岂能使五谷常收，而旱水不至哉！然而无冻饿之民者，何也？其力时急，而自养俭也。故《夏书》曰"禹七年水"，《殷书》曰"汤五年旱"①。此其离凶饥甚矣②，然而民不冻饿者，何也？其生财密，其用之节也。故仓无备粟，不可以待凶饥。库无备兵，虽有义，不能征无义。城郭不备完，不可以自守。心无备虑，不可以应卒③。是若庆忌无去之心④，不能轻出。夫桀无待汤之备，故放⑤；纣无待武王之备，故杀⑥。桀、纣贵为天子，富有天下，然而皆灭亡于百里之君者，何也？有富贵而不为备也。故备者，国之重也；食者，国之宝也；兵者，国之爪也；城者，所以自守也，此三者，国之具也。

【注释】 ①《夏书》《殷书》：指夏、商两朝记录文诰的典籍。②离：同"罹"。饥：原作"饿"。③卒：同"猝"。④庆忌：春秋时期吴王僚的儿子。吴王阖闾杀吴王僚而夺取政权后，怕在卫国的庆忌会讨伐他，便派刺客要离投奔庆忌并骗取了信任，并把庆忌骗出卫国后刺死了他。⑤放：据说夏桀被商汤打败后，被流放到南方的南巢。⑥杀：据说商纣兵败后自杀于鹿台。

【译文】 所以，即使是上古的圣王，哪能使五谷常获丰收，而且旱灾水灾从不降临呢！但是那里没有受冻挨饿的人，这是为什么呢？因为他们努力按农时耕种，而且自己的用度也很节俭。所以《夏书》记载说"大禹有七年的水灾"，《殷书》记载说"商汤时有五年的旱灾"。这时他们遭到的饥荒就极为严重了，然而百姓却不受冻挨饿，为什么呢？因为他们生产的财物很多，而使用起来却很节俭。所以粮仓里没有储备的粮食，就不能应付饥荒。武库里没有准备好的兵器，即使是正义之师也不能征伐不义的军队。城郭的防备若不完善，就无法守卫。心中没有长远的思虑，就不能应付猝然的变故。就好像庆忌没有害怕要离的心思，就不该轻易出走。夏桀没有对付商汤的准备，所以被流放；商纣没有对付周武王的准备，所以被杀。夏桀和商纣贵为天子，富有天下，但却都被方圆仅百里那么大的小国之君灭亡了，这是为什么呢？因为他们虽然富贵但却不做防备。所以，储备是国家最重要的事；粮食是国家的宝物；武器是国家的利爪；城池是守卫国家的屏障，这三者都是保护国家的工具。

【原文】 故曰以其极役，修其城郭，则民劳而不伤；以其常正，收其租税，则民费而不病。民所苦者非此也，苦于厚作敛于百姓①。赏以赐无功。虚其府库，以备车马衣裘奇怪。苦其役徒，以治宫室观乐。死又厚为棺椁，多为衣裘②。生时治台榭，死又修坟墓。故民苦于外，府库单于内③。上不厌其乐，下不堪其苦。故国离寇敌则伤，民见凶饥则亡，

此皆备不具之罪也。且夫食者,圣人之所宝也。故《周书》曰④:"国无三年之食者,国非其国也。家无三年之食者,子非其子也。"此之谓国备。

【注释】　①"役"至"百姓"四十字原错入《辞过》篇,今依文义移此。②裘:当作"衾"。③单:通"殚",尽。④《周书》:记载周代典章文诰的典籍。

【译文】　所以说,按正常的劳役,去修城郭,百姓虽然劳累却不伤民力;按正常的征税标准,去收取租税,百姓虽然破费却不至于困苦。老百姓所感到痛苦的并不是这些,而是苦于对百姓的横征暴敛。用最高的奖赏,赐给没有功劳的人。耗空国库,来制备车马衣裘、奇珍异宝。使服役的人受苦,来建造宫殿以供观赏享乐。死的时候要做很厚的棺椁,做很多陪葬的衣物与被褥。活着的时候修建楼台亭榭,死了又大修坟墓。所以在外则百姓受苦,在内则国库耗尽。上面的君主还不满足于自己的享乐,而下边的百姓却已不堪其苦。因此国家一旦遭受到敌国入侵就会丧国,百姓一旦遇到饥荒就会流亡,这都是储备做得不好的罪过。再说了,粮食是圣人所珍视的。所以《周书》上说:"国家若没有三年的粮食储备,这个国家就不再是这个君主的国家了。家庭没有三年的粮食储备,家里的孩子也将不再是这个家庭的孩子了。"这就是所谓的"国备"。

尚贤上

【题解】

从这一篇开始,以下十一篇大都一篇而分为上中下三章,文意均同而措辞稍异,故各选一篇具有代表性者以见其意。

尚贤是墨子最为重要的思想之一,他认为这是"为政之本",即把贤士的任用与国家的长治久安联系在一起,这不仅在当时,就是现在也有其现实意义。而且,墨子的尚贤是彻底的,他要求"举义不辟贫贱""举义不辟亲疏""举义不辟远近",这事实上打破了封建社会的等级观念,唯贤是举。仅此而言,其思想之高远与宏达即已非其他周秦诸子所可同日而语者。当然,也正因为如此,墨子在中国漫漫数千年的封建文化中,几乎没有自己的立足之地,因为这一思想从根本上危及了统治者的地位。

在具体论述中,墨子严密的论证方式发挥了其逻辑力量,如"不义不富"一段,以上行下效为起点,以不同人的反应为线索,反复究诘,不厌其烦,从而使其树义极为坚固,无可辩驳。

【原文】　子墨子言曰:今者王公大人为政于国家者,皆欲国家之富,人民之众,刑政之治。然而不得富而得贫,不得众而得寡,不得治而得乱,则是本失其所欲,得其所恶,是其故何也?子墨子言曰:是在王公大人为政于国家者,不能以尚贤事能为政也①。是故国

有贤良之士众,则国家之治厚;贤良之士寡,则国家之治薄。故大人之务,将在于众贤而已。

【注释】　①事:使用。

【译文】　墨子说:现在朝廷中从政的王公大人,都希望国家富强,人口繁盛,刑法与政治都井井有条。但结果是不能富强反而贫困了,人口不能增加反而减少了,不能得到安定反而得到了混乱,也就是从根本上失去了所希望的,而得到了所厌恶的,这是什么原因呢?墨子说:原因在于朝廷里从政的王公大人们,不能用尊重贤士使用能人的办法来治理国家。因此,国家所拥有的贤良之士多,那么国家治理的根基就坚实;贤良之士少,那么国家治理的根基就薄弱。所以,掌权者的主要任务,就在于聚集贤良之士罢了。

【原文】　曰:然则众贤之术将奈何哉?子墨子言曰:譬若欲众其国之善射御之士者,必将富之、贵之、敬之、誉之,然后国之善射御之士,将可得而众也。况又有贤良之士厚乎德行、辩乎言谈、博乎道术者乎!此固国家之珍,而社稷之佐也。亦必且富之、贵之、敬之、誉之,然后国之良士,亦将可得而众也。是故古者圣王之为政也,言曰:不义不富,不义不贵,不义不亲,不义不近。是以国之富贵人闻之,皆退而谋曰,始我所恃者,富贵也,今上举义不辟贫贱①,然则我不可不为义。亲者闻之,亦退而谋曰,始我所恃者,亲也,今上举义不辟亲疏,然则我不可不为义。近者闻之,亦退而谋曰,始我所恃者,近也,今上举义不辟远近,然则我不可不为义。远者闻之,亦退而谋曰,我始以远为无恃,今上举义不辟远近,然则我不可不为义。逮至远鄙郊外之臣、阙庭庶子、国中之众、四鄙之萌人闻之②,皆竞为义。是其故何也?曰:上之所以使下者,一物也;下之所以事上者,一术也。譬之富者,有高墙深宫,墙立既谨,上为凿一门,有盗人入,阖其自入而求之,盗其无自出。是其故何也?则上得要也。

【注释】　①辟:即"避"。②阙庭庶子:在宫中侍卫的公族及卿大夫的庶子,因为其住在内外朝与门庭之间,所以称为"阙庭庶子"。国:指城邑。萌:同"甿",即农民。

【译文】　有人问,那么,聚集贤良之士的办法是什么呢?墨子说:比如说想要聚集他们国家里善于射箭和驾车的人,一定要使他们富裕、使他们显贵、尊敬他们、赞誉他们,这样做之后,他们国家里善于射箭和驾车的人就会多起来。况且那些贤良之士又具有淳厚的德行,善辩的言谈,广博的学识呢!这本来就是国家的珍宝,社稷的良佐啊!也一定要使他们富裕、使他们显贵、尊敬他们、赞誉他们,然后全国的贤良之士也就可以多起来了。所以古代的圣王制定政令时说,不义的人不能让他富裕,不义的人不能让他显贵,不义的人不能给他信任,不义的人不使他接近。因此国中富贵的人听了,都私下里商量说,当初我们所凭借的,是富贵的地位,现在国君提拔仁义的人而不避贫贱,那么我们不能不做仁义的事了。为国君所信任的人听了,也私下商量说,当初我们所凭借的是被信任,现在国

君提拔仁义的人而不避亲疏，那么我们不能不做仁义的事了。在国君身边的人听了，也私下商量说，当初我们所凭借的是处在国君身边，现在国君提拔仁义的人而不避远近，那么我们不能不做仁义的事了。远离国君的人听了，也私下商量说，当初我们远离国君，以为无所凭借，现在国君提拔仁义的人而不避远近，那么我们不能不做仁义的事了。直到边疆郊外的臣子、宫中的侍卫、城中的民众、边境的百姓听了，也都争着做仁义的事。这个原因是什么呢？这是因为君主所凭借着驱使臣下的，只有尚贤一种方法；臣下用来侍奉君主的，也只有仁义一条途径。就好像有钱的人家，有很高的墙和很大的宫室，墙修得很完整了，墙上开一扇门。有盗贼进入，就关上他进来的那扇门再来搜他，盗贼就无从出去了。那么这个原因是什么呢，这是君主得到了用人的要领。

【原文】　故古者圣王之为政，列德而尚贤。虽在农与工肆之人，有能则举之。高予之爵，重予之禄，任之以事，断予之令。曰：爵位不高，则民弗敬；蓄禄不厚，则民不信；政令不断，则民不畏。举三者授之贤者，非为贤赐也，欲其事之成。故当是时，以德就列，以官服事，以劳殿赏①，量功而分禄。故官无常贵，而民无终贱。有能则举之，无能则下之。举公义，辟私怨，此若言之谓也。

【注释】　①殿：评定。

【译文】　所以古代圣王处理政事，以德行给予位次，崇尚贤人。即使是农民或工匠中的人，只要有能力就提拔他。封他很高的爵位，给他很重的俸禄，任用他来做事情，给他决断的权力。就是说，如果爵位不高，那么人民就不敬重他；如果俸禄不重，那么人民就不会信任他；如果在理事时没有决断权，那么人民就不会畏惧他。把这三种东西授予贤人，并不是要赏赐贤人，而是希望他做事能成功。所以在那个时候，以德行来排列位次，按官职来处理政事，按照劳绩来决定赏赐，衡量功勋而分给俸禄。因此，官员并不永远富贵，人民也并不一直贫贱。有能力就提拔他，没有能力就罢免他。出以公心，抛开私怨，就是这个意思。

【原文】　故古者尧举舜于服泽之阳①，授之政，天下平。禹举益于阴方之中②，授之政，九州成。汤举伊尹于庖厨之中③，授之政，其谋得。文王举闳夭、泰颠于罝罔之中④，授之政，西土服。故当是时，虽在于厚禄尊位之臣，莫不敬惧而施⑤；虽在农与工肆之人，莫不竞劝而尚意⑥。故士者，所以为辅相承嗣也。故得士则谋不困，体不劳，名立而功成，美章而恶不生，则由得士也。是故子墨子言曰：得意，贤士不可不举；不得意，贤士不可不举。尚欲祖述尧、舜、禹、汤之道⑦，将不可以不尚贤。夫尚贤者，政之本也。

【注释】　①服泽之阳：服泽，古地名，即濩泽，在今山西。阳，山之南、水之北为阳。②阴方：古地名，不详所在。③庖厨：即厨房。据说伊尹本是汤的奴隶，善于烹调，他用烹调的道理来说汤以治国之道，从而得到任用。④“文王举”句：闳夭、泰颠，闳夭和泰颠都

139

是周文王的贤臣。罝,捕兔的网。罔,捕鱼的网。⑤施:当作"不施"。施,即"弛"。⑥意:当为"惪",即"德"字。⑦尚:犹"倘",倘若。

【译文】 所以古时候尧在服泽的北边提拔了舜,交给他政事,天下太平。大禹在阴方之中提拔了伯益,交给他政事,九州统一。商汤在厨房里提拔了伊尹,交给他政事,他的治国谋略得到成功。周文王在渔猎者中提拔了闳夭和泰颠,交给他们政事,西方的诸侯为之臣服。所以在那个时候,即使是有优厚俸禄和尊贵地位的大臣,也没有不就就业业的,并且都不敢松弛懈怠;即使农民与工匠,也没有一个不竞相劝勉而崇尚德行的。所以说贤士是国家辅佐大臣的接替者。因此,得到了士的辅佐,君主谋划国事就不困难,身体就不劳累,功成名就,美善彰显而丑恶杜绝,这是得到了贤士的缘故啊。所以墨子说,国家太平的时候,不可以不选拔贤士;国家不太平的时候,也不可不选拔贤士。如果想继承尧、舜、禹、汤的治国之道,就不能不崇尚贤士。崇尚贤士,是政治的根本。

尚同上

【题解】

"尚同"其实要讨论的就是下级对上级的服从:文中说一里之人要统一于里长,一乡之人要统一于乡长,一国之人要统一于国君,而天下之人要统一于天子,正是在这样的政治幻想中,墨子把全天下组织成了一个纲举目张、有条不紊的系统。只要能够达到以上级的是非为是非,就会统一而不会产生混乱,这一主张也反映出墨家理想而又简单的大同愿望。其实,"尚同"是很危险的,因为在上者就正确吗? 不过,在墨子的思想体系中,这一点倒也没有问题,因为他还主张"尚贤",所有在上者都是贤人,那么也就一定正确;更何况,在本文中,墨子最后还进一步指出,"天下之百姓皆上同于天子,而不上同于天,则菑犹未去也",也就是说,天子仍不是最后的裁定者,最高的意志是"天",有这样一个先验的标准在这里,他的"尚同"论就不会有漏洞了。那么,从这一点上来说,这一思想又与其"天志"篇可以参读互证了。

【原文】 子墨子言曰:古者民始生未有刑政之时,盖其语,人异义。是以一人则一义,二人则二义,十人则十义,其人兹众,其所谓义者亦兹众。是以人是其义,以非人之义,故交相非是也。以内者父子兄弟作怨恶离散不能相和合①。天下之百姓,皆以水火毒药相亏害。至有余力,不能以相劳;腐朽余财②,不以相分;隐匿良道,不以相教。天下之乱,若禽兽然。

【注释】 ①以:同"已",即"既而"之义。作:即"乍",开始的意思。②朽:腐朽,腐烂。

 中华传世藏书——国学经典文库 子学经典——图文珍藏版

【译文】 墨子说:古代人类刚刚产生还没有刑法与政治的时候,人们所说的话,每个人都有不同的意义。因此,一个人就有一种意义,两个人就有两种意义,十个人就有十种意义,人越多,这些所谓的意义也就越多。而且每个人都认为自己的意义是对的,并以此来批评别人所认为的意义,因此就互相指责。既而在家里父子兄弟之间开始互相怨恨分离而不能互相团结和睦。天下的百姓都用水火毒药互相损害。即使有余力也不能互相帮助;多余的钱财腐朽了也不能分施;隐藏起好的知识不能互相教育。天下的混乱,就像禽兽一样。

【原文】 夫明虖天下之所以乱者①,生于无政长,是故选天下之贤可者,立以为天子。天子立,以其力为未足,又选择天下之贤可者,置立之以为三公。天子、三公既以立,以天下为博大,远国异土之民,是非利害之辩,不可一二而明知②,故画分万国,立诸侯国君。诸侯国君既已立,以其力为未足,又选择其国之贤可者,置立之以为正长。正长既已具,天子发政于天下之百姓,言曰:闻善而不善③,皆以告其上。上之所是,必皆是之;上之所非,必皆非之。上有过则规谏之,下有善则傍荐之④。上同而不下比者,此上之所赏而下之所誉也。意若闻善而不善,不以告其上,上之所是弗能是,上之所非弗能非,上有过弗规谏,下有善弗傍荐,下比不能上同者,此上之所罚,而百姓所毁也。上以此为赏罚,甚明察以审信。

【注释】 ①虖:即“乎”。②一二:当作“一一”,古书重字号讹为“二”也。③而:即“与”。④傍荐:访求而举荐。傍,通“访”。

【译文】 明白了天下之所以混乱的道理,是由于没有行政长官,所以就要选择天下的贤良且可任以政务的人来,拥立其为天子。天子确立了,因为他的力量还不够,又选择天下的贤良且可任以政务的人来,立为三公。天子和三公都已经确立了,又因为天下广大,远方异国的人民,对于是非利害的区别不可能一一明白,所以再划分许多国家,设立诸侯与国君。诸侯国君确立后,因为他的力量还不够,又选择诸侯国里的贤良且可任以政务的人来,设立为行政长官。行政长官具备后,天子就向天下百姓发布政令说:你们不论听到好的和不好的意见,都要报告给自己的上级。上级认为对的,大家都一定也要认为对;上级认为不对的,大家也都必须认为不对。上级有过失就要规谏,下面有好的就要访求并举荐。与上级一致而不在下面结党营私,这是上级所称赏下面所赞誉的做法。假如听到好的和不好的意见,却不报告给上级,上级所认为对的却认为不对,上级所认为错的却认为没错,上级有过失不能规谏,下面有好的却不能访求举荐,下面结党而不能与上级一致的,这是上级所要责罚,而且百姓也要非议的做法。上级用这个原则来进行赏罚,就能明察秋毫而且符合实际。

【原文】 是故里长者①,里之仁人也。里长发政里之百姓,言曰:闻善而不善,必以告

其乡长。乡长之所是，必皆是之；乡长之所非，必皆非之。去若不善言，学乡长之善言；去若不善行，学乡长之善行，则乡何说以乱哉？察乡之所治何也？乡长唯能壹同乡之义，是以乡治也。乡长者，乡之仁人也。乡长发政乡之百姓，言曰：闻善而不善者，必以告国君。国君之所是，必皆是之；国君之所非，必皆非之。去若不善言，学国君之善言，去若不善行，学国君之善行，则国何说以乱哉？察国之所以治者何也？国君唯能壹同国之义，是以国治也。国君者，国之仁人也。国君发政国之百姓，言曰：闻善而不善，必以告天子。天子之所是，皆是之；天子之所非，皆非之。去若不善言，学天子之善言；去若不善行，学天子之善行，则天下何说以乱哉。察天下之所以治者何也？天子唯能壹同天下之义，是以天下治也。

【注释】 ①里长：一里的行政长官。里，古代地方上的行政单位。

【译文】 所以，里长是一里内的仁人。里长向一里的百姓发布政令说：不论听到好的和不好的意见，一定要报告给乡长。乡长认为对的，大家都一定也要认为对；乡长认为不对的，大家也都必须认为不对。去掉你们不正确的言论，学习乡长正确的言论；去掉你们不正确的行为，学习乡长正确的行为，那么一个乡还有什么理由混乱呢？考察一个乡之所以治理得好是什么原因呢？唯有乡长能统一全乡人的意愿，所以一乡就得到治理了。乡长是一乡内的仁人。乡长向一乡的百姓发布政令说：不论听到好的和不好的意见，一定要报告给国君。国君认为对的，大家都一定也要认为对；国君认为不对的，大家也都必须认为不对。去掉你们不正确的言论，学习国君正确的言论；去掉你们不正确的行为，学习国君正确的行为，那么一个国还有什么理由混乱呢？考察一个国之所以治理得好是什么原因呢？唯有国君能统一全国人的意愿，所以一国就得到治理了。国君是一国内的仁人。国君向一国的百姓发布政令说：不论听到好的和不好的意见，一定要报告给天子。天子认为对的，大家都一定也要认为对；天子认为不对的，大家也都必须认为不对。去掉你们不正确的言论，学习天子正确的言论；去掉你们不正确的行为，学习天子正确的行为，那么天下还有什么理由混乱呢？考察天下之所以治理得好是什么原因呢？唯有天子能统一全天下人的意愿，所以全天下就得到治理了。

【原文】 天下之百姓皆上同于天子，而不上同于天，则菑犹未去也①。今若天飘风苦雨②，溱溱而至者③，此天之所以罚百姓之不上同于天者也。是故子墨子言曰：古者圣王为五刑，请以治其民④。譬若丝缕之有纪⑤，罔罟之有纲⑥，所连收天下之百姓不尚同其上者也。

【注释】 ①菑：即"灾"。②飘风：迅疾暴烈的风。③溱溱：当为"凑凑"，频仍的意思。④请：通"情"，的确。⑤纪：把丝线分开的主要线索。⑥罔罟：渔猎所用的网。罔，同"网"。罟，网。

【译文】　天下的老百姓如果都向上统一于天子,而不向上统一于天的意志,那么灾祸就还没有完全离去。现在如果上天让大风与暴雨频频到来,这就是上天对于不向上统一于天的意志的百姓的惩罚。所以墨子说:古代圣王制定了五种刑罚,诚然是用来治理人民的,就好像丝线有头绪,渔猎的网有纲,是用来收束那些不向上统一于上级的百姓一样。

兼爱中

【题解】

"兼爱"是墨子最为著名的思想,而且,这在他的思想体系中,也的确处于核心地位。他认为,解决天下所有的攻伐、掠夺以及自相残杀的问题,归结于一点,就是要实行兼爱。他并不认为自己的主张是先验的,不需要论证就强加给别人。对于这个核心观点,他反复地论证,不但论证要想天下大治,必须实行兼爱,而且论证了兼爱的实行其实有着更高自然法则的背景和更为永恒的支持,那就是天道。墨子认为,天就是实行兼爱的,而且,历代圣王也是实行兼爱的,所以,人们要实行兼爱。

儒家主张"仁者爱人",也是主张"爱",但儒家的爱是有等级差别的,墨子的"兼爱"却消除了等级观念,所以孟子攻击他是"无父之人"。但是,就我们看来,墨子的主张显然要可爱得多。不过,我们也不得不承认,墨子的"兼爱"其实只是一种理想,甚至在某种程度上只是一种空想,这种空想在人类历史发展的现实中,也许永远都难以达到,但是那面爱的大纛却将永远飘扬在人类理想世界的一极。

【原文】　子墨子言曰:仁人之所以为事者,必兴天下之利,除天下之害,以此为事者也。然则天下之利何也?天下之害何也?子墨子言曰:今若国之与国之相攻,家之与家之相篡①,人之与人之相贼②;君臣不惠忠,父子不慈孝,兄弟不和调,此则天下之害也。然则崇此害亦何用生哉③?以不相爱生邪④?子墨子言:以不相爱生。今诸侯独知爱其国,不爱人之国,是以不惮举其国以攻人之国。今家主独知爱其家⑤,而不爱人之家,是以不惮举其家以篡人之家。今人独知爱其身,不爱人之身,是以不惮举其身以贼人之身。是故诸侯不相爱,则必野战;家主不相爱,则必相篡;人与人不相爱,则必相贼;君臣不相爱,则不惠忠;父子不相爱,则不慈孝;兄弟不相爱,则不和调。天下之人皆不相爱,强必执弱,富必侮贫,贵必敖贱⑥,诈必欺愚。凡天下祸篡怨恨,其所以起者,以不相爱生也,是以仁者非之。

【注释】　①篡:用强力夺取。②贼:杀害。③崇:应为"察",同"察"。④不相爱:"不"字当删。⑤家主:指公卿大夫。⑥敖:同"傲"。

【译文】 墨子说:仁爱的人做事,必定是要增进天下的利益,革除天下的祸患,并以此为做事的原则。但是,天下的利益是什么呢? 天下的祸患又是什么呢? 墨子说:就现在来说,像诸侯国与诸侯国之间的相互攻打,家族与家族之间的相互掠夺,人与人之间的相互残杀;君臣不施恩惠与效忠,父子之间不慈爱、孝顺,兄弟之间不和睦、协调,这些都是天下的祸患。那么考察一下这些祸患是怎么产生的呢? 是因为相爱而产生的吗? 墨子说:是因为不相爱而产生的。当今的诸侯只知道关爱自己的国家,不关爱别人的国家,所以不惜举全国之力去攻打别的国家。现在的家主只知道关爱自己的家族,却不关爱别人的家族,所以不惜举全家之力来掠夺别的家族。现在的人只知道关爱自己的生命,而不关爱别人的生命,所以就不惜使出浑身力量来残杀别人。因此,诸侯之间不相爱,就必然发生野战;家主之间不相爱,就必然会相互掠夺;人与人不相爱,就必然会相互残杀;君臣不相爱,就必然没有恩惠,没有忠心;父子之间不相爱,就必然没有慈爱,没有孝顺;兄弟之间不相爱,就必然没有和睦与协调。全天下的人都不相爱的话,强者必然控制弱者,富者必然欺侮贫者,显贵的人必然傲视低贱的人,奸诈的人必然要欺骗憨厚的人。凡是天下的祸患、掠夺与怨恨,之所以能出现,原因就在于人们不相爱而产生,因此,仁义的人认为这是不对的。

【原文】 既以非之,何以易之? 子墨子言曰:以兼相爱、交相利之法易之。然则兼相爱、交相利之法将奈何哉? 子墨子言:视人之国若视其国,视人之家若视其家,视人之身若视其身。是故诸侯相爱,则不野战;家主相爱,则不相篡;人与人相爱,则不相贼;君臣相爱,则惠忠;父子相爱,则慈孝;兄弟相爱,则和调。天下之人皆相爱,强不执弱,众不劫寡,富不侮贫,贵不敖贱,诈不欺愚。凡天下祸篡怨恨可使毋起者,以相爱生也,是以仁者誉之。

【译文】 既然认为这是不对的,那么用什么来改变它呢? 墨子说:用互相关爱、互相牟利的办法来改变它。但是互相关爱、互相牟利的办法将要怎样改变这种情况呢? 墨子说:看待别人的国家就像看待自己的国家一样,看待别人的家族就像看待自己的家族一样,看待别人的生命就像看待自己的生命一样。这样的话,诸侯相爱,就不会发生野战;家主相爱,就不会互相掠夺;人与人相爱,就不会互相残杀;君臣相爱,就有恩惠、有忠心;父子相爱,就会有慈爱、有孝顺;兄弟相爱,就会有和睦、有协调。全天下的人都相爱了,强者不控制弱者,人多势众的不劫掠势单力薄的,富有的人不欺侮贫穷的人,显贵的人不傲视低贱的人,奸诈的人不欺骗憨厚的人。凡是天下的祸患、掠夺与怨恨可以让它们不发生的,就是因为人们产生了相爱之心,所以仁义的人都赞美它。

【原文】 然而今天下之士君子曰:然,乃若兼则善矣。虽然,天下之难物于故也①。子墨子言曰:天下之士君子,特不识其利②,辩其故也。今若夫攻城野战,杀身为名,此天

下百姓之所皆难也。苟君说之③，则士众能为之。况于兼相爱、交相利，则与此异。夫爱人者，人必从而爱之；利人者，人必从而利之；恶人者，人必从而恶之；害人者，人必从而害之。此何难之有！特上弗以为政，士不以为行故也。昔者晋文公好士之恶衣，故文公之臣，皆牂羊之裘④，韦以带剑，练帛之冠，入以见于君，出以践于朝。是其故何也？君说之，故臣为之也。昔者楚灵王好士细要⑤，故灵王之臣，皆以一饭为节，胁息然后带⑥，扶墙然后起。比期年⑦，朝有黧黑之色。是其故何也？君说之，故臣能之也。昔越王勾践好士之勇，教驯其臣，和合之，焚舟失火，试其士曰："越国之宝尽在此！"越王亲自鼓其士而进之。其士闻鼓音，破碎乱行⑧，蹈火而死者，左右百人有余。越王击金而退之。是故子墨子言曰：乃若夫少食恶衣，杀身而为名，此天下百姓之所皆难也，若苟君说之，则众能为之。况兼相爱、交相利，与此异矣。夫爱人者，人亦从而爱之；利人者，人亦从而利之；恶人者，人亦从而恶之；害人者，人亦从而害之。此何难之有焉，特上不以为政，而士不以为行故也。

【注释】　①于故：当作"迁故"，即迁阔之事。②利：当为"物"字。③说：同"悦"。④牂羊：母羊。⑤要：即"腰"。⑥胁息：吸气。人一吸气小腹收缩则腰变细。⑦期年：一年。⑧碎：当作"阵"。

【译文】　然而当今天下的士君子说：对，如果能兼相爱护自然是好的。虽然这样很好，但却是天下难办而又迁阔的事情。墨子说：天下的士君子是没有理解这一类事物，没有明辨这种事情啊。现在如果说攻城野战，以牺牲性命来求得名声，这本来是全天下的百姓都认为难做的事。但只要君主喜欢，那么民众也能够做到。况且互相关爱、互相谋利，跟这不一样。关爱别人的人，别人也必定会关爱他；给别人利益的人，别人也必定会给他利益；憎恶别人的人，别人也必定憎恶他；残害别人的人，别人也必定残害他。这又有什么难的呢！不过是君主不把它用在政事上，士大夫也不把它付诸行动罢了。从前，晋文公喜欢士人穿着简陋，所以文公的臣子，都穿着母羊皮做成的皮衣，用没有修饰的皮带来佩剑，戴素色的布做成的帽子，就这样入宫观见国君，出来会于朝廷。这么做的原因在哪里呢？君主喜欢，所以臣子就能这么做。以前楚灵王喜欢细腰的士人，所以灵王的臣子，都每天只吃一顿饭来节食，要深吸一口气然后再系腰带，扶着墙才能站起来。等到一年之后，朝中大臣都面色发黑。这么做的原因在哪里呢？君主喜欢，所以臣子就能这么做。以前越王勾践喜欢武士的勇敢，为了教训的臣子尚武，先把他们集合起来，然后放火烧船，并试探他的武士说："越国的宝贝全在这儿！"于是，越王勾践亲自擂鼓来激励武士们前进。他的武士听到鼓声，都乱了阵脚不顾次序，冲到火中被火烧死的，大约有一百多人。这时越王勾践才鸣金收兵。所以，墨子说：就像节制饮食，身穿简陋的衣服，牺牲性命来求得名声，这是全天下百姓都认为难做的事。但只要君主喜欢，那么民众也能够做到。何况互相关爱、互相谋利，跟这不一样。关爱别人的人，别人也必定关爱他；给别人利益的人,别人也必定会给他利益;憎恶别人的人,别人也必定憎恶他;残害别人的人,别人也必定残害他。这又有什么难的,不过是君主不把它用在政事上,士大夫也不把它付诸行动罢了。

【原文】 然而今天下之士君子曰:然,乃若兼则善矣。虽然,不可行之物也。譬若挈太山越河济也。子墨子言:是非其譬也。夫挈太山而越河济,可谓毕劫有力矣①,自古及今,未有能行之者也。况乎兼相爱,交相利,则与此异。古者圣王行之。何以知其然?古者禹治天下,西为西河渔窦②,以泄渠孙皇之水③;北为防原弧,注后之邸④,嘑池之窦⑤,洒为底柱⑥,凿为龙门,以利燕代胡貉与西河之民⑦;东为漏大陆,防孟诸之泽,洒为九浍,以楗东土之水,以利冀州之民;南为江汉淮汝,东流之,注五湖之处,以利荆楚干越与南夷之民⑧。此言禹之事,吾今行兼矣。昔者文王之治西土,若日若月,乍光于四方于西土,不为大国侮小国,不为众庶侮鳏寡,不为暴势夺穑人黍稷狗彘。天屑临文王慈⑨,是以老而无子者,有所得终其寿;连独无兄弟者⑩,有所杂于生人之间;少失其父母者,有所放依而长。此文王之事,则吾今行兼矣。昔者武王将事泰山,隧传曰⑪:“泰山有道。曾孙周王有事⑫,大事既获,仁人尚作,以祗商夏⑬,蛮夷丑貉⑭。虽有周亲,不若仁人,万方有罪,维予一人。”此言武王之事,吾今行兼矣。是故子墨子言曰:今天下之士君子,忠实欲天下之富,而恶其贫;欲天下之治,而恶其乱,当兼相爱,交相利。此圣王之法,天下之治道也,不可不务为也。

【注释】 ①毕劫:当为“毕劫”,有力的样子。②西河渔窦:西河,指黄河在山西、陕西两省交界的一段,因南北流向与东向对而称西河。渔窦,疑当作“漯窦”,即黑水。③渠孙皇:三条水的名字。即渠水、孙水与湟水,这三条水皆在黑水流域。④防原派:三条水的名字。后之邸,当即昭余祁,古大泽之名,在山西太原。⑤嘑池之窦:即呼沱河。嘑,同“呼”。窦,沟渠。这里可理解为河。⑥洒为底柱:在砥柱山被分流。洒,分流之意。底柱,即砥柱山,也被称为三门山。⑦胡貉:指当时居住于北方与东北地区的少数民族。⑧干:即吴国,古代干国被吴国吞并,故亦用“干”称吴国。⑨屑临:即异临,青睐的意思。⑩连:艰难。⑪隧:当作“遂”,并属下读。⑫曾孙:古代帝王祭天时自称。⑬祗:读为“振”,即拯救。⑭丑貉:即九貉,代指四裔。丑,形容众多。

【译文】 然而当今天下的士君子说:对,如果能兼相爱护自然是好的。虽然这样很好,但却是无法实行的事情。就好像想要举着泰山越过黄河与济水一样。墨子说:这不是个恰当的比喻。举着泰山越过黄河与济水,可以说是极为有力了,但是从古到今,从来没有人能这样做。况且兼相爱、交相利却与此不同。古代的圣明君王就这样做。凭什么知道他们这样做了呢?远古之时大禹治理天下,在西边疏通了西河与黑水,用来排泄渠水、孙水、湟水的水量;在北边又疏通了防、原、派三条水道,把它们的水注入昭余祁湖和

呼沱河,在黄河中的砥柱山分流,再凿开龙门山,以有利于燕、代的少数民族与西河的人民;东边疏通大陆的积水,为孟诸之泽修堤坝,把水分为九条河流,来限制东边的水,并使得冀州的人民受利;南边疏通长江、汉水、淮河、汝水,使他们向东流入太湖,以使楚国、吴越及南夷的人民受利。这是说大禹实行兼爱的事迹,现在我们也要用这种精神来实行兼爱。从前周文王治理西土,就像太阳、像月亮一样,光照四方,泽被西土。不自恃是大国就欺侮小国,不自恃人多就欺侮人少,不以强暴与威势来强夺农民的粮食、牲口。上天殷勤地察看了文王的慈爱,所以年老无子的人,可以得到善终;病苦孤独而没有兄弟的人,能够在活着的人中维持生计;小时候就失去父母的人,有所依靠而得以成长。这是说周文王实行兼爱的事迹,现在我们就要用这种精神来实行兼爱了。从前周武王将祭祀泰山,遂传他的祷辞说:"曾孙周王有事祷告,大事已经成功,仁人也出现了,以此来拯救商、夏的百姓和四方的蛮夷。商朝的至亲虽然多,但却不如我有仁人。万方的人若有罪,由我一个人承担。"这是说周武王实行兼爱的事迹,现在我们就要用这种精神来实行兼爱了。所以墨子说:当今天下的士君子,如果心里确实希望天下富起来,而不希望它穷下去,希望天下太平,而不希望天下大乱,那大家就应当互相关爱、互相谋利。这是圣王的法则,治理天下的正道,不可不努力去做!

非攻上

【题解】

春秋战国是中国历史上战争最为频繁的时期,也正是在这个时期,产生了墨子这样一位冷静地站在时代之外来审视这个时代的人物,他看到了这个时代的积弊中,最重要的便是战争,所以,从他的立场坚决反对战争也成为应有之义。当然,墨子不是一个沉溺于幻想之中的人,他是一个清醒的哲人,所以,他的"非攻"并不是一种消极的一厢情愿,他还有着更为积极的策略,那就是战备,我们看一下《公输》篇即可知道他对于战争的策略,如果说这还只是故事的话,我们还可以去看其城守诸篇,那都是墨子最为实际的战术策略,应该说是一部墨子兵法。

本篇是非攻的上篇,其对墨子非攻思想的阐述并没有中、下篇完整,但是,其文章的结构却值得注意。从总体上来看,这是一篇极为典型的墨子论说文,即围绕一个论点,反复取譬设喻,层层论述,不避重复,一定要说到极为清楚明白为止。而且全篇没有一句侧逸斜出的句子,结构严密,看此一篇,可知墨子文风。全篇并不讲"非攻"的理论与实施,却仅从有人偷桃李讲开,列举了偷鸡犬、偷马牛、杀人取物,这些都是不义的,最后引出攻人之国为更大的不义,并指出前者还受人谴责,而对于后者人们却赞美它的现象,在这个逻辑链上彰显出攻国之残暴与维护战争者的可笑。全篇论述设喻繁复,然而最后的点题却极为简洁,劲如豹尾,细寻此文,可得古人为文之法。

【原文】 今有一人,入人园圃①,窃其桃李。众闻则非之,上为政者得则罚之。此何也?以亏人自利也。至攘人犬豕鸡豚者,其不义又甚入人园圃窃桃李。是何故也?以亏人愈多,其不仁兹甚,罪益厚。至入人栏厩,取人马牛者,其不仁义又甚攘人犬豕鸡豚。此何故也?以其亏人愈多。苟亏人愈多,其不仁兹甚,罪益厚。至杀不辜人也,扡其衣裘②,取戈剑者,其不义又甚入人栏厩取人马牛。此何故也?以其亏人愈多,苟亏人愈多,其不仁兹甚矣,罪益厚。当此,天下之君子皆知而非之,谓之不义。今至大为攻国③,则弗知非,从而誉之,谓之义。此可谓知义与不义之别乎?

【注释】 ①园圃:园即果园,圃即菜园,此处偏指果园。②扡:即"拖"字。③大为攻国:当作"大为非,攻国"。

【译文】 现在假如有一个人,跑到别人家的果园里,偷人家的桃子和李子。大家听说后都会认为这是不对的,上面当政的长官抓住他后也会惩罚他。这是为什么呢?因为他是在损人利己。至于偷窃别人所养的鸡狗猪的人,他的不义又超过了到别人家果园偷窃桃李的行为。这是为什么呢?因为他损害别人更多,他的不仁也就更大,而他的罪责也就更重。至于闯入别人家的牛栏马厩里,牵走别人牛马的人,他的不义又超过了偷窃别人鸡狗猪的行为。这是为什么呢?因为他损害别人更多。如果损害别人更多,他的不仁也就更大,而他的罪责也就更重。至于杀害无辜者,剥夺人家的衣服,拿走人家的戈剑的人,他的不义又超过了闯入别人家的牛栏马厩里偷人家马牛的行为。这是为什么呢?因为他损害别人更多,如果损害别人更多,他的不仁也就更大,他的罪责也就更重。当此之时,天下的君子们都知道他的不对并谴责他,说这是不义的行为。现在有人做很大的坏事,去攻打别人的国家,而人们却不知道去谴责他,反而跟着赞美这种行为,说这是义。这样可以称得上是明白义与不义的区别吗?

【原文】 杀一人谓之不义,必有一死罪矣。若以此说往,杀十人十重不义,必有十死罪矣;杀百人百重不义,必有百死罪矣。当此,天下之君子皆知而非之,谓之不义。今至大为不义攻国,则弗知非,从而誉之,谓之义,情不知其不义也①,故书其言以遗后世。若知其不义也,夫奚说书其不义以遗后世哉?今有人于此,少见黑曰黑,多见黑曰白,则以此人不知白黑之辩矣②;少尝苦曰苦,多尝苦曰甘,则以此人不知甘苦之辩矣。今小为非,则知而非之;大为非攻国,则不知非,从而誉之,谓之义。此可谓知义与不义之辩乎?是以知天下之君子也,辩义与不义之乱也。

【注释】 ①情:诚,实在,的确。②则以此人不知:当为"则必以此人为不知"。辩:通"辨"。

【译文】 杀死一个人叫作不义,必定会被判处死罪。如果以此类推的话,杀死十个人,就是十倍的不义,必定会被判处十重死罪;杀死一百人,就是一百倍的不义,必定会被判处一百重死罪。当此之时,天下的君子们都知道他的不对并谴责他,说这是不义的行为。现在有人做很大的不义之事,去攻打别人的国家,而人们却不知道去谴责他,反而跟着赞美这种行为,说这是义,诚然是不知道这是不义的,所以记录下来他的话并传给后世。如果知道这是不义的,那又怎么解释他们把这些事记录下来传于后世的行为呢?假如现在这里有一个人,见到一点点黑色还知道这是黑色,看到很多黑色却说是白色,那么人们都认为他黑白不分了;稍微尝些苦味还知道是苦的,多吃些苦味却说是甜的,那么人们都认为他甘苦不分了。现在,对于做了很小错事的人,人们都知道他做错了并谴责他;对于犯了大的过错,以至于攻打别的国家的人,人们却不知道谴责他,反而跟着赞美这种行为,说这是义。这样可以称得上是明白义与不义的区别吗?由此可知现在天下的君子,判断义与不义的标准是多么混乱啊。

节用上

【题解】

在远古时代,生产力水平比较低下,人类所能创造出来的生活物资较少,所以,相对而言,节约用度在某种程度上也同样是在创造社会价值,这一点直到如今仍有其现实意义。而在墨子的时代,儒家学派极重视礼节,这种繁文缛节其实也就是铺张浪费的一个入口,因为其规定了不同等级的人需要在车马、服饰等外在形式上要有所体现。这样的话,地位高的人便自然走向了奢侈。针对这种现象,墨子代表了下层人民的意愿,提出了他的"节用"主张。在他的思想中,人类所有的消费,都应该满足于最为自然的状态,如食能果腹,衣可御寒,足矣,若再前进一步,便是一种无益实用的浪费。

全文开篇便别具慧心,以"圣人为政一国,一国可倍也"来耸动读者耳目,然后告诉读者,这个"倍"就来自于"节"。此后,作者便从衣服、宫室、军备、舟车甚至人口等问题上层层陈述他的观点。这里面特别是关于人口的一节很有意思,本来,人口放在这篇文章中是有些不协调的,可是,在墨子看来,人口也是一种社会财富,也需要"增",这在人类很长的一段历史时期都是非常正确的认识,而且他增加人口的方法与当今的计划生育竟有异曲同工之妙。

【原文】 圣人为政一国,一国可倍也。大之为政天下,天下可倍也。其倍之,非外取地也。因其国家,去其无用,足以倍之。圣王为政,其发令兴事,使民用财也,无不加用而为者,是故用财不费,民德不劳①,其兴利多矣。

【注释】 ①德:同"得"。

【译文】 圣人治理一个国家,一个国家的财利可以增加一倍。如果大到治理天下,天下的财利可以增加一倍。这增加的一倍,并不是向外掠夺土地得来的。而是根据国家的具体情况,去掉那些无益于实用的东西,这就足够使国家的财利增加一倍了。圣王治理国家,他发布命令、举办事业,役使民众,使用财物,无一不是有益于实用才去做的,所以使用财物不浪费,民众能够不劳苦,他兴起的利益太多了。

【原文】 其为衣裳何以为?冬以围寒,夏以围暑。凡为衣裳之道:冬加温,夏加清者,芊组不加者去之①。其为宫室何以为?冬以围风寒,夏以围暑雨,凡为宫室加固者②,芊组不加者去之。其为甲盾五兵何以为?以围寇乱盗贼。若有寇乱盗贼,有甲盾五兵者胜,无有不胜。是故圣人作为甲盾五兵。凡为甲盾五兵加轻以利,坚而难折者,芊组不加者去之。其为舟车何以为?车以行陵陆,舟以行川谷,以通四方之利。凡为舟车之道,加轻以利者,芊组不加者去之。凡其为此物也,无不加用而为者,是故用财不费,民德不劳,其兴利多矣。

【注释】 ①芊组:当为"鲜祖"之误,即鲜艳好看之意。下均同。②凡为宫室:此四字原作"有盗贼"三字,当为涉下之衍文。

【译文】 他们制作衣服是为了什么呢?冬天用来御寒,夏天用来防暑。制作衣服的总体原则是:冬天更加温暖,夏天更加凉爽而已,如果只是漂亮而不能增加这一特性的就去掉。他们建造宫室是为了什么呢?冬天用来躲避风寒,夏天用来抵挡炎热和雨水,凡是建造宫室都以增加其坚固为目的,只是漂亮而不能增加这一特性的就去掉。他们制造铠甲、盾牌和戈矛等五种兵器是为了什么呢?是用来防御外寇与盗贼的。如果有外寇与盗贼,拥有铠甲、盾牌和戈矛等五种兵器的人就会胜利,而没有的就要失败。所以圣人出现,制造了铠甲、盾牌和戈矛等五种兵器。大凡制造铠甲、盾牌和戈矛等五种兵器,要能增加它轻便锋利、坚固而难以折断的特点,只是漂亮而不能增加这一特性的就去掉。他们打造车船又是为什么呢?车是用来在陆地上行驶的,船是用来在江河中航行的,以此来沟通四方的利益。打造车船的总体原则是,要能让它更加轻捷便利,只是漂亮而不能增加这一特性的就去掉。凡是圣人制造的这些东西,无一不是有益于实用才去做的,所以使用财物不浪费,民众能够不劳苦,他兴起的利益太多了。

【原文】 有去大人之好聚珠玉、鸟兽、犬马①,以益衣裳、宫室、甲盾、五兵、舟车之数,于数倍乎!若则不难。故孰为难倍?唯人为难倍。然人有可倍也。昔者圣王为法曰:"丈夫年二十,毋敢不处家。女子年十五,毋敢不事人。"此圣王之法也。圣王即没,于民次也②。其欲蚤处家者③,有所二十年处家;其欲晚处家者,有所四十年处家。以其蚤与其晚相践④,后圣王之法十年。若纯三年而字⑤,子生可以二三计矣。此不惟使民蚤处家,而

可以倍与。且不然已。

【注释】 ①有:同"又"。②次:即"恣"。③蚤:通"早"。④践:当读为"翦",即"减"字。⑤字:有乳、养之义,即生子。

【译文】 又去掉王公大人们喜欢聚集的珠玉、鸟兽和犬马等玩物,用来增加衣服、宫室、甲盾、戈矛等五种兵器与车船的数量,这样把它们的数量增加一倍!也不是什么难事。然而,什么是最难成倍增加的呢?只有人口是难以成倍增加的。然而人口也有可以成倍增加的办法。从前圣王制定的法令说:"男子到了二十岁,就不敢不成家。女子到了十五岁,就不敢不出嫁。"这就是圣王的法令。圣王去世以后,老百姓就放纵自己。他们有想早成家的,就二十岁时成家;有想晚成家的,竟有四十岁才成家的。他们早的与晚的相减,比圣王的法令晚了十年。如果婚后都三年生一个孩子,那就可以多生两三个孩子了。这不仅仅是让百姓早些成家,也是让人口成倍增加的办法。但现在的帝王却不这么做。

【原文】 今天下为政者,其所以寡人之道多。其使民劳,其籍敛厚,民财不足,冻饿死者,不可胜数也。且大人惟毋兴师以攻伐邻国,久者终年,速者数月。男女久不相见,此所以寡人之道也。与居处不安,饮食不时,作疾病死者,有与侵就橑橐①,攻城野战死者,不可胜数。此不令为政者所以寡人之道②,数术而起与?圣人为政特无此。不圣人为政③,其所以众人之道亦数术而起与?故子墨子曰:去无用,之圣王之道,天下之大利也!

【注释】 ①有:即"又"。侵就橑橐:当为"侵掠俘虏"。②不令:不善。③不:当为"夫"。

【译文】 现在天下当政的人,他们的大多数行为都是在让人口减少。他们把民众役使得极为辛苦,收取的赋税又十分繁重,民众的财产不足,受冻挨饿而死的人,数不胜数。况且大人们只要兴师出兵来攻打邻国,时间长的要一年,快的也要几个月。夫妻长期不能相见,这就是人口减少的根源。加上居住不安定,饮食不按时,以及生病死的,再加上士卒被侵掠俘虏与攻城野战而死的,也数不胜数。这些都是不善为政者所以使人口减少的原因,而这原因不是多种多样的吗?圣人治理国家绝对不会有这种情况。圣人治理国家,他之所以能使人口增多的方法不也是多种多样的吗?所以墨子说:去掉那些无益于实用的东西,实行圣王的治国之道,这就是天下的大利啊!

节葬下

【题解】

儒家讲究厚葬久丧,也就是说,不同地位和身份的人,要在丧葬的制度上有所区别,

比如说天子的棺椁要四重，这在墨子看来，是完全没有必要的浪费。而且，事实上也是如此，在这种礼节下，有些家庭甚至都死不起人。古代有很多关于卖身葬亲的故事，原因也在于此。所以，墨子针锋相对提出节葬的主张，对于保存当时社会的生产力、增进社会财富而言，是很有意义的。此文篇幅较长，但却说理严密、层层深入，辩驳极为有力。

全文开端并不急于入正文，先提出仁者是如何治天下的，既然是要"为天下度"，那么再提出厚葬久丧究竟是否应当执行。接下来依次不厌其烦地证明了厚葬久丧既不能富家、众人民、治刑政，也不能禁止攻伐或向上帝鬼神祷福，再以尧、舜、禹三位圣王的葬事来反驳那些坚持以圣王之法为托词的人。最后，墨子又用习俗与仁义的不统一来解释了为什么中原还有人行厚葬久丧之礼，最后说出"衣食者，人之生利也，然且犹尚有节；葬埋者，人之死利也，夫何独无节于此乎"这样简明剀切而通达睿智的话。

【原文】 子墨子言曰：仁者之为天下度也，辟之无以异乎孝子之为亲度也①。今孝子之为亲度也，将奈何哉？曰：亲贫，则从事乎富之；人民寡，则从事乎众之；众乱，则从事乎治之。当其于此也，亦有力不足，财不赡，智不智②，然后已矣。无敢舍余力，隐谋遗利，而不为亲为之者矣。若三务者，此孝子之为亲度也，既若此矣。虽仁者之为天下度，亦犹此也。曰：天下贫，则从事乎富之；人民寡，则从事乎众之；众而乱，则从事乎治之。当其于此，亦有力不足，财不赡，智不智，然后已矣。无敢舍余力，隐谋遗利，而不为天下为之者矣。若三务者，此仁者之为天下度也，既若此矣。

【注释】 ①辟：通"譬"。②智不智：同"智不知"。下同。

【译文】 墨子说：仁义的人为天下谋划，就好比孝子为父母谋划一样。现在孝子为父母谋划，将要怎么办呢？即是说，父母贫困，就努力让他们富起来；人丁稀少，就努力让人口增多；大家要是混乱，就努力来治理。当他们在做这些事情时，也有力量不足，财用不支，才智不及的时候，这才会停止。没有人敢不尽心尽力，隐藏自己的智谋，为自己私留利益，而不为父母去做的。这三种事情，就是孝子为父母所谋划的，已经是这样了。那么仁义的人为天下谋划，也是这样的。即：天下贫穷，就努力让他们富起来；人丁稀少，就努力让人口增多；大家要是混乱，就努力来治理。当仁义的人在做这些事情时，也有力量不足，财用不支，才智不及的时候，这才会停止。并不敢不尽心尽力，隐藏自己的智谋，为自己私留利益，而不为天下去做的。这三种事情，就是仁义的人为天下所谋划的，已经是这样了。

【原文】 今逮至昔者三代圣王既没，天下失义。后世之君子，或以厚葬久丧以为仁也、义也、孝子之事也①；或以厚葬久丧以为非仁义、非孝子之事也。曰二子者，言则相非，行即相反，皆曰："吾上祖述尧舜禹汤文武之道者也。"而言即相非，行即相反。于此乎后世之君子皆疑惑乎二子者言也。若苟疑惑乎之二子者言，然则姑尝传而为政乎国家万民

而观之②。计厚葬久丧，奚当此三利者哉？意若使法其言，用其谋，厚葬久丧实可以富贫众寡，定危治乱乎，此仁也，义也，孝子之事也。为人谋者不可不劝也。仁者将求兴之天下，谁贾而使民誉之③，终勿废也。意亦使法其言，用其谋，厚葬久丧实不可以富贫众寡，定危理乱乎，此非仁非义，非孝子之事也。为人谋者不可不沮也。仁者将求除之天下，相废而使人非之，终身勿为。是故兴天下之利，除天下之害，令国家百姓之不治也，自古及今，未尝之有也。

【注释】　①厚葬久丧：这是儒家的主张，指葬礼要隆重盛大，陪葬的物品要丰厚，守丧的时间要达到规定长度。②传：当为"傅"，即"敷"字，发布的意思。③谁贾：当为"设置"。

【译文】　从古代到今天，三代的圣王既已死去，天下失去了义。后世的君子们，有的认为厚葬久丧是仁，是义，是孝子应做的事；有的则主张厚葬久丧不是仁，不是义，不是孝子应做的事。这两种人，所说的话是互相攻击的，所行的事是截然相反的，但都说："我是向上效法了尧、舜、夏禹、商汤、周文王、周武王的大道。"但所说的话却是互相攻击的，所行的事是截然相反的。于是后世的君子们都对这两种人的话感到疑惑。如果仅仅疑惑这两种人的言论，那么就姑且试着从发布政令治理国家万民来考察。想想厚葬久丧，能得到这三种有利结果吗？如果依照他们的说法，采用他们的谋划，厚葬久丧真的可以使穷困的变富裕、使人口增多、能转危为安、由乱而治，这就的确是仁，是义，是孝子应做的事。为别人出谋划策的人就不能不劝导人们这样做。仁义的人将努力使之在天下兴盛起来，设置相应的制度并使民众赞同它，永不废止。如果依照他们的说法，采用他们的谋划，厚葬久丧真的不能使穷困的变富裕、使人口增多、转危为安、由乱而治，这就绝不是仁，不是义，也不是孝子应做的事。为别人出谋划策的人就不能不阻止人们这样做。仁义的人将努力把它从天下消除掉，交相废除这种制度并使民众也反对它，一辈子也不做这样的事情。所以，增进天下的大利，去除天下的大害，却让国家与百姓得不到治理的，从古及今，还从来没有过。

【原文】　何以知其然也？今天下之士君子，将犹多皆疑惑厚葬久丧之为中是非利害也。故子墨子言曰：然则姑尝稽之，今虽毋法执厚葬久丧者言①，以为事乎国家。此存乎王公大人有丧者，曰棺椁必重②，葬埋必厚，衣衾必多，文绣必繁，丘陇必巨。存乎匹夫贱人死者，殆竭家室③。存乎诸侯死者④，虚车府⑤，然后金玉珠玑比乎身，纶组节约⑥，车马藏乎圹⑦，又必多为屋幕，鼎鼓几梴壶滥⑧，戈剑羽旄齿革，寝而埋之，满意，若送从⑨，曰天子杀殉，众者数百，寡者数十。将军大夫杀殉，众者数十，寡者数人。

【注释】　①虽：当为"唯"。毋：发语词。②棺椁：古代内棺为棺，外棺为椁。据记载，天子的棺材要四重，诸公三重。③殆：大概，恐怕。④存：原无，从毕沅说补。⑤车：当为

"库"。⑥纶组节约：古代葬礼以丝绵裹尸，再以丝束缠束。纶，丝绵。组，丝带。⑦圹：墓穴。⑧梴：通"筵"。滥：通"鉴"，浴盆。⑨送从：当为"殉从"。

【译文】 怎么知道事情是这样的呢？当今天下的士人君子，可能还有很多人对于厚葬久丧之是否合于是、非、利、害有所怀疑。所以墨子说：那么我们姑且考察一下，现在效法执行厚葬久丧者的言论，用来治理国家。这种情况对于有丧事的王公大人来说，棺材必须要有很多层，埋葬的一定要深，随葬的衣服一定要多，棺材上的花纹一定要繁复，坟堆一定要高大。这对于死了人的低贱者来说，恐怕会荡尽其家产。对于死了人的诸侯来说，要消耗国家府库里的财物，然后把金玉珠玑缀满死者全身，并用丝絮来束住，把车马也入墓随葬，还一定要做出很多帷幕，钟鼎、鼓、几案、宴席及喝水、洗澡的容器，还有戈剑、羽旌、象牙、皮革，都一起埋葬，这才满意。若说到殉葬，天子是杀人殉葬的，多的几百人，少得也几十人。卿大夫也是杀人殉葬的，多的几十人，少的几个人。

【原文】 处丧之法将奈何哉？曰哭泣不秩声，翁缞绖垂涕①，处倚庐②，寝苦枕块③，又相率强不食而为饥，薄衣而为寒，使面目陷隰④，颜色黧黑⑤，耳目不聪明⑥，手足不劲强，不可用也。又曰上士之操丧也，必扶而能起，杖而能行，以此共三年。若法若言，行若道，使王公大人行此，则必不能蚤朝。治五官六府⑦，辟草木，实仓廪。使农夫行此，则必不能蚤出夜入，耕稼树艺。使百工行此，则必不能修舟车、为器皿矣。使妇人行此，则必不能夙兴夜寐，纺绩织纴⑧，细布缲⑨。计厚葬为多埋赋财者也。计久丧为久禁从事者也。财以成者，扶而埋之⑩；后得生者，而久禁之。以此求富，此譬犹禁耕而求获也，富之说无可得焉。

【注释】 ①哭泣不秩声，翁缞绖垂涕：原作"哭泣不秩，声翁，缞绖，垂涕"。翁，即"拥"。缞绖，古代粗布做成的丧服。②倚庐：古代专为守丧所搭的简陋住所。③苦：古代居丧时睡的草垫子。④隰：当为"殒"，瘦病之意。⑤黧：黑色。⑥聪：听觉灵敏为聪。明：眼力好为明。⑦此句不通，疑前有"使士大夫行此，则必不能治"数字，从孙诒让说补。五官六府，殷周时期的官制，据记载是指司徒、司马、司空、司士、司寇，六府指司土、司水、司木、司革、司器、司贷。⑧纺绩织纴：统指纺织。绩，绩麻。纴，织布帛的丝缕。这里也是纺织的意思。⑨细布缲：代指纺织。细，织。缲，通"绡"，生丝。⑩以：同"已"。扶：即"持"。

【译文】 居丧守孝的办法又是怎么做的呢？是要哭泣不用平常的声音，披麻戴孝涕泪交加，住在倚庐里，睡在茅草上，枕在土块上，又竞相强忍着不吃东西而挨饿，少穿衣服而受冻，以致面目消瘦，脸色发黑，耳不聪、目不明，手脚没有力气，不可能做事。还有，士人以上的人居丧，必须得搀扶着才能起来，挂着拐杖才能走路，要这样总共三年啊。如果要依这种言论，实行这样的做法，要是王公大人这样做，就必定不能上早朝了。要是士大

夫这样做，就无法治理五官六府，开垦荒地，充实仓库。要是农民这样做，就必定不能早出晚归，耕耘种作。要是百工这样做，就必定不能修理车船、制造器皿了。要是妇女这样做，就必定不能起早贪黑，织布缝衣。仔细想想厚葬实际是要把更多的财物埋掉。想想久丧其实是长期禁止人们从事生产。已经获得的财产，都拿来埋掉了；丧后本当产生的财产，又被长时间的禁止所消除。想用这种办法来求得富裕，就好像禁止耕种却要求有收获一样，想让国家富起来的想法是不可能达到的。

【原文】 是故求以富家而既已不可矣，欲以众人民，意者可邪？其说又不可矣。今唯无以厚葬久丧者为政[1]，君死，丧之三年；父母死，丧之三年；妻与后子死者[2]，五皆丧之三年[3]。然后伯父叔父兄弟孽子其[4]；族人五月；姑姊甥舅皆有月数。则毁瘠必有制矣，使面目陷䫜，颜色黧黑，耳目不聪明，手足不劲强，不可用也。又曰上士操丧也，必扶而能起，杖而能行，以此共三年。若法若言，行若道，苟其饥约，又若此矣。是故百姓冬不仞寒[5]，夏不仞暑，作疾病死者，不可胜计也。此其为败男女之交多矣。以此求众，譬犹使人负剑，而求其寿也。众之说无可得焉。

【注释】 ①唯无：即"唯毋"，发语词。②后子：父后之子，即长子。③五：当为"又"字之误。④孽子：即庶子。其：同"期"，就是服丧一年的意思。⑤仞：同"忍"。下同。

【译文】 所以想以厚葬久丧来求国家的富强是不可能的了，那么想以此来增加人口，可不可以呢？这还是不行的。现在若让主张厚葬久丧者来主政，那么国君死了，必须服丧三年；父亲或母亲死了，必须服丧三年；妻子或长子死了，也都要服丧三年。然后对伯父、叔父、兄弟、庶子也要服丧一年；同族的人五个月；姑姑、姐姐、外甥、舅父等也都有规定的月数。那么，服丧中的哀毁憔悴也有规定，要使面目消瘦，脸色发黑，耳不聪，目不明，手脚没有力气，不可能做事。还有，士人以上的人居丧，必须得换扶着才能起来，挂着拐杖才能走路，要这样总共三年啊。如果要依这种言论，实行这样的做法，他们再节衣缩食，就会变成这个样子。因此冬天百姓忍受不了寒冷，夏天百姓忍受不了暑热，生病而死的人，多得无法计算。这样做也大大妨碍了男女间的正常交合。想用这种方法来求得人口的增加，就好像让人伏在剑刃上，而期望他能长寿一样。想让人口增加的想法是不可能达到的。

【原文】 是故求以众人民而既以不可矣，欲以治刑政，意者可乎？其说又不可矣。今唯无以厚葬久丧者为政，国家必贫，人民必寡，刑政必乱。若法若言，行若道，使为上者行此，则不能听治；使为下者行此，则不能从事。上不听治，刑政必乱；下不从事，衣食之财必不足。若苟不足，为人弟者求其兄而不得，不弟弟必将怨其兄矣[1]；为人子者求其亲而不得，不孝子必是怨其亲矣；为人臣者求之君而不得，不忠臣必且乱其上矣。是以僻淫邪行之民，出则无衣也，入则无食也，内续奚吾[2]，并为淫暴，而不可胜禁也。是故盗贼众

而治者寡。夫众盗贼而寡治者，以此求治，譬犹使人三睘而毋负己也③。治之说无可得焉。

【注释】　①不弟弟：即不弟之弟，前一"弟"为"孝悌"之"悌"。②内续奚吾：续，当作"积"。奚吾，当作"奚后"，即"谇诟"，耻辱的意思。③睘：即"还"，放还之意。

【译文】　所以想以厚葬久丧来求人口的增殖是不可能的了，那么想以此来治理刑事与政务，可不可以呢？这还是不行的。现在若让主张厚葬久丧者来主政，国家必然贫困，人民必然减少。刑事与政务必然混乱。如果要依这种言论，实行这样的做法，让在上的统治者施行厚葬久丧，他们就不能进行治理；让在下的人施行厚葬久丧，他们就不能从事生产。在上的人不能进行治理，刑事与政务必然混乱；在下的人不能从事生产，穿衣吃饭的财用就必然不足。如果财物不足，做弟弟的向他的哥哥有所求告而没有得到，那么不恭顺的弟弟就必定会抱怨他的哥哥；做儿子的向他的父母有所求告而没有得到，不孝顺的儿子也必然会抱怨他的父母；做臣子的向君主有所求告而没有得到，不忠诚的臣子就一定会犯上作乱。所以品行不端的人，出门没有衣服，进家没有粮食，内心积有耻辱之感，就会一起来发动暴乱，而且无法禁止。结果就是盗贼众多而顺民减少。增加了盗贼而减少了顺民，想以此来求得国家的治理，就好像把人多次遣送回去还要求他不背叛自己。想让国家得到治理的想法是不可能达到的。

【原文】　是故求以治刑政，而既已不可矣，欲以禁止大国之攻小国也，意者可邪？其说又不可矣。昔者圣王既没①，天下失义，诸侯力征。南有楚、越之王，而北有齐、晋之君，此皆砥砺其卒伍，以攻伐并兼为政于天下。是故凡大国之所以不攻小国者，积委多②，城郭修，上下调和，是故大国不耆攻之③。无积委，城郭不修，上下不调和，是故大国耆攻之。今唯无以厚葬久丧者为政，国家必贫，人民必寡，刑政必乱。若苟贫，是无以为积委也；若苟寡，是修城郭沟渠者寡也；若苟乱，是出战不克，入守不固。

【注释】　①此句前原有"是故"二字，疑衍而删。②积委：储备的意思。少曰委，多曰积。③耆：致使。

【译文】　所以想以厚葬久丧来求治理刑事与政务是不可能的了，那么想以此来禁止大国对小国的攻伐，可不可以呢？这还是不行的。从前的圣王去世以后，天下失去了道义，诸侯以武力相征讨。南有楚、越的国王，北有齐、晋的君主，他们都训练他们的士卒，以攻伐兼并来作为号令天下的政策。因此，凡是大国之所以不攻打小国的，必定是由于这个小国粮食储备充足，城郭修筑的坚固，上下和谐一心，所以大国不至于攻打它。如果粮食没有储备，城郭不修缮，上下不和谐一心，那么大国就会去攻打它。现在若让主张厚葬久丧者来主政，国家必然贫困，人民必然减少，刑事与政务必然混乱。如果国家贫穷，就没有粮食可以储备；如果人民减少，那么修筑城郭、沟渠的劳力也就少了；如果治理混

乱,则出战不会胜利,退守也不牢固。

【原文】 此求禁止大国之攻小国也,而既已不可矣。欲以干上帝鬼神之福①,意者可邪? 其说又不可矣。今唯无以厚葬久丧者为政,国家必贫,人民必寡,刑政必乱。若苟贫,是粢盛酒醴不净洁也;若苟寡,是事上帝鬼神者寡也;若苟乱,是祭祀不时度也。今又禁止事上帝鬼神,为政若此,上帝鬼神始得从上抚之曰②:"我有是人也,与无是人也,孰愈?"曰:"我有是人也,与无是人也,无择也!"则惟上帝鬼神降之罪厉之祸罚而弃之③,则岂不亦乃其所哉④?

【注释】 ①干:向上请求。②始得:当作"殆将"。抚:即"疾",憎恶之意。③惟:表让步关系的连词,相当于"即使""虽然"。④乃其所:即"固其宜"之意。

【译文】 这种想以厚葬久丧来禁止大国攻打小国,是不可能的了,如果想用它来祷求上帝和鬼神的福佑,可不可以呢? 这还是不行的。现在若让主张厚葬久丧者来主政,国家必然贫困,人民必然减少,刑事与政务必然混乱。如果国家贫穷,那么祭祀神灵的祭品就不洁净;如果人民减少,那么敬事上帝鬼神的人也就减少;如果治理混乱,那么祭祀就不能准时。现在又禁止侍奉上帝鬼神,这样来治国,上帝鬼神将会在天上憎恶地说:"我有这些人,与没有这些人,哪个更好些?"然后说:"我有这些人,与没有这些人,没有什么区别!"那么,即使上帝鬼神给他们降下疾病与祸患并抛弃他们,这岂不是他们所应该得到的吗?

【原文】 故古圣王制为葬埋之法,曰:棺三寸,足以朽体;衣衾三领,足以覆恶。以及其葬也,下毋及泉,上毋通臭,垄若参耕之亩①,则止矣。死则既以葬矣,生者必无久哭,而疾而从事,人为其所能,以交相利也。此圣王之法也。

【注释】 ①参耕之亩:古代用耜来耕地,二耜为耦,参耕即三耦所耕之地,因一耜为五寸,故三耦大约为三尺。

【译文】 所以,古代的圣王制定了埋葬的原则是:棺材三寸厚,能使尸体腐烂就足够了;衣服有三件,能覆盖住难看的尸体就足够了。至于下葬,只要下面不掘到泉水,上面不漏出臭气,坟墓有三尺宽,就可以了。死者既已安葬,活着的人就不要长久地哭泣,而应该赶快做事,每个人都做自己能做的事,并用来使大家互相获利。这就是圣王的原则啊。

【原文】 今执厚葬久丧者之言曰:厚葬久丧虽使不可以富贫众寡,定危治乱,然此圣王之道也。子墨子曰:不然。昔者尧北教乎八狄,道死,葬蛩山之阴,衣衾三领,榖木之棺,葛以缄之。既沴而后哭①,满埳无封②,已葬,而牛马乘之。舜西教乎七戎,道死,葬南己之市,衣衾三领,榖木之棺,葛以缄之,已葬,而市人乘之。禹东教乎九夷,道死,葬会稽之山,衣衾三领,桐棺三寸,葛以缄之,绞之不合,道之不埳③,土地之深④,下毋及泉,上毋

通臭。既葬,收余壤其上,垄若参耕之亩,则止矣。若以此若三圣王者观之,则厚葬久丧果非圣王之道。故三王者,皆贵为天子,富有天下,岂忧财用之不足哉?以为如此葬埋之法。

【注释】 ①沈:当为"犯",即"窆"字,把棺材下葬的意思。②培:同"坎",即墓道。③道:即为"导"。④土:当为"掘"。

【译文】 现在坚持主张厚葬久丧的人说:厚葬久丧虽然不能够使穷困的变富裕、使人口增多、转危为安、由乱而治,但这是圣王之道。墨子说:不是这样。从前尧到北方教化八狄这样的少数民族,在路上死了,埋葬在蛩山的北面,随葬的衣服与被褥只有三件,用很差的木料做棺材,用葛藤捆绑起来,下葬之后才开始哀哭,用土填平墓道而不起坟堆,葬完之后,牛马还照常在上面行走。舜到西方教化七戎这样的少数民族,在路上死了,埋葬在南己的市场中,随葬的衣服和被褥只有三件,用很差的木料做棺材,用葛藤捆绑起来,葬完之后,市人还照常在上面行走。禹到东方教化九夷这样的少数民族,在路上死了,埋葬在会稽山上,随葬的衣服和被褥只有三件,用很差的桐木做成的棺材只有三寸厚,用葛藤捆绑起来,虽然捆绑了但并不密合,也不修饰墓道,掘地的深度,下不到达泉水,上不漏出臭气。下葬之后,把剩余的泥土堆积在上边,坟墓大约有三尺宽,就可以了。如果拿这里的三圣王来看,那就可知厚葬久丧的确不是圣王所行之道。这三位圣王都贵为天子,富有天下,哪里会担心财物不够用呢?这就是他们葬埋的原则。

【原文】 今王公大人之为葬埋,则异于此。必大棺中棺,革阖三操①,璧玉即具,戈剑鼎鼓壶滥,文绣素练,大鞅万领②,舆马女乐皆具。曰必捶垛差通③,垄虽兄山陵④。此为辍民之事,靡民之财,不可胜计也,其为毋用若此矣。

【注释】 ①阖:通"鞲",有纹饰的皮革。操:当为"累"。②大鞅:当为"衣衾"。③捶垛差通:当为"捶涂羡道"。捶,捣土让它坚硬。涂,装饰的意思。羡道,即墓道。④虽:当为"碓"。兄:当为"况"。

【译文】 现在的王公大人们处理埋葬的事,却与此不同。必定要有大棺,也要有中棺,还要用有纹饰的皮革缚结很多遍,璧玉都已齐备,还有戈、剑、钟鼎、鼓、盛水的容器,以及绣花衣与白色丝带,衣服与被褥有万件之多,车马与女乐也都齐备了。还要将墓道捶实、装饰漂亮,坟堆雄伟高大就如山陵。这荒废人民的生产,耗费了人民的资财,是无法计算的,这种厚葬久丧就是这样毫无用处。

【原文】 是故子墨子曰:乡者①,吾本言曰,意亦使法其言,用其谋,计厚葬久丧,请可以富贫众寡,定危治乱乎,则仁也,义也,孝子之事也。为人谋者,不可不劝也。意亦使法其言,用其谋,若人厚葬久丧,实不可以富贫众寡,定危治乱乎,则非仁也,非义也,非孝子之事也。为人谋者,不可不沮也。是故求以富国家,甚得贫焉;欲以众人民,甚得寡焉;欲

以治刑政，甚得乱焉；求以禁止大国之攻小国也，而既已不可矣；欲以干上帝鬼神之福，又得祸焉。上稽之尧舜禹汤文武之道而政逆之^②，下稽之桀纣幽厉之事，犹合节也。若以此观，则厚葬久丧，其非圣王之道也。

【注释】　①乡：通"向"。②政：通"正"。

【译文】　所以，墨子说：以前，我曾经说过，假如要依这种言论，用这样的策略，考虑一下厚葬久丧，果然可以使穷困的变富裕、使人口增多、能转危为安、由乱而治，这就的确是仁，是义，是孝子应做的事。为别人出谋划策的人就不能不劝导人们这样做。如果依照他们的说法，采用他们的谋划，人们厚葬久丧却实在不能使穷困的变富裕、使人口增多、转危为安、由乱而治，这就绝不是仁，不是义，也不是孝子应做的事。为别人出谋划策的人就不能不阻止人们这样做。因此，想以厚葬久丧来求得国家的富足，却反而更加贫困；想以此使人丁兴旺，却反而更加稀少；想以此治理刑事与政务，却反而更加混乱；想以此禁止大国攻打小国，却已经是不可能的；想以此来祷求上帝与鬼神降福，却又得到了灾祸。向上考察尧、舜、禹、汤、周文王、周武王的原则却恰恰与此相反，向下考察夏桀、商纣、周幽王、周厉王的行事，却与此符合若节。如果由此来看，可见厚葬久丧绝非圣王所遵循的原则了。

【原文】　今执厚葬久丧者言曰：厚葬久丧，果非圣王之道，夫胡说中国之君子，为而不已，操而不择哉^①？子墨子曰：此所谓便其习而义其俗者也^②。昔者越之东有骇沐之国者^③，其长子生，则解而食之，谓之宜弟^④。其大父死，负其大母而弃之，曰鬼妻不可与居处。此上以为政，下以为俗，为而不已，操而不择，则此岂实仁义之道哉？此所谓便其习而义其俗者也。楚之南有炎人国者，其亲戚死^⑤，朽其肉而弃之，然后埋其骨，乃成为孝子。秦之西有仪渠之国者，其亲戚死，聚柴薪而焚之，熏上，谓之登遐，然后成为孝子。此上以为政，下以为俗，为而不已，操而不择，则此岂实仁义之道哉？此所谓便其习而义其俗者也。若以此若三国者观之，则亦犹薄矣。若以中国之君子观之，则亦犹厚矣。如彼则大厚，如此则大薄，然则葬埋之有节矣。故衣食者，人之生利也，然且犹尚有节；葬埋者，人之死利也，夫何独无节于此乎？子墨子制为葬埋之法曰：棺三寸，足以朽骨；衣三领，足以朽肉；掘地之深，下无菹漏^⑥，气无发泄于上，垄足以期其所^⑦，则止矣。哭往哭来，反从事乎衣食之财，佴乎祭祀^⑧，以致孝于亲。故曰：子墨子之法，不失死生之利者，此也。

【注释】　①择：当作"释"，舍弃之意。②义：当为"宜"。③骇沐：古国名，传说其国有吃子的风俗。④宜：保佑的意思。⑤亲戚：古人称双亲为"亲戚"。⑥菹：通"沮"，湿润的意思。⑦期：当为"朝"。⑧佴：即"资"。

【译文】　如今坚持厚葬久丧主张的人说：厚葬久丧若真不是圣王遵循的原则，那怎么解释中原的君子照这样做而不停止、实行而不舍弃呢？墨子说：这就是所谓的适应习

惯、安于风俗啊。从前越国东面有个国家叫辄沐，他们生下长子后，就把他肢解了吃掉，据说这样可以保佑后出生的弟弟。他们的祖父死了，他们就背起祖母去扔掉，说她是鬼的妻子，不能和她住在一起。这些被其君主拿来当政，民众则习以为俗，照这样做而不停止，实行而不舍弃，但这难道确实是仁义之道吗？这其实就是所谓的适应习惯、安于风俗啊。楚国的南面有一个炎人国，他们的父母死后，把肉剐下来扔掉，然后埋葬死者的骨头，这样才是孝子。秦国西边有一个仪渠国，他们的父母死后，要堆积木柴来焚烧尸体，烟雾上升，被认为是死者升天了，这样做了才能成孝子。这些被其君主拿来当政，民众则习以为俗，照这样做而不停止，实行而不舍弃，但这难道确实是仁义之道吗？这其实就是所谓的适应习惯、安于风俗啊。假如以这三个国家来看，那就埋葬得太简薄了。如果以中原君子来看，却又太铺张了。像那样则太铺张，像这样又太简薄，那么，丧葬是应该有节制的。衣食是人们活着的时候所需要的利益，尚且要有一定的节制；埋葬是人们死后所需要的利益，为什么就单单在这里没有节制呢？墨子制定埋葬的原则是这样的：棺材只需要三寸厚，足以使尸骨腐朽；衣服只要三件，足以使肌肉腐朽；挖掘墓穴的深度，只要下边不会渗水，上边不泄漏气味，坟堆足以标识所在之处，就可以了。哭着送去，哭着回来，回来后要努力于衣食之物的生产，资助祭祀，并用来孝顺双亲。所以说，墨子制定的原则，不会损害死者与生者的利益，原因就在这里。

【原文】　故子墨子言曰：今天下之士君子，中请将欲为仁义①，求为上士，上欲中圣王之道，下欲中国家百姓之利，故当若节丧之为政，而不可不察者，此也。

【注释】　①请：当为"诚"。

【译文】　所以墨子说：当今天下的士人君子，内心果真想行仁义之道，做上等的贤士，上要符合圣王之道，下要符合国家与百姓的利益，所以就应当以节葬的办法来施政，这是不可不注意的，原因就在这里啊。

天志上

【题解】
　　每一个思想家都必须有一个最为核心的思想，其他具体的思想主张无不导源于此。墨子的"天志观"就是墨子思想的逻辑起点。"天志观"认为天是有意志的，正因如此，他的很多主张才找到了最终的证明，如法仪、尚同、兼爱、非攻等，其逻辑的最后阵地无不落脚于此；而像辞过、尚贤、节用、节葬等也都通过圣王而间接源于此。可见，这一主张虽然不像兼爱、非攻那么有名，但却很重要。当然，像这样的主张我们是不能简单地拿唯心主义还是唯物主义去评判，因为他的这一观点并不是目的本身，而是为其他主张找到逻辑

原点。

【原文】 子墨子言曰：今天下之士君子，知小而不知大。何以知之？以其处家者知之。若处家得罪于家长，犹有邻家所避逃之^①。然且亲戚、兄弟、所知识，共相儆戒，皆曰："不可不戒矣！不可不慎矣！恶有处家而得罪于家长而可为也？"非独处家者为然，虽处国亦然。处国得罪于国君，犹有邻国所避逃之。然且亲戚、兄弟、所知识，共相儆戒，皆曰："不可不戒矣！不可不慎矣！谁亦有处国得罪于国君，而可为也？"此有所避逃之者也，相儆戒犹若此其厚，况无所避逃之者，相儆戒岂不愈厚，然后可哉？且语言有之曰："焉而晏日，焉而得罪，将恶避逃之？"曰无所避逃之。夫天不可为林谷幽门无人^②，明必见之。然而天下之士君子之于天也，忽然不知以相儆戒，此我所以知天下士君子知小而不知大也。

【注释】 ①所：即"可"。②门：当为"闲"。

【译文】 墨子说：当今天下的士人君子，知道小道理却不知道大道理。怎么知道是这样的呢？从他们处身于家族中的情况就可以知道。如果处身于家族而得罪了家长，还有邻居家里可以逃避。但是父母、兄弟及其所认识的人，他们互相警戒，都说："不能不戒备呀！不能不谨慎呀！哪里有处身家族得罪了家长还可以有作为的呢？"不仅仅是处身家族才这样，就是处身国家也是这样。处身国家却得罪了国君，还有邻国可以逃避。但是父母、兄弟及其所认识的人，他们互相警戒，都说："不能不戒备呀！不能不谨慎呀！有谁能处身于国家得罪了国君还可以有作为的呢？"这还是有地方可逃避的人，他们相互警戒还这样严重，何况于没有地方可逃的人呢，相互警戒岂不应该更加严重，然后才可以吗？况且有古语这样说："在光天化日之下，犯了罪，想往哪儿逃呢？"回答是无处可逃。上天不可能忽略森林山谷及幽娴隐僻无人居住的地方，它明察秋毫都能看到。然而天下的士人君子对于上天，却忽视并不知道相互警戒了，这就是我之所以认定天下士人君子只知道小道理却不知道大道理的原因。

【原文】 然则天亦何欲何恶？天欲义而恶不义。然则率天下之百姓以从事于义，则我乃为天之所欲也。我为天之所欲，天亦为我所欲。然则我何欲何恶？我欲福禄而恶祸祟。若我不为天之所欲而为天之所不欲，然则我率天下之百姓以从事于祸祟中也。然则何以知天之欲义而恶不义？曰天下有义则生，无义则死；有义则富，无义则贫；有义则治，无义则乱。然则天欲其生而恶其死，欲其富而恶其贫，欲其治而恶其乱，此我所以知天欲义而恶不义也。

【译文】 那么上天喜欢什么厌恶什么呢？上天喜欢义而厌恶不义。那么率领天下百姓来做合乎义的事，我就是在做上天喜欢的事。我做上天喜欢的事，上天也做我喜欢的事。那么我又喜欢什么厌恶什么呢？我喜欢福禄而厌恶祸患。如果我不去做上天喜

欢的事,而去做上天所不喜欢的事,那我就是率领天下百姓跑到祸患中去做事了。但是又怎么知道上天喜欢义而厌恶不义呢?回答是:天下有义的人生存,无义的人死亡;有义者富贵,无义者贫贱;有义就安定,无义就混乱。而上天是希望人类生存而不希望人类死亡,希望人类富有而不希望人类贫贱,希望社会安定而不希望社会混乱,这就是我所知道的上天喜欢义而厌恶不义的原因。

【原文】 曰:且夫义者政也①,无从下之政上,必从上之政下。是故庶人竭力从事,未得次己而为政②,有士政之。士竭力从事,未得次己而为政,有将军大夫政之。将军大夫竭力从事,未得次己而为政,有三公诸侯政之。三公诸侯竭力听治,未得次己而为政,有天子政之。天子未得次己而为政,有天政之。天子为政于三公、诸侯、士、庶人,天下之士君子固明知,天之为政于天子,天下百姓未得之明知也。故昔三代圣王禹汤文武,欲以天之为政于天子,明说天下之百姓,故莫不犓牛羊,豢犬彘,洁为粢盛酒醴,以祭祀上帝鬼神,而求祈福于天③,我未尝闻天下之所求祈福于天子者也④,我所以知天之为政于天子者也。

【注释】 ①政:通"正",即匡正的意思。下同。②次:即"恣",任意的意思。下同。③祈:当为"祉"字。下同。④天下之所求:当为"天之下求"。

【译文】 再说,义,就是匡正的意思,不能以下正上,必须是以上正下。所以普通人努力做事,但不能放任自己的意思来做,有士人匡正他们。士人努力做事,也不能放任自己的意思来做,有将军和大夫来匡正他们。将军和大夫努力做事,也不能放任自己的意思来做,有三公和诸侯来匡正他们。三公和诸侯努力地听政治国,也不能放任自己的意思来做,有天子来匡正他们。天子也并不能放任自己的意思来做,有上天来匡正他。天子匡正三公、诸侯、士人、民众,天下的士人君子本来就很清楚地知道,而上天匡正天子,天下百姓就不能明确地知道。所以从前有夏、商、周三代的圣王禹、汤和周文王、周武王,想把上天匡正天子的事,明白地告诉天下的百姓,因此没有人不养牛羊,喂猪狗,准备清洁的祭品,用来祭祀上帝鬼神,从而祈求上天降下福祉,我从来没有听说上天向下祈求天子降福祉,因此我知道上天是治理匡正天子的。

【原文】 故天子者,天下之穷贵也,天下之穷富也。故于富且贵者①,当天意而不可不顺。顺天意者,兼相爱,交相利,必得赏。反天意者,别相恶,交相贼,必得罚。然则是谁顺天意而得赏者?谁反天意而得罚者?子墨子言曰:昔三代圣王禹汤文武,此顺天意而得赏也;昔三代之暴王桀纣幽厉,此反天意而得罚者也。然则禹汤文武其得赏何以也?子墨子言曰:其事上尊天,中事鬼神,下爱人。故天意曰:"此之我所爱,兼而爱之;我所利,兼而利之。爱人者,此为博焉;利人者,此为厚焉。"故使贵为天子,富有天下,业万世子孙②,传称其善。方施天下③,至今称之,谓之圣王。然则桀纣幽厉得其罚何以也?子墨

子言曰：其事上诟天，中诬鬼，下贼人。故天意曰："此之我所爱，别而恶之；我所利，交而贼之。恶人者，此为之博也；贼人者，此为之厚也。"故使不得终其寿，不殁其世。至今毁之，谓之暴王。

【注释】 ①于：即"欲"字。②业：此字当为衍文。③方：即"旁"字。

【译文】 因此天子是全天下最尊贵的人，也是全天下最富有的人。所以想要大富大贵的人，对于天意不可不顺从。顺从天意的人，相互关爱，交相得利，必定会得到奖赏。违反天意的人，互相厌恶，交相残害，必定会得到处罚。那么是谁顺从了天意而得到奖赏了？又是谁违反了天意而得到惩罚了呢？墨子说：从前夏、商、周三代的圣王禹、汤、周文王、周武王，他们是顺从了天意而得到奖赏的人；从前夏、商、周三代的暴君夏桀、商纣、周幽王、周厉王，他们是违反了天意而得到惩罚的人。然而禹、汤、周文王、周武王他们得到奖赏是因为什么呢？墨子说：他们做事，上尊敬上天，中敬奉鬼神，下关爱民众。所以天意说："他们对于我所爱的，没有区别全都关爱；对于我所使之受益的，也都让他们受益。关爱别人，这是最为博大的；使别人受益，这是最为深厚的。"因此使他们贵为天子，富有天下，子孙万代，传颂他们的美德。再把这美德施行于天下，到现在还为人们所称扬，称他们为圣王。那么夏桀、商纣、周幽王、周厉王他们得到惩罚是因为什么呢？墨子说：他们做事，上辱骂上天，中欺诈鬼神，下残害民众。所以天意说："他们对于我所爱的，有所区别而憎恶；对于我所使之受益的，相互残害。憎恶别人，这是最为广泛的；残害别人，这是最为深重的。"所以使他们不能享受完他们的寿命，让他们不得好死。直到现在人们还在谴责他们，称他们为暴君。

【原文】 然则何以知天之爱天下之百姓？以其兼而明之①。何以知其兼而明之？以其兼而有之。何以知其兼而有之？以其兼而食焉。何以知其兼而食焉？曰：四海之内，粒食之民，莫不犓牛羊，豢犬彘，洁为粢盛酒醴，以祭祀于上帝鬼神。天有邑人，何用弗爱也？且吾言杀一不辜者必有一不祥。杀不辜者谁也？则人也。予之不祥者谁也？则天也。若以天为不爱天下之百姓，则何故以人与人相杀而天予之不祥？此我所以知天之爱天下之百姓也。

【注释】 ①明：成的意思。

【译文】 那么又怎么知道上天是爱天下百姓的呢？因为他不加区别地使他们成长。怎么知道他不加区别地使他们成长呢？因为他不加区别地包容。怎么知道他不加区别地包容呢？因为他不加区别地养育。怎么知道他不加区别地养育呢？原因是：四海之内，凡是吃粮食的民众，没有人不养牛羊，喂猪狗，做洁净的祭品，来祭祀上帝鬼神。上天拥有下民，怎么会不爱他们呢？况且我说过，杀死一个无辜的人必定会有一桩灾祸。杀害无辜的是谁呢？是人啊。降下灾祸的又是谁呢？是上天啊。如果以为上天不爱天下

的百姓,那为什么人和人相互残杀而上天来降下灾祸呢?这就是我知道上天爱天下百姓的原因啊。

【原文】 顺天意者,义政也;反天意者,力政也。然义政将奈何哉? 子墨子言曰:处大国不攻小国,处大家不篡小家,强者不劫弱,贵者不傲贱,多诈者不欺愚。此必上利于天,中利于鬼,下利于人。三利无所不利,故举天下美名加之,谓之圣王。力政者则与此异,言非此,行反此,犹倖驰也①。处大国攻小国,处大家篡小家,强者劫弱,贵者傲贱,多诈者欺愚。此上不利于天,中不利于鬼,下不利于人。三不利无所利,故举天下恶名加之,谓之暴王。

【注释】 ①倖:当为"僻",即背的意思。

【译文】 顺从天意的政治是以义服人的政治,违反天意的政治是以力服人的政治。那么以义服人的政治是怎么做的呢?墨子说:处于大国的地位而不攻打小国,处于大家族的地位而不掠夺小家族,强者不胁迫弱者,尊贵的人不傲视低贱的人,狡诈的人不欺骗憨厚的人。这必定上有利于天,中有利于鬼神,下有利于人民。做到这三利就会无所不利,所以把天下美好的名称加在他的身上,称他为圣王。而以力服人的政治却与此不同,他们言论上攻击义,行动上违反义,就像背道而驰一样。处于大国的地位就会攻打小国,处于大家族的地位就会掠夺小家族,强者胁迫弱者,尊贵的人傲视低贱的人,狡诈的人欺骗憨厚的人。这上不利于天,中不利于鬼神,下不利于人民。这三者不利就会什么都不利,所以把天下丑恶的名字加在他的身上,称他为暴君。

【原文】 子墨子言曰:我有天志,譬若轮人之有规,匠人之有矩。轮匠执其规矩,以度天下之方圆,曰:中者是也,不中者非也。今天下之士君子之书,不可胜载,言语不可尽计,上说诸侯,下说列士,其于仁义则大相远也。何以知之? 曰:我得天下之明法以度之①。

【注释】 ①天之:原作"天下之"。

【译文】 墨子说:我有天的意志,就像做车轮的人有了圆规,匠人有了尺子。做车轮的人与工匠拿着他们的圆规和尺子,来测量天下的方形与圆形,说:符合的就是方或圆,不符合的就不是。现在天下的士人君子的书很多,车都装不完,言语也多到无法计算,对上游说诸侯,对下游说士人们,但他们距离仁义却相距太远了。根据什么知道的呢?回答是:我用天下的明法来衡量他们。

非乐上

【题解】

墨子对音乐是持反对态度的,这一主张也有与儒家针锋相对的意味,因为儒家最讲

究礼乐。其实,墨子并非不能欣赏音乐的美,他的这一主张有很深远的考虑,那就是在当时的社会生产力条件下,王公大人对于声乐之美的追求,只会造成"亏夺民衣食之财"的后果。这不但是当时社会物质生产极端匮乏下的一种无奈之举,也是墨子对于当时社会的两极分化的一种批判。因为,统治者在衣食无忧的情况下沉湎声色,但这种行为却是以民众的牺牲为代价的,所以,墨子通过大量的论证证明这是不对的,而且还进一步说明,这也是上天所不喜欢的事情。

在论述中,墨子的反复诘难使得论证极为雄辩,全文一连用了六个"是故子墨子曰:为乐非也"来作为一段驳论的结束,铿锵有力,掷地有声,大大强化了论证效果。

"非乐"本来共有三篇,其他两篇均佚,这里选了仅存的上篇。

【原文】 子墨子言曰:仁之事者①,必务求兴天下之利,除天下之害。将以为法乎天下:利人乎,即为;不利人乎,即止。且夫仁者之为天下度也,非为其目之所美,耳之所乐,口之所甘,身体之所安。以此亏夺民衣食之财,仁者弗为也。

【注释】 ①仁之事者:当作"仁人之事者"。

【译文】 墨子说:仁义的人来做事,必定要为天下人兴利,除去祸害。以此作为天下的准则:有利于人的,就去做;无利于人的,就停止。况且,仁义的人做事是要为天下考虑的,并非是为了自己眼睛看上去悦目,耳朵听起来动听,口中尝到觉得甘美,身体感觉着舒适。如果因为这些而损害夺取人民的衣食之资,仁义的人是不会去做的。

【原文】 是故子墨子之所以非乐者,非以大钟、鸣鼓、琴瑟、竽笙之声,以为不乐也;非以刻镂华文章之色,以为不美也;非以犓豢煎炙之味①,以为不甘也;非以高台厚榭邃野之居②,以为不安也。虽身知其安也,口知其甘也,目知其美也,耳知其乐也,然上考之不中圣王之事,下度之不中万民之利。是故子墨子曰:为乐非也。

【注释】 ①犓豢:饲养的意思。这里指所饲养的牲畜。②野:通"宇"。

【译文】 因此,墨子之所以反对音乐,并不是认为大钟、鸣鼓、琴瑟、竽笙等乐器的声音不动听;不是以为雕刻的华美图案不漂亮;不是以为禽畜的肉烹调出来的味道不甘美;不是以为高大的楼台亭榭和幽深的宫室居住起来不安然。虽然身体能感受到安然,口能感受到甘美,眼睛能感受到美丽,耳朵能感受到动人,但向上考察,这不合于圣王行事的原则,向下考察,也不符合民众的利益。所以墨子说:从事于音乐是不对的。

【原文】 今王公大人虽无造为乐器①,以为事乎国家,非直掊潦水、拆坏垣而为之也②,将必厚措敛乎万民③,以为大钟、鸣鼓、琴瑟、竽笙之声。然则当用乐器,譬之若圣王之为舟车也,即我弗敢非也。古者圣王亦尝厚措敛乎万民,以为舟车。既已成矣,曰:"吾将恶许用之?"曰:"舟用之水,车用之陆,君子息其足焉,小人休其肩背焉。"故万民出财赍而予之④,不敢以为戚恨者,何也?以其反中民之利也。然则乐器反中民之利亦若此,即

我弗敢非也。

【注释】 ①虽无：即"唯毋"，发语词。②捂：捧。潦水：指道路上的积水。③措敛：当即"作敛"，墨子在《辞过》篇中用了五次"厚作敛于百姓"，句式正同，且"作"与"措"音同而互用。下同。④赍：给予。

【译文】 现今王公大人制造乐器，用来服务于国家，并不是像捧起一点水、拆毁一堵坏墙那样容易做到，而是必定要增加赋税于民众以聚敛钱财，以此来制造大钟、鸣鼓、琴瑟、竽笙等乐器而得声色之美。但是乐器有什么用，若把这比为圣王制造车船，那我就不敢非议了。古代圣王也曾经增加民众的赋税，用来制造车船。造成之后，他说："我将用它来做什么呢？"他说："船用于水运，车用于陆运，君子可以让他的脚得到休憩，劳动的人也可以让他的肩头和脊背得到喘息。"所以民众都愿意把钱财拿出来给圣王制造车船，而并不心怀怨恨，这是为什么呢？因为这反而符合了民众的利益。如果制作乐器也能正好符合民众的利益，就像圣王制造车船一样，那我也不敢非议。

【原文】 民有三患：饥者不得食，寒者不得衣，劳者不得息。三者，民之巨患也。然即当为之撞巨钟、击鸣鼓、弹琴瑟、吹竽笙而扬干戚，民衣食之财将安可得乎？即我以为未必然也。意舍此①，今有大国即攻小国，有大家即伐小家，强劫弱，众暴寡，诈欺愚，贵傲贱，寇乱盗贼并兴，不可禁止也。然即当为之撞巨钟、击鸣鼓、弹琴瑟、吹竽笙而扬干戚，天下之乱也，将安可得而治与？即我以为未必然也。是故子墨子曰：姑尝厚措敛乎万民，以为大钟、鸣鼓、琴瑟、竽笙之声，以求兴天下之利，除天下之害而无补也。是故子墨子曰：为乐非也。

【注释】 ①意：通"抑"。

【译文】 民众有三种忧患：饥饿的人得不到食物，受冻的人得不到衣服，劳苦的人得不到休息。这三种，是民众的最大忧患。那么当为他们撞击大钟、敲打鸣鼓、弹奏琴瑟、吹奏竽瑟并挥动干戈来跳舞，民众的衣食之资就可以得到解决了吗？我认为这是不可能的事。姑且不论这个，现在有大国要去攻打小国，有大家族要去掠夺小家族，强者胁迫弱者，人多势众的欺压势单力薄的，狡诈的人欺骗憨厚的人，尊贵的人傲视低贱的人，叛变和盗贼同时出现，无法禁止。那么就应当为他们撞击大钟、敲打鸣鼓、弹奏琴瑟、吹奏竽笙并挥动干戈来跳舞，天下的混乱，会得到治理吗？我认为这是不可能的事。因此墨子说：如果向民众增加赋税，用来制造大钟、鸣鼓、琴瑟、竽笙等乐器而得声色之美，用这来求得天下的利益，去除天下的祸害，是没有任何补益的。所以墨子说：从事于音乐是不对的。

【原文】 今王公大人，唯毋处高台厚榭之上而视之，钟犹是延鼎也①。弗撞击，将何乐得焉哉？其说将必撞击之。惟勿撞击②，将必不使老与迟者。老与迟者耳目不聪明，股

肱不毕强③,声不和调,明不转朴④。将必使当年,因其耳目之聪明,股肱之毕强,声之和调,眉之转朴⑤。使丈夫为之,废丈夫耕稼树艺之时;使妇人为之,废妇人纺绩织纴之事。今王公大人唯毋为乐,亏夺民衣食之时,以拊乐如此多也⑥。是故子墨子曰:为乐非也!

【注释】 ①延:覆的意思。②惟勿:即"唯毋",发语词。③毕:快捷。④明:当为"鸣"字。朴:急速的意思。⑤眉:同上注,当为"鸣"字。⑥拊乐:即"击乐"。

【译文】 当今的王公大人,处在高耸的楼台亭榭之上往下看,钟就像一种倒扣着的鼎一样。如果不去撞击它,那有什么乐趣可言呢?要想娱乐就必定要撞击它。要撞击它,就必定不会用那些年老迟缓的人。年老迟缓的人耳不聪目不明,手脚不灵敏强健,奏出的声音不和谐,音节不会变快。所以必然要使用年轻力壮的人,因为这些人耳聪目明,手脚灵敏强健,奏出的声音和谐,音节可以很激烈。但是若让男子去做这件事,就耽误了男子耕田种地的时机;让妇女去做这件事,就耽误了妇女纺线织布的事。现在的王公大人从事于音乐,损害夺取人民的衣食之时,仅从命人奏乐这一点来看就已经很厉害了。所以墨子说:从事于音乐是不对的。

【原文】 今大钟、鸣鼓、琴瑟、竽笙之声既已具矣,大人锈然奏而独听之①,将何乐得焉哉?其说将必与人。与君子听之,废君子听治;与贱人听之,废贱人之从事。今王公大人惟毋为乐,亏夺民之衣食之财,以拊乐如此多也。是故子墨子曰:为乐非也。

【注释】 ①锈:即当为"肃"。

【译文】 现在大钟、鸣鼓、琴瑟、竽笙等乐器所奏出的声色之美都已经具备了,王公大人如果是肃然地演奏并独自来听,那有什么乐趣可言呢?想娱乐就必定要与别人一起。与君子一起听,就会耽误君子治理政务;与平民一起听,就会耽误平民的生产。现在的王公大人从事于音乐,损害夺取人民的衣食之资,仅从命人听乐这一点来看就已经很厉害了。所以墨子说:从事于音乐是不对的。

【原文】 昔者齐康公兴乐万①,万人不可衣短褐,不可食糠糟。曰:"食饮不美,面目颜色不足视也;衣服不美,身体从容不足观也②。"是以食必粱肉,衣必文绣,此掌不从事乎衣食之财③,而掌食乎人者也。是故子墨子曰:今王公大人惟毋为乐,亏夺民衣食之财,以拊乐如此多也。是故子墨子曰:为乐非也。

【注释】 ①齐康公:孙诒让疑其当为齐景公之误,王焕镳亦从此说。②从容:指举动。③掌:通"常"。

【译文】 从前,齐景公大兴一种《万》舞,跳《万》舞的人不可以穿粗布短衣,不能吃粗劣的食物。据说:"饮食如果不精美,脸上的颜色就不好看;衣服不华美,身体的一举一动也不足观。"所以吃的必须是精粮和肉,穿的必须是华丽的衣物,这都是常常不从事于衣食之物的生产,反而需要人们长期供养的人。因此墨子说:现在的王公大人从事于音

乐,损害夺取人民的衣食之资,仅从供养乐人这一点来看就已经很厉害了。所以墨子说:从事于音乐是不对的。

【原文】 今人固与禽兽麋鹿、蜚鸟贞虫异者也,今之禽兽麋鹿、蜚鸟贞虫,因其羽毛以为衣裘,因其蹄蚤以为绔屦①,因其水草以为饮食。故唯使雄不耕稼树艺,雌亦不纺绩织红,衣食之财固已具矣。今人与此异者也,赖其力者生,不赖其力者不生。君子不强听治,即刑政乱;贱人不强从事,即财用不足。今天下之士君子,以吾言不然,然即姑尝数天下分事,而观乐之害。王公大人蚤朝晏退,听狱治政,此其分事也;士君子竭股肱之力,亶其思虑之智②,内治官府,外收敛关市、山林、泽梁之利,以实仓廪府库,此其分事也;农夫蚤出暮入,耕稼树艺,多聚叔粟③,此其分事也;妇人夙兴夜寐,纺绩织纴,多治麻丝葛绪捆布缲④,此其分事也。今惟毋在乎王公大人说乐而听之,即必不能蚤朝晏退,听狱治政,是故国家乱而社稷危矣。今惟毋在乎士君子说乐而听之,即必不能竭股肱之力,亶其思虑之智,内治官府,外收敛关市、山林、泽梁之利,以实仓廪府库,是故仓廪府库不实。今惟毋在乎农夫说乐而听之,即必不能蚤出暮入,耕稼树艺,多聚叔粟,是故叔粟不足。今惟毋在乎妇人说乐而听之,即不必能夙兴夜寐,纺绩织纴,多治麻丝葛绪捆布缲,是故布缲不兴。曰:孰为大人之听治而废国家之从事⑤?曰:乐也。是故子墨子曰:为乐非也。

【注释】 ①蚤:即"爪"。缲:裤子。屦:鞋。②亶:通"殚",竭尽。③叔:即"菽"。④捆:当为"绲"。缲:通"绡",绢帛。⑤此句当为"孰为而废大人之听治、贱人之从事?",从俞樾说。

【译文】 现在的人当然不同于禽兽、麋鹿、飞鸟、昆虫,现在的禽兽、麋鹿、飞鸟、昆虫,用它们的羽毛做衣裳,用它们的蹄爪做裤子和鞋子,把水、草当作饮食。所以,即使雄的不耕田种植,雌的不纺线织布,衣食的用度就已经具备了。现在的人与它们不同,依赖自己力量的人才能生存,不依赖自己力量的人就不能生存。君子不努力去治理政事,刑法与政治就要混乱;平民不努力生产,财用就会不足。现在天下的士人君子如果认为我的话不对,那就姑且试着列举天下分内的事,来看音乐的害处。王公大人早晨上朝,晚上退朝,听审案件,治理政事,这是他们分内的事;士人君子用尽全身的力气,竭尽智力去思考,对内治理官府,对外征收关市、山林、河桥的赋税,用来充实仓廪府库,这是他们分内的事;农夫早出晚归,耕田种植,多收获粮食,这是他们分内的事;妇女早起晚睡,纺线织布,多制出麻丝葛布,织出成捆的布来,这是她们分内的事。现在如果王公大人喜欢音乐而去听它,就必定不能很早上朝,很晚退朝,听审案件,治理政事,这样国家就会混乱,江山就会有危险。现在如果士人君子喜欢音乐而去听它,就必定不能用尽全身的力气,竭尽智力去思考,对内治理官府,对外征收关市、山林、河桥的赋税,用来充实仓廪府库,因此仓廪府库就会空虚。现在如果农夫喜欢音乐而去听它,就必定不能早出晚归,耕田种

植,多收粮食,因此粮食就会不足。现在如果妇女喜欢音乐而去听它,就必定不能早起晚睡,纺线织布,多制出麻丝葛布,织出成捆的布来,因此布帛的生产就不会发展。请问:是什么荒废了王公大人们的听审与治理、平民百姓的生产活动呢?回答是:音乐。所以墨子说:从事于音乐是不对的。

【原文】 何以知其然也?曰:先王之书,汤之官刑有之,曰:"其恒舞于宫,是谓巫风。其刑:君子出丝二卫①,小人否,似二伯②。"黄径乃言曰③:"呜乎!舞佯佯④,黄言孔章⑤。上帝弗常⑥,九有以亡,上帝不顺,降之百殃⑦,其家必坏丧。"察九有之所以亡者,徒从饰乐也。于武观曰⑧:"启乃淫溢康乐⑨,野于饮食。将将铭苋磬以力⑩。湛浊于酒⑪,渝食于野⑫。万舞翼翼。章闻于天,天用弗式。"故上者天鬼弗戒⑬,下者万民弗利。是故子墨子曰:今天下士君子,请将欲求兴天下之利,除天下之害,当在乐之为物,将不可不禁而止也。

【注释】 ①卫:当作"纬",束。②否:即"倍"。似:即"以"。伯:即"帛"。③黄径:即指《大誓》。黄,即"皇",大的意思。径,即"经",以此相称表示尊敬。④佯佯:即"洋洋",人众多的样子。⑤黄:即"簧",大笙谓之簧。言:亦指乐器,大箫谓之言。⑥常:读为"尚",即佑护之意。⑦殃:即"殃"字。⑧武观:夏启的季子名为五观,即武观,此指《逸书》中的《武观》篇。⑨启:夏禹的儿子,夏朝的第二个皇帝。⑩将将:即"锵锵"。铭:当为"金石"二字之误合,从之。苋:即"筑",指笛子。⑪湛:沉溺。浊:当为"沔",即"湎"。⑫渝:疑为"歈"的假借字,讴歌。⑬戒:当作"式"。

【译文】 怎么知道是这样呢?答案是:先王的书籍,汤所做的《官刑》有记载,上面说:"经常在宫中跳舞,这就叫作巫风。对此的惩罚是:君子缴纳丝线两束,小人加倍,缴纳两匹帛。"《大誓》上说:"哎!乐舞洋洋,笙箫的声音非常响亮。上帝不保佑,九州都要灭亡。上帝认为这是不顺从天意,就会降下各种祸殃,他的家族必然灭亡。"考察九州所以灭亡的原因,只是因为从事于音乐啊。《武观》上说:"夏启放纵享乐,在野外大肆吃喝。那铿锵如金石声的乐音,是致力于笛、磬类的乐器所发出来的。沉湎于酒,并随意在野外听乐进餐。《万》舞的场面十分浩大。这些都被上天知道了,天不把它当作法式。"所以,在上的天帝鬼神不以为法式,在下的,民众没有得到利益。所以墨子说:现在天下的士人君子,诚心要为天下人谋利,为天下人除害,对于音乐这样的东西,是不应该不禁止的。

非命中

【题解】

墨子的许多主张都是在与儒家的争辩中提出的。儒家的"生死有命,富贵在天"是一

169

种对于统治者而言极为理想的理论，因为所有的人都会安于自己的生活境遇，以为这是上天的意志，这对于广大民众而言当然是一种麻痹。而墨子锐利的眼光看出了这种麻痹，所以他一语中的，说这种思想其实就是"繁饰有命以教众愚朴之人"而已。以此来反对儒家的"天命"论，是极为犀利的。

当然，墨子的许多主张又是从社会生活的实践中得出的，"非命"的观点也是如此。因为墨子看到了命定思想对于人类创造性的消磨与损伤。他认为，所有的事情，之所以做得好，是因为个人的努力，只有每个人都尽力了，社会才会发展。而天命说则会取消人们努力的动力，这样天下就会混乱。

但是我们也不得不指出，墨子这一主张来自争辩与社会现实，并非他自己理论系统中的链条，所以，他的"非命"在学理上与其他的主张是有矛盾的，比如"天志"与"明鬼"：一方面承认天是有意志的，而且，全天下的人都应当上从于天，并认为鬼神是存在的，且能给人带来祸福与奖惩；但另一方面却反对有天命的存在。

在《非命》的三篇中，墨子还提出了著名的"三表法"，即判断是非的标准，要遵循本、原、用的原则，这在中国古代认识论上是具有重大意义的。而且，这三法不止是在这三篇文章中得到了应用，其实，也是墨子论证时常用的一种方法，只是在这里明确提出而已。

【原文】 子墨子言曰：凡出言谈、由文学之为道也①，则不可而不先立义法②。若言而无义，譬犹立朝夕于员钧之上也③，则虽有巧工，必不能得正焉。然今天下之情伪，未可得而识也，故使言有三法。三法者何也？有本之者，有原之者，有用之者。于其本之也④？考之天鬼之志，圣王之事。于其原之也？征以先王之书⑤。用之奈何，发而为刑政。此言之三法也。

【注释】 ①由：当作"为"，下"为"字衍。②此句当作"则不可不先立义"。义，同"仪"。③朝夕：即日规，古代用日影以测量时间的仪器。员钧：即运钧，古代制陶器时用的转轮。④于：当读为"乌"，发问之词。下句同。⑤征：证明，验证。

【译文】 墨子说：凡是发表言论、写作文章的原则，不可不先树立一个标准。如果言论没有标准，就好像把测量时间的仪器放在制陶的转轮上一样，即使有能工巧匠，也必定不能得到正确的结果。但现今天下的事物的真假，没办法得到辨识，所以发表言论有三条准则。哪三种法则呢？第一是审查本质，第二是推究情理，第三是用于实践。怎么来求得本质呢？用天帝鬼神的意志和圣王的行事来考察它。怎样推究义理呢？用先王的书来验证它。怎样付诸实践呢？把它用到刑法政令上去。这就是言论的三条标准。

【原文】 今天下之士君子①，或以命为亡。我所以知命之有与亡者，以众人耳目之情，知有与亡。有闻之，有见之，谓之有；莫之闻，莫之见，谓之亡。然胡不尝考之百姓之情？自古以及今，生民以来者，亦尝有见命之物，闻命之声者乎？则未尝有也。若以百姓

为愚不肖,耳目之情不足因而为法,然则胡不尝考之诸侯之传言流语乎?自古以及今,生民以来者,亦尝有闻命之声,见命之体者乎?则未尝有也。然胡不尝考之圣王之事?古之圣王,举孝子而劝之事亲,尊贤良而劝之为善,发宪布令以教诲,明赏罚以劝沮②。若此,则乱者可使治,而危者可使安矣。若以为不然,昔者,桀之所乱,汤治之;纣之所乱,武王治之。此世不渝而民不改,上变政而民易教。其在汤武则治,其在桀纣则乱。安危治乱,在上之发政也,则岂可谓有命哉!夫曰有命云者亦不然矣。

【注释】 ①此句之下当有"或以命为有"五字。②沮:阻止。

【译文】 现在天下的士人君子,有的以为命是有的,有的以为命是没有的。我之所以知道命的有无,是根据众人耳目所见所闻的实情来知道有与无的。如果有人听到过,见到过,那就是有;如果没有人听到过,也没有人见到过,那就是没有。那么为什么不试着用百姓的实际情况来考察呢?从古到今,自有人民以来,有曾经见过命的形象,听过命的声音的人吗?那是从未有过的。如果认为百姓愚笨无能,耳目所见所闻的实际情况不足以当作标准,那么为什么不试着考察诸侯之间流传的话呢?从古到今,自有人民以来,有曾经听到过命的声音,见到过命的形体的人吗?那是从未有过的。那么为什么不考察圣王的行事呢?古代的圣王,举用孝子以鼓励他事奉双亲;尊重贤良以鼓励他做作善事,颁发宪令来教诲人民,明确赏罚的规定来鼓励善行而阻止作恶。如果这样做,那么混乱的情况就可以得到治理,危险的情况可以转为平安。如果认为不是这样,从前,夏桀播乱了天下,由汤来治理;商纣播乱了天下,由武王来治理。这个世界没有改变,人民也没有改变,君王改变了政令,人民就容易教导。同样的人民在商汤、周武王时就得到治理,在夏桀、商纣时则变得混乱。安危与治乱,在于君王所发布的政令,怎么能说是有命呢!那些说有命的,并不是这样。

【原文】 今夫有命者言曰①:我非作之后世也,自昔三代有若言以传流矣。今故先生对之②?曰:夫有命者,不志昔也三代之圣善人与③?意亡昔三代之暴不肖人也④?何以知之?初之列士桀大夫⑤,慎言知行⑥,此上有以规谏其君长,下有以教顺其百姓。故上得其君长之赏,下得其百姓之誉。列士桀大夫声闻不废,传流至今。而天下皆曰其力也,一见命焉⑦。

【注释】 ①夫:当为"丮",即"执"字。下同。②故:同"胡"。对:即"怼"。③志:即"识"。④意亡:即"抑无",转语词。⑤初:即"古"。桀:即"杰"。⑥知:疑当作"疾"。⑦一见:当作"不曰亓","一"为"不"之坏字,"曰亓"误合为"见","亓"即"其"字。又,此句"一"与"见"之间原本多出四十字,据吴毓江校移于下文"罢不肖"之前。

【译文】 现在坚持有天命的人说:我说的并不是后世才有的说法,从古时三代就有这种话流传了。现在为什么先生您要痛恨这种说法呢?回答是:坚持有天命的人,不知道是远古三代的圣人善人,还是远古三代的暴君和坏人?凭什么知道的呢?古代的有功之士与杰出的大夫,说话谨慎,行事快捷,对上能规劝进谏君主,对下能教导安抚百姓。所以上能得到君主的赏识,下能得到百姓的赞誉。有功之士与杰出的大夫名声不会废止,流传到现在。但天下人都说这是他们努力的结果,而不会说这是他们的命。

【原文】 是故昔者三代之暴王,不缪其耳目之淫①,不慎其心志之辟,外之驱骋田猎毕弋,内沉于酒乐,而不顾其国家百姓之政。繁为无用,暴逆百姓,使下不亲其上。是故国为虚厉②,身在刑僇之中③,必不能曰:"我罢不肖④,我为刑政不善。"必曰:"我命故且亡⑤。"虽昔也三代之穷民,亦由此也。内之不能善事其亲戚,外不能善事其君长,恶恭俭而好简易,贪饮食而惰从事,衣食之财不足,使身至有饥寒冻馁之忧,必不能曰:"我罢不肖,我从事不疾。"必曰:"我命固且穷。"虽昔也三代之伪民,亦犹此也:繁饰有命,以教众愚朴之人。

【注释】 ①缪:同"纠"。②厉:死而无后叫厉。③僇:同"戮"。④罢:疲惫。不肖:不贤,不才。⑤故:即"固"。

【译文】 所以从前三代的暴君,不纠正他们对于声色享受的过分追求,不谨慎他们内心的邪僻,在外就驱车驰骋打猎捕鸟,在内就沉湎于饮酒作乐,而不顾国家和百姓的政务。频繁地做没有益处的事,残暴地对待百姓,使得在下的人不敬重在上的人。所以国力空虚,民众没有子嗣,自己也陷于刑戮之中,但却肯定不会说:"我疲懒无能,我行使刑法政令做得不好。"肯定说:"我命中本来就注定了要灭亡。"即使是从前三代的穷人,也是这样的。在内不能好好侍奉父母,在外不能好好地敬事君长,厌恶恭敬勤俭而喜欢简慢轻率,贪于饮食而懒于劳动,衣食之资不够用,致使有饥寒冻馁的忧患,但却肯定不会说:"我疲懒无能,我劳动不勤快。"肯定要说:"我的命本来就是穷命。"即使是从前三代虚伪的人,也是这样的:过多地粉饰命定之说,用来教育广大的愚昧朴实的民众。

【原文】 久矣,圣王之患此也,故书之竹帛,镂之金石。于先王之书《仲虺之告》曰①:"我闻有夏人矫天命,布命于下,帝式是恶,用阙师②。"此语夏王桀之执有命也,汤与仲虺共非之。先王之书《太誓》之言然曰:"纣夷之居③,而不肯事上帝,弃阙其先神而不祀也④,曰:'我民有命。毋僇其务⑤。'天不亦弃纵而不葆⑥。"此言纣之执有命也,武王以《太誓》非也。有于三代不国有之曰⑦:"女毋崇天之有命也。"命三不国亦言命之无也⑧。于召公之执令于然⑨,且⑩:"敬哉!无天命,惟予二人而无造⑪,言不自降天之哉得之⑫。"在于商、夏之诗、书曰:"命者,暴王作之。"且今天下之士君子,将欲辩是非利害之故⑬,当天有命者⑭,不可不疾非也。执有命者,此天下之厚害也,是故子墨子非也。

【注释】 ①《仲虺之告》:《逸书》的篇名。仲虺,商汤的左相。告,即诰。②阙:当作"丧厥"二字。③居:通"倨",傲慢。④此句当为"弃厥先神祇而不祀也"。⑤毋僇其务:

当为"毋缪罪厉"。⑥此句当作"天亦纵弃之而不葆"。⑦有：即"又"。不：当为"百"。⑧命三不：当作"今三代百"。⑨于然：即"亦然"。⑩且：当作"曰"。⑪造：当即"诰"，即告诫之意。⑫言不自降天之哉得之：当为"吉不降自天，是我得之"。⑬辩：通"辨"。⑭天：当为"卂"，即"执"字。

【译文】 圣王担忧这个问题已经太久了，所以把它书写在竹帛上，雕刻在金属和石头上。在先王的书《仲虺之诰》中说："我听说夏代的人假托天命，对下面的人发布命令，所以天帝厌恶他，使他丧失了军队。"这是说夏朝的君王桀坚持有天命，而商汤与仲虺共同来批驳他。先王的书《太誓》里也这样说："纣非常倨傲，并且不肯侍奉上帝，抛弃他祖先的神灵而不去祭祀，说：'我有天命。并且不悔改他的罪愆。'上天也抛弃了他而不保佑他。"这是说纣王坚持有天命，而周武王用《太誓》来反驳他。又在三代百国的书中也说："你们不要崇信上天是有天命的。"现在三代百国的书中都说天命是没有的。而召公的《执令》也如此说："要恭敬啊！不要相信天命，只有我们两人执政，不能不互相告诫，好事不会自己从天下掉下来，都是我们自己求得的。"在商、夏时代的诗、书中说：天命是暴君伪造的。现在天下的士人君子，想要辨明是非利害的原因，对于坚持有天命的人，不能不赶快反驳。坚持有天命的人，是天下的大害，所以墨子反驳他们。

非儒下

【题解】

《韩非子》里说"世之显学，儒墨也"，在战国百家争鸣的局面下，儒家与墨家这两个学派凭借自己的理论学说与其核心人物的杰出作用，取得了极大的影响力，当然，两家也形成了互相对峙的局面。在前文中，我们可以看到，墨子的许多主张都是在反对儒家的实践中形成的，不过，那些主张还都是正面的立论，这一篇则集其成，系统地对儒家进行了批判。

文章的前半部分列举了儒家学派的七个主要观点，并一一批驳，这些批驳都极为犀利，如批判其等级观念的自相矛盾，天命观，军事主张，礼乐主张的迂腐，崇古思想的可笑，等等，的确能够抓住儒家思想的要害，并且具有极强的逻辑力量。文章的后半部分则集中对儒家的代表人物孔子进行批判，而且言论更为激烈，甚至有些地方干脆就是攻击。不过，不管他所说的是否真实，但提供给我们一个审视儒家和孔子的新角度，并且，也可以感受到那个万念竞萌的争鸣时代。当然，对孔子指名道姓的攻击对封建社会的学者而言还是很难接受的，比如毕沅，他把文中所有提及"孔丘"的地方全部换成了"孔某"来为孔子讳，后世的版本也都全部沿用。

【原文】 儒者曰："亲亲有术①，尊贤有等。"言亲疏尊卑之异也。其礼曰：丧父母三年，其、后子三年②，伯父叔父弟兄庶子其③，戚族人五月。若以亲疏为岁月之数，则亲者多而疏者少矣，是妻、后子与父同也④。若以尊卑为岁月数，则是尊其妻子与父母同⑤，而亲伯父宗兄而卑子也⑥，逆孰大焉。其亲死，列尸弗敛，登屋窥井，挑鼠穴，探涤器，而求其人焉。以为实在，则戆愚甚矣！如其亡也，必求焉，伪亦大矣！取妻身迎，祗裰为仆⑦，秉辔授绥，如仰严亲。昏礼威仪，如承祭祀。颠覆上下，悖逆父母，下则妻子⑧，妻子上侵事亲，迎妻若此⑨，可谓孝乎？儒者曰：妻之奉祭祀，子将守宗庙，故重之。应之曰：此诬言也。其宗兄守其先宗庙数十年，死丧之其；兄弟之妻奉其先之祭祀，弗散⑩。则丧妻子三年，必非以守奉祭祀也。夫忧妻子以大负累⑪，有曰："所以重亲也。"为欲厚所至私，轻所至重，岂非大奸也哉！

【注释】 ①术：当为"杀"，即"差"字。②其：当为"妻"字之误。后子：父后之子，即长子。③其：即"期"，一年。④父：当作"父母"。⑤上二句当作"若以尊卑为岁月之数，则尊者多而卑者少矣，是尊其妻、后子与父母同"。⑥亲：当作"视"。而：读为"如"。卑子：即婢子，奴婢所生之子，就是庶子。⑦祗裰：当为"缁裧"，一处黑色下缘的衣服。⑧下则妻子：疑当作"父母下列"。⑨迎妻：此二字原在"妻之奉祭祀"之上，依文义移此。⑩散：当为"服"。⑪忧：即"优"。以：当为"已"。负累：错误。

【译文】 儒家学派的人说："爱敬亲人是有差别的，尊敬贤人是有等级的。"这是说亲疏、尊卑是不同的。他们的礼法规定：父母死了要服丧三年，妻子和长子死了也要服丧三年，伯父、叔父、兄弟、庶子死了服丧一年，亲戚和同族人死了服丧五个月。如果按照亲疏关系来确定服丧年月多少的话，那就亲近的多而疏远的少，那么，对妻子、长子的服丧时间就与父母的一样了。如果以尊卑高下来确定服丧年月多少的话，那就尊贵的多而低贱的少，那么，对妻子、长子的服丧时间就与父母的一样了，但却把伯父与同族兄长看作庶子一样了，这是多么大逆不道啊。他的双亲死了，却把尸体陈列着不入殓，或登上屋顶以望远，或窥探水井之深，或挖掘鼠洞以察幽微，或拿出洗涤的器具以见先人手泽，用这些方法来招求死者的灵魂。如果真的以为死者的魂灵还在，那就太愚蠢了！如果明知没有魂灵，却还一定要寻求，那也太虚伪了！娶妻要亲自迎接，穿着黑色下缘的衣服来做仆人的事，拉着马缰绳并把上车的绳递给新娘，像为父母驾车一样恭敬。婚礼的隆重，就像在祭祀祖先一样。颠倒上下，违逆父母，父母地位竟列于下，而妻子、长子的权力却向上侵犯了父母，像这样迎亲，可以称为孝顺吗？儒家的人回答说：妻子要供奉祭祀，儿子要承守宗庙，所以要重视啊。我们回应他说：这是说谎。他们的宗族兄长守护祖先宗庙几十年了，死后却只为他们服丧一年；兄长与弟弟的妻子也供奉他们先人的祭祀，却不为她们服丧。那么为妻子、长子服丧三年，肯定不是因为他们守宗庙奉祭祀了。这样过于厚待

妻子、长子已经是个大错误了，却又说："这样做是为了尊重父母。"想要厚爱自己所喜爱的人，又轻视自己应当尊重的人，这难道不是非常奸邪的事情吗？

【原文】 有强执有命以说议曰①："寿夭贫富，安危治乱，固有天命，不可损益。穷达赏罚幸否有极，人之知力，不能为焉。"群吏信之，则怠于分职；庶人信之，则怠于从事。吏不治则乱，农事缓则贫。贫且乱政之本，而儒者以为道教②，是贼天下之人者也。且夫繁饰礼乐以淫人，久丧伪哀以谩亲，立命缓贫而高浩居③，倍本弃事而安怠彻④，贪于饮食，惰于作务，陷于饥寒，危于冻馁，无以违之。是若虽鼠藏人气⑤，而羝羊视⑥，贲彘起⑦。君子笑之，怒曰："散人！焉知良儒。"夫夏乞麦禾，五谷既收，大丧是随，子姓皆从，得厌饮食。毕治数丧，足以至矣。因人之家以为翠⑧，恃人之野以为尊。富人有丧，乃大说，喜曰："此衣食之端也。"

【注释】 ①有：读为"又"。②道：即"导"。③缓：有"安"的意思。浩居：即为"傲倨"。④彻：疑当作"散"。⑤虽鼠：即田鼠，古人认为其能在颊内藏食。人气：人们待客的米，此二字原在"是若"之下，移于此。⑥羝：公羊。⑦贲：同"豮"，被阉割的公猪。⑧翠：即"膵"，肥的意思。此字原在"以为"之前，据文例移于其后。

【译文】 又有儒家之徒坚持有天命的论调并说："长寿与短命，贫穷与富贵，平安与危险，治理与混乱，本来就是有天命的，不能减少或增加。得志与不得志，受赏与遭罚，吉祥与灾祸，都是有定数的，人的智慧与力量是不能改变的。"官吏们听信了它，就会懈怠他们分内的职责；民众听信了它，就会荒废他们的生产。官吏不治理政事国家就会混乱，农业生产缓慢了国家就会贫困。贫困是扰乱政治的根本，而儒家的人却把这当作引导人们的教义，其实这是在残害天下的人啊。况且儒家制定烦琐的礼乐制度来使人淫逸，用久丧和虚假的悲哀来欺骗双亲，确立天命说让人安于贫困并以此傲世，违背治国的根本、荒废天下的生产，却安于懈怠与懒散。他们贪图吃喝，懒于劳作，以至于陷入饥寒之中，有冻饿而死的危险，却无法摆脱困境。这些人都像田鼠一样得到食物就藏起来，像公羊一样瞪着眼睛看东西，像公猪一样发怒。君子嘲笑他们，他们就生气地说："没用的人，你们哪里理解高尚的儒家之士。"他们夏天向人乞讨麦子和稻子，五谷都收割完后，靠替人办理丧事混饭吃，他们的子孙也都跟着去，得到吃饱喝足的机会。办理过几次丧事之后，他们的生活之资也就足够了。他们依靠别人的家产来养肥自己，依靠别人的田地来称尊。有钱人家有丧事，就非常高兴，欣喜地说："这是衣食的来源啊！"

【原文】 儒者曰：君子必服古言然后仁①。应之曰：所谓古之言服者，皆尝新矣，而古人言之服之，则非君子也。然则必服非君子之服，言非君子之言，而后仁乎？又曰：君子循而不作。应之曰：古者羿作弓②，伃作甲③，奚仲作车④，巧垂作舟⑤，然则今之鲍函车匠⑥，皆君子也；而羿、伃、奚仲、巧垂皆小人邪？且其所循人必或作之，然则其所循皆小人

道也？

【注释】 ①服古：当作"古服"。②羿：古代传说中善于射箭的人，相传弓箭就是他制造的。③仔：即禹的七世孙季杼，据说是他发明的铠甲。④奚仲：夏朝的车正，相传他发明了车。⑤巧垂：尧时的能工巧匠，传说他发明了船。⑥鲍：即"鞄"字，指揉制皮革的工匠。函：即"铴"字，制造铠甲的工匠。

【译文】 儒家之士说：君子必须依照古例来发表言论和穿衣服，这样做才合于仁义。我们回应说：所谓古代的言论和服饰，都曾经是新的，而古人用了这些言论与服饰，那他们就不是君子了。那么就一定要穿不是君子所穿的衣服，说不是君子所说的话，这才合于仁义吗？儒家之士又说：君子只遵循前人的做法而不创造。我们回应他说：古代的羿制造了弓箭，仔制造了铠甲，奚仲制造了车，巧垂制造了船，那么今天的皮匠、铁匠、车工、木匠都是君子；而羿、仔、奚仲、巧垂都是小人了？况且他们所遵循的东西，一定是有人创作的，这样的话，后人所遵循的都是小人之道了。

【原文】 又曰：君子胜不逐奔，揜函弗射①，强则助之胥车②。应之曰：若皆仁人也，则无说而相与。仁人以其取舍是非之理相告，无故从有故也，弗知从有知也，无辞必服，见善必迁，何故相③？若两暴交争，其胜者欲不逐奔，揜函弗射，施则助之胥车④，虽尽能，犹且不得为君子也。意暴残之国也，圣将为世除害，兴师诛罚，胜将因用儒术令士卒曰："毋逐奔，揜函勿射，施则助之胥车。"暴乱之人也得活，天下害不除，是为群残父母而深贱世也⑤，不义莫大焉！

【注释】 ①揜函：揜即"掩"，函即"藏"。②强：即"彊"，借为"僵"。胥车：即坚车。③相：当为"相与"。④施：当为"强"。下同。⑤贱：当为"贼"。

【译文】 儒家之士又说：君子胜利了就不再追赶逃跑的敌人，不要射击那些躲藏起来的人，用坚固的车来救助那些受伤僵仆的人。我们回应他说：如果都是仁义的人，就没有相互为敌的理由。仁人把自己取舍是非的道理互相告知，没理的一方听从有理的一方，没有智慧地听从有智慧的，自己无话可说就必定要折服于对方，看到好的就一定会改正自己，怎么会互相敌对呢？如果两个恶人互相争斗，胜利的人想不追赶逃跑的敌人，不射击那些躲藏起来的人，用坚固的车来救助那些受伤僵仆的人，这些即使都能做到，还是不能被称为君子。对于暴君统治的国家，圣人准备为世人除害，派军队去诛罚，如果胜利的话就用儒家的办法来命令士卒说："不要追赶逃跑的敌人，不射击那些躲藏起来的人，用坚固的车来救助那些受伤僵仆的人。"那么残暴作乱的人就得以活命，天下的祸害也没有除掉，这是残害民众的父母并且深深地残害天下的人，没有比这更大的不义了。

【原文】 又曰：君子若钟，击之则鸣，弗击不鸣。应之曰：夫仁人事上竭忠，事亲得孝，务善则美，有过则谏，此为人臣之道也。今击之则鸣，弗击不鸣，隐知豫力①，恬漠待问

而后对。虽有君亲之大利，弗问不言。若将有大寇乱，盗贼将作，若机辟将发也②，他人不知，己独知之，虽其君亲皆在，不问不言，是夫大乱之贼也！以是为人臣不忠，为子不孝，事兄不弟③，交，遇人不贞良。夫执后不言，之朝，物见利使己④，虽恐后言⑤。君若言而未有利焉，则高拱下视，会嚏为深，曰："唯其未之学也⑥。"用谁急⑦，遗行远矣。

【注释】　①知：同"智"。②机辟：打猎所用的弓箭。③弟：同"悌"。④物：视察的意思。⑤虽：即"唯"。⑥其：当为"斯"。⑦谁：即当为"虽"。

【译文】　儒家之士又说：君子就像钟一样，敲击它就发出声音，不敲击就没有声音。我们回应他说：仁义的人侍奉君主应当尽忠，侍奉父母应当尽孝，看到好的要赞美，看到过失要劝谏，这是做臣子的原则。现在却敲击它才响，不敲击就不响，隐藏自己的智慧并留有余力，恬静淡漠地等待别人问才回答。即使有对君主与父母极为有利的事，不问到也不说。如果将有大的叛乱要发生，有盗贼要举事，就如箭在弦上一样紧急，别人都不知道，就自己知道，即使君主和父母都在，不问到也不说，这简直就是作乱的盗贼了！用这种态度来做君主的臣子则不忠，做父母的儿子则不孝，对待兄长就不恭顺，与人交友就不诚实善良。他们遇事后退不言，但到朝廷上，看到对自己有利的事，唯恐说得晚了。君主如果说了对他没有利的话，他们就会高拱双手，眼睛往下看，好像被嚏得很厉害一样，并说："只有这个我没有学过。"事情即使很紧急，他却会远远地走开。

【原文】　夫一道术学业仁义也，皆大以治人，小以任官，远施用偏①，近以修身。不义不处，非理不行。务兴天下之利，曲直周旋，利则止②，此君子之道也。以所闻孔丘之行，则本与此相反谬也。齐景公问晏子曰③："孔子为人何如?"晏子不对。公又复问，不对。景公曰："以孔丘语寡人者众矣，俱以贤人也。今寡人问之，而子不对，何也?"晏子对曰："婴不肖，不足以知贤人。虽然，婴闻所谓贤人者，入人之国，必务合其君臣之亲，而弭其上下之怨。孔丘之荆，知白公之谋④，而奉之以石乞，君身几灭，而白公僇。婴闻贤人得上不虚，得下不危，言听于君必利人，教行下必于上⑤。是以言明而易知也，行明而易从也。行义可明乎民，谋虑可通乎君臣。今孔丘深虑同谋以奉贼，劳思尽知以行邪，劝下乱上，教臣杀君，非贤人之行也。入人之国，而与人之贼，非义之类也。知人不忠，趣之为乱⑥，非仁义之也⑦。逃人而后谋，避人而后言，行义不可明于民，谋虑不可通于君臣，婴不知孔丘之有异于白公也，是以不对。"景公曰："呜乎！觊寡人者众矣⑧，非夫子，则吾终身不知孔丘之与白公同也。"

【注释】　①远施用偏：当为"远用偏施"。偏，通"遍"。②利：当作"不利"。③齐景公：齐国国君，名杵臼。晏子：即晏婴，齐国著名的政治家。④白公：楚平王的孙子，名字叫胜。他与石乞作乱在鲁哀公十六年，而这一年孔子去世。⑤此句当为"教行于下必利上"。⑥趣：促使，怂恿。⑦此句当为"非仁之类也"。⑧觊：赐予，赠予。

【译文】 能够统一道术与学业的是仁义,大可以治理人民,小可以任用官吏,远可以普遍施恩,近可以修身。不义的地方不停留,不合理的事不做。务求兴办对天下有利的事,曲折反复也要去做,没有利就停止,这才是君子的原则。用所听到的孔丘的行为来对比,其根本就是相反的。齐景公问晏子说:"孔子为人怎么样?"晏子不回答。齐景公又问,晏子还是不回答。齐景公说:"跟我说孔子的人很多,都认为他是贤人。现在我问到他,而你不回答,为什么呢?"晏子回答说:"我晏婴无能,没有能力识别贤人。虽然如此,我听说所谓的贤人,到别的国家去,必定要促进君臣间的亲密关系,消除上下之间的怨恨。孔丘到楚国去,知道了白公胜作乱的阴谋,却让石乞去参加他的叛乱,使楚国国君差点遇害,而白公胜遭到杀戮。我听说贤人得到君主信任就不会辜负,得到下人爱护就不会危险,言论令国君听信就必定对民众有利,教化施行于天下必定有利于君主。所以言语明白就易于理解,行为明确就易于依从。行仁义可以让民众知道,出谋划策可以让君臣知道。现在孔丘老谋深算地去帮助贼人,竭尽心智去做偏邪的事,鼓动下面的人反抗上面的人,教唆臣子去杀君主,这不是贤人的行为。到别人的国家里去,却与别国的贼人结交,这不是讲义的人。知道有人不忠心,却还怂恿他去作乱,这不是讲仁的人。在人背后谋划,在人背后说话,行义举不让民众明白,出谋划策不让君臣知道,我不知道孔丘有什么不同于白公胜的,所以不回答。"齐景公说:"啊,你赠予我的太多了,若不是你,那我一辈子都不会知道孔丘竟是与白公胜一样的人。"

【原文】 孔丘之齐见景公,景公说,欲封之以尼谿,以告晏子。晏子曰:"不可!夫儒,浩居而自顺者也①,不可以教下;好乐而淫人,不可使亲治;立命而怠事,不可使守职;宗丧循哀,不可使慈民;机服勉容②,不可使导众。孔丘盛容修饰以蛊世,弦歌鼓舞以聚徒,繁登降之礼以示仪,务趋翔之节以观众③。博学不可使议世,劳思不可以补民,累寿不能尽其学,当年不能行其礼,积财不能赡其乐,繁饰邪术以营世君,盛为声乐以淫遇民,其道不可以期世,其学不可以导众。今君封之,以利齐俗,非所以导国先众。"公曰:"善!"于是厚其礼,留其封,敬见而不问其道。孔丘乃志怒于景公与晏子,乃树鸱夷子皮于田常之门④,告南郭惠子以所欲为,归于鲁。有顷,闲齐将伐鲁⑤,告子贡曰⑥:"赐乎!举大事于今之时矣!"乃遣子贡之齐,因南郭惠子以见田常,劝之伐吴,以教高、国、鲍、晏⑦,使毋得害田常之乱,劝越伐吴。三年之内,齐、吴破国之难,伏尸以言术数⑧,孔丘之诛也!

【注释】 ①浩居:即为"傲倨"。②机:当为"异"。③趋:快步走,疾走。翔:悠闲地行走。④鸱夷子皮:越国的范蠡在灭吴后曾改名为"鸱夷子皮",但其时孔子已死。田常:也写为陈恒,即田成子,曾弑齐简公而篡夺齐国政权,但此事发生时,越国还没灭吴,范蠡尚在越。⑤闲:当为"闻"。⑥子贡:孔子的弟子,名赐。⑦高、国、鲍、晏:齐国当时的四大贵族。⑧言术:疑当为"意率",意,即"亿"。

【译文】　孔丘到齐国去见齐景公,齐景公很高兴,想把尼谿封给他,并告诉了晏子。晏子说:"不行!儒家之士是骄傲轻慢而又自以为是的人,不能教化下民;爱好音乐使人贪图享乐,不能让他们亲自治理政事;坚持有天命的论调并懈怠于做事,不能给他们官职;主张厚葬且悲哀不止,不能爱护民众;穿着奇异的服装而故作恭敬的表情,不能让他引导民众。孔丘乔装打扮来蛊惑世人,奏乐唱歌打鼓跳舞来聚集门徒,讲究烦琐的登降礼节来显示礼仪,努力做出小跑的步伐让民众观看。虽然博学但不能让他们来议论世事,殚精竭虑却对人民没有补益,人们几辈子都不能穷尽他们的学问,已经年长了还是不会行他们的礼,积累的财产也不足以供他们来作乐,美化自己的邪说来迷惑当世的君主,使其音乐极为盛大来使愚笨的民众贪图享乐,他们的理论不能引导世界,他们的学问不能指导民众。现在您想封赏他,想有利于齐国的风俗,这不是引导国家指导民众的办法"。齐景公说:"好!"于是用厚礼对待孔子,但却把封地留下了,恭敬地接见他,却不问他的学说。孔丘对齐景公与晏子都很生气,就把鸱夷子皮介绍到田常门下,并告诉南郭惠子自己的报复计划,而后回到了鲁国。过了一些时候,听说齐国准备攻打鲁国,就告诉子贡说:"子贡啊,做大事就要趁现在这个时机啊!"于是派子贡到齐国去,通过南郭惠子见到田常,劝他去攻打吴国,又教高氏、国氏、鲍氏、晏氏不要妨碍田常作乱,又劝越国攻打吴国。在三年之内,齐国、吴国都遭到国家破灭的灾难,死了十多万人,这都是孔丘杀的呀!

【原文】　孔丘为鲁司寇①,舍公家而于季孙②,季孙相鲁君而走,季孙与邑人争门关③,决植。孔丘穷于蔡陈之间,藜羹不糂④。十日,子路为享豚⑤,孔丘不问肉之所由来而食。褫人衣以酤酒⑥,孔丘不问酒之所由来而饮。哀公迎孔子,席不端弗坐,割不正弗食。子路进,请曰:"何其与陈、蔡反也?"孔丘曰:"来!吾语女。曩与女为苟生⑦,今与女为苟义。"夫饥约则不辞妄取以活身,赢饱则伪行以自饰⑧。污邪诈伪,孰大于此!

【注释】　①司寇:古代官名,专管审理案件的事。孔子在鲁定公九年当过大司寇。②于:同"与",相与、交厚之意。季孙:鲁国贵族,曾逼走鲁昭公而掌握鲁国大权。③此二句前本各有"季孙"二字,当删。④糂:同"糁",米粒。⑤子路:孔子的弟子,字仲由。享:同"烹"。豚:小猪。⑥褫:剥夺的意思。⑦曩:以前。⑧赢:即"盈"。

【译文】　孔丘担任鲁国司寇的时候,舍弃公家而与季孙氏亲厚,为鲁国君主的国相却又逃走,与邑人争夺门闩,他举起门跑掉了。孔丘被困在蔡国和陈国之间,用藜做的羹中没有米粒。过了十天,子路煮熟了一头小猪,孔丘也不问肉是从哪里来的就吃了。剥夺别人的衣服来买酒,孔丘也不问酒是从哪里来的就喝了。后来鲁哀公迎孔子回国,座席没放正他就不坐,肉切得不端正他就不吃。子路进来,问他说:"您为什么与在陈蔡之地时相反了呢?"孔丘说:"过来,我告诉你。过去我和你是为了求生,现在我和你为了求

义。"饥饿的时候就不惜妄取以保全性命,吃得很饱的时候又用虚伪的行为来粉饰自己。奸诈虚伪,没有比这更大的!

【原文】 孔丘与其门弟子闲坐,曰:"夫舜见瞽叟①,就然②,此时天下坂乎③! 周公旦非其人也邪? 何为舍亓家室而托寓也④?"孔丘所行,心术所至也。其徒属弟子皆效孔丘:子贡、季路辅孔悝乱乎卫⑤;阳货乱乎齐⑥;佛肸以中牟叛⑦;桼雕刑残⑧。莫大焉⑨。夫为弟子后生其师⑩,必修其言,法其行,力不足知弗及而后已。今孔丘之行如此,儒士则可以疑矣。

孔丘像

【注释】 ①瞽叟:舜的父亲。②就:同"蹙"。③坂:即"岌",危险的意思。④舍亓家室而托寓:据说周公辅佐年幼的成王,成王长大后,便把权力还给他,自己舍弃三公之位,住到东方去。亓,"其"的古字。⑤孔悝:卫国执掌大权的贵族,曾与卫太子结盟驱逐了卫君辄。⑥阳货:鲁国季氏家臣,有人认为他是孔子的弟子。⑦佛肸:春秋时晋国中牟县宰,曾发动叛乱,使人召孔子,孔子想去,被弟子劝阻。⑧桼雕:孔子弟子,复姓漆雕。⑨句前疑脱一"暴"字。⑩其:意同"之"。

【译文】 孔丘和他的门下弟子闲坐,说:"舜见了瞽叟,总是蹙然不安,当时天下真危险呀! 周公旦还称不上是仁义之人吧? 他为什么抛弃他的家室而寄居在外呢?"孔丘的所作所为,都由他的心术所决定。他的门人弟子都效法孔丘:子贡、季路辅佐孔悝在卫国作乱;阳货在齐作乱;佛肸占据中牟发动叛乱;漆雕氏极为残暴。暴戾没有比这更大的了。凡是为弟子的老师,弟子必定会学习他的语言,效法他的行为,直到力量不足、智力不及才作罢。现在孔丘的行为却是这个样子,那么一般的儒家之士就很可怀疑了。

墨经·光学类

【题解】

《墨子》中有一类极为独特的文字,那就是中国古代著述史上号称难读的《墨经》。一般认为《墨经》包括《经上》《经下》《经说上》《经说下》,有的研究者把《大取》《小取》二篇也算进来,共六篇。之所以难读,有两点:一是形式上的,其语句古奥难通,加之文极约而义极丰,且文字的错讹与淆乱也极多,造成了阅读上的障碍;二是内容上的,《墨经》包括了先秦以来中华文化中积累的各种知识与经验,包罗很广,如谭戒甫的《墨经分类译注》

一书就大致分出名言类、自然类、数学类、力学类、光学类、认识类、辩术类、辩学类、政法类、经济类、教学类和伦理类来，很多都是极为专业的知识，一般人读起来当然会有困难。

《墨经》取得了如此广泛而卓越的成就，而我们只能选择一部分介绍。现据谭戒甫《墨经分类译注》一书，选择其"光学类"的八条，其间涉及了小孔成像的原理、凹透镜与凸透镜成像原理等内容，由此也可看出，在光学的领域，墨子的确是远远地走在了世间的前边！当然，这也只是尝鼎一脔而已，有兴趣的读者自可去参看有关著作。

【原文】 【经】景不徙①。（下经：18）②说在改为③。【说】④景：光至，景：——亡，若在；尽，古息⑤。

【注释】 ①景：同"影"。不：为衍文，当删。②《墨经》为分上、下两部分，关于光学的八条均在《经下第四十一》中，其后之数字指此条文字原在《墨经》中的位置。③为：读为"伪"，亦作"讹"，即变化之义。④说：《墨经》中，"经"分为上下两部分，其后又有"经说"的上下两部分，这是与"经"相辅以解释经的，故名"说"。本书将与经文相关的"经说"文字也列于同一条来注解。⑤"光至"几句：所指实为一种生活经验，如持一炽热的火炭挥舞，就会发现出现了连续的光的线条，这些线条看似连贯之线，其实却是一节一节间断的。光至，指光的迅速移动。亡，同"无"。尽，指全有。古，同"姑"。

【译文】 【经】光下的影子移动。由于物体的连续变化。【说】比如一个光点快速移动，这些光影没有的地方好像是有，有的地方又好像是没有。

【原文】 【经】景二①。（下经：19）说在重。【说】景：二光夹一光②。一光者景也。

【注释】 ①一个物体放在光体前，其光线被阻后形成的黑暗处称为影，即"本影"，又有虚影在本影周边，称为"副影"。②此句释上面的原理，见下图：光体 AB 四射的光线经过物体 CD 在后边的屏上形成了暗影。这种影子一个是通过光点 A 经过 C 到达 E、光点 B 通过 D 到达 F 而形成的；而光点 A 还通过 D 到达了 G，光点 B 还通过 C 到达了 H，那么 GH 也形成了一个影子，这个影子是个虚影。所以叫"二光夹一光"。

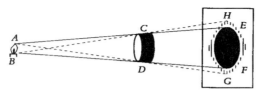

【译文】 【经】光体成影有两个。因为发生了重影。【说】两光线夹一个光体。一光点形成一影。

【原文】 【经】景到①，在午有端②，与景长③。（下经：20）说在端。【说】景：光之人④，照若射。下者之人也高；高者之人也下。足蔽下光，故成景于上；首蔽上光，故成景于下。在远近有端与于光，故景库内也⑤。

【注释】　①到:即"倒"。②午:即几何中所说的交点。端:即点,指小孔。③与影长:关系光线长短。与,读为"预",关系到某事的意思。④之:即"至",此言光线是直行的。⑤这一条主要说的就是小孔成像的原理,见下图:看图甲:AB 为一个光体,其光线穿过隔屏的小孔而射于照壁上,会形成 CD 这样的倒影。而且墨子也指出了其原因,就是在于光线是直线传播的,那么 A 点光线通过小孔后在照壁上却为 C 点,而以此类推,所有的光点都是这样形成影子,直到 B 点通过小孔达到 D 点,就会在照壁上形成倒影。至于"与景长",则可看图乙。也就是说,影子的长短大小取决于光线的长短,实际也可以说是取决于隔屏在光体与照壁间的位置,距光近,距照壁远,则影大于实物,如图甲;若距照壁近而距光体远,则影小于实物,如图乙。

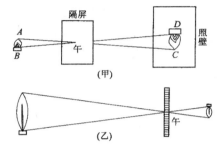

(甲)

(乙)

【译文】　【经】影子倒立,在于光线交点处有小孔,而影子的大小系于光线的长短。因为交点极小。【说】光线照到人身上像射出的箭一样直。所以下边的光线射到人反而高;上边的光线射到人反而低。脚挡住了下边的光线,所以成像在上边;头挡住了上边的光线,所以成像在下边。交点的远近会关系到光线,因此也关系到通过小孔的影子。

【原文】　【经】景迎日。(下经:21) 说在转①。【说】景:日之光反烛人,则景在日与人之间②。

【注释】　①转:指回光返照的日光。②此句指日光照在反光体如镜子上,反射出的光若照到人体再形成的影子,则会落入人与日光之间。

【译文】　【经】影子向着日光。在于回光返照。【说】太阳回光返照于人,则影子在太阳与人中间。

【原文】　【经】景之小大①。(下经:22)说在杝正、远近②。【说】景:木正③,景短、大;木杝,景长、小。火小于木,则景大于木,非独小也④。远近⑤。

【注释】　①景:此条指光。②杝正:即迤正,斜正的意思。③木:代指受光的物体。④非独小也:这句是省文,意思是说不只是"火小于木"成立,反过来,"火在于木,则景小于木"也成立。⑤远近:亦为省文。意思是说,上条所说的小与大二项用远与近来说也成立。这里指物体距光体越远,其受光面积越大,但光的强度越小;距光体越近,其受光面

积越小,而光的强度越大。

【译文】　【经】影子有大小的区别。原因在于受光的物体有斜正与远近的区别。【说】物体正,所受光照的面积小而光的强度大;物体斜,所受光照的面积大而光的强度小。光体小于物体,影子就大于物体;不只是小会这样。远近也是一样。

【原文】　【经】临鉴而立,景到①。（下经:23）多而若少②。说在寡区③。【说】临:正鉴,景寡。貌能、白黑、远近、杘正、异于光④。鉴当,景俱⑤。就、去,亦当俱,俱用北⑥。鉴者之臬于鉴⑦,无所不鉴。景之臬无数,而必过正;故同处其体俱,然鉴分。

【注释】　①景:此处指像。②此指二平镜的重复反射原理,即二镜角度小,成像多;二镜角度大,成像就少。③寡区:一个平镜为一百八十度,但只成一像,而折为九十度,则成三像(有一像在镜的背后),至十二度时,成二十九像;角度大小与成像多少成反比。所以说"多而若少",其原因在于成像多的,其角度之区面寡少,反射重复。④能:即"态"。这一句是解释经文中"景到"二字的。异:即"冀",对望的意思。⑤俱:指俱像。即两面镜子同时反射在一个点上的影像。⑥就:靠拢。去:摆开。北:同"背"。此条说明两面镜子角度不同时成像数量亦不同。但都有俱像。如下图:AB 与 AC 各为一平面镜,其角度的开合会影响到成像的数量,现在角度 BAC 为 45 度,如果 D 为一物体,E 为人的观察点的话,会发现,D 会在平镜 AB 中形成像(1),而像(1)又反射入平镜 AC 中形成像(2),(2)再反射入 AB 镜中形成(3),(3)再反射入 AC 镜中形成(4);反之,D 也会在平镜 AC 中形成像(5),后依次反射得到(6)、(7)、(8),而像(8)与像(4)是重合的,而且这一"俱像"是成像于镜子的背面,所以是看不到的。⑦臬:本指射箭的靶子,此代指光线的反射。

【译文】　【经】一个物体立在镜子上,所成的像是倒着的。

成像多犹如成像少一样。

由于和两个平镜角度大小成反比例的缘故。

【说】平面镜成像只有一个。

影倒是因为像的形态、白黑、远近、斜正,都是人的眼睛看到反射出来的光线的缘故。

两个平镜的一端相接而成正角时,有合在一起的俱像。

两个平镜的正角再靠拢一些或摆开一些,也应当有俱像,只是后者因在镜的背后而不见了。

临镜物体反射于镜面间,都是互相对望的。

像的反射很多,但必定角度不要太正;所以同一处的部分虽有俱像,但两个镜子的界限却是分明的。

【原文】　【经】鉴低①,景二——一小而易②;一大而正。（下经:24）说在中之外、内③。

【说】鉴：中之内，鉴者——远中，则所鉴大，景亦大；近中，则所鉴小，景亦小；而必正。起于中缘正而长其直也④。

中之外，鉴者——近中，则所鉴大，景亦大；远中，则所鉴小，景亦小；而必易。合于中缘正而长其直也。

【注释】 ①鉴低：此低指镜面的凹入，故指凹透镜。②易：倒置。③中：据谭戒甫说，此"中"字兼指焦点与弧心而言。④此节是讲凹透镜成像原理的，需要知道共轭点这个概念：当一个物体放在某个位置上能得到一个实像时，可以把物体移到像的位置，在物体原来所在的位置就会得到一个像。这样可以互换的位置叫作透镜的"共轭点"。

【译文】 【经】凹面镜成像分两类：一是小且倒着的；一是大且正着的。

这是由于光体一在弧心以外，一在焦点以内的缘故。

【说】在焦点以内：光体远于焦点，则所照的光强，像也大；近于焦点，则所照的光弱，像也小；但都必定是正立的。当光体最近于焦点，平行于正轴的光线反射向后引长，当成为极长的共轭点，而像更远离镜后了。

在弧心以外：光体近于弧心，则所照的光强，像也大；远于弧心，则所照的光弱，像也小；但像都是倒着的。右光体合于弧心，则平行于正轴的光线反射，当成极长的共轭点，而像则与光体相等而仍为倒像。

【原文】 【经】鉴团①，景一。（下经：25）

说在荆之大②。

【说】鉴：鉴者近，则所鉴大，景亦大；亓远③，所鉴小，景亦小；而必正。

景过正，故招。

【注释】 ①团：指镜面如球状，即凸镜。②荆：通常写为"刑"，即"形"，指光体。③亓："其"的古字。

【译文】 【经】凸面镜成像只有一个。

以光体总是较大的缘故。

【说】光体移近于镜，则所照的光强，而所成的像也大；光体移远，则光较弱，而像也小；但这些像必定都是正的。

若光体离镜太远，像就反常，所以招摇无定了。

耕柱

【题解】

在先秦的论说文中，《墨子》的文章最先脱离了语录体那种片段式的面貌，并走进了

专题性散文的新领地。这在前面的文章中看得很清楚。然而，从这一篇开始，在以下的几篇中，《墨子》又突然回归到语录体上去，也可以看出，《墨子》在文体上的游移不定。

因为是语录体，所以，内容较为驳杂，并没有一个固定的核心，通常是一问一答，在问答中表现墨子的一些主张。但是，正因为如此，这篇文章却更鲜明地体现出了墨子多方面的形象：如与巫马子的几次对话体现了他的机智、善辩；与治徒娱、公孟子的对话表现出了他的通达；与子夏之徒、鲁阳文君的对话又充满了凛然的气象；而与其弟子高石子的一段则更为生动，可以比之于《论语》中的侍坐一节。

【原文】 子墨子怒耕柱子①。耕柱子曰："我毋俞于人乎②?"子墨子曰："我将上大行③，驾骥与羊，我将谁驱?"耕柱子曰："将驱骥也。"子墨子曰："何故驱骥也?"耕柱子曰："骥足以责。"子墨子曰："我亦以子为足以责。"

【注释】 ①耕柱子：墨子的弟子。②俞：即"愈"，胜过的意思。③大行：即太行。

【译文】 墨子对耕柱子发怒。耕柱子说："难道我没有胜过别人的地方吗?"墨子说："我准备上太行山，驾车的有良马和羊，我应该驾驭哪一个呢?"耕柱子说："应该驾驭良马。"墨子说："为什么要驾良马呢?"耕柱子说："因为良马可以担负起驾车上山的责任。"墨子说："我认为你也足以担负重任啊。"

【原文】 巫马子谓子墨子曰①："鬼神孰与圣人明智?"子墨子曰："鬼神之明智于圣人，犹聪耳明目之与聋瞽也②。昔者夏后开使蜚廉折金于山川③，而陶铸之于昆吾。是使翁难卜于白若之龟④，曰：'鼎成三足而方，不炊而自烹，不举而自臧⑤，不迁而自行，此祭于昆吾之虚⑥，上乡⑦!'卜人言兆之由曰：'飨矣! 逢逢白云⑧，一南一北，一西一东，九鼎既成，迁于三国。'夏后氏失之，殷人受之；殷人失之，周人受之。夏后、殷、周之相受也，数百岁矣。使圣人聚其良臣与其桀相而谋，岂能智数百岁之后哉? 而鬼神知之。是故曰：鬼神之明知于圣人也，犹聪耳明目之与聋瞽也。"

【注释】 ①巫马子：人名，为儒家之士。②瞽：瞎子。③夏后开：即大禹的儿子夏启。蜚廉：即费廉，夏朝的大臣。折金：挖掘铜矿。④翁难：占卜者的名字。白若之龟：当为"百若之龟"，即"百灵之龟"。⑤臧：即"藏"。⑥虚：同"墟"。⑦上乡：即"尚飨"，请上面的鬼神来享用，古时祝辞结尾的定式。⑧逢逢：即"蓬蓬"，盛大的意思。

【译文】 巫马子对墨子说："鬼神与圣人谁更明智?"墨子说："鬼神比圣人明智，就好像耳聪目明的人之于聋子和瞎子一样。从前夏启命令蜚廉在山川中开采铜矿，而在昆吾山铸鼎。于是让翁难用百灵之龟来占卜，卜辞说：'鼎铸成后有三只脚，呈方形，不生火自己就能烹调食物，不用往里面放东西它自己就会收藏，不用搬移自己就会走，以此在昆吾之墟上祭祀，请上面的鬼神来享用!'占卜的人解释了卦象的情况并说了占辞：'神已经享用了! 簇簇白云，一簇在南，一簇在北，一簇在西，一簇在东，九鼎铸成后，将流传三个

国家.'后来夏后氏把九鼎失落了,殷商的人得到了;殷商的人失落了,周人又得到了。夏、商、周的人互相传授,经历了几百年。即使圣人聚集良臣与杰出的宰相一起谋划,哪里能知道几百年之后的事呢?但是鬼神却知道。所以说:鬼神比圣人明智,就好像耳聪目明的人之于聋子和瞎子一样。"

【原文】 治徒娱、县子硕问于子墨子曰[1]:"为义孰为大务?"子墨子曰:"譬若筑墙然,能筑者筑,能实壤者实壤,能欣者欣[2],然后墙成也。为义犹是也,能谈辩者谈辩,能说书者说书,能从事者从事,然后义事成也。"

【注释】 [1]治徒娱、县子硕:二人名,均为墨子的弟子。[2]欣:通"掀",即挖土的意思。

【译文】 治徒娱、县子硕问墨子说:"做有义的事最重要的是什么?"墨子说:"就好像筑墙一样,能筑墙的就筑墙,能填土的就填土,能挖土的就挖土,这样墙才可以筑成。做义事也是这样,能演说的就演说,能讲书的就讲书,能做事的就做事,这样义事才可以成功。"

【原文】 巫马子谓子墨子曰:"子兼爱天下,未云利也[1];我不爱天下,未云贼也。功皆未至,子何独自是而非我哉?"子墨子曰:"今有燎者于此,一人奉水将灌之[2],一人掺火将益之[3],功皆未至,子何贵于二人?"巫马子曰:"我是彼奉水者之意,而非夫掺火者之意。"子墨子曰:"吾亦是吾意,而非子之意也。"

【注释】 [1]云:即"有"的意思。[2]奉:通"捧"。[3]掺:即"操"。

【译文】 巫马子对墨子说:"您兼爱天下,却没有什么利益;我不爱天下,也没有什么害处。我们都没有什么结果,您为什么只认为自己正确而认为我不正确呢?"墨子说:"假如现在有人在这里放火,有一个人捧水准备来灭火,有一个人又拿了火来准备助长火势,都还没有成功,你认为这两个人谁是对的呢?"巫马子说:"我认为那个捧水人的用意是对的,而操火人的用意是不对的。"墨子说:"我也认为我的用意是对的,而认为你的用意是不对的。"

【原文】 子墨子游荆耕柱子于楚[1]。二三子过之,食之三升[2],客之不厚。二三子复于子墨子曰:"耕柱子处楚无益矣。二三子过之,食之三升,客之不厚。"子墨子曰:"未可知也。"毋几何而遗十金于子墨子[3],曰:"后生不敢死[4],有十金于此,愿夫子之用也。"子墨子曰:"果未可知也!"

【注释】 [1]游:游扬、举荐之意。荆:代指楚国。[2]三升:古代五升相当于现在的一升,而且据《庄子》记载可知,五升才可以吃饱。[3]十金:即十镒黄金,一镒二十两。[4]不敢死:当为"不敢私"。

【译文】 墨子举荐耕柱子到楚国去做官。有几个同门去探望他,他每餐只供给三升

米，招待不优厚。这几个人回来对墨子说："耕柱子在楚国也没有什么好处。我们几个人去探望他，他每餐只供给三升米，招待不优厚。"墨子说："这还不能论定。"没过多久，耕柱子送了十镒黄金给墨子，说："弟子不敢藏私，这里有十镒黄金，请老师使用。"墨子说："果然不能论定啊！"

【原文】　巫马子谓子墨子曰："子之为义也，人不见而助，鬼不见而富①，而子为之，有狂疾！"子墨子曰："今使子有二臣于此，其一人者见子从事，不见子则不从事；其一人者见子亦从事，不见子亦从事，子谁贵于此二人？"巫马子曰："我贵其见我亦从事，不见我亦从事者。"子墨子曰："然则，是子亦贵有狂疾者。"

【注释】　①富：即"福"。

【译文】　巫马子对墨子说："您做义事，人们没有看见您做义事来帮助您，鬼神也没有看到您做义事来福佑你，但您还是这么做，您是有疯病吧！"墨子说："现在如果你有两个家臣在这里，其中一个人见到你就做事，见不到你就不做事；另一个人见到你就做事，见不到你也做事，你在这两个人中器重谁？"巫马子说："我器重那个见到我做事，见不到我也做事的人。"墨子说："这样的话，你也器重有疯病的人。"

【原文】　子夏之徒问于子墨子曰①："君子有斗乎？"子墨子曰："君子无斗。"子夏之徒曰："狗豨犹有斗②，恶有士而无斗矣？"子墨子曰："伤矣哉！言则称于汤文，行则譬于狗豨，伤矣哉！"

【注释】　①子夏：孔子的弟子。②豨：猪。

【译文】　子夏的学生问墨子说："君子之间有争斗吗？"墨子说："君子没有争斗。"子夏的学生说："狗和猪尚且有争斗，士人怎么会没有争斗呢？"墨子说："可悲啊！言谈总是列举商汤与周文王，而行为却比作狗与猪，可悲啊！"

【原文】　巫马子谓子墨子曰："舍今之人而誉先王，是誉槁骨也。譬若匠人然，知槁木也①，而不知生木。"子墨子曰："天下之所以生者，以先王之道教也。今誉先王，是誉天下之所以生也。可誉而不誉，非仁也。"

【注释】　①槁木：枯木。

【译文】　巫马子对墨子说："舍弃当今的人而去称颂先王，这是在称颂枯骨啊。就像木匠一样，只知道干枯的木头，却不懂得活生生的树木。"墨子说："天下人之所以能生存，是因为用先王的原则来教化的结果。现在称颂先王，就是称颂天下人所赖以生存的东西。该称颂的却不称颂，这就是不仁。"

【原文】　子墨子曰："和氏之璧①，隋侯之珠②，三棘六异③，此诸侯之所谓良宝也。可以富国家、众人民、治刑政、安社稷乎？曰：不可。所谓贵良宝者，为其可以利也④。而和氏之璧、隋侯之珠、三棘六异不可以利人，是非天下之良宝也。今用义为政于国家，国有

187

必富,人民必众,刑政必治,社稷必安。所为贵良宝者,可以利民也,而义可以利人,故曰,义天下之良宝也。"

【注释】 ①和氏之璧:《韩非子》里说,楚人和氏在荆山发现一块玉石,献给楚厉王和楚武王,但都被认为是用石头来欺君,被砍掉了两条腿。文王即位,和氏抱此玉在荆山下哭,文王派人去琢这块玉石,果然发现是无价之宝,后称此玉为"和氏璧"。②隋侯之珠:古代隋国一个诸侯曾看见一条受伤的大蛇,便给它治伤,后来大蛇从江中衔了一颗明月珠来报答他,此珠便被称为"隋侯珠"。③三棘六异:同"三翮六翼",鼎足中空叫翮,鼎的六耳叫翼,即指九鼎。④利:当作"利民"。

【译文】 墨子说:"和氏璧、隋侯珠、九鼎,这都是诸侯们所认为的贵重宝物。但可以用它来使国家富有、人口增多、刑法政事得到治理、社稷得到安定吗?回答说:不行。有的宝物之所以值得珍视,是因为它可以让民众得利。但是和氏璧、隋侯珠与九鼎并不能让人民得利,所以这不是天下的良宝。现在用义来施政于国家,国家一定会富有,人口一定会增多,刑法与政事必定会得到治理,社稷必定会得到安定。宝物之所以值得珍视,是因为它可以让民众得利,而义可以让民众得利,所以说:义是天下值得珍视的宝物。"

【原文】 叶公子高问政于仲尼①,曰:"善为政者,若之何?"仲尼对曰:"善为政者,远者近之,而旧者新之。"子墨子闻之曰:"叶公子高未得其问也,仲尼亦未得其所以对也。叶公子高岂不知善为政者之远者近也,而旧者新是哉②!问所以为之若之何也。不以人之所不知告人,以所知告之,故叶公子高未得其问也,仲尼亦未得其所以对也。"

【注释】 ①叶公子高:楚国的大夫,名诸梁,字子高。②是哉:当为"之哉是","是"字属下读。

【译文】 叶公子高向孔子请教施政之道,说:"善于施政的人是怎么做的呢?"孔子回答说:"善于施政的人,要使疏远的人亲近,使老交情有新鲜感。"墨子听到了,就说:"叶公子高没有问出他想问的问题,孔子也没有回答出叶公子高想要知道的答案。叶公子高难道不知道善于施政的人是要使疏远的人亲近,使老交情有新鲜感嘛!他是要问做到这一点应该怎么去做。不把别人不懂地告诉别人,而把别人知道地告诉别人,所以说叶公子高没有问出他想问的问题,孔子也没有回答出叶公子高想要知道的答案。"

【原文】 子墨子谓鲁阳文君曰①:"大国之攻小国,譬犹童子之为马也。童子之为马,足用而劳。今大国之攻小国也:攻者,农夫不得耕,妇人不得织,以守为事;攻人者,亦农夫不得耕,妇人不得织,以攻为事。故大国之攻小国也,譬犹童子之为马也。"

【注释】 ①鲁阳文君:即鲁阳文子,楚平王的孙子,封于鲁山之阳。

【译文】 墨子对鲁阳文君说:"大国攻打小国,就好像儿童趴在地上当马一样。儿童当马,手足疲惫、身体劳苦。现在大国来攻打小国:被攻打的,农民不能耕种,妇女不能织

布,都以防守为事;进攻者,也是农民不能耕种,妇女不能织布,而都以进攻为事。所以大国攻打小国,就好像儿童趴在地上当马一样。"

【原文】　子墨子曰:"言足以复行者,常之①;不足以举行者,勿常。不足以举行而常之,是荡口也。"

【注释】　①常:通"尚",崇尚。

【译文】　墨子说:"言论如果能够多次验证于行动的话,就崇尚它;言论如果不能见之于行动,就不要崇尚它。言论不能见之于行动而又崇尚它,那就是说空话。"

【原文】　子墨子使管黔滶游高石子于卫①,卫君致禄甚厚,设之于卿。高石子三朝必尽言,而言无行者。去而之齐,见子墨子曰:"卫君以夫子之故,致禄甚厚,设我于卿。石三朝必尽言,而言无行,是以去之也。卫君无乃以石为狂乎!"子墨子曰:"去之苟道,受狂何伤!古者周公旦非关叔②,辞三公,东处于商盖③,人皆谓之狂,后世称其德,扬其名,至今不息。且翟闻之:为义非避毁就誉,去之苟道,受狂何伤!"高石子曰:"石去之,焉敢不道也。昔者夫子有言曰:'天下无道,仁士不处厚焉。'今卫君无道,而贪其禄爵,则是我为苟陷人长也④。"子墨子说,而召子禽子曰⑤:"姑听此乎!夫倍义而乡禄者⑥,我常闻之矣;倍禄而乡义者,于高石子焉见之也。"

【注释】　①管黔滶:应为"管黔敖",与高石子均为墨子的弟子。游:游扬,举荐。②周公旦:即周公,姓姬名旦,周文王的儿子,武王的兄弟,曾平息管叔和蔡叔的叛乱。关叔:即"管叔"。③商盖:当为"商奄",地名。周公辅佐成王,后还政于成王后,便交还权力,自己住到商奄去。④苟陷人长:当作"苟啗人粻"。粻,粮食。⑤子禽子:即禽滑釐,墨子门下有名的弗子。⑥倍:通"背",乡:通"向"。下同。

【译文】　墨子让管黔敖举荐高石子到卫国去,卫国国君给高石子很优厚的俸禄,并安排他做卿。高石子三次朝见时都把意见全部说出来,他的意见却没有被采用。他离开卫国到了齐国,见到墨子说:"卫国国君因为老师您的缘故,给我优厚的俸禄,把我列为卿。我三次朝见时都把意见全部说出来,但却没有被采纳,所以离开它。卫国国君或许会以为我狂妄吧!"墨子说:"只要离去是符合道义的,背上狂妄的名声又有什么影响呢!古时候周公旦受到管叔的诋毁,便辞去了三公的职位,而住到东方的商奄去,世人都称他狂妄,但后世人却称颂他的德行,传扬他的美名,直到现在还没有消失。况且我听说:做义事不是为了躲避批评而追求赞誉,只要离去是符合道义的,背上狂妄的名声又有什么影响呢!"高石子说:"我离开卫国,哪里敢不遵守道义啊!从前老师您曾说过:'天下没有道义,仁人义士就不应该处在俸禄优厚的位置上。'现在卫国国君没有道义,如果贪图他的俸禄和爵位,那我就是白吃人家的粮食。"墨子很高兴,召见禽滑釐说:"听听这些话吧!背弃仁义而追逐俸禄的人。我经常听说;放弃俸禄而追求仁义的人,今天在高石子身上

看到了。"

【原文】　子墨子曰:"世俗之君子,贫而谓之富,则怒;无义而谓之有义,则喜。岂不悖哉①!"

【注释】　①悖:荒谬。

【译文】　墨子说:"世俗的君子,如果他很穷你却说他很富,他就会发怒;如果他不义而你称他有义,他就会很高兴。这不是很荒谬吗?"

【原文】　公孟子曰①:"先人有则,三而已矣②。"子墨子曰:"孰先人而日有则,三而已矣?子未智人之先有、后生③。"

【注释】　①公孟子:即公明仪,是曾子的弟子,属于儒家之士。②三:当读为"参"。③智:同"知"。

【译文】　公孟子说:"先人已有了法则,今人只需参稽而行就可以了。"墨子说:"谁说先人已有了法则,我们只需参稽而行就可以了?你还没有理解什么是先产生的,什么是派生出来的。"

【原文】　有反子墨子而反者①:"我岂有罪哉?吾反后。"子墨子曰:"是犹三军北,失后之人求赏也。"

【注释】　①反:上一"反"字为背弃之意,下一反字同"返"。句末当补一"曰"字。

【译文】　有背弃了墨子又回到墨子门下的弟子说:"我难道有罪吗?我的背弃比别的人还要晚些。"墨子说:"这就好像军队打了败仗,落伍的人还要求奖赏一样。"

【原文】　公孟子曰:"君子不作,术而已①。"子墨子曰:"不然!人之其不君子者,古之善者不诛②,今也善者不作。其次不君子者,古之善者不遂③,己有善则作之,欲善之自己出也。今诛而不作,是无所异于不好遂而作者矣。吾以为古之善者则诛之,今之善者则作之,欲善之益多也。"

【注释】　①术:当为"述"。②诛:当为"诛",即"述"。下同。③遂:当为"述"。下同。

【译文】　公孟子说:"君子并不创作,只是阐述而已。"墨子说:"不对!众人中极没有君子品行的人,对古代好的东西不阐述,对现在好的东西也不去创作。再次一等没有君子品行的人,对古代好的东西不阐述,自己有了的好的东西就去创作,就是想让这种好的东西出于自己之手。现在只阐述而不创作,这与不喜欢阐述而去创作的人没有什么不同。我认为对古代好的东西要阐述继承,对现在好的东西要创造,不过是希望好的东西越来越多罢了。"

【原文】　巫马子谓子墨子曰:"我与子异,我不能兼爱。我爱邹人于越人,爱鲁人于邹人,爱我乡人于鲁人,爱我家人于乡人,爱我亲于我家人,爱我身于吾亲:以为近我也。

击我则疾,击彼则不疾于我,我何故疾者之不拂^①,而不疾者之拂?故有我有杀彼以我^②,无杀我以利^③。"子墨子曰:"子之义将匿邪,意将以告人乎?"巫马子曰:"我何故匿我义?吾将以告人。"子墨子曰:"然则,一人说子^④,一人欲杀子以利己;十人说子,十人欲杀子以利己;天下说子,天下欲杀子以利己。一人不说子,一人欲杀子,以子为施不祥言者也;十人不说子,十人欲杀子,以子为施不祥言者也;天下不说子,天下欲杀子,以子为施不祥言者也。说子亦欲杀子,不说子亦欲杀子,是所谓经者口也^⑤,杀常之身者也^⑥!"

子墨子曰:"子之言恶利也?若无所利而不言^⑦,是荡口也。"

【注释】 ①拂:帮助的意思。②有我:或当为"义"字之误分。以我:当作"以利我"。③以利:当作"以利彼"。④说:同"悦",心悦诚服的意思。⑤经:当读为"刭"。⑥之:即"至"字。⑦不:此字当删。

【译文】 巫马子对墨子说:"我和你不同,我不能做到兼爱。我爱邹国人胜于爱越国人,爱鲁国人胜于爱邹国人,爱我家乡的人胜于爱鲁国人,爱我的家人胜于爱家乡的人,爱我的父母胜于爱我的家人,爱我自己胜于爱我的父母:因为更贴近自身的缘故。打我的话我会感到疼痛,打别人我就不会感到疼痛,我为什么不帮助能感受到疼痛的自己,而去帮助我感受不到疼痛的别人呢?因此就义理而言,有杀别人来利于我的情况,没有杀我来利于别人的情况。"墨子说:"你的这种道义是要藏起来,还是要告诉别人呢?"巫马子说:"我为什么要把我的道义藏起来呢?我要告诉别人。"墨子说:"要是这样的话,如果有一个人信服你的说法,这一个人就想要杀你来利于他自己;十个人信服你的说法,就有十个人想要杀你来利于他们自己;天下的人都信服你的说法,天下的人就都想要杀你来利于他们自己。但如果有一个人不信服你的说法,这个人就想要杀你,因为认定你是传播不祥之言的人;十个人不信服你的说法,就有十个人想杀你,以为你是传播不祥之言的人;天下的人都不信服你的说法,全天下的人都想要杀你,以为你是传播不祥之言的人。信服你的人想要杀你,不信服你的人也想要杀你,这就是所谓的祸从口出,杀戮常至自身啊!"

墨子又说:"你说的话有什么益处呢?如果没有益处还要说,就是徒费唇舌。"

【原文】 子墨子谓鲁阳文君曰:"今有一人于此,羊牛犓豢,维人但割而和之^①,食之不可胜食也。见人之生饼,则还然窃之,曰:'舍余食^②。'不知日月安不足乎^③,其有窃疾乎?"鲁阳文君曰:"有窃疾也。"子墨子曰:"楚四竟之田,旷芜而不可胜辟,评灵数千^④,不可胜^⑤,见宋、郑之闲邑,则还然窃之,此与彼异乎?"鲁阳文君曰:"是犹彼也,实有窃疾也。"

【注释】 ①维人:当为"饔人",即厨子。但:即"袒"。②舍:当读若"舒"。③日月:当为"甘肥"。④评灵:疑为"平虚"二字。⑤此句下当补一"用"字。

【译文】 墨子对鲁阳文君说:"现在这里有一个人,牛羊牲畜,厨子袒胸露背为他宰杀烹调,吃都吃不完。看见别人不熟的饼,却赶快去偷来,并说:'我的食物可以宽裕了。'不知是他的美味食品还不够多,还是他有偷窃的毛病?"鲁阳文君回答:"是有偷窃的毛病。"墨子说:"楚国四面边境之内的田地,空旷荒芜的都开垦不完,无人居住的城池也有数千,用都用不完,但看见宋国和郑国的空城,就赶快去窃取,这与上述那种人有差别吗?"鲁阳文君回答说:"这与那种人一样,确实是有偷窃的毛病。"

【原文】 子墨子曰:"季孙绍与孟伯常治鲁国之政,不能相信,而祝于丛社①,曰:'苟使我和。'是犹弇其目②,而祝于丛社曰:'苟使我皆视。'岂不缪哉③!"

【注释】 ①丛社:即神祠。②弇:同"掩"。③缪:通"谬"。

【译文】 墨子说:"季孙绍与孟伯常共同治理鲁国的国政,但互相不能信任对方,于是在神社里祷告,说:'请让我们和好吧!',这就好像把眼睛遮住,却到神社里祷告说:'请让我能够看见吧。'这岂不是很荒谬吗?"

【原文】 子墨子谓骆滑氂曰①:"吾闻子好勇。"骆滑氂曰:"然!我闻其乡有勇士焉,吾必从而杀之。"子墨子曰:"天下莫不欲与其所好,度其所恶②。今子闻其乡有勇士焉,必从而杀之,是非好勇也,是恶勇也。"

【注释】 ①骆滑氂:人名。②度:为"敿",即"杜"字。

【译文】 墨子对骆滑氂说:"我听说你喜好勇武。"骆滑氂说:"是的!我要是听说乡里有勇士,就一定要去把他杀掉。"墨子说:"天下没有人不想与他所喜爱的人交往,而杜绝他所厌恶的人。现在你听到乡里有勇士,就一定要去把他杀掉,这不是喜好勇武,而是厌恶勇武。"

贵义

【题解】

此篇在后四篇语录体的文字中稍显例外,这仅从篇名即可看出。其他几篇几乎皆以人名为名,故于全篇的旨意无所揭示,而此篇之名则与其前的专题论文相类,是对于一种理论的标举。虽然全篇仍是语录体的零散形式,但大都与"贵义"有关,可见此篇在整理成文时编者进行了有意识的选择汇集。

文中有些对话虽然简单,却颇能体现墨子的性格,如"南游使卫"一节,墨子最后对弦唐子说"而子何怪焉",委婉含蓄地表示出对弦唐子的不屑;"仕人于卫"一节则通过一个小小的假设揭示出仕者的虚伪,这种虚伪也许是仕者本人都没有感觉到的,这更可见出墨子的犀利;最可贵的是"吾言足用矣"一段,由此可以看出墨子对自己学说的超强自信,

这也正是一个清醒而深刻的思想家所应有的勃然之也气概。

【原文】 子墨子曰：万事莫贵于义。今谓人曰："予子冠履，而断子之手足，子为之乎？"必不为，何故？则冠履不若手足之贵也。又曰："予子天下而杀子之身，子为之乎？"必不为，何故？则天下不若身之贵也。争一言以相杀①，是贵义于其身也。故曰，万事莫贵于义也。

【注释】 ①一言：即指义。相：选择。杀：指死亡。

【译文】 墨子说：世间万事没有比义更贵重的了。如果现在对别人说："赠给你帽子和鞋子，但要砍断你的手和脚，你肯吗？"那人一定不肯，为什么呢？就是因为帽子和鞋子没有手和脚贵重。如果又说："把天下送给你，但要把你杀死，你肯吗？"那人一定不肯，为什么呢？就是因为天下也没有自己的生命更贵重。为了争辩义而选择死亡，这是因为义比生命更贵重。所以说，世间万事没有比义更贵重的了。

【原文】 子墨子自鲁之齐，即过故人，谓子墨子曰①："今天下莫为义，子独自苦而为义，子不若已。"子墨子曰："今有人于此，有子十人，一人耕而九人处，则耕者不可以不益急矣。何故？则食者众而耕者寡也。今天下莫为义，则子如劝我者也②，何故止我？"

【注释】 ①此句首当有"故人"二字。②如：当、宜的意思。

【译文】 墨子从鲁国到齐国去，于是拜访了老朋友，朋友对墨子说："现在天下没有人行义，只有你独自苦苦地行义，你不如停止了吧。"墨子说："现在有一个人在这里，他有十个儿子，只有一个人耕种而其他九个都闲呆着，那么耕种的那个就不能不更加努力去做。为什么呢？就是因为吃饭的人多而种地的人少。现在天下没有人行义，那么你应该鼓励我，为什么反而阻止我呢？"

【原文】 子墨子南游于楚，献书惠王，惠王以老辞，使穆贺见子墨子。子墨子说穆贺，穆贺大说①，谓子墨子曰："子之言则成善矣②，而君王，天下之大王也，毋乃曰'贱人之所为'而不用乎？"子墨子曰："唯其可行。譬若药然，草之本③，天子食之，以顺其疾，岂曰'一草之本'而不食哉？今农夫入其税于大人，大人为酒醴粢盛以祭上帝鬼神，岂曰'贱人之所为'而不享哉？故虽贱人也，上比之农，下比之药，曾不若一草之本乎？且主君亦尝闻汤之说乎④，昔者汤将往见伊尹⑤，令彭氏之子御。彭氏之子半道而问曰：'君将何之？'汤曰：'将往见伊尹。'彭氏之子曰：'伊尹，天下之贱人也。君若欲见之，亦令召问焉，彼受赐矣。'汤曰：'非女所知也。今有药于此，食之，则耳加聪，目加明，则吾必说而强食之。今夫伊尹之于我国也，譬之良医善药也。而子不欲我见伊尹，是子不欲吾善也。'因下彭氏之子，不使御。吾言足用矣⑥，舍言革思者⑦，是犹舍获而攈粟也⑧。以其言非吾言者，是犹以卵投石也，尽天下之卵，其石犹是也，不可毁也。君得之，则必用之矣。"

【注释】 ①说：游说。下文"说"同"悦"。②成：通"诚"。③句首当补"一"字。

④主君:指称穆贺。春秋时本来用于诸侯与卿大夫,但后来也可以通行上下。⑤伊尹:商朝著名的政治家,曾经做过奴隶。⑥此处原作"彼苟然,然后可也"七字,依王焕镳说将其移置下文"何故皆不遂也"句下。此处移入以下五十四字:前四十六字本为此篇之末节,其"子墨子曰"四字移置下文"必去六辟"之前;后八字则移自于《公孟》首节。⑦舍言:当作"舍吾言"。革:变更的意思。⑧攌:即"捃",拾的意思。

【译文】　墨子向南游历到了楚国,献书给楚惠王,楚惠王因为自己年老而推辞不见,却派穆贺去见墨子。墨子向穆贺游说,穆贺非常高兴,对墨子说:"您的话的确很好,但是我们的君王,是天下的大王,或许会说'这是贱人所说的话'便不采纳吧?"墨子说:"只要它是可行的就行。就好像药,一把草根,天子吃了它,也可以治疗他的病,难道会说'这是一把草根'而不吃吗?现在农夫交租税给王公大人们,王公大人们把这做成祭品来祭祀上帝鬼神,难道会说'这是贱人交的租税'就不享用吗?所以虽然是贱人说的话,向上比农夫,向下比药,难道还不如一把草根吗?再说您大概也听过商汤的故事吧,从前商汤准备前去见伊尹,命令彭氏的儿子驾车。彭氏的儿子在半路上问他说:'您要到哪里去呢?'商汤说:'准备去见伊尹。'彭氏的儿子说:'伊尹,这是天下很低贱的人。您如果想见他,就派人把他招来问话,他也算是受到赏赐了。'商汤说:'这不是你所能明白的。现在有药在这里,吃了它,耳朵就更加灵敏,眼睛就更加明亮,那我一定会很高兴地努力吃它。现在伊尹对于我们的国家,就好像良医和好药一样。可你却不想让我见伊尹,这就是你不希望我好啊。'因而命令彭氏的儿子下去,不让他驾车。我的学说是值得采用的,如果舍弃我的学说更改我的思想,就好像放弃收割而去拾谷穗一样。如果用别人的学说来攻击我的学说,这就像用鸡蛋来砸石头一样,用尽天下的鸡蛋,石头还是原来的样子,是无法破坏的。国君得到了我的学说,就必然会采用。"

【原文】　子墨子曰:凡言凡动,利于天鬼百姓者为之;凡言凡动,害于天鬼百姓者舍之;凡言凡动,合于三代圣王尧舜禹汤文武者为之;凡言凡动,合于三代暴王桀纣幽厉者舍之。

【译文】　墨子说:凡是言论和行动,有利于上天鬼神与百姓的就做;凡是言论和行动,有害于上天鬼神与百姓的就舍弃;凡是言论和行动,符合夏商周三代的圣王尧、舜、禹、商汤王、周文王、周武王之道的就做;凡是言论和行动,符合夏商周三代的暴君夏桀、商纣、周幽王、周厉王之道的就舍弃。

【原文】　子墨子曰:言足以迁行者①,常之②;不足以迁行者,勿常。不足以迁行而常之,是荡口也。

【注释】　①迁:登,有使行为向上的意思。②常:通"尚",崇尚。

【译文】　墨子说:言论如果能够改变行动,就崇尚它;言论如果不能改变行动,就不

要崇尚它。言论不能改变行动而又崇尚它,那就是说空话。

【原文】 子墨子曰:嘿则思①,言则诲,动则事②,使三者代御,必为圣人。

【注释】 ①嘿:同"默"。②事:疑当为"义"字。

【译文】 墨子说:沉默的时候就要思考,讲话的时候就要教诲,行动的时候要讲究义,能对这三者交替使用,必定会成为圣人。

【原文】 子墨子曰:必去六辟①。必去喜、去怒、去乐、去悲、去爱②,而用仁义。手足口鼻耳③,从事于义,必为圣人。

【注释】 ①六辟:指人的喜、怒、乐、悲、爱、恶六情。②此下当补"去恶"二字。③此下当补一"目"字。

【译文】 墨子说:必须要去掉六情。必须去掉喜、去掉怒、去掉乐、去掉悲、去掉爱、去掉恶,而要遵从仁义。手、脚、口、鼻、耳、眼,如果都用来从事于义,必定会成为圣人。

【原文】 子墨子谓二三子曰:为义而不能,必无排其道①。譬若匠人之斲而不能②,无排其绳。

【注释】 ①排:当为"罪"字。下同。②斲:砍。

【译文】 墨子对他的几个弟子说:行义事若不能进行时,不要责怪道义。就好像木匠砍木头砍得不正的时候,决不会怪罪他的准绳。

【原文】 子墨子曰:世之君子,使之为一彘之宰,不能则辞之;使为一国之相,不能而为之,岂不悖哉!

【译文】 墨子说:世上的君子,让他去做杀一头猪的屠夫,如果做不了便会推辞;让他做一国的国相,虽然做不了却还要去做,这不是很荒谬嘛!

【原文】 子墨子曰:今瞽曰"钜者白也①,黔者黑也②",虽明目者无以易之。兼白黑,使瞽取焉,不能知也。故我曰瞽不知白黑者,非以其名也,以其取也。今天下之君子之名仁也,虽禹汤无以易之。兼仁与不仁,而使天下之君子取焉,不能知也。故我曰天下之君子不知仁者,非以其名也,亦以其取也。

【注释】 ①钜:当作"银"。②黔:黑色。

【译文】 墨子说:现在有个盲人说"银子是白色的,烟灰是黑色的",即使是眼睛明亮的人也无法更改这个判断。如果把白的和黑的混在一起,让盲人分辨,他就不能知道了。因此我说盲人不知道白色和黑色的话,不是指这种颜色的名称,是指这种判别。现在天下的君子为仁下定义,即使是夏禹商汤都无法改变它。如果把仁和不仁的事物混在一起,让天下的君子去分辨,他们就不能判别了。所以我说天下的君子不知道什么是仁,不是指这种仁的名称,也是指这种判别。

【原文】 子墨子曰:今士之用身,不若商人之用一布之慎也①。商人用一布布②,不

195

敢继苟而雠焉③,必择良者。今士之用身则不然,意之所欲则为之,厚者入刑罚,薄者被毁丑,则士之用身不若商人之用一布之慎也。

【注释】 ①布:古代一种货币名称。②布布:衍一"布"字,当删。③继苟:疑当为"轻苟",即轻率苟且的意思。雠:同"售"。

【译文】 墨子说:现今的士人用身于世,还不如商人使用一枚钱币时谨慎。商人使用一枚钱币,不敢轻率随意地就做交易,必定要挑选最好的。现在士人用身于世却不这样,自己想做什么就做什么,重的受到刑法惩罚,轻的被人诟骂。这就是士人用身于世还不如商人用一枚钱币谨慎啊。

【原文】 子墨子曰:世之君子欲其义之成,而助之修其身则愠①。是犹欲其墙之成,而人助之筑则愠也,岂不悖哉!

【注释】 ①愠:恼怒。

【译文】 墨子说:世上的君子都希望自己行义能够成功,但如果有人帮助他修身他就很恼怒。这就好像他希望自己把墙筑好,别人来帮助他筑墙他就恼怒一样,这岂不是很荒谬嘛!

【原文】 子墨子曰:古之圣王,欲传其道于后世,是故书之竹帛,镂之金石①,传遗后世子孙,欲后世子孙法之也。今闻先王之遗而不为②,是废先王之传也。

【注释】 ①镂:雕刻。②遗:当为"道"字。

【译文】 墨子说:古代的圣王,想把他们的道义传于后世,所以把它写在竹帛上,雕刻在金属和石头上,流传给后世子孙,想让后世子孙来效法。现在的人听说了先王的道义却不去实行,这是废弃了先王留传下来的道义啊!

【原文】 子墨子南游使卫①,关中载书甚多②,弦唐子见而怪之,曰:"吾夫子教公尚过曰③:'揣曲直而已。'今夫子载书甚多,何有也?"子墨子曰:"昔者周公旦朝读书百篇,夕见漆十士④。故周公旦佐相天子,其修至于⑤。今翟上无君上之事,下无耕农之难,吾安敢废此?翟闻之:同归之物⑥,信有误者,然而民听不钧⑦,是以书多也。今若过之心者,数逆于精微,同归之物,既已知其要矣,是以不教以书也。而子何怪焉?"

【注释】 ①使:疑当为"于"字。②关:古代车用木做成栏,可以放东西,称为"关"。③公尚过:墨子的弟子。④漆:同"柒",即"七"字。⑤句末当补一"此"字,"今"字属下读。⑥归:疑当作"传"。下同。⑦钧:通"均"。

【译文】 墨子向南方游历到了卫国,车箱里装了很多书,弦唐子看到后很奇怪,说:"老师您教公尚过说:'书籍不过是衡量是非曲直的罢了。'现在您车上却装了这么多书,有什么用呢?"墨子说:"从前周公旦早上读书百篇,晚上会见七十个士人。周公旦辅佐天子,他还能勤于修身到这样的境地。现在我上没有侍奉国君的差事,下没有耕田种地的

艰难，我怎么敢废弃读书呢？我听说：共同传述的事物，其中肯定会有错误的地方，这样的话民众听到的也就往往不一样，因此书就多了起来。现在像公尚过这样的人，他的心已经能够考究物理之精微了，共同传述的事物，既然已经知道它的要旨，所以就不用再拿书来教他了。而你为什么要感到奇怪呢？"

【原文】 子墨子谓公良桓子曰①：卫，小国也，处于齐、晋之间，犹贫家之处于富家之间也。贫家而学富家之衣食多用，则速亡必矣。今简子之家②，饰车数百乘，马食菽粟者数百匹，妇人衣文绣者数百人。吾取饰车食马之费与绣衣之财以畜士③，必千人有余。若有患难，则使百人处于前，数百于后，与妇人数百人处前后，孰安？吾以为不若畜士之安也。

【注释】 ①公良桓子：卫国大夫。②简：阅的意思。③吾：当为"若"。

【译文】 墨子对公良桓子说：卫国是个小国，地处齐国和晋国之间，就像贫穷之家处于富贵人家之间一样。贫家如果要仿效富家的穿衣吃饭及庞大的花费，那就一定会很快招致灭亡。现在看一下你家，带装饰的车子有几百辆，吃粮食的马有几百匹，穿着华丽衣服的妇女有几百人。我如果拿这些装饰车子、饲养马匹的费用以及做华丽衣服的钱财来养士，一定会有千人以上。如果有危难，就派一百人在前边，几百人在后边，这与让几百个妇人分列前后相比，哪个安全呢？我认为不如养士安全啊！

【原文】 子墨子仕人于卫，所仕者至而反。子墨子曰："何故反？"对曰："与我言而不当①。曰'待女以千盆②'。授我五百盆，故去之也。"子墨子曰："授子过千盆，则子去之乎？"对曰："不去。"子墨子曰："然则，非为其不审也③，为其寡也。"

【注释】 ①当：读为"赏"，即"偿"字，实践诺言之意。②女：同"汝"。盆：古时量粮食的器皿。③审：应为"当"字，同前注。

【译文】 墨子派人到卫国去当官，当官的人一到卫国就回来了。墨子问："为什么又回来了？"那人回答说："卫国国君对我说话不算数。他说'给你一千盆粮食来作为报酬'。实际却只给了我五百盆，所以我就离开了。"墨子说："给你的粮食如果超过一千盆，那你还离开吗？"那人回答说："不离开了。"墨子说："这样看来，你不是因为卫国国君说话不算数，而是因为给你的粮食少了。"

【原文】 子墨子曰：世俗之君子，视义士不若负粟者①。今有人于此，负粟息于路侧，欲起而不能，君子见之，无长少贵贱，必起之。何故也？曰：义也。今为义之君子，奉承先王之道以语之，纵不说而行，又从而非毁之。则是世俗之君子之视义士也，不若视负粟者也。

【注释】 ①不若：当作"不若视"。

【译文】 墨子说：世俗的君子看待义士还不如看待一个背粮食的人。现在如果有一

个人在这里,背着粮食在路边休息,想起来却起不来了,君子看见了,无论老少贵贱,都必定会帮他起来。这是什么缘故呢?回答说:这是义。现在那些行义的君子,奉行传承先王的道义并告诉世俗的君子,世俗的君子纵然不高兴去实行也就罢了,却又去非议诋毁义士。这就是世俗的君子看待义士还不如看待一个背粮食的人。

【原文】 子墨子曰:商人之四方,市贾倍徙①,虽有关梁之难,盗贼之危,必为之。今士坐而言义,无关梁之难,盗贼之危,此为倍徙,不可胜计,然而不为。则士之计利不若商人之察也。

【注释】 ①徙:即"蓰",五倍的意思。下同。

【译文】 墨子说:商人奔走四方,做买卖可获利数倍,所以虽然有通过关卡的麻烦,有遇到盗贼的危险,但还是一定要做。现在士坐着讲义,没有通过关卡的麻烦,没有遇到盗贼的危险,这样做获得利益的倍数,多的无法计算,但却不去做。由此可见,士人计算利益不如商人精明啊。

【原文】 子墨子北之齐,遇日者①。日者曰:"帝以今日杀黑龙于北方,而先生之色黑,不可以北。"子墨子不听,遂北,至淄水②,不遂而反焉。日者曰:"我谓先生不可以北。"子墨子曰:"南之人不得北,北之人不得南,其色有黑者,有白者,何故皆不遂也?彼苟然,然后可也。且帝以甲乙杀青龙于东方,以丙丁杀赤龙于南方,以庚辛杀白龙于西方,以壬癸杀黑龙于北方,若用子之言,则是禁天下之行者也,是围心而虚天下也③。子之言不可用也。"

【注释】 ①日者:古时以卜筮为业的人,即算卦先生。②淄水:河名,在今山东省。③围:当作"违"。

【译文】 墨子往北到齐国去,遇到一个算卦先生。算卦先生说:"天帝今天要在北方杀死黑龙,而您的脸色是黑的,不可以去北方。"墨子不听他的,继续往北走,到了淄水,无法渡河便回来了。算卦先生说:"我对您说过不能往北方去的。"墨子说:"淄水南岸的人不能北渡,淄水北岸的人也不南渡,而他们的脸色有黑有白,为什么都不能遂其心愿呢?他们如果能遂其心愿,然后才能证明你的说法。况且天帝甲乙日在东方杀青龙,丙丁日在南方杀赤龙,庚辛日在西方杀白龙,壬癸日在北方杀黑龙,假如按照你的说法,就是禁止天下所有的人通行了,这是令人心中有所思讳从而使天下没有行人的办法。所以你的话不可取。"

公孟

【题解】

本篇共有二十节,但前十节均为与儒家人物公孟子的辩论,所以,篇名虽然来自篇首

二字,但亦可看作对全篇内容的概括。

文中所批驳儒家的观点,在前文中已多次涉及。当然,那些篇目均为墨家自己的立论,而这篇文章则记录了儒、墨两家激烈的争论,许多地方要比前文精彩鲜活。如第一节,《非儒》篇已言之,而在这里,墨子最后两个反问极见智慧,亦具论辩之技巧;又如公孟子认为孔子可以为天子,墨子就其对孔子所称誉之处以"是数人之齿,而以为富"形之,非但觉公孟子之言谬,且有妙趣横生之感。最精彩的是"公孟子义章甫搢忽儒服,而以见子墨子"一节,公孟子问于墨子,实有相难之意,然而没想到出乎意料的回答与雄辩的论证竟说服了他。心悦诚服的公孟子便立刻要改过从善,要去掉那些礼服再来相见,这是极为有神的一笔,可知他虽已被说服,可儒家对于服饰的拘执却仍在起作用。而墨子不仅善辩,更重要的是他善行,所以他才会有最后睿智通达的回答。

【原文】 公孟子谓子墨子曰①:"君子共己以待②,问焉则言,不问焉则止。譬若钟然,扣则鸣,不扣则不鸣。"子墨子曰:"是言有三物焉,子乃今知其一身也③,又未知其所谓也。若大人行淫暴于国家,进而谏,则谓之不逊;因左右而献谏,则谓之言议。此君子之所疑惑也。若大人为政,将因于国家之难,譬若机之将发也然,君子之必以谏,然而大人之利④。若此者,虽不扣必鸣者也。若大人举不义之异行,虽得大巧之经,可行于军旅之事,欲攻伐无罪之国有之也⑤,以广辟土地,著税伪材⑥,出必见辱,所攻者不利,而攻者亦不利,是两不利也。若此者,虽不扣必鸣者也。且子曰:'君子共己待,问焉则言,不问焉则止,譬若钟然,扣则鸣,不扣则不鸣。'今未有扣,子而言,是子之谓不扣而鸣邪?是子之所谓非君子邪?"

【注释】 ①公孟子:公明子仪,曾子的弟子,也是儒家大师之一。②共:通"恭"。③身:当为"耳"。④然而:"是乃"之意。⑤此下本有"君得之,则必用之矣"八字,依文义移置上篇"南游于楚"节之末。⑥著:当作"藉"。伪:通"贶",即"货币"。

【译文】 公孟子对墨子说:"君子要让自己恭敬地等待,问到就说,不问就不说。就像钟一样,敲击就响,不敲击就不响。"墨子说:"这句话有三层意思,你现在只知其一罢了,而且还不知道它到底说的是什么意思。如果王公大人在国内行淫逸暴戾的事,若去进谏,就会被认为不恭顺;通过左右的人去进谏,就会被认为私下议论。这是连君子都感到疑惑的地方。如果王公大人执政,国家将有大难发生,就好像箭将要射出一样危急,君子在这时是必定要进谏的。这是王公大人最大的利啊。像这样的情况,即使不来敲击也一定要发出响声。如果王公大人做不合于义的坏事,即使有极高的技巧,能施行于军队的攻战,想去攻打无罪的国家并占领它,用来扩大领土,聚敛财物,出战必定要受辱,对被攻的国家不利,对进攻的国家也不利,这是对双方都不利的事情。像这样的情况,即使不来敲击也一定要发出响声。况且你说:'君子要让自己恭敬地等待,问到就说,不问就不说。像钟一样,敲击就响,不敲击就不响。'那么,现在没有人来问你,你却说话了,这是你所说的不扣而鸣呢,还是你所认为的不是君子呢?"

【原文】 公孟子谓子墨子曰:"实为善人,孰不知?譬若良玉,处而不出有余精。譬若美女,处而不出,人争求之;行而自衒①,人莫之取也。今子遍从人而说之,何其劳也!"子墨子曰:"今夫世乱,求美女者众,美女虽不出,人多求之;今求善者寡,不强说人,人莫之知也。且有二生于此,善星一②。行为人筮者与处而不出者,其糈孰多③?"公孟子曰:"行为人筮者其糈多。"子墨子曰:"仁义钧④。行说人者,其功善亦多。何故不行说人也!"

【注释】 ①衒:炫耀,卖弄。②善星:指善于占星,即算卦。③糈:供祭祀用的粮食。④钧:通"均"。

【译文】 公孟子对墨子说:"如果的确是个完美的人,谁会不知道呢?就好像一块美玉,即便把它深藏不露,也会有光芒透出。就好像有位美女,住在家里不出去,人们也争着向她求婚;如果她走在外边卖弄自己,人们就不会娶她了。现在你到处跟别人去游说人家,这是多么徒劳啊!"墨子说:"现在社会动乱,求娶美女的人很多,美女即使不出来,也会有很多人求娶她;而现在求善的人少,如果不努力去游说人们,人们就不会知道。假定这里有两个人,都一样善于算卦。出外周游为人算卦的人与坐在家里不出去的人,他们谁得到的粮食多?"公孟子说:"出外周游为人算卦的人得到的粮食多。"墨子说:"同样是主张仁义,出外向人游说仁义的人。他的功德善行也就多。我为什么不出外游说别人呢?"

【原文】 公孟子义章撞忽儒服①,而以见子墨子曰:"君子服然后行乎? 其行然后服乎?"子墨子曰:"行不在服。"公孟子曰:"何以知其然也?"子墨子曰:"昔者齐桓公高冠博带,金剑木盾②,以治其国,其国治。昔者晋文公大布之衣,牂羊之裘③,韦以带剑,以治其国,其国治。昔者楚庄王鲜冠组缨,绛衣博袍④,以治其国,其国治。昔者越王勾践剪发文身,以治其国,其国治。此四君者,其服不同,其行犹一也。翟以是知行之不在服也。"公孟子曰:"善!吾闻之曰'宿善者不祥⑤'。请舍忽,易章甫,复见夫子可乎?"子墨子曰:"请因以相见也。若必将舍忽、易章甫,而后相见,然则行果在服也!"

【注释】 ①义:即"仪"。章甫:儒者所戴的礼帽。撞:插。忽:即"笏"字,古代官吏上朝时所持记事的木板。下同。②木盾:或当为"木殳",即木杖。③牂:母羊。④绛衣:即"缝衣",宽大的衣服。⑤宿:停留的意思。

【译文】 公孟子仪戴着礼帽、腰上插着笏板、穿着儒服,来见墨子说:"君子是先讲究服饰然后再有所作为呢,还是先有所作为再讲究服饰?"墨子说:"有所作为不在于服饰。"公孟子说:"怎么知道是这样的呢?"墨子说:"从前齐桓公戴着高高的帽子,系着宽大的带

子,腰悬金剑,手持木杖,就这样治理国家,他的国家治理得很好。从前晋文公穿着粗布缝制的衣服,披着母羊皮做成的皮袄,用不加文饰的牛皮来佩剑,就这样治理国家,他的国家治理得很好。从前楚庄王戴着漂亮的冠冕,缀着华丽的冠缨,穿着宽大的衣服,就这样治理国家,他的国家治理得很好。从前越王勾践剪掉头发,在身上刺上花纹,就这样治理国家,他的国家治理得很好。这四位君王,他们的服饰不一样,他们的行为却是一样的。我由此知道有所作为不在于服饰啊。"公孟子说:"说得好!我听说'知道了善行而不马上施行的人是不吉利的'。请允许我拿掉笏板,换去礼帽,再来见先生,可以吗?"墨子说:"请你就带着这些东西来见我吧。如果一定要拿掉笏板、换去礼帽,然后再来相见,这样就是有所作为果然在于服饰了啊!"

【原文】 公孟子曰:"君子必古言服,然后仁。"子墨子曰:"昔者商王纣卿士费仲,为天下之暴人,箕子、微子为天下之圣人,此同言而或仁或不仁也。周公旦为天下之圣人,关叔为天下之暴人,此同服或仁或不仁。然则不在古服与古言矣。且子法周而未法夏也,子之古非古也。"

【译文】 公孟子说:"君子一定要依古制说话穿衣,这样以后才叫仁。"墨子说:"从前商纣王的卿士费仲,是天下的暴徒,箕子和微子则是天下的圣人,他们说同样的话但却有的仁有的不仁。周公旦为天下的圣人,管叔是天下的暴徒,他们穿着同样的衣服却有的仁有的不仁。由此可见关键并不在于古代的服饰与古代的语言。况且你只是效法周朝而没有效法夏朝,你所谓的古代还不是真的古代。"

【原文】 公孟子谓子墨子曰:"昔者圣王之列也,上圣立为天子①,其次立为卿大夫。今孔子博于诗、书,察于礼乐,详于万物,若使孔子当圣王,则岂不以孔子为天子哉?"子墨子曰:"夫知者,必尊天事鬼、爱人节用,合焉为知矣。今子曰孔子博于诗书,察于礼乐,详于万物,而曰可以为天子,是数人之齿②,而以为富。"

【注释】 ①此句下补"其次立为三公"一句。②齿:古代刻竹木记数,刻的地方像齿一样,所以叫齿。这里指契齿。

【译文】 公孟子对墨子说:"从前圣王们的位次,上圣立为天子,其次立为三公,再其次立为卿人夫。现在孔子博览诗书,明察礼乐制度,详知万物之理,如果使孔子位于圣王之间,那岂不是可以立孔子为天子了吗?"墨子说:"智者必定是尊敬上天、敬事鬼神、爱护民众、节约用度,符合这些的才能称为智者。现在你说孔子博览诗书,明察礼乐制度,详知万物之理,并且说可以立为天子,这是数着别人契上的齿数,而以为自己很富有。"

【原文】 公孟子曰:"贫富寿夭,齰然在天①,不可损益。"又曰:"君子必学。"子墨子曰:"教人学而执有命,是犹命人葆而去元冠也②。"

【注释】 ①齰:同"凿"。②葆:即"包",包起头发,是戴帽子前的准备。元:"其"的

201

古字。

【译文】 公孟子说:"贫穷、富有、长寿、短命,都确实是由天注定的,不能增加或减少。"又说:"君子一定要学习。"墨子说:"教人学习却坚持有天命的观点,这就好像叫人包起头发来却又去掉了他的帽子。"

【原文】 公孟子谓子墨子曰:"有义不义,无祥不祥。"子墨子曰:"古者圣王皆以鬼神为神明,而为祸福,执有祥不祥,是以政治而国安也。自桀纣以下,皆以鬼神为不神明,不能为祸福,执无祥不祥,是以政乱而国危也。故先王之书,《子亦》有之曰①:'亓傲也出,于子不祥。'此言为不善之有罚,为善之有赏。"

【注释】 ①子亦:当为"亓子"之误。亓子,即"箕子",《周书》原有此篇,今佚。

【译文】 公孟子对墨子说:"只存在义与不义的事,不存在因义得福、因不义得祸的事。"墨子说:"古代的圣王都把鬼神当作神明,认为他们能够降祸赐福,他们坚持因义得福、因不义得祸的看法,所以政事得到治理而国家得到安定。从夏桀、商纣以后,都不把鬼神当作神明,认为他们不能够降祸赐福,坚持认为不存在因义得福、因不义得祸的事,所以政事混乱而国家处于危险之中。所以在先王的书中,《箕子》一篇有这样的说法:'假如一个人身上表现出傲慢,对于他就不吉利。'这就是说做不善的事要受到惩罚,做善事会得到奖赏。"

【原文】 子墨子谓公孟子曰:"丧礼,君与父母、妻、后子死,三年丧服;伯父、叔父、兄弟期;族人五月;姑、姊、舅、甥皆有数月之丧。或以不丧之间,诵诗三百,弦诗三百,歌诗三百,舞诗三百。若用子之言,则君子何日以听治?庶人何日以从事?"公孟子曰:"国乱则治之,国治则为礼乐;国治则从事①,国富则为礼乐。"子墨子曰:"国之治②,治之废,则国之治亦废。国之富也,从事,故富也,从事废,则国之富亦废。故虽治国,劝之无餍③,然后可也。今子曰'国治,则为礼乐,乱则治之',是譬犹噎而穿井也④,死而求医也。古者三代暴王桀纣幽厉,荣为声乐⑤,不顾其民,是以身为刑僇,国为虚戾者⑥,皆从此道也。"

【注释】 ①治:当为"贫"。②此句下当补"也,治之,故治也"六字。③餍:满足。④噎:阻塞。⑤荣:华盛的意思。⑥虚戾:即"虚厉",居室无人叫"虚",死了没有后代叫"厉"。

【译文】 墨子对公孟子说:"儒家的丧礼,君主、父母、妻子、长子死后,要服丧三年;伯父、叔父、兄弟死后,要服丧一年;族人服丧五个月;姑姑、姐姐、舅父、外甥等也都有几个月。在不守丧的间隙,又要诵读诗歌三百篇,用弦乐演奏诗歌三百篇,吟唱诗歌三百篇,以舞来配唱诗歌三百篇。如果施行你们的说法,那君子什么时候治理政事?民众什么时候从事生产?"公孟子说:"如果国家混乱就治理它,国家安定就制作礼乐;国家贫穷就努力生产,国家富裕了就制作礼乐。"墨子说:"国家安定,是因为治理了,所以才会安

定，如果废弃了治理，那么国家的安定也就不存在了。国家富裕，是因为努力生产了，所以才会富裕，如果废弃了努力生产，那么国家的富裕也就不存在了。因此即使是安定的国家，也要不断地努力，这样才可以。现在你说'国家安定了，就制作礼乐，混乱了就治理它'，这就好像口渴了才挖井，人死了才找医生一样。古时候夏商周三代的暴君夏桀、商纣、周幽王、周厉王，都盛制音乐，不顾他的民众，所以自身遭到杀戮，国力空虚，民众没有子嗣，这都是因为听从了这种主张。"

【原文】 公孟子曰："无鬼神。"又曰："君子必学祭礼。"子墨子曰："执无鬼而学祭礼，是犹无客而学客礼也，是犹无鱼而为鱼罟也①。"

【注释】 ①罟：网。

【译文】 公孟子说："不存在鬼神。"又说："君子必须要学习祭祀的礼仪。"墨子说："坚持鬼神不存在的观点却又去学习祭祀的礼仪，这就好像知道没有客人却要学习待客的礼仪一样，就像明知没有鱼却要去织渔网一样。"

【原文】 公孟子谓子墨子曰："子以三年之丧为非，子之三日之丧亦非也。"子墨子曰："子以三年之丧非三日之丧，是犹倮谓撅者不恭也①。"公孟子曰："知有贤于人，则可谓知乎？"子墨子曰："愚之知有以贤于人，而愚岂可谓知矣哉？"公孟子曰："三年之丧，学吾之慕父母②。"子墨子曰："夫婴儿子之知，独慕父母而已。父母不可得也，然号而不止。此亓故何也？即愚之至也。然则儒者之知，岂有以贤于婴儿子哉？"

【注释】 ①倮：即"裸"。撅：掀起。②吾之：当为"吾子"，即"牙子"，指小孩子。

【译文】 公孟子对墨子说："您认为守三年的丧不对，那么您所主张的守三日的丧也是不对的。"墨子说："你用三年的丧期来否定三天的丧期，这就好像自己赤裸着身体却指责别人掀起衣服是不礼貌一样。"公孟子说："某人的所知，有胜过别人的地方，那么，可以说他是智慧聪明的人吗？"墨子说："愚笨的人所知道的东西也有胜过别人的地方，难道能说愚者是智慧聪明的人吗？"公孟子说："三年的丧期，是仿效小孩子依恋父母。"墨子说："婴儿的智力，只知道依恋自己的父母而已。父母找不到了，就大哭不止。这是什么缘故呢？这是愚笨到了极点。那么儒者的智慧，难道有胜过小孩子的地方吗？"

【原文】 子墨子问于儒者："何故为乐？"曰："乐以为乐也。"子墨子曰："子未我应也。今我问曰'何故为室'？曰'冬避寒焉，夏避暑焉，室以为男女之别也'，则子告我为室之故矣。今我问曰'何故为乐'？曰'乐以为乐也'，是犹曰'何故为室'，曰'室以为室也'。"

【译文】 墨子问一个儒家之士："为什么要从事音乐？"那人回答说："把音乐当作娱乐。"墨子说："你没有回答我的问题。现在我问'为什么盖房子'？回答说'冬天可以避寒，夏天可以避暑，居室也可以把男女分隔开来'，这算是告诉了我盖房子的原因。现在

我问的是'为什么要从事音乐'？回答说'把音乐当作娱乐'，这就好像问'为什么盖房子'，回答说'把房子当作房子'。"

【原文】 子墨子谓程子曰："儒之道足以丧天下者，四政焉。儒以天为不明，以鬼为不神。天鬼不说，此足以丧天下。又厚葬久丧，重为棺椁，多为衣衾，送死若徙，三年哭泣，扶后起，杖后行，耳无闻，目无见，此足以丧天下。又弦歌鼓舞，习为声乐，此足以丧天下。又以命为有，贫富寿夭，治乱安危有极矣，不可损益也。为上者行之，必不听治矣；为下者行之，必不从事矣，此足以丧天下。"程子曰："甚矣！先生之毁儒也。"子墨子曰："儒固无此若四政者，而我言之，则是毁也；今儒固有此四政者，而我言之，则非毁也，告闻也。"程子无辞而出。子墨子曰："迷之！"反，后坐，进复曰①："乡者先生之言有可闻者焉②。若先生之言，则是不誉禹，不毁桀纣也。"子墨子曰："不然，夫应孰辞③，称议而为之，敏也。厚攻则厚吾④，薄攻则薄吾。应孰辞而称议⑤，是犹荷辕而击蛾也。"

【注释】 ①复：即回复之意。②闻：当为"间"。③孰：同"熟"。④吾：当为"圉"，防御的意思。下同。⑤称议：当为"不称议"。

【译文】 墨子对程子说："儒家的道义足以使天下灭亡的，有四种教义。儒家认为上天不明察，认为鬼神不灵验。上天和鬼神都不高兴，这就足以使天下灭亡。又讲究隆重的丧礼和长时间的居丧，做几层套棺，做很多衣服被褥，送葬好像搬家一样，三年居丧时要时常哭泣，别人挽扶着才能起来，拄着拐杖才能走路，耳朵听不到声音，眼睛看不到东西，这也足以使天下灭亡。又奏乐唱歌打鼓跳舞，常习声乐之事，这也足以使天下灭亡。又认为存在天命，贫穷、富有、长寿、短命、治理、混乱、平安、危险都是有定数的，不能减少或增加。在上的君主奉行它，必定不能听狱治事了；在下的民众奉行它，必定不努力生产了，这也足以使天下灭亡。"程子说："先生诋毁儒家太过分了！"墨子说："如果儒家本来没有这四种教义，而我却这么说，那就是诋毁；现在儒家本来是有这四种教义的，我再这样说，就不是诋毁了，而是告诉你我所知道的事情罢了。"程子无话可说就告辞出去了。墨子说："走错了。"程子便回来，然后坐下来，进而回复说："先前先生的话也有可指责的地方。假如像先生所说，那就不用赞美夏禹，也不用诋毁夏桀、商纣了。"墨子说："不是这样，回应一般的言论，要用与此言论相称的办法来说，这就是灵敏。攻击我很厉害那我也回敬得厉害，攻击我很轻微那我也回敬得轻微。回应一般的言论若不用与其相称的办法，就会像扛着车辕去打飞蛾。"

【原文】 子墨子与程子辩，称于孔子。程子曰："非儒，何故称于孔子也？"子墨子曰："是亦当而不可易者也。今鸟热闻热旱之忧则高，鱼闻热旱之忧则下，当此虽禹汤为之谋，必不能易矣。鸟鱼可谓愚矣，禹汤犹云因焉。今翟曾无称于孔子乎？"

【译文】 墨子与程子辩论，称引了孔子的话。程子说："非难儒家，为什么又要称引

孔子的话呢?"墨子说:"我所称引的是那些得当而不可更改的话。现在鸟儿闻知有炎热干旱的麻烦就会高飞,鱼儿闻知有炎热干旱的麻烦就会沉入水下,对此,即便夏禹、商汤来为它们谋划,也必定无法更改。鸟儿鱼儿可以称得上是愚昧的了,夏禹、商汤犹且要因循它们的办法。现在我就不能称引孔子的话了吗?"

【原文】 有游于子墨子之门者,谓子墨子曰:"先生以鬼神为明知,能为祸福:为善者富之①,为暴者祸之。今吾事先生久矣,而福不至,意者先生之言有不善乎?鬼神不明乎?我何故不得福也?"子墨子曰:"虽子不得福,吾言何遽不善?而鬼神何遽不明?子亦闻乎匿徒之刑之有刑乎?"对曰:"未之得闻也。"子墨子曰:"今有人于此,什子,子能什誉之而一自誉乎②?"对曰:"不能。""有人于此,百子,子能终身誉亓善,而子无一乎?"对曰:"不能。"子墨子曰:"匿一人者犹有罪,今子所匿若此亓多,将有厚罪者也,何福之求?"子墨子有疾,跌鼻进而问曰③:"先生以鬼神为明,能为祸福:为善者赏之,为不善者罚之。今先生圣人也,何故有疾?意者先生之言有不善乎?鬼神不明知乎?"子墨子曰:"虽使我有病,何遽不明?人之所得于病者多方:有得之寒暑,有得之劳苦。百门而闭一门焉,则盗何遽无从入哉?"

【注释】 ①富:同"福"。②一:当作"无一"。③跌鼻:人名。

【译文】 有个游学于墨子门下的人,对墨子说:"先生您认为鬼神是明察事理的神灵,能给人带来祸福:给行善的人降福,使残暴的人得祸。现在我侍奉先生已经很久了,但福泽却没有降临,我怀疑先生的话是有不对的地方吧?鬼神并不明察事理吧?我为什么没有得到福泽呢?"墨子说:"即使你没有得到福泽,我的话怎么就不对了呢?鬼神怎么就不明查了呢?你听说过藏匿服役者的法令要对这类事进行惩罚吗?"那人回答说:"没有听说过这个。"墨子说:"现在有一个人在这里,才能十倍于你,你能够十倍地称誉他而一点也不称誉自己吗?"那人回答说:"不能。""有一个人在这里,才能百倍于你,你能终生称誉他的优点而没有一点称誉自己吗?"那人回答说:"不能。"墨子说:"藏匿一个人尚且有罪,现在你藏匿别人的优点如此之多,将会有重罪的,还求什么福泽?"墨子生病了,跌鼻进来问道:"先生您认为鬼神圣明,能给人带来祸福:给行善的人奖赏,使作恶的人受罚。现在先生您是圣人,但为什么会生病呢?我怀疑先生的话是有不对的地方吧?鬼神并不明察事理吧?"墨子说:"虽然使我生了病,鬼神怎么就不明查了呢?人要得病有多种原因:有人得病来自冷热,有人得病来自劳累辛苦。好比有一百扇门而只关上一扇,那么盗贼怎么就会没有地方进去呢?"

【原文】 有游于子墨子之门者,身体强良,思虑徇通①,欲使随而学。子墨子曰:"姑学乎,吾将仕子。"劝于善言而学,其年②,而责仕于子墨子。子墨子曰:"不仕子。子亦闻夫鲁语乎?鲁有昆弟五人者,亓父死,亓长子嗜酒而不葬。亓四弟曰:'子与我葬,当为子

沽酒。'劝于善言而葬。已葬,而责酒于其四弟。四弟曰:'吾未予子酒矣。子葬子父,我葬吾父,岂独吾父哉? 子不葬,则人将笑子,故劝子葬也。'今子为义,我亦为义,岂独我义也哉? 子不学,则人将笑子,故劝子于学。"

【注释】 ①徇:通'侚',疾,快。②其年:即期年,整一年。

【译文】 有个游学于墨子门下的人,身体强壮健康,思维敏捷通达,墨子想让他跟随自己学习。墨子说:"你姑且跟我学习吧,我将举荐你做官。"这人受到好话的鼓舞便开始学习,学了一年以后,向墨子求官。墨子说:"我不举荐你去做官了。你听到过那个鲁国的故事吗? 鲁国有兄弟五人,他们的父亲死了,大儿子天天喝酒不愿意去埋葬。他的四个弟弟说:'你和我们一起把父亲埋葬了,我们就给你买酒。'长子受到好话的鼓舞便把父亲埋葬了。埋葬之后,就向四个弟弟要酒。四个弟弟说:'我们不给你酒了。你埋你的父亲,我们埋我们的父亲,难道只是我们的父亲吗? 你若不葬,那么别人就会讥笑你,所以劝你埋葬父亲啊。'现在你学习而行义事,我也行义事,难道只应该我一个人行义事吗? 你若不学习,那么别人就会讥笑你,所以劝你学习。"

【原文】 有游于子墨子之门者,子墨子曰:"盍学乎①?"对曰:"吾族人无学者。"子墨子曰:"不然。夫好美者,岂曰吾族人莫之好,故不好哉? 夫欲富贵者,岂曰吾族人莫之欲,故不欲哉? 好美欲富贵者,不视人犹强为之。夫义,天下之大器也,何以视人必强为之?"

【注释】 ①盍:何不。

【译文】 有个游学于墨子门下的人,墨子说:"为什么不学习呢?"那人回答说:"我的族人中没有人学习。"墨子说:"不是这样的。喜爱美女的人,难道会说我的族人都不喜欢,所以我也不要喜爱了? 追求富贵的人,难道会说我的族人都不追求,所以我也不要追求了? 喜爱美女与追求富贵的人,不管别人如何都努力去做。而义,是天下的大事,何必先看别人再努力去做呢?"

【原文】 二三子有复于子墨子学射者,子墨子曰:"不可。夫知者必量亓力所能至而从事焉。国士战且扶人①,犹不可及也。今子非国士也,岂能成学又成射哉?"

【注释】 ①国士:在一国范围内都很厉害的武士。

【译文】 有几个弟子禀告墨子想要学习射箭,墨子说:"不可以。聪明的人必定衡量了自己的能力可以办到然后再去做。国人的勇士要想一边战斗,一边搀扶别人,尚且不可能做到。现在你们不是国人的勇士,怎么能既学好学业又学好射箭呢?"

【原文】 二三子复于子墨子曰:"告子曰言义而行甚恶,请弃之!"子墨子曰:"不可。称我言以毁我行,愈于亡。有人于此,翟甚不仁,尊天事鬼爱人,甚不仁。犹愈于亡也。今告子言谈甚辩,言仁义而不吾毁,告子毁,犹愈亡也。"

【译文】 有几个弟子禀告墨子说:"告子说,您口里讲仁义但行为却很坏,让我们离开您!"墨子说:"不可以。称颂我的言论而诋毁我的行为,这也胜过毫无毁誉。假如有人在这里说:墨子行事不仁,讲尊天、事鬼、爱人,行事却不仁。这也胜过毫无毁誉啊。现在告子言论强词夺理,但并不诋毁我所说的仁义,告子虽然诋毁我的行为,但还是胜过毫无毁誉。"

【原文】 二三子复于子墨子曰:"告子胜为仁。"子墨子曰:"未必然也!告子为仁,譬犹跂以为长①,隐以为广②,不可久也。"

【注释】 ①跂:踮起脚尖。②隐:同"偃"。

【译文】 有几个弟子禀告墨子说:"告子能胜任仁义之事。"墨子说:"未必是这样啊!告子行仁义之事。就好像踮起脚尖当作自己个头长了,卧下当作自己面积大了,这是不能长久的。"

【原文】 告子谓子墨子曰:"我治国为政①。"子墨子曰:"政者,口言之,身必行之。今子口言之,而身不行,是子之身乱也。子不能治子之身,恶能治国政?子姑防子之身乱之矣!"

【注释】 ①我:疑当作"我能"。

【译文】 告子对墨子说:"我能够治国施政。"墨子说:"所谓施政,口里说了,还得亲自做到。现在你口里说了,但自己却不去做,这是你本身的错乱。你连你自己都管不好,怎么能治理国家的政事呢?你姑且先防备自身的错乱吧!"

公输

【题解】

本篇篇幅虽然不大,但却是《墨子》中极具华彩的一篇,从某种程度上来说,《墨子》一书的文学价值是由这一篇文字支撑起来的。

短短数百字,却跌宕起伏、惊心动魄,故事的转折与突变极类传奇小说中的经典情节,文中三人的形象也极为生动。尤其是墨子,不但有勇有谋、大仁大义,而且具有大智慧、大悲悯。他的消弭战事,并非昵于宋而疏于楚,而是出于悲悯之心,这种悲悯是对于人的,不管他是生于楚,还是生于宋!其实,这也正是他兼爱主张的具体表现。

大师总是随手点染,便成绝世妙文:事情已经解决,本可结束了,可末段又有三十余字,看似不经意,但却意味深长,它不但对墨子的形象再为渲染,更重要的是,它还透出一种通达之后的苍凉,使全文明朗单纯的主题突然变得沉重起来!

【原文】 公输盘为楚造云梯之械①,成,将以攻宋。子墨子闻之,起于②,齐行十日十

207

夜而至于郢③,见公输盘。公输盘曰:"夫子何命焉为?"子墨子曰:"北方有侮臣④,愿藉子杀之!"公输盘不说。子墨子曰:"请献十金。"公输盘曰:"吾义固不杀人。"子墨子起,再拜曰:"请说之。吾从北方闻子为梯,将以攻宋。宋何罪之有?荆国有余于地,而不足于民,杀所不足,而争所有余,不可谓智;宋无罪而攻之,不可谓仁;知而不争,不可谓忠;争而不得,不可谓强;义不杀少而杀众,不可谓知类。"公输盘服。子墨子曰:"然乎?不已乎?"公输盘曰:"不可。吾既已言之王矣。"子墨子曰:"胡不见我于王?"公输盘曰:"诺。"

【注释】 ①公输盘:《史记》记载为公输般,为鲁国能工巧匠,即鲁班。云梯:古代用来登高攻城的器械。②起于:下当补一"鲁"字。③齐:即"疾"。郢:楚国国都,在今湖北江陵。④句下当补一"者"字。

【译文】 公输盘为楚国制造攻城的云梯,造成后,准备用它来攻打宋国。墨子听说后,从鲁国动身,赶了十天十夜的路,到达了郢,见到公输盘。公输盘说:"先生有何见教?"墨子说:"北方有个侮辱我的人,我想拜托你把他杀掉!"公输盘听了很不高兴。墨子说:"我奉送十镒黄金。"公输盘说:"我讲义,不随便杀人。"墨子站起来,对公输盘拜了两次说:"请听我说说义。我在北方听说你制成了云梯,准备用来攻打宋国。宋国有什么罪过呢?楚国土地有余,而人口不足,牺牲自己本来不足的人民,去争夺本来有余的土地,不能算作有智慧;宋国没有罪却要攻打他,这不能说是仁;知道了这个道理却不去谏谏,不能算作忠;谏谏却达不到目的,不能算作强;你讲义而不愿意杀那几个人,却要去杀宋国众多的人,不能算作明了事理。"公输盘被说服了。墨子说:"你赞同吗?那为什么不停止呢?"公输盘说:"不行。我已经说给楚王了。"墨子说:"为什么不把我引荐给楚王呢?"公输盘说:"好的。"

【原文】 子墨子见王,曰:"今有人于此,舍其文轩,邻有敝舆,而欲窃之;舍其锦绣,邻有短褐,而欲窃之;舍其粱肉,邻有糠糟,而欲窃之。此为何若人?"王曰:"必为窃疾矣①。"子墨子曰:"荆之地方五千里,宋之地方五百里,此犹文轩之与敝舆也;荆有云梦②,犀兕麋鹿满之③,江汉之鱼鳖鼋鼍为天下富④,宋所为无雉兔狐狸者也⑤,此犹粱肉之与糠糟也;荆有长松、文梓、梗楠豫章⑥,宋无长木犹锦绣之与短褐也。臣以三事之攻宋也⑦,为与此同类。"王曰:"善哉!虽然,公输盘为我为云梯,必取宋。"

【注释】 ①为:疑作"有"。②云梦:云梦泽,古代的大湖。③兕:雌性犀牛。④鼋鼍:鼋即龟,鼍是鳄鱼的一种。⑤狐狸:当作"鲋鱼"。⑥梗:一种名贵的乔木。楠:楠木。豫章:也是一种树木。⑦之:疑当作"比之"。

【译文】 墨子见到了楚王,说:"现在有一个人在这里,舍弃自己华丽的彩车,邻居有破车,却想去偷;舍弃他锦绣的衣服,邻居有粗布衣服,却想去偷;舍弃他的精致的饭菜,邻居有糟糠,却想去偷。这是一个什么样的人呢?"楚王说:"他必定得了偷窃的病。"墨子

说:"楚国的土地方圆五千里,宋国的土地方圆五百里,这就像彩车与破车一样;楚国有云梦泽,犀牛麋鹿满地都是,长江汉水里出产的鱼鳖鼋鼍,可以说是天下最丰富的了,而宋国却是连野鸡、野兔和鲫鱼都没有的地方,这就像精致的饭菜与糟糠一样;楚国有高大的松树、优质的梓木和楩楠樟树,而宋国都没有像样的木材,这就像锦绣的衣服与粗布衣服一样。我用这三件事来比照攻打宋国的事,发现与此是同类的事。"楚王说:"说得好啊!即使这样,公输盘已经为我造好了云梯,我还是要攻打宋国。"

【原文】 于是见公输盘。子墨子解带为城,以牒为械①,公输盘九设攻城之机变,子墨子九距之。公输盘之攻械尽,子墨子之守圉有余。公输盘诎②,而曰:"吾知所以距子矣,吾不言。"子墨子亦曰:"吾知子之所以距我,吾不言。"楚王问其故,子墨子曰:"公输子之意,不过欲杀臣。杀臣,宋莫能守,可攻也。然臣之弟子禽滑釐等三百人,已持臣守圉之器,在宋城上而待楚寇矣。虽杀臣,不能绝也。"楚王曰:"善哉!吾请无攻宋矣。"

【注释】 ①牒:同"楪",即筷子。②诎:屈,指公输盘技穷后无可奈何的样子。

【译文】 于是墨子又会见公输盘。墨子解下皮带做城池,用筷子做兵器,公输盘九次巧妙设置不同的器械来攻城,九次都被墨子抵挡住了。公输盘攻城的器械已经用尽了,而墨子守城的方法还绰绰有余。公输盘没有办法了,说:"我知道用什么办法对付你了,我不说。"墨子说:"我知道你将用什么办法对付我,我也不说。"楚王问是什么缘故,墨子说:"公输盘的意思,不过是想杀掉我。若杀掉我,宋国便没人能守城了,就可以攻打了。但是我的弟子禽滑釐等三百人,已经手持我守城的兵器,在宋国城头上等候楚兵的入侵了。即使杀死我,也无法消灭我守御的办法。"楚王说:"好吧!我就不攻打宋国了。"

【原文】 子墨子归,过宋。天雨,庇其闾中①,守闾者不内也②。故曰:治于神者,众人不知其功,争于明者,众人知之。

【注释】 ①闾:里巷的门。②内:同"纳"。

【译文】 墨子归来,路过宋国。天上下起了大雨,墨子想到里巷避雨,守门的人却不让他进去。所以说:运用神机的人,众人不知道他的功劳;在明处争斗不休的人,众人却都知道他。

备梯

【题解】

　　墨子被他十大主张的盛名所掩,很多人也许不知道或许会忽略他另外的成就:比如他的军事才能。其实,他在军事上,尤其是在防守方法与防守工事及机械中所达到的成就,也许先秦诸子中专门以兵家鸣于世的人未能至此。而这些内容都集中体现在墨子

《备城门》以下诸篇中。根据《备城门》篇中所提及现存篇目,学者认为城守各篇共当有二十一篇,涉及十余种攻城方法的对策。现存十一篇。

上节的《公输》主要讲了墨子如何为宋国免去了一场迫在眉睫的灭顶之灾,其中楚国最为重要的武器便是能工巧匠公输盘所制造的云梯,而且,不管墨子的言论如何具有说服力,他最终都得依靠实力解决这一问题,实力就体现在对公输盘所造云梯的防守上。而这一篇就是针对云梯的。

【原文】 禽滑釐子事子墨子三年①,手足胼胝②,面目黧黑,役身给使,不敢问欲。子墨子甚哀之,乃管酒块脯③,寄于大山④,昧葇坐之⑤,以樵禽子⑥。禽子再拜而叹。子墨子曰:"亦何欲乎?"禽子再拜再拜曰:"敢问守道?"子墨子曰:"姑亡,姑亡。古有亓术者,内不亲民,外不约治,以少间众,以弱轻强,身死国亡,为天下笑。子亓慎之,恐为身姜⑦。"禽子再拜顿首,愿遂问守道,曰:"敢问客众而勇,烟资吾池⑧,军卒并进,云梯既施,攻备已具,武士又多,争上吾城,为之奈何?"

【注释】 ①禽滑釐子:即禽滑釐,墨子的大弟子。此文当为墨家后学所记录,故称其为"子"。②胼胝:手掌或足底因磨砺而生出的厚皮,即茧。③块:同"怀"。脯:干肉。④大山:太山,即泰山。⑤昧葇:同"篾茅",都是编席子的材料。⑥樵:同"醮",即简单地饮酒。⑦姜:同"僵"。⑧烟资:当为"堙茨",填埋的意思。

【译文】 禽滑釐事奉墨子三年,手和脚都起了老茧,脸也变得黧黑,像仆役一样听墨子使唤,却不敢问自己想要问的事。墨子很怜悯他,于是备了酒和干肉,来到泰山,垫了茅草席坐在上面,用酒菜酬劳禽滑釐。禽滑釐拜了两次,然后叹了口气。墨子问他:"你想问什么吗?"禽滑釐又行了两次再拜礼说:"请问守城的方法。"墨子说:"先不要问,先不要问。古代有懂得守城之道的人,但对内不亲厚百姓,对外不结交诸侯,以自己一个国家去反问别的众多的国家,自己力量弱小却轻视强大的国家,结果送命亡国,被天下人耻笑。你对此可要谨慎啊,恐怕你还会为此送命。"禽滑釐又拜了两次再伏地叩头,希望能弄清守城的办法,说:"请问如果攻城一方兵士众多又勇敢,填埋了我方护城池,军士一齐进攻,攻城的云梯架起来了,进攻的武器已安排好,勇敢的士兵又很多,争先恐后爬上我方城墙,该如何对付呢?"

【原文】 子墨子曰:"问云梯之守邪?云梯者,重器也,亓动移甚难。守为行城①,杂楼相见②,以环亓中。以适广陕为度③,环中藉幕,毋广亓处。行城之法,高城二十尺,上加堞,广十尺,左右出巨各二十尺④,高、广如行城之法。为爵穴煇鼠⑤,施荅亓外⑥。机、冲、錢、城⑦,广与队等,杂亓间以镌、剑⑧,持冲十人,执剑五人,皆以有力者。令案目者视适⑨,以鼓发之,夹而射之,重而射之,披机藉之⑩,城上繁下矢、石、沙、炭以雨之,薪火、水汤以济之。审赏行罚,以静为故,从之以急,毋使生虑。若此,则云梯之攻败矣。"

【注释】　①行城:城上加筑的临时城台。②杂楼;城头加筑的塔楼一类的建筑。见:同"间"。③陕:同"狭"。④巨:同"距",原指禽类的爪,此指伸出的部分。⑤爵穴:当即"雀穴",指如雀巢一样小的洞穴。辉:熏灼。古人用烟熏鼠穴的办法来赶走老鼠,所以,也把小洞叫熏鼠。⑥荅:渠答,铁蒺藜,一种御敌的器具。⑦钱:当作"栈"。⑧镵:凿子。剑:当为"斯"。这些都是用来斫破敌人云梯的工具。⑨案:即"按",按目,定睛观察。适:同"敌"。⑩披机:当作"技机"。

【译文】　墨子说:"你问的是对云梯的防守吗?云梯是很重的攻城器械,它的移动十分困难。守城一方可在城墙上筑起行城,中间加些杂楼,把自己环围起来。其间要留有适度的宽窄,其中要拉上幕,因此不要过宽。筑行城的方法是:行城高出原城墙二十尺,上面再加筑矮墙,宽十尺,左右各伸出二十尺,高度、宽度与行城标准相同。城墙下要开凿像雀巢、鼠穴一样大小的洞孔,孔外安置铁蒺藜。供投掷的技机、抵挡冲撞的冲撞车、外出救援用的行栈、临时用的行城等器械,其排列的宽度应与敌人进攻的广度相等。在这些器械之间还要夹杂拿着凿子和斫刀的人,十人掌握冲击云梯的冲车,五人手里拿着斫刀,都选用非常有力气的人。再命令能仔细瞭望的士兵观测敌情,用鼓声来发出号令,或从两边向敌人射击,或重点向一个地方射击,或借助技机向敌人投掷,城上像下雨一样把箭矢、石头、沙子和炭灰投下,再把火把和热水往下灌。同时赏罚严明,处事镇静,但又要当机立断,不要发生其他变化。如果能这样,那云梯的攻法就被打败了。"

【原文】　"守为行堞,堞高六尺而一等,施剑亓面,以机发之。冲至则去之,不至则施之。爵穴三尺而一,蒺藜投必遂而立①,以车推引之。"

【注释】　①蒺藜投:一种带刺的御敌器械。遂:当为"队"。

【译文】　"防守云梯还要在城墙上加筑临时的矮墙'堞',各处都一样建六尺高,在墙外安剑,用机器发射。敌方若有冲撞机上来便撤去,没有冲撞机就用它。矮墙下开小小的洞穴,每三尺一个,蒺藜投一定要对应敌人的阵形摆放,用车推出去再拉回来,可以反复使用。"

【原文】　"裾城外①,去城十尺,裾厚十尺。伐裾,小大尽本断之,以十尺为传②,杂而深埋之,坚筑,毋使可拔。二十步一杀③,杀有一鬲④,鬲厚十尺,杀有两门,门广五尺。裾门一,施浅埋,弗筑,令易拔。城希裾门而直桀⑤。"

【注释】　①句首当有"置"字。裾:当为"椐",城外的木篱。②传:当为"断"字。③杀:疑指预备投掷敌人的地方。④鬲:当为"格",指阻止敌军前进的武器。⑤希:通"睎",望。直:通"置"。桀,同"楬",做标志的木桩。

【译文】　"在城外十尺远的地方安置木篱,木篱的厚度为十尺。采伐木篱的方法是,无论大小,一律从根伐断,锯成十尺一段,间隔一段距离深埋于地中,要埋得很结实,不要

让它能被拔出来。城墙上每隔二十步设置一个杀，每个杀都备一个鬲，鬲要有十尺宽，杀有两个门，门宽五尺。木篱设一个门，浅埋就可以，不用夯得太结实，要让它能容易被拔出来。城上对着木篱门的地方安置做标志的木桩。"

【原文】 "县火①，四尺一钩枳，五步一灶，灶门有炉炭。令适人尽入②，烨火烧门③，县火次之。出载而立，亓广终队。两载之间一火，皆立而待鼓而燃火，即具发之④。适人除火而复攻，县火复下，适人甚病，故引兵而去。则令我死士左右出穴门击遗师⑤。令贲士、主将皆听城鼓之音而出，又听城鼓之音而入。因素出兵施伏⑥，夜半城上四面鼓噪，适人必或⑦。有此必破军杀将。以白衣为服，以号相得，若此，则云梯之攻败矣。"

【注释】 ①县：同"悬"。②适人：同"敌人"。③烨：熏灼。④即具：当作"疾俱"。⑤遗：疑当作"遁"。⑥因素：照旧的意思。素，平素，故。⑦或：通"惑"。

【译文】 "城头悬挂火具，每隔四尺设置一个挂火具的有钩的木桩，五步设一口灶，灶门备有炉炭。等敌人全部进入就放火烧门，接着投掷悬火。把作战器械从车中取出立放，其排放宽度与敌人的队伍相一致。两个兵车之间设一个悬火，掌火的人都站着等待攻击的鼓声，鼓声一响就立即点火，并同时快速地把悬火投掷出去。敌人如果把悬火除去并再次进攻，就再次投掷悬火，敌人很头痛，因此就会撤兵而去。这时就可以命令我军的敢死队从左右出穴门追击遁逃的敌军。命令我方的勇士与主将都要听从城头的鼓声出城进攻，也要听从鼓声的指挥撤回城里。这时也仍然要设置埋伏，半夜的时候城头上再四面击鼓呐喊，敌人必然迷惑。能做到这些就可以打败敌军并擒杀敌军将领。当然，要统一穿白衣，要有号令来联络，如果做到这些，那么用云梯来攻城就会失败。"

韩非子

【导语】

　　《韩非子》是先秦法家集大成之杰作,是我国古代政治学方面的名著,在古代哲学、文学史上也享有盛誉。它和先秦诸子百家如道家、儒家、墨家、兵家、名家、阴阳家等学派的著作交相辉映,共同编织了灿烂夺目的中国古代优秀传统文化彩虹。宋朝名相赵普说:"半部《论语》治天下。"无独有偶,近代著名学者章太炎称"半部《韩非子》治天下"。严复在上光绪的"万言书"中也说:"在今天要谈救亡图存的学说,我想只有申不害、韩非子的大致可用。"这里的两个"半部说",恰好合二为一,它正是中国封建社会统治思想的集中体现,"霸王道杂之"也好,"外儒内法"也好,都说明儒、法思想整体上的结合,构成了封建社会中占统治地位的思想基础,透出了一个时代的精神支柱。它也说明儒、法的互补性、可合成性。不仅儒、法两家如此,而且两家与百家也是互相渗透、相辅相成的,形成了共同支撑我国传统文化,并从不同角度完成其历史使命的格局。正如

韩非子像

东汉史学家班固在《汉书·艺文志》中所说:诸子百家对于治国来说,均可为帝王们斟酌去取,达到"通万方之略""同归而殊途"的最佳境界。因此可以说,《韩非子》是我国重要的文化遗产。

　　无论帝王之术,或是处世为人之道,从韩书中都可以吸取一些有益于今人的思想精华,作为一面历史的镜子,《韩非子》当之无愧。

初见秦

【题解】

　　"初见秦",即初次见秦王。实际上这是韩非求见秦王的上书。

　　本文所选文段意在劝秦王用战争统一天下,建立统一的中央集权国家,取代诸侯割据势力,是大势所趋,是社会和平安定的需要。韩非通过对当时形势的分析,赞扬推行法

治的强秦"号令赏罚，地形利害，天下莫若也"，指出秦国早已具备统一天下的条件。作者认为，秦国所以没有能够成就"霸王之名"，主要是由于"谋臣皆不尽其忠"，以致三次失去成霸之机。文章还列举了许多丧失战机的事例，批评谋臣误国。对于统一战争的重要性，文章也着重加以论述，得出"战者，万乘之存亡也"的结论。

一说《初见秦》不是韩非作品，有些人提出是范雎、蔡泽、吕不韦所作，但都缺乏确凿证据，姑不论。

【原文】 臣闻：天下阴燕阳魏①，连荆固齐②，收韩而成从③，将西面以与强秦为难。臣窃笑之。世有三亡，而天下得之，其此之谓乎！臣闻之曰："以乱攻治者亡，以邪攻正者亡，以逆攻顺者亡。"今天下之府库不盈，囷仓空虚④，悉其士民，张军数十百万，其顿首戴羽为将军断死于前不至千人⑤，皆以言死。白刃在前，斧锧在后⑥，而却走不能死也，非其士民不能死也，上不能故也。言赏则不与，言罚则不行，赏罚不信，故士民不死也。今秦出号令而行赏罚，有功无功相事也。出其父母怀衽之中，生未尝见寇耳；闻战，顿足徒裼⑦，犯白刃，蹈炉炭，断死于前者皆是也。夫断死与断生者不同，而民为之者，是贵奋死也。夫一人奋死可以对十，十可以对百，百可以对千，千可以对万，万可以克天下矣。今秦地折长补短，方数千里，名师数十百万。秦之号令赏罚，地形利害，天下莫若也。以此与天下⑧，天下不足兼而有也。是故秦战未尝不克，攻未尝不取，所当未尝不破，开地数千里，此其大攻也。然而兵甲顿，士民病，蓄积索⑨，田畴荒，囷仓虚，四邻诸侯不服，霸王之名不成。此无异故，其谋臣皆不尽其忠也。

【注释】 ①阴燕阳魏：北面是燕国，南面是魏国。指赵国处于中心位置。②固：紧密结合。③收：接纳，纠合。从：同"纵"，合纵。④囷：圆顶谷仓。⑤戴羽：把羽毛系在头盔上作为将军的标志。至：止。⑥斧锧：古代腰斩时的刑具。锧，垫在被杀者身下的砧木。⑦徒裼：脱下上衣，赤膊上阵。⑧与：通"举"，攻取。⑨索：尽。

【译文】 臣听说：天下的大局是北燕南魏，连接楚国和齐国，纠合韩国而成合纵之势，将要向西去同秦国对抗。臣私下讥笑他们。世上有三种灭亡途径，六国都具备了，大概说的就是合纵攻秦的情形吧！臣听说："以混乱进攻安定必亡，以邪恶进攻正义必亡，以倒退进攻顺乎前进的必亡。"如今六国的财库不满，粮仓空虚，征发全国百姓，扩军数百万，其中戴羽的将军发誓在前线决死战斗的不止千人，都说是不怕死。利刃在前，斧锧在后，还是退逃不去拼死作战，不是说这些士兵不能死战，而是六国君主不能使他们死战的缘故。该赏的不赏，当罚的不罚，赏罚失信，所以士兵不愿死战。如今秦国公布法令而实行赏罚，有功无功分别对待。百姓从脱离父母怀抱，一生都不曾见过敌人；但一听说打仗，踩着脚赤膊上阵，迎着利刃，踏着炭火，上前拼死的比比皆是。拼死和贪生不同，而百姓之所以愿意死战，是因为他们崇尚英勇战斗而死的精神。一人奋勇拼命可抵十，十人

可抵百，百人可抵千，千人可抵万，万人可以攻克天下。如今秦国领土截长补短，方圆数千里，雄师有百万之众。秦国法令赏罚严明，地形险要，天下没有一个国家可比。凭这些有利条件攻取天下，无须费力就可以兼并。因此，秦国打仗没有不获胜的，攻城没有不占领的，遇上抵抗的军队没有不击败的，开辟疆土数千里，这是一件大功。但是，士兵疲惫，百姓困乏，积蓄耗尽，田园荒芜，谷仓空虚，四邻诸侯不服，霸主之名不成。其中没有别的缘故，只是秦国的谋臣没有尽忠。

【原文】 臣敢言之：往者齐南破荆①，东破宋②，西服秦③，北破燕④，中使韩、魏⑤，土地广而兵强，战克攻取，诏令天下。齐之清济浊河⑥，足以为限；长城巨防⑦，足以为塞。齐，五战之国也⑧，一战不克而无齐⑨。由此观之，夫战者，万乘之存亡也。且臣闻之曰："削株无遗根，无与祸邻，祸乃不存。"秦与荆人战，大破荆，袭郢⑩，取洞庭、五渚、江南⑪，荆王君臣亡走，东服于陈⑫。当此时也，随荆以兵，则荆可举；荆可举，则其民足贪也，地足利也。东以弱齐、燕，中以凌三晋⑬。然则是一举而霸王之名可成也，四邻诸侯可朝也。而谋臣不为，引军而退，复与荆人为和，令荆人得收亡国，聚散民，立社稷主，置宗庙，令率天下西面以与秦为难。此固以失霸王之道一矣。天下又比周而军华下⑭，大王以诏破之，兵至梁郭下⑮。围梁数旬，则梁可拔；拔梁，则魏可举；举魏，则荆、赵之意绝；荆、赵之意绝，则赵危；赵危而荆狐疑；东以弱齐、燕，中以凌三晋。然则是一举而霸王之名可成也，四邻诸侯可朝也。而谋臣不为，引军而退，复与魏氏为和，令魏氏反收亡国，聚散民，立社稷主，置宗庙，令率天下西面以与秦为难。此固以失霸王之道二矣。前者穰侯之治秦也⑯，用一国之兵而欲以成两国之功，是故兵终身暴露于外，士民疲病于内，霸王之名不成。此固以失霸王之道三矣。

【注释】 ①齐南破荆：指齐宣王十九年（公元前301年）联合秦国在重丘（在今河南泌阳东北）打败楚军，虏楚将唐昧一事。据《史记·六国年表》记载，此事发生在齐湣王三十八年。②东破宋：指齐湣王十五年（公元前286年）齐国攻灭宋王偃一事。据《史记·六国年表》记载，此事发生在齐湣王三十八年。③西服秦：指齐湣王三年（公元前298年）齐国和韩、魏攻秦，攻至函谷关，秦割河东三城求和一事。据《史记·六国年表》记载，此事发生在齐湣王二十六年。④北破燕：指齐宣王六年（公元前314年）齐国攻燕国，燕王哙和子之被杀一事。据《史记·六国年表》记载，此事发生在齐湣王十年。⑤中使韩、魏：指公元前298年，齐和韩、魏攻秦国一事。使，驱使。⑥济：济水。河：黄河。⑦长城巨防：指齐国长城。东起自海，西抵济水。巨防，指防门，齐长城西段的一个要塞，在平阴城（位于今山东平阴东北）南。⑧五战：指南破荆、东破宋、西服秦、北破燕和齐宣王二年（公元前284年）齐和魏、赵、韩、楚、燕联军攻秦五次战事。⑨一战不克而无齐：指齐湣王十七年（公元前284年）燕、秦等五国联军在济西打败齐军一事。燕将乐毅连下齐七十余

城,攻破齐都城临淄,齐湣王逃到莒,为楚将淖齿所杀。⑩袭郢:指公元前278年秦将白起攻破楚都一事。⑪五渚:地在宛(位于今河南南阳)、邓(位于今湖北襄樊北)之间,临汉水。⑫服:保,防守。陈:楚国地名,位于今河南淮阳。⑬三晋:指取代晋国而建立的韩、赵、魏三国。⑭比周:紧密勾结。军:驻兵。华:指华阳,韩国地名,位于今河南密县东北。⑮梁:大梁,魏国国都,位于今河南开封。⑯穰侯:即魏冉,楚国人,秦昭襄王时,他四次任相,曾利用职权扩大封地。因封地在穰(位于今河南邓州市),故名穰侯。

【译文】 臣斗胆进言:过去齐国南面打败楚军,东面攻灭宋王偃,西面迫使秦国屈服,北面击败燕国,从中调遣韩、魏两国,领土广阔而兵力强大,战胜攻取,号令天下。齐国清澈的济水、浑浊的黄河,足以用作防线;长城、巨防,足以作为要塞。齐国打了五次胜仗,后来仅因一次战斗失利而濒于灭亡。由此看来,战争关系到大国的存亡。而且臣听说过这样的话:"砍树不要留根,不与祸害接近,祸害就不会存在。"秦军和楚军作战,大败楚军,击破郢都,占领洞庭、五渚、江南一带,楚国君臣逃跑,困守在东面的陈地。当此之时,秦兵追歼楚军,就可以占领楚国;既可占领楚国,楚民就足以归我所有,楚地就全部归我所用。东可进而削弱齐、燕,在中原可进而控制韩、赵、魏。果能如此,那就是一举成就霸王之名,可使四邻诸侯都来朝拜。然而谋臣不这样做,却率军队撤退,重新与楚人讲和,使楚人得以收复沦陷国土,聚集逃散百姓,重立社稷,再建宗庙,让他们统率东方各国军队西向来挑战秦国。这的确是秦国第一次失去称霸天下的机会。合纵六国又紧密配合,驻军华阳之下,大王下诏击败他们,兵临大梁城下。包围大梁数十天,攻克大梁在即;攻克大梁,就可一举占领魏国;占领魏国之后,楚、赵联合的意图就破灭;楚、赵联盟破灭,赵国就岌岌可危;赵国危机,楚国抗秦决心就会动摇;大王向东面可进而削弱齐、燕,在中原可进而控制韩、赵、魏。果能如此,那就是一举成就霸主之名,让四邻诸侯前来朝拜称臣。然而,谋臣没有这样做,却率领军队撤退,重新与魏人讲和,反而让魏人收复国土,聚集逃散百姓,重立社稷,再建宗庙,让他们统率东方各国西向来挑战秦国。这的确是秦国第二次失去称霸天下的机会。以前穰侯治理秦国时,用一国的兵力而想建立两国的功业,因此士兵终身在野外艰苦作战,百姓在国内疲惫不堪,未能成就霸主之名。这的确是秦国第三次失去称霸天下的机会。

主道

【题解】

"主道"是指做君主的原则。这里韩非吸取道家虚静无为的哲学思想,并运用到政治生活中,发展成为君主治国用人的原则。本文选其中三段加以介绍。

所选文段一提出君主应"守始以知万物之源，治纪以知善败之端"。保持清静无为，使臣下不能探测君主的心意，从而杜绝他们窥窃君权的欲望。同时还要用刑名之术考察、使用臣下，根据他们的主张分派相应的使命，责求他们做出应有的功效。有功，疏贱必赏；有过，近爱必诛。"主道"体现了"君道无为，臣道有为"的思想。君主当顺应客观形势推行法治，让臣下贡献出自己的才能去建立功业。"明君无为于上，群臣竦惧乎下"，"臣有其劳，君有其成功"。这就是韩非的"主道"。

文段二重在讲述君主深藏不露之术，是为了防范臣下窥测君心，是为了控制臣下，防止权奸、朋党的产生和作乱。"散其党""闭其门"，"国乃无虎"；"大不可量，深不可测"，"国乃无贼"，权奸就不能窃权。

文段三是韩非对治国之道本于自然的解释。这个原则要求君主不能用自己的好恶感情、心智技巧治理国家。君主所处的位势，应像道的位势一样，"寂乎其无位而处，漻乎莫得其所"，处"无为"之势，才能使群臣处于畏惧状态。君主不自操事，不自计虑，而靠"符契"验证、考核臣下的言事，"符契之所合，赏罚之所生也"。符契、赏罚体现的是法制精神。所有这些都是由道的本原演化而成，为是非标准确立的根据，它说明法制是自然法则的运用。

一

【原文】　道者，万物之始，是非之纪也①。是以明君守始以知万物之源，治纪以知善败之端。故虚静以待令，令名自命也，令事自定也。虚则知实之情，静则知动者正。有言者自为名，有事者自为形，形名参同②，君乃无事焉，归之其情。故曰：君无见其所欲③，君见其所欲，臣自将雕琢；君无见其意，君见其意，臣将自表异④。故曰：去好去恶，臣乃见素；去旧去智，臣乃自备。故有智而不以虑，使万物知其处；有贤而不以行，观臣下之所因⑤；有勇而不以怒，使群臣尽其武。是故去智而有明，去贤而有功，去勇而有强。群臣守职，百官有常⑥，因能而使之，是谓习常。故曰：寂乎其无位而处，漻乎莫得其所⑦。明君无为于上⑧，群臣竦惧乎下⑨。明君之道，使智者尽其虑，而君因以断事，故君不穷于智；贤者勑其材⑩，君因而任之，故君不穷于能；有功则君有其贤，有过则臣任其罪，故君不穷于名。是故不贤而为贤者师，不智而为智者正。臣有其劳，君有其成功，此之谓贤主之经也。

【注释】　①纪：准则，纲领。②参同：验证相合。参，验证。同，合。③见：同"现"。④表异：伪装。⑤因：凭借，依据。⑥常：指常规、常法。⑦漻：通"寥"，寥廓，高远空旷。⑧无为：《老子》中提出的哲学概念。道家的"无为"是指宇宙的存在状态，指出道无为，万物自化，从而又体现了"无为而无不为"的最高境界。韩非接受无为思想，把它运用到治国理论方面，形成了法家任势用术的最高原则。无为已经成为韩非法制思想的理论基础。所以他认为，君主"无为"，就可以不费气力地使臣下把事情办好。⑨竦：通"悚"，害怕，恐惧。⑩勅：慰勉，鼓励。材：才能，才干。

【译文】 道是万物的本原，是非的准则。因此英明的君主把握本原来了解万物的起源，研究准则来了解成败的原因。所以虚无安静地对待一切，让名称自然命定，让事情自然确立。虚无了，才知道实在的真相，冷静了，才知道行动的准则。进言者自会确定主张，办事者自会产生效果，效果和主张验证相合，君主就无须躬亲琐事，而使事物呈现出本来面目。所以说，君主不要显露他的欲望，君主显露他的欲望，臣下将自我粉饰；君主不要显露他的意图，君主显露他的意图，臣下将自我伪装。所以说：除去爱好，抛开好恶，臣下就显露真相；除去成见，抛开智慧，臣下就约束自己。所以君主有智慧也不用来谋事，使万物处在它适当的位置上；有贤能也不表现为行动，以便察看臣下依据什么行事；有勇力也不用来逞威风，使臣下充分发挥他们的勇武。因此君主不用智慧却仍能明察，离开贤能却仍有功绩，离开勇力却仍然强大。群臣恪守职责，百官都有常法，君主根据才能使用他们，这叫遵循常规。所以说：寂静啊！君主好像没有处在君位上；寥廓啊！臣下不知道君主在哪里。明君在上面无为而治，群臣在下面诚惶诚恐。明君的原则是，使聪明人竭尽思虑，君主据此决断事情，所以君主的智力不会穷尽；鼓励贤者发挥才干，君主据此任用他们，所以君主的能力不会穷尽；有功劳在君主头上闪现出贤能的光彩，有过失则臣下承担耻辱的罪责，所以君主的名声不会衰减。因此不显示贤的却是贤人的老师，不显示智的却是智者的君长。臣下承担劳苦，君主享受功名，这就叫贤明君主的常法。

二

【原文】 道在不可见①，用在不可知。虚静无事，以暗见疵②。见而不见③，闻而不闻，知而不知。知其言以往，勿变勿更，以参合阅焉。官有一人，勿令通言，则万物皆尽。函掩其迹，匿其端，下不能原④；去其智，绝其能，下不能意。保吾所以往而稽同之⑤，谨执其柄而固握之。绝其望，破其意，毋使人欲之。不谨其闭⑥，不固其门，虎乃将存。不慎其事，不掩其情，贼乃将生。弑其主⑦，代其所，人莫不与，故谓之虎。处其主之侧，间其主之忒⑧，故谓之贼。散其党，收其余，闭其门，夺其辅，国乃无虎。大不可量，深不可测，同合刑名⑨，审验法式⑩，擅为者诛，国乃无贼。

【注释】 ①道：指君主掌握的道。这里实际上就是指驾驭群臣的"术"。②疵：小毛病。③而：如同，好像。④原：推测根源。⑤稽：考查。同之：指言论与实际一致。⑥闭：门闩所插入的孔。这里指门闩。⑦弑：杀，指臣杀君，下杀上。⑧间：暗中窥伺。忒：差错，过失。⑨刑：通"形"，行为的表现。⑩法式：法度。

【译文】 道是看不见的，君主运用道的时候，也不能被察觉。君主要保持虚静无事的态度，以隐蔽的方法察看群臣的过失。看到了好像没看到，听到了好像没听到，知道了装作不知道。君主知道了臣下的言论以后，不要予以变动更改，而要用验证比较的方法考察他们的言论是否与实际相符。每一个官职只有一个人任职，不要让各位官员串通消息，那样一切事情就全都露出实情。君主掩盖起自己的形迹，隐藏起事情的苗头，臣下就不能推测到他的心意；君主摒除个人的智慧，不用自己的才能，臣下就不能揣测到他的真情。君主要坚守自己的意图去考核臣下言论是否与实际相符，谨慎地抓住国家的权柄且牢固地掌握它。杜绝臣下的窥视，破坏臣下的欲念，不要让群臣贪求君主的权柄。如果不谨慎门闩，不牢固地关好大门，恶虎就将潜入。如果不谨慎对待自己的行事，不掩盖自己的真情，奸贼就有机可乘。敢于杀掉他的君主，篡夺君主的权位，没有谁不畏惧顺从他，所以称他为恶虎。侍奉在君主的左右，暗中窥伺君主的过失，所以称他为奸贼。君主如果粉碎奸臣的私党，逮捕奸臣的余孽，封闭奸臣的门户，铲除奸臣的帮凶，国家就没有恶虎了。君主的治术大到不可估量，深得不可探测，考核臣下的行为与言论是否一致，考察和检验群臣的活动是否合于法度，擅自妄为的就予以诛罚，国家就没有奸贼了。

三

【原文】 人主之道，静退以为宝①。不自操事而知拙与巧，不自计虑而知福与咎②。是以不言而善应③，不约而善增④。言已应，则执其契⑤；事已增，则操其符⑥。符契之所合，赏罚之所生也。故群臣陈其言，君以其言授其事，事以责其功。功当其事，事当其言，则赏；功不当其事，事不当其言，则诛⑦。明君之道，臣不得陈言而不当。是故明君之行赏也，暖乎如时雨⑧，百姓利其泽；其行罚也，畏乎如雷霆，神圣不能解也。故明君无偷赏⑨，无赦罚。赏偷，则功臣堕其业⑩；赦罚，则奸臣易为非。是故诚有功，则虽疏贱必赏；诚有过，则虽近爱必诛。疏贱必赏，近爱必诛，则疏贱者不怠，而近爱者不骄也。

【注释】 ①退：这里有不露锋芒、不为人先的意思。②咎：过失，祸患。③善应：善于提出自己的主张。④善增：善于提高功效。⑤契：古代一种凭证。在竹简或木片上刻字，分为两半。双方各收一半，验证时将两半相合。⑥符：古代调兵遣将用的凭证，用竹、木或铜、玉做成。中分为二，双方各执一半，验证时将两半相合。⑦诛：惩罚。⑧暖：温润。⑨偷：苟且，随便。⑩堕：通"惰"，懈怠。

【译文】 君主的原则，以静退为贵。不亲自操持事务而知道臣下办事的拙和巧，不亲自考虑事情而知道臣下谋事的福和祸。因此君主不多说话而臣下就要很好地谋虑，不做规定而臣下就要很好地办事。臣下已经提出主张，君主就拿来作为凭证；臣下已经做了事情，君主就拿来作为考核的依据。拿了凭证进行验证，就是决定赏罚的根据。所以群臣陈述他们的主张，君主根据他们的主张授予他们职事，依照职事责求他们的功效。

功效符合职事,职事符合主张,就赏;功效不符合职事,职事不符合主张,就罚。明君的原则,要求臣下不能说话不算数。因此明君行赏,像及时雨那么温润,百姓都能受到他的恩惠;君主行罚,像雷霆那么可怕,就是神圣也不能解脱。所以明君不随便赏赐,不赦免惩罚。赏赐随便了,功臣就懈怠他的事业;惩罚赦免了,奸臣就更变本加厉。因此确实有功,即使关系疏远、地位卑贱的人也一定赏赐;确实有罪,即使亲近喜爱的人也一定惩罚。疏贱必赏,近爱必罚,那么疏远卑贱的人就不会懈怠,而亲近喜爱的人就不会骄横了。

有度

【题解】

"有度"指治国要有法度。有法度就是以法治国,法度是治国之要。作者指出,君主能否坚决推行法治,是决定国家强弱的关键。推行法治,就要"使法择人""使法量功",这样,做臣子的才会忠心不二地尊奉君主。否则,君主仅凭虚名择臣,臣下就会废法行私,用虚伪的道德来沽名钓誉,结党营私,侵害君主。只有坚决依法办事,"法不阿贵,绳不挠曲","刑过不避大臣,赏善不遗匹夫",严厉打击奸臣的破坏活动,国家才能强盛,社会才能大治。

本文为《有度》篇第五段。所选文段提出"法不阿贵"的思想被认为是中国古代法治思想史上的精华,是对战国以前"刑不上大夫,礼不下庶人"贵族法权的否定,具有历史的进步意义。"矫上之失""一民之轨",更具有法的平等观念,它是"法不阿贵"思想的进一步升华,体现了以法治国的思想,它排除"释法用私"的人治行为,不允许用法外的个人意志处理政事,不允许用私心进行赏罚。由于历史的局限性,这些思想尽管难以真正实现,但是,它在中国法治思想史上具有开创意义。

【原文】 夫人臣之侵其主也,如地形焉,即渐以往,使人主失端,东西易面而不自知。故先王立司南以端朝夕①。故明主使其群臣不游意于法之外,不为惠于法之内,动无非法。峻法,所以禁过外私也;严刑,所以遂令惩下也。威不贰错②,制不共门③。威、制共,则众邪彰矣;法不信,则君行危矣;刑不断,则邪不胜矣。故曰:巧匠目意中绳④,然必先以规矩为度⑤;上智捷举中事⑥,必以先王之法为比⑦。故绳直而枉木斫⑧,准夷而高科削⑨,权衡县而重益轻⑩,斗石设而多益少⑪。故以法治国,举措而已矣⑫。法不阿贵⑬,绳不挠曲⑭。法之所加,智者弗能辞,勇者弗敢争。刑过不避大臣,赏善不遗匹夫。故矫上之失,诘下之邪⑮,治乱决缪⑯,绌羡齐非⑰,一民之轨⑱,莫如法。厉官威民⑲,退淫殆⑳,止诈伪,莫如刑。刑重,则不敢以贵易贱㉑;法审㉒,则上尊而不侵。上尊而不侵,则主强而守要,故先王贵之而传之。人主释法用私,则上下不别矣。

【注释】　①司南：古代测定方向的仪器。端：正。②错：通"措"，置，引申为树立。③制：帝王的命令。这里可理解为权力。④意：揣度。中：合。绳：木匠用的墨线。⑤规：画圆的器具。矩：画方的器具。⑥中事：合乎要求。⑦比：例证。⑧枉：曲。斫：砍削。⑨准：量平的器具。夷：平。高科：凸出的部分。⑩县：同"悬"。⑪斗石：都是容量单位。十斗为一石，重一百二十斤。⑫举措：处理，安排。举，提起来，升。措，降下去。⑬阿：迎合，偏袒。⑭挠：屈，引申为迁就。⑮诘：追究。⑯缪：通"谬"，谬误。⑰绌：通"黜"，削减。羡：多余。⑱轨：规则，规范。⑲厉：整治。⑳殆：通"怠"，怠惰。㉑易：轻视。㉒审：严明。

【译文】　臣子侵害君主，就像行路时的地形一样，由近及远，逐渐变化，使君主失去方向，东西方位改变了，自己却不知道。所以先王设置指南仪器来判断东西方位。所以明君不让他的群臣在法律之外乱打主意，也不允许在法令规定的范围内谋求利益，举动没有不合法的。严峻的法令是用来禁止犯罪、排除私欲的；严厉的刑法是用来贯彻法令、惩办臣下不轨行为的。威势不能分置，权力不能同享。威势权力与别人同享，奸臣就会公然滥用权力；执法不坚定，君主的行为处境就会危险；刑罚不果断，就不能战胜奸邪。所以说：巧匠目测合乎墨线，但必定先用规矩作为标准；智力高者办事敏捷合乎要求，必定用先王的法度作为依据。所以墨线直了，曲木就要砍直；水准器平了，高凸就要削平；秤具拎起，就要减重补轻；量具设好，就要减多补少。所以用法令治国，不过是制定出来、推行下去罢了。法令不偏袒权贵，墨绳不迁就弯曲。法令该制裁的，智者不能逃避，勇者不敢抗争。惩罚罪过不回避大臣，奖赏功劳不漏掉平民。所以矫正君主的过失，追究臣民的奸邪，治理纷乱，判断谬误，削减多余，纠正错误，统一民众的规范，没有比得上法律的。整治官吏，威慑民众，除去淫乱怠惰，禁止欺诈虚伪，没有比得上刑罚的。刑罚重了，就不敢因地位高轻视地位低的；法令严明，君主就尊贵不受侵害。尊贵不受侵害，君主就强劲而掌握权势，所以先王重法并传授下来。君主弃法用私，君臣之间就没有区别了。

二柄

【题解】

"二柄"指刑与德，即惩罚与奖赏两种权柄。韩非在本篇重点分析了君主掌握和运用赏罚两种权柄的重要性，指出君主只有独自掌握赏罚大权，才能驾驭臣下。如果臣下篡夺赏罚大权，君主反而会被臣下控制。君主正确掌握赏罚，必须"审合刑名"，即审察臣下言论与事功是否相符合，"功当其事，事当其功，则赏；功不当其事，事不当其言，则罚"。为了不给臣下以可乘之机，文中提出君主要"去好去恶"，不表露爱憎感情，使臣下失去侵夺权柄的依据，不能蒙蔽君主。

本文选录《二柄》的第一段。文中指出君主驭臣之术总的来讲不外赏罚两种权柄，而这两种权柄又被比作虎的爪牙，十分形象、得体。作为驭臣的法宝，岂有借人之理。因为这种法宝是护身之宝、保命之宝、治国之宝。文中列举数件失去二柄所酿成的祸端来警示在位国君，齐国的田常拿到君主的赏赐权，宋国的子罕拿到君主的刑罚权，结果导致了齐君、宋君被杀。韩非把这种悲剧形象地比作虎失爪牙被狗欺。让韩非十分痛心的是，诸多君主仍在重蹈历史的覆辙，故作此文以示警诫。

【原文】 明主之所导制其臣者①，二柄而已矣。二柄者，刑、德也。何谓刑、德？曰：杀戮之谓刑②，庆赏之谓德。为人臣者畏诛罚而利庆赏，故人主自用其刑、德，则群臣畏其威而归其利矣。故世之奸臣则不然③，所恶，则能得之其主而罪之；所爱，则能得之其主而赏之。今人主非使赏罚之威利出于己也，听其臣而行其赏罚，则一国之人皆畏其臣而易其君④，归其臣而去其君矣。此人主失刑、德之患也。夫虎之所以能服狗者，爪牙也；使虎释其爪牙而使狗用之，则虎反服于狗矣。人主者，以刑、德制臣者也，今君人者释其刑、德而使臣用之，则君反制于臣矣。故田常上请爵禄而行之群臣⑤，下大斗斛而施于百姓⑥，此简公失德而田常用之也⑦，故简公见弑⑧。子罕谓宋君曰⑨："夫庆赏赐予者，民之所喜也，君自行之；杀戮刑罚者，民之所恶也，臣请当之。"于是宋君失刑而子罕用之。故宋君见劫⑩。田常徒用德而简公弑⑪，子罕徒用刑而宋君劫。故今世为人臣者兼刑、德而用之，则是世主之危甚于简公、宋君也。故劫杀拥蔽之主⑫，兼失刑、德而使臣用之而不危亡者，则未尝有也。

【注释】 ①制：控制。②戮：杀。③故：通"顾"，可是，但是。④易：轻视，看不起。⑤田常：即田成子，也叫陈恒、陈成子，春秋末期齐国大臣。他采取各种争取民心的手段，扩大政治势力。公元前481年，他发动政变，攻杀齐简公，控制了齐国的政权。⑥斛：古代量器，十斗为一斛。⑦简公：指齐简公，名任。⑧见弑：被杀。⑨子罕：即皇喜，姓戴。战国中期任宋国司城（掌管土木建筑工程的官），兼管刑狱。他劫杀宋桓侯，夺取了宋国的政权。宋君：指宋桓侯，名璧。⑩见劫：被劫持，被劫杀。⑪徒：只，仅仅。⑫拥：壅塞，堵塞。

【译文】 明君用来控制臣下的，不过是两种权柄罢了。两种权柄就是刑和德。什么叫刑、德？可以说：杀戮叫作刑，奖赏叫作德。做臣子的害怕刑罚而贪图奖赏，所以君主亲自掌握刑赏权力，群臣就会害怕他的威势而追求他的奖励。而现在的奸臣却不是这样，他们对所憎恶的人，能够从君主那里取得权力予以惩罚；对所喜爱的人，能够从君主那里取得权力予以奖赏。假如君主不是把赏罚的威严和利益掌握在自己手里，而是听任他的臣下去施行赏罚，那么全国的人就都会害怕权臣而轻视君主，就都会归附权臣而背离君主。这是君主失去刑赏大权的祸害。老虎能制服狗，靠的是爪牙；假使老虎去掉它

的爪牙而让狗使用，那么老虎反而会被狗所制服。君主是要靠刑、德来制服臣下的，如果做君主的丢掉刑赏大权而让臣下使用，那么君主反而会被臣下所控制。所以田常向君主请求爵禄而赐给群臣，对下用大斗出小斗进的办法把粮食借贷给百姓，这就是齐简公失去奖赏大权而由田常掌握，简公所以遭到杀害。子罕告诉宋桓侯说："奖赏恩赐是百姓喜欢的，君王自己施行；杀戮刑罚是百姓憎恶的，请让我来掌管。"于是宋桓侯失去刑罚大权，由子罕掌握。宋桓侯因而遭到挟持。田常仅仅掌握了奖赏大权，齐简公就遭到了杀害；子罕仅仅掌握了刑罚大权，宋桓侯就遭到了劫杀。所以现在做臣下的同时统摄了刑赏大权，那么君主将会遭受到比齐简公、宋桓侯更大的危险。所以被劫杀被蒙蔽的君主，一旦同时失去刑赏大权而由臣下执掌，却不导致危亡，是从来没有过的。

扬权

【题解】

扬权，就是弘扬君权。韩非继承黄老学派思想，从哲学高度论证君权至高，提出"道无双，故曰一，是故明君贵独道之容"。"道不同于万物"，"君不同于群臣"。因此，君主应当和道一样，以独一无二自居，高踞于群臣和百姓之上。这是韩非加强君主集权的思想，也是建立中国历史上第一个统一的中央集权专制主义封建国家的理论基础。他还提出，君主保持独尊地位，必须掌握形名之术，控制赏罚大权，但不是独揽一切权力，独断专行，而是"事在四方，要在中央"。只有让四方忙碌，司夜执鼠，各尽其责，中央集权才能巩固。

韩非在文段二中进一步提出，中央集权的最大障碍是大臣擅权，独断专行，削弱君主权力。小则与君主分庭抗礼，大则成为诸侯，变成独立王国。一旦这种尾大不掉的局面形成，便会臣弑其君，国破身亡。所以韩非强调，"有道之君，不贵其臣"，"一家不可二贵，一国不容二君"，正是君主专制的中央集权的理论体现。

一

【原文】　天有大命①，人有大命。夫香美脆味，厚酒肥肉，甘口而疾形②；曼理皓齿③，说情而捐精④。故去甚去泰⑤，身乃无害。权不欲见⑥，素无为也⑦。事在四方，要在中央⑧。圣人执要，四方来效。虚而待之，彼自以之⑨。四海既藏，道阴见阳⑩。左右既立，开门而当⑪。勿变勿易，与二俱行⑫。行之不已，是谓履理也。

夫物者有所宜，材者有所施，各处其宜，故上下无为。使鸡司夜⑬，令狸执鼠⑭，皆用其能，上乃无事。上有所长，事乃不方⑮。矜而好能⑯，下之所欺；辩惠好生⑰，下因其材。上下易用⑱,国故不治。

用一之道⑲,以名为首,名正物定;名倚物徙⑳。故圣人执一以静,使名自命,令事自定。不见其采,下故素正。因而任之,使自事之;因而予之,彼将自举之;正与处之,使皆自定之。上以名举之,不知其名,复修其形。形名参同㉑,用其所生。二者诚信,下乃贡情。

谨修所事,待命于天。毋失其要,乃为圣人。圣人之道,去智与巧,智巧不去,难以为常。民人用之,其身多殃,主上用之,其国危亡。因天之道,反形之理,督参鞠之㉒,终则有始。虚以静后,未尝用己。凡上之患,必同其端㉓。信而勿同,万民一从。

【注释】　①大命:大限,生命定数,限数。②疾形:使身体生病。疾,名词作动词用。③曼理皓齿:形容女人的美貌。曼理,细致的纹理。这里指细腻的皮肤。皓齿,洁白的牙齿。④说:同"悦"。捐:耗费,丢弃。⑤泰:过度。⑥见:同"现"。⑦素:本色。无为:《老子》中提出的哲学概念,是一种顺应自然的虚静状态。⑧要:枢纽,关键,指国家的最高权力。⑨以:用。⑩道:由,从。阴:指静。阳:指动。⑪开门:打开耳目等感觉器官。当:受。⑫二:名、实。⑬司:主管。⑭狸:猫。古代称狸为猫。执:捉。⑮不方:不当。⑯矜:自夸,自大。⑰辩惠好生:即好生辩惠。辩,口才。惠,通"慧"。⑱易:相反,颠倒。⑲一:即道。⑳倚:偏。㉑参:检验,多方地验证。同:符合,一致。㉒督参:监督参验,即"形名参同"的意思。鞠:穷尽。㉓必同其端:上下一样的意思。

【译文】　天有自然的限数,人的生命也有自己的大限。香美的佳肴,松脆的糕点,醇厚的酒浆,诱人的鱼肉,甜在口中,害在身体;肌肤细柔牙齿洁白的美女,使人喜悦在心里却损耗了精力。因此,饮食色欲都要适当,避免过量,身体才不会受到伤害。作为国君,不要总是显示自己的权力,而是要经常保持一种虚静无为的心态。各项事务由各方官员去办,君主身居中央总揽大权。君主抓住纲要,四方官员便会竭力效劳。君主虚静以待,群臣就会各尽其能。天下已经安定,群臣各就其位,国君要在虚静之中观察各方面动静。朝中臣僚安排就绪,君主就要广开言路,虚心听取。确定了的治国法纪不要随意变更,要配合赏罚两项大权同时实行。法纪实施不能中断,就是按规律办事。

事物各有自己的特性,人的才能各有不同的用武之地,事务、人才各处其位,因此,君主就能清静无为。犹如让鸡去报夜间时辰,让猫捕鼠,各尽其能,国君就无庶务烦扰。国君要是发挥自己的特长,臣下办事就无方。国君自夸,好显示才能,臣下无能而又不甘示弱,就会欺诈;善辩,好施小恩小惠,行妇人之仁,臣下就会沿用这种做法。颠倒了君臣职责和权力,国家就难以治理。

君主运用治国法术,应以正名为首。摆正名义才能确定事实,名义不正事物也就走样。因此,圣主以虚静的心态运用法术治国。名义要自己正,事实让自己定。君主不露

声色，臣下自然也就表现出本来朴素的品质。量才任职，让臣下自行治理；量才授予使命，他们就会自动办理；用治术督责群臣，使他们都能独立完成使命。国君根据名义提拔官员，如果名义不够显著，就考察他们的实际表现。表现和名义对照检验，看是否一致，根据检验所产生的结果来实行赏罚。赏与罚这两种处理办法一经实施，臣下才会真心效忠。

国君谨慎运用治术，遵循自然规律，不要失去治国要领，才能成为真正的圣人。圣人治国的方法，要摒弃自己的聪明和灵巧；不去掉聪明和灵巧，就难以维护国家正常秩序。臣民们要尽了自己的聪明和乖巧，自己就会遭殃；国君使用了自己的聪明和灵巧，他的国家就会出现危亡。遵循自然规律，再探求人世间形名、赏罚法则，深入探究本源，周而复始。国君以虚静心态在臣僚后面观察，从不发表自己的看法，不表现自己的行动。所有君主的通病，都是片面听取臣下一方面意见。信任臣下但不与他们合伙办事，全国臣民就会听命国君。

二

【原文】 欲为其国，必伐其聚①；不伐其聚，彼将聚众。欲为其地，必适其赐；不适其赐，乱人求益。彼求我予，假仇人斧②；假之不可，彼将用之以伐我。黄帝有言曰③："上下一日百战。"下匿其私，用试其上；上操度量④，以割其下⑤。故度量之立，主之宝也；党与之具，臣之宝也。臣之所不弑其君者，党与不具也⑥。故上失扶寸⑦，下得寻常⑧。有国之君，不大其都；有道之臣，不贵其家。有道之君，不贵其臣；贵之富之，彼将代之。备危恐殆⑨，急置太子，祸乃无从起。内索出圉⑩，必身自执其度量。厚者亏之⑪，薄者靡之⑫。亏靡有量，毋使民比周⑬，同欺其上。亏之若月，靡之若热⑭。简令谨诛⑮，必尽其罚。

毋弛而弓⑯，一栖两雄⑰。一栖两雄，其斗𫘝𫘝⑱。豺狼在牢，其羊不繁。一家二贵，事乃无功。夫妻持政，子无适从⑲。

为人君者，数披其木⑳，毋使木枝扶疏；木枝扶疏，将塞公闾㉑，私门将实，公庭将虚，主将壅围。数披其木，无使木枝外拒㉒；木枝外拒，将逼主处。数披其木，毋使枝大本小；枝大本小，将不胜春风；不胜春风，枝将害心。公子既众㉓，宗室忧吟㉔。止之之道，数披其木，毋使枝茂。木数披，党与乃离。掘其根本，木乃不神。填其汹渊㉕，毋使水清。探其怀，夺之威。主上用之，若电若雷。

【注释】 ①聚：集聚而成的人群。这里比喻朋党。②假：借。③黄帝：我国原始社会末期轩辕氏的部落首领，战胜炎帝、蚩尤之后成为氏族部落联盟的首领。传说我国最早的养蚕、舟车、文字、音律、医学、算术等，都创造于这个时期。战国黄老学派把他说成是本学派的创始人，法家称他为最早推行法治的杰出帝王。④度量：比喻法度。⑤割：制

裁。⑥党与:即党羽、朋党。具:具备。这里指形成。⑦扶寸:四指的宽度为一扶,一指的宽度为一寸。⑧寻常:古代长度计算单位,八尺为一寻,两寻为一常。⑨备:防止。殆:危险。⑩出:指在宫廷外。圉:抵御。⑪厚:指多。亏:减少,损耗。⑫薄:指少。靡:增加。⑬比周:紧密勾结。⑭亏之若月,靡之若热:像月亮一样逐渐亏蚀,像物体受热一样逐渐增大。⑮简:简明。诛:责罚,杀戮。⑯弛:放松。而:通"尔",你。弓:这里比喻君主的权柄。⑰栖:鸟窝。⑱啰啰:两兽争斗时叫唤的声音。⑲子无适从:夫妻共同当家,儿子就不知去顺从谁了。⑳数:多次,经常。披:劈,削。木:树。这里比喻大臣。㉑公闾:公门,指官府。闾,里巷的门。㉒木枝外拒:树枝向外伸展,比喻大臣的势力向外扩张。外拒,向外伸出。㉓公子:君主的儿子,除太子外,都称公子。㉔宗室:君主的家族。这里指君主嫡长子一系。忧吟:担忧哀伤。㉕填:填塞。汹:汹涌。渊:深厚,比喻奸党势力雄厚。

【译文】 国家治理好,必须禁止结党;不禁止结党,大臣就会聚众。要治理封地,赏赐采地就要适当;不论功行赏,乱臣就会趁机求赏。臣求增益,君即给予,犹如把利斧授仇人;给予不当,乱臣就会用利斧来杀害国君。黄帝说过:"君臣相争,一日有百次争斗。"臣僚隐匿私心,以便窥测国君;君主掌握国家法纪,以便禁绝臣下作乱的企图。因此,设立法度,是国君的法宝;纠集党羽,是大臣作乱的依靠。大臣还不敢篡弑国君,是因为羽翼尚不丰满。所以说,君主失之毫厘,乱臣就获利百倍。君主治国,不能扩大封国都城;讲法度的大臣,不让家臣巨富;讲法度的国君,不让大臣显贵。大臣畸形富贵,时机成熟,乱臣就会取而代之。防备灾难,恐生危殆,就要及早立太子,篡弑之祸就可以避免。朝内搜捕乱臣,朝外禁闭奸邪,君主必定要亲自掌握法度。赏罚过重的适当减损,过轻的适当增加,增减有法可依,不让大臣朋比为奸,结党营私,共同欺主。减损超过制度规定的赏罚,要像月之圆缺一样缓慢进行,像物体一样逐渐加热。精简法令,谨慎诛杀,有罪必罚。

君主不能放弃法度,不能出现一国二主。一国有二主,斗争不已。豺狼入圈,羊不蕃息;权臣当政,国不繁荣。一家有两个主管,治家不能成功;夫妻同时当家,子女无所适从。

作为君主,治国要像剪伐树枝,不断消除大臣的党羽,不使滋生繁茂。树枝茂盛,树干受压制;大臣党羽泛滥,公门就被堵塞。私门要是徒众增多,国家就空虚,君主就被蒙蔽。树木要常修剪,不让树枝四下伸展;大臣党羽要常禁,党羽蔓延,就要威胁君主的地位。树枝要常伐,不使枝杈繁茂、树干减弱;枝大干小,经不住春风送暖;春风一吹,枝杈更盛,树干更受伤害。君主的公子们一增多,主持宗室的长子就忧愁悲叹。阻坠公子势力的办法,就是要像剪伐树枝一样,不让枝杈茂盛,经常剪除,公子的势力就离散。掘去树根,树枝也就不能生长;填塞深水,不使它成为奸邪赖以躲藏的深渊。探测大臣隐秘阴谋,夺取大臣的威权。由君主操纵大权,威力就像雷电。

八奸

【题解】

"八奸",韩非称之为"人臣之所道成奸者"之八术。八术,权臣用之,君辱国破;君主察之,国治主尊。揭示八奸之术,旨在警诫君主,使之深知察奸之利害,事关存亡,必须慎之又慎。透过八奸的形成,不难看出君臣之间利害冲突,是何等尖锐、何等复杂,又何等隐蔽,大有你死我活、不可调和之势。韩非指出,君主洞察八奸,才可以避免国破身亡,否则,臣下行施八术,君主反为臣下所制,"失其所有"。由此可见,此八奸之戒,不失为帝王之术。韩非揭示权臣实施八奸伎俩,就是贿赂宠幸之宫妾;收买亲信侍从、拉拢近臣廷吏;提供倩女狗马以乱君主心志;制造虚假颂扬声以蒙蔽君主;虚构危机、编造流言蜚语来混淆视听;收罗死党、培植亡命以威胁君主;勾结强国胁迫、威慑君主就范,此八奸,就是当权君主受蒙蔽挟制以至于失掉权势的原因。八奸的造成,归根结底是君主的不察,使权臣有机可乘所致,因而防八奸应当从君主自省自察不授人以柄做起。

本文所选两个文段,体现了本篇的思想意旨。

一

【原文】

凡人臣之所道成奸者有八术:一曰在同床。何谓同床?曰:贵夫人,爱孺子①,便僻好色②,此人主之所惑也。托于燕处之虞③,乘醉饱之时,而求其所欲,此必听之术也。为人臣者内事之以金玉,使惑其主,此之谓"同床"。二曰在旁。何谓在旁?曰:优笑侏儒④,左右近习⑤,此人主未命而唯唯⑥,未使而诺诺⑦,先意承旨⑧,观貌察色,以先主心者也⑨。此皆俱进俱退,皆应皆对,一辞同轨以移主心者也⑩。为人臣者内事之以金玉玩好,外为之行不法,使之化其主⑪,此之谓"在旁"。三曰父兄。何谓父兄?曰:侧室公子⑫,人主之所亲爱也;大臣廷吏,人主之所与度计也⑬。此皆尽力毕议⑭,人主之所必听也。为人臣者事公子侧室以音声子女,收大臣廷吏以辞言,处约言事⑮,事成则进爵益禄,以劝其心⑯,使犯其主,此之谓"父兄"。四曰养殃。何谓养殃?曰:人主乐美宫室台池,好饰子女狗马以娱其心,此人主之殃也。为人臣者尽民力以美宫室台池,重赋敛以饰子女狗马,以娱其主而乱其心,从其所欲,而树私利其间,此谓"养殃"。五曰民萌⑰。何谓民萌?曰:为人臣者散公财以说民人⑱,行小惠以取百姓,使朝廷市井皆劝誉己,以塞其主而成其所欲⑲,此之谓"民萌"。六曰流行。何谓流行?曰:人主者,固壅其言谈⑳,希于听论议㉑,易移以辩说。为人臣者求诸侯之辩士,养国中之能说者,使之以语其私。为巧文之言,流行之辞,示之以利势,惧之以患害,施属虚辞以坏其主㉒,此之谓"流行"。七曰威强。

何谓威强？曰：君人者，以群臣百姓为威强者也。群臣百姓之所善，则君善之；非群臣百姓之所善，则君不善之。为人臣者，聚带剑之客，养必死之士㉓，以彰其威㉔，明为己者必利，不为己者必死，以恐其群臣百姓而行其私，此之谓"威强"。八曰四方。何谓四方？曰：君人者，国小则事大国，兵弱则畏强兵。大国之所索㉕，小国必听；强兵之所加，弱兵必服。为人臣者，重赋敛，尽府库㉖，虚其国以事大国，而用其威求诱其君；甚者举兵以聚边境而制敛于内㉗，薄者数内大使以震其君㉘，使之恐惧，此之谓"四方"。凡此八者，人臣之所以道成奸，世主所以壅劫，失其所有也，不可不察焉。

【注释】　①孺子：年轻美女，指宫妾。②便僻：善于逢迎谄媚。僻，通"辟"。好色：美色。③托：依托。燕处：安居。这里指君主退朝以后的后廷生活。虞：通"娱"，安逸快乐。④优笑：以歌舞、诙谐供统治者取乐的人。侏儒：身材矮小的人，古代统治者常把这种人作为取乐的玩具。⑤近习：亲信和贴身的侍从。⑥唯唯：应承的声音，表示驯顺。⑦诺诺：应承的声音，表示驯顺。⑧先意承旨：在君主的意思没有表达出来之前就按他的意图去办。⑨先主心：事先摸到君主的心意。⑩一辞同轨：统一口径和行动。⑪化：改变，影响。⑫侧室公子：君主嫡长子以外的儿子，泛指君主的伯叔或兄弟。⑬度计：度量，谋划。⑭尽力毕议：竭尽全力参与计议政事。⑮约：紧要，关键。⑯劝：勉励，鼓励。⑰民萌：民众。萌，通"氓"，民。⑱说：同"悦"，取悦，讨好。⑲塞：蒙蔽。⑳固雍：闭塞。㉑希：少，罕有。㉒施属：编造。属，连缀。㉓必死之士：亡命之徒。㉔彰：显扬。㉕索：勒索。㉖府：贮藏钱物的地方。库：粮库。㉗制敛：挟制。㉘数：多次，屡次。内：同"纳"，引进。震：震动，恐吓。

【译文】　臣下得以实现奸谋有八种手段：一是同床。什么叫同床？即尊贵夫人，受宠宫妾，谄媚便巧，姿色美丽，正是君主所迷恋的。趁着君主在晏居快乐、酒醉饭饱的机会，来央求她们想要得到的东西，这是让君主一定听从的手段。做臣子的通过内线用金玉财宝贿赂她们，叫她们迷惑君主，这就叫"同床"。二是在旁。什么叫在旁？即倡优侏儒，亲信侍从。这些人，君主没下令就应诺，没支使就应承，事先领会君主的意图，察言观色，来预先摸到君主的心意。这些人都一致行动、一个腔调，统一口径和行动来改变君主心意。做臣子的通过内线用金玉珍宝贿赂他们，在外帮他们干不法之事，来影响他们的君主，这就叫"在旁"。三是父兄。什么叫父兄？即叔伯、兄弟，是君主亲近爱护的人；成为大臣廷吏的公子们，是君主咨议谋划的人。这些人都竭尽全力参与议政，是君主必然听取的。臣子们用音乐倩女来侍奉君主的叔伯、兄弟，又用花言巧语来笼络大臣廷吏，处在关键时刻进言，事成之后就晋爵加禄，这样来怂恿他们，使他们干扰君主，这就叫"父兄"。四是养殃。什么叫养殃？即君主喜欢修饰宫室台池，喜欢打扮倩女狗马来让自己赏心悦目，这是君主的灾殃。做臣子的用尽民力来修饰宫室台池，加重赋敛来打扮倩女

狗马,这样来娱乐君主而扰乱他的心事,顺从他的欲望,而在其中牟取私利,这就叫"养殃"。五是民萌。什么叫民萌?即做臣子的散发公家财物来取悦民众,行小恩小惠来赢得百姓,让朝廷民间都鼓动起来称颂自己,这样来蒙蔽君主而达到他的欲望,这就叫"民萌"。六是流行。什么叫流行?即作为君主,见闻闭塞,与人交谈,很少听到臣下议论,容易被花言巧语打动。做臣子的寻求国外善辩的人,供养国内能言的人,让他们来为自己的私利进言。用华美的言语,流利的辞句,讲述有利的形势来诱导他,虚构祸害来恐吓他,编造谣言来损害君主,这就叫"流行"。七是威强。什么叫威强?即君主的统治靠群臣百姓来形成强大威势。群臣百姓喜欢的,君主就喜欢;不是群臣百姓喜欢的,君主就不喜欢。做臣子的收罗带剑的侠客,供养亡命之徒,用来耀武扬威,倡言顺从他的一定得利,不顺从他的一定要死,这样来恐吓群臣百姓从而实现个人意图,这就叫"威强"。八是四方。什么叫四方?即做国君的,国小就侍奉大国,兵弱就害怕强兵。大国勒索的,小国一定听从;强兵压境的,弱兵一定服从。做臣子的,加重赋敛,耗尽钱粮,削弱自己国家去侍奉大国,求助大国威势来诱迫自己的君主;严重的,招引大国军队压境来挟制国内,轻些的,屡屡引进大国使者来震慑君主,使他害怕,这就叫"四方"。所有这八种手段,是臣子实现奸谋的途径,是当代君主受到蒙蔽挟制,以致失掉权势的原因,是不可不明察的。

二

【原文】 明君之于内也,娱其色而不行其谒①,不使私请。其于左右也,使其身必责其言。不使益辞。其于父兄大臣也,听其言也必使以罚任于后,不令妄举。其于观乐玩好也,必令之有所出,不使擅进擅退,不使群臣虞其意②。其于德施也,纵禁财,发坟仓③,利于民者,必出于君,不使人臣私其德。其于说议也,称誉者所善,毁疵者所恶④,必实其能,察其过,不使群臣相为语。其于勇力之士也,军旅之功无逾赏,邑斗之勇无赦罪⑤,不使群臣行私财。其于诸侯之求索也,法则听之,不法则距之⑥。所谓亡君者,非莫有其国也,而有之者,皆非己有也。令臣以外为制于内,则是君人者亡。听大国为救亡也,而亡速于不听⑦,故不听。群臣知不听,则不外诸侯;诸侯知不听,则不受臣之诬其君矣。

明主之为官职爵禄也,所以进贤材劝有功也。故曰:贤材者,处厚禄,任大官;功大者,有尊爵,受重赏。官贤者量其能,赋禄者称其功。是以贤者不诬能以事其主,有功者乐进其业,故事成功立。今而不然,不课贤不肖⑧,不论有功劳,用诸侯之重,听左右之谒,父兄大臣上请爵禄于上,而下卖之以收财利及以树私党。故财利多者买官以为贵,有左右之交者请谒以成重。功劳之臣不论,官职之迁失谬。是以吏偷官而外交⑨,弃事而亲财。是以贤者懈怠而不劝,有功者隳而简其业⑩,此亡国之风也。

【注释】 ①谒:禀告,陈述。②虞:猜度。③发:发放,打开。坟仓:大的仓库,指国家

粮仓。坟,大。④毁疵者:诽谤别人的人。⑤邑斗:乡里间的私斗。⑥距:通"拒"。⑦呕:急,快。⑧课:考核。不肖:德才不好。⑨偷:苟且,惰慢。⑩隳:毁坏,堕落。简:轻慢,不认真。

【译文】 明君对于宫内的夫人美女,欣赏她们的美色而不理睬她们的禀告,不准因私请求。对于左右近侍,使用他们,一定要严察他们的言论,不准夸大其词。对于父兄和大臣,听取他们的意见,但一定要使他们用受罚担保后果,不许妄荐。对于观赏玩乐的东西,一定要在法令上有依据,不准群臣擅自进献或裁减,不让群臣猜度到君主的心意。明君对恩惠的施行,凡是发放国库的财物和官仓的粮食,有利于民众的事,一定要用君主名义,不要让臣下将恩德归于自己。对于议论,称誉者所赞美的人,毁疵者所憎恶的人,一定要去核实他们的才能,查明他们的过失,不让群臣相互吹捧或诽谤。对于有勇力的人,作战立功不破格滥赏,私斗犯法不赦免罪过,不让群臣用个人财富收买人。明君对于其他诸侯国的要求,合法的就听从,不合法的就拒绝。所谓亡国之君,并非没了这个国家,而是这个国家的存在,全然不归自己所有,让臣下用外力控制国内,就是统治者丧失自己的国家了。为了挽救国家危亡而听从大国,这比不听从亡得更快,所以不去听从。群臣知道君主不听从,就不去同国外诸侯勾结;国外诸侯知道君主不听从,也就不接受臣下诈骗自己君主的胡说了。

明君设置官职爵禄,是用来晋升官员和鼓励功臣的。所以说,有贤才的人受厚禄,任大官;功劳大的人有尊爵,受重赏。任命贤才根据他的才能,授予俸禄根据他的功劳。因此,有才能的人不隐藏自己的才能来为君主效力,有功劳的人乐于进献功业,所以事情能办成,功业能建立。现在却不是这样,不考核贤与不肖,不论有无功劳,任用被他国诸侯所看重的人,听从左右近侍的请求,父兄大臣在上面向君主请求爵禄,在下面又出卖它来收取财利和培植私党。所以财利多的就买官而成为尊贵的人,同君主近侍有交往的靠托人请求而成为有权势的人。劳苦功高的臣子得不到应有的评价,官职的变动颠倒错乱。因此官吏玩忽职守而四处交往,抛弃事务而贪图财利。因此有才能的人懈怠而不求上进,有功劳的人堕落而轻慢职务,这是亡国的风气啊!

十过

【题解】

"十过"是十种过错之意。作者指出君主、大臣犯有十种过错,足以造成危身、亡身、杀身、削国、亡国之祸,并通过十个历史故事来具体说明"十过"的危害,以告诫君主以此为鉴,避免重蹈历史的覆辙。

本文所选"女乐亡国",就是十过之一。文中讲述了一个迷恋女乐,荒废朝政而导致亡国的历史故事。秦穆公为削弱西戎国,便送去女歌舞乐队,以迷惑国君,扰乱国政。国君得到女乐队,沉湎声色,不事国政,致使牲畜死亡过半。贤臣由馀劝谏不听,终因国势衰弱,被秦国攻占。一个国家的国力遭到严重破坏,也就丧失了立国之本,灭亡之势无法挽救。

【原文】 由馀出,公乃召内史廖而告之①,曰:"寡人闻邻国有圣人,敌国之忧也。今由馀,圣人也,寡人患之,吾将奈何?"内史廖曰:"臣闻戎王之居,僻陋而道远②,未闻中国之声③。君其遗之女乐④,以乱其政,而后为由馀请期⑤,以疏其谏。彼君臣有间而后可图也⑥。"君曰:"诺。"乃使内史廖以女乐二八遗戎王,因为由馀请期。戎王许诺,见其女乐而说之,设酒张饮⑦,日以听乐,终岁不迁,牛马半死。由馀归,因谏戎王,戎王弗听,由馀遂去之秦,秦穆公迎而拜之上卿⑧,问其兵势与其地形。既以得之⑨,举兵而伐之,兼国十二,开地千里。故曰:耽于女乐,不顾国政,则亡国之祸也。

【注释】 ①公:指秦穆公。内史:协助天子管理、禄等政务的官吏。廖:人名。②僻陋:荒僻简陋。③中国:中原地区的诸侯国。④遗:赠给。⑤请期:指请求延长回国的时间。⑥间:空隙,隔阂。图:算计,谋取。⑦张饮:搭起帐篷宴饮。⑧上卿:地位最高的卿。⑨以:已。

【译文】 由馀退出后,秦穆公便把内史廖招来,询问他说:"我听说邻国有圣人,是敌国的忧患。现在由馀就是圣人,我非常焦虑,应该怎么办?"内史廖回答说:"我听说戎王占据的地方,穷僻荒远,没有听过中原的音乐。您应向戎王赠送女歌舞乐队,用来迷惑戎王,扰乱国政,然后替由馀请求延缓回国的时间,阻隔由馀的劝谏。他们君臣之间有了隔膜,以后就可以策划夺取戎地。"秦穆公说:"很好!"便派内史廖带十六人组成的女乐队赠送戎王,顺便替由馀请求迟归。戎王满口答应,见到女乐队十分高兴,搭幕帐,设酒宴,天天听乐观舞,一年到头不往水草茂盛的地方迁移,牛马牲畜死亡过半。由馀回国,就去劝谏戎王,戎王不听,由馀便前往秦国。秦穆公亲自迎接并拜为上卿,询问戎国军事力量和地形地势。秦穆公掌握了情况之后,便出兵攻打戎地,兼并十二国,开拓领土千余里。所以说:耽溺女乐,不顾国家政事,就会招来亡国之祸。

孤愤

【题解】

"孤愤"是韩非孤独的愤慨,当时在韩国,存在两种政治力量的尖锐对立,维护君权追求法治的"智法之士",与结党营私盗窃国柄的"当涂之人"势不两立。"当涂之人"专权

蔽主,利用各种条件内外勾结,网罗党羽,采取公开杀戮和秘密处死的手段迫害法术之士,使他们无法得到君主的了解和信任,因而造成"主上卑而大臣重,故主失势而臣得国"的严重局面。韩非满怀悲愤心情,真实地描绘了法术之士向守旧势力抗争的艰难情景,强烈提出"烛私""矫奸"的要求。

《孤愤》中反映得极为激烈的政治斗争,在战国后期具有典型性,它所表达的思想,对新兴政治势力争取政权、巩固政权的斗争有很大启发。因此,雄视天下的秦王嬴政在读了《孤愤》之后给予高度赞扬。

【原文】 智术之士①,必远见而明察,不明察,不能烛私②;能法之士,必强毅而劲直,不劲直,不能矫奸③。人臣循令而从事,案法而治官④,非谓重人也⑤。重人也者,无令而擅为,亏法以利私,耗国以便家,力能得其君,此所为重人也。智术之士明察,听用,且烛重人之阴情;能法之士劲直,听用,且矫重人之奸行。故智术能法之士用,则贵重之臣必在绳之外矣。是智法之士与当涂之人⑥,不可两存之仇也。

【注释】 ①智:同"知",通晓。②烛私:照见隐私。③矫:惩办。④案:通"按",按照。⑤重人:即重臣,握有重权的人。⑥当涂之人:指掌握重权的人。涂,同"途",道路。

【译文】 通晓治国之术的人,必定是远见卓识并明察的人,不明察,就不能洞察隐秘私情;能推行法治的人,必须坚决果断,刚强正直,不刚强正直,就不能纠察惩办奸邪之人。臣子遵循法令办理公事,按照法律履行职责,不是"重臣"。所谓"重臣",就是无视法令而独断专行,破坏法律为私家牟利,损害国家而便利私家,势力能够控制君主,这才叫作"重臣"。懂治国之术的人明察,如被重用,将会揭露重臣的阴谋诡计;能推行法治的人刚强正直,如被重用,将会惩办重臣的邪恶行为。因此,懂治国之术和能够推行法治的人被任用,那么位尊权重之臣必定为法律准绳所不容。如此说来,懂得法治的人与当权重臣,是势不两立的仇敌。

【原文】 当涂之人擅事要,则外内为之用矣。是以诸侯不因,则事不应,故敌国为之讼;百官不因,则业不进,故群臣为之用;郎中不因①,则不得近主,故左右为之匿;学士不因,则养禄薄礼卑,故学士为之谈也。此四助者②,邪臣之所以自饰也。重人不能忠主而进其仇,人主不能越四助而烛察其臣,故人主愈弊而大臣愈重③。

【注释】 ①郎中:君主的侍从官员,掌通报警卫之职。②四助:指为当涂之人效劳的四种帮凶,即诸侯、群臣、郎中、学士。③弊:通"蔽"。

【译文】 当权重臣独揽大权,那么外交和内政就被他们控制了。正因为如此,诸侯各国不依靠他,事情就得不到照应,所以实力相当的国家会为他唱颂歌;各级官吏不依靠他,政绩便不得上报,所以各级官吏会为他效力;君主的侍从官员不依靠他,就不能接近君主,所以他们为他隐瞒罪行;学士不依靠他,就会俸禄薄而待遇低,所以学士为他说好话。这四种帮凶是奸邪之臣用来掩饰自己的遮障。重臣不能忠于君主而推荐自己的政敌，君主不能越过四种帮凶来洞察他的臣下，所以君主越来越受蒙蔽，而重臣的权势越来越大。

【原文】 凡当涂者之于人主也，希不信爱也，又且习故。若夫即主心，同乎好恶，固其所自进也。官爵贵重，朋党又众，而一国为之讼。则法术之士欲干上者①，非有所信爱之亲、习故之泽也，又将以法术之言矫人主阿辟之心②，是与人主相反也。处势卑贱，无党孤特。夫以疏远与近爱信争，其数不胜也；以新旅与习故争，其数不胜也；以反主意与同好恶争，其数不胜也；以轻贱与贵重争，其数不胜也；以一口与一国争，其数不胜也。法术之士操五不胜之势，以岁数而又不得见；当涂之人乘五胜之资，而旦暮独说于前。故法术之士奚道得进③，而人主奚时得悟乎？故资必不胜而势不两存，法术之士焉得不危？其可以罪过诬者，以公法而诛之；其不可被以罪过者，以私剑而穷之。是明法术而逆主上者，不僇于吏诛④，必死于私剑矣。朋党比周以弊主⑤，言曲以便私者，必信于重人矣。故其可以功伐借者⑥，以官爵贵之；其不可借以美名者，以外权重之。是以弊主上而趋于私门者，不显于官爵，必重于外权矣。今人主不合参验而行诛⑦，不待见功而爵禄，故法术之士安能蒙死亡而进其说？奸邪之臣安肯乘利而退其身？故主上愈卑，私门益尊。

【注释】 ①干：求。②阿辟：邪僻，邪恶。辟，邪僻。③奚道：何由，从哪里。奚，什么。④谬：通"戮"，杀。⑤比周：紧密勾结。⑥功伐：功劳。⑦参验：用事实加以检验。

【译文】 所有的当权重臣对于君主来说，很少不被信任和宠爱的，而且彼此又亲昵和熟悉。至于迎合君主的心理，投合君主的好恶，本来就是重臣得以晋升的途径。他们官职大，爵位高，党羽众，全国都为之赞颂。而法术之士想要求得君主重用，既没有受到信任和宠爱的亲近关系，也没有亲昵和熟悉的交情，还要用法术之言正君主的偏颇之心，这与君主完全相悖。法术之士所处地位低下，没有同党辅助而孤立无援。以关系疏远的和关系亲近、受到宠信的相抗衡，就常理而言，无法取胜；以新客与故旧相争，就常理而言，无法取胜；以违背君主心意和投合君主好恶相争，就常理而言，无法取胜；以地位低贱和位尊权重的对抗，就常理而言，无法取胜；以一个人和一国人相较量，就常理而言，无法取胜。法术之士处在"五不胜"的情形下，按年计算期限也没有觐见君主的机会；当权重臣凭借"五胜"条件，每日早晚都能单独向君主进言。因此，法术之士由什么门路得到任用呢？而君主又到什么时候才能醒悟呢？因此，凭借必定不能取胜的条件，又与重臣势不两立，法术之士怎么会不危险？重臣对那些可用罪状诬陷的，就用国家法律来诛杀；对那些不能强加罪名的，就让刺客来暗杀。这样一来，精通法术而违逆君主的人，不为官吏诛杀，必定死在刺客剑下。而结党拉派蒙蔽君主，花言巧语牟取私利的人，必定会受到重臣的信任。因此，对那些可用功劳为借口的人，就封官赐爵让他们显贵；对那些不能用好名声做借口的人,必定在外交职权上重用他们。因此,蒙蔽君主而投奔私人门下的,不在官爵级别上显赫,必定在外交职务上受重用。如今君主不验证核实就实行诛戮,不待建立功劳就授予爵禄,因此法术之士怎么能冒死去陈述自己的主张呢?奸邪之臣又怎肯面临有利可图的时机而自动引退呢?所以,君主地位就越来越低,重臣权势就越来越大。

【原文】 夫越虽国富兵强①,中国之主皆知无益于己也,曰:"非吾所得制也。"今有国者虽地广人众,然而人主壅蔽②,大臣专权,是国为越也。智不类越,而不智不类其国,不察其类者也。人之所以谓齐亡者③,非地与城亡也,吕氏弗制而田氏用之;所以谓晋亡者④,亦非地与城亡也,姬氏不制而六卿专之也⑤。今大臣执柄独断,而上弗知收,是人主不明也。与死人同病者,不可生也;与亡国同事者,不可存也。今袭迹于齐、晋,欲国安存,不可得也。

【注释】 ①越:诸侯国名,范围包括今浙江大部和江苏、江西部分地区,春秋末灭吴,称霸一时。②壅:闭塞。③齐:诸侯国名,范围包括今山东北部、东部和河北东南部,周初吕尚的封国,后为吕氏世袭。④晋:诸侯国名,范围包括今山西大部和河南、河北、陕西等部分地区。⑤六卿:指晋国的六家掌权贵族,即范氏、中行氏、知氏、赵氏、魏氏、韩氏。

【译文】 越国虽然国富兵强,中原各国的君主都知道对自己没有什么好处,都说:"不是我们所能控制的。"现在国家虽然地广人众,然而君主闭塞,大臣专权,这样一来,国家也就变得和越国一样。知道自己的国家与越国不同,却不知道现在连自己的国家也变了样,这是不明察事物有类似之处。人们之所以说齐国亡了,并不是指土地和城市丧失了,而是指吕氏不能控制它而为田氏所占有;之所以说晋国亡了,也不是指土地和城市丧失了,而是指姬氏不能控制它而为六卿所把持。现在大臣掌权独断专行,而君主不知收回,这是君主不明智。和死人症状相同,无法救药;和亡国行事相类似,无法久存。现在因袭着齐、晋的老路,想要国家安然存在,是不可能的。

【原文】 凡法术之难行也,不独万乘,千乘亦然。人主之左右不必智也,人主于人有所智而听之,因与左右论其言,是与愚人论智也;人主之左右不必贤也,人主于人有所贤而礼之,因与左右论其行,是与不肖论贤也。智者决策于愚人,贤士程行于不肖,则贤智之士羞而人主之论悖矣。人臣之欲得官者,其修士且以精洁固身,其智士且以治辩进业①。其修士不能以货赂事人,恃其精洁而更不能以枉法为治,则修智之士不事左右、不听请谒矣②。人主之左右,行非伯夷也③,求索不得,货赂不至,则精辩之功息,而毁诬之言起矣。治辩之功制于近习,精洁之行决于毁誉,则修智之吏废,则人主之明塞矣。不以功伐决智行,不以参伍审罪过④,而听左右近习之言,则无能之士在廷,而愚污之吏处官矣。

【注释】 ①治辩:办事,才干。②谒:请托。③伯夷:商末孤竹国君主之长子,为让君位给他弟弟叔齐而逃到周国。周武王伐纣,他"扣马而谏",表示反对。后逃到首阳山,不

食周粟而死。后人尊他为清高廉洁的典范。④参伍：指参伍之验，用事实多方面地加以验证。

【译文】 凡是法术难以推行的，不单是大国，小国也是这样。君主的近臣不一定有才智，君主认为某人有才智而听取他的意见，然后和近臣讨论该人的言论，这是和愚蠢的人讨论才智；君主的近臣未必品德好，君主认为某人有美德而礼遇他，然后和近臣讨论他的品行，这是和品德不好的人讨论有美德的人。智者的决策由愚者来评判，贤者的行为由品德不屑者来讨论，那么品德好、有才智的人就会感到耻辱而君主的论断也必然荒谬了。想谋得官职的臣子当中，那些品德好的人将用精纯廉洁来约束自己，那些才智高的人将用办好政事来推进事业。那些品德好的人不可能用财物贿赂来供奉他人，凭借精纯廉洁更不可能违法办事，那么品德好、才智高的人也就不会奉承君主近侍，不会理睬私人请托。君主的近臣，品行不像伯夷那么高尚，索要的东西得不到，财物贿赂不上门，那么精明强干者的功业就要被压制，而诽谤诬陷的话也就出笼了。兴办政事的功业被君主的近侍所牵制，精纯廉洁的品行取决于近侍的毁誉，那么品德好、才智高的官吏就要被废黜，君主的明察也就被阻塞了。不按功劳裁决人的才智和品德，不通过事实的多方验证审判处置人的罪行和过错，却听从左右亲信的话，那么没有才能的人就会在朝廷中当政，愚蠢腐败的官吏就会窃居官职。

【原文】 万乘之患，大臣太重；千乘之患，左右太信：此人主之所公患也。且人臣有大罪，人主有大失，臣主之利相与异者也。何以明之哉？曰：主利在有能而任官，臣利在无能而得事；主利在有劳而爵禄，臣利在无功而富贵；主利在豪杰使能，臣利在朋党用私。是以国地削而私家富，主上卑而大臣重。故主失势而臣得国，主更称蕃臣，而相室剖符①。此人臣之所以谲主便私也。故当世之重臣，主变势而得固宠者，十无二三。是其故何也？人臣之罪大也。臣有大罪者，其行欺主也，其罪当死亡。智士者远见而畏于死亡，必不从重人矣；贤士者修廉而羞与奸臣欺其主，必不从重臣矣。是当涂者之徒属，非愚而不知患者，必污而不避奸者也。大臣挟愚污之人，上与之欺主，下与之收利侵渔，朋党比周，相与一口，惑主败法，以乱士民，使国家危削，主上劳辱，此大罪也。臣有大罪而主弗禁，此大失也。使其主有大失于上，臣有大罪于下，索国之不亡者，不可得也。

【注释】 ①剖符：符，古代一种用金、铜、竹、木做成的信符，上面刻有文字，用作封爵或调兵遣将的凭证。使用符时剖分为二，一半交官吏、将军，一半留在朝廷，遇事各出其半，以辨其伪。

【译文】 大国的祸害在于大臣权势太重，中小国家的祸害在于近臣太受崇信：这是君主的通病。再说臣下犯了大罪恶，君主有了大过失，臣下和君主的利益是互相不同的。这怎样证明呢？许多事实都证明：君主的利益在于具有才能而任以官职，臣下的利益在

于没有才能而得到重用；君主的利益在于具有功劳而授以爵禄，臣下的利益在于没有功劳而得到富贵；君主的利益在于豪杰效力，臣下的利益在于结党营私。因此国土减少而私家更富，君主地位卑下而大臣权势更重。所以君主失去权势而大臣控制国家，君主改称藩臣，权相行使君权。这就是大臣欺骗君主谋取私利的情形。所以当代重臣，在君主改变政治情势而仍能保持宠信的，十个中还不到两三个。这是什么原因呢？是这些臣下的罪行太大了。臣下有大罪的，他的行为是欺骗君主的，他的罪行是当处以死刑的。聪明人看得深远，怕犯死罪，必定不会跟从重臣；品德好的人洁身自爱，耻于和奸臣共同欺骗君主，必定不会追随重臣。这些当权重臣的门徒党羽们，不是愚蠢而不知祸害的人，必是腐败而不避奸邪的人。大臣挟持愚蠢腐败的人，对上和他们一起欺骗君主，对下和他们一起掠夺财物，拉帮结伙，串通一气，惑乱君主败坏法制，以此扰乱百姓，使国家削弱危殆，君主忧劳受辱，这是大罪。臣下有了大罪而君主不加禁止，这是大过失。假如君主在上面有大过失，臣子们在下面有大罪，想要国家不灭亡，是不可能的。

说难

【题解】

　　"说难"，指向君主进说的困难。战国后期，各国政治斗争、军事交战都十分激烈、十分复杂，各种社会力量也十分活跃，各派别都想得到君主支持，以推行自己的政治主张，他们以大臣身份或说客面目向君主进言，往往困难重重，有时会遇到危险，《说难》分析了这种危险，并指出取得成功的办法。

　　所选文段一指出，进说者的成功，在于根据不同情况，迎合君主的心理和要求，逐步获得君主的信任。为了保护自己，减少不必要的牺牲，在一些细枝末节上可以委曲求全，甚至可以讲一些违心的话，以求在君主面前留下好印象，待站稳脚跟之后，确认已经取得信任，便可以据理力争一些原则问题，指明是非端正君主的决策、推心置腹不再会获罪，"以此相持，此说之成也"。即便是以宰房身份进言，也可以"听用而振世"，也不会感到耻辱了。

　　文段二讲进说虽然困难，又不得不说，即使遭遇重大危险，进说者也应犯难排险，巧妙周旋。为此；韩非为他们写下了掌握进说的技巧，让他们鉴于前车之覆，以免重蹈其辙。向君主们讲述进说之难，为的是让君主们明察进说者的善恶与良苦用心；向进说者陈言进说之难，意在让他们避害。总的目的只有一个，就是推行法家的治国之道。但是，韩非在这里所讲的看君主脸色、好恶而进言，投君主之所好，难以与权奸的阴谋诡计相区别。法家也承认，为了取得事业成功，不惜鼓吹用诡诈之术。此即玩弄权术之谓也。由

此可知,用术有着先天的弊端,以致流毒千古。

　　韩非在文段三中讲述了三个人物的遭遇:郑武公杀了讲实话的大臣关其思;宋国富人怀疑邻人盗窃他家的财物;弥子瑕先是受宠,后是失宠,君主对他做的同一件事情,前后有截然不同的态度。所有这些,不是因进说者了解情况有困难,而是处理了解的情况有困难。因此,韩非告诫进说者不可不对君主察言观色,把握其爱憎、洞察其内心深处的心理状态,然后再进说。君臣利害各异,必然造成君主的多疑,喜怒不形于色,变化无常,有时表现宽容,有时表现为残暴,其心理活动让人难以猜度、无从窥测,这是进说之士往往遇到危害的主要原因。因此,韩非在文章的末尾告诫说:"人主亦有逆鳞,说者能无婴人主逆鳞,则几矣。"

一

　　【原文】　凡说之难①:非吾知之有以说之之难也②,又非吾辩之能明吾意之难也,又非吾敢横失而能尽之难也③。凡说之难:在知所说之心,可以吾说当之④。所说出于为名高者也,而说之以厚利,则见下节而遇卑贱⑤,必弃远矣。所说出于厚利者也,而说之以名高,则见无心而远事情,必不收矣。所说阴为厚利而显为名高者也⑥,而说之以名高,则阳收其身而实疏之⑦;说之以厚利,则阴用其言显弃其身矣。此不可不察也。

　　夫事以密成,语以泄败。未必其身泄之也,而语及所匿之事,如此者身危。彼显有所出事,而乃以成他故,说者不徒知所出而已矣,又知其所以为,如此者身危。规异事而当,知者揣之外而得之⑧,事泄于外,必以为己也,如此者身危。周泽未渥也⑨,而语极知,说行而有功,则德忘;说不行而有败,则见疑,如此者身危。贵人有过端,而说者明言礼义以挑其恶,如此者身危。贵人或得计而欲自以为功⑩,说者与知焉⑪,如此者身危。强以其所不能为⑫,止以其所不能已,如此者身危。故与之论大人⑬,则以为间己矣⑭;与之论细人⑮,则以为卖重⑯。论其所爱,则以为借资⑰;论其所憎,则以为尝己也。径省其说⑱,则以为不智而拙之;米盐博辩,则以为多而久之。略事陈意,则曰怯懦而不尽;虑事广肆,则曰草野而倨侮⑲。此说之难,不可不知也。

　　【注释】　①说:进劝。②知:同"智"。说之:指进劝君主。③横失:纵横如意,无所顾忌。失,通"佚"。④以:用,拿。当:适应。⑤见:被看作。下节:节操低下。遇:对待,待遇。⑥阴:暗地里。显:公开,对外。⑦阳:表面上。身:本身,指进说者。⑧知:同"智"。揣:猜测。⑨周:亲密。渥:浓郁。⑩或:有时。得计:计谋得当。⑪与:同。⑫强:勉强。⑬大人:指大臣。⑭间:离间。⑮细人:小人,指近侍。⑯卖重:卖弄权势。这里指炫耀自己的身价。⑰借:依靠。资:凭借。⑱径:直接。⑲草野:粗野。倨侮:傲慢。

　　【译文】　大凡进说的困难:不是难在我的才智不能够用来向君主进说,也不是难在

我的口才不能够阐明我的意见，也不是难在我不敢毫无顾忌地把看法全部表达出来。大凡进说的困难：在于了解进说对象的心理，以便用我的说法适应他。进说对象想要追求美名的，却用厚利去说服他，就会显得节操低下而得到卑贱待遇，必然受到抛弃和疏远。进说对象想要追求厚利的，却用美名去说服他，就会显得没有心计而又脱离实际，必定不会被接受和录用。进说对象暗地追求厚利而表面追求美名的，用美名向他进说，他就会表面上录用而实际上疏远进说者；用厚利向他进说，他就会暗地采纳进说者的主张而表面疏远进说者。这是不能不明察的。

事情因保密而成功，因谈话泄密而失败。未必进说者本人泄露了机密，而是谈话中触及君主心中隐匿的事，如此就会身遭危险。君主表面上做这件事，心里却想借此办成别的事，进说者不但知道君主所做的事，而且知道他要这样做的意图，如此就会身遭危险。进说者筹划一件不平常的事情并且符合君主心意，聪明人从外部迹象上把这事猜测出来了，事情泄露出来，君主一定认为是进说者泄露的，如此就会身遭危险。君主恩泽未浓厚，进说者谈论却尽其所知，如果主张得以实行并获得成功，功德就会被君主忘记；主张行不通而遭到失败，就会被君主怀疑。如此就会身遭危险。君主有过错，进说者倡言礼义来挑他的毛病，如此就会身遭危险。君主有时计谋得当而想自以为功，进说者同样知道此计，如此就会身遭危险。勉强君主去做他不能做的事，强迫君主停止他不愿意停止的事，如此就会身遭危险。所以进说者如果和君主议论大臣，就被认为是想离间君臣关系；和君主谈论近侍小臣，就被认为是想卖弄身价。谈论君主喜爱的人，就被认为是拉关系；谈论君主憎恶的人，就被认为是搞试探。说话直截了当，就被认为是不聪明而笨拙；谈话周到详尽，就被认为是啰唆而冗长。简略陈述意见，就被认为是怯懦而不敢尽言；谋事尽情发挥，就被认为是粗野而不懂礼貌。这些进说的困难，是不能不知道的。

【原文】 凡说之务①，在知饰所说之所矜而灭其所耻②。彼有私急也，必以公义示而强之③。其意有下也④，然而不能已，说者因为之饰其美而少其不为也。其心有高也，而实不能及，说者为之举其过而见其恶，而多其不行也⑤。有欲矜以智能，则为之举异事之同类者，多为之地⑥，使之资说于我，而佯不知也以资其智。欲内相存之言⑦，则必以美名明之，而微见其合于私利也。欲陈危害之事，则显其毁诽而微见其合于私患也。誉异人与同行者，规异事与同计者。有与同污者，则必以大饰其无伤也；有与同败者，则必以明饰其无失也。彼自多其力，则毋以其难概之也⑧；自勇其断，则无以其谪怒之⑨；自智其计，则毋以其败穷之。大意无所拂悟⑩，辞言无所系縻⑪，然后极骋智辩焉。此道所得，亲近不疑而得尽辞也。

伊尹为宰⑫，百里奚为虏⑬，皆所以干其上也⑭。此二人者，皆圣人也；然犹不能无役身以进，如此其污也！今以吾言为宰虏，而可以听用而振世，此非能仕之所耻也。夫旷日

弥久,而周泽既渥,深计而不疑,引争而不罪,则明割利害以致其功⑮,直指是非以饰其身⑯,以此相持,此说之成也。

【注释】　①说:进劝。②饰:修饰,美化。矜:自夸。灭:掩盖。③强:鼓励。④下:卑下。⑤多:赞美。⑥地:指依据、条件。⑦内:同"纳",进献。相存:相安。⑧概:古代量米麦时刮平斗斛的刮板,引申为压平、压抑。⑨谪:过失。⑩拂悟:违逆。拂,违背。悟,通"忤"。⑪系縻:抵触,摩擦。⑫伊尹:名挚,商汤的相。宰:厨师。伊尹希望得到任用,曾设法当上汤的厨师。后来汤发现他有才能,就任用他为相。⑬百里奚:春秋时虞国大夫,后任秦国相。虏:奴隶。晋灭虞时,百里奚成了奴隶。后来晋献公嫁女到秦国,叫他做陪嫁小臣。途中,逃往楚国。秦穆公听说他有才能,就用五张羊皮把他赎走,任命他做上大夫。⑭干:求得君主的重用。⑮割:剖析。⑯饰:通"饬",修治,端正。

【译文】　大凡进说的要领,在于懂得粉饰进说对象自夸之事而掩盖他所自耻之事。君主有私人的急事,进说者一定要指明这合乎公义而鼓励他去做。君主有卑下的念头,但是不能克制,进说者就应把它巧饰成美好的而抱怨他不去干。君主有过高的期求,而实际不能达到,进说者就为他举出此事的缺点并揭示它的坏处,而称赞他不去做。君主想自夸智能,进说者就替他举出别的事情中的同类情况,多给他提供根据,使他从进说中借用办法,却假装不知道,这样来增强他的能力。进说者想向君主进献与人相安的话,就必须用好的名义阐明它,并暗示它合乎君主私利。进说者想要陈述有危害的事,就明言此事会遭到的毁谤,并暗示它对君主也有害处。进说者称赞另一个与君主行为相同的人,规划另一件与君主考虑相同的事。有和君主污点行为相同的,就必须对它大加粉饰,说它没有害处;有和君主败迹相同的,就必须对它明加掩饰,说他没有过失。君主自信力量强大时,就不要用他为难的事去压抑他;君主自以为决断勇敢时,就不要用他的过失去激怒他;君主自以为计谋高明时,就不要用他的败绩去困窘他。进说的主旨没有什么违逆,言辞没有什么抵触,然后就可以充分施展自己的智慧和辩才了。由这条途径得到的,是君主亲近不疑而又能畅所欲言。

伊尹做过厨师,百里奚做过奴隶,都是为了求得君主重用。这两个人都是圣人,但还是不能不通过做低贱的事来求得进用,他们的自卑自污一至于此!假如把我的话看成像厨师和奴隶所讲的一样,而可以采纳来救世,这就不是智能之士感到耻辱的了。经过很长的时间,君主的恩泽已深厚,进说者深入谋划不再被怀疑,据理力争不再会获罪,就可以明确剖析利害来成就君主的功业,直接指明是非来端正君主的言行,能这样相互对待,这就是进说成功了。

三

【原文】　昔者郑武公欲伐胡①,故先以其女妻胡君以娱其意。因问于群臣:"吾欲用

239

兵，谁可伐者？"大夫关其思对曰②："胡可伐。"武公怒而戮之③，曰："胡，兄弟之国也。子言伐之，何也？"胡君闻之，以郑为亲己④，遂不备郑。郑人袭胡，取之。

宋有富人⑤，天雨墙坏。其子曰："不筑，必将有盗。"其邻人之父亦云。暮而果大亡其财。其家甚智其子⑥，而疑邻人之父。此二人说者皆当矣，厚者为戮，薄者见疑，则非知之难也，处知则难也。故绕朝之言当矣⑦，其为圣人于晋，而为戮于秦也，此不可不察。

昔者弥子瑕有宠于卫君⑧。卫国之法⑨：窃驾君车者罪刖⑩。弥子瑕母病，人间往夜告弥子⑪，弥子矫驾君车以出⑫。君闻而贤之，曰："孝哉！为母之故，忘其刖罪。"异日，与君游于果园，食桃而甘，不尽，以其半啖君⑬，君曰："爱我哉！忘其口味，以啖寡人。"及弥子色衰爱弛，得罪于君，君曰："是固尝矫驾吾车，又尝啖我以余桃。"故弥子之行未变于初也，而以前之所以见贤而后获罪者，爱憎之变也。故有爱于主，则智当而加亲，有憎于主，则智不当见罪而加疏。故谏说谈论之士，不可不察爱憎之主而后说焉。

夫龙之为虫也，柔可狎而骑也⑭；然其喉下有逆鳞径尺⑮，若人有婴之者⑯，则必杀人。人主亦有逆鳞，说者能无婴人主之逆鳞，则几矣⑰。

【注释】 ①郑武公：名掘突，春秋初期郑国君主。胡：诸侯国名。归姓。位于今安徽阜阳。②关其思：人名。对：回答。③戮：杀。④郑：郑国。⑤宋：诸侯国名。子姓。位于今山东、河南、安徽、江苏之间地区。⑥甚智其子：认为他儿子很聪明。智，形容词用作动词。⑦绕朝之言：指晋大夫士会逃到秦国后，晋国用计谋诱骗他回国，绕朝识破这种计谋，劝秦康公不要让士会回去，秦康公不听。见《左传》文公十三年。绕朝，人名，春秋时秦国的大夫。⑧弥子瑕：人名，卫灵公宠幸的臣子。卫君：指卫灵公，名元，春秋时卫国君主。⑨卫国：诸侯国名。姬姓。位于今河南东北部、河北、山东部分地区。⑩刖：砍掉脚的刑罚。⑪间往：抄近路去。⑫矫：假托（君命）。⑬啖：吃，给人吃。⑭狎：戏弄。⑮逆鳞：倒长的鳞片。径尺：直径长一尺。⑯婴：通"撄"，触动。⑰几：差不多。

【译文】 从前郑武公想讨伐胡国，故意先把自己的女儿嫁给胡国君主来使他放松戒备。然后问群臣："我想用兵，哪个国家可以讨伐？"大夫关其思回答说："胡国可以讨伐。"武公发怒而杀了他，说："胡国是兄弟国家，你说讨伐它，是何道理？"胡君主听说了，认为郑国和自己友好，于是不再防备郑国。郑国偷袭并攻占了胡国。

宋国有个富人，下雨把墙淋塌了，他儿子说："不修的话，必将有盗贼来偷。"邻居的老人也这么说。到了晚上，果然有大量财物被窃。这家富人认为儿子聪明，却对邻居老人起了疑心。关其思和这位老人的话都恰当，而重的被杀，轻的被怀疑；那么，不是了解情况有困难，而是处理所了解的情况很困难。因此，绕朝的话本是对的，但他在晋国被看成圣人，在秦国却遭杀害，这是不可不注意的。

从前弥子瑕曾受到卫国国君的宠信。卫国法令规定，私自驾驭国君的车子的，论罪

要处以刖刑。弥子瑕母亲病了,有人抄近路连夜通知弥子瑕,弥子瑕假托君命驾驭君车而出。卫君听说后,却认为他德行好,说:"真孝顺啊!为了母亲的缘故,忘了自己会受刖刑惩罚。"另一天,他和卫君在果园游览,吃桃子觉得甜,没有吃完,就把剩下的半个给卫君吃。卫君说:"多么可爱啊!不顾自己口福来给我吃。"等到弥子瑕宠衰爱弛时,得罪了卫君,卫君说:"这人以前就曾假托君命私自驾驭我的车子,又曾经把吃剩的桃子给我吃。"所以,虽然弥子瑕的行为和当初并没有两样,但先前称贤、后来获罪的原因,是卫君的爱憎有了变化。所以被君主宠爱时,才智就显得恰当而更受亲近;被君主憎恶时,才智就显得不恰当,遭到谴责而更被疏远。所以谏说谈论的人不可不察看君主的爱憎,然后进说。

龙作为一种动物,驯服时可以戏弄着骑它;但它喉下有直径一尺长的逆鳞片,假使有人动它的话,就一定会受到伤害。君主也有逆鳞,进说者能不触动君主的逆鳞,就差不多成功了。

奸劫弑臣

【题解】

《奸劫弑臣》旨在揭露奸邪权臣乱国窃权的种种鬼蜮伎俩,指出君主不能以法术治国,奸臣就会由劫主发展到弑君。韩非在这里提出君主必须"循名而定是非,因参验而审言辞",运用自己的权势,厚赏重罚,使天下"不得不为己视","不得不为己听",才能防止专擅朝政之臣的欺骗。否则,"主必孤于上,而臣成党于下",以致遭遇不测。为此,韩非提出君主应以法术治国,"正明法,陈严刑",以致"霸王之功",从而实现理想的法治社会。

所选文段一中,韩非提出,"善任势者国安,不知因其势者国危"。他还以秦国为例来说明这个道理。在商鞅变法以前,秦国废弃法律而行私利,国家混乱、军事衰弱而君主位卑,变法之后,昭明奉公为国的原则,信赏必罚,富国强兵,地扩主尊,是任势的最好说明。作为君主正常治理国事,也需要任势。君主身在深宫,而能明照四海,天下不能蒙蔽他,不是靠眼睛而明,不是靠耳朵而听,而是把天下人的耳目作为自己的耳目,所以能做到暗乱之道废,聪明之势兴。这就是任势之道的一种具体表现。让天下人的耳目发挥作用,就要以法治国、以法治吏、以法治民。

文段二是本篇的最后两段,韩非在文中以遭劫杀的君主与麻风病患者拿来相比较,指出连麻风病患者都可怜被劫杀的君主。其中有的君主死于儿子弑杀,有的被大臣击杀,有的被自己重用的重臣困饿而死,有的被乱刀砍死,有的被挑足筋被吊死。这些君主何以有如此下场?究其原因在于他们腐败无能,不察忠奸,失德失势,其教训刻骨铭心。

一

【原文】 圣人之治国也,固有使人不得不爱我之道,而不恃人之以爱为我也。恃人之以爱为我者危矣,恃吾不可不为者安矣。夫君臣非有骨肉之亲,正直之道可以得利,则臣尽力以事主;正直之道不可以得安,则臣行私以干上①。明主知之,故设利害之道以示天下而已矣②。夫是以人主虽不口教百官,不目索奸邪,而国已治矣。人主者,非目若离娄乃为明也③,非耳若师旷乃为聪也④。目必不任其数⑤,而待目以为明,所见者少矣。非不弊之术也。耳必不因其势,而待耳以为聪,所闻者寡矣,非不欺之道也。明主者,使天下不得不为己视,使天下不得不为己听。故身在深宫之中,而明照四海之内,而天下弗能蔽弗能欺者,何也? 暗乱之道废而聪明之势兴也⑥。故善任势者国安,不知因其势者国危。古秦之俗,君臣废法而服私⑦,是以国乱兵弱而主卑。商君说秦孝公以变法易俗而明公道⑧,赏告奸,困末作而利本事⑨。当此之时,秦民习故俗之有罪可以得免,无功可以得尊显也,故轻犯新法。于是犯之者其诛重而必⑩,告之者其赏厚而信,故奸莫不得而被刑者众,民疾怨而众过日闻。孝公不听,遂行商君之法。民后知有罪之必诛,而告奸者众也,故民莫犯,其刑无所加。是以国治而兵强,地广而主尊。此其所以然者,匿罪之罚重而告奸之赏厚也。此亦使天下必为己视听之道也。至治之法术已明矣,而世学者弗知也。

【注释】 ①干:向君主请求任职。②利害之道:指赏罚措施。利害,指赏罚,赏为利,罚为害。③离娄:又称离朱,传说为黄帝时人,以视力强著称。④师旷:字子野,春秋时晋国的著名乐师,善于辨音。聪:听觉辨音能力强。⑤数:术。⑥暗乱:愚昧混乱。聪明之势:指"使天下不得不为己视,使天下不得不为己听"的权势。⑦服:行,用。⑧说:进说,劝说。秦孝公:名渠梁,战国时秦国君主,公元前 361～前 338 年在位。他坚决任用商鞅变法,使秦国富强起来。公道:奉公为国的原则。⑨末作:指工商业。本事:指农耕。⑩诛:处罚。必:必定,坚决。

【译文】 圣人来治理国家,一定有让人不能不爱他的办法,而不依赖能爱他才效力。依赖用爱来为君主效力潜伏着危险,依赖不能不为君主效力的办法是安全的。君臣没有骨肉关系,用正直的方法可以获得安全和利益,官吏就会竭尽全力侍奉君主;用正直的方法得不到安全和利益,官吏就为私利钻营求用。开明的君主知道这些情况,就制定赏罚办法昭示天下。这样,君主尽管不必亲口指教官吏,不必亲眼搜索奸邪,国家就已经得到治理。君主,视力不一定像离娄一样才算明察;听力不一定像乐师师旷一样才算聪敏。作为君主视力必不如离娄,不运用治国法术,却要用眼来观察事物,所能发现的问题就很有限,这不是防止蒙蔽的办法。耳的听力必定不如师旷,不依靠权势,却靠耳朵的听力充

作聪敏,能听到的消息就太少了,这不是杜绝欺骗的办法。英明的君主,让天下臣民不能不为自己看,让天下的臣民不得不为自己听。因此自己在深宫里,目光却能照射到四海之内,而天下人不能蒙蔽,不能欺骗,这是为什么呢?是昏乱的办法被抛弃,聪明的作用被发挥的结果。因此善于发挥权势,国家就安全,不知道运用权势,国家便会出现危险。过去秦国的惯例是,君臣废弃法律而行使私利,因此国家混乱、军事衰弱而君主位卑。商鞅劝说秦孝公用变法易俗来昭明奉公为国的原则,赏赐举报奸邪之人,抑制工商业而鼓励农耕,而那时,秦国民众习惯旧俗的有罪之人可以被赦免,无功的人也可以显贵,所以他们将触犯新法看得很轻。这时对于那些触犯新法的人一定要重罚,告发奸邪的人也一定要重赏,故而犯罪被捉且受刑的人很多,百姓的怨愤和众人的责难每天都能听到。但孝公并不听从,坚持施行商鞅的新法。百姓后来知道有罪就一定被责罚,而且告发奸邪的人又很多,所以百姓不敢犯法,刑罚也不用施加他们身上。因此国家太平,兵力强大,土地广阔而君主位尊。之所以能够如此,是隐藏罪过的惩罚重而告发奸邪的赏赐丰厚的缘故啊!这也是让天下的人一定为自己看和听的道理。治理得最好的法术已经明白了,而世上的学人却不知道啊!

二

【原文】 谚曰:"厉怜王①。"此不恭之言也。虽然,古无虚谚②,不可不察也。此谓劫杀死亡之主言也。人主无法术以御其臣,虽长年而美材③,大臣犹将得势,擅事主断④,而各为其私急。而恐父兄豪杰之士⑤,借人主之力,以禁诛于己也,故弑贤长而立幼弱,废正的而立不义⑥。故《春秋》记之曰⑦:"楚王子围将聘于郑⑧,未出境,闻王病而反⑨。因入问病,以其冠缨绞王而杀之⑩,遂自立也。齐崔杼其妻美⑪,而庄公通之⑫,数如崔氏之室⑬。及公往,崔子之徒贾举率崔子之徒而攻公⑭。公入室,请与之分国,崔子不许;公请自刃于庙,崔子又不听;公乃走,逾于北墙。贾举射公,中其股⑮,公坠,崔子之徒以戈斫公而死之⑯,而立其弟景公⑰。"近之所见:李兑之用赵也⑱,饿主父百日而死⑲;卓齿之用齐也⑳,擢湣王之筋㉑,悬之庙梁,宿昔而死㉒。故厉虽痈肿疕疡㉓,上比于《春秋》,未至于绞颈射股也;下比于近世,未至饿死擢筋也。故劫杀死亡之君,此其心之忧惧,形之苦痛也,必甚于厉矣。由此观之,虽"厉怜王"可也。

【注释】 ①厉怜王:患麻风病的人怜悯做君主的。厉,通"疠",麻风病。这里指患麻风病的人。②虚:虚妄。③长年而美材:年龄高,身体美。④擅事主断:擅自处理和决断事情。⑤父兄:指君主的叔伯和兄弟。⑥的:通"嫡"。不义:指不符合宗法继承原则的人。⑦《春秋》:记载东周历史的编年体史书。这里指左丘明解释《春秋》的《左传》。⑧王子围:春秋时楚共王的儿子,名围,任楚国令尹。公元前541年杀楚王郏敖自立,即

243

楚灵王。聘：国事访问。郑：春秋时诸侯国名。⑨反：同"返"。⑩冠缨：系在颔下的帽带。⑪崔杼(zhà)：春秋时齐国大夫。⑫庄公：指齐庄公，名光，春秋时齐国君主，公元前553—前548年在位。通：通奸。⑬数：多次，屡次。如：到。⑭徒：徒属，手下人。贾举：崔杼的家臣。⑮股：大腿。⑯戈：古代兵器，横刃长柄。斫：砍。⑰景公：指齐景公，名杵臼。春秋时齐国君主。⑱李兑：战国时赵国大臣。用赵：在赵国掌权。⑲饿主父百日而死：公元前295年李兑帮助赵惠文王与赵武灵王长子章争夺君权，与公子成合谋，围困赵武灵王于沙丘宫达三个月，将其困饿而死。主父，即赵武灵王，名雍，公元前299年传位给小儿子何，自称主父。⑳淖齿：印淖(姓)齿，战国时楚将。公元前284年，燕、秦等五国联合攻齐，楚国派淖齿率兵救齐，做了齐湣王的相。㉑擢：抽。湣王：指齐湣王，名地，战国时齐国君主。公元前284年，燕兵破齐后，湣王逃奔到莒(位于今山东省莒县)。楚将淖齿想和燕国共分齐地，乘机杀齐王。参见《史记·田敬仲完世家》。㉒宿昔：隔夜。㉓疕：头疮。疡：溃烂。

【译文】 古谚语说："得麻风病的人都可怜做国王的。"这是对国王不敬的话。可是，自古流传下来的谚语没有不切实际的，要认真考究。这句古谚是针对被大臣劫持杀害的君主而讲的。君主没有法术驾驭臣下，尽管年长，身材魁伟，大臣还是要窃取权势，独断专行，把谋私放在国家政事之上。可是，又担心同族大臣和忠勇官员，依靠君主的力量来禁锢诛杀自己，所以要杀掉年长而贤明的君主，另立幼小没有能力掌权的，废除君主的嫡长子，改立没有名分的庶子继位。所以《春秋》记载说："楚国的王子围将要到郑国访问，没有走出边界，就听说国王生了病，便急忙赶回楚国首都，进宫问病，便乘机用帽带勒死了父亲，就自立为楚王。齐国的大夫崔杼的妻子很美，齐庄公与她私通，屡次进入崔氏房间。等到庄公再来之时，崔氏的属下贾举就率领家丁攻击庄公。庄公躲入内室，请求和他平分齐国，崔氏不答应；庄公又请求到祖庙去自杀，崔氏又不答应。庄公便跑出屋外，翻越北墙，贾举射中庄公大腿，从墙上跌落，家丁们挥戈将他砍死。崔氏便立庄公的弟弟杵臼当了国君，这就是齐景公。"在近世我们也看到这种情景：李兑在赵国受到重用，把赵主父武灵王围困在沙丘宫，经百日而饿死。楚国将军淖齿做了齐国宰相，抽了齐湣王的筋，并把他吊在东庙的屋梁上，过了一夜才死去。所以说，麻风病患者，浑身肿烂，可是上和《春秋》记载的相比，还不至于被勒死，箭中大腿乱刃砍死；下和近世相比，还没有弄到饿死，抽筋吊死的地步。对于被劫持杀死的国王来说，内心的忧惧，身体的痛苦，一定比麻风病患者更厉害。由此看来，即使说"麻风病患者都可怜做国王的"也毫不过分。

备内

【题解】

"备内"是讲君主应防备宫内后妃、嫡庶诸子及权臣等弑君篡位的文章。文章指出，君主和后妃、诸子之间都存在利害关系及严重的利害冲突，甚至发生"劫君弑主"惨剧。权臣往往利用宫内种种矛盾，乘机制造篡夺君权的内乱。因此，在提出了一系列"备内"的主张后，又着重提出防止奸臣篡权警示。

本文选了两节加以介绍。

文段一旨在揭露被利欲熏心的形形色色的丑恶嘴脸，展现他们损人利己的画卷，从而警示世人充分认识人性自利所带来的恶果，以便及早预防。自利性在统治阶级内部尤为严重，由自利性引发的争斗也更为尖锐复杂。后妃、夫人、太子由盼君早死，演变为弑君杀父的事件，历代都层出不穷。出于自利心，臣下把君主的存在视为眼中钉，必欲取而代之而后快，便是自利心的恶性膨胀。古往今来，奸臣篡权，弑君夺位的事件，屡有发生。正如卖棺材的人，希望人死得越多越好，他的利益就在别人的死亡上，后妃、太子的利益在君主早死，君主不死，自己的权势就不大，从而导致自相残杀。所以，韩非特别警示君主们，"不可以不加心于利己死者"，警惕来自身边的危险，严格赏罚来驾驭臣下，让奸邪行为无处藏身，无法施展其技。韩非提出自利性的存在及危害，正是为了依法治理自利性向恶性转化。

文段二中揭示了权臣起家的过程，并指出"犯法为逆以成大奸者"，未尝不从尊贵之臣引起，这些权贵们施展蒙蔽君主的伎俩，逃避法律制裁，法律所惩办的却是权位较低的犯法官吏，这样权贵们互相包庇，垄断法令而独断专行，使君主大权旁落。为此，韩非提醒君主及时采取预防措施，堵死权臣成奸之路，确保国家安全。这就是不让权臣滋生的预防之术。

一

【原文】 万乘之主①，千乘之君，后妃、夫人、适子为太子者②，或有欲其君之蚤死者③。何以知其然？夫妻者④，非有骨肉之恩也，爱则亲，不爱则疏。语曰："其母好者其子抱。"然则其为之反也，其母恶者其子释。丈夫年五十而好色未解也⑤，妇人年三十而美色衰矣。以衰美之妇人事好色之丈夫，则身见疏贱，而子疑不为后，此后妃、夫人之所以冀其君之死者也⑥。唯母为后而子为主，则令无不行，禁无不止，男女之乐不减于先君，而擅万乘不疑⑦，此鸩毒扼昧之所以用也⑧。故《桃左春秋》曰⑨："人主之疾死者不能处

245

半。"人主弗知,则乱多资。故曰:利君死者众,则人主危。故王良爱马[10],越王勾践爱人[11],为战与驰。医善吮人之伤,含人之血,非骨肉之亲也,利所加也。故舆人成舆[12],则欲人之富贵;匠人成棺,则欲人之夭死也。非舆人仁而匠人贼也,人不贵,则舆不售;人不死,则棺不买。情非憎人也,利在人之死也。故后妃、夫人、太子之党成而欲君之死也,君不死,则势不重。情非憎君也,利在君之死也。故人主不可以不加心于利己死者。故日月晕围于外[13],其贼在内[14],备其所憎,祸在所爱。是故明王不举不参之事[15],不食非常之食;远听而近视,以审内外之失;省同异之言[16],以知朋党之分,偶参伍之验[17],以责陈言之实[18];执后以应前,按法以治众,众端以参观;士无幸赏,无逾行;杀必当,罪不赦,则奸邪无所容其私。

【注释】 ①万乘:泛指大国。下文的"千乘",泛指中等国家。乘,兵车,一车由四马驾驶。②后妃:指万乘之主的正妻。夫人:指千乘之主的正妻。适子:正妻生的儿子。适,即"嫡"。③或:有人。蚤:通"早"。④夫:发语词。⑤丈夫:成年的男子。解:通"懈",松懈,减弱。⑥冀:希望。⑦擅:专,独掌。⑧鸩:一种毒鸟,用它的羽毛泡的酒能毒死人。扼:扼杀,指缢死。昧:割,指杀死。⑨《桃左春秋》:古代的一部史书,已失传。⑩王良:春秋末期晋国人,以善于驾驭车马著名。⑪勾践:春秋末期战国初期越国的君主。⑫舆人:造车的人。⑬晕:环绕日月的白色光圈。⑭贼:损害,毛病。⑮举:办。参:即参伍之验,用事实加以验证。⑯省:察看,检查。⑰偶:并列,对比。⑱责:求。

【译文】 各个大小国家的君主,他们的后妃、夫人,做了太子的嫡子,有的盼着自己的君主早死。怎么能证明这一点呢?妻子,没有骨肉的恩情,宠爱就亲近,不宠爱就疏远。俗话说:"母亲美,儿子受宠爱。"那么与此相反的话,就是母亲丑,儿子被疏远。男子五十岁而好色之心不减弱,妇女三十岁美貌就衰减了。用色衰的妇女侍奉好色的男子,自己就会被疏远鄙视,加上儿子被怀疑不能成为继承人,这正是后妃夫人盼望君主早死的原因。只有当母亲做了太后而儿子做了君主以后,那时就会令无不行,禁无不止,男女乐事不减于先君在时,而无疑要独掌国家大权,这正是用毒酒毙命、用绳索杀人事件产生的原因。所以《桃左春秋》上说:"君主因病而死的不到半数。"君主不懂得这个道理,奸臣作乱就有了更多的机会。所以说,认为君主死亡对自己有利的人多,君主就危险。所以王良爱马,越王勾践爱民,就是为了打仗和奔驰。医生善于吸吮病人的伤口,口含病人的污血,不是因为有骨肉之亲,而是因为利益所在。所以车匠造好车子,就希望别人富贵;棺材匠做好棺材,就希望人死得越多越好。并不是车匠仁慈而棺材匠狠毒,别人不富贵,车子就卖不掉;别人不死,棺材就没人买。本意并非憎恨别人,而是利益就在别人的死亡上。所以后妃、夫人、太子的私党结成了就会盼望君主早死,如果君主不死,自己权势就不大。本意并非憎恨君主,而是利益就在君主的死亡上。所以君主不能不留心那些利在

自己死亡的人。所以日月外面有白色光圈环绕,成因就在内部;防备自己所憎恨的人,祸害却来自所亲爱的人。所以明君不做没有验证过的事情,不吃不寻常的食物;打听远处的情况,观察身边的事情,从而考察朝廷内外的过失;研究相同的和不同的言论,从而了解朋党的派别;对比通过事实所做的验证,从而责求臣下陈言的可靠性;拿事后的结果来对照事先的言论,按照法令来治理民众,根据各种情况来检验观察;官吏没有侥幸受赏的,没有违法行事的;诛杀一定得当,有罪的不予赦免。这样一来,奸邪行为就无处容身了。

二

【原文】 徭役多则民苦,民苦则权势起,权势起则复除重①,复除重则贵人富。苦民以富贵人,起势以藉人臣②,非天下长利也。故曰:徭役少则民安,民安则下无重权,下无重权则权势灭,权势灭则德在上矣。今夫水之胜火亦明矣,然而釜鬵间之③,水煎沸竭尽其上,而火得炽盛焚其下,水失其所以胜者矣。今夫治之禁奸又明于此,然守法之臣为釜鬵之行④,则法独明于胸中而已,失其所以禁奸者矣。上古之传言,《春秋》所记,犯法为逆以成大奸者,未尝不从尊贵之臣也。然而法令之所以备,刑罚之所以诛,常于卑贱,是以其民绝望,无所告诉。大臣比周⑤,蔽上为一,阴相善而阳相恶,以示无私,相为耳目,以候主隙⑥,人主掩蔽,无道得闻,有主名而无实,臣专法而行之,周天子是也⑦。偏借其权势,则上下易位矣,此言人臣之不可借权势也。

【注释】 ①复:免除徭役。除:免除赋税。重:多的意思。②起势以藉人臣:给臣子扩张权势提供条件。③釜:大锅。鬵:釜类的烹器。间:间隔。④釜鬵之行:用锅隔开水火的行为,指阻碍推行法治的行为。⑤比周:紧密勾结,植党营私。⑥隙:空子。⑦周天子:这里指东周王朝的天子。战国时自周显王起,周天子一直寄居在西周公和东周公的封邑内,已经名存实亡。

【译文】 徭役多,百姓就困苦;百姓困苦,臣下势力就发展起来;臣下势力发展起来,免除徭役和赋税的人就增多;免除徭役和赋税的人增多了,权贵就富有起来。君主伤害百姓而使权贵富有,给臣下扩张势力提供了条件,这不符合国家的长远利益。所以说,徭役轻,百姓就安定;百姓安定,臣下就没有特权;臣下没有特权,他们的势力就消灭了;他们的势力消灭了,恩惠就全归君主实施。现在看来,水能灭火的道理也够明白的了,然而用锅子把水和火隔开,水在上面沸腾以致烧干,而火在下面却烧得非常旺盛,这是因为水失去了灭火的条件。现在拿治国措施中的禁止奸邪来说,道理比这更加明白,但执法大臣起了锅子那样的阻隔作用,那么,法律只在君主心里明白,却已经失去了禁奸的作用。在上古的传说中,在《春秋》的记载里,违犯法律、叛逆作乱而篡权夺位的人,都属于尊贵

大臣。这样,法令要防备的,刑罚要惩办的,通常是地位低贱的人,因此百姓感到绝望,无处可去申冤。大臣相互勾结,串通一气蒙骗君主,暗地里要好,表面上相互憎恶,以便表示没有私情。他们互相作为耳目,等待着钻君主的空子。君主受蒙蔽,无从了解真情,有君主之名而无君主之实,大臣垄断法令而独断专行,周天子正是这样。君主权势旁落,上下也就换了位置,这就是说,君主不能把自己的权势借给臣下。

南面

【题解】

《南面》论述君主治国的几项原则。一是明法。通过彰明法度,以制大臣之威,使他们不能违法专权,假借忠心之名来"惛主坏法"。二是责实。君主对臣下的言论和行动要循名责实,考察其功效,不致被其假象迷惑。三是变古。君主应因时变法,反对"无变大,毋异常"的守旧观点。

文段一所讲言、默的责任都追究,就是说君主对臣下必须追究有言之责和沉默不言之责。有言之责指说话不负责任,无头无尾,花言巧语无从验证,就要追究说话的责任,责求其实际效果。遇事不表态,以便保持其地位,必须让他表示赞成还是反对,从而明确他的责任。如此,臣下一定要负起说话的责任,又要负起不说话的责任。

文段二中所讲"名存实亡"的实际内容,是关于办事功效的计算原则。名义上得利,自以为有功,而实际上耗费巨大,不但无功,反而有罪。这无疑是当头棒喝。

一

【原文】 人臣为主设事而恐其非也,则先出说设言曰:"议是事者,妒事者也。"人主藏是言,不更听群臣①;群臣畏是言,不敢议事。二势者用②,则忠臣不听而誉臣独任③。如是者谓之壅于言④,壅于言者制于臣矣⑤。主道者,使人臣有必言之责,又有不言之责。言无端末、辩无所验者,此言之责也;以不言避责、持重位者,此不言之责也。人主使人臣言者必知其端以责其实,不言者必问其取舍以为之责,则人臣莫敢妄言矣,又不敢默然矣,言、默则皆有责也。

【注释】 ①更:再。②势:形势,局面。③誉臣:徒有虚名的臣子。④壅于言:被言论所蒙蔽。⑤制于臣:被臣下所控制。

【译文】 臣下为君主筹划事情而恐怕别人非议,就预先放风说:"议论这件事的人,就是嫉妒这件事的人。"君主信了这种话,不再听取群臣的意见;群臣害怕这种话,不敢再议论。这两种局面起了作用,君主对忠臣的话就不会听取而专门任用那些徒有虚名的臣

子。像这样的情形，就叫作被言论所蒙蔽；被言论所蒙蔽。也就受制于臣下。做君主的原则是，应使臣下一定负起说话的责任，又要负起不说话的责任。说话无头无尾、辩词无从验证的，这就要追究说话的责任；用不说话来逃避责任、保持显赫权位的，这就要追究不说话的责任。君主对说话的臣子，一定要显露出来龙去脉，从而责求他的实效；对不说话的臣子，必须问他赞成还是反对，从而明确他的责任。那么臣子就不敢乱说，又不敢不说了，说话和沉默就都有了责任。

二

【原文】　人主欲为事，不通其端末，而以明其欲，有为之者，其为不得利，必以害反。知此者，任理去欲①。举事有道，计其入多②，其出少者，可为也。惑主不然，计其入，不计其出，出虽倍其入，不知其害，则是名得而实亡。如是者功小而害大矣。凡功者，其入多，其出少，乃可谓功。今大费无罪而少得为功，则人臣出大费而成小功，小功成而主亦有害。

【注释】　①任：顺应。②入：指所得的利益。下文的"出"，指付出的代价。

【译文】　君主想做某件事，没有掌握全部情况，就把自己的想法表露出来，这样做的话，不但没有好处，反而一定会受害。懂得这些，就会顺应客观事理，去掉主观欲望。做事有个原则，就是算来利益多、代价少的，就可以做。昏君不这样，只算得利，不算代价，代价即使成倍地超过利益，也不知它的危害，这就是名义上得到而实际上失去。像这样就是功劳小而危害大了。大凡功劳，它的利益多，它的代价少，这才可以叫作功劳。现在耗费大的无罪，而收效小的有功，臣子就会以大的耗费去取得小的收效，小的收效即使取得了，而君主仍是遭受了损害。

解老

【题解】

"解老"就是对《老子》的解释。这是中国哲学史上最早解释《老子》的专篇。《老子》又名《道德经》，汉代又称《德道经》，全书共八十一章，分道经、德经为上下篇，是中国最早的哲学思想著作。

韩非用法家观点对《老子》中的十二章的全文或部分做了解释，借用老子的观点充实自己的法治思想，既有继承又有发展。如对于"道"与"德"，他认为道是"与天地之剖判也具生"的自然法则，而非"先天地生"；"德者道之功"，德是具体事物上的体现。在此基础上他第一次提出"道"与"理"这一对范畴："道者，万物之所然也，万理之所稽也"，"万

物各异理,而道尽稽万物之理"。这是哲学发展史上的一大贡献。又如韩非对《老子》中的辩证法思想也有新的见地,他承认万事万物是发展变化的,坏事可以引出好的结果,好事也可以引出坏的结果,祸会引起人们"心畏惧",促使人们"行端直"和"思虑熟",转变为福;福会引起人们"骄心生",导致人们"行邪辟",转化为祸,使祸福转变有了新意。

下面节选几段加以介绍。

本文所选文段一是对《老子》"上德无为无不为"的解释。德是事物本质的属性。无为、无思、无欲、虚静是上德的一种外在形态,是真正完成向上德飞跃的必由之途。达到了上德境界,就无所不能,无所不为了。

在文段二中,韩非讲的长生之道,就是要具有公正宽容、真诚和顺之心。以此待人,就可以达到圣人境界。

文段三对老子的"治人事天莫如啬"一句做了解释。"治人事天"就是说人要适应动静节律,节省精神的耗损,视力、听力、思考都不能过度使用;过度则目盲、耳聋、心狂;目盲躲不过白天的危险,耳聋不知雷霆的危害,心狂就不免法令惩罚之灾。所以说"治人事天"就是节制精神损耗,遵循自然规律。

在文段四中,作者指出虚静,精和之气就日日进入身体;浮躁,就耗费体内精和之气。耗费精和之气就叫"侈"。安静可以节省精和之气,叫作"啬"。节省是一种方法,产生于各种道理,能节省精和之气就是服从各种道理。浮躁耗神,就会陷入祸害,就是不知道各种道理。服道理强调一个"早"字,所以老子说"夫谓啬,是以早服"。

在文段五中,韩非强调早服道理早受益,晚服道理必受害的主张,指出早服道理,就是"重积德",以虚静之态厚积宇宙精气。

文段六解释《老子》的两句话:"莫知其极,则可以有国";"深其根,固其柢,长生久视之道也"。第一句话讲的是按道的规律办事,才能拥有国家,保全身体,智慧深邃,计谋高明,让人有高深莫测之感。第二句话是说按道的规律办事,坚守长生久视之道,生命就长久,保持禄位就长久。体道则国存身健,失道则灭身亡国;体道可以使治国者深谋远虑,可以使人养德、持禄、长生。一言以蔽之,根深蒂固,身享天年,国家永固。

文段七借用老子"治大国者若烹小鲜"的名言来说明法不宜朝令夕改,一旦制定就应有相对稳定性。韩非量化了法数变的危害,具有更充分的说服力。

文段八阐述老子讲的"祸莫大于可欲""祸莫大于不知足""咎莫憯于欲利"三句话,揭示灾祸由自利心——可欲——邪心演变的恶性膨胀过程,向世人,尤其是统治者敲起警钟。韩非特别强调,杜绝贪欲必须从国君、诸侯、富人做起,他们是"可欲"的祸首,他们不以衣食的满足,声色玩好,奢侈无度,"进则教良民为奸,退则令善人有祸。奸起,则上侵弱君;祸至,则民人多伤"。故"明君贱玩好而去淫丽"。

文段九对老子的道做了进一步的讲解,并把"道理"合并讲述。他指出,道是万物形成的原理,是万理构成的总汇,随具体的物永远在变化之中,因而一切生死兴废由道理决定。"缘道理以从事者,无不能成。无不能成者,大能成天子之势尊,而小易得卿相将军之赏禄",否则"轻弃道理而易妄举动者",便招致祸灾,离道阔远。

韩非在文段十、十二中提出理定而后得道,是对老子的"道"作了物质属性的解释,把道落实在理上,使道可以看得见、摸得着了。"理"的提出,丰富发展了道的理论体系,弥补了道与物之间的缺陷环节,所以说韩非是发展"道"的功臣。

文段十一是一篇解释老子"善摄生"的文章。文章的中心思想是避害之道在于明道、理,不入死地,就是善于养生。韩非指出,爪角之害充满人世,富贵爵禄之福在于人争取。祸与福不是永恒不变的,关键在于知道明理。

在文段十三中,韩非认为,修身只是一个做人的起点。修身之后还要治家、治乡、治城、治国家、治天下。所以说,修身是治天下的基础,只有清静寡欲,才不会被外物诱惑,精神不被扰乱,《老子》说:"修之身,德乃真。""修之乡,其德乃长。""修之邦,德乃丰。""修之天下,其德乃普。""万不一失"。

一

【原文】 德者,内也。得者,外也。"上德不德"①,言其神不淫于外也。神不淫于外,则身全。身全之谓德。德者,得身也。凡德者,以无为集②,以无欲成,以不思安,以不用固。为之欲之,则德无舍③;德无舍,则不全。用之思之,则不固;不固,则无功;无功,则生于德。德则无德,不德则有德。故曰:"上德不德,是以有德。"

所以贵无为无思为虚者④,谓其意无所制也。夫无术者⑤,故以无为无思为虚也。夫故以无为无思为虚者,其意常不忘虚,是制于为虚也。虚者,谓其意无所制也。今制于为虚,是不虚也。虚者之无为也,不以无为为有常⑥。不以无为为有常,则虚;虚,则德盛⑦;德盛之谓上德。故曰:"上德无为而无不为也。"⑧

【注释】 ①上德不德:上德不向外求得。第二个德即"得"。见《老子》三十八章(王弼注本)。②无为:有顺应客观法则,不主观强求的意思。③舍:止宿,归宿。④贵:推崇。无思:无所思虑。虚:古代哲学名词。道的无形无象和宇宙的原始状态谓之虚。人无为、无思、无欲的寂静状态也谓之虚。⑤夫:那些,那种。术:指道术,运用道的方法。⑥常:常规。⑦虚,则德盛:不求有得为虚,虚了才能积德。⑧"故曰"句:所以《老子》上说:"上德是无为而又是无所不为的。"无所不为,就是指德盛之后,就能实现全身治国的最高境界,也就是无所办不到了。

【译文】 德是内部所具有的。得是从外部获取的。《老子》"上德不德"这句话,是

说具有上德的人的精神不游离自身。精神不外露，自身就能保全。自身能够保全，也就叫作"德"。"德"即得之于自身。凡是德，都是以无为来积聚，以无欲来成就，以不思虑来得到安定，以不使用来得到巩固的。如果有为、有欲，德就无所归宿；德无所归宿，就不完美了。如果使用了，思虑了，德就不能牢固；不牢固，就没有功效；没有功效是由于自求有得。自求有得，就没有德；不自以为有得，就保全了德。所以《老子》说："上德不自以为有得，因此才有德。"

推崇无为、无思作为虚的原因，是说人的心意不受任何牵制，那种不懂道术的人，故意用无为无思来表现虚。故意用无为无思来表现虚的人，他的心意常常不忘记虚，这就是被虚所牵制了。虚是说他的心意不受牵制。现在被虚所牵制，就是不虚了。真正做到虚的人，在对待无为上，不把无为当作经常要注意的事。不把无为当作经常要注意的事，就虚了；虚了，德就充足；德充足了，也就叫作上德。所以《老子》说："上德无为而又无所不为。"

二

【原文】 所谓方者，内外相应也，言行相称也。所谓廉者，必生死之命也，轻恬资财也①。所谓直者，义必公正，公心不偏党也。所谓光者，官爵尊贵，衣裳壮丽也。今有道之士②，虽中外信顺，不以诽谤穷堕；虽死节轻财，不以侮罢羞贪③；虽义端不党，不以去邪罪私；虽势尊衣美，不以夸贱欺贫。其故何也？使失路者而肯听习问知④，即不成迷也。今众人之所以欲成功而反为败者，生于不知道理而不肯问知而听能。众人不肯问知听能，而圣人强以其祸败适之⑤，则怨。众人多而圣人寡，寡之不胜众，数也⑥。今举动而与天下之为仇，非全身长生之道也，是以行轨节而举之也⑦。故曰："方而不割，廉而不刿⑧，直而不肆，光而不耀。"

【注释】 ①恬：淡泊。②有道之士：指具有方、廉、直、光四种德行的人。③罢：通"疲"，软弱无能。④听习：听从熟悉情况的人的意见。问知：向懂得道理的人请教。⑤强：硬要。适：通"谪"，责备。⑥数：定理，必然的道理。⑦轨节：比喻道理法度。轨，车辙，轨道。节，指法度。举：援引。⑧刿：刺伤。

【译文】 所谓方正，是指表里一致，言行统一。所谓廉正，是指舍生忘死，看轻资财。所谓正直，是指在道义上公正，有公心而不偏私。所谓光耀，是指官爵尊贵，衣裳华丽。现在掌握了道的人，虽然内心和外表都真诚和顺，但并不以此非议困苦堕落的人；虽然能舍生忘死轻视资财，但并不以此侮辱软弱的人，耻笑贪利的人；虽然品行端正不结党营私，但并不以此嫌弃行为不端的人，责怪自私的人；虽然地位尊贵衣着华美，但并不以此藐视卑贱的人，欺侮贫穷的人。其原因是什么？假如迷路的人肯听从熟悉情况的人，请

教识路的人，就不会迷路了。现在一般人希望成功却反而失败的原因，是由于不懂得道理而又不肯去向懂得的人请教，不肯听从能人的意见。一般人不肯请教懂得的人和听从能干的人，而圣人硬要拿他们出的乱子加以责备，就会惹出怨恨来了。一般人多而圣人少，圣人不能压倒一般人，是必然的道理。如果一举一动都和天下的人作对，那就不是保全自身求得长寿的办法，因此圣人用遵循法度来引导人们。所以《老子》说："圣人要方正，但不割伤人；有棱角，但不刺伤人；正直，但不放纵；有光彩，但不炫耀。"

三

【原文】 聪明睿智①，天也；动静思虑，人也。人也者，乘于天明以视，寄于天聪以听，托于天智以思虑。故视强，则目不明；听甚，则耳不聪；思虑过度，则智识乱。目不明，则不能决黑白之分；耳不聪，则不能别清浊之声；智识乱，则不能审得失之地②。目不能决黑白之色则谓之盲，耳不能别清浊之声则谓之聋，心不能审得失之地则谓之狂③。盲则不能避昼日之险，聋则不能知雷霆之害，狂则不能免人间法令之祸。书之所谓治人者④，适动静之节，省思虑之费也。所谓事天者，不极聪明之力，不尽智识之任。苟极尽，则费神多；费神多，则盲聋悖狂之祸至⑤，是以啬之⑥。啬之者，爱其精神，啬其智识也。故曰："治人事天莫如啬。"⑦

【注释】 ①聪：听觉，听觉好。明：视觉，视觉好。睿：聪明。②审：细察，分清。得失之地：成功和失败的根据。③狂：迷乱。④书：指《老子》。⑤悖：乱，违背。⑥啬：吝啬，节省。⑦这句话出自《老子》王弼注本五十九章。

【译文】 听力、视力和智力是自然生成的，它们的动静思虑是人为的，人为的奢侈物品要依靠自然生成的视力去看，依靠自然生成的听力去听，依靠自然生成的智力去思考。所以视力用得过度，眼睛就不明；听力用得过度，耳朵就不灵；思虑过度，智力的认识功能就混乱。眼睛不明，就不能判断黑白界限；耳朵不灵，就不能区别清浊声音；智力的认识功能混乱，就不能弄清是非得失。眼睛不能判断黑白颜色就叫作盲，耳朵不能区别清浊声音就叫作聋，心智不能弄清是非得失就叫作狂。盲就不能躲避白天的危险，聋就不能知道雷霆的危害，狂就不能免于社会法令予以惩罚的灾祸。《老子》所说的"治人"，是说适应动静的节律，节省精神的消耗。所说的"事天"，是说不要用尽听力、视力，不要超过智力认识功能的限度。如果完全用尽，就会过度费神；过度费神，盲聋狂乱的祸害就会到来，因此要节省。节省是指爱惜精神，节省脑力。所以《老子》说："治人事天没有比得上对精神的节省。"

四

【原文】 众人之用神也躁，躁则多费，多费之谓侈。圣人之用神也静，静则少费，少

费之谓啬。啬之谓术也,生于道、理。夫能啬也,是从于道而服于理者也。众人离于患^①,陷于祸,犹未知退^②,而不服从道、理。圣人虽未见祸患之形^③,虚无服从于道、理^④,以称蚤服^⑤。故曰:"夫谓啬,是以蚤服^⑥。"

【注释】 ①离:同"罹",遭遇。②犹:仍然。③形:显露,征兆。④虚无:虚静无为。⑤蚤:通"早"。⑥这句话出自《老子》王弼注本五十九章。

【译文】 众人用神浮躁,浮躁就浪费精神,浪费叫作"侈"。圣人用神安静,安静就少费精神,少费叫作"啬"。节省作为一种方法,产生于各种道、理。能够节省精神,也就是服从于各种道、理。众人遭受灾患,陷入祸害,仍不知退,而不服从各种道、理。圣人虽然不曾看见祸患的苗头,就虚静无为地服从于各种道、理,这叫"早服"。所以《老子》说:"正因为圣人爱惜精神,所以能够早服道、理。"

五

【原文】 知治人者,其思虑静;知事天者,其孔窍虚^①。思虑静,故德不去;孔窍虚,则和气日入。故曰:"重积德^②。"夫能令故德不去,新和气日至者,蚤服者也。故曰:"蚤服,是谓重积德。"积德而后神静,神静而后和多,和多而后计得^③,计得而后能御万物,能御万物则战易胜敌,战易胜敌而论必盖世,论必盖世,故曰"无不克"。无不克本于重积德,故曰:"重积德,则无不克。"战易胜敌,则兼有天下;论必盖世,则民人从。进兼天下而退从民人,其术远,则众人莫见其端末。莫见其端末,是以莫知其极^④。故曰:"无不克,则莫知其极^⑤。"

【注释】 ①孔窍:孔洞,指眼、耳、鼻、口等器官。②重:重叠,不断。③计得:计谋得当。④极:究竟。⑤这句话出自《老子》王弼注本五十九章。

【译文】 懂得"治人",他的思虑平静;懂得"事天",他的器官畅通。思虑平静,德性就不会丧失;器官畅通,精气就每天摄入。所以说:"不断积累。"那种能使德性不失,新的精气每天到来的人,就是"早服"的人。所以《老子》说:"早服,指的是不断积德。"积德然后神静,神静然后精气多,精气多然后计谋得当,计谋得当然后能驾驭万物,能驾驭万物,打仗就容易胜敌,打仗容易胜敌,讲话就必然举世响应,讲话必然举世响应,所以说"无往不胜"。无往不胜本于不断积德,所以《老子》说:"不断积德,就无往不胜。"打仗容易战胜敌人,就会拥有天下;讲话必然举世响应,民众就会服从。进可以拥有天下,退可以使民众服从,这种法术非常深远,众人也就看不到它的首尾。看不到它的首尾,因此不能知道它的根底。所以《老子》说:"无往不胜,就没有人知道他的根底。"

六

【原文】 凡有国而后亡之,有身而后殃之,不可谓能有其国,能保其身。夫能有其

国,必能安其社稷;能保其身,必能终其天年;而后可谓能有其国、能保其身矣。夫能有其国、保其身者,必且体道^①。体道,则其智深;其智深,则其会远^②;其会远,众人莫能见其所极。唯夫能令人不见其事极^③,不见其事极者为能保其身、有其国。故曰:"莫知其极。""莫知其极,则可以有国。"

所谓"有国之母":母者^④,道也;道也者,生于所以有国之术^⑤;所以有国之术,故谓之"有国之母"。夫道以与世周旋者,其建生也长,持禄也久。故曰:"有国之母,可以长久。"树木有曼根^⑥,有直根。直根者,书之所谓"柢"也^⑦。柢也者,木之所以建生也;曼根者,木之所以持生也。德也者,人之所以建生也;禄也者,人之所以持生也。今建于理者,其持禄也久,故曰:"深其根。"体其道者,其生日长,故曰:"固其柢。"柢固,则生长;根深,则视久^⑧,故曰"深其根,固其柢,长生久视之道也。"

【注释】 ①且:将。体道:行道。体,实践。②会:计谋,谋算。③唯:只有。夫:那种,指上面说的体道者的情况。④母:母亲,比喻根本。⑤术:指治理国家的方法。⑥曼根:蔓延的根,即细根。⑦书:指《老子》。柢:树根。⑧视:活。

【译文】 凡拥有国家然后却丢掉了的,拥有身体然后却伤害了的,不能说是能够拥有国家,能够保全身体。能够拥有国家的人,一定能够安定国家;能够保全身体的人,一定能够尽享天年;然后才好说是能拥有国家、能保全身体。能拥有国家、保全身体的人,一定会按照根本规律行动。按照根本规律行动,他的智慧就一定很深;智慧很深,他的计谋就一定很高明;计谋很高明,一般人没有谁能看到他的根底。只有那种能让人看不到根底的人,才能保全身体、拥有国家。所以《老子》说:"没有人知道他的根底。""没有人知道他的根底,就可以拥有国家了。"

所谓"有国之母":母,就是道;道产生于用来保有国家的方法;因为是保有国家的方法,所以叫作"有国之母"。用道来对待世事,他的生命就会长久,保持禄位就能久远。所以《老子》说:"有国之母,可以长久。"树木有蔓根,有主根。主根就是《老子》所说的"柢"。柢是树木赖以生长的建立者,蔓根是树木赖以生长的扶持者。德是人类赖以生存的建立者,禄是人类赖以生存的支持者。假如能立于事理,那么他持禄也就长久,所以说:"加深它的蔓根。"能按照根本规律办事,他的生命也就长久,所以说:"巩固它的主根。"主根巩固了,生命就长久;蔓根加深了,生命就永存,所以《老子》说:"加深它的蔓根,巩固它的主根,是长生久存的道理。"

七

【原文】 工人数变业则失其功^①,作者数摇徙则亡其功^②。一人之作,日亡半日,十日则亡五人之功矣;万人之作,日亡半日,十日则亡五万人之功矣。然则数变业者,其人

弥众③,其亏弥大矣。凡法令更则利害易④,利害易则民务变,务变之谓变业。故以理观之:事大众而数摇之,则少成功;藏大器而数徙之⑤,则多败伤;烹小鲜而数挠之⑥,则贼其泽⑦;治大国而数变法,则民苦之。是以有道之君贵静,不重变法。故曰:"治大国者若烹小鲜。"⑧

【注释】 ①工人:有技艺的人。数:屡次。变业:变换工作。②摇徙:变动。亡:丢失。③弥:愈,更加。④更:改换。易:改变。⑤大器:贵重的器物。⑥烹:煮。鲜:活鱼。挠:扰动,翻动。⑦贼:伤害。泽:光泽。⑧这句话出自《老子》王弼注本六十章。

【译文】 工匠屡变职业,因荒废技艺而降低效率;劳作者屡变劳动场所,就丧失功效。一个人的劳作,一天丢失半天,十天就丢失五个人的功效;一万人的劳作,一天丢失半天,十天就丢失五万人的功效。既然如此,那么屡变作业的人,人数越多,损失就越大。凡是法令变更了,利害情况也就跟着改变;利害情况改变了,民众从事的作业也就跟着变化;从事的作业有了变化,就叫作变换劳作项目。所以按照道理来看,役使大众而屡让他们发生变动,功效就会很小;收藏贵重器物而屡加挪动,损毁就会很大;烹煮小鱼而屡加翻动,就伤害它的光泽并使鱼破碎;治理大国而屡变法令,百姓就会受到坑害。因此懂得治国原则的君主把安定看得很宝贵,法令确定以后,不再轻易变更。所以《老子》说:"治理大国就像烹煮小鱼一样不能乱动。"

八

【原文】 人有欲,则计会乱①;计会乱,而有欲甚;有欲甚,则邪心胜;邪心胜,则事经绝②;事经绝,则祸难生。由是观之,祸难生于邪心,邪心诱于可欲。可欲之类,进则教良民为奸,退则令善人有祸。奸起,则上侵弱君;祸至,则民人多伤。然则可欲之类,上侵弱君而下伤民人。夫上侵弱君而下伤民人者,大罪也。故曰:"祸莫大于可欲。"③是以圣人不引五色④,不淫于声乐;明君贱玩好而去淫丽⑤。

人无毛羽,不衣则不犯寒⑥;上不属天而下不著地⑦,以肠胃为根本,不食则不能活;是以不免于欲利之心。欲利之心不除,其身之忧也。故圣人衣足以犯寒,食足以充虚,则不忧矣。众人则不然,大为诸侯,小余千金之资,其欲得之忧不除也。胥靡有免⑧,死罪时活,今不知足者之忧终身不解。故曰:"祸莫大于不知足。"⑨

故欲利甚于忧,忧则疾生;疾生而智慧衰;智慧衰,则失度量⑩;失度量,则妄举动;妄举动,则祸害至;祸害至而疾婴内⑪;疾婴内,则痛祸薄外⑫;痛祸薄外,则苦痛杂于肠胃之间;苦痛杂于肠胃之间⑬,则伤人也憯⑭。憯则退而自咎⑮,退而自咎也生于欲利。故曰:"咎莫憯于欲利。"⑯

【注释】 ①计会:计算,谋虑。②事经:办事的纲纪,准则。经,纲纪,准则。③这句

引文,《老子》帛书甲本、河上公注本都作"罪莫大于可欲"。王弼注本没有这句引文。④五色:即五彩。这里指好看的东西。⑤贱:轻贱。玩好:珍贵的玩物,珍宝。⑥犯寒:战胜寒冷。犯,胜。⑦属:连。⑧胥靡:犯轻罪,罚作苦役的人。⑨这句话出自《老子》王弼注本四十六章。⑩度量:指准则。⑪疾婴内:内心被疾病缠绕。婴,缠绕。⑫薄:迫近,侵扰。⑬杂:集聚。⑭憯:惨痛。⑮自咎:自责。咎,悔恨,罪责。⑯这句引文见王弼注本四十六章。

【译文】　人有欲望,谋虑就混乱;谋虑混乱,就更有欲望;更有欲望,邪心就占上风;邪心占上风,办事的准则就没有了;准则没有了,灾难就会发生。由此看来,灾难产生于邪心,邪心产生于欲望。可引起欲望的那类东西,进一步说可以使好人为奸,退一步说也可以使善人遭祸。奸起,向上就会侵害削弱君主,而向下就会伤害百姓;向上侵害削弱君主,而向下伤害百姓,是大罪。所以《老子》说:"祸患没有比可引起欲望的东西更大的了。"因此圣人不受五色的引诱,不沉溺于声乐;明君轻视珍贵的玩物,抛弃过分华丽的东西。

人没有毛羽,不穿衣就不能胜寒;上不接天而下不着地,把肠胃作为根本,不吃饭就不能生存,因此不能免除欲利之心。欲利之心不除,是自身的忧患。所以圣人穿衣足够御寒,吃饭足够充饥,就没有忧虑了。普通人却不这样,大到做了诸侯,小到积存千金资财,贪得的忧虑仍不能解除。轻罪得以赦免,死罪得以活命,现在一些不知足者的忧愁却终身不能解脱。所以《老子》说:"祸害没有比不知足更大的。"

所以贪利比忧愁更厉害。忧愁就得病;得病就智力减退;智力减退,就失去准则;失去准则,就胡乱行事;胡乱行事,祸害就降临;祸害降临,疾病就缠绕内心;疾病缠绕内心,病痛就向外侵扰;病痛向外侵扰,苦痛就聚集在肠胃之间;苦痛聚集在肠胃之间,伤害人就惨痛;惨痛就退而自责;退而自责认识到是由贪利产生的。所以《老子》说:"罪责没有比贪利更惨痛的了。"

九

【原文】　道者,万物之所然也①,万理之所稽也②。理者,成物之文也③;道者,万物之所以成也。故曰:"道,理之者也④。"物有理,不可以相薄⑤;物有理不可以相薄,故理之为物之制。万物各异理,而道尽稽万物之理,故不得不化;不得不化,故无常操⑥。无常操,是以死生气禀焉,万智斟酌焉,万事废兴焉。天得之以高,地得之以藏⑦,维斗得之以成其威⑧,日月得之以恒其光,五常得之以常其位⑨,列星得之以端其行,四时得之以御其变气⑩,轩辕得之以擅四方⑪,赤松得之与天地统⑫,圣人得之以成文章⑬。道,与尧、舜俱智⑭,与接舆俱狂⑮,与桀、纣俱灭⑯,与汤、武俱昌⑰。以为近乎,游于四极⑱;以为远乎,常

在吾侧;以为暗乎,其光昭昭⑲;以为明乎,其物冥冥⑳。而功成天地,和化雷霆㉑,宇内之物,恃之以成。凡道之情,不制不形,柔弱随时,与理相应。万物得之以死,得之以生;万事得之以败,得之以成。道譬诸若水,溺者多饮之即死,渴者适饮之即生;譬之若剑戟㉒,愚人以行忿则祸生,圣人以诛暴则福成。故得之以死,得之以生,得之以败,得之以成。夫缘道理以从事者,无不能成。无不能成者,大能成天子之势尊,而小易得卿相将军之赏禄。夫弃道理而妄举动者,虽上有天子诸侯之势尊,而下有猗顿、陶朱、卜祝之富㉓,犹失其民人而亡其财资也。众人之轻弃道理而易妄举动者,不知其祸福之深大而道阔远若是也,故谕人曰:"孰知其极?"㉔

【注释】　①所然:形成那个样子的东西。②稽:符合,汇合,包含。③成:构成。文:纹理,条理性的规则。④道,理之者也:道是能使万物条理化的东西。⑤相薄:相互侵扰,混淆。⑥常操:指永恒不变的规则。⑦藏:包孕。⑧维斗:古人以北斗星为天的轴心,众星拱北斗,好像是联结在这个轴上一样,所以叫作维斗。维,拴缚,联结。斗,北斗星。威:威势。⑨五常:五行,即金、木、水、火、土。⑩御:驾驭,控制。变气:变化的节气。⑪轩辕:指黄帝,我国原始社会杰出的部落联盟首领,传说中的远古帝王。因居轩辕丘而得名。擅:专断,控制。⑫赤松:指赤松子,传说中的仙人。统:终。⑬文章:文采。这里指礼乐刑政等文物制度。⑭尧、舜:都是我国原始社会末期的部落联盟首领。⑮接舆:人名,春秋末期楚国人,著名的狂士。他与孔丘同时,曾作歌讽刺过孔丘。⑯桀:夏代的最后一个王。纣:商代的最后一个王。⑰汤:指成汤,商代的开国君主。武:指周武王,他灭商以后建立了周朝。⑱四极:四方的最远处。⑲昭昭:光明的样子。⑳冥冥:昏暗的样子。㉑和化:酝酿转化。霆:霹雷。㉒戟:古代长柄兵器,枪尖旁边横向附有月牙形的利刃。㉓猗顿:人名,春秋末期鲁国富商。陶朱:即范蠡,春秋末期楚国人。曾帮助越王勾践打败吴国,功成身退,经商致富。居住在陶(位于今山东省定陶区)十九年,自称陶朱公。卜祝:人名。㉔孰:谁,哪一个。极:终极,究竟。

【译文】　道是万物形成的原理,是万理构成的总汇。理是构成万物的外在形象;道是生成万物形象的原因。所以说,道是条理化了的东西。万物各有其理,彼此不会相侵,所以理对万物具有制约性。万物之理各自不同,而道却完全包含了万物之理,所以道不能不随具体事物发生变化。因此不得不发生变化,所以永远处于变化过程中,没有固定规则。因而生死之气由道赋予,一切智慧由道授予,万事废兴由道决定。天得道而高升,地得道而蕴藏;维系众星的北斗得道,而形成威势;日月得道,而永放光芒;金、木、水、火、土五种物质得道,而常处其位;众星得道,而按轨道运行;四季得道,而控制节气;黄帝得道,而统治四方;赤松子得道,与天地同寿;圣人得道,而创造文明。道,与唐尧、虞舜同在,便表现为智慧;与狂人接舆同在,便表现为狂放;与夏桀、殷纣同在,便表现为灭亡;与

商汤、周武同在,便表现为昌盛。认为它近吧,它能远行四极;认为它远吧,它能常处身边;认为它暗淡吧,它光辉照耀;认为它明亮吧,它昏昏冥冥。它的功效造就天地,它的积聚化为雷霆,宇宙内的万事万物都要依靠它而存在。凡属道的真情,不制作,不外露,柔弱和顺,随时运行,与理相应。万物因得道而死亡,因得道而生存;万事因得道而失败,因得道而成功。道,打个比喻,就像水一样,溺水者多喝了就会死亡,口渴者适量饮用了就会生存。再打个比喻,道就像剑戟一样,愚人拿来行凶泄愤就会惹祸,圣人拿来诛杀暴徒就会造福。所以说,因得道而死,因得道而生;因得道而失败,因得道而成功。按照事物的法则办事的人,没有不成功的。没有不成功的,大功可以成就天子的权势尊严,小功容易取得将相一样的赏赐俸禄。违背事物法则而轻举妄动的,即使上有天子诸侯的权势尊严,下有猗顿、陶朱以及卜祝的富有,还会失去百姓而丧失财产。人们之所以轻易地违背事物法则而轻举妄动,是由于不懂得祸福转化的道理是如此深厚广阔。所以《老子》告诉人们说:"谁知道它的根底呢?"

十

【原文】 凡理者,方圆、短长、粗靡、坚脆之分也①,故理定而后可得道也②。故定理有存亡,有死生,有盛衰。夫物之一存一亡,乍死乍生③,初盛而后衰者,不可谓常④。唯夫与天地之剖判也俱生,至天地之消散也不死不衰者谓"常"。而常者,无攸易⑤,无定理。无定理,非在于常所,是以不可道也。圣人观其玄虚⑥。用其周行⑦,强字之曰"道"⑧,然而可论。故曰:"道之可道,非常道也。"

【注释】 ①靡:细。分:区分事物形状、性质的界限。②理定而后可得道:确定万物的区别和性质,法则,道由此而体现出来。在韩非看来,道存在于理之中,并通过确定万物法则来体现。③乍:刚刚。④常:永恒。⑤攸:所。易:变化。⑥玄虚:玄妙悠远。⑦周:普遍。⑧字:称呼。

【译文】 作为概念的理,就是指万物的方圆、短长、粗细、坚脆的区别,所以理确定以后才可能进一步获得规律。因此,确定了理才有存亡、生死和盛衰的变化。万物有存有亡,忽生忽死,先盛后衰的变化,不能叫作永恒。只有那种和天地的开辟一起产生,到天地消散仍然不死不衰的,才能叫作永恒。永恒,就是没有变化,没有定理。没有定理,不处在固定的场所,因此无法说明。圣人观察到永恒规律的玄虚,依据永恒规律的普遍作用,勉强把它命名为"道",然后才能够加以论说。所以《老子》说:"道如能说明,就不是永恒的道了。"

十一

【原文】 圣人爱精神而贵处静。不爱精神不贵处静,此甚大于兕虎之害①。夫兕虎

有域,动静有时。避其域,省其时②,则免其兕虎之害矣。民独知兕虎之有爪角也,而莫知万物之尽有爪角也,不免于万物之害。何以论之? 时雨降集,旷野间静,而以昏晨犯山川,则风露之爪角害之。事上不忠,轻犯禁令,则刑法之爪角害之。处乡不节,憎爱无度,则争斗之爪角害之。嗜欲无限,动静不节,则痤疽之爪角害之③。好用其私智而弃道、理,则网罗之爪角害之。兕虎有域,而万害有原,避其域,塞其原,则免于诸害矣。凡兵革者,所以备害也。重生者,虽入军无忿争之心;无忿争之心,则无所用救害之备。此非独谓野处之军也。圣人之游世也,无害人之心,则必无人害;无人害,则不备人。故曰:"陆行不遇兕虎。"入山不恃备以救害,故曰:"入军不备甲兵。"远诸害,故曰:"兕无所投其角,虎无所错其爪④,兵无所容其刃。"⑤不设备而必无害,天地之道、理也。体天地之道,故曰:"无死地焉。"动无死地,而谓之"善摄生"矣⑥。

【注释】 ①兕:青色野牛。②省:观察,检查。③痤:痈。疽:毒疮。④错:通"措",放置。⑤容:用。⑥摄:保养。本段引文见《老子》王弼注本第五十章。

【译文】 圣人爱惜精神而重视虚静状态。不爱惜精神,不重视虚静,比野牛猛虎的危害还要大。野牛和猛虎有一定的活动区域,动和静有一定的时间。避开它们的活动区域,观察它们的活动时间,就可以免除野牛和老虎的危害了。百姓只知道野牛和猛虎有坚爪利角,却不知道万物都有坚爪利角,就不能免遭万物的侵害。为什么这样说? 季雨降落汇集,旷野一片清静,如果在黄昏和清晨跋山涉水,风雨寒露的爪角就会侵害他。侍奉主上不忠诚,轻易违犯禁令,刑法的爪角就会侵害他。住在乡里不检点,爱憎无常,争斗的爪角就会侵害他。贪图享乐无度,行为举止不检点,毒疮的爪角就会侵害他。喜用个人智巧,背弃事理,法网的爪角就会侵害他。野牛和猛虎有它们的活动区域;各种祸害也都有它们的根源,如果避开猛兽的活动区域,堵塞祸害的根源,就可以免遭各种祸害。所有兵器盔甲都是用来防备侵害的。重视生命的人,纵然当兵也没有愤怒争斗的心思;没有愤怒争斗的心思,就无处使用避免祸害的防备措施。这不只是说处在野外的军队。圣人在世上活动,没有害人的心思,必然就没人害他;没人害他,就不用防备别人。所以《老子》说:"陆地上走路不会碰到野牛和猛虎。"进入山林不依仗防备措施来避免祸害,所以说:"加入军队不用准备兵器。"这样就可以远离各种祸害,所以说:"野牛没有地方使用它的坚角,猛虎没有地方施展它的利爪,兵器没有地方利用它的锋刃。"不采取防人措施而必然没有祸害,是自然的道理。体验自然的道理,所以说:"不会陷入死亡的境地。"活动不会接近死地,就叫作"善于养生"。

十二

【原文】 凡物之有形者,易裁也①,易割也②。何以论之? 有形,则有短长;有短长,

则有小大;有小大,则有方圆;有方圆,则有坚脆;有坚脆,则有轻重;有轻重,则有白黑。短长、大小、方圆、坚脆、轻重、白黑之谓理。理定而物易割也。故议于大庭而后言则立③,权议之士知之矣④。故欲成方圆而随其规矩,则万事之功形矣。而万物莫不有规矩,议言之士⑤,计会规矩也⑥。圣人尽随于万物之规矩,故曰:"不敢为天下先⑦。"不敢为天下先,则事无不事⑧,功无不功⑨,而议必盖世,欲无处大官,其可得乎?处大官之谓为成事长⑩。是以故曰:"不敢为天下先,故能为成事长。"⑪

【注释】　①裁:剪裁,裁断。②割:分割,分析。③大庭:朝廷。④权:权衡,衡量。⑤议言:出谋献策。⑥计会规矩:考虑如何合于规矩。计会,计算,考虑。⑦不敢为天下先:不超越万事万物之前,而是站在万事万物之后,去认识自然规律,然后按规律去办事。⑧事无不事:事情没有做不好的。第一个事为名词,第二个事做动词用。⑨功无不功:功业没有建立不了的。第一个"功"为名词。第二个"功"为建立功业,作动词用。⑩成事长:成为办事的长官。⑪这句话出自《老子》王弼注本六十七章。

【译文】　凡有形状的物体都容易裁断,容易分割。为什么这样说?有形状,就有长短;有长短,就有大小;有大小,就有方圆;有方圆,就有坚脆;有坚脆,就有轻重;有轻重,就有黑白。长短、大小、方圆、坚脆、轻重、黑白就叫作理。理确定之后,事物就容易分析和分割。所以在朝廷里议事,后发言人的主张就能够成立,善于权衡各种议论的人是懂得这点的。所以要想画成方圆而能遵循规矩,那么一切事物的功效就都显现出来了。而万物无不存在规矩,出谋献策的人,就是考虑如何合于规矩。圣人遵循一切事物的各种规矩,所以说"不敢站在天下万事万物的前面"。不敢站在天下万事万物的前面,事情就没有做不好的,功业就没有建立不起来的,而议论必定超越世人,圣人要想不处在重要职位上,这可能吗?处在重要职位上就是说成为办事的首领。因此《老子》说:"不敢站在天下万事万物的前面,所以能成为办事的首领。"

十三

【原文】　人无愚智,莫不有趋舍①。恬淡平安,莫不知祸福之所由来。得于好恶,怵于淫物②,而后变乱。所以然者,引于外物,乱于玩好也。恬淡有趋舍之义,平安知祸福之计。而今也玩好变之,外物引之;引之而往,故曰"拔"③。至圣人不然:一建其趋舍④,虽见所好之物不能引,不能引之谓"不拔";一于其情,虽有可欲之类神不为动,神不为动之谓"不脱"⑤。为人子孙者,体此道以守宗庙⑥,宗庙不灭之谓"祭祀不绝"。身以积精为德,家以资财为德,乡国天下皆以民为德。今治身而外物不能乱其精神,故曰:"修之身,其德乃真。"真者,慎之固也⑦。治家,无用之物不能动其计,则资有余,故曰:"修之家,其德有余。"治乡者行此节,则家之有余者益众,故曰:"修之乡,其德乃长。"治邦者行此节,则乡之有德者益众,故曰:"修之邦,其德乃丰。"莅天下者行此节,则民之生莫不受其泽,故曰:"修之天下,其德乃普。"修身者以此别君子小人,治乡治邦莅天下者各以此科是适观息耗⑧,则万不失一。故曰:"以身观身,以家观家,以乡观乡,以邦观邦,以天下观天下。吾奚以知天下之然也?以此。"

【注释】 ①趋舍:取舍,追求和抛弃。②怵:引诱。淫物:指珍贵的奢侈品。③拔:指经受不住引诱跟着走。《老子》五十四章(王弼注本)作"善建者不拔"。④一:专一,牢固。⑤不脱:精神不为所动。⑥宗庙:古代安置祖宗神主以供祭祀的建筑物。⑦真:精气和精神。慎:小心。固:神不外求。⑧科:条目。适观:对照着观察。息:生长。

【译文】 人们不论是愚蠢还是聪明,没有不进行取舍的。人们在清静寡欲、平和安闲的时候,没有不知道祸福从何而来的。为好恶感情所支配,为奢侈东西所诱惑,然后才引起思想变化并发生混乱。之所以如此,是因为被外界事物所引诱,被珍贵玩物所扰乱。清静寡欲就能设立取舍的准则,平和安闲就懂得恰当地计虑祸福。而现在有珍贵的玩物打动他,有外界的事物引诱他;一经引诱,他就跟着走,所以《老子》就叫它"拔"。至于圣人,就不是这样。圣人牢固地确立取舍标准,虽然看到爱好的东西,也不会被引诱;不会被引诱就叫作"不拔";圣人的性情专一,虽然存在着引起欲望的东西,精神却不为所动;精神不为所动,就叫作"不脱"。做子孙的人,体察这一道理来守护宗庙;宗庙不灭,就叫作"祭祀不绝"。身体以积累精气为德,家庭以积蓄财产为德,乡下、城里、国家都以保养民众为德。现在勤于自身修养,外界事物不能扰乱他的精神,所以《老子》说:"修养施行到自己身上,他的德就会真。"所谓真,就是守护得很牢固。治理家庭,没有用的奢侈物品不能改变他的治家原则,就会资财有余,所以《老子》说:"修养贯彻到家庭,他的德就有盈余。"治乡也实行这一原则,那有盈余的家庭就会更多,所以《老子》说:"贯彻到乡里,他的德就增长。"治理都城实行这一原则,那么乡里有德的人就会更多,所以《老子》说:"贯彻到都城,他的德就丰富。"主宰天下实行这一原则,民众的生存无不受到他的恩惠,所以《老子》说:"贯彻到天下,他的德就普及广大。"修身的人用这项原则来区别君子小人,治乡、治国以至主宰天下的人各自用这一原则来对照观察兴衰,就能够万无一失。所以《老子》说:"用自身来观察自身,用家庭来观察家庭,用乡里来观察乡里,用国家来观察国家,用天下来观察天下。我凭什么知道天下是这样的呢?用的就是这个方法。"

喻老

【题解】

"喻"是一种用具体事例说明抽象道理的方法。"老"指《老子》一书。"喻老",是韩

非用历史故事和民间传说阐发《老子》思想的哲理文章。全篇分二十二段,分别解释《老子》十二章中的若干论点,并加以引申发挥,注入新的思想。

本文所选文段一是对《老子》"罪莫大于可欲"一话的解释。所谓"可欲"就是可以引起欲望的东西,有追求虚伪美名的,有追求物质利益的,统统为欲望。天下人的欲望,不外名利二字。老子说追求欲望是罪恶,一语破的;韩非举出实例为此语作注,旨在警示世人远离贪欲。

文段二"扁鹊见蔡桓公"的故事,是为了论证老子讲的两句话是千真万确的真理,一句是"天下之难事必作于易,天下之大事必作于细";一句是"图难于其易也,为大于其细也"。千里之堤溃于一穴,百尺之室以突隙之烟焚,讲的就是慎易以避难,谨小以避灾的道理。

文段三、四中的三个故事,叔瞻劝郑君不能无礼于晋公子重耳,晋献公假道灭虢国,回军又灭虞国,箕子见纣王制作象牙筷子,都是为了解释《老子》"其安易持也,其未兆易谋也"这句话。

文段五是通过楚庄王一鸣惊人的历史故事来解释《老子》"大器晚成"这句名言的。楚庄王莅政三年不发令,不亲政,举国上下都费解。庄王自释其由,说大鸟三年不飞,为的是让羽翼丰满;不飞不鸣,为的是观察国情民风。飞必冲天,鸣必惊人。过了三年楚庄王亲自听政,废诛权臣、庸臣,起用能臣良将,刷新朝政,富国强兵,遂霸天下。楚庄王的成功,是抱法处势,巧妙用术的结果,是三者完美的结合。三年不露声色,才能由小到大,由弱到强,最后称霸诸侯。这是他依法治国的成功经验,也是韩非任势学说的有力佐证。

文段六是《喻老》中的最后一个故事,旨在解释《老子》"不贵其师,不爱其资,虽知(智慧)大迷,是谓要妙"一语。韩非举文王为例,举太公为贵师,资助费仲为爱资,所以文王成就建国大业关键就在于此。以此说明,不尊重老师,不珍惜有利条件,虽然有智慧也是糊涂人。这就是一个人成败的奥妙所在。

一

【原文】 翟人有献丰狐、玄豹之皮于晋文公①。文公受客皮而叹曰:"此以皮之美自为罪。"夫治国者以名号为罪,徐偃王是也②;以城与地为罪,虞、虢是也③。故曰:"罪莫大于可欲。"④

【注释】 ①翟:通"狄",古代北方的一个少数民族。丰:大。玄:带赤的黑色。晋文公:名重耳,献公的庶子,因受后母骊姬迫害,曾出奔到狄。又流亡至曹、卫、楚等国。后在秦穆公帮助下回国执政。②徐偃王:名诞,徐国的君主。周穆王时人,以"仁义"治国,自称得天瑞而称王,周穆王命楚国把徐国灭掉。这里是说徐偃王有仁义的美名,而且称

王,因此招来灾祸。③虞:春秋时诸侯国名。姬姓。位于今山西平陆东北。虢:春秋时诸侯国名,姬姓。位于今河南陕县。虞、虢地处晋国南边,是晋国向南扩张的必经之路。公元前655年,晋献公向虞国借道,攻灭虢国,回国后,又出兵灭掉虞国。④可欲:可以引起欲望。这句话见《老子》河上公注本四十六章。

【译文】 有个翟人把大狐、黑豹的皮进献给晋文公。文公接受客人的兽皮后感叹道:"狐豹因为皮美给自己带来了祸害。"国君因为名号而带来祸害的,徐偃王就属于这种情况;因城池与土地造成祸害的,虞、虢就属于这种情况。所以《老子》说:"罪过中没有比可以引起欲望的东西更大的了。"

二

【原文】 有形之类,大必起于小;行久之物,族必起于少①。故曰:"天下之难事必作于易②,天下之大事必作于细。"是以欲制物者于其细也。故曰:"图难于其易也,为大于其细也。"③千丈之堤,以蝼蚁之穴溃④;百尺之室,以突隙之烟焚⑤。故曰:白圭之行堤也塞其穴⑥,丈人之慎火也涂其隙⑦,是以白圭无水难,丈人无火患。此皆慎易以避难,敬细以远大者也。

扁鹊见蔡桓公⑧,立有间⑨。扁鹊曰:"君有疾在腠理⑩,不治将恐深。"桓侯曰:"寡人无疾⑪。"扁鹊出,桓侯曰:"医之好治不病以为功。"居十日,扁鹊复见曰:"君之病在肌肤,不治将益深。"桓侯不应。扁鹊出,桓侯又不悦。居十日,扁鹊复见曰:"君之病在肠胃,不治将益深。"桓侯又不应。扁鹊出,桓侯又不悦。居十日,扁鹊望桓侯而还走,桓侯故使人问之。扁鹊曰:"病在腠理,汤熨之所及也⑫;在肌肤,针石之所及也⑬;在肠胃,火齐之所及也⑭;在骨髓,司命之所属⑮,无奈何也。今在骨髓,臣是以无请也。"居五日,桓侯体痛,使人索扁鹊,已逃秦矣。桓侯遂死。故良医之治病也,攻之于腠理。此皆争之于小者也。夫事之祸福亦有腠理之地,故曰圣人蚤从事焉。

【注释】 ①族:众多。②作:起,开始。③这三句话出自《老子》王弼注本六十三章。④蝼:蝼蛄。蚁:蚂蚁。⑤突隙:烟囱的裂缝。突,烟囱。⑥白圭:战国时水利家,曾任魏惠王的相。行:巡视。⑦丈人:老年人。涂:涂塞。⑧扁鹊:战国初期名医,姓秦名越人,又称卢医,郑县(位于今河北任丘)人。蔡桓公:即蔡桓侯,名封人。⑨立有间:站了一会儿。⑩腠理:皮肤上的纹理。一说是皮与肌肉之间的白色组织。⑪寡人:君主自称。⑫汤:以药汤熏洗。熨:以药物热敷。⑬针石:针灸用的金针和石针。⑭火齐:清火去热的汤药。齐,同"剂"。⑮司命:传说主宰人类生命的神。属:管辖。

【译文】 有形状的东西,大的必定从小的发展起来;历时经久的事物,聚集起来的东西,必定从细微的开始积累起来。所以《老子》说:"天下的难事必定开始于简易,天下的

中华传世藏书——国学经典文库 子学经典——图文珍藏版

大事必定起步于微细。"因此要想控制事物,就要从微细处着手。所以《老子》说:"解决难题要从易处人手,想干大事要从小处开始。"千丈之堤,因为蝼蚁营窟而导致溃决;百尺高屋,因为烟囱漏火而导致焚毁。所以说:白圭巡视长堤时堵塞小洞,老人谨防跑火而涂封缝隙,因此白圭没有水害,老人没有火灾。这些都是谨慎地对待容易处理的事来避免大灾大难的事发生,郑重地对待细小的漏洞以避免大祸临头。

扁鹊拜见蔡桓公,站了一会儿,扁鹊说:"您有病在表皮上,不治怕会加深。"桓侯说:"我没有病。"扁鹊走后,桓侯说:"医生喜欢医治没病的人来作为自己的功劳。"过了十天,扁鹊又拜见桓侯说:"您的病到肌肤了,不治就会进一步加重。"桓侯不理睬。扁鹊走了,桓侯表示不高兴。过了十天,扁鹊又拜见桓侯说:"您的病到了肠胃,不治会更加厉害。"桓侯还是不予理睬。扁鹊走了,桓侯还是表示不高兴。过了十天,扁鹊看见桓侯转身就跑,桓侯特意派人问他。扁鹊说:"病在表皮,药物熏敷可以治好;在肌肤,针灸可以治好;在肠胃,清热的汤药可以治好;在骨髓,属于主宰生命之神管辖的范围,我就没有办法了。现在君主病入骨髓,因此我就不再求见说什么了。"过了五天,桓侯全身疼痛,派人找扁鹊,扁鹊已逃往秦国了。于是桓侯病死。所以良医治病,趁它还在表皮就加以治疗,这都是为了抢在事情细小的时候及早处理。事情的祸福也有微见萌芽的时候,所以说圣人能够及早加以处理。

三

【原文】 昔晋公子重耳出亡①,过郑,郑君不礼②。叔瞻谏曰③:"此贤公子也,君厚待之,可以积德。"郑君不听。叔瞻又谏曰:"不厚待之,不若杀之,无令有后患。"郑君又不听。及公子返晋邦,举兵伐郑,大破之,取八城焉。晋献公以垂棘之璧假道于虞而伐虢④,大夫宫之奇谏曰⑤:"不可。唇亡而齿寒,虞、虢相救,非相德也。今日晋灭虢,明日虞必随之亡。"虞君不听,受其璧而假之道。晋已取虢,还反灭虞。此二臣者,皆争于腠理者也⑥,而二君不用也。然则叔瞻、宫之奇亦虞、郑之扁鹊也,而二君不听,故郑以破,虞以亡。故曰:"其安易持也,其未兆易谋也。"⑦

【注释】 ①重耳出亡:重耳被迫奔狄以后,因受晋惠公迫害,又流亡到齐、秦等国,最后在秦穆公帮助下,回国为君。重耳,晋文公名。②郑君:指郑文公,名捷。③叔瞻:人名,郑国的大夫。④晋献公:春秋时晋君,名佹诸。重耳之父。公元前661~前651年在位。垂棘:春秋时晋地,以出美玉著称。璧:美玉的通称。虞:古国名。姬姓。周武王时立国。开国之君为古公亶父之子虞仲,国址在今山西平陆北。虢:古国名。姬姓。在今河南陕县。⑤宫之奇:春秋时虞国大夫。"辅车相依,唇亡齿寒"就是他劝谏虞君的名言。⑥争于腠理:指注重治疗皮肤上一类的小毛病。⑦这句话出自《老子》王弼注本六十四

中华传世藏书

国学经典文库 韩非子

图文珍藏版

章。

晋文公像

【译文】 从前晋公子重耳出外流亡,路经郑国,郑国君主不以礼相待。叔瞻劝说道:"这是贤明的公子,您好好待他,可以积德。"郑君不听从。叔瞻又劝说道:"不好好待他,还不如杀了他,不要让他日后给我们带来祸患。"郑君又不听从。等到重耳返回晋国,起兵伐郑,大败郑国,夺取了郑国的八座城。晋献公用垂棘的宝玉相赠来向虞国借路去攻打虢国,大夫宫之奇劝说道:"不可借路。唇亡而齿寒,虞、虢互相救援,并不是在互相施恩。今天晋灭虢,明天虞必定会跟着灭亡。"虞君不听,接受晋国宝玉,借给晋军道路。晋攻取虢,回国后,又出兵灭了虞。这两位臣子都抢在祸害刚露苗头时就想出了办法,但两位君主却不采纳,所以郑国因此战败了,虞国因此灭亡了。所以《老子》说:"事情安定时容易维持,事情未露苗头时容易想法处理。"

四

【原文】 昔者纣为象箸而箕子怖①,以为象箸必不加于土铏②,必将犀玉之杯;象箸玉杯必不羹菽藿③,则必旄、象、豹胎④;旄、象、豹胎必不衣短褐而食于茅屋之下⑤,则锦衣九重⑥,广室高台⑦。吾畏其卒,故怖其始。居五年,纣为肉圃⑧,设炮烙⑨,登糟丘⑩,临酒池⑪,纣遂以亡。故箕子见象箸以知天下之祸。故曰:"见小曰明。"⑫

【注释】 ①纣:指商纣,商朝最后一个王。为:制作。象箸:象牙筷子。箕子:纣王的叔父,官为太师。怖:害怕,担忧。②土铏:盛汤的陶制器皿。③菽:豆类植物。藿:豆叶。④旄、象、豹胎:旄、象、豹未出生的幼体,指难得的精美食物。旄,牦牛。⑤衣:穿衣,名词用作动词。短褐:粗毛布做的短衣。⑥锦衣:用华美的丝织品做的衣服。九重:九层,形容穿的锦衣套数多,表示阔气。⑦台:土筑成的高台、高建筑物,供观望游乐用。⑧肉圃:即肉林,悬挂大量肉类的地方。⑨炮烙:本作"炮格",烤肉用的铜格,又用作杀人的刑具。⑩糟丘:酒糟堆积而成的小山。⑪酒池:盛酒的池子。⑫这句话出自《老子》王弼注本五十二章。

【译文】 从前商纣制作了象牙筷子,箕子非常担忧,认为象牙筷子一定不会配合着陶制器皿使用,一定会配合使用犀牛角杯或玉杯;象牙筷玉杯一定不会用于吃豆类叶子熬的浓汤,一定要去吃牦牛、大象、豹子的胎儿;吃牦牛、大象、豹子的胎儿就一定不会穿粗布短衣,不会在茅屋下面食用,就一定要穿多层的织锦衣服,住上宽敞房屋和在高台上

游乐。箕子害怕后果严重,所以深为这样的开端担忧。过了五年,商纣摆设肉林,建炮烙之刑,登上酒糟山,俯临美酒池,因而丧身。因此箕子看见象牙筷子就预感到了天下的祸害。所以《老子》说:"能够看到事物的萌芽状态,就叫作明智。"

五

【原文】 楚庄王莅政三年①,无令发,无政为也。右司马御座而与王隐曰②:"有鸟止南方之阜③,三年不翅,不飞不鸣,嘿然无声④,此为何名?"王曰:"三年不翅,将以长羽翼;不飞不鸣,将以观民则⑤。虽无飞,飞必冲天;虽无鸣,鸣必惊人。子释之,不榖知之矣⑥。"处半年,乃自听政。所废者十,所起者九,诛大臣五,举处士六⑦,而邦大治。举兵诛齐,败之徐州⑧,胜晋于河雍⑨,合诸侯于宋⑩,遂霸天下。庄王不为小害善,故有大名;不蚤见示,故有大功。故曰:"大器晚成,大音希声。"⑪

【注释】 ①楚庄王:名侣,春秋五霸之一。公元前613~前591年在位。莅政:临政,即执政。莅,到,临。②右司马:楚国官名,主管军政。御座:侍座,侍候在旁。隐:隐语,用谜语的方式暗示。③止:居住,栖息。阜:土丘。④嘿:同"默",沉默。⑤民则:民众的态度。⑥不榖:不善,古代君主自称的谦辞。⑦处士:没有做官的读书人。⑧徐州:同"舒州",由原薛邑改名。舒州,位于今山东省滕县东南。⑨河雍:古地名,又作衡雍。在今河南原阳西南。⑩宋:古国名。周初分封的诸侯国之一。子姓。领地有今河南、山东、江苏、安徽之间地带。⑪希:听而不闻的声音。这句引文见《老子》王弼注本四十一章。

【译文】 楚庄王执政三年,没有发布过命令,没有处理过政事。右司马侍座,用隐语对庄王说:"一只鸟,落在南山上,三年不展翅,不飞不鸣,默然无声,大王说是什么鸟?"庄王说:"三年不展翅,用来长羽翼;不飞不鸣,用来观察民风。虽然没起飞,一飞必冲天;虽然没鸣叫,一鸣必惊人。您别管了吧,我已经知道了。"过了半年,庄王就亲自处理政事。废掉大臣十人,起用提拔大臣五人,诛杀了五个大臣,进用了六个处士,结果把国家治理得非常好。起兵伐齐,在徐州打败了齐国,在河雍战胜了晋军,在宋地会合诸侯,于是称霸天下。庄王不让小事妨碍自己的长处,所以能有大名;不过早表露意图,因而能有大功。所以《老子》说:"贵重的器物制作费时,因此晚成;宏大的声音需要聚集才能发出,故而稀声。"

六

【原文】 周有玉版①,纣令胶鬲索之②,文王不予③;费仲来求④,因予之。是胶鬲贤而费仲无道也。周恶贤者之得志也⑤,故予费仲。文王举太公于渭滨者,贵之也;而资费仲玉版者,是爱之也⑥。故曰:"不贵其师,不爱其资,虽知大迷,是谓要妙⑦。"

【注释】 ①玉版:用玉做的刻有文字的版片。②胶鬲:人名,商纣王的忠臣。索:索取。③文王:指周文王姬昌。④费仲:商纣王宠信的臣子,善于阿谀逢迎。⑤恶:讨厌,憎恨。⑥"文王"四句:文王在渭水边提拔了太公,是尊重他;而把玉版提供给费仲,则是看中他能败坏纣王的朝政。太公,指太公望,即姜尚,一名吕尚,长于军事谋略,曾帮助周武王灭商,受封于齐。太公是对他的尊称。渭,渭水,在今陕西境内。滨,水边。

⑦"不贵其师"四句:这句话出自《老子》王弼注本二十七章。知,同"智"。迷,迷惑,糊涂。要妙,奥妙。

【译文】 周人拥有一块玉版,殷纣王派胶鬲前去索取,文王不给他;费仲前去索求,文王就给了。这是因为胶鬲贤达而费仲太荒唐无德。周人讨厌贤人在殷朝得志,所以给了费仲。周文王在渭水边提拔了太公,那是尊重他;而把玉版提供给费仲,却是看中他得志后可以扰乱殷纣。所以《老子》说:"假如不尊重他的老师,不爱惜可资利用的条件,尽管聪明,终是让人太糊涂,这就叫作奥妙。"

说林上

【题解】

"说",指民间传说和历史故事;"林",比喻数量众多,有聚集在一起之意。"说林"指传说故事汇编,共汇集七十一则传说故事,分上下篇,上篇三十四则,下篇三十七则。这些故事和传说,有的是韩非从史说中摘录的,有的是他加工改编的,其中有的故事还加有他的评语。

本文所选文段讲老马识途、掘蚁壤而得水的故事,意在说明人应借助客观力量来服务自己的道理。人的认识能力有限,而事理是无穷尽的。要想越过眼前障碍,就需要向客观事物学习,探求未知事理,这才是真正的智者。凭这种精神就可以不断战胜自己,超越障碍。

【原文】 管仲、隰朋从桓公伐孤竹①,春往冬反②,迷惑失道。管仲曰:"老马之智可用也。"乃放老马而随之,遂得道。行山中无水,隰朋曰:"蚁冬居山之阳,夏居山之阴。蚁壤一寸而仞有水③。"乃掘地,遂得水。以管仲之圣而隰朋之智,至其所不知,不难师于老马与蚁。今人不知以其愚心而师圣人之智,不亦过乎?

【注释】 ①管仲:名夷吾,春秋时齐桓公的相。隰朋:人名。齐桓公的左相。从:跟随。孤竹:古代国名,位于今河北卢龙到辽宁朝阳一带。②反:同"返"。③仞:古代高度计算单位,八尺为一仞。

【译文】 管仲、隰朋跟随齐桓公攻打孤竹国,春去冬来,在返回的途中迷失了道路。

管仲说:"老马的智慧可以利用啊!"于是便放开老马在前头带路,大家跟在后头走,终于找到了路。在山里行走时,人马都喝不到水,隰朋说:"蚂蚁冬天时住在山的南面,夏天时住在山的北面。蚂蚁穴口上的浮土高一寸,下面八尺深的地方就会有水。"于是掘地,结果找到了水。凭管仲的智慧和隰朋的聪明,碰到他们不知道的,不惜向老马和蚂蚁学习。现在的人不知道用他们的愚蠢之心去向圣人的智慧学习,不是错了吗?

说林下

【题解】

本文所选文段讲的是爱信誉胜于爱鼎的故事。齐国向鲁国索要鼎,鲁君准备拿赝品送给齐国,宁失信誉也不失鼎。乐正子春主张把真鼎拿出来送人,爱信誉胜于爱鼎。人无信不立,鲁君爱物不爱信誉,首先失掉了人格,有何资格做一国之君?即使做了国君,又如何取信于民?可以断定,此君必不能以法治国;不能以法治国,势必主辱国破。

【原文】

齐伐鲁,索谗鼎[1],鲁以其雁往[2]。齐人曰:"雁也。"鲁人曰:"真也。"齐曰:"使乐正子春来[3],吾将听子[4]。"鲁君请乐正子春,乐正子春曰:"胡不以其真往也[5]?"君曰:"我爱之。"答曰:"臣亦爱臣之信。"

【注释】

①谗鼎:鼎名。②雁:同"赝",假的。③乐正子春:春秋时鲁国人,以官为姓,曾参的门徒。④子:你,指送鼎的鲁国人。⑤胡:何,为什么。

【译文】

齐国讨伐鲁国,索要谗鼎,鲁国就把赝品送去了。齐人说:"这是赝品。"鲁人说:"是真的。"齐人说:"叫乐正子春来证明,我就相信你。"鲁君请来乐正子春,乐正子春说:"为什么不把真的送去?"鲁君说:"我喜爱谗鼎。"乐正子春回答说:"我也爱惜我的信誉。"

观行

【题解】

"观行",就是观察自己和他人的行为。韩非认为,人的智慧和才能各有其局限,明主要知道自己的长处和短处,"以有余补不足",严格要求自己;对于他人不能苛求超出客观可能,应以法术为标准,"因可势,求易道",顺应客观形势,找出容易成功的法则,便可能"用力寡而功名立"。

本文的中心思想是讲明君应当懂得"尺有所短""寸有所长""以有余补不足"的道理,才能正确认识自己,正确对待别人。人能观星宿,却看不到自己的睫毛、面孔。所以古人

发明镜子，来解决看不到自己面孔的问题。尧、舜没有众人辅助，也不能建立大功。大力士乌获得不到别人帮助，也不能举起自己。人要知道自己的行为是否正确，须要把事物发展的规律作为标准来衡量；君主不强迫别人做自己办不到的事情，又能做到以人之长，补己之短，善于利用客观条件和规律来治国，就可以功成名就。用最省的力、最简易的办法，取得最好效果，办到自己所办不到的事情，这也就是超越了自我。

【原文】　古之人目短于自见，故以镜观面；智短于自知，故以道正己。故镜无见疵之罪，道无明过之怨。目失镜，则无以正须眉；身失道，则无以知迷惑。西门豹之性急①，故佩韦以缓己②；董安于之心缓③，故佩弦以自急。故以有余补不足，以长续短之谓明主。

天下有信数三④：一曰智有所不能立，二曰力有所不能举，三曰强有所不能胜。故虽有尧之智而无众人之助，大功不立；有乌获之劲而不得人助⑤，不能自举；有贲、育之强而无法术⑥，不得长胜。故势有不可得，事有不可成。故乌获轻千钧而重其身⑦，非其身重于千钧也，势不便也。离朱易百步而难眉睫⑧，非百步近而眉睫远也，道不可也。故明主不穷乌获以其不能自举；不困离朱以其不能自见。因可势，求易道，故用力寡而功名立。时有满虚，事有利害，物有生死，人主为三者发喜怒之色，则金石之士离心焉⑨。圣贤之朴深矣⑩。故明主观人，不使人观己。明于尧不能独成，乌获不能自举，贲、育之不能自胜，以法术则观行之道毕矣。

【注释】　①西门豹：战国初期魏国人，魏文侯时任邺县令时，曾引河水灌田，革除河伯娶妇的陋习。②韦：熟皮子。这里指熟皮带子。③董安于：又作"董阏于"，春秋时晋国赵简子的家臣，以计谋出名。④信数：必然的道理。⑤乌获：战国时秦武王的大力士。⑥贲、育：指孟贲和夏育，两人都是卫国人，战国时著名勇士。⑦钧：古代重量单位，三十斤为一钧。⑧离朱：又作"离娄"，传说他是黄帝时人，视力极好，能看清百步以外毫毛的尖端。⑨金石：比喻忠贞。⑩朴：道术，此指法术。

【译文】　古代的人因为眼睛缺少自见的能力，所以用镜子来观察面容；因为智慧缺少自知的能力，所以用道来端正自己。所以镜子没有显现瑕疵的罪责，道没有招来显露过失的怨恨。眼睛失去镜子，就没有办法用来整饰胡须和眉毛；人离开道，就没有办法用来辨别是非。西门豹的性情急，所以他佩带柔软的熟皮带子，以便提醒自己应该从容沉着；董安于的性情慢，所以他佩带绷紧的弓弦，以便提醒自己应该明快敏捷。所以能够以有余补不足，以长补短，这才能称作明主。

天下有三种必然的道理：一是智慧虽高，也有办不成的事情；二是力气虽大，也有举不起的东西；三是实力虽强，也有打不赢的对手。所以即使有尧那样的智慧，如果没有众人的辅助，也不能建立大功；有乌获那样大的力气，如果得不到别人的帮助，也不能自己举起自己；有孟贲、夏育那样的勇猛，如果没有法术做指导，也不能永远取胜。所以客观

条件总有不能得到的时候,各种事情总有不能办成的时候。乌获以千钧的东西为轻,而以自身的重量为重,并不是他的身体比千钧还重,而是客观条件不够。离朱易于看清百步之外的毫毛,却难以看到自己的眉睫,并非百步近而眉睫远,而是条件不允许。所以明君不因乌获不能自举而为难他;不因离朱不能自见而刁难他。顺应可获成功的形势,寻找容易取胜的条件,所以用力少而功名成。季节有盛有衰,事情有利有害,万物有生有死,君主对这三种变化表现出喜怒之色,那么忠贞人士就会离心离德,聪明的人就会摸到君主底细了。所以明君观察别人,而不让别人观察自己。明白唐尧不能单独成功,乌获不能举起自己,孟贲、夏育不能胜过自我,运用法术,则观察臣下行为的道理就尽在其中了。

功名

【题解】

《功名》是论述权势的文章,是阐述君主如何立功成名的献策。文章认为,君主要立功成名,必须具备四个条件:顺天时、得人心、运用技能、高居势位。其中对势位进行了重点分析,指出势由位生,只有处于君位,才能握有权势。权势首先是君主对臣下的支配权,对举国的发号施令权。君主必须得到臣下的支持与服从,"臣主同欲而异使","尊主御忠臣,则长乐生而功名成"。这种借助势位而建立功名的思想,就是对势治学说的发展。

势的提出,对治理国家、巩固君权具有重大意义。势既生于位高,那么君权具有至高无上尊严。反之,失势就意味着丢掉君主的位置和权势。君主只是位势高,未必比臣子贤能,不屑者可以得势而控制贤者。就像孔子向鲁哀公称臣一样。对于统治者来说,加强臣权,巩固权势,就必须牢牢抓住"任势"这个纲。然而权势也不是万能的,有权势,不顺天时,不得人心,君主也是孤家寡人。所以文章指出,"位不载于世,则功不立,名不遂","人主之患在莫之应"。所以说,"人主者,天下一力以共载之,故安;众同心以共立之,故尊"。这与"水能载舟,亦能覆舟"无疑是同出一辙。

【原文】　明君之所以立功成名者四:一曰天时,二曰人心,三曰技能,四曰势位。非天时,虽十尧不能冬生一穗;逆人心,虽贲、育不能尽人力。故得天时,则不务而自生;得人心,则不趣而自劝①;因技能,则不急而自疾②;得势位,则不推进而名成。若水之流,若船之浮。守自然之道,行毋穷之令,故曰明主。

夫有材而无势,虽贤不能制不肖。故立尺材于高山之上,则临千仞之溪,材非长也,位高也。桀为天子,能制天下,非贤也,势重也;尧为匹夫,不能正三家,非不肖也,位卑

271

也。千钧得船则浮，锱铢失船则沉③，非千钧轻而锱铢重也，有势之与无势也。故短之临高也以位，不肖之制贤也以势。人主者，天下一力以共载之，故安；众同心以共立之，故尊。人臣守所长，尽所能，故忠。以尊主御忠臣④，则长乐生而功名成。名实相持而成，形影相应而立，故臣主同欲而异使。人主之患在莫之应，故曰：一手独拍，虽疾无声。人臣之忧在不得一，故曰：右手画圆，左手画方，不能两成。故曰：至治之国，君若枹⑤，臣若鼓，技若车，事若马。故人有余力易于应，而技有余巧便于事。立功者不足于力，亲近者不足于信，成名者不足于势，近者不亲，而远者不结，则名不称实者也。圣人德若尧、舜，行若伯夷⑥，而位不载于世，则功不立，名不遂。故古之能致功名者，众人助之以力，近者结之以成⑦，远者誉之以名，尊者载之以势。如此，故太山之功长立于国家⑧，而日月之名久著于天地。此尧之所以南面而守名⑨，舜之所以北面而效功也⑩。

【注释】 ①趣：督促。劝：勉励。②疾：迅速。③锱铢：都是古代重量计算单位，六铢为一锱，四锱为一两，这里指很轻的东西。④御：驾驭，使用。⑤枹：鼓槌。⑥伯夷：商朝末年孤竹国君主的长子，因推让君位而逃走，后又反对周武王伐商，商被灭后，不食周粟而死。被誉为品德高尚的人。⑦成：通"诚"，真心。⑧太山：即泰山。⑨南面：古代君主临朝时面南而坐。这里指处在君位。守名：保持住名位。⑩北面：指处在臣位。效：献。

【译文】 开明君主立功成名的条件有四个：一是天时，二是人心，三是技能，四是权势地位。不顺天时，即使十个尧也不能让庄稼在冬天里结成一个穗子；违背人心，即使孟贲、夏育也不能让人们多出力气。顺应了天时，即使不很费力，庄稼也会自然生长；得人心，就是不用督促，民众也能自我勉励；凭借技能，即便不急于求成，事情也会很快完成；得到了势位，即使不追求，名声也会大振。好像水的流动，好像船的飘浮，把握自然规律，推行畅通无阻的法令，所以称为明君。

有才能而没有权势，即使是贤人，也不能制服不肖的人。所以在高山上树立一尺长的木头，就能俯临万丈深的峡谷，木头并不长，而是位置高。夏桀作为天子，能控制天下，不是因为他贤，而是因为他权势重；尧作为普通人，不能管理好三户人家，不是因为他不贤，而是因为他地位卑贱。千钧重物依靠船就能浮起来，锱铢轻物没有船就沉下去；不是因为千钧轻而锱铢重，而是因为有没有依靠船的浮力这种势。所以短木居高临下凭借的是位置，不才者制服贤人凭借的是权势。做君主的，天下合力来共同拥戴他，所以地位稳定；天下齐心来共同推举他，所以身价尊贵。臣下发挥特长，竭尽所能，这就叫忠诚。用尊贵的君主驾驭忠诚的臣子，就会出现长治久安的局面，功业和名望就会建立。名、实相依赖而成立，形、影相对应而出现，所以君臣愿望相同而各自要做的事情不同。君主的祸患在于没有人响应，一只手单独来拍，虽然速度很快，但发不出声音来。臣子的忧患在于不能专职，右手画圆的，左手画方的，不能同时成功。治理得最好的国家，君主如同鼓槌，

臣子如同鼓,技能如同车,职位如同马。所以君主有余力臣民容易响应召唤,技巧高超容易办成事情。建立功业的人力量不够,亲近的人忠诚不够,成就名望的人权势不够,贴身的人不贴心,远方的人不结交,那就是名不副实了。圣人的道德如同尧、舜,行为如同伯夷,但势位不为世人所拥护,就会功不成,名不正。所以古代能够成就功名的人,众人用力帮助他,身边的人真心结交他,远处的人用美名赞誉他,位尊的人靠权势托起他,正因如此,所以君主的丰功伟绩就如同泰山一样长期在国家建立,君主的盛名威望就如同日月一样在天地之间永放光芒。这就是尧所以能南面称王而保持名位,舜所以要北面称臣而献功效忠的原因。

内储说上七术

【题解】

《储说》是韩非汇集和储存大量历史故事和民间传说,用以阐述自己法治观点的短篇文集,共分内储说和外储说两大类。《内储说》分上下两部分,每篇先提出论点,后举例说明。论点称"经",举例称"说"。"经"文简练,只讲观点,不述故事情节;"说"文专述故事,经说配合,前后呼应,类似儒家经典中的经传体。《内储说》上篇名"七术",下篇名"六微",讲述君主驾驭臣下的方法和手段,以及观察臣下六种隐藏行为的措施。显然这些都是为君主提供统治经验的说教,是察奸、防奸、惩奸的统治术,其中不乏诡诈手段,尔虞我诈、弄权施术的面目暴露无遗。当然其中也包含了依法治国的可贵思想,值得我们从中取其精华。

所选文段一意在说明举国唯权臣之言是听,众口一词,国家就"不免于乱"。这种广开言路的思想是治国良策。

文段二讲述张仪与惠子关于和、战之争,是为了阐述"一国人都赞成未必靠得住"这样一个真理。惠施用严密的逻辑推理说明君主已经被一半人的假话所蒙蔽。

文段三讲叔孙豹死于谗言的故事,说明有术与无术有着截然相反的两种后果:有术,权倾朝野;无术,却被家奴所杀。

文段四是典故"三人言而成虎"的原始出处。

文段五讲子产主张以威严止乱,这是韩非严刑可以禁奸止乱的一贯主张。他认为治家、治国都必须严,只有严才是爱。严并不是滥杀滥罚,而是让人们不敢再去犯法,正像人们不敢往火里跳一样。严并不是目的,子产讲,宽是设下的陷阱,本来可以不死,看到宽刑而侥幸走险,最后走向死亡。

文段六中,越王勾践的驭下之术、教战之法有二:一是精神上鼓舞士气,二是实物上

的赏罚。他懂得民气可用，便向怒蛙敬礼，以示尊重勇士，于是有人受到鼓舞便自到献头表示效忠之意。又设重赏，以水、火试其有无必死决心，结果民众纷纷赴汤蹈火，以求重赏。据史书记载，吴、越交战，越王勾践组织百人敢死战士，冲锋陷阵，冲到敌阵前，百人全部剖腹自杀，十分壮烈，招致吴军阵势一片哗然大乱，经越军一冲，全军溃散。这就是以术治军的效应。

文段七中，是典故"滥竽充数"的原始出处。这个典故几乎家喻户晓，但是人们万口一词，批判这个滥竽充数的骗子，说他不学无术，骗吃骗喝，可以在三百人合吹的演奏中蒙混过关，而逐个演奏时，便原形毕露了。骗子固然可恶，当所指斥。但是，韩非的用意重点是批判君主驭臣乏术，才让骗子有机可乘。这个故事是韩非让君主们善用驭臣之术，要考察每个人的能力和尽职尽责的效率，避免只知汇聚群言，要运用"一一听之"的听言方法。

一

【原文】 鲁哀公问于孔子曰①："鄙谚曰②：'莫众而迷。'今寡人举事，与群臣虑之，而国愈乱，其故何也？"孔子对曰："明主之问臣，一人知之，一人不知也；如是者，明主在上，群臣直议于下。今群臣无不一辞同轨乎季孙者③，举鲁国尽化为一④，君虽问境内之人，犹不免于乱也。"

【注释】 ①鲁哀公：名蒋，春秋末期鲁国君主，公元前494～前467年在位。②鄙谚：民间谚语。③一辞同轨：同一个口径说话，一个模子办事。乎：于。季孙：指季康子，名肥，春秋末期鲁国执政的卿。④举：全。尽化为一：指全国人同季孙氏一鼻孔出气。

【译文】 鲁哀公问孔子说："民间俗语说：'没有众人合计就会迷乱。'现在我办事和群臣一起谋划，但国家却越来越乱了，原因是什么呢？"孔子回答说："明君有事问臣下，有人知道，有人不知道；像这样的话，明君在上，群臣就可以在下面直率地议论。现在群臣没有不和季孙统一口径的，全鲁国都变成了一个人，您即使问遍境内百姓，仍然不免于乱。"

二

【原文】 张仪欲以秦、韩与魏之势伐齐、荆①，而惠施欲以齐、荆偃兵②。二人争之。群臣左右皆为张子言，而以攻齐、荆为利，而莫为惠子言。王果听张子，而以惠子言为不可。攻齐、荆事已定，惠子入见。王言曰："先生毋言矣。攻齐、荆之事果利矣，一国尽以为然。"惠子因说："不可不察也。夫齐、荆之事也诚利，一国尽以为利，是何智者之众也？攻齐、荆之事诚不可利，一国尽以为利，何愚者之众也？凡谋者，疑也。疑也者，诚疑以为

可者半,以为不可者半。今一国尽以为可,是王亡半也。劫主者,固亡其半者也。"

【注释】　①张仪:战国时魏国人,纵横家中连横派的代表人物,曾任秦惠王相,后在魏国任相。与:交好。荆:即楚。②惠施:人名,战国时宋国人,曾任魏惠王相,名家的代表人物。以:与。偃兵:罢兵不战。

【译文】　张仪想凭秦、韩和魏交好的势力去征伐齐、楚,惠施想与齐、楚罢兵言和。两人争执不下。群臣近侍都帮张仪说话,认为攻打齐、楚有利,而没有人帮惠施讲话。魏王果真听从了张仪的主张,而认为惠施的主张不可行。攻打齐、楚的事已经确定之后,惠子进见魏王。魏王说:

张仪像

"您不要说了。攻打齐、楚的事情确实有利,全国都这样认为。"惠施趁机进言:"这种情况不能不明察。如果攻打齐、楚这件事确实有利,全国都认为有利,聪明的人怎么会这么多啊!如果攻打齐、楚这件事确实不利,全国都认为有利,愚蠢的人怎么会这么多啊!凡要谋划,是因为有疑。有疑的事,如果确实是疑惑不定的,那么就会有一半人认为可行,一半人认为不可行。现在全国都认为可行,这是大王失去了一半人的意见。被挟持的君主也正是失去了半数意见的君主啊!"

三

【原文】　叔孙相鲁①,贵而主断。其所爱者曰竖牛②,亦擅用叔孙之令。叔孙有子曰壬③,竖牛妒而欲杀之,因与壬游于鲁君所。鲁君赐之玉环,壬拜受之而不敢佩,使竖牛请之叔孙。竖牛欺之曰:"吾已为尔请矣,使尔佩之。"壬因佩之。竖牛因谓叔孙:"何不见壬于君乎?"叔孙曰:"孺子何足见也④。"竖牛曰:"壬固已数见于君矣⑤。君赐之玉环,壬已佩之矣。"叔孙召壬见之,而果佩之,叔孙怒而杀壬。壬兄曰丙⑥,竖牛又妒而欲杀之。叔孙为丙铸钟,钟成,丙不敢击,使竖牛请之叔孙。竖牛不为请,又欺之曰:"吾已为尔请之矣,使尔击之。"丙因击之。叔孙闻之曰:"丙不请而擅击钟。"怒而逐之。丙出走齐⑦。居一年,竖牛为谢叔孙,叔孙使竖牛召之,又不召而报之曰:"吾已召之矣,丙怒甚,不肯来。"叔孙大怒,使人杀之。二子已死,叔孙有病,竖牛因独养之而去左右,不内人⑧,曰:"叔孙不欲闻人声。"不食而饿杀。叔孙已死,竖牛因不发丧也,徙其府库重宝空之而奔齐。夫听所信之言而子父为人僇⑨,此不参之患也。

【注释】　①叔孙:指叔孙豹,春秋后期鲁国执政的三大贵族之一。②竖牛:叔孙氏的侍仆,名牛。竖,年轻的奴仆。③壬:即仲壬,叔孙豹的次子。④孺子:孩子。足:值得,够

得上。⑤固：其实。数：屡次，多次。⑥丙：即孟丙，叔孙豹的长子。⑦丙出走齐：孟丙逃往齐国。《左传》昭公四年记此事，佩环被逐的是仲壬，击钟被杀的是孟丙，和韩非记载不同。⑧不内人：不让人进去。内，同"纳"。⑨僇：通"戮"，杀。

【译文】　叔孙豹在鲁国做宰相，禄位高而又专权独断。他最喜爱的一个侍仆叫竖牛，这个人也常常擅自盗用叔孙豹的名义发号施令。叔孙豹有个儿子叫仲壬，竖牛嫉妒他，还想杀害他，于是故意带仲壬到国君那里去玩。国君送给仲壬一个玉环，仲壬谢纳玉环，但不敢佩带，便让竖牛向叔孙豹请求允许他佩带。竖牛欺骗仲壬说："我已经替你请求了，他老人家允许你佩带玉环。"仲壬便把玉环佩带在身上。接着竖牛就对叔孙豹说："您为什么不让仲壬去拜见君主呢？"叔孙豹说："小孩子有什么值得引见呢？"竖牛说："仲壬原来已经多次拜见过君主。君主送给他一个玉环，仲壬已经佩带在身。"叔孙豹派人把仲壬唤来，看见仲壬果然佩着玉环。叔孙豹勃然大怒，立即杀了仲壬。仲壬的哥哥叫孟丙，竖牛也嫉妒他，也想杀害他。叔孙豹为孟丙铸了一口大钟，铸成后孟丙不敢敲击，让竖牛向叔孙豹请求允许他敲击。竖牛没有替他请求，又欺骗他说："我已经替你请求过了，他老人家允许你敲击大钟。"孟丙便敲击起大钟。叔孙豹听到钟声后说："孟丙不请示就擅自敲钟。"就愤怒地把他赶走了。孟丙出逃到了齐国。一年后，竖牛假装替孟丙向叔孙豹谢罪，叔孙豹就让竖牛召孟丙，竖牛没去召人，却报告叔孙豹说："我已召过他了，孟丙很恼怒，不肯来。"叔孙豹十分愤怒，派人杀了孟丙。两个儿子已死，叔孙豹患病，竖牛就独自侍养他，把近侍们支开，不让人进入，说"叔孙不想听见人声"。竖牛不给叔孙豹东西吃，活活把他饿死了。叔孙豹已死，而竖牛并不发讣告，把叔孙豹财库里的贵重珍宝搬迁一空，然后逃往齐国。自己一味偏信别人的话，结果父子都被人杀了，这就是不加验证的祸患。

四

【原文】　庞恭与太子质于邯郸①，谓魏王曰："今一人言市有虎，王信之乎？"曰："不信。""二人言市有虎，王信之乎？"曰："不信。""三人言市有虎，王信之乎？"王曰："寡人信之。"庞恭曰："夫市之无虎也明矣，然而三人言而成虎。今邯郸之去魏也远于市②，议臣者过于三人，愿王察之。"庞恭从邯郸反③，竟不得见。

【注释】　①庞恭：人名。质：抵押。这里指在其他诸侯国充做人质。邯郸：赵国的都城，位于今河北邯郸西南。②去：距离，离开。③反：同"返"。

【译文】　庞恭陪太子到赵都邯郸做人质。庞恭对魏王说："如今有一个人说集市上有老虎，大王相信吗？"魏王说："不相信。""两个人说集市上有老虎，大王相信吗？"魏王说："不相信。""三个人说集市上有老虎，大王相信吗？"魏王说："我相信了。"庞恭说："集

市上没有老虎是很清楚的,但是三个人的言论就造出了一只老虎。现在邯郸离魏国比这儿离集市远得多,妄议我的人也比三个人多,希望大王明察真情。"庞恭从邯郸回来后,最终还是没能见到魏王。

五

【原文】 子产相郑①,病将死,谓游吉曰②:"我死后,子必用郑③,必以严莅人④。夫火形严,故人鲜灼⑤;水形懦,人多溺。子必严子之形⑥,无令溺子之懦⑦。"子产死,游吉不肯严形,郑少年相率为盗⑧,处于蕚泽⑨,将遂以为郑祸。游吉率车骑与战,一日一夜,仅能克之。游吉喟然叹曰:"吾蚤行夫子之教⑩,必不悔至于此矣!"

【注释】 ①子产:即公孙侨,春秋时郑国执政的卿。②游吉:即子太叔,继子产执政的大臣。③子:您。用郑:用事于郑,即在郑国执政。④以严莅人:用威严治理民众。莅,临。⑤鲜:少。灼:烧伤。⑥形:通"刑"。⑦溺子之懦:柔弱却能淹死人的水。比喻治国软弱,就会因轻易犯法而被处死。⑧少年:古代不满三十岁的可以称少年。相率:一个接一个。⑨处:据,存身。蕚泽:即萑苻之泽,位于今河南中牟。蕚,通"萑"。⑩夫子:对卿大夫的尊称,这里指子产。

【译文】 子产做郑相,重病将死,对游吉说:"我死后,您一定会在郑国执政,一定要用威严治理民众。火的样子是严酷的,所以人们很少被烧伤;水的样子是柔和的,所以很多人被淹死。您必须严厉地执行刑罚,不要让人们因您的柔弱而触犯法令。"子产死后,游吉不肯严厉执行刑罚,郑国青年拉帮结伙成为强盗,盘踞在萑苻之泽中,即将给郑国造成祸害。游吉率车骑和他们开战,打了一天一夜,才算打败了他们。游吉感叹地说:"我早按子产的教导去做的话,一定不会懊悔到这般地步了!"

六

【原文】 越王勾践见怒蛙而式之①。御者曰:"何为式?"王曰:"蛙有气如此,可无为式乎?"士人闻之曰②:"蛙有气,王犹为式,况士人之有勇者乎!"是岁,人有自刭死以其头献者③。故越王将复吴而试其教④,燔台而鼓之⑤,使民赴火者,赏在火也;临江而鼓之,使人赴水者,赏在水也;临战而使人绝头刳腹而无顾心者⑥,赏在兵也⑦。又况据法而进贤,其劝甚此矣。

【注释】 ①勾践:春秋末越国君主。公元前496~前465年在位。曾被吴王夫差战败。后发愤图强,严明赏罚,一举灭吴,成为春秋末新霸主。怒蛙:肚子膨胀起来的蛙,似怒,故名。式:致敬。式又作"轼",古代车厢前面做扶手的横木,敬礼时俯身凭轼。②士人:这里指武士。③自刭:自刎。刭,用刀割脖子。④复吴:向吴国复仇。吴,古国名。

277

中华传世藏书——国学经典文库 子学经典——图文珍藏版

⑤燔:焚烧。台:用土筑成的一种高建筑物,可供游赏观望。鼓之:击鼓令人前进。⑥刣:剖。顾心:反顾之心。⑦赏在兵:临到战争时能使人们断头剖腹而没有回头的心意,是因为作战有赏。

【译文】 越王勾践看见一只怒蛙,就向它凭轼致敬。车夫说:"干吗要凭轼致敬?"越王说:"青蛙这般气势汹汹,怎么可以不向它凭轼致敬呢?"武士们听到后说:"青蛙气势汹汹,作为王尚且向它致敬,何况勇敢的武士呢!"这一年,有人自刣后将头献给越王。所以越王准备向吴国复仇,就试行这样的教育,放火焚烧高台后,击鼓令人前进,使人冲到火里的原因,是进火有赏;靠近江边后,击鼓令人前进,使人冲向水中的原因,是进水有赏;临作战时,使人断头剖腹而义无反顾的原因,是作战有赏。又何况根据法制任用贤人,它的鼓舞作用就比这些更进一层了。

越王勾践

七

【原文】 齐宣王使人吹竽①,必三百人。南郭处士请为王吹竽②,宣王说之③,廪食以数百人④。宣王死,湣王立⑤,好一一听之,处士逃。

【注释】 ①齐宣王:名辟疆,战国时齐国君主。竽:古代用竹制成的一种乐器,形状像笙。②南郭:复姓。处士:隐居不做官的读书人。③说:同"悦",高兴。④廪食以数百人:有几百人享受着由官仓供应俸粮的待遇。廪食,由官仓供给粮食。廪,米仓。⑤湣王:指齐湣王,名地,战国时齐国君主。

【译文】 齐宣王让人给他吹竽听,每次必得三百人合吹。有个姓南郭的先生请求给齐王吹竽,齐宣王便很高兴地答应了他的请求,发给他的薪水跟那几百人的一样。齐宣王死后,湣王即位,他喜欢吹竽者一个一个地为他吹,本来不会吹竽的南郭先生便逃掉了。

内储说下六微

【题解】

这是一个楚成王泄露绝密而招来杀身之祸的故事。故事讲楚成王轻易决定改立太子，又将此决定告诉了公主。他没有意识到君臣父子不同利的危害。太子商臣最大的利益是顺利接过君权，当这一利益受到威胁时，势必夺回他的权利。当他从公主口里证实自己太子位将要被换时，便不顾生死，奋力一搏，以确保太子之位，并接管王位。实现他的这一欲望，就要让君父早死，可见，楚成王缺乏治国之术，酿成了这场弑君悲剧。

【原文】 楚成王以商臣为太子①，既而欲置公子职②。商臣闻之，未察也，乃为其傅潘崇曰③："奈何察之也？"潘崇曰："飨江芈而勿敬也④。"太子听之。江芈曰："呼⑤，役夫！宜君王之欲废女而立职也⑥。"商臣曰："信矣⑦。"潘崇曰："能事之乎？"曰："不能。""能为之诸侯乎？"曰："不能。""能举大事乎？"曰："能。"于是乃起宿营之甲而攻成王⑧。成王请食熊蹯而死⑨，不许，遂自杀。

【注释】 ①楚成王：名恽，春秋时楚国君主。商臣：楚成王的长子，后杀父即位，即楚穆王。②既而：不久，随后。置：立。公子职：楚成王的小儿子。③傅：师傅。潘崇：人名。④飨：盛宴招待。江芈：楚成王的妹妹，姓芈，嫁给江国。⑤呼：古人发怒时的口语。⑥宜：应该，难怪。女：同"汝"，你。⑦信：确实。⑧宿营之甲：守卫宫殿的军队。⑨熊蹯：熟熊掌。蹯，熟肉。

【译文】 楚成王把商臣立为太子，过后又想立公子职为太子。商臣听说了这件事，但没有弄清，于是就对他师傅潘崇说："怎样查清这件事呢？"潘崇说："设宴招待成王妹妹江芈，但不要尊敬她。"太子接受了潘崇的建议。江芈说："呸，下贱的东西！难怪君主想废掉你而立职呢。"商臣说："事情得到了证实。"潘崇说："你能侍奉公子职吗？"商臣说："不能。""能做职的诸侯吗？"商臣说："不能。""能发动政变吗？"商臣说："能。"于是商臣就发动守卫宫殿的军队去攻打成王。成王请求吃熟熊掌再死，商臣不答应，于是成王只好自杀。

外储说左上

【题解】

《外储说》与《内储说》为姊妹篇，同为历史故事和民间传说的短篇文集，编撰体例亦相同。因《外储说》所收大大多于《内储说》，故《外储说》分为左上、左下、右上、右下四

篇。一般来说,内篇所聚,皆君之内谋,执术以御臣下、操之在己,故曰"内"。外篇所聚,多为对臣之赏罚、征战、外交一类,故曰"外"。当然也不能一概而论,仅就总体而言是如此。

这篇《外储说左上》共六段经文和相应的说文,主要论说君主听取进言不应追求表面动听的言辞;听言应以功效为标准,反对空谈;指出人与人之间是利害关系;重用"居学之士";君臣上下分清名分和职责,君主不应事必躬亲,推进法治必须讲诚信等内容。

所选文段一中,秦伯嫁女于晋公子,让陪嫁侍女打扮得花枝招展,文采秀丽,结果晋公子爱侍女而不爱秦女;楚人卖珠,却把珠盒用珠玉点缀,玫瑰装缀,翡翠衬托,买主只买盒子不买珠。一个善嫁妾,一个善卖椟,成为世人笑柄。秦伯嫁女、楚人卖珠,意在讽刺"以文害用"的行为,对于君主"览其文而忘有用"也是有警示作用。

文段二、三、五中,以江湖骗子"棘刺头上刻猕猴"的骗人把戏,"白马非马"的诡辩空白,绘画的难易,主旨在说明道理要在实际中进行参验。

文段四中,作者用无的放矢比喻君主不用一定的标准衡量臣下和说客的言论,则造成他们信口开河、极尽花言巧语之能事的恶端,由此提出,君主驭臣必须纠正无的放矢的弊端,实行有的放矢的用人之道,为大臣、说客们定出进言的标准,强调说话、建议要有针对性,不敢妄言,尽力求其功用。

在文段六中,作者意在批判无实践经验的雄辩家,提出君主不求富国强兵的实际功效,而喜爱文辞华丽动听的诡辩,排斥法术之士,治理国事时,必然遭遇屋塌弓折的危机和困境。君主不重用有治国经验和方略的法术之士,势必招致国乱主危。

文段七中,韩非讲的是变自利心为互利心的道理。韩非看到自利之心尚需自我克制,用互利心待人,就可以合作共事,和谐相处,人之情是可以用后天方式改变的。他说:"人行事施予,以利之为心,则越人易和;以害之为心,则父子离且怨。"这就是用互利心代替自利害人之心的道理。

文段八中,作者以郑人买履的寓言意在讽刺宁肯守旧也不愿尝试改革实验的保守派人物。

文段九中,宋、楚之战是军力的较量,不讲谁是师出有名的仁义之师,强者胜,弱者败亡。宋襄公不谙此道、固执地坚持旧的战术,等待对方渡河后列好阵再战,且不听右司马购强的半渡而击、未列阵而出战的正确作战战术,结果一战即溃,且身受重伤,宋国从此衰亡,留下千古笑柄。宋襄公实行仁义而失败的战例,说明不同的时代、不同的环境应当采用不同的战略、策略来进行战争,采用不同的治国方略来治理国家,不能墨守成规,因循守旧。

文段十是"说五"中的一个寓言,其用意在讽刺不懂任势的君主,只知事必躬亲,不善

于驭下,其结果必然是劳而无功。

文段十所讲曾子不欺子的故事,旨在说明立信立德为做人本分。曾子不欺子,很多人做不到,往往以小事为由,轻诺无信,不能兑现。用心待人,失掉了信誉;用心教子,便是教子骗人。一个家长谎话讲多了,潜移默化、积久成习,害了孩子、毁了家庭,于家长也是有百害无一利,这不仅做家长的应引为戒,做君主的更应当处处时时立信立德,取信于民,国家才能长治久安。

一

【原文】 楚王谓田鸠曰①:"墨子者②,显学也③。其身体则可,其言多而不辩④,何也?"曰:"昔秦伯嫁其女于晋公子⑤,令晋为之饰装,从衣文之媵七十人⑥。至晋,晋人爱其妾而贱公女。此可谓善嫁妾,而未可谓善嫁女也。楚人有卖其珠于郑者⑦,为木兰之柜⑧,薰以桂椒⑨,缀以珠玉,饰以玫瑰⑩,辑以翡翠⑪。郑人买其柜而还其珠。此可谓善卖柜矣,未可谓善鬻珠也⑫。今世之谈也,皆道辩说文辞之言⑬,人主览其文而忘有用。墨子之说,传先王之道,论圣人之言,以宣告人。若辩其辞⑭,则恐人怀其文忘其直⑮,以文害用也。此与楚人鬻珠、秦伯嫁女同类,故其言多不辩。"

【注释】 ①田鸠:即田俅,战国时齐国人,墨家人物。②墨子:指墨翟,战国初期鲁国人,曾做过宋国大夫,善木工,墨家学派的创始人。③显学:声名显赫的学派。④身体:亲自实践。辩:有口才,说话动听。⑤秦伯:秦国君主。秦国国君始封时爵位是伯,故又称秦伯。公子:诸侯的儿子,除太子外,都称公子。⑥文:指彩色华丽的衣服。媵:陪嫁的妾。⑦郑:郑国。⑧木兰:树名,皮有香气,木质优良。柜:匣子。⑨桂椒:肉桂和花椒,是两种香料。⑩玫瑰:红色的玉。⑪辑:聚。翡翠:绿色的玉。⑫鬻:卖。⑬辩说文辞:动听漂亮的话。⑭辩其辞:修饰美化它的文辞。⑮直:价值。

【译文】 楚王对田鸠说:"墨子是当今赫赫有名的学者。他的亲身实践还算可以,他的话讲得很多,但是不动听,这是什么原因呢?"田鸠回答说:"从前,秦伯把他的女儿嫁给晋国公子,让晋国为他的女儿办置妆饰,跟随陪嫁的女子有七十人,她们的衣着都很华丽。到了晋国,晋国人反而喜欢陪嫁的妾,而看不起秦伯的女儿。这可以说是善于嫁妾,却不能说是善于嫁女啊!有个楚国人到郑国去卖他的宝珠。他用名贵的木兰香木做了一个精美的匣子,用桂、椒一类香料熏烤它,用珠玉点缀它,用玫瑰装饰它,用翡翠衬托它。郑国人只买了他的匣子,却退还了宝珠。这可以说是善于卖匣子,却不能说是善于卖宝珠啊!当今世人的言谈,说的尽是些华丽动听的辞令,君主往往只欣赏言辞的华美,却忽视了它的实用价值。墨子的学说,是传授先王治国的办法,阐述圣人的言论,并把它宣告于天下人。假如只想使言辞动听,那恐怕人们就会只追求言辞华美而忽视它的实用

价值,因为言辞而损害了实用。这跟楚人卖珠和秦伯嫁女是同一个道理,所以墨子讲的话虽然很多,但是不动听。"

二

【原文】 宋人有请为燕王以棘刺之端为母猴者①,必三月斋然后能观之。燕王因以三乘养之②。右御冶工言王曰③:"臣闻人主无十日不燕之斋④。今知王不能久斋以观无用之器也,故以三月为期。凡刻削者,以其所以削必小。今臣冶人也,无以为之削,此不然物也,王必察之。"王因囚而问之,果妄⑤,乃杀之。冶人谓王曰:"计无度量,言谈之士多'棘刺'之说也。"

【注释】 ①棘:一种像酸枣树那样多刺的树。母猴:即猕猴。②以三乘养之:古代规定土地方六里出兵车一乘。到战国后,就以方六里的土地面积交纳相当于一乘的税。以三乘养之,即给出三乘兵车的土地,也就是相当方圆十八里内的赋税作为俸禄来供养他。③右御冶工:右御属下的冶铁工匠。右御,官名,掌管进用器物一类事情。④燕:通"宴",摆酒席作乐。⑤妄:虚假。

【译文】 宋国有个请求替燕王在棘刺尖上雕刻猕猴的人,让燕王一定要在斋戒三个月后才能观看,燕王就用十八平方里土地范围内的赋税作为俸禄来供养他。右御属下的冶铁工匠对燕王说:"我听说君主没有十天不饮酒作乐的斋戒。现在他知道君主不能长时间斋戒去观看那件没有用处的东西,所以定了三个月期限。凡是需要雕刻的东西,用来雕刻它的东西一定更小。我是个铁匠,没有办法制作比刺尖还要小的刻刀。那猕猴是不可能刻出来的东西,大王一定要予以明察才是。"燕王于是把那个宋人拘禁起来加以盘问,那个宋人果然在弄虚作假,燕王随后就杀了他。铁匠对燕王说:"计谋是没有一定的标准加以衡量的。江湖骗子的话,多半是这种要在棘刺尖上刻制猕猴之类的胡言乱语。"

三

【原文】 兒说①,宋人,善辩者也②,持"白马非马也"服齐稷下之辩者③。乘白马而过关,则顾白马之赋④。故籍之虚辞⑤,则能胜一国;考实按形,不能谩于一人⑥。

【注释】 ①兒说:战国时宋国人,名家人物,活动年代约在齐宣王时。②善辩:善于辩说。③白马非马:指"白马不是马"的命题。名家的这个命题大体上是这样论证的:"马"与"白"是两个概念,"马"讲形状,"白"讲颜色,"白马"是两个概念的复合,不同于单纯一个概念的"马"。他们只看到一般与个别的差异,而没有看到一般与个别的联系,不懂得个别就包括在一般之中的道理。服:说服。稷下:地名,齐国聚众讲学的地方,在都城临淄稷门外。④顾:通"雇",酬报,交纳。赋:税。⑤籍:通"藉",凭借。⑥谩:欺骗。

【译文】 兒说是宋国人,是个善于辩说的学者。他曾经提出"白马不是马"的命题征服了稷下的辩说家们。他有一次骑着白马过关口,终究得交纳白马税。所以,凭借虚浮言辞,他可以压倒一个国家能言善辩的人;考察实际情形,他却连一个人也欺骗不了。

四

【原文】 夫新砥砺杀矢①,彀弩而射②,虽冥而妄发③,其端未尝不中秋毫也④,然而莫能复其处,不可谓善射,无常仪的也⑤。设五寸之的,引十步之远⑥,非羿、逢蒙不能必全者⑦,有常仪的也。有度难而无度易也。有常仪的,则羿、逢蒙以五寸为巧;无常仪的,则以妄发而中秋毫为拙。故无度而应之,则辩士繁说;设度而持之,虽知者犹畏失也⑧,不敢妄言。今人主听说,不应之以度而说其辩;不度以功,誉其行而不入关⑨。此人主所以长欺,而说者所以长养也。

【注释】 ①砥砺:磨。杀矢:打猎用的箭。②彀:张。弩:一种利用机械力量发射箭的弓。③冥:通"瞑",闭眼。妄:乱。④秋毫:秋天时鸟兽新生的细毛,比喻极端细小的东西。⑤常仪:固定的目标。仪,标准。的:箭靶。⑥引:拉弓弦发箭。步:古代长度计算单位,一步为六尺。⑦羿:古代传说中的射箭能手。逢蒙:传说是羿的徒弟,射箭能手。⑧知:同"智"。⑨入关:符合一定准则的意思。

【译文】 用新磨出的利箭,张满弓弩发射出去,即使闭着眼睛胡乱发射,箭头没有不射中细小东西的。然而他不能两次射中原处,是不能认为他善于射箭的,因为没有固定的箭靶作目标。设置一个直径五寸的箭靶,射程只有十步那么远,不是后羿和逢蒙这样的射箭能手,就不一定能全部射中,因为已有固定的箭靶作为目标。设靶射箭是困难的,无靶射箭是容易的。有固定的箭靶作为目标,人们会把后羿和逢蒙射中直径五寸的靶子视为精巧;没有固定的箭靶作为目标,人们会把乱射射中细小的东西认作笨拙。所以,没有一定的标准加以衡量的话,辩士们就会用繁言巧语进说;设置一定的标准加以衡量的话,即便是很有智慧的人也怕言辞有失,不敢乱说。现在君主听取言论,不是用一定的标准去衡量,而是喜欢他们动听的言辞;不是用功效去衡量,而是赞赏他们的行为,不问是否合乎准则。这是君主长期受欺骗,而游说的人长期被供养的原因。

五

【原文】 客有为齐王画者,齐王问曰:"画孰最难者①?"曰:"犬、马最难。""孰易者?"曰:"鬼魅最易②。"夫犬、马,人所知也,旦暮罄于前③,不可类之④,故难。鬼魅,无形者,不罄于前,故易之也。

【注释】 ①孰：谁，什么。②鬼魅：鬼怪。③旦暮：早晚，引申为经常。罄：显现。④类：类似，相像。

【译文】 有个替齐王画画的客人，齐王问道："画什么最难？"客人说："画犬、马最难"。"画什么容易？"客人说："画鬼怪容易。"犬、马是人们都知道的，天天在人们的面前出现，不可能画得很像，所以难；鬼怪是无形的东西，不会在人们面前出现，所以画起来很容易。

六

【原文】 虞庆为屋①，谓匠人曰："屋太尊②。"匠人对曰："此新屋也，涂濡而椽生③。夫濡涂重而生椽挠④，以挠椽任重涂，此宜卑"。虞庆曰："不然。更日久，则涂干而椽燥。涂干则轻，椽燥则直，以直椽任轻涂，此益尊⑤。"匠人诎⑥，为之而屋坏。

范且曰⑦："弓之折，必于其尽也，不于其始也。夫工人张弓也，伏檠三旬而蹈弦⑧，一日犯机⑨，是节之其始而暴之其尽也⑩，焉得无折？且张弓不然：伏檠一日而蹈弦，三旬而犯机，是暴之其始而节之其尽也。"工人穷也，为之，弓折。

范且、虞庆之言，皆文辩辞胜而反事之情，人主说而不禁⑪，此所以败也。夫不谋治强之功，而艳乎辩说文丽之声⑫，是却有术之士而任"坏屋""折弓"也。故人主之于国事也，皆不达乎工匠之构屋张弓也。然而士穷乎范且、虞庆者，为虚辞，其无用而胜；实事，其无易而穷也⑬。人主多无用之辩，而少无易之言，此所以乱也。今世之为范且、虞庆者不辍⑭，而人主说之不止，是贵"败""折"之类而以知术之人为工匠也⑮。工匠不得施其技巧，故屋坏弓折；知治之人不得行其方术⑯，故国乱而主危。

【注释】 ①虞庆：即虞卿，战国时赵国人，因进说赵孝成王，被任为上卿。为：造。②尊：高，指屋脊至屋檐坡度太陡。③涂：泥。濡：湿。椽：椽木，架在房顶檩木上的木条。生：没有干透。④挠：弯曲。⑤益：更加。⑥诎：屈服，指无话可说。⑦范且：即范雎，字叔，战国时魏国人。到秦国游说，被秦昭襄王任为相。⑧伏：安放。檠：校正弓弩的工具。蹈：装上。⑨犯机：触动弩牙，指放箭。犯，触动。机，弩牙，控制发射的机件。⑩节：节制，指缓慢。暴：粗率，指急促。⑪说：同"悦"。⑫艳：羡慕。⑬无易：无可改变。⑭辍：止，断。⑮知：同"智"。⑯方术：道术，指治国方法。

【译文】 赵人虞卿建造房子，对工匠说："房顶太高了。"工匠回答说："这是新房子，泥巴是潮湿的，椽木也没有干透。潮湿的泥巴重量大，不干的椽木形体弯曲，用弯曲的椽木承受很重的泥巴，房顶就应当造得低一些。"虞卿说："不对。再过很长一段时间，泥巴干了，椽木也干了。泥巴干了就会变轻，椽木干了就会变直，用变直的椽木承受变轻的泥巴，房顶就会逐渐增高。"工匠无话可说，按照虞卿的话造出房子来，房子坍塌了。

范雎说："弓折断的时候，一定是在制作的最后阶段，而不是在制作的开始阶段。工匠张弓时，把弓放在校正器具上三十天，然后装上弦，却在一天内就把箭发射出去了，这是开始调节时缓慢而最后使用时急促，怎么能不折断呢？我范雎张弓时就不是这样：用校正工具校上一天，随即装上弦，上弦三十天后才把箭发射出去，这就是开始的时候粗率，而最后有所节制。"工匠无言可对，照范雎的话去做，结果弓折断了。

范雎、虞庆的言论，都能做到文辞动听过人，但却违背了实际情况。君主对这一类话喜爱而不加禁止，这就是事情败坏的根源。不谋求治国强兵的实际功效，却美慕那种华丽动听的诡辩，这就是排斥有法术的人士，而去采纳那种导致屋塌、弓折之类的胡说。所以君主处理国事时，总也不能通晓工匠造屋和张弓的道理。然而有术之士之所以被范雎、虞庆那样的人物所困窘，是因为他们讲起虚浮的话来，虽属毫无用处，却能取得胜利；干起实际的事来，虽属不可改变，却会遭遇失败。君主看重毫无用处的诡辩，看轻不可改变的真理之言，这也就是国家危乱的原因。当代像范雎、虞庆那样的人物还在不断出现，而君主对他们仍然欣赏不止，这就是听信导致屋塌、弓折之类的议论，而把懂得法术的人当作只能卖苦力的工匠看待。工匠不能施展技巧，所以会有屋塌、弓折的结果；懂得治理国家的人不能实行自己的方略，所以国家混乱而君主处于险境。

七

【原文】　人为婴儿也，父母养之简①，子长而怨；子盛壮成人，其供养薄，父母怨而诮之②。子、父，至亲也，而或诮或怨者，皆挟相为而不周于为己也。夫买庸而播耕者③，主人费家而美食，调钱布而求易者④，非爱庸客也，曰："如是，耕者且深，耨者熟耘也⑤。"庸客致力而疾耘耕者，尽巧而正畦坯陌者⑥，非爱主人也，曰："如是，羹且美，钱布且易云也⑦。"此其养功力，有父子之泽矣，而心调于用者，皆挟自为心也。故人行事施予，以利之为心，则越人易和⑧；以害之为心，则父子离且怨⑨。

【注释】　①简：简慢，马虎。②诮：责骂。③庸：通"佣"，雇工。④调：挑选。布：货币名称。易：和悦。⑤耨：锄草。熟：精细。耘：耘田，除草。⑥坯：田垄。陌：田间东西方向的道路。这里泛指田埂。⑦易：和悦。云：有，得。⑧越人：指当时居住在东南滨海地区的越族人。这里比喻关系疏远的人。⑨离且怨：分离埋怨。且，又。

【译文】　人在婴儿时，父母对他抚养马虎，儿子长大了就要埋怨父母；儿子长大成人，对父母的供养微薄，父母就要怒责儿子。父子是至亲骨肉，但有时怒责，有时埋怨，都是因为怀着相互依赖的心理而又认为对方不能周到地照顾自己。雇佣工人来播种耕耘，主人花费家财准备美食，挑选好的钱币作为报酬，使雇工满意，并不是喜欢雇工，而是说："这样做，耕地的人才会耕得深，锄草的人才会锄得净。"雇工卖力而快速地耘地耕田，使

尽技巧整理畦埂，目的并不是爱主人，而是说："这样做，饭菜才会丰美，得到钱币才喜悦。"主人这样供养雇工，爱惜劳力，有父子之间的恩惠，而雇工专心一意地工作，都是为自己打算。所以人们办事给人好处，如果从对人有利处着想，那么疏远的人也喜悦和好；如果从对人有害处着想，那么父子间也会分离并相互埋怨。

八

【原文】 郑人有且置履者①，先自度其足而置之其坐②，至之市而忘操之。已得履，乃曰："吾忘持度。"反归取之③。及反，市罢，遂不得履。人曰："何不试之以足?"曰："宁信度，无自信也。"

【注释】 ①且：将。置：置备，购买。履：鞋。②度：量。坐：座位。③反：同"返"。

【译文】 郑国有个打算买鞋的人，先量好自己脚的尺寸，然后随手把尺子放在座位上，去赶集时却忘了带上。已经挑好了鞋，才说道："我忘记带尺子了。"于是返回家里去取。等到再返回来时，集市已经散了，结果没有买到鞋。有人说："为什么不用脚试试?"他说："我宁愿相信尺子，不能相信自己的脚。"

九

【原文】 宋襄公与楚人战于涿谷上①。宋人既成列矣，楚人未及济②。右司马购强趋而谏曰③："楚人众而宋人寡，请使楚人半涉未成列而击之，必败。"襄公曰："寡人闻君子曰：'不重伤④，不擒二毛⑤，不推人于险，不迫人于厄，不鼓不成列。'今楚未济而击之，害义。请使楚人毕涉成阵而后鼓士进之。"右司马曰："君不爱宋民，腹心不完⑥，特为义耳。"公曰："不反列，且行法。"右司马反列，楚人已成列撰阵矣⑦，公乃鼓之。宋人大败，公伤股，三日而死。此乃慕自亲仁义之祸。夫必恃人主之自躬亲而后民听从，是则将令人主耕以为食，服战雁行也民乃肯耕战⑧，则人主不泰危乎⑨？而人臣不泰安乎？

【注释】 ①宋襄公：名兹父，春秋时宋国君主。战干涿谷：当是《左传》上记载的发生在公元前638年的泓水之战。泓水位于今河南柘城北，涿谷当是泓水附近的一个地方。②未及济：没有完全过河。济，渡，过河。③右司马：古代官名，掌管军政和军事赋税。购强：人名，当是《左传》中记载的公孙固的字。趋：快步走。④重：重复。⑤二毛：两种颜色的毛发，指头发、胡子花白的人。⑥腹心：比喻国家的根本。完：保全。⑦撰：具，构成。⑧服战：从事打仗。服，从事。⑨泰：太。

【译文】 宋襄公和楚人在涿谷上作战，宋人已经摆好了阵势，楚人还没有完全过河。宋右司马购强快步上前进言道："敌众我寡，请在楚人半渡、尚未摆好阵势时出击，一定能把他们打垮。"宋襄公说："我听君子说过：'不要伤害已经受了伤的人，不要俘获年事已高

的人，不要在别人危险时再推一把，不要在别人困迫时再逼他，不要进攻没有摆好阵势的敌军。'现在楚军没有完全过河就去攻打，是有伤仁义的。还是等到楚人全部过了河。摆好阵势，然后再击鼓让战士们进攻吧。"右司马说："君王不爱惜宋国民众，不保全国家根本，只不过是为了仁义的虚名罢了。"襄公说："不快回到队伍去，将按军法处置！"右司马回到队伍时，楚人已经排好行列、摆好阵势了，襄公这才击鼓进攻。宋人大败，宋襄公伤及大腿，三天后就死了。这就是追求亲行仁义带来的祸害。一定要依靠君主亲自去干，然后民众才听从，这就是要君主自己种田吃饭，自己排在队伍里打仗，然后民众才肯从事耕战。这样一来，君主不是太危险了吗？而臣子不是太安逸了吗？

十

【原文】 齐景公游少海①，传骑从中来谒曰②："婴疾甚③，且死④，恐公后之。"景公遽起⑤，传骑又至。景公曰："趋驾烦且之乘⑥，使驺子韩枢御之⑦。"行数百步，以驺为不疾，夺辔代之御⑧；可数百步⑨，以马为不进，尽释车而走。以烦且之良而驺子韩枢之巧，而以为不如下走也。

【注释】 ①齐景公：名杵臼，春秋时齐国君主。少海：即渤海。②传骑：驿使，负责传递公文和情报的人。中：指国都之中。谒：拜见。③婴：指晏婴，字平仲，齐景公的相。④且：将。⑤遽：急忙，立刻。⑥趋：赶快。烦且：一种良马。乘：马车。⑦驺子：掌驭马驾车的官。韩枢：人名，驾驭马车的能手。御：驾驭。⑧辔：马缰绳。⑨可：大约。

【译文】 齐景公在渤海边游玩，驿使从国都跑来谒见说："晏婴病得很重，快要死了，恐怕您赶不上见他了。"景公立刻起身，又有驿使骑马告急。景公说："赶快套上千里马烦且拉的车，叫马车官韩枢驾车。"才跑了几百步，景公认为韩枢赶得不快，夺过缰绳，代他驾车，又跑了几百步路，景公认为马不往前奔，就干脆下车，自己向前奔跑。凭烦且这样的好马和车马官韩枢这样高超的驾驭本领，而齐景公竟会认为不如自己下车跑得快。

十一

【原文】 曾子之妻之市①，其子随之而泣。其母曰："女还②，顾反为女杀彘③。"适市来④，曾子欲捕彘杀之。妻止之曰："特与婴儿戏耳。"曾子曰："婴儿非与戏也。婴儿非有知也，待父母而学者也，听父母之教。今子欺之，是教子欺也。母欺子，子而不信其母，非以成教也。"遂烹彘也。

【注释】 ①曾子：指曾参，春秋时鲁国人，孔丘的门徒。②女：同"汝"，你。③顾：与"返"同义。反：同"返"。彘：猪。④适市来：刚从集市上回来。适，刚才。

【译文】 曾子的妻子上集市去，小儿子跟在后面哭喊。孩子母亲说："你回去，等我

回来给你杀猪吃。"她去集市回来，曾子打算抓猪来杀。妻子阻止说："不过是和小孩开玩笑罢了。"曾子说："小孩可不是开玩笑的对象。小孩没什么才智，要靠父母做出样子才会跟着学，完全听从父母的教诲。现在你欺骗了他，也就是教儿子学会骗人。做母亲的欺骗孩子，孩子就不相信母亲了，这不是教育儿子的方法。"于是就把猪杀掉煮了。

外储说左下

【题解】

《外储说左下》共六段经文和相应的说文，分别说明严格执法、赏罚得当就不会产生私怨和私恩，驭臣之道在用势和术，明君臣尊卑关系，坚决按法办事杜绝请托，臣下应推荐人才，鼓励忠言直谏等六方面问题。

在所选文段一中，韩非提出了两种对立的用人之道，一种是晋文公任命地方行政官员时，准备任命追随他出亡的箕郑，依据是他过去的表现，他在逃亡中宁肯自己挨饿，也为晋文公保全食物，他这样的忠诚不会依靠地方背叛。这种用人的标准是基于个人过去的品德表现，出于君主个人感情。第二种用人之道是以大夫轩为代表，他直截了当反对晋文公的用人标准。他提出用人的基本原则不是根据品德，而是基于他不可能背叛。不可能背叛的措施就是严格的赏罚制度，使他有背叛之心而无背叛之力，凭感情用人不符合驭臣之术。

文段二的寓意在于说明循名责实，就会明白事情的真相，揭穿骗术。韩宣子不明白他的马喂了很多豆谷饲料，还是很瘦。因为他不懂得循名责实，乏驭臣之术，口头上讲喂了很多饲料，而实际上给得很少，对这种名不副实的谎言，不去考察，只知坐在那里担忧，马一定不会肥起来的，他将永远被欺骗。

文段三所说"不植刺自己的树"，韩非认为这是不合法的观点。韩非讲述阳虎培植三人欲为己党，结果三人不为所用，他叹息自己不善于树人。赵简子提醒阳虎说："树枳棘者，成而刺人。故君子慎所树。"韩非在"经五"中对赵简子的话作了批判："简主之应人臣也失主术。朋党相和，臣下得欲，则人主孤；群臣公举，下不相和，则人主明。"就是说赵简主的话违背法治原则，有失做臣下的为官之道。培植不刺自己的树，就是培植顺从自己的私党，培养、推荐自己的党羽，以牟取私党之利，久而久之，便会危害国家利益，君主也从而被孤立起来。韩非所谓"失主术"，就是违背尊主的法治原则。

文段四提出大臣应秉公荐才，正直无私，尽臣子应尽本分，做到"外举不避仇，内举不避子"。无疑这是一种高尚无私的精神境界，它把对国家的负责和对人才的爱护有机地结合为一体，成为千古举荐人才的美德。文中的赵武可说是为世人树立了一个荐才的典

范。

一

【原文】 晋文公出亡①，箕郑挈壶餐而从②，迷而失道，与公相失，饥而道泣，寝饿而不敢食③。及文公反国④，举兵攻原⑤，克而拔之。文公曰："夫轻忍饥馁之患而必全壶餐⑥，是将不以原叛。"乃举以为原令。大夫浑轩闻而非之⑦，曰："以不动壶餐之故，恃其不以原叛也⑧，不亦无术乎？"故明主者，不恃其不我叛也，恃吾不可叛也；不恃其不我欺也，恃吾不可欺也。

【注释】 ①晋文公：名重耳，晋国君主，春秋五霸之一。亡：逃亡。②箕郑：晋文公的大臣，曾任箕邑大夫。挈：提着。壶餐：指水和饭。③寝：通"寝"，逐渐。④反：同"返"，返回。⑤原：诸侯国名，位于今河南济源西北。⑥饥馁：饥饿。患：祸害，引申为痛苦。⑦浑轩：人名。⑧恃：依靠。

【译文】 晋文公出逃，流亡在外，箕郑提着食物跟随着。箕郑迷失了道路，和文公走散了，饿得在路上哭，越来越饿，却不敢吃掉食物。等到文公返晋国，起兵攻原国，攻克并占领了它。文公说："能不顾忍受饥饿的痛苦而坚持保全食物，这样的人将不会凭借原地叛变。"于是提拔箕郑做原地的行政长官。大夫浑轩听到后反对说："以不动食物的缘故，信赖他不会凭借原地叛变，不也是不讲'术'吗？"所以做明君的，不依靠别人不会背叛我，而要依靠不可能背叛我；不依靠别人不会欺骗我，而要依靠不可能欺骗我。

二

【原文】 韩宣子曰①："吾马菽粟多矣②，甚臞③，何也？寡人患之。"周市对曰④："使驺尽粟以食⑤，虽无肥，不可得也。名为多与之，其实少，虽无臞，亦不可得也。主不审其情实⑥，坐而患之，马犹不肥也。"

【注释】 ①韩宣子：即韩起，春秋时晋国的卿。②菽粟：豆谷的总称。这里指喂马的饲料。③臞：消瘦。④周市：人名。⑤驺：养马的人。食：喂养，拿东西给牲畜吃，名词作动词用。⑥审：详细考察。

【译文】 韩宣子说："我的马，豆谷饲料吃得很多，马却很瘦，为什么？我为此担忧。"周市回答说："让养马的人用充足的饲料去喂马，即使不想让它肥，也是不可能的。嘴上说多给马吃，实际上给得很少，即使不想要它瘦，那也是不可能的。君王不去考察实情，而坐在那里担忧，马还是不会肥的。"

三

【原文】 阳虎去齐走赵①，简主问曰②："吾闻子善树人。"虎曰："臣居鲁，树三人，皆为令尹③；及虎抵罪于鲁④，皆搜索于虎也。臣居齐，荐三人，一人得近王⑤，一人为县令⑥，一人为候吏⑦；及臣得罪，近王者不见臣，县令者迎臣执缚⑧，候吏者追臣至境上，不及而止。虎不善树人。"主俯而笑曰："夫树橘柚者⑨，食之则甘，嗅之则香；树枳棘者⑩，成而刺人。故君子慎所树。"

【注释】　①阳虎：鲁卿季孙氏家臣，发动叛乱失败后，先后奔齐、晋。去：离开。②简主：即赵简子。春秋末晋国执政的卿。③令尹：战国时楚国最高的官职。这里泛指高官。④抵罪：得罪。⑤王：春秋时齐国没有称王，这里是用战国时的名称记述。⑥县令：春秋时齐国称邑宰，这里是用战国时的名称记述。⑦候吏：防守边疆的官员。⑧执缚：捉拿捆绑。⑨橘柚：常绿乔木。果实叫橘子、柚子，味甜酸，有香味。橘俗写作桔。⑩枳：通称枸橘，落叶灌木或乔木。果实小而成球形，可入药。小枝多硬刺，又称枳棘。

【译文】　阳虎离开齐国逃奔赵地，赵简子问道："我听说你善于栽培人。"阳虎说："我在鲁时，栽培过三个人，都做了令尹；等到我在鲁获罪，都来搜索我。我在齐时，推荐了三个人，一个人能接近国君，一个人做县令，一个人做边防官；等到我获罪了，接近国君的不见我，做县令的前来捉拿捆绑我，做边防官的追我直到边境，没有追上才罢休。我不善于栽培人。"赵简子低头笑着说："种植橘柚，吃起来是甜的，闻起来是香的；种植枳棘，长大后反而刺人。所以君子栽培人时要慎重。"

四

【原文】　中牟无令①。晋平公问赵武曰②："中牟，吾国之股肱③，邯郸之肩髀④。寡人欲得其良令也，谁使而可？"武曰："邢伯子可⑤。"公曰："非子之仇也？"曰："私仇不入公门。"公又问曰："中府之令⑥，谁使而可？"曰："臣子可。"故曰："外举不避仇，内举不避子。"赵武所荐四十六人，及武死，各就宾位，其无私德若此也。

平公问叔向曰："群臣孰贤？"曰"赵武。"公曰："子党于师人⑦。"向曰："武立如不胜衣，言如不出口，然所举士也数十人，皆令得其意，而公家甚赖之。况武子之生也不利于家，死不托于孤，臣敢以为贤也。"

【注释】　①令：县令，县一级的行政长官。②晋平公：名彪，春秋时晋国君主。赵武：又称赵孟，即赵文子，晋平公时执政的卿。③股：大腿。肱：胳膊。④邯郸：晋国地名，位于今河北邯郸西南。髀：大腿，也指大腿骨。⑤邢伯子：疑即邢伯柳，曾任上党守。⑥中府：内库。⑦党：结党。师人：老师。这里指老上级。

【译文】　中牟没有县令。晋平公问赵武说："中牟是我国的要地，邯郸的重镇。我想选用一个好县令，派谁去好呢？"赵武说："邢伯子可以。"平公说："他不是你的仇人吗？"赵武说："私仇不涉及公事。"平公又问道："内库的主管，派谁行呢？"赵武说："我的儿子

就行。"所以说，举荐外人不避开仇人，举荐内部的人不避开儿子。赵武举荐的四十六个人，到他死后，来吊唁时都坐在客位上，他就是这样的不考虑个人恩德。

晋平公问叔向说："群臣中谁贤能？"叔向说："赵武贤能。"平公说："你跟老上级结成私党了。"叔向说："赵武站立时好像连穿的衣服都负担不了，讲话时好像心里有话不能出口，可是他举荐的几十个人，个个都发挥了自己才能，国事全依靠他们。赵武活着时不为自家谋取私利，死了又不将孤儿委托给他提拔的官吏，因此我敢说他贤能。"

外储说右上

【题解】

《外储说右上》包括三段经文和相应的说文，分别说明君主运用势、术、法控制臣下的道理。"经一"和"说一"说明君主必须牢牢掌握权势，对赏罚誉毁都不起作用的官吏要坚决铲除，把危险消除在萌芽状态，使官吏置于君主的绝对控制之下。"经二"和"说二"说明君主必须掌握术，做到"六慎"和独断，防止奸臣钻空子。"经三"和"说三"说明君主实行法治，做到"信赏必罚""不辟权贵"，一切按法办事，坚决清除混在朝内的权奸之臣。

本文所选文段一通过子路施粥事件说明赏赐权不能由臣下代替君主施行的道理，认为用君主的权势去禁止权臣争取民众的越轨行为，就必定不会出现臣下劫杀君主的祸患。

文段二引用了申子论无为之术。韩非的驭臣之术与此无为之术是一脉相承的。韩非认为，君臣关系是利与害的关系，所以，君臣双方都窥测对方的一言一行及动向，以便及时采取应变对策，以防落入对方陷阱。君主只有使用无为之术，才可以全方位观察臣下，而臣下却无以窥测到君主的好恶与意图。由此可见，无为之术堪称帝王之术。

文段三讲韩昭侯不漏言，意在说明君主驭臣之术，并且指出君主向臣下泄漏不当讲的话，会危害君主自身。

韩非在文段四里以"猛狗""社鼠"为借喻，说明君主掌握权势就必须重用法术之士，排除像"猛狗""社鼠"一样的权臣。国有权臣，犹如酒店有猛狗把门，咬跑了治国能臣。酒店无人光顾，酒就变酸，国无能臣治理，朝政就荒废，君主就被蒙蔽受挟持。国有弄权的侍臣，犹如社坊里的鼠辈，在君主保护伞下无恶不作，对外弄权谋私，榨取民众利益，对内结成死党，操纵法令，隐瞒罪恶。如此猛狗当道，群鼠结党营私，挟制君主，横行朝野，攫取了权势，君主被架空，臣民被控制，祸国殃民。所以，韩非十分感叹地说："如此，主焉得无壅，国焉得无亡乎？"

文段五所讲是楚庄王严禁太子犯法的故事。故事中，楚庄王的一席教训，正是以法

治国之道,更显出那位执法者凛然正气和法不阿贵的精神。

　　文段六选自"说三"之第五段故事。在这段故事中,作者以蔡婆比喻把持朝政的权臣。蔡婆在卫嗣君家中把持了家政,即使是儿子和母亲商定的事,还要由蔡婆再来决定。国家如有这样操纵权力的人存在,足以行私。权臣行私,是可以任意在法外胡作非为。所以韩非说:"绳之外与法之内,仇也,不相受也。"绳,就是准绳,就是法律。能够不按法办事的人就是特权人物,身居要职,蒙蔽君主,左右朝政,他们就是故事中蔡婆式的人物。法之内就是依法办事,维护法制。依法办事的人与违法横行的人是对立的,不可能相容,所以说是"仇也"。

　　文段七讲吴起之妻两次织带都不合要求,并且拒不接受返工改织,于是吴起做出了严厉制裁——休妻,体现了吴起执法必严的法制思想。故事的本旨在于以小寓大,以家喻国,体现的是一个法治思想。

　　在文段八中,作者指出晋文公称霸的根本原因,是以法治国,信赏必罚,取信于民。晋文公向大臣狐子请教如何让民众服从命令,不得不去打仗的办法时,狐子说:"信赏必罚,其足以战。"又问赏罚的最高原则是什么,狐子又说:"不辟亲贵,法及所爱。"为此,晋文公将违反军法的功臣颠颉处死,来向百姓昭示信赏必罚、不避亲贵、法及所爱的法治原则。这种军令如山,执法无私的威慑力,使百姓折服,百官畏惧,使他们不得不服从号令,不得不去应征作战,作战时又不得不拼死尽力,争立战功。民众可用,便成就了晋文公霸业。

一

【原文】　季孙相鲁①,子路为郈令②。鲁以五月起众为长沟,当此之时,子路以其私秩粟为浆饭③,要作沟者于五父之衢而飡之④。孔子闻之,使子贡往覆其饭⑤,击毁其器,曰:"鲁君有民,子奚为乃飡之⑥?"子路怫然怒⑦,攘肱而入⑧,请曰:"夫子疾由之为仁义乎⑨? 所学于夫子者,仁义也;仁义者,与天下共其所有而同其利者也。今以由之秩粟而飡民,其不可何也?"孔子曰:"由之野也⑩! 吾以女知之⑪,女徒未及也。女故如是之不知礼也⑫! 女之飡之,为爱之也。夫礼,天子爱天下,诸侯爱境内,大夫爱官职,士爱其家,过其所爱曰侵。今鲁君有民而子擅爱之,是子侵也,不亦诬乎⑬!"言未卒,而季孙使者至,让曰⑭:"肥也起民而使之⑮,先生使弟子止徒役而飡之,将夺肥之民耶?"孔子驾而去鲁。以孔子之贤,而季孙非鲁君也,以人臣之资,假人主之术⑯。蚤禁于未形,而子路不得行其私惠,而害不得生,况人主乎! 以景公之势而禁田常之侵也,则必无劫弑之患矣。

【注释】　①季孙:指季康子,名肥,春秋末期鲁国执政的卿。②子路:又称季路,即仲由,春秋时鲁国人,孔丘的门徒。郈:鲁国地名,叔孙的封邑,位于今山东东平东南。令:

县邑的长官。春秋时鲁国称宰,这里是用战国的名称。③秩粟:指按官职品级得到的粮食。秩,职位,品级。浆饭:稀饭。④五父之衢:一条交通大道,在鲁国都城曲阜东南。衢,大路。飡:同"餐"。⑤子贡:姓端木,名赐,春秋时卫国人,孔丘的门徒。覆:倒掉。⑥奚为:为什么。⑦怫然:愤怒的样子。⑧攘肱:卷起袖子露出胳膊。肱,胳膊。⑨夫子:对孔丘的尊称。疾:恨。由:子路自称。⑩野:粗野,指不懂礼。⑪女:同"汝"。⑫故:通"固",原来。⑬诬:妄为。⑭让:责备。⑮肥:季孙自称。⑯假:借。

【译文】 季孙做鲁相,子路做郈邑的长官。鲁国在五月份发动民众开挖长沟,在开工期间,子路用自己的俸粮做成粥,让挖沟的人到五父路上来吃。孔子听说后,叫子贡去倒掉他的粥,砸烂盛饭的器皿,说:"这些民众是属于鲁君的,你干吗要给他们饭吃?"子路勃然大怒,握拳捋袖走进来,质问说:"先生憎恨我施行仁义吗?我从先生那里学到的,就是仁义;所谓仁义,就是与天下的人共同享有自己的东西,共同享受自己的利益。现在用我自己的俸粮去供养民工,为什么不行?"孔子说:"子路好粗野啊!我以为你懂了,你竟还不懂。你原来是这样的不懂得礼!你供养民工,是爱他们。礼法规定,天子爱天下。诸侯爱国境以内的民众,大夫爱官职所辖,士人爱自己的家人,越过应爱的范围就叫冒犯。现在对于鲁君统治下的民众,你却擅自去爱,这是你在侵权,不也属胆大妄为吗!"话没说完,季孙的使者就到了,责备说:"我发动民众而差使他们,先生让弟子制止民工服役并给他们饭吃,是想夺取我的民众吗?"孔子驾车离开了鲁国。以孔子的贤明,而季孙又不是鲁君,对于以臣子的身份,借用君主的权术,能在危害还没有形成之前就及早杜绝,使子路不能施行个人的恩惠,使危害不致发生,何况是君主呢?用齐景公的权势去禁止田常争取民众的越轨行为,那就必定不会出现被劫杀的祸患了。

二

【原文】 申子曰①:"上明见②,人备之;其不明见,人惑之。其知见,人饰之;不知见,人匿之。其无欲见,人司之③;其有欲见,人饵之。故曰:吾无从知之,惟无为可以规之④。"

【注释】 ①申子:指申不害,曾任韩昭侯的相,法家代表人物,主张用术驾驭臣下。②明:明察。见:同"现",显露。③司:通"伺",侦察,探测。④惟:只有。无为:原是老子的政治主张,也是对宇宙状态的一种概括。申不害改造了老子的无为思想,建立了"术"的理论,有不露声色顺应自然来控制对方等用意,是进行统治的一种手段。规:通"窥"。

【译文】 申不害说:"君主的明察如果显露出来,人们就会防备他;君主的糊涂如果显露出来,人们就会迷惑他。君主的智慧如果显露出来,人们就会美化他;君主的愚蠢如果显露出来,人们就会蒙蔽他。君主没有欲望显露出来,人们就会探测他;君主有欲望显

露出来,人们就要引诱他。所以说,我没有办法知道其中奥妙,只有无为可以窥测它的端倪。"

三

【原文】 堂谿公谓昭侯曰①:"今有千金之玉卮②,通而无当,可以盛水乎?"昭侯曰:"不可。""有瓦器而不漏,可以盛酒乎?"昭侯曰:"可。"对曰:"夫瓦器,至贱也,不漏,可以盛酒。虽有乎千金之玉卮,至贵而无当,漏,不可盛水,则人孰注浆哉?今为人之主而漏其群臣之语,是犹无当之玉卮也。虽有圣智,莫尽其术,为其漏也。"昭侯曰:"然。"昭侯闻堂谿公之言,自此之后,欲发天下之大事,未尝不独寝,恐梦言而使人知其谋也。

申子曰:"独视者谓明,独听者谓聪;能独断者,故可以为天下主。"

【注释】 ①堂谿公:春秋末期楚国所封的一个吴国逃亡贵族。这里所记的堂谿公,当是这个贵族后代。昭侯:指韩昭侯,战国中期韩国君主。②卮:酒器。

【译文】 堂谿公对韩昭侯说:"假如有个价值千金的玉杯。上下贯通没有底子,可以用来盛水吗?"昭侯说:"不可以。""有陶器不漏水,可以用来盛酒吗?"昭侯说:"可以。"堂谿公说:"陶器是最不值钱的,如果不漏,就可用它盛酒。虽然有价值千金的玉杯,最值钱,但没有底,不能盛水,那么还有什么人往里面倒好酒呢?现在贵为人君而泄漏群臣言论,这就好像没有底的玉杯一样。臣下虽有极高的智慧,也不肯向君主献出自己的谋略,因为怕它被泄露出去。"昭侯说:"对。"昭侯听了堂谿公的话,从这以后,想对天下采取大的行动,没有不是单独睡觉的,唯恐说梦话而让别人知道计谋。

申不害说:"能独自观察问题叫明,能独自听取意见叫聪;能独自决断的人,就可以做天下的王。"

四

【原文】 宋人有酤酒者①,升概甚平②,遇客甚谨③,为酒甚美,县帜甚高④,然而不售,酒酸。怪其故,问其所知。问长者杨倩⑤,倩曰:"汝狗猛耶?"曰:"狗猛则酒何故而不售?"曰:"人畏焉。或令孺子怀钱挈壶瓮而往酤⑥,而狗迓而龁之⑦,此酒所以酸而不售也。"夫国亦有狗,有道之士怀其术而欲以明万乘之主,大臣为猛狗迎而龁之,此人主之所以蔽胁⑧,而有道之士所以不用也。

故桓公问管仲曰⑨:"治国最奚患⑩?"对曰:"最患社鼠矣⑪。"公曰:"何患社鼠哉?"对曰:"君亦见夫为社者乎?树木而涂之,鼠穿其间,掘穴托其中。熏之,则恐焚木;灌之,则恐涂阤⑫:此社鼠之所以不得也。今人君之左右,出则为势重而收利于民,入则比周而蔽恶于君⑬。内间主之情以告外⑭,外内为重⑮,诸臣百吏以为富。吏不诛则乱法,诛之则君

不安,据而有之,此亦国之社鼠也。"故人臣执柄而擅禁⑯,明为己者必利,而不为己者必害,此亦猛狗也。夫大臣为猛狗而龁有道之士矣,左右又为社鼠而间主之情,人主不觉。如此,主焉得无壅⑰,国焉得无亡乎?

【注释】 ①酤:买卖。这里指卖。②升概甚平:指量酒公平。升,量具。这里指量酒器具。概,刮平升斗的小木棍。③遇:对待,招待。谨,殷勤,恭敬。④县:同"悬"。帜:酒旗。⑤杨倩:人名。⑥或:有人。孺子:小孩子,儿童。挈:提,拿。瓮:盛酒的瓦器。酤:这里指买。⑦迓:迎。龁:咬。⑧蔽胁:蒙蔽和挟持。⑨桓公:指齐桓公,名小白,春秋五霸之一。管仲:名夷吾,齐桓公的相。⑩奚患:祸患是什么。⑪社:祭土地神的坛。⑫陁:剥落。⑬比周:植党营私,紧密勾结。⑭间:窥测,刺探。⑮外内为重:内外勾结,相互依靠而增强权势。⑯执柄:掌握权势。擅禁:操纵法令。⑰壅:闭塞。

【译文】 宋国有一个卖酒的人,量足价公,待客殷勤,酒味醇美,酒旗挂得又高,但却卖不出去,酒都变酸了。他对此感到诧异,不知原因何在,就去问他熟悉的人。问地方长老杨倩,杨倩说:"你养的狗凶吗?"他说:"狗凶。可是酒为什么就卖不出去呢?"杨倩说:"人们怕狗呀。有人让小孩子揣着钱拿着壶罐去买酒,猛狗却迎上去咬他。这就是酒变酸而卖不出去的原因。"国家也有猛狗。法术之士怀有治国的策略,想使大国的君主明察起来,大臣却像猛狗一样迎上去乱咬,这也就是君主被蒙蔽和挟持,而法术之士不能受到重用的原因所在。

齐桓公问管仲:"治理国家最怕什么?"管仲回答说:"最怕社坛里的老鼠呀。"桓公说:"干吗要怕社坛里的老鼠呢?"管仲回答说:"您看见过那些做社坛的人吗?把木头树起来,涂上泥巴;老鼠咬穿了木头,挖洞藏身在里面,用烟火熏它吧,怕木桩烧起来;用水灌吧,又怕涂上的泥巴掉下来:这就是捉不到社鼠的原因。现在君主身边的近侍,在朝廷外就卖弄权势,从民众那里榨取利益;在朝廷内就紧密勾结,在君主面前隐瞒罪恶。在宫内刺探君主的情况,告诉宫外的同党,内外勾结助长权势,一些官僚以此富贵。不诛杀他们,国法就要受到扰乱;诛杀他们,君主就不得安宁。他们控制着君主,也就是国家的社鼠啊。"所以臣子掌握权势,操纵法令,向人表明:为他卖力的人必有好处,不为他卖力的人必有祸患。这也就是猛狗。大臣既像猛狗一样迫害法术之士,左右近侍又像社鼠一样刺探君主内情,而君主却不能察觉。这样,君主怎能不受蒙骗,国家怎能不衰亡呢?

五

【原文】 荆庄王有茅门之法曰①:"群臣大夫诸公子入朝,马蹄践霤者②,廷理斩其辀③,戮其御④。"于是太子入朝,马蹄践霤,廷理斩其辀,戮其御。太子怒,入为王泣曰:"为我诛戮廷理。"王曰:"法者,所以敬宗庙⑤,尊社稷⑥。故能立法从令尊敬社稷者,社稷之臣也,焉可诛也?夫犯法废令不尊敬社稷者,是臣乘君而下尚校也⑦。臣乘君,则主失威;下尚校,则上位危。威失位危,社稷不守,吾将何以遗子孙?"于是太子乃还走,避舍露宿三日⑧,北面再拜请死罪⑨。

【注释】 ①荆庄王:即楚庄王,名侣,春秋五霸之一。楚开始建国于荆山一带,故又称荆。茅门之法:关于外朝的规矩。茅门,即雉门。古代诸侯宫室有三道大门,即库门、雉门、路门。茅门是第二道门,门前为外朝的地方。②践:踏到。霤:屋檐下滴水的地方。③廷理:执法的官。辀:车辕。④御:驾车的人。⑤宗庙:祖宗的神庙,安置祖宗神主和祭祀的地方。⑥社稷:象征国家。社,土地神。稷,谷神。⑦乘:陵驾。下尚校:臣下侵犯君主。尚,上。校,较量,引申为侵犯。⑧避舍:离开居住的房屋,表示服罪。⑨北面:古代君主朝会时面南而立,朝拜者面向北。请死罪:请给予死罪。

【译文】 楚庄王外朝法规规定:"群臣、大夫、诸公子入朝,有马蹄踏到屋檐下滴水处的,执法官砍断他的车辕,杀掉他的车夫。"这期间太子入朝,马蹄踩到屋檐下滴水的地方,执法官砍断他的车辕,杀了他的车夫。太子发怒了,进去向庄王哭泣道:"替我报仇,杀了执法官。"庄王说:"法是用来敬宗庙,尊社稷的。能确保法制,遵从法令,尊敬社稷的,是国家的有功之臣,怎么可以诛杀呢?违犯法制,废除法令,不尊敬社稷的,是臣下凌驾君主之上,臣下侵犯君主。臣下凌驾君主之上,君主就失去威势;臣下侵犯君主,君主的地位就危险。威势失去,地位危险,国家不能保存,我将拿什么传给子孙?"于是太子转身跑走,躲避到外面露宿了三天,面北一再拜请给予死罪。

六

【原文】 卫嗣君谓薄疑曰①:"子小寡人之国以为不足仕②,则寡人力能仕子③,请进爵以子为上卿④。"乃进田万顷。薄子曰:"疑之母亲疑⑤,以疑为能相万乘所不窕也⑥。然疑家巫有蔡妪者⑦,疑母甚爱信之,属之家事焉。疑智足以信言家事,疑母尽以听疑也,然已与疑言者,亦必复决之于蔡妪也。故论疑之智能,以疑为能相万乘而不窕也;论其亲,则子母之间也;然犹不免议之于蔡妪也。今疑之于人主也,非子母之亲也,而人主皆有蔡妪。人主之蔡妪,必其重人也⑧。重人者,能行私者也。夫行私者,绳之外也⑨;而疑之所言,法之内也。绳之外与法之内,仇也,不相受也。"

【注释】 ①薄疑:人名,曾在赵国和卫国做官。②小:小看。不足仕:不值得做官。③仕子:给你做官。④上卿:最高一级的卿,同相。⑤疑:薄疑自称。亲:爱。⑥相万乘:做大国的相。所:用法和"而"字相同。不窕:有余力的意思。窕,不充满。⑦巫:判断吉凶的家庭巫婆。蔡妪:姓蔡的老妇人。⑧重人:握有权势的人。⑨绳:木匠用的墨线,比喻法度。

【译文】 卫嗣君对薄疑说："你嫌我国家小，以为不值得做官，我可是有能力满足你做官的要求，让你晋爵做上卿。"于是，就给了薄疑一万顷土地。薄疑说："我的母亲爱我，认为我能做到大国的相还有余力。但我家有个姓蔡会占卜的婆婆，我母亲非常喜爱并听信她，把家政都委托给她。我的智慧足以决断家事，我的母亲也完全听信我。然而母亲已经和我商量过的事，还要由蔡婆再来决定。所以要说我的智慧才能，母亲认为我能做大国的相还有余力；要说亲密关系，则是母子无间。即使这样，母亲还是不免要和蔡婆商量。现在我和君主，没有母子之间的亲密关系，而君主身边却都是蔡婆之类的人物。君主身边的蔡婆，一定是握有权势的人。握有权势的人是能够行私的人。那些行私的人，是可以任意在法外胡作非为；而我讲的，则是按法办事。非法与合法，完全对立的，是不能相容的。"

七

【原文】 吴起①，卫左氏中人也②，使其妻织组而幅狭于度③。吴子使更之，其妻曰："诺④。"及成，复度之⑤，果不中度⑥，吴子大怒。其妻对曰："吾始经之而不可更也⑦。"吴子出之⑧。其妻请其兄而索入。其兄曰："吴子，为法者也。其为法也，且欲以与万乘致功，必先践之妻妾，然后行之，子毋几索入矣⑨。"其妻之弟又重于卫君，乃因以卫君之重请吴子。吴子不听，遂去卫而人荆也⑩。

【注释】 ①吴起：战国初期卫国人，法家代表人物，杰出的军事家。②左氏：卫国邑名，位于今山东曹县西北。中：乡名或里名。③组：丝织的带。幅：宽度。狭于度：比要求的尺度窄。④诺：表示同意的回答。⑤度：量。⑥不中度：不符合要求的尺度。⑦经：经线，拴在织布机上的竖线，编织物的纵线。⑧出：休妻。⑨毋：不要。几：通"冀"，希望。⑩去：离开。荆：楚国的别名。

【译文】 吴起是卫国左氏邑中乡人，让他妻子织丝带，结果幅度比要求的尺度窄。吴起让她改一下，妻子说："行。"等到织成，又量了量，结果还是不符合尺度，吴起非常生气。他妻子回答说："我开头就把经线确定好了，不可以更改了。"吴起休掉了她。吴起妻子让哥哥去请求回去。她哥哥说："吴起是制定法令的人，他制定法令，是想用来为大国建立功业。他必须首先在自己妻妾身上兑现，然后才能推行起来，你不要指望回去了。"吴起妻子的弟弟受卫君重用，企图凭着国君器重的身份去请求吴起。吴起不听，便离开卫国到楚国去了。

八

【原文】 晋文公问于狐偃曰①："寡人甘肥周于堂②，卮酒豆肉集于宫③，壶酒不清，生

肉不布④，杀一牛遍于国中，一岁之功尽以衣士卒，其足以战民乎？"狐子曰："不足。"文公曰："吾弛关市之征而缓刑罚，其足以战民乎？"狐子曰："不足。"文公曰："吾民之有丧资者，寡人亲使郎中视事，有罪者赦之，贫穷不足者与之，其足以战民乎？"狐子对曰："不足。此皆所以慎产也⑤；而战之者，杀之也。民之从公也，为慎产也，公因而迎杀之，失所以为从公矣。"曰："然则何如足以战民乎？"狐子对曰："令无得不战。"公曰："无得不战奈何？"狐子对曰："信赏必罚⑥，其足以战。"公曰："刑罚之极安至？"对曰："不辟亲贵⑦，法及所爱。"文公曰："善。"明日令田于圃陆⑧，期以日中为期，后期者行军法焉。于是公有所爱者曰颠颉后期⑨，吏请其罪，文公陨涕而忧⑩。吏曰："请用事焉。"遂斩颠颉之脊，以徇百姓⑪，以明法之信也。而后百姓皆惧曰："君于颠颉之贵重如彼甚也，而君犹行法焉，况于我则何有矣。"文公见民之可战也，于是遂兴兵伐原⑫，克之。伐卫，东其亩⑬，取五鹿⑭。攻阳⑮。胜虢⑯。伐曹⑰。南围郑，反之陴⑱。罢宋围⑲。还与荆人战城濮⑳，大败荆人。返为践土之盟㉑，遂成衡雍之义㉒。一举而八有功。所以然者，无他故异物，从狐偃之谋，假颠颉之脊也。

【注释】①狐偃：字子犯，晋文公的舅父，又叫舅犯。他曾帮助晋文公建成霸业。②甘肥：甜的、肥的，指美味的东西。周：遍。堂：朝堂，指朝廷。③厄酒豆肉：形容酒肉不多。豆，盛肉的器皿，形似高脚盘。④布：放。⑤慎：同"顺"。⑥信赏必罚：有功必赏，有罪必罚。⑦辟：回避，躲避。⑧田：打猎，围猎，古代常用田猎作为军事演习。圃陆：即被庐，晋国地名。⑨颠颉：人名，晋国大臣，曾追随晋文公在外流亡十九年。据《左传》僖公二十八年记载，他是因违令烧掉了曹国臣子僖负羁的家而被斩杀的，与这里的记载不同。⑩陨涕：落泪。忧：伤心，忧愁。⑪徇：示众。⑫原：诸侯国名，位于今河南济源西北。⑬东其亩：将卫国原来的田亩阡陌方向改为东西向，以利于晋国兵车的东行。⑭五鹿：卫国地名，位于今河南清丰西北。⑮阳：指阳樊，地名，位于今河南济源东南。⑯虢：诸侯国名，姬姓。位于今河南郑州西北。⑰曹：诸侯国名，姬姓。位于今山东定陶西。⑱反：推倒，破坏。陴：城墙上有洞眼的矮墙。⑲罢：解除。⑳还：回头。荆人：指楚军。战城濮：公元前632年，晋文公与前来援救曹、卫的楚军在城濮大战。晋军齐心协力，先引兵后退，然后伏击楚军，取得胜利。这是晋文公建立霸业的一次重要战争。城濮，卫国地名，位于今山东濮县南。㉑为践土之盟：城濮大战后，晋文公进军衡雍，在践土大会诸侯，被推为盟主。践土，郑国地名，位于今河南武陟东南。㉒衡雍：一作河雍，郑国地名，位于今河南原阳西南。义：结盟，指晋文公和郑伯在衡雍结盟。

【译文】晋文公向狐偃询问道："我把美味甘食遍赐朝中臣子，只留少量的酒肉放在宫内。酒酿成后尚未澄清就给大家饮，鲜肉未经存放就煮给大家吃，杀一头牛也要普遍分给国人，一年织成的布都给士兵做衣服穿，这足以使民众为我打仗了吧？"狐偃说："还不行。"文公说："我的民众有丧失财产的，我亲自派遣郎中去查看；对有罪的人予以赦免，对贫穷的人布施恩惠。这足以使民众为我打仗了吧？"狐偃回答说："还不行。这些都是满足民众生存要求的办法。而要他们打仗，等于要杀死他们。民众追随您，是为了顺顺当当地活着，您却违反他们的意愿让他们去战场上送死，也就失去了民众跟从您的理由。"文公说："那么，要怎样做才足以使民众为我打仗呢？"狐偃说："使他们不得不去打仗。"文公说："不得不去打仗怎么讲呢？"狐偃回答说："有功必赏，有罪必罚，大概足以使他们打仗了。"文公说："怎样达到刑罚的最高境界呢？"狐偃回答说："刑罚不避开亲近和显贵的人，法治实施到你宠爱的人。"文公说："好。"第二天，文公下令在圃陆打猎，约定以中午为期限，迟到的按军法处置。这时有个文公爱重、名叫颠颉的人迟到了，执法官吏请君主定他的罪，文公掉着眼泪，很是为难。执法官吏说："请让我对他用刑。"于是腰斩了颠颉，并向百姓陈尸，用来表明有法必依。此后百姓都非常害怕，说："国君对颠颉的爱重是那么深切，尚且按法治罪，何况对我们，有什么值得留情的呢。"文公见百姓可用以打仗了，于是就起兵攻打原国，战胜了对方。攻打卫国，让卫国的田间小路方向改为东西向，以便通行顺利，占领了五鹿地区。攻取阳樊。战胜虢国。讨伐曹国。向南围困郑国，破坏了郑国的城垛。解除对宋国的包围。回兵和楚军在城濮交战，大败楚军。班师北上，主持了在践土举行的盟会；接着又完成了衡雍的结盟。一下子就建立了八项功业。之所以能够这样，没有其他原因，是听从了狐偃主张，借用了颠颉的脊梁的缘故。

外储说右下

【题解】

《外储说右下》共分五段经文和相辅的说文，分别阐述君臣不能共同掌握赏罚大权、君主对臣下赏罚应以法办事、君主不能随便暴露爱憎、君主治国治吏不治民、君主不能违背自然法则办事等问题。

所选文段一旨在说明有功受赏、有罪受罚的法治原则。在这里韩非讲述了一个故事，说秦国遇到严重灾荒，应侯向秦王请求开发苑场、允许百姓就中取食蔬菜枣栗，而秦王严辞拒绝，说什么秦国法令是让百姓有功受赏，有罪受罚。开放禁苑，就是让百姓无功受赏赐，会造成国家混乱。因此说："夫发五苑而乱，不如弃枣蔬而治。"韩非所讲的原则是不错的，但秦王把救灾与无功受赏混为一谈，救济灾民是不以立功为前提的，应当救济所有灾民，而秦王却说救济灾民会造成国家混乱、宁肯饿死灾民也不能违背有功受赏的法治原则，用饿死人来护法，护法也就失去法治意义，有违法治的本质。所以司马迁在《史记》中说法家"苛薄寡恩"，大概指这类事情。

中华传世藏书——国学经典文库 韩非子——图文珍藏版

文段二选自"说二"中的第三个故事。本故事讲鲁相公仪休嗜鱼不受鱼，显示了一位识大体、顾大局、有长远眼光的宰相本色。他爱吃鱼，全城人争相买鱼相赠，他一一拒绝不受。他把个人嗜好同守法联系起来，把眼前利益同长远利益结合起来，把私事同公事区别开来，拒不受礼索鱼，尽到了一个为官者的本分。

在文段三中，作者通过摇树动叶、纲举目张、驱众救火来说明"以一制万"的道理。让每枝树叶都动起来，用什么办法最好呢？如果一一拨动树叶，一时间也无法使叶子全动起来；而左右拍打树干，树叶就会全部动起来。张网捕鱼，怎样才能让网眼全部张开，迅速捕到鱼呢？如果逐一拨弄网眼，然后抓鱼，非但辛苦，且抓不到鱼。如果抓住网上总纲，撒开渔网，鱼就会落网。让官吏提水救火，一桶水是救不了火的，让官吏指挥众人救火，火势很快会扑灭。韩非如此以小喻大，旨在说明君主治国必须任势，本、纲、吏皆使用"以一制万"的任势技巧。

文段四旨在揭示国库空虚、百姓贫饿是由于官吏"中饱私囊"造成的。赵简子把"君之国中饱"误解为自己国家富裕，所以欣然自喜。官吏运用手中的权力榨取民脂民膏，侵吞公私财物，上使国库空虚，下使百姓贫困，这种腐败之风实在是国家的灾难。

文段五所讲的延陵卓子野蛮驾术，意在说明赏罚毁誉不一，百姓便会无所措手足，造成社会混乱，让社会安全必须赏罚毁誉有统一标准的法治原则。

一

【原文】 秦大饥①，应侯请曰②："五苑之草著③：蔬菜、橡果、枣栗，足以活民，请发之。"昭襄王曰："吾秦法，使民有功而受赏，有罪而受诛。今发五苑之蔬果者，使民有功与无功俱赏也。夫使民有功与无功俱赏者，此乱之道也。夫发五苑而乱，不如弃枣蔬而治。"

【注释】 ①大饥：严重饥荒。②应侯：范雎的封号。范雎是战国时魏国人，任秦昭襄王相，以功封于应（位于今河南鲁山东北）。③苑：帝王的游乐打猎场所，内养禽兽，种植花木果树。草著：著地而生的草木。

【译文】 秦国遇到严重饥荒，应侯请求说："五处苑场中的草本植物：蔬菜、栎树果、枣子、栗子，足以养活百姓，请您开放。"秦昭襄王说："我们秦国的法令，是让百姓有功受赏，有罪受罚。现在如果开放五苑的蔬菜瓜果，却是不论有功无功都要让百姓受到赏赐。不论有功无功都让百姓受到赏赐，那是使国家混乱的做法。开放五苑而使国家混乱，不如烂掉瓜果蔬菜而使国家太平。"

二

【原文】 公仪休相鲁而嗜鱼①，一国尽争买鱼而献之，公仪子不受。其弟谏曰："夫

子嗜鱼而不受者②，何也?"对曰:"夫唯嗜鱼，故不受也。夫即受鱼，必有下人之色③；有下人之色，将枉于法④；枉于法，则免于相。虽嗜鱼，此不必致我鱼，我又不能自给鱼。即无受鱼而不免于相，虽嗜鱼，我能长自给鱼。"此明夫恃人不如自恃也⑤，明于人之为己者，不如己之自为也。

【注释】 ①公仪休:人名，战国时鲁国博士。相鲁:做鲁国的相。嗜:爱好。②夫子:对尊长的敬称。③下人之色:迁就别人的神色。④枉:歪曲，违背。⑤明:明白，懂得。夫:那种。

【译文】 公仪休担任鲁相。他爱吃鱼，全城的人都争相买鱼进献给他，公仪休不收。他弟弟规劝说:"您爱吃鱼，却不收鱼，为什么?"公仪休回答说:"正因为爱吃鱼，我才不收。假如收了，一定要迁就他们才行；有迁就他们的表现，就会违背法令；违背法令就会罢免相位。这样一来，我即使爱吃鱼，他们也不一定再给我鱼，我也不能自己再买到鱼。假使不收鱼，因而不被免相，尽管再爱吃鱼，我也能够经常自己买到鱼。"这是懂得依靠别人不如依靠自己，知道靠别人相助，不如自己帮助自己的道理。

三

【原文】 摇木者——摄其叶，则劳而不遍；左右拊其本①，而叶遍摇矣。临渊而摇木，鸟惊而高，鱼恐而下。善张网者引其纲②，不一一摄万目而后得；若一一摄万目而后得③，则是劳而难；引其纲，而鱼已囊矣。故吏者，民之本，纲者也，故圣人治吏不治民。

救火者，令吏挈壶瓮而走火④，则一人之用也；操鞭箠指麾而趣使人⑤，则制万夫。是以圣人不亲细民⑥，明主不躬小事⑦。

【注释】 ①本:树干。②纲:网上的总绳。③目:网眼。④吏:指啬夫。挈:提。瓮:一种可盛水的陶器。走火:跑去救火。⑤箠:短棍。指麾:指挥。趣:督促，驱使。⑥亲:治理。细民:民众。细，小。⑦躬:亲自。

【译文】 摇树的人如果逐一地拨动树叶，即使很劳累，也不能把叶子全部拨动一遍；如果从左右拍打树干，那么所有的树叶就会晃动起来了。在深潭的边上摇树，鸟惊而高飞，鱼恐而深游。善于张网捕鱼的人牵引渔网的总绳，不逐一地拨弄网眼捕鱼；如果逐一地拨弄网眼，然后捉鱼，那就不但劳苦，而且也难以捕到鱼了；牵引网上的总绳，鱼就自然被网住了。所以官吏是民众的树干和总绳，因此圣明的君主管理官吏而不去管理民众。

救火时，叫主管官员提着水壶水罐跑去救火，只能起一个人的作用；拿了鞭子、短棍指挥，驱使人们，就能役使上万的人去救火。因此圣明的君主不亲自治理民众，不亲自处理小事。

四

【原文】 薄疑谓赵简主曰①："君之国中饱。"简主欣然而喜曰："何如焉？"对曰："府库空虚于上②，百姓贫饿于下，然而奸吏富矣。"

【注释】 ①薄疑：人名。曾在赵国、卫国做官。赵简主：即赵简子，春秋末晋国执政的三卿之一。②府库：存钱物之处为府，存粮之处为库。

【译文】 薄疑对赵简子说："您的国家'中饱'。"赵简子以为是夸他的国家富足，所以十分得意地说："怎么个富足呀？"薄疑说："上有钱库粮仓的空虚，下有百姓的贫穷饥饿，可是中间的贪官污吏都一个个富起来了。"

五

【原文】 延陵卓子乘苍龙挑文之乘①，钩饰在前②，错镂在后③，马欲进则钩饰禁之，欲退则错镂贯之④，马因旁出⑤。造父过而为之泣涕⑥，曰："古之治人亦然矣。夫赏所以劝之，而毁存焉；罚所以禁之，而誉加焉。民中立而不知所由，此亦圣人之所为泣也。"

【注释】 ①延陵卓子：人名。延陵原是春秋时吴国地名，位于今江苏常州。苍龙：青色的马，古代称高八尺的马为龙。挑文：指毛色鲜艳的马。挑，通"翟"，长尾的野鸡。文，花纹。②钩：控制马的用具，指络在马下巴的皮制的钩。饰：指饰于马头的钩、勒等物。③错镂：马鞭前端交错的针。④贯：刺。⑤旁出：往斜里跑。⑥造父：古代驾车能手。

【译文】 延陵卓子乘坐由名为"苍龙""挑文"的马拉的车子，马身装饰华贵，前有钩、勒等物，后有带刺的鞭子。马想前进，就会碰到钩、勒禁止，马想后退，就有鞭刺相戳，于是马就往斜里乱跑。造父路过时看到了，为马哭泣说："古时治人也是这样。赏赐是用来勉励立功的，但毁谤也夹杂在里面；刑罚是用来禁止犯罪的，但赞美却也随之而来。人们只好呆着不动，不知所措，这也就是圣人为之哭泣的原因。"

难一

【题解】

"难"，辩难，有诘问、辩驳之意。为了进一步阐述势治学说，韩非广征博引，搜集了一些历史故事、传说及一些名人言论共二十八则，用对照辩驳形式逐一加以分析评论，写成《难一》至《难四》四篇文章。《难一》共讲九个故事，多论尊主明法、君主权势、君道臣礼、实施赏罚等内容。

所选文段一是当中的第三个历史故事。管仲临终告诫齐桓公要除去三个佞臣，而桓

公不听,结果在桓公重病时受到三个佞臣的陷害,饿死后不得安葬,尸腐出蛆。韩非用辩难方式对此事件加以评说,文中的"有人说",代表韩非的观点,对管仲的告诫进行批评。他指出,管仲告诫桓公清除三佞臣的主张,是不懂法度而说的话。管仲清除佞臣的理由是佞臣"不爱其身,安能爱君"。韩非反驳说,管仲不为公子纠而死安能爱桓公,管仲岂不也在除掉之列。所以齐桓公的悲剧不是因为不听管仲告诫造成的,而是君主没有用权势法术驾驭臣下所致。管仲之言,则是除去一奸,又生一奸,治标不治本。如果依法治臣,制定爵禄鼓励立功,建立刑罚威慑奸邪禁绝犯罪,这样奸人便不会被重用,即使有竖刁、易牙之类,也不会兴风作浪的。

在文段二中,韩非阐明法不赦罪人,不杀无辜的原则。他从"赦罪人"和"重不辜"两方面批驳了,郤克的错误。郤克声称要前往救将要处斩之人,等他赶到刑场时,人已处死。郤克却说:"为什么不把尸体巡行示众?"连他的仆从都看出郤克前后矛盾的说法。郤克解释这样做是为了分担大家对行刑者的非议。韩非对此借用旁观者的口气加以分析,指出被斩的人如果是死罪,就不该去救;救有罪的人是违法的;法令败坏,国家就混乱。如果被斩的人不是罪人,就不能把尸体巡行示众;把无罪人的尸体示众,就使无辜的人受死刑和陈尸示众的双重冤枉;双重冤枉,是民众最痛恨的;民众有怨恨,国家就危险。说陈尸是为了分担非议,这不仅不足以分担对斩人的非议,还会产生对陈尸的非议。郤克的做法只能造成民众对上级的失望,从而失去民心。

韩非这里所坚持的是罪刑适当的原则、罪与赦统一标准的原则,这在今日仍然是不变的原则。这一贡献,在中国法制史上占有重要地位。

一

【原文】 管仲有病①,桓公往问之②,曰:"仲父病③,不幸卒于大命,将奚以告寡人④?"管仲曰:"微君言⑤,臣故将谒之⑥。愿君去竖刁⑦,除易牙⑧,远卫公子开方⑨。易牙为君主味⑩,君惟人肉未尝,易牙烝其子首而进之⑪。夫人情莫不爱其子,今弗爱其子,安能爱君?君妒而好内,竖刁自宫以治内⑫。人情莫不爱其身,身且不爱,安能爱君?开方事君十五年,齐、卫之间不容数日行⑬,弃其母,久宦不归。其母不爱,安能爱君?臣闻之:'矜伪不长⑭,盖虚不久⑮。'愿君去此三子者也。"管仲卒死,而桓公弗行。及桓公死,虫出户不葬⑯。

或曰:管仲所以见告桓公者,非有度者之言也。所以去竖刁、易牙者,以不爱其身,适君之欲也。曰:"不爱其身,安能爱君?"然则臣有尽死力以为其主者,管仲将弗用也。曰:"不爱其死力,安能爱君?"是欲君去忠臣也。且以不爱其身度其不爱其君⑰,是将以管仲之不能死公子纠度其不死桓公也⑱,是管仲亦在所去之域矣⑲。明主之道不然,设民所欲

以求其功,故为爵禄以劝之;设民所恶以禁其奸,故为刑罚以威之。庆赏信而刑罚必,故君举功于臣而奸不用于上,虽有竖刁,其奈君何?且臣尽死力以与君市⑳,君垂爵禄以与臣市。君臣之际,非父子之亲也,计数之所出也㉑。君有道,则臣尽力而奸不生;无道,则臣上塞主明而下成私。管仲非明此度数于桓公也㉒,使去竖刁,一竖刁又至,非绝奸之道也。且桓公所以身死虫流出户不葬者,是臣重也㉓。臣重之实,擅主也㉔。有擅主之臣,则君令不下究㉕,臣情不上通。一人之力能隔君臣之间,使善败不闻,祸福不通,故有不葬之患也。明主之道:一人不兼官,一官不兼事;卑贱不待尊贵而进,大臣不因左右而见;百官修通,群臣辐凑㉖;有赏者君见其功,有罚者君知其罪。见知不悖于前㉗,赏罚不弊于后,安有不葬之患?管仲非明此言于桓公也,使去三子,故曰:管仲无度矣。

【注释】 ①管仲:名夷吾,齐桓公的相。他曾帮助桓公改革内政,建立霸业。②桓公:指齐桓公,名小白,齐国君主,春秋五霸之一。③仲父:齐桓公对管仲的尊称。④寡人:君主的谦称。⑤微:无。⑥故:通"固",本来。谒:告。⑦竖刁:齐桓公宠信的年轻侍从,名刁,掌握官内事务。竖,年轻侍仆。⑧易牙:人名,一作狄牙,桓公近臣,擅长调味。⑨开方:人名,卫国公子,在齐国做官。⑩主味:主管伙食。⑪烝:蒸。⑫宫:割去睾丸。治内:管理宫内的事。⑬齐、卫之间不容数日行:齐国与卫国之间要不了几天的行程。⑭矜伪不长:弄虚作假,不会长久。矜,自夸。⑮盖虚不久:掩盖虚假,不能持久。⑯虫出户不葬:公元前643年,桓公有病,易牙、竖刁、开方等乘机作乱,阻塞宫门。桓公饿死后,三个月不收葬,尸体腐烂,蛆虫爬出门外。⑰度:忖度,推断。⑱公子纠:齐桓公的哥哥。⑲域:范围。⑳市:交易。㉑计数:计算利害得失。㉒度数:法术。㉓臣重:臣下的权力过大。㉔擅主:挟持君主。㉕下究:下达。㉖辐凑:车轮的辐条聚集到车毂。凑,通"辏",聚。㉗悖:混乱。

【译文】 管仲生重病,齐桓公前去探望,询问说:"您病了,万一有个不幸,有什么话准备告诉我?"管仲说:"您就是不问我,我本来也要告诉您的。希望您赶走竖刁,除去易牙,远离卫公子开方。易牙为您主管伙食,您只有人肉没吃过,易牙就把自己儿子的头蒸了献给您。人之常情没有不喜爱自己儿子的,现在易牙不爱自己儿子,又怎么能爱您呢?您本性好妒而喜欢女色,竖刁就自己施行宫刑,以便管理宫女。人之常情没有不喜爱自己身体的,竖刁连自己身体都不爱,又怎么能爱您呢?卫公子开方侍奉您十五年,齐国和卫国之间只有几天的行程,开方离开自己母亲,做官很久也不探望问安。他连自己母亲都不爱,又怎么能爱您呢?我听说:'弄虚作假的不会长久,掩盖真相的不能持久。'希望您能远离这三个人。"管仲已死,桓公不按他的话去做。等到桓公死后,蛆虫爬出门外也无人埋葬。

有人反驳说:管仲用来告诫桓公的话,不是懂法度的人所说的话。要除去竖刁、易牙

的理由，是因为他们不看重自身，而去迎合君主的欲望。管仲说："不爱自身，又怎么能爱君主？"那么臣下有拼死效力君主的人，管仲就不会任用了。他会说："不爱惜自身而拼死出力的人，怎么能爱君主？"这是要君主除掉忠臣啊。况且用不爱自身来推断他不爱君主，这就可以用管仲不能为公子纠而死来推断管仲不能为桓公而死，这样，管仲也在应当除掉之列。明君的原则不是这样，他会设置臣民所希望的东西来求得他们立功，所以制定爵禄而鼓励他们；设置臣民所厌恶的东西来禁止奸邪行为，所以建立刑罚来威慑他们。奖赏守信而刑罚坚决，所以君主在臣子中选拔有功的人，奸人不会被任用，即使有竖刁一类的人，又能把君主怎么样呢？况且臣下尽死力来换取君主的爵禄，所以君主设置爵禄才能换取臣下的死力。君臣之间，不是父子那样的亲属关系，而是从计算利害出发的。君主有正确的治国原则，臣下就会尽力，奸邪也不会产生；君主没有正确的治国原则，臣下就会对上蒙蔽君主，在下谋取私利。管仲对桓公没有阐明这种法术。他让桓公赶走竖刁，另一个竖刁又会出现，这不是杜绝奸邪的方法。再说桓公死后蛆虫爬出门外还不得埋葬的原因，是臣下的权力过大。臣下权力过大的结果，就是挟持君主。有了挟持君主的奸臣，君主的命令就无法下达，群臣的情况也不能上通。一个人的力量能隔断君臣之间的联系，使君主听不到好坏情况，不了解祸福产生的缘由，所以有死后不葬的祸患。明君的治国原则：一人不兼任他职，一职不兼管他事；地位低的人不必等待地位高的人来推荐，大臣不必通过君主近侍来引见；百官都能逐级上通，群臣好像车辐聚集到车轴中心一样归附君主；受赏的人，君主能了解他的功劳；受罚的人，君主能知道他的罪过。君主事先对群臣的功过了解得清楚，然后进行赏罚，就不会受蒙蔽，怎么会有死后不葬的祸患呢？管仲不对桓公讲明这个道理，只是让他赶走三个人，所以说管仲不懂法度。

二

【原文】 靡笄之役①，韩献子将斩人②。郤献子闻之③，驾往救之。比至④，则已斩之矣。郤子因曰："胡不以徇⑤？"其仆曰："曩不将救之乎⑥？"郤子曰："吾敢不分谤乎？"

或曰：郤子言不可不察也，非分谤也。韩子之所斩也，若罪人，则不可救，救罪人，法之所以败也，法败则国乱；若非罪人，则不可劝之以徇，劝之以徇，是重不辜也⑦，重不辜，民所以起怨者也，民怨则国危。郤子之言，非危则乱，不可不察也。且韩子之所斩若罪人，郤子奚分焉⑧？斩若非罪人，则已斩之矣，而郤子乃至，是韩子之谤已成而郤子且后至也。夫郤子曰"以徇"，不足以分斩人之谤，而又生徇之谤。是子言分谤也？昔者纣为炮烙⑨，崇侯、恶来又曰斩涉者之胫也⑩，奚分于纣之谤？且民之望于上也甚矣，韩子弗得，且望郤子之得之也；今郤子俱弗得，则民绝望于上矣。故曰：郤子之言非分谤也，益谤也。且郤子之往救罪也，以韩子为非也；不道其所以为非，而劝之"以徇"，是使韩子不知其过

305

也。夫下使民望绝于上，又使韩子不知其失，吾未得郤子之所以分谤者也。

【注释】 ①靡笄之役：公元前589年，晋卿郤克出兵伐齐，在靡笄山下大败齐军。靡笄，古代山名，在今山东省长清区。②韩献子：即韩厥，晋国的卿，当时任中军司马，掌管军法。③郤献子：即郤克，当时任中军主帅。④比至：等到赶到。⑤胡：为什么。徇：尸体巡行示众。⑥曩：先前。⑦重不辜：双重冤枉，指无罪被杀和把尸体巡行示众。⑧奚：什么。⑨纣：商朝最后的一个王，暴君。炮烙：本作"炮格"，古代的一种酷刑，把人放在烧红的铜格上面烤死。⑩崇侯：指崇侯虎。商属国崇的首领，奸臣。恶来：人名，商纣王宠幸的臣子。斩涉者之胫：相传纣王在冬天见人涉水，就把他的小腿砍下来，看它为什么这样耐寒。胫，小腿。

【译文】 晋、齐靡笄之战后，晋中军司马韩厥将斩人。主帅郤克听说后，驾车前去救人。等他赶到，人已处死。郤克就说："为什么不用他巡行示众？"郤克的侍仆说："先前您不是要救他吗？"郤克说："我怎敢不为韩厥分担别人对他的非议呢？"

有人反驳说：郤克的话不能不加考察，它不能分担非议。韩厥要斩的如果是罪人，就不该去救；救有罪的人，是法令败坏的原因；法令败坏，国家就混乱。如果不是罪人，郤克就不能劝韩厥把尸体巡行示众；劝韩厥把尸体巡行示众，这就使无辜的人受死刑和陈尸示众的双重冤枉；双重冤枉，正是民众产生怨恨的原因；民众有怨恨，国家就危险。郤克的话，不是危险就是混乱，不能不明察。况且韩厥要斩的若是罪人，郤克要分担什么非议呢？要斩的如果不是罪人，那么已经斩杀了，郤克才到，这时韩厥的非议已经构成，而郤克后来方才赶到。郤克说把尸体巡行示众，不足以分担斩人的非议，而又产生巡尸的非议，这就是郤克所谓的分担非议？过去商纣造出炮烙酷刑，崇侯、恶来又劝斩涉水者的小腿，哪里就分担了对纣的非议？况且民众对上面按法办事的希望是很强烈的，假使韩厥没能做到，民众就会希望郤克做到；现在郤克一样没有做到，那么民众对上级就绝望了。所以说：郤克的话不是分担别人对韩厥的非议，而是增加了非议。再说郤克前去救人，是认为韩厥错了；不讲清他做错的原因，而劝他拿尸体巡行示众，这是使韩厥不知道自己的过错。使下面的民众对上级绝望，又使韩厥不知道自己的过失，我不知道郤克是怎样来分担非议的。

难二

【题解】

《难二》共讲述七个故事，分别说明刑不在多少而在适当，赏无功不诛过是祸乱的根源，智者应掌握无为原则以避祸，君臣合力才能治理好国家，正确使用人才，国家增收有

中华传世藏书——国学经典文库 子学经典——图文珍藏版

多种因素,用兵之道在信赏必罚,不在亲冒矢石等七个方面问题。

所选文段一,即第一个故事,分二段,第一段讲晏子谏言齐景公用政多刑,致使齐景公盲目减少了五种刑罚。第二段讲有人批驳晏子多刑说教是不懂法治的误国之论。这里的"有人"就是韩非的代言人。晏子"多刑说"错在只讲刑多不讲用刑是否正确,如果刑罚恰当,就不应嫌多。如果刑罚不当,也不应嫌少。爱惜杂草便会损害庄稼,宽容盗贼便会伤害百姓。所以晏子的"多刑说"是"利奸害善",有损法治。正确地用刑,不在讲多少,而在遵循罪刑适当的原则。

文段二通过李克免除苦陉县令职务一事,批评李克无术的错误。李克免除苦陉县令职务的理由,是该县没有山林川泽之利,而上报的钱粮收入却多,以为是非法收入,故以免职。李克还振振有词地说,让人喜欢而不合常理的言语叫"窕言",不合正常收入的财货叫"窕货",君子不听"窕言",不受"窕货"。对此,韩非通过"有人说"的形式加以反驳,指出小人不懂常理,一定不用常理去衡量言论;君子用常理去衡量言论,一定不会喜欢"窕言"。又指出,没有山林川泽之利就不能增加收入的说法,也是不懂理财之道的错误言论,是武断之言。文章历数增加收入的途径,巧妙利用天时地利,通过人的努力,就有丰收年景;互通有无、节俭财用,收入就增多,何来"窕货"? 这些都说明李克没有调查就武断下结论,是不懂生财之道。所以说李克的言论是"无术之言"。

一

【原文】 景公过晏子①,曰:"子宫小②,近市,请徙子家豫章之圃③。"晏子再拜而辞曰:"且婴家贫,待市食④,而朝暮趋之,不可以远。"景公笑曰:"子家习市⑤,识贵贱乎?"是时景公繁于刑。晏子对曰:"踊贵而屦贱⑥。"景公曰:"何故?"对曰:"刑多也。"景公造然变色曰⑦:"寡人其暴乎!"于是损刑五⑧。

或曰:晏子之贵踊,非其诚也,欲便辞以止多刑也⑨。此不察治之患也。夫刑当无多,不当无少。无以不当闻,而以太多说⑩,无术之患也。败军之诛以千百数,犹北不止⑪;即治乱之刑如恐不胜⑫,而奸尚不尽。今晏子不察其当否,而以太多为说,不亦妄乎⑬? 夫惜草茅者耗禾穗,惠盗贼者伤良民。今缓刑罚,行宽惠,是利奸邪而害善人也,此非所以为治也。

【注释】 ①景公:指齐景公,名杵臼,春秋末期齐国君主。他在位时政治腐败,许多人受刖足(砍断脚)的酷刑。过:走访,探望。晏子:指晏婴,字平仲,曾任景公的相。②宫:宫室。这里指住宅。③豫章之圃:当是齐都的风景区。豫章,地名,一说即樟木。圃,种植花果的园地。④待:依靠,依赖。市食:上集市买东西吃。⑤习市:熟悉市场行情。⑥踊:被刖足的人所穿的鞋子。屦:常人穿的鞋子。⑦造然:吃惊而惨痛的样子。⑧损刑

五：减去五种刑罚。⑨便辞：托辞。⑩说：进说。⑪犹：还。北：败北，战败逃走。⑫即：即使，纵使。不胜：不够。⑬妄：荒唐，谬误。

【译文】　齐景公走访晏子，说："您的住宅太小，又靠近集市，请把您家搬到豫章园去。"晏子拜了两拜推辞说："我家穷，靠近集市买东西吃，早晚赶集方便，不能离得远。"景公笑着说："您家人熟悉市场行情，知道什么贵什么便宜吗？"这时正是景公刑罚繁多的时候。晏子回答说："断脚人穿的踊贵，常人穿的鞋便宜。"景公说："什么缘故？"晏子回答说："刑罚太多。"景公惊讶得脸色大变，说："我大概太残暴了吧！"于是减去五种刑罚。

有人反驳说：晏子说踊贵，不是他的真心话，是想借此来劝说景公不要多用刑罚。这是他不懂治国之道的过错。刑罚恰当不嫌多，刑罚不当不在少。晏子不以刑罚不当告诉景公，而以用刑太多劝说景公，这是不懂法术的过错。打败仗的军队被杀掉的人虽以千百计算，还是败逃不止；即使治理祸乱的刑罚唯恐不够用，奸邪还是不能除尽。现在晏子不去考察景公的刑罚是否用得恰当，却拿刑罚太多劝说景公，不是很荒唐吗？爱惜茅草便会损害庄稼，宽容盗贼便会伤害良民。现在减轻刑罚，实行宽惠，就是便利奸邪而伤害好人，这不是用来治国的办法。

二

【原文】　李克治中山①，苦陉令上计而入多②。李克曰："语言辨③，听之说④，不度于义⑤，谓之窕言⑥。无山林泽谷之利而入多者，谓之窕货。君子不听窕言，不受窕货。子姑免矣。"

或曰："李子设辞曰：'夫言语辨，听之说，不度于义者，谓之窕言。'辩，在言者；说，在听者：言非听者也。所谓不度于义，非谓听者，必谓所听也。听者，非小人则君子也。小人无义，必不能度之义也；君子度之义，必不肯说也。夫曰'言语辨，听之说，不度于义'者，必不诚之言也。入多之为窕货也，未可远行也。李子之奸弗蚤禁⑦，使至于计，是遂过也。无术以知而入多，入多者，穰也⑧，虽倍入，将奈何？举事慎阴阳之和⑨，种树节四时之适，无早晚之失，寒温之灾，则入多。不以小功妨大务⑩，不以私欲害人事，丈夫尽于耕农⑪，妇人力于织纴⑫，则入多。务于畜养之理，察于土地之宜，六畜遂⑬，五谷殖⑭，则入多。明于权计⑮，审于地形、舟车、机械之利⑯，用力少，致功大，则入多。利商市关梁之行⑰，能以所有致所无，客商归之，外货留之，俭于财用，节于衣食，宫室器械周于资用，不事玩好⑱，则入多。入多，皆人为也。若天事，风雨时，寒温适，土地不加大，而有丰年之功，则入多。人事、天功二物者皆入多，非山林泽谷之利也。夫无山林泽谷之利入多，因谓之窕货者，无术之言也。

【注释】　①李克：魏文侯时曾任中山相，有政绩。一说即李悝，前期法家人物，战国

初年任魏文侯的相,主持变法,制订过《法经》。中山:春秋时白狄别支鲜虞族建立的国家,位于今河北灵寿、定州、唐县一带。公元前406年曾被魏国攻灭。②苦陉:中山国地名,位于今河北无极东北。令:县一级的地方长官。上计:地方官吏年终时向上级报告户口、征收钱粮等情况。③辩:通"辩",动听。④说:同"悦",喜欢。⑤度:度量,引申为符合。义:常理。⑥窕:有空隙,不实,不当。⑦蚤:通"早"。⑧穰:丰收。⑨举事:办事,指耕垦田地。慎:同"顺"。⑩大务:这里指农耕。下文"人事",指耕织。⑪丈夫:成年男子。⑫织纴:纺织。⑬六畜:牛、马、驴、骡、羊、猪。遂:成。⑭五谷:稻、麦、粟、菽、黍。殖:蕃茂。⑮权:权衡。计:计算。⑯审:周密考察。⑰梁:桥梁。⑱玩好:珍贵的玩物,珍宝。

【译文】 李克治理中山,苦陉县令年终上报的钱粮收入较多。李克说:"言语动听,听了叫人喜欢,但不符合常理,这种话叫作窕言。没有山林川泽等自然资源而收入多的,这种收入叫作窕货。君子不听窕言,不受窕货。你就此免除职务吧。"

有人反驳说:"李克提出的论点说:'言语动听,听了叫人喜欢,但不符合常理,这种话叫作窕言。'动听不动听在于说话的人,喜欢不喜欢在于听话的人;说话的人不是听话的人。所谓说话不符合常理,不是指听话的人,必定指听到的话。听话的人不是小人就是君子。小人不懂得常理,一定不能用常理去度量它;君子用常理去度量它,一定不会喜欢窕言的。所谓'言语动听,听了叫人喜欢,但不符合常理',一定是不可靠的话。收入多叫作窕货,不是适用所有事物的道理。李克对于奸邪的行为不及早禁止,一直等到年终上报,这是李克造成的过错。李克没有办法去了解情况而只知道收入多;收入多,是因为庄稼丰收,即使有加倍的收入,又有什么问题呢?农耕顺应自然的变化,种植根据四季作合理的安排,没有误农时的失误,遭寒暑的灾祸,收入就多。不用小事妨害农耕,不用私欲妨害耕织,男子尽力于农耕,女子致力于纺织,收入就多。注意饲养牲畜的原则,按照土地的情况合理种植,六畜兴旺,五谷繁殖,收入就多。善于权衡计算,周密了解地形,发挥舟车和机械的作用,花的力气少,得到的功效大,收入就多。使商市、关口、桥梁便利于通行,能互通有无,客商闻风而至,吸收了外来的货物,节俭财用,节衣缩食,宫室、器具合于实用,不贪图珍贵的玩物,收入就多。收入增多,都是人为的结果。至于自然界的情况,风雨适时,冷暖适宜,土地不增加,却有丰收的年景,收入就多。人的努力,天时的作用,这两方面都能使收入增多,并不是山林川泽给予的利益。不因为山林川泽给予的利益而收入多,却硬把它们叫作窕货,这是不懂法术的言论。

难三

【题解】
《难三》包括八个故事,分别说明君主应鼓励告奸和惩罚隐恶、警惕有贰心的臣子、防

309

止以下凌上、君主不能依靠个人智慧去察奸防恶、君主应充分利用权势、君主应识破臣下经过掩饰的奸邪行为、法术应由君主独自掌握等方面问题。每段讲述一个故事或确立一个观点，然后用"有人说"形式加以反驳，阐明韩非的观点。

所选文段一讲离开以法治国原则，只凭个人智巧治国，就会给国家带来灾难。这个故事是对老子"以智治国，国之贼也"一句的解释。故事讲子产晨出，听见有妇女哭泣声，依据哭的声调断定此妇有奸情，命官吏捉来审问。对此事，韩非用"有人说"来详加分析、批驳，指出一国有那么多奸情，不任用法官、狱官审理、验证，不彰明法度，而竭尽聪明，劳心费神去获得奸情，是缺少治国之术的表观。个人智力有限，只有依靠事物去了解事物，依靠人来了解人，这就是用一个大罗网来了解万事万物，包括了解奸情在内，才是万无一失的法术。君主掌握此术，不需劳累、不用智巧，就可达到便知天下事的目的。

文段二所讲法宜分开、术宜深藏，是治民治臣的法治思想。法是人们的行为规范，所以必须公之于世；术是君主掌控臣下、戒备臣下的手段，就不能让臣下觉察。法之所以要公开发布，是让天下所有人都知道，无分贵贱，人人都知道，人人都遵照实行，国家才能大治。术之所以深藏，是君主胸中所藏用来对付各种事变暗中驾驭群臣的机密，不能有丝毫泄露，连君主身边亲信、亲属都不能知道的，更不能让大家都知道。机密一旦外露，让准备实施阴谋的权臣获知，将会对君主构成严重危害。所以："术者，藏之于胸中，以偶众端而潜御群臣者也。"

一

【原文】　郑子产晨出①，过东匠之闾②，闻妇人之哭，抚其御之手而听之。有间③，遣吏执而问之，则手绞其夫者也。翼日④，其御问曰："夫子何以知之⑤？"子产曰："其声惧。凡人于其亲爱也，始病而忧，临死而惧，已死而哀。今哭已死，不哀而惧，是以知其有奸也。"

或曰：子产之治，不亦多事乎？奸必待耳目之所及而后知之，则郑国之得奸者寡矣。不任典成之吏⑥，不察参伍之政⑦，不明度量⑧，恃尽聪明劳智虑而以知奸，不亦无术乎？且夫物众而智寡，寡不胜众，智不足以遍知物，故因物以治物。下众而上寡，寡不胜众者，言君不足以遍知臣也，故因人以知人。是以形体不劳而事治，智虑不用而奸得。故宋人语曰："一雀过羿⑨，羿必得之，则羿诬矣⑩。以天下为之罗⑪，则雀不失矣。"夫知奸亦有大罗，不失其一而已矣。不修其理，而以己之胸察为之弓矢⑫，则子产诬矣。老子曰："以智治国，国之贼也。"⑬其子产之谓矣。

【注释】　①子产：即公孙侨，春秋时郑昭公相。②东匠：闾名。闾：里，古代二十五家为闾。③有间：一会儿。④翼曰：另外一天。⑤夫子：大夫的尊称，指子产。⑥典成之吏：

310

主管狱讼的官吏。典,主管。⑦参伍:即参伍之验,用事实来多方面加以验证。⑧度量:指法度。⑨羿:传说是夏代东夷族的部落首领,以善射著名。⑩诬:欺骗。⑪罗:网。⑫胸察:主观判断。弓矢:比喻察奸的手段。⑬出自见《老子》王弼注本六十五章。贼,害。

【译文】 郑相子产早晨出门,经过东匠闾时,听见有妇女的哭泣声。子产按住车夫的手,示意停车,仔细听听。过了一会儿,子产派官吏把那个妇女捉来审问,断定她就是亲手绞死丈夫的人。有一天,车夫问他说:"您根据什么知道那妇女是凶手?"子产说:"她的哭声显得恐惧。一般说来,大家对于亲爱的人,刚病时忧愁,临死时恐惧,既死后悲哀。现在她哭已死的丈夫,不是悲哀而是恐惧,所以知道她有奸情。"

有人说:子产治国,不也是太多事了吗?奸情一定要等亲自听到和看到,然后才了解,那么郑国查到的奸情就太少了。不任用主管狱讼的官吏,不采用多方面考察验证的治理措施,不彰明法度,而依靠竭尽聪明,劳心费神去获知奸情,不也是缺少治国办法吗?况且事物众多而个人智寡,寡不胜众,个人智力难以普遍地了解事物,所以要利用事物来治理事物。臣下多而君主寡。寡不胜多是指君主难以普遍地了解臣下,所以要依靠人来了解人。因此不劳累身体就办好事情,不使用脑力就得到奸情。所以宋人有句话说:"每一只麻雀飞过羿的身边,羿也定要把它射下来,那就是羿在骗人。把天下作为罗网,麻雀就一个也逃不脱。"了解奸情也有大罗网,那就是万无一失的法术罢了。不整顿法制,而用自己的主观判断作为察奸的手段,那是子产在蛮干。老子说:"凭个人智慧治理国家,是国家的祸患。"大概就是说子产这种做法吧。

二

【原文】 管子曰:"言于室,满于室;言于堂,满于堂。是谓天下王①。"

或曰:管仲之所谓言室满室、言堂满堂者,非特谓游戏饮食之言也②,必谓大物也。人主之大物,非法则术也。法者,编著之图籍,设之于官府,而布之于百姓者也。术者,藏之于胸中,以偶众端而潜御群臣者也③。故法莫如显,而术不欲见。是以明主言法,则境内卑贱莫不闻知也,不独满于堂;用术,则亲爱近习莫之得闻也④,不得满室。而管子犹曰"言于室满室,言于堂满堂",非法术之言也。

【注释】 ①天下王:可以称作天下的王。这里是说君主的声威应该传播到每一个角落。这句引文见《管子·牧民》篇。②非特:不只是。③偶:合,通。众端:各种头绪,指众事。潜御:暗地里驾驭。④近习:君主亲近宠幸的人。

【译文】 管仲说:"屋里讲话,声音满屋;堂上讲话,声音满堂。此人即可称为天下之主。"

有人反驳说:管仲所说的"屋里讲话声满屋,堂上讲话声满堂",并不只说饮食游戏方

面的话，必定说的是大事。君主的大事，不是法，就是术。法是编写成文，设置在官府里，进而公布到民众中去的。术是藏在君主胸中，用来对付各种各样事情而暗中驾驭群臣的。所以法越公开越好，术却不该表露出来。因此，明君谈法时，就是国内卑贱的人也没有不知道的，不仅仅满堂的人知道；用术时，就连君主宠幸的亲信也没有谁能听到，更不该让满屋子的人都知道。而管仲却还说"屋里讲话声满屋，堂上讲话声满堂"，这就不是合乎法术的话。

<h2 style="text-align:center">难势</h2>

【题解】

《难势》就是辩难权势，紧紧围绕慎到的势治学说进行辩难。慎到认为君主的势位是"令则行，禁则止"的基础，是制服臣民的有效保证。韩非力主慎到的势治学说，反对贤治（贤人治理国家）的观点，提出君主治理国家必须在法治的前提下运用权势，才能使国家长治久安，形成了韩非"抱法处势"的势治理论。

关于"矛盾"的寓言就出自本文，它的本意是比喻"势"与"贤"是不相容的。文章指出，尧、舜得了权势，有十个桀、纣也不能扰乱天下，而桀、纣得了权势，有十个尧、舜也治理不好天下，说明贤治不如势治。为了进一步说明这一学说的正确性，韩非在这里又用"矛盾"的寓言加以说明，从中得出结论：按照贤治的原则，贤人是不受约束的；按照势治的原则，是没有什么不能约束的，不受约束的贤治和没有什么不能约束的势治就构成了矛盾。"贤势之不相容亦明矣"，其结果必然是贤治服从势治。

【原文】 夫势者，名一而变无数者也。势必于自然，则无为言于势矣。吾所为言势者，言人之所设也。今曰："尧、舜得势而治，桀、纣得势而乱。"吾非以尧、舜为不然也。虽然，非一人之所得设也。夫尧、舜生而在上位，虽有十桀、纣不能乱者，则势治也；桀、纣亦生而在上位，虽有十尧、舜而亦不能治者，则势乱也。故曰："势治者则不可乱，而势乱者则不可治也。"此自然之势也，非人之所得设也。若吾所言，谓人之所得设也而已矣，贤何事焉？何以明其然也？客曰[1]：人有鬻矛与盾者[2]，誉其盾之坚，"物莫能陷也[3]"，俄而又誉其矛曰[4]："吾矛之利，物无不陷也。"人应之曰："以子之矛，陷子之盾，何如？"其人弗能应也。以为不可陷之盾，与无不陷之矛，为名不可两立也。夫贤之为道不可禁，而势之为道也无不禁，以不可禁之贤与无不禁之势，此矛盾之说也。夫贤势之不相容亦明矣。

【注释】 ①客：韩非假设的某一个人。②鬻：卖。矛：古代常用的直刺的长柄兵器。盾：古代作战时防护身体、抵挡刀剑的牌，用皮革或金属等制成。③陷：陷入，刺穿。④俄而：一会儿。

【译文】　所谓权势，名称只有一个，但含义却是变化无穷的。权势一定要出于自然，那就用不着讨论它了。我要谈的权势，是人为设立的。现在你说："尧、舜得了权势天下就太平，桀、纣得了权势天下就混乱。"我并不认为尧、舜不是这样。但是，权势不是一个人能够设立起来的。假如尧、舜生来就处在君主的位置上，即使有十个桀、纣也不能扰乱天下，这就叫作"势治"；假如桀、纣同样生来就处在君主的位置上，即使有十个尧、舜也不能治好天下，这就叫作"势乱"。所以说："'势治'就不可能扰乱，而'势乱'就不可能治理好。"这都是自然之势，不是人设立的。像我说的，是说人设立的权势罢了，何必用什么贤人呢？怎样证明我的话是对的呢？某人讲了一个故事，说：有个卖矛和盾的人，夸耀他的盾很坚固，就说"没有东西能刺穿它"，一会儿又夸耀他的矛说："我的矛很锐利，没有什么东西刺不穿的。"有人驳斥他说："用你的矛刺你的盾，会怎么样呢？"他没法回答。因为不能刺穿的盾和没有东西刺不穿的矛，在道理上是不能同时存在的。按照贤治的原则，贤人是不受约束的；按照势治的原则，是没有什么不能约束的，不受约束的贤治和没有什么不能约束的势治就构成了矛盾。贤治和势治的不相容也就很清楚了。

问田

【题解】

"问田"作为题目，没有特别意义，系从该篇首句"徐渠问田鸠曰"中的"问田"二字取来。全篇共分两段，第一段讲选拔官吏必须从基层实际职务岗位上选取，具有丰富的实践工作经验。第二段，以对话形式表达法术人士不避艰险推行法治的精神。

本文为《问田》篇的第一段。该段旨在阐述官吏起于下层的选官原则，将相尤其如此。将相为百官之首，关系军政兴旺、法治的实行、国家的存亡，是择臣用人的首要问题。将军要从下层军官逐级选拔，选具有实战经验的官兵逐级升迁，将官才能胜任作战指挥权。宰相从地方官吏提升，才有资格有能力管理地方行政。由于将相起于下层，他们可以凭下层办事的实践经验，下达各种禁令和指令，对下层官员何时能完成任务、完成效率如何，他们都能心中有数，绝少有人能蒙混过关。他们出自下层，所以对下属能知人善任，权衡利害，做到以法治军，以法治吏。

【原文】　徐渠问田鸠曰①："臣闻智士不袭下而遇君②，圣人不见功而接上。今阳城义渠③，明将也，而措于屯伯④；公孙亶回⑤，圣相也，而关于州部⑥，何哉？"田鸠曰："此无他故异物，主有度、上有术之故也⑦。且足下独不闻楚将宋觚而失其政⑧，魏相冯离而亡其国⑨？二君者，驱于声词，眩乎辩说⑩，不试于屯伯，不关乎州部，故有失政亡国之患。由是观之，夫无屯伯之试，州部之关，岂明主之备哉！"

【注释】 ①徐渠:人名,生平不详。田鸠:一作田俅,齐国人,墨家人物。②袭下:指从低级职务起,按级上升。袭,层层上加。遇:礼遇,赏识。③阳城义渠:人名。④措:安置。屯伯:即屯长,军队中五人设一屯长。⑤公孙亶回:人名。⑥关:措置,安排。州部:当时的一种基层行政单位。⑦度:法度。术:指君主使用、驾驭各级官吏的措施和手段。⑧足下:对人的尊称。宋觚:人名。⑨冯离:人名。⑩眩:迷惑。乎:于。

【译文】 徐渠问田鸠说:"我听说智士不用历任低级职务就能被君主赏识,圣人不用显示出成绩就能被君主接纳。现在的阳城义渠是个英明的将领,可他曾被安排做过小官;公孙亶回是个杰出的相国,也安排做过地方官,为什么呢?"田鸠说:"这没有别的原因,就因为君主掌握了法和术的缘故。您难道没听说楚国任用宋觚为将而使国事败坏,魏国任用冯离为相而使国家危亡的事情吗?楚、魏两国的君主被动听的言辞所驱使,被花言巧语所迷惑,不在屯长这样的低级职务中去试用他们,不安排在州部这样的基层机构中去考验他们,所以才有作战败北和国家危亡的祸患。由此看来,那种不经过低级职务的试用,不经过基层机构的安排考验,难道是英明君主任用官吏的办法么!"

定法

【题解】

"定法"就是确定名副其实的赏罚原则,完善法令。本篇是韩非论述法与术思想的重要文章。文章里分析了商鞅、申不害的法、术主张的利弊,总结了前期法家推行法治的经验教训,提出了法术相结合加以运用,才能加强君主权力。

韩非的法治思想有三个来源:势源于慎到,法源于商鞅,术源于申不害。韩非对前人的思想既有继承又有发展,发现不合时宜者,便行改变。本文提出的"时移备变"的观点,就是因时代需要而变法。历史前进了,社会情况变化了,治国办法也随之改变,把不适应新情况的办法加以废除,或加以完善。所以,韩非能成为法家思想的集大成者。本文提出改进商鞅赏赐办法,提出因人而宜的主张,就是完善法治的具体事例。

【原文】 问者曰:"主用申子之术①,而官行商君之法②,可乎?"

对曰:"申子未尽于术,商君未尽于法也。申子言:'治不逾官,虽知弗言。'治不逾官,谓之守职可也;知而弗言,是不谓过也③。人主以一国目视,故视莫明焉;以一国耳听,故听莫聪焉。今知而弗言,则人主尚安假借矣?商君之法曰:'斩一首者爵一级④,欲为官者为五十石之官⑤;斩二首者爵二级,欲为官者为百石之官。'官爵之迁与斩首之功相称也。今有法曰:'斩首者令为医、匠。'则屋不成而病不已。夫匠者手巧也,而医者齐药也⑥,而以斩首之功为之,则不当其能。今治官者,智能也;今斩首者,勇力之所加也。以勇力之所加而治智能之官,是以斩首之功为医、匠也。故曰:二子之于法术⑦,皆未尽善也。"

【注释】 ①申子:即申不害,郑国京(今河南荥阳)人,战国时法家代表人物。曾任韩昭侯相。主张循名责实,以术驭臣。②商君:即商鞅,战国时卫国人,原名卫鞅,又名公孙鞅。法家代表人物。在秦实行变法,因功封于於(在今河南内乡)、商(在今河南商县),因名商鞅。秦孝公死后,受旧贵族围攻,战死后,又被车裂。③不谓过:指不告发罪过。谓,说,告。④首:指甲首,披甲的小军官的头。级:指秦国的爵位级别。秦国的爵位分二十级。⑤石:容量单位,十斗为一石,重一百二十斤。战国时期有些国家用"石"作为俸禄的计算单位。⑥齐药:即调配药物。齐,同"剂"。⑦二子:指申不害和商鞅。

【译文】 问话的人说:"君主使用申不害的术,而官府实行商鞅的法,这样可以吗?"

韩非回答说:"申不害的术不够完善,商鞅的法也不够完善。申不害说:'办事不超越自己的职权范围,越权的事即使知道了也不说。'办事不超越职权范围,可以说是守职;知道了不说,这是不告发罪过。君主用全国人的眼睛去看,所以没有比他看得更全面的;用全国人的耳朵去听,所以没有比他听得更清楚的。假如知道了都不报告,那么君主还靠什么来做自己的耳目呢?商鞅的法令规定:'杀死一个敌人小头目的,升爵一级,想做官的给年俸五十石的官;杀死两个敌人小头目的,升爵两级,想做官的给年俸一百石的官。'官职和爵位的提升跟杀敌立功的多少是相当的。如果有法令规定:'让杀敌立功的人去做医生或工匠。'那么他房屋也盖不成,病也治不好。工匠是有精巧手艺的,医生是会配制药物的,如果用杀敌立功的人来干这些事,那就与他们的才能不相适应。现在做官的人,要有智慧和才能;而杀敌立功的人,靠的是勇气和力量。如果让靠勇气和力量的人去担任需要智慧和才能的官职,那就等于让杀敌立功的人去当医生、工匠一样。所以说:申不害的术和商鞅的法,都还没有达到很完善的地步。"

说疑

【题解】

　　"说疑"是说君主要善于识别臣下各种难以辨认的阴暗迷惑行径。《说疑》对六十多个历史人物和若干历史事件进行了详说,高度赞扬维护君权的臣子,对危害君权的臣子予以严厉抨击。在此基础上韩非提出君主的重要职责是"明于择臣",举用善于"明法"的人,让"便国利民"的大臣主事,并且择臣要做到"内详不避亲,外举不避仇"。与此同时,要坚决除"五奸"、破"四拟",使奸邪之臣无机可乘,而禁奸的最好办法是"禁心"。

　　本文的中心思想就是"禁奸以禁心为上"。禁心就是用法制观念消除臣下为非作歹的邪恶念头,然后按法律办事。作者认为赏罚无疑是惩恶劝善的必要手段,是维护社会

秩序的强制措施。但它的局限性在于对己功己罪的直接回报,对当事人起主要作用,对他人立新功、止新罪不能产生直接效应。所以会出现一方面是见义勇为者,一方面是恶性犯罪屡杀不止的局面。所以赏罚必须实施教育为先的原则:"太上禁其心,其次禁其言,其次禁其事。"禁心就是消除犯罪思想,禁言就是消除犯罪言论,禁事就是禁止犯罪行为。只有让法制思想深入人心,并且废止巧言空谈,才能做到"民治而国安"。

【原文】 凡治之大者,非谓其赏罚之当也。赏无功之人,罚不辜之民,非所谓明也。赏有功,罚有罪,而不失其人,方在于人者也,非能生功止过者也。是故禁奸之法,太上禁其心①,其次禁其言,其次禁其事。今世皆曰"尊主安国者,必以仁义智能",而不知卑主危国者之必以仁义智能也。故有道之主,远仁义,去智能,服之以法。是以誉广而名威,民治而国安,知用民之法也。凡术也者,主之所执也;法也者,官之所师也。然使郎中日闻道于郎门之外②,以至于境内日见法,又非其难者也。

【注释】 ①太上:最上,最重要的。心:指思想。②郎中:官名。始于战国,主管侍卫、通报职责。闻:传达。道:指法制的大道理。郎:通"廊",指宫殿的廊。侍卫平时立在廊下。

【译文】 治国的重要问题,不仅是赏罚。赏无功,罚无罪,不能算是明察。赏有功,罚有罪,就是完全没有遗漏,仅仅在个别人身上起作用,还不能从根本上起到建功止过的大效果。因此,禁止奸邪的首要问题,在于首先禁止产生奸邪的思想,其次是禁止奸邪的言论,最后才是禁止奸邪的行为。今天世人都在说"使君主得到尊严,国家得到安定,必定要依靠仁义智能",殊不知造成君主卑下、国家危难的原因,必定是由仁义智能造成的。因此有道君主,摒弃仁义,排斥智能,用法度使人服从。所以才能声誉广传,威名远扬,民众安定,国家太平,这是懂得用民的方法。一般来说,术由君主掌握,法由官吏遵循执行。既然如此,派遣侍从郎官每天在宫门外传达法制道理,以至于国内民众当天都能看到法令,并不是一件难事。

诡使

【题解】

"诡",相反之意。"诡使"是批评君主采取的措施同应当贯彻执行的法治原则相违背,有法不依,违法办事。韩非批评社会上出现的大量是非颠倒的现象,诸如耕战守法之民遭到种种打击和诬蔑;破坏法令、诽谤现实的人,"无功而显,无劳而富"等反常现象,均非下民之罪,"上失其道"的缘故。究其原因在于君主不能真正按照法治原则赏罚褒贬,特别是不能以法赏公禁私。他主张采取严厉措施,对"二心私学者",应当"破其群","散

其党"，"禁其欲"，"灭其迹"，国家才能大治。

本文是《诡使》篇的最后一段。文中指出君主不以法进行赏罚是世乱的根本原因。乱生于私，治乱必须废私；治生于法，法废私，则乱止。废私是立法的根本目的之一，不以法治理臣下，必然会助长臣下行私枉法。私的存在，使君臣利害关系更加紧张。君主的"私"表现在法外施恩罚仇，臣下的"私"在于追求无功受赏，有过不罚，向君主争夺更多的权势，形成"奸人赖赏而富""贤者显名而居"。由于臣下得势，并用非法手段对付君主，因此，出现"上不胜下"的乱世局面。

【原文】 夫立法令者以废私也。法令行而私道废矣。私者，所以乱法也。而士有二心私学岩居窟处托伏深虑①，大者非世，细者惑下；上不禁，又从而尊之以名，化之以实，是无功而显，无劳而富也。如此，则士之有二心私学者，焉得无深虑、勉知诈与诽谤法令，以求索与世相反者也！凡乱上反世者，常士有二心私学者也。故《本言》曰②："所以治者，法也；所以乱者，私也。法立，则莫得为私矣。"故曰：道私者乱，道法者治。上无其道，则智者有私词③，贤者有私意。上有私惠，下有私欲，圣智成群，造言作辞，以非法措于上④。上不禁塞，又从而尊之，是教下不听上、不从法也。是以贤者显名而居，奸人赖赏而富。贤者显名而居，奸人赖赏而富，是以上不胜下也。

【注释】 ①二心：对君主产生二心，去追随私学。窟：坑穴。托伏：假托隐居。②《本言》：古代著作，已失传。③私词：指违法的言论。下文的"私意"，指违法的意图；"私惠"，指法外的恩惠；"私欲"，指非法的欲望。④措：措置。

【译文】 确立法令的目的是为了废止私行。法令得以贯彻，私行就必被废止。私行是扰乱法令的罪魁。现在那些怀有二心专搞私学、隐居山林、老谋深算的人，重则诽谤现实，轻则造谣惑众。君主不加以禁止，还要进一步用美名抬高他们，用实利拉拢他们，结果就是使无功者显贵，不劳者富有。这样一来，怀有二心专搞私学的士人怎能不费尽心机、玩弄智巧和诽谤法令，去拼命追求那些和当代社会背道而驰的东西呀！大凡危害君主统治、反对现实社会的，常常就是那些身怀异心大搞私学的人。所以《本言》说："国家安定靠的是法，国家混乱根源在私。法立起来的话，就没有人再行私了。"所以说：倾向于私行的，社会必然混乱；倾向于法的，社会一定大治。君主不用法治，聪明的人就有违法言论，贤能的人就有违法企图。君主有法外的恩惠，下面就有非法的欲望，"圣人和智者"就会聚众结党来制造谣言和诡辩，用非法手段对付君主。君主不严加禁止，反而对这些人大加尊崇，那就是教育下属不听从君主、不服从法令。结果贤人以显赫的名声处在高位，奸人依赖赏赐而富裕起来。贤人以显赫的名声处在高位，奸人依赖赏赐而富裕起来，因此，君主便再也控制不住臣下了。

六反

【题解】

"六反",就是六种奸伪之民,应受到斥责反而得到称誉;六种耕战之民,应得到称誉反而受到斥责。韩非强调,不能把错误的社会舆论作为赏罚的依据,而要根据人的"计算之心"确立厚赏重罚的原则,鼓励人们"以力得富,以事致贵",禁绝一切违法行为,才能成就霸业。

韩非在本文所选文段一中提出"君不仁,臣不忠"就是以法治国的精神。不仁就是不以君主的私行仁爱行赏罚;不忠就是不向君主私人尽忠,而是尽力以法立功受赏。君臣都以法为行事的标准,不用私心交往,真正做到以法律为准绳,就不难称霸天下。这就是说君主、臣下都要把国家和法律放在首位。

在文段二中所讲"严是爱",旨在讲严格执法,是为了爱护百姓,这是韩非的基本治国之道。他认为,奸人在必被发现、必定要受惩罚的情况下,才不敢铤而走险。在闹市挂置百金,出名的大盗也不敢轻易出手;在不被发觉的情况下,奸人就会放肆;把贵重财物放在暗处,有修养的人都有可能动心。所以,韩非主张明君治国必用法令约束民众,重罚犯罪,而不是用廉洁的品德说教,让奸人停止作恶。这就是韩非爱不足以治国,严可以止恶的法治思想。不讲爱的严,称为酷吏;不讲爱民的严刑峻法,必是暴政。因此,把严与爱对立起来的思想、行为都是错误的。

一

【原文】 古者有谚曰:"为政犹沐也,虽有弃发,必为之。"爱弃发之费而忘长发之利,不知权者也①。

夫弹痤者痛②,饮药者苦,为苦惫之故不弹痤饮药,则身不活,病不已矣。

今上下之接,无子父之泽③,而欲以行义禁下④,则交必有郄矣⑤。且父母之于子也,产男则相贺,产女则杀之。此俱出父母之怀衽⑥,然男子受贺,女子杀之者,虑其后便,计之长利。故父母之于子也,犹用计算之心以相待也,而况无父子之泽乎?

今学者之说人主也,皆去求利之心,出相爱之道,是求人主之过父母之亲也,此不熟于论恩,诈而诬也,故明主不受也。圣人之治也,审于法禁,法禁明著,则官治;必于赏罚,赏罚不阿⑦,则民用。民用官治则国富,国富则兵强,而霸王之业成矣。霸王者,人主之大利也。人主挟大利以听治,故其任官者当能,其赏罚无私。使士民明焉,尽力致死,则功伐可立而爵禄可致⑧,爵禄致而富贵之业成矣。富贵者,人臣之大利也。人臣挟大利以从

事,故其行危至死,其力尽而不望⑨。此谓君不仁,臣不忠,则可以霸王矣。

【注释】　①不知权:不懂得衡量利害得失。权,权衡。②弹:古代一种用石针治病的方法。痤:痈。③子父之泽:父子间的恩泽。④行义:通"行谊",品德。⑤郄:同"隙",裂痕。⑥怀衽:怀抱。衽,衣襟。⑦阿:偏私。⑧功伐:功劳。爵:古代贵族的等级称号。致:获得。⑨望:怨恨。

【译文】　古人有句谚语说:"执政好比洗头一样,即使有一些头发掉落,还是必须洗头。"看重掉头发的损耗,而忘记促使头发生长的好处,是不懂得权衡利弊的人。

针刺痤疮是痛的,吃药是苦的。因为苦痛的缘故就不刺割痤疮和不吃药,就救不了命,治不了病。

现在君臣相结交,没有父子间的恩泽,却想用施行仁义去控制臣下,那么君臣之间的交往必定会出现裂痕。况且父母对于子女,生了男孩就互相祝贺,生了女孩就把她弄死。子女都出自父母的怀抱,然而是男孩就受到祝贺,是女孩就弄死的原因,是考虑到今后的利益,而从长远打算的。所以父母对于子女,尚且用计算利弊相对待,何况是对于没有父子间恩泽的人呢?

现在学者游说君主,都要君主抛弃求利的打算,而采用相爱的原则,这是要求君主有超过父母对于子女的亲情,这是对恩泽问题的无知之谈,是谎言和欺诈,所以明君是不接受的。圣人治理国家,一是能详细地考察法律禁令,法律禁令彰明了,官府事务就会得到妥善治理;二是能坚决地实行赏罚,赏罚不出偏差,民众就会听从驱使。民众听从驱使,官府事务得到顺利完成,国家就富强;国家富强,兵力就强盛。结果,统一天下的大业也就随之完成了。统一天下,是君主最大的利益。君主怀着统一天下的目的来治理国家,所以他根据能力任用官员,实行赏罚没有私心。要让士人民众明白,为国家尽力拼死,功劳就可建立,爵禄就可获得;获得爵禄,富贵的事业就完成了。富贵是臣子最大的利益。臣子怀着取得富贵的目的来办事,所以他们会冒着生命危险办事,竭尽全力,死而无憾,这叫作君主不讲仁爱,臣下不讲对君主个人的忠心,就可以统一天下。

二

【原文】　夫奸,必知则备①,必诛则止②;不知则肆,不诛则行。夫陈轻货于幽隐③,虽曾、史可疑也④;悬百金于市,虽大盗不取也。不知,则曾、史可疑于幽隐;必知,则大盗不取悬金于市。故明主之治国也,众其守而重其罪,使民以法禁而不以廉止。母之爱子也倍父,父令之行于子者十母;吏之于民无爱,令之行于民也万父。母积爱而令穷,吏用威严而民听从,严爱之策亦可决矣。且父母之所以求于子也,动作则欲其安利也,行身则欲其远罪也。君上之于民也,有难则用其死,安平则尽其力。亲以厚爱关子于安利而不

听⑤，君以无爱利求民之死力而令行。明主知之，故不养恩爱之心而增威严之势。故母厚爱处，子多败，推爱也；父薄爱教笞⑥，子多善，用严也。

【注释】　①知：察知。备：停止。②诛：惩罚。③轻货：价值低的物品。幽隐：不显眼而隐蔽的地方。④曾、史：指曾参、史鰌。曾参是孔丘的门徒，史鰌也称史鱼，春秋时卫国大夫。二人在古代都被认为是有道德修养的人。⑤关：安置，安排。⑥笞：用竹板施刑的一种体罚。

【译文】　奸人在一定能被察觉的情况下，才会罢手；在一定要受惩罚的情况下，才不敢冒险。在不能被察觉的情况下，他就会放肆；在不会受惩罚的情况下，他就要横行。把廉价的东西放在暗僻之处，即使是曾参、史鰌这样有修养的人也有私取的可能；把百金放置在闹市，即使出名的盗贼也不敢轻取。不被察觉，曾参、史鰌就可能在暗处放松要求自己；一定察觉，大盗就不敢在闹市上取走挂置的百金。所以明君治理国家，多设耳目，重罚罪犯，使民众由于法令而受到约束，不靠廉洁的品德而停止作恶。母亲爱护子女要倍于父亲，然而父亲严令子女的效果十倍于母亲；官吏对于民众没有爱心，然而对于民众发号施令，其效果万倍于父亲。母亲过分宠爱子女，命令就行不通；官吏运用刑罚的威严，命令就能让人服从。采用威严的办法好，还是仁爱的心肠好，由此也就可以决断了。况且父母寄希望于子女的，行动上是想让他们安全有利，做人上是想他们不去犯罪。君主对于民众，危难时就要他们拼死作战，安定时就要他们尽力耕作。父母怀着深厚的爱，把子女安排在安全有利的环境中，但子女却不听父母的话；君主在不用爱与利的条件下要求民众为国家出死力，命令却能行得通。明君懂得这些，所以不发仁爱之心而加强威严之势。母亲对子女厚爱，子女多数不争气，是因为宠爱的结果；父亲不偏爱，常用体罚，子女多数有出息，是因为管教严厉的结果。

八经

【题解】

"八经"是韩非论述君主治国的八项基本原则，全面阐述以法为主、法术势相结合的法治主张。他提出君主执法要像天一样公正，用术要像鬼神一样妙不可测。《八经》全文都贯穿着这样的观点。"因情"一节论赏罚之必要；"主道"一节讲君主"尽人之智"的方法；"主威"一节提出"设法变以齐民"；"立道"一节讲"参伍之道"的策略；"类柄"一节论君主深沉不露的重要性；"参言"一节提出了检验言论的一系列方法，如此等等，莫不贯穿法治思想。

本文文段一选自《八经》的"因情"，提出任势的关键是从实践出发。君主任势不能随

心所欲,脱离实际的赏罚与任势学说也是格格不入的。赏罚之所以可行,不是由君主的意志实行,而是由人情来决定。人有好恶之性,赏罚才有实行的可能。人不受赏、不畏罚,赏罚也就失去作用。人趋利避害,法制就规定用爵禄之利来鼓励立功求利,惩罚犯罪让人们避免灾祸。这样做,赏罚才能奏效。妄杀或赏无功者,不依法办事,赏罚也就失去鼓励和惩戒意义。只有赏罚分明了,依法治国的原则和方法也就完备了。

文段二选自《八经》的"主道",所讲乘势用术,是指君主善用众人智慧的方法。文中指出,只靠一个人的力量,不可能胜过众人;只靠一个人的智慧,不可能尽知万物。所以君主治国的要务,就是善于使用一国人的智慧和力量。在这个问题上,可以划分三等君主:下等的竭尽自己的才能,中等的竭尽别人的力量,上等的竭尽别人的智慧。集中大家的智慧,就要让大家一一发表议论,然后集中起来,分清智愚,一一记录在案,并通过实践验证其成败、予以奖惩。这样,便完成了用一国人的力量和智慧的全过程。

文段三选自《八经》的"立道"。韩非在这里提出的"参伍之道",是君主驭臣的最基本办法。"参伍"即"行参揆伍"。"行参"就是从多方面去检验,多方面了解情况,对大臣的言论、行动进行分析解剖,汇合各方面情况,交互衡量,实际验证,判定其效。"揆伍"就是科学分析,由表及里地加以判断,以确定其功罪,由此决定赏罚。这样的结论是客观的,不是个人好恶的结果。

文段四选自《八经》的"参言"。韩非在这里揭露了臣下如何用言论蒙蔽君主,并指出如何对以言论行骗加以辨别、如何进行惩治。他指出,言论可以用来迷惑人,十人讲了让人生疑,百人讲了让人相信,千人一讲就让人确信不疑。奸臣以言惑主,得力于人多加诡辩。君主不加责求,不察言论是否有用,邪说便一拥而上,迎合君主,以求一逞。君主不被花言巧语迷惑,唯一行之有效的办法就是督察言论的作用,考核它的功效。根据功效确定赏罚。然后,让"无用之辩不留朝""朋党之言不口闻",从而摆脱奸臣用言论来迷惑、控制君主的局面。

一

【原文】 凡治天下,必因人情。人情者有好恶①,故赏罚可用;赏罚可用,则禁令可立,而治道具矣。君执柄以处势,故令行禁止。柄者,杀生之制也;势者,胜众之资也。废置无度则权渎②,赏罚下共则威分。是以明主不怀爱而听,不留说而计③。故听言不参④,则权分乎奸;智力不用,则君穷乎臣⑤。故明主之行制也天⑥,其用人也鬼⑦。天则不非,鬼则不困。势行教严,逆而不违,毁誉一行而不议。故赏贤罚暴,举善之至者也;赏暴罚贤,举恶之至者也:是谓赏同罚异⑧。赏莫如厚,使民利之;誉莫如美,使民荣之;诛莫如重⑨,使民畏之;毁莫如恶,使民耻之。然后一行其法,禁诛于私家⑩,不害功罪。赏罚必知

之，知之，道尽矣。

【注释】　①好恶：喜好和厌恶，指好利恶害。②度：标准。渎：轻慢，不敬。③说：同"悦"。④参：检验，多方面地验证。⑤穷：困窘。⑥天：比喻公正无私。⑦鬼：比喻神妙莫测。⑧赏同罚异：奖赏和自己的要求相同的，惩罚和自己的要求不同的。⑨诛：责罚。⑩私家：指臣下。

【译文】　凡要治理天下，必须依据人情。人之常情有好利和恶害两种性情，因而赏和罚可据以使用；赏和罚可据以使用，法令就可据以建立起来，治国政策也就完备。君主掌握权柄并据有势位，所以能够令行禁止。权柄是决定生杀的大权。势位是制服众人的威慑力量。取舍无章可循，君权就不神圣了；如果和臣下共掌赏罚大权，君主的威势就分散了。因此，明君不带偏爱去听取意见，不抱成见去谋划事情。所以听取意见不加验证的话，权力就会被奸臣割取；不能使大家尽心竭力，君主就会受臣下困迫。所以明君行使权力时像天一样光明正大，任用臣下时像鬼神一样神妙莫测。光明正大，就不会遭到反对；神妙莫测，就不会陷入困境。君主运用权势，管教严厉，臣民即使有抵触情绪，也不敢违背，毁誉褒贬的标准始终如一，不容有妄自非议的余地。所以奖赏贤人，惩罚暴行，是鼓励做善事的最好办法；奖赏暴行，惩罚贤人，是鼓励干恶事的最坏办法：这就是奖赏和自己口味相同的，惩罚和自己口味不同的做法。赏赐最好优厚一些，使民众觉得有利；赞扬最好美好一些，使民众感到荣耀；惩罚最好严重一些，使民众感到害怕；贬斥最好难堪一些，使民众感到羞耻。然后坚决把法制贯彻下去，禁止臣下私行诛罚，不让他们破坏赏功罚罪的制度。赏罚一定要分明；分明，治国的原则和方法就完备了。

二

【原文】　力不敌众，智不尽物。与其用一人，不如用一国，故智力敌而群物胜。揣中则私劳①，不中则任过。下君尽己之能，中君尽人之力，上君尽人之智。是以事至而结智②，一听而公会③。听不一则后悖于前④，后悖于前则愚智不分；不公会则犹豫而不断，不断则事留。自取一，则毋堕壑之累。故使之讽⑤，讽定而怒⑥。是以言陈之日，必有策籍⑦。结智者事发而验，结能者功见而谋。成败有征⑧，赏罚随之。事成则君收其功，规败则臣任其罪。君人者合符犹不亲⑨，而况于力乎？事智犹不亲，而况于悬乎？故其用人也不取同，同则君怒。使人相用则君神，君神则下尽。下尽，则臣上不因君，而主道毕矣⑩。

【注释】　①揣：猜度。中：恰好符合。私劳：个人费精力。②结智：集合大家的智慧。③一听：一一听取。公会：把大家集中起来议论。④悖：相反，违背。⑤讽：劝谏。⑥怒：盛气地责求，威严地责令。⑦策籍：即册籍，指记录言论的簿册。古代写书写在竹简上，然后用皮绳编连成册，故称书籍为简册。策，竹简。籍，簿书。不亲：不亲自去做。⑧征：

验证。⑨合符：符剖分为二，双方各执一半，有事时检验相合，叫"合符"。符，古代朝廷传达命令或调兵遣将时用的凭证，用金、玉、铜或竹、木做成。⑩主道毕：君主驾驭臣下的方法也就完备了。

【译文】 仅靠一个人的力量，是不能胜过众人的；仅靠一个人的智慧，是不能尽知万物的。君主与其靠自己的智慧和力量，不如用一国人的智慧和力量，所以就能敌得过众人的智力而胜过万物。君主遇事只靠自己猜度的话，即使对了，也要花费自己精力；一旦错了，就要自己承担责任。下等的君主竭尽自己的才能，中等的君主竭尽别人的力量，上等的君主竭尽别人的智慧。因此遇到事情时，就要集中众人的智慧，一一听取大家的议论，然后把大家的意见集中起来，如果君主不一一听取大家的议论，臣下后来发表的意见就可能悖于原先的看法，这样君主就不能分清臣下愚智；如果君主不把大家的意见都集中起来，自己就会犹豫不决，犹豫不决的话，事情也就得不到及时处理。君主有主见地采取一种中肯意见，就不会有掉入臣下所设陷阱里的危险。所以，要让臣下提出建议，然后严厉地责令他完成。因此群臣发表言论时，一定要有记录。出谋划策的人，等事情发生后，君主要加以检验；贡献能力的人，等功效表现出来后，君主要对其成败进行分析。成败经过核实，随之进行奖赏或惩罚。事情成功了，君主就收取他们的功劳；谋划失败了，臣下就承担其中的罪责。做君主的，对合乎验证这样容易做的事还不亲自去做，何况是要动手操劳办事呢？君主对用智费心的事还不亲自去做，何况是要做反复推测的事呢？所以君主用人时，不取彼此意见相同的人；意见相同，君主就要严厉地加以斥责。使臣下都相互制约而同为君主所用，那么君主就能神妙莫测，臣下也就会竭尽自己的智能。臣下竭尽智能，就不会向上钻君主的空子，而君主驾驭臣下的方略也就完备了。

三

【原文】 参伍之道①：行参以谋多②，揆伍以责失③。行参必拆，揆伍必怒。不拆则渎上，不怒则相和④。折之征足以知多寡⑤，怒之前不及其众。观听之势，其征在比周而赏异也⑥，诛毋谒而罪同⑦。言会众端，必揆之以地，谋之以天，验之以物，参之以人。四征者符，乃可以观矣。参言以知其诚，易视以改其泽⑧，执见以得非常⑨。一用以务近习，重言以惧远使⑩。举往以悉其前，即迩以知其内⑪，疏置以知其外。握明以问所暗，诡使以绝黩泄⑫。倒言以尝所疑⑬，论反以得阴奸⑭。设谏以纲独为⑮，举错以观奸动⑯。明说以诱避过⑰，卑适以观直谄⑱。宣闻以通未见，作斗以散朋党⑲。深一以警众心⑳，泄异以易其虑。似类则合其参，陈过则明其固。知罪辟罪以止威㉑，阴使时循以省衰㉒。渐更以离通比㉓。下约以侵其上：相室㉔，约其廷臣；廷臣，约其官属；军吏，约其兵士；遣使，约其行介㉕；县令，约其辟吏㉖；郎中，约其左右；后姬，约其宫媛㉗。此之谓条达之道。言通事泄则术不行。

【注释】 ①参伍:行参揆伍的省略语。②行参:用多方面的检验方法。多:指功效。③揆伍:相互衡量的方法。揆,揆度,衡量。责:求。④渎:轻慢、不恭。相和:相互勾结。⑤征:证明,验证。⑥征:征候,迹象。比周:紧密勾结。⑦毋谒:不告发奸邪活动。谒,告。⑧易视:改变看事物的角度。泽:光泽,引申为现象或表现。⑨执见:掌握了解到的情况。⑩重言:反复强调。⑪迩:近。⑫诡使:诡诈地使用。绝:杜绝。黩泄:侮慢不恭。⑬倒言:说反话。⑭论反:从反面考察。⑮谏:指谏官。纲:纲纪,约束。⑯举错:举出他的错误来观察奸臣的动静。⑰诱:引导。⑱卑:谦卑。适:随顺。谄:阿谀奉承。⑲作斗:挑起奸人内部争斗。⑳深一:指深入探究一件事的真相。㉑辟:惩罚。㉒循:通"巡"。省:明了。衷:忠诚。㉓通比:通连勾结。㉔相室:指相国。㉕行介:随行人员。㉖辟吏:指县令直接任命的小官吏。㉗宫媛:宫女。

【译文】 检验考察的途径是:通过严格核查来查证功效,通过交互衡量来追究过失。严格检验,必须对臣下的言行进行解剖;交互衡量,必须对臣下的过错加以斥责。不进行解剖,坏人就会轻慢君主;不加以斥责,臣下就会朋党为奸。进行解剖的结论足以看出臣下事功的多少,严加责罚之前,不要把意图泄露给众人。观察臣下行为,听取臣下意见,要密切注视臣下紧密勾结的迹象,发现情况君主就奖赏那些与之离异的人;发现臣下知情而不告发,君主就将他和坏人治同样的罪。对于言论,要汇合各方面的情况,一定要根据地利加以衡量,参照天时加以思考,运用物理加以验证,适应人情加以分析。这四方面的情况都符合了,就可以判断是非了。分析臣下的言论,用以了解他对君主是否忠诚;从不同角度观察臣下,从而了解他各方面的表现;掌握已经了解到的情况,以便了解臣下的反常行为。一人专职,使亲近宠幸的臣子有事可干;反复强调,让出使远方的使者感到畏惧。列举往事来了解臣下的旧况,留在身边来了解臣下的内情,派到远地来探知臣下的外在表现。掌握表面现象来探问暗中情况,运用诡使方法来探知侮慢行为。用正话反说来试探自己疑惑的事,从反面考察来了解隐蔽的奸邪活动。设置谏官来约束大臣的独断,列举错误来观察奸臣的动静。公开说明法纪,引导臣下避免过错;谦卑下士,核查臣下是直是谄。宣布了解的事情以便揭露未被发现的坏人坏事,促使坏人内部争斗以使他们自行瓦解。深入探究一件事情的真相,使众人有所警戒;故意泄露不同的想法,使人改变企图。遇到类似情况,要通过检验弄明真相;列举臣下过失,要指明他的根本毛病。知道臣下的罪过,就要对他的罪过用刑,以便禁止他的私威;暗中派使者时时巡察各地官吏,以便了解他们是否忠诚。逐步更换官吏,以便离散勾结在一起的奸党。君主和臣下约定,要他们告发上级:针对相国,就和廷臣约定;针对廷臣,就和他属下的官吏约定;针对军吏,就和兵士约定;针对派遣的使者,就和他的随从人员约定;针对县令,就和他任命

的属吏约定;针对郎中,就和他的侍从约定;针对后妃,就和宫女约定。这就叫作通达之道。假如把臣下的告密和要办的事情泄露出去,君主考察臣下的政治手段也就无法施行了。

四

【原文】 听不参①,则无以责下;言不督乎用②,则邪说当上。言之为物也以多信,不然之物,十人云疑,百人然乎,千人不可解也。呐者言之疑③,辩者言之信。奸之食上也④,取资乎众,籍信乎辩,而以类饰其私。人主不餍忿而待合参⑤,其势资下也。有道之主听言,督其用,课其功⑥,功课而赏罚生焉,故无用之辩不留朝。任事者知不足以治职⑦,则官收。说大而夸则穷端,故奸得而怒。无故而不当为诬⑧,诬而罪臣。言必有报,说必责用也,故朋党之言不上闻。凡听之道,人臣忠论以闻奸,博论以内一⑨,人主不智则奸得资。明主之道,己喜,则求其所纳;己怒,则察其所构⑩;论于已变之后,以得毁誉公私之征⑪。众谏以效智故,使君自取一以避罪,故众之谏也,败君之取也。无副言于上以设将然⑫,令符言于后以知谩诚语。明主之道,臣不得两谏,必任其一语;不得擅行,必合其参。故奸无道进矣。

【注释】 ①参:验证。②督:考察。③呐者:口才笨拙的人。④食:通“蚀”,损伤,侵害。⑤餍:饱,引申为盛。⑥课:考核。⑦知:同“智”,智慧。⑧诬:欺骗。⑨内:同“纳”,进献。⑩构:事情的是非。⑪征:验证。⑫副言:另一种说法。

【译文】 君主听话不进行检验,就无法责求臣下;不考察言论是否有用,臣下就会用邪说迎合君主。言语这种东西,重复得多了,容易使人信以为真,对本不真实的东西,听十个人说,自己就会产生疑惑;听一百个人说,自己就会倾向于相信;听一千个人说,自己就会确信不疑了。口才笨拙的人说的话使人心疑,善于辩说的人说的话使人信任。奸臣危害君主,得力于人多,凭借辩说而取得信任,用类似的事例来掩饰奸私。君主不予盛怒斥责而等待参验,势必会助长臣下行奸。懂得治国道理的君主听取臣下的话时,会督察它的作用,考核它的功效。根据功效来确定赏罚,所以无用的辩说不会留在朝廷。担任公职办事的人,如果智慧不足以胜任,就免职。对说话大而不当、浮夸不实的,要追根究底,这样就能察觉坏人并严加斥责。无故而言行不符,就是行骗;臣下行骗,就要治罪。对臣下的言论一定采取对应措施,对臣下的主张一定要求带来效用,所以朋党的观点就不敢对君主陈说。听言的方法,要让臣下老实地讲,君主可以从中了解奸情;要让臣下广泛地议论,君主得以采纳一种意见;君主如果不明智,坏人就会钻空子。明君听言的原则,是对于使自己高兴的话,就要求兑现;对于自己恼怒的话,就追究根源;等到情况有了发展变化之后再下结论,以便获取臣下是诽谤还是赞扬,是为公还是为私的真凭实据。

采用几种说法进言来玩弄智巧，诱使君主自己从中采取一种意见，以便逃避罪责，所以不能让臣子同时进献几种意见。君主所取的，是不要让臣下在一种意见之外又附加另一种意见，企图摆出一种"可能""或许"的滑头办法，而应使谏言跟以后的事实相符合，据此准确判明谏言的诚实与欺诈。明君所要采用的方略是，绝对不容许臣下作模棱两可的进说，一定要他们挑出一种；绝不容许他们妄自行动，一定要就其言求其功。这样奸臣的进路就给堵死了。

五蠹

【题解】

《五蠹》是韩非法治思想的代表作。"蠹"是蛀虫。"五蠹"是五类破坏法治的人群，其中的学者主要指儒者，言谈者指纵横家，带剑者指游侠，患御者指逃避兵役的人，商工之民指广大经营工商业的人。韩非认为这五种人是国家的蛀虫，国君应当严禁他们的活动，甚至应加以消除。韩非以进化论历史观为理论基础，提出"世异则事异，事异则备变"的理论，认为不同的时代应有不同的治国方法，当代治国方法应当"超五帝侔三王"，做到"无书简之文，以法为教；无先王之语，以吏为师；无私剑之捍，以斩首为勇"。如此，才能实现"无事则国富，有事则兵强"的强大国家。

在所选文段一中，韩非阐述了自己的历史观。韩非提出社会发展经历了上古之世、中古之世、近古之世，三世是发展进化的，当今之世是由前世演变而来；每个当世的制度，又不是一成不变的沿袭下来。三世而后，是春秋争霸演化为战国争雄的局面，宗法封建制被打破，代之而起的是变法革新的浪潮，韩非继承了商鞅"便国不必法古"的主张，提出"圣人不修古，不法常可"的主张，顺应时势，开拓新的局面，必须脱离旧制度，实行以法治国的方针。他的三世进化论就是为这一目的寻找历史根据的，以便为新圣创建崭新的"当今之世"，提供理论上的支持。

在所选文段二中，韩非提出中世天子不如当今县令，意在说明时代在变化，社会在进化，生产方式发展了，人们的生活方式也会随着提高，人们的观念自然会跟着改变。所以国家制定政令，应根据社会情况而定。

文段三是寓言"守株待兔"的原始出处，喻守旧者的愚蠢可笑。守旧人物首先是指死守旧制度、按旧办法治理国家的君主大臣，他们无视礼崩乐坏的大趋势，坚持不走变法图强之路，而是拘泥旧制，抱残守缺。鼓吹旧制度的人们，也就是寓言末尾所指出的"欲以先王之政，治当世之民，皆守株之类也"。这画龙点睛之笔点出的守株者，就是当世掌握权势的守旧派人物。

在文段四中，韩非指出，"五蠹"之民是当时社会上的寄生、畸形发展的阶层，对于法家提倡的耕战政策，起着干扰破坏作用："出兵则军败，退守则城拔"；"蓄积待时，而侔农夫之利"；违法乱纪，"犯五官之禁"。"五蠹"兴盛，国家就衰败，严重危害君主专制。重农抑商政策就是基于这种认识出台的。秦始皇的焚书坑儒的极端措施与这种除五蠹思想认识不无关系。事实证明，除五蠹的主张并未收到多大的实际效果。法律重农轻商，农民越贫穷；法律贱商人，商人越富贵，甚至形成了官僚、地主、商人三位一体的新兴地主阶级集团，抑商政策已经软弱无力。此外，把文学之士列为蛀虫，都不可取，这是《五蠹》篇的局限性所在。

一

【原文】 上古之世，人民少而禽兽众，人民不胜禽兽虫蛇。有圣人作①，构木为巢以避群害，而民悦之，使王天下②，号之曰有巢氏③。民食果蓏蚌蛤④，腥臊恶臭而伤害腹胃⑤，民多疾病。有圣人作，钻燧取火⑥，以化腥臊，而民说之⑦，使王天下，号之曰燧人氏⑧。中古之世，天下大水，而鲧、禹决渎⑨。近古之世，桀、纣暴乱，而汤、武征伐。今有构木钻燧于夏后氏之世者，必为鲧、禹笑矣；有决渎于殷、周之世者，必为汤、武笑矣。然则今有美尧、舜、汤、武、禹之道于当今之世者，必为新圣笑矣⑩。是以圣人不期修古⑪，不法常可⑫，论世之事，因为之备。

【注释】 ①作：起来，兴起。②王：称王，即统治。③有巢氏：传说中发明巢居的人或人群。④果蓏：瓜果的总称。蓏，瓜类植物的果实。蛤：蛤蜊。⑤恶臭：难闻的气味。⑥燧：古代取火的器具。⑦说：同"悦"，喜欢。⑧燧人氏：传说中发明钻木取火的人或人群。⑨鲧、禹决渎：传说鲧是禹的父亲，夏后氏的部落首领。他奉尧的命令治水，采用拦河筑坝的方法，没有成功，被舜杀死；禹接受了他父亲的教训，疏通河道，导流入海，制服了洪水。决，疏通。渎，通海的河道。⑩新圣：新时代的圣人。⑪期：期望，羡慕。修古：远古。修，亦作"习、治"解。⑫法：效法。常可：永远适宜的办法，陈规。

【译文】 在上古时代，人口稀少，鸟兽众多，人民受不了禽兽虫蛇的侵害。这时候出现了一位圣人，他发明在树上搭窝棚的办法，用来避免遭到各种伤害，人们因此很爱戴他，推举他来治理天下，称他为有巢氏。当时人民吃的是野生的瓜果和蚌蛤，腥臊腐臭，伤害肠胃，许多人得了疾病。这时候又出现了一位圣人，他发明钻木取火的方法烧烤食物，除掉腥臊味，人们因而很爱戴他，推举他治理天下，称他为燧人氏。到了中古时代，天下洪水泛滥，鲧和他的儿子禹先后负责疏通河道，排洪治灾。近古时代，夏桀和商纣残暴昏乱，商汤和周武王就起兵讨伐。如果在夏朝的时代还有人构木为巢、钻木取火，一定会被鲧、禹所嗤笑；在殷、商时代还有人把疏通河道当作紧急之务的，一定会被商汤和周武

王所嗤笑。那么,如果当今还有人称赞尧、舜、禹、汤、武那一套办法,也一定要被当代的圣人所嗤笑了。所以,圣人不向往久远的古代,不效法恒久不变的常规,要研究当代的社会情况,并据此为它制定相应的措施。

二

【原文】 古者丈夫不耕①,草木之实足食也;妇人不织,禽兽之皮足衣也。不事力而养足,人民少而财有余,故民不争。是以厚赏不行,重罚不用,而民自治。今人有五子不为多,子又有五子,大父未死而有二十五孙②。是以人民众而货财寡,事力劳而供养薄,故民争,虽倍赏累罚而不免于乱。

尧之王天下也,茅茨不翦③,采椽不斲④;粝粢之食⑤,藜藿之羹⑥;冬日麑裘⑦,夏日葛衣⑧;虽监门之服养⑨,不亏于此矣。禹之王天下也,身执耒臿⑩,以为民先;股无胈⑪,胫不生毛⑫,虽臣虏之劳,不苦于此矣。以是言之,夫古之让天子者,是去监门之养,而离臣虏之劳也,古传天下而不足多也⑬。今之县令,一日身死,子孙累世絜驾⑭,故人重之。是以人之于让也,轻辞古之天子,难去今之县令者,薄厚之实异也⑮。夫山居而谷汲者⑯,膢腊而相遗以水⑰;泽居苦水者,买庸而决窦⑱。故饥岁之春,幼弟不饷⑲;穰岁之秋⑳,疏客必食。非疏骨肉,爱过客也,多少之实异也。是以古之易财㉑,非仁也,财多也;今之争夺,非鄙也㉒,财寡也。轻辞天子,非高也,势薄也;重争士橐㉓,非下也,权重也。故圣人议多少、论薄厚为之政。故罚薄不为慈,诛严不为戾㉔,称俗而行也。故事因于世,而备适于事。

【注释】 ①丈夫:泛指成年男子。②大父:祖父。③茅茨:茅草盖的屋顶。④采:栎木。椽:架在屋顶檩木上的木条。斲:砍削。⑤粝粢:泛指粗劣的食物。粝,糙米。粢,谷类。⑥藜:一年生草本植物,嫩叶可吃。藿:豆叶。羹:浓汤。⑦麑裘:泛指兽皮衣服。麑,小鹿。裘,皮衣。⑧葛衣:粗布衣。葛,一种多年生蔓草,根可吃,纤维可织布。⑨虽:即使。监门:看门的人。服养:指穿的和吃的。⑩臿:锹。⑪股:大腿。胈:肌肉。⑫胫:小腿。⑬多:称誉,赞美。⑭累世:接连几代。絜驾:系马套车。这里指是有马车坐。⑮薄厚:指利益的大小。⑯汲:取水。⑰膢:楚国人二月间祭祀饮食神的节日。腊:祭名,周历十二月(夏历十月)举行,祭祀百神。遗:赠送。⑱庸:雇工。窦:孔洞。这里指沟渠。⑲饷:供给食物。⑳穰:庄稼丰熟。㉑易:看轻。㉒鄙:贪吝。㉓士:通"仕",做官。橐:通"托",依托,指依附贵族。㉔戾:凶暴。

【译文】 在古代,男人不耕地,野生的果实足够吃;妇女不用纺织,禽兽的皮足够穿。不用费力而供养充足,人口少而财物有余,所以人们之间用不着争夺。因而不实行厚赏,不使用重罚,而民众自然安定。现在人们养有五个儿子并不算多,每个儿子又各有五个儿子,祖父还没有死就会有二十五个孙子。人口多了,而财物缺乏,费尽力气劳动,还是

不够吃用,所以民众互相争夺,即使加倍地奖赏和不断地惩罚,仍然免不了要发生混乱。

尧统治天下的时候,住的是没经修整的茅草房,连栋木椽子都不曾砍削;吃的是粗粮,喝的是野菜汤;冬天披块小鹿皮,夏天穿着麻布衣,即使现在看门奴仆的生活,也不比这差。禹统治天下的时候,亲自拿着锹锄,带领人们干活;累得大腿的肉减少了,小腿上的汗毛都磨光,即使奴隶们的劳役也不过如此。由此说来,古代让出天子地位的人,不过是辞掉了看门奴仆般的苦差,摆脱奴隶样的繁重劳苦罢了,所以把天下传给别人也并不值得赞美和恋念。如今的县令,一旦死了,他的子孙世世代代乘肥马坐坚车,所以人们看重县令的职位。因此人们对于让位这件事,能够轻易地辞掉古代的天子地位,却难以舍弃今天的县令职位,这是因为利益大小的实际情况不同啊。住在山上到深谷去打水的人们,节日里用水做礼物互相赠送;住在洼地苦于水涝的人们,却要雇人挖渠排水。所以荒年的春天,对自己的幼弟也不能管饭;丰年的秋天,对疏远的过客也一定招待吃喝。这并不是疏远亲人,而偏爱过客,是因为收成多少的实际情况不同啊。因此古人看轻财物,并不是仁慈,而是因为财物多;今人发生争夺,并不是贪婪,而是因为财物少。轻易地辞掉天子荣誉,不是什么品德高尚,而是因为古代权位太轻;争夺官职和依附权贵,不是什么品德卑下,而是因为当今权势太重。因此圣人研究社会财富的多少,考虑权势的轻重,来制定他的政令。刑罚轻不算是仁慈,责罚严不算是暴虐,是适应社会情况而行事。所以国家应做的事情取决于社会情况的变化,而应备的措施要跟所做的事情相适应。

三

【原文】 宋人有耕田者,田中有株,兔走触株,折颈而死,因释其耒而守株①,冀复得兔②。兔不可复得,而身为宋国笑。今欲以先王之政③,治当世之民,皆守株之类也。

【注释】 ①释:丢下。耒:古代翻土的农具。②冀:希望。③先王:这里指尧、舜、禹、汤、武。

【译文】 有个宋国人在田里耕作,田中有一个树桩,一只兔子奔跑时撞在树桩上碰断脖子死了。从此这个宋人便放下手中的农具,守在树桩旁边,希望再捡到撞死的兔子。他当然不可能再得到兔子,自己却被宋国人所嗤笑。现在假使还要用先王的政治来治理当代的民众,那就无疑和守株待兔之类人一样可笑了。

四

【原文】 故明主之国,无书简之文①,以法为教;无先王之语,以吏为师;无私剑之捍②,以斩首为勇③。是境内之民,其言谈者必轨于法④,动作者归之于功⑤,为勇者尽之于军。是故无事则国富,有事则兵强,此之谓王资。既畜王资而承敌国之衅⑥,超五帝侔三

王者⑦，必此法也。

民之政计，皆就安利如辟危穷⑧。今为之攻战，进则死于敌，退则死于诛，则危矣。弃私家之事而必汗马之劳，家困而上弗论，则穷矣。穷危之所在也，民安得勿避？故事私门而完解舍⑨，解舍完则远战，远战则安。行货赂而袭当涂者则求得⑩，求得则私安，私安则利之所在，安得勿就？是以公民少而私人众矣⑪。

夫明王治国之政，使其商工游食之民少而名卑，以寡趣本务而趋末作⑫。今世近习之请行⑬，则官爵可买；官爵可买，则商工不卑也矣。奸财货贾得用于市⑭，则商人不少矣。聚敛倍农而致尊过耕战之士⑮，则耿介之士寡而商贾之民多矣。是故乱国之俗：其学者，则称先王之道以籍仁义⑯，盛容服而饰辩说，以疑当世之法⑰，而贰人主之心⑱。其言谈者，为设诈称⑲，借于外力，以成其私，而遗社稷之利。其带剑者，聚徒属，立节操，以显其名而犯五官之禁⑳。其患御者，积于私门，尽货赂，而用重人之谒㉑，退汗马之劳。其商工之民，修治苦窳之器㉒，聚弗靡之财㉓，蓄积待时，而侔农夫之利㉔。此五者㉕，邦之蠹也。人主不除此五蠹之民，不养耿介之士，则海内虽有破亡之国，削灭之朝，亦勿怪矣。

【注释】 ①书简：即书籍。古代把字写在竹简上，所以称"书简"。②捍：通"悍"，强悍。③斩首：当时计军功以砍下敌首数量计算。"以斩首为勇"就是争立战功。首，指带甲士兵之首。④轨：合，统一。⑤动作者：指从事劳动的人。功：指农耕。⑥既：已经。畜：积蓄，积累。承：乘的意思。釁：同"衅"，缝隙，引申为弱点。⑦五帝：一般指古史传说中的黄帝、颛顼、帝喾、尧、舜。侔：相等，齐等。三王：指夏禹、商汤和周文王、武王等三代的开国君主。⑧就：趋近，追求。如：而。辟：躲避。⑨私门：指权门豪族。完：修治。解舍：官署房屋。解，通"廨"。⑩袭：依附。当涂者：当权者。涂，同"途"。求得：要求得到满足。⑪公民：指为国出力的人。私人：指依附于权门豪族的人。⑫以：因为。趣：趋向。本务：指农耕。末作：指商业和手工业。⑬近习：指君主左右的亲信。⑭奸财货贾：指用非法之财做买卖。⑮聚敛：搜括，指奸商牟取暴利。致尊：获得别人的尊重。⑯籍：通"藉"，依托，凭借。⑰疑：扰乱。⑱贰：惑乱。⑲为设诈称：说谎造假，故弄玄虚。为：通"伪"，虚假。⑳五官之禁：泛指国家的禁令。五官，司徒、司马、司空、司土、司寇，当时分掌国家各种权力的官。㉑重人：掌握权势的人。谒：请托。㉒苦窳：粗劣。㉓弗靡：奢侈。弗，通"费"。㉔侔：求，谋取。㉕五者：指学者、言谈者、带剑者、患御者、商工之民等五种人。

【译文】 英明君主的国家，摈弃古代的书简典籍，而以法令来教育民众；禁绝先王的言论，而以官吏为教师；制止游侠刺客的凶悍活动，而把杀敌立功视为勇敢。所以国内的百姓，那些擅长言谈的人一定要遵循法令讲话，从事劳动的人让他们都回到农业生产中去，逞勇的人让他们全部到军队中去服役。这样太平时期国家富足，战争时期兵力也很

强盛,这就是统一天下的资本。既积蓄了统一天下的资本,又能利用敌国的弱点,那么要超过五帝和三王媲美,一定得采用这种办法。

人们的通常打算,都是追求安全和利益而避开危险和困苦。现在让他们去作战,前进就会被敌人杀死,后退又要受军法惩处,那他就危险了。抛弃了个人的家事,坚决去承受作战的劳苦,家庭有困难上面也不过问,那他家可够困苦的。面临困苦和危险的处境,百姓怎能不逃避呢? 所以他们就去服差役,侍奉私门贵族,这样就具备了免除兵役的条件,免除兵役的条件具备了,就可以远离战争,远离战争就可以保证安全。用钱财进行贿赂并去投靠当权者,就可以使自己的要求得到满足,要求得到满足了,就能保证自身安全。保证自身安全是看得见的利益,怎能不追求呢? 这样,为君主服务的人就少,而为权臣效劳的人就多。

英明君主治理国家的政策,总是使工商业者和游手好闲的人尽量减少,而且使他们名位卑贱,因为从事农耕的人太少而经营工商业的太多了。现在社会上向君主亲近的侍臣请托的风气很盛行,这样官爵就可以买到;官爵可以买到,那么工商业者的地位就不卑贱了。投机倒把的商业活动可以在市场上通行,那么商人就不会少了。奸商搜括到的财富超过农民收入的几倍,获得的尊位又超过从事耕战的人,这样光明正直的人就会减少,而从事工商业的人就会增多。所以造成国家混乱的社会风气是:那些学者,称颂先王之道,借重仁义进行说教,讲究仪表服饰而又修饰言辞,用来扰乱当代的法制,惑乱君主实行法治的决心。那些纵横家,虚构事实说谎弄假,借助于别国的力量,来谋求个人的私利,却把国家的利益抛在一边。那些游侠刺客,聚集党徒,标榜气节,用来显扬他们的名声,而违反国家的禁令。那些逃避兵役的人,聚集在权臣贵族门下,大行贿赂,依仗权贵的请托,逃避从军作战的劳苦。那些工商业者,粗制滥造器物,聚集奢侈财物,囤积起来待机出售,牟夺农民的利益。这五种人,是国家的蛀虫。君主如果不除掉这五种像蛀虫一样的人,不收养光明正大的人,那么天下即使出现残破覆亡的国家,地削国灭的朝廷,也是不足为怪的了。

显学

【题解】

"显学"指当时显赫的儒家、墨家两个学派。韩非在这篇文章里对两个学派,特别是儒家学派进行了猛烈抨击,这正反映了战国时代"百家争鸣"的兴盛局面。这种局面是历史发展的必然,是对封建领主贵族统治的突破,是学术下移的过渡。当时的争鸣并非纯学术之争,而核心是以什么思想进行统一,结束分裂,再就是统一之后用什么思想治天下。韩非在这篇文章里批评儒家的"言先王之仁义"是"愚诬之学","无益于治",而提出"举实事,去无用",彰明法度,励行赏罚,倡导耕战,增强国力,才是正确的治国之道。韩非作为法家学派的代表人物,提出以法治国、富国强兵的路线,这当然是统一战争的最佳选择。秦沿用这条路线,完成了统一中国的历史使命。但是,法家路线也有其致命弱点,如排斥仁义,反对儒家治国要"顺民之心"的主张,认为民智不可用,显然是法家的偏见。历史已经证明"百家争鸣"产生了诸子百家学说,这是中国传统文化的精华,不论儒家、墨家,也不论法家,各有其长,治国者应综合百家之精髓,取长补短,形成完善的治国方略,是符合历史发展需要的。秦王朝实行单一的严刑峻法路线,一味排斥百家学术,结果是短命而亡。汉朝以后历代,改用以儒家学说为尊,同时又兼采道家、法家思想,结果使中国封建社会长期延续不衰。因此,研究儒法思想,不应存任何偏见,而是兼收并蓄,取其精华,弃其糟粕,才能做到古为今用。

本文所选文段一中,韩非表现出法家与百家学说不能两立之势的鲜明态度。

文段二中所说不以言貌取人,是韩非批评孔子等不用法取人带来不良后果。以貌取人,在子羽身上出现偏差;以言取人,在宰予身上出现错误。魏、赵国君任只重纸上谈兵之将,招致近六十万人的惨死。血的教训告诫人们,高官必定从地方小吏选任,猛将必定从士兵中提拔。有功必赏,越受激励,逐级提升官职,办事就越有成效。如此以法治吏用人,才是成王之道,也是推崇法家的体现。

一

【原文】 自愚诬之学、杂反之辞争①,而人主俱听之,故海内之士,言无定术②,行无常议③。夫冰炭不同器而久,寒暑不兼时而至,杂反之学不两立而治④。今兼听杂学缪行同异之辞⑤,安得无乱乎?听行如此,其于治人又必然矣。

【注释】 ①愚诬之学:愚蠢欺骗的学说。指儒、墨学说。杂反之辞:指百家不同学派的学说。②言无定术:言论没有固定的宗旨。术,道。这里有"宗旨"的意思。③行无常议:行动没有一定的准则。常,固定。议,通"仪",标准。④杂反之学不两立而治:杂乱矛盾的学说不能与法治学说同时并存来治理国家。⑤杂学:杂乱的学说,指"无定术"之学。缪行:指"无常议"的行为。缪,通"谬",荒谬,颠倒。同异:互相矛盾。

【译文】 出现愚蠢骗人的学说、杂乱相反的论争,君主却都听信不疑,结果世上的人,说话没有一定标准,办事没有固定法则。要知道,冰和炭是不能长久放在同一个器皿中,寒冷和暑热不能同时到来,杂乱相反的学说兼收并蓄不能治理好国家。现在君主对于那种杂乱、荒谬和矛盾百出的言行全都听信,怎么能不造成混乱呢?听话、行事这个样子,君主在治理民众时也就必然好不了。

二

【原文】 澹台子羽①，君子之容也，仲尼几而取之，与处久而行不称其貌。宰予之辞②，雅而文也，仲尼几而取之，与处久而智不充其辩。故孔子曰："以容取人乎，失之子羽；以言取人乎，失之宰予。"故以仲尼之智而有失实之声。今之新辩滥乎宰予，而世主之听眩乎仲尼，为悦其言，因任其身，则焉得无失乎？是以魏任孟卯之辩③，而有华下之患④；赵任马服之辩⑤，而有长平之祸⑥。此二者任辩之失也。夫视锻锡而察青黄⑦，区冶不能以必剑⑧；水击鹄雁⑨，陆断驹马，则臧获不疑钝利。发齿吻形容，伯乐不能以必马⑩；授车就驾，而观其末涂⑪，则臧获不疑驽良⑫。观容服，听辞言，仲尼不能以必士；试之官职，课其功伐⑬，则庸人不疑于愚智。故明主之吏，宰相必起于州部⑭，猛将必发于卒伍。夫有功者必赏，则爵禄厚而愈劝；迁官袭级，则官职大而愈治。夫爵禄大而官职治，王之道也。

【注释】 ①澹台子羽：姓澹台，名灭明，字子羽，春秋末期鲁国人，孔丘的门徒。②宰予：字子我，春秋末期鲁国人，孔丘的门徒，以善辩出名。③孟卯：即芒卯，一作昭卯，战国时魏国的相，有口才。④华下之患：公元前273年，孟卯率魏军联合赵军攻韩，秦将白起来救，战于华下，魏、赵联军大败，死伤十五万。华下，即华阳，战国时韩国地名，位于今河南密县东北。⑤马服：山名，位于今河北邯郸西北。赵国名将赵奢以功封为马服君，这里指他的儿子赵括。⑥长平之祸：公元前260年，秦攻赵，与赵军相拒于长平，好纸上谈兵的赵括兵败，赵军被坑杀四十万。长平，赵国地名，位于今山西高平西。⑦锻锡：古人锻炼金属时掺的锡。青黄：锻炼金属时的火色。⑧区冶：人名，即欧冶子，春秋末期越国人，铸剑名匠。⑨鹄：水鸟名，俗称天鹅。⑩伯乐：人名，春秋末期晋国人，善于相马。⑪涂：同"途"。⑫驽：劣马。⑬课：考核。功伐：功绩。⑭州部：古代一种基层行政单位。

【译文】 澹台子羽，有君子风度，孔子认为是位君子，便收留他，相处一久，发现他的品行与仪表不相称。宰予说话文雅流利，孔子以为他真的文雅，便收他为徒，长久相处，才发现他的智力不如他的口才。因此孔子说："以貌取人，在子羽身上我出了差错；以言取人，在宰予身上我出了差错。"所以像孔子这样明智，还在看人用人上感慨失误。现在出现的辩说之辞，胜过了宰予，而当代君主的判断力比不上孔子，因为喜欢他的言论，就任用他，这怎能不出差错呢？芽所以魏国听信孟卯的辩辞，导致了华阳之战的惨祸；赵国听信马服君赵括纸上谈兵，酿成了长平之战的灭顶之灾。这两件事都是任用能言善辩之徒失误造成的恶果。铸剑只看掺锡的多少和炉火的颜色，就是欧冶子也不能断定宝剑的质量；用它在水中砍杀鹄雁，在陆上斩杀马匹，就是奴婢也不会对它的利钝判断错误。只是掰开马口看牙齿和看马的外形，就是伯乐也无法判断马的好坏；要是驾车上路，看马跑到终点的远近距离，就是奴婢对马的优劣也会看得清清楚楚。只看人的相貌、衣着，只听

他说话议论,孔子也难以断定任职才能;让他在官位上一试,考察他的办事的成效,就是平常人也能分辨出愚智。因此,明君手下的高官,宰相必定从地方小吏中选任,猛将必定从士兵中提拔。有功的人必定赏赐,那么爵位越高俸禄越丰厚,他们就越受激励;逐级提升官职,那么官位越高,办事就越有成效。高官厚禄,吏治整饬,才是称王天下的正确道路。

人主

【题解】

"人主"为题,系取本篇第一句前两个字而定。本篇提出人主"制天下而征诸侯",最重要的是依靠威势。失去威势,人主便"身危国亡"。人主失去威势的危险主要来自"大臣得威,左右擅势"。在对待人主的威势上,朝中存在两股势不两立的势力,这就是文中说的"法术之士与当途之臣不相容"的对立。

所选文段讲述的是如何消除这种势不两立。文章指出,使用法术之士,大臣就不能独断专制,近侍也不敢擅权,君主的治国原则就能体现。如果当权大臣掌握权势,结党营私,法术之士就会被排斥,法术主张就不会被采用。造成势不两立的根本原因,是君主失去权威,不懂以法治国。所以消除势不两立的唯一办法,就是君主行法用术,赏功进贤,断私门之情,散权奸之党,扶正祛邪。

《人主》篇一说不是韩非的作品。然考察文意,仍属韩非思想,故本书仍收录此文。

【原文】 法术之士与当涂之臣不相容也①。何以明之?主有术士,则大臣不得制断,近习不敢卖重②;大臣左右权势息,则人主之道明矣。今则不然,其当涂之臣得势擅事以环其私③,左右近习朋党比周以制疏远④,则法术之士奚时得进用⑤,人主奚时得论裁?故有术不必用,而势不两立,法术之士焉得无危?故君人者非能退大臣之议,而背左右之讼,独合乎道言也,则法术之士安能蒙死亡之危而进说乎?此世之所以不治也。明主者,推功而爵禄,称能而官事,所举者必有贤,所用者必有能,贤能之士进,则私门之请止矣。夫有功者受重禄,有能者处大官,则私剑之士安得无离于私勇而疾距敌⑥。游宦之士焉得无挠于私门而务于清洁矣?此所以聚贤能之士,而散私门之属也。今近习者不必智,人主之于人也或有所知而听之,入因与近习论其言,听近习而不计其智,是与愚论智也。其当涂者不必贤,人主之于人或有所贤而礼之,入因与当涂者论其行,听其言而不用贤,是与不肖论贤也。故智者决策于愚人,贤士程行于不肖,则贤智之士奚时得用,而人主之明塞矣。昔关龙逢说桀而伤其四肢⑦,王子比干谏纣而剖其心,子胥忠直夫差而诛于属镂⑧。

此三子者,为人臣非不忠,而说非不当也,然不免于死亡之患者,主不察贤智之言,而蔽于

愚不肖之患也。今人主非肯用法术之士,听愚不肖之臣,则贤智之士孰敢当三子之危而进其智能者乎?此世之所以乱也。

【注释】 ①涂:同"途"。②近习:指君主左右的亲信。③环:营,谋求。④比周:紧密勾结,植党营私。⑤奚:什么。⑥疾:快,引申为奋力。距:通"拒",抵抗。⑦关龙逢:夏桀王的大臣,因直谏被杀。说:劝说。桀:夏朝的最后一个王。⑧诛于属镂:死在属镂剑下。属镂,剑名。

【译文】 法术之士与当权大臣是互不相容的。怎么来证明呢?君主使用法术之士,大臣就不能专制独断,近侍也不敢卖弄威势;大臣和近侍的权势消除后,君主的治国原则就能体现。现在却不是这样,那些当权大臣掌握权柄,把持政务,营求私利,左右亲信结成朋党,紧密勾结,挟制关系疏远的人,那么法术之士何时能得到选拔任用,君主何时能加以论断裁决?所以,法术主张不一定被采用,又与权臣势不两立,主张法术的人怎能没有危险?做君主的如果不能排除大臣的议论干扰,摒弃左右的诬陷,独自做出符合原则的判断,那么法术之士哪能冒死亡的危险,向君主进说呢?这是国家得不到治理的症结所在。英明的君主,按照功劳封爵赏禄,衡量才能进官授职,选拔的人必定有好的品德,任用的人必定有优秀才干,贤能的人得以进用,私门的请托就行不通了。有功劳的人得到优厚的俸禄,有能力的人处在重要职位上,那么寄养在私门的侠士怎么能不抛掉私勇而去奋力抵抗敌人,靠游说谋官的人又怎么能不离开私门而务求保持节操呢?这就是聚集贤能人才而离散私门党徒的必由途径。现在的情形是:君主近侍不一定有智慧,而君主对于某人,有时欣赏他的智慧而听取了他的意见,回头又同近侍谈论智者的言论。听信近侍的话,却不先衡量一下他的智力水平,这就成了同愚蠢的人评论有智慧的人。当权的人不一定贤良,而君主对于某人,有时欣赏他的贤良而加以礼遇,回头又同当权的人判断贤者的品行。听信当权者的话,而不用贤良的人,这就成了同无德无才的人评价有德有才的人。所以有智慧的人,其主张倒要由愚蠢的人来决断;有德有才的人,其品行倒要由无德无才的人来衡量。这样一来,品德好、有智慧的人便没有机会得到任用,而君主的眼睛就被蒙上了。过去关龙逢劝说夏桀,结果四肢都被肢解了;王子比干劝谏商纣,结果心脏都被剖开了;伍子胥忠诚吴王夫差,结果死于属镂剑下。这三个人,做臣子不是不忠,建议不是不恰当,但是最终不免于死亡的祸患,原因就在君主不明察贤士和智者的主张,而受蠢材和恶人的蒙蔽。现在,君主如果不肯任用法术之士,而要听从没有智慧、没有德才的臣子的话,那么品德好、智慧高的法术之士,谁还敢冒着关龙逢、比干、伍子胥三个人那样的危险,去进献自己的智慧和才能呢?这就是社会动乱的根源。

心度

中华传世藏书

国学经典文库 子学经典

图文珍藏版

【题解】

此篇旨在论立国用民之道。韩非指出,国之要务在于统一民心,而治民之本在于明法,使赏罚行于天下。又提出"治民无常,唯治为法","法与时转则治,治与世宜则有功"。行法在于禁奸,禁奸则国治主尊,故曰"塞其奸者必王"。

本文是《心度》篇的第一段。这里强调法为治民之本,法不应纵民欲,旨在利民。利民的根本办法是不让他们为奸作乱,而是安于守法。守法则不生奸邪之心。这就是韩非说的以法治民就要"禁奸于未萌",用兵者"服战于民心","国事务先而一民心"。以法治国者强,谓之政,主尊能控制臣民,谓之权。君主有政有权,国家才能得到治理,所以说"法"即称王之本。

【原文】 圣人之治民,度于本①,不从其欲②,期于利民而已。故其与之刑,非所以恶民③,爱之本也。刑胜而民静,赏繁而奸生。故治民者,刑胜,治之首也;赏繁,乱之本也。夫民之性,喜其乱而不亲其法。故明主之治国也,明赏,则民劝功④;严刑,则民亲法。劝功,则公事不犯;亲法,则奸无所萌⑤。故治民者,禁奸于未萌;而用兵者,服战于民心。禁先其本者治⑥,兵战其心者胜⑦。圣人之治民也,先治者强⑧,先战者胜⑨。夫国事务先而一民心,专举公而私不从,赏告而奸不生,明法而治不烦。能用四者强,不能用四者弱。夫国之所以强者,政也;主之所以尊者,权也。故明君有权有政,乱君亦有权有政,积而不同,其所以立异也。故明君操权而上重,一政而国治。故法者,王之本也;刑者,爱之自也。

【注释】 ①度:考虑,衡量。本:根本。这里指法。②从:同"纵",放纵。③恶:厌恶,憎恨。④劝:勉励。⑤萌:萌芽,引申为发生。⑥禁先其本:在他们的本性表现出来之前就禁止,即"禁奸于未萌"。⑦兵战其心:使他们的心里树立起战争的观念,即"服战于民心"。⑧先治:指"禁先其本"。⑨先战:指"兵战其心"。

【译文】 圣人治理民众,从根本上考虑问题,不以满足民众欲望为转移,只希望给民众带来实际利益。当君主对民众用刑罚的时候,不是憎恨民众,而是从爱护他们的根本利益出发的。刑罚严峻,民众就安定;赏赐太滥,奸邪就滋生。所以治理民众,刑罚严峻是国家太平的首要任务,赏赐太滥是国家混乱的根源。民众的本性是喜欢赏赐而厌恶刑罚。所以明君治理国家时,明定奖赏,民众就努力立功;刑罚严厉,民众就服从法令。民众努力立功,政府的事务就不受侵扰;民众服从法令,奸邪就不会产生。所以治理民众,要把奸邪禁止在尚未发生之时;用兵作战,要使一切服从打仗的宗旨深入民心。禁令能

先治本的才有效,用兵能服民心的才能胜利。圣人治理民众,因为先治本,所以能强大;因为先服心,所以能取胜。国家大事要争先恐后,就要统一民心;专行公务,需要杜绝私欲;奖赏告奸,奸邪就不会产生;明定法度,政务就不会烦乱。能做到这四点的,国家就强盛;不能做到这四点的,国家就衰弱。

国家之所以强大,靠的是以法治国的措施;君主之所以尊贵,靠的是权力。所以,明君有权力并采取治国的措施,昏君也有权力并采取治国的措施,结果不同,是因为各自确立的原则有别。明君掌握权势,地位就尊贵;专心以法治国,国家就太平。所以,法令是称王天下的根本,刑罚是爱护民众的措施。

管子

【导语】

《管子》是战国诸子中的重要著作。大家知道,我国春秋战国时期一个最伟大的文化现象是"百家争鸣",儒家、道家、法家、墨家、阴阳家、农家、名家、兵家等学派,横空出世,异彩纷呈,争奇斗妍。各家的学说主张,都对后世中国文化的发展产生了重要影响。一大批具有原创价、值的经典著作,历久弥新,灿灿生辉。《管子》即其中之一。

《管子》一书,是否可以顾名思义地认为,是春秋时管子的著作呢? 研究表明,不是。这是一部托名管子的著作。管子即管仲、管夷吾,春秋早期辅佐齐桓公成就霸业的政治家。但《管子》一书的著作者们,大约都生活在战国,比管子要晚两三百年。他们所以要托名管子,不单是因管子声名显赫,最主要的原因是这部书的作者们,有意要追寻、总结管子辅佐齐桓公称霸的历史经验。就是说,《管子》是一部阐述"霸道"的大书。

管子像

牧民

【题解】

本文为《管子》第一篇,专门谈如何治理民众的问题,计有国颂、四维、四顺、士经(十一经)和六亲五法等六项内容。文章认为,治民的首要任务在发展生产,建立维系国家安危的礼义廉耻。治民应当顺应民心,为此必须满足民众的物质、精神两个方面的要求,行政不可欺诈民众,不可做侥幸一时的事情。文章为格言体,风格警策。"仓廪实则知礼节,衣食足则知荣辱",是文中最精彩的观点。

【原文】 凡有地牧民者①,务在四时②,守在仓廪③。国多财则远者来④,地辟举则民留处⑤;仓廪实则知礼节,衣食足则知荣辱;上服度则六亲固⑥,四维张则君令行⑦。故省刑之要在禁文巧⑧;守国之度在饰四维⑨;顺民之经在明鬼神⑩,祇山川,敬宗庙,恭祖旧。不务天时则财不生,不务地利则仓廪不盈。野芜旷则民乃菅⑪,上无量则民乃妄⑫,文巧不禁则民乃淫⑬,不璋两原则刑乃繁⑭,不明鬼神则陋民不悟,不祇山川则威令不闻,不敬宗

庙则民乃上校⑮,不恭祖旧则孝悌不备⑯。四维不张,国乃灭亡。

右"国颂"⑰。

【注释】　①牧民:治理民众,古代将治理国家百姓称为牧民。②四时:春、夏、秋、冬四季,古代政治特别强调治理民众遵循天时,什么季节该做什么都有一定的规矩。③仓廪:仓库。古代仓库储谷物的叫仓,储米的叫廪。此处并无分别。④远者:即远方的民众。能吸引远方的民众来投奔自己,在古代被视为国家政治良好的表现。⑤辟:开辟。举:尽,皆。留:久,即长期停留的意思。⑥上:指在上位者。服度:意思是在上位的人穿戴及所用的器物等不违背规矩。服,服制、器物等。度,合乎法度。六亲:父、母、兄、弟、妻、子。⑦四维:礼、义、廉、耻,是四种维护国家存在的纲领。维,本义是绳索,后多表达纲领、纲纪之义。⑧省刑:减少刑法,即减少国家犯罪现象的意思。文巧:又称奇技淫巧,指过分奇巧而无益于实用的制品、物件。⑨饰:同"饬",整治。⑩顺:通"训",教化民众的意思。明鬼神:向民众表明国家重视鬼神祭祀。古代神道设教,以鬼神祭祀来统一民众意志。⑪芜旷:荒芜。菅:字当作"荒",懒惰。⑫无量:无限量,此处指挥霍无度。⑬文巧:犹言"搞花样"。文,指过分的纹饰。⑭不璋:不阻止。璋,当作"障"。两原:两种罪恶的根源,指上面说到的"无量"和"文巧",两者为社会混乱的本源。原,通"源"。⑮上校:冒犯、冲撞上级。上,当权者。校,冒犯,忤逆。⑯孝悌:古代最基本的人伦,敬奉父亲为孝,恭顺兄长为悌。⑰右:古人书写从右向左竖行而下,所以称前面的文字为"右"。国颂:国家的根本法条。颂,本义是一种诗体,此处犹如说"格言"。

【译文】　凡是拥有土地治理民众的人,最重要的事情在遵从四时保证生产,最关键的职责在使国库充实。国家财富积累得多,远方的人就前来投奔;土地充分开辟,百姓就长居而不会离去;仓库充实,民众就懂得礼节;衣食充足,民众就珍惜荣誉,远离耻辱;在上位者衣着、器物等有法度,百姓的家庭就六亲和睦而稳固;高扬礼义廉耻,君主政令就能推行。所以,要减少国家的刑罚,关键在禁止奇技淫巧;捍卫国家的法度,在于强化礼义廉耻四大纲领;教化民众的大法,在明示鬼神之礼,敬奉山川神灵,敬事宗庙祖先,善待亲戚故旧。不遵从天时,财富就不能生产;不尽量开发地利,国家的储备就不充盈。田野荒芜,百姓就懒惰;在上位奢侈挥霍无度,百姓就胆大妄为;奇技淫巧不加禁绝,百姓就不守法度;不禁绝"奇技淫巧"和"无量"两个祸根,国家就会混乱,刑罚就会繁多;不明示对鬼神的尊重,鄙陋的百姓就不觉悟;不敬山川神灵,国家的权威和命令就难以被百姓知晓;不敬宗庙祖先,百姓就会冒犯在上位的尊贵者;不善待亲戚故旧,孝悌之道就会缺乏。礼义廉耻得不到高扬,国家就会灭亡。

以上为"国颂"的内容。

【原文】　国有四维①。一维绝则倾,二维绝则危,三维绝则覆,四维绝则灭。倾可正

也,危可安也,覆可起也,灭不可复错也^②。何谓四维？一曰礼,二曰义,三曰廉,四曰耻。礼不逾节,义不自进,廉不蔽恶,耻不从枉^③。故不逾节,则上位安;不自进,则民无巧诈;不蔽恶,则行自全;不从枉,则邪事不生。

右"四维"。

【注释】 ①维:系物的大绳,引申为维系事物稳固的条件。②复错:再行改为。错,通"措",措施。一说"错"为衍字。句意为,灭绝了那么就不能再恢复了。③枉:弯曲,不正,引申为不合正道或违法曲断的行为。

【译文】 维系国家的存在,有四大纲领。失去一条,国家倾斜;失去两条,国家危险;失去三条,国家颠覆;四条全无,必然灭亡。倾斜尚可纠正,危险尚可安定,颠覆尚可恢复,到了灭亡的地步,就不能挽回了。什么叫四维？第一是礼,第二是义,第三是廉,第四是耻。人有礼,就不会超越节度;有义,就不会妄自求进;有廉,就不隐瞒过恶;有耻,就不与邪恶同流合污。所以,只要百姓安分守己,君主地位就太平无事;不妄自求进,就不会滋生浮巧奸诈;不隐瞒罪恶,行为必然完美保全;不同流合污,就不会有邪恶的事发生。

以上是"四维"的内容。

【原文】 政之所兴,在顺民心;政之所废,在逆民心。民恶忧劳,我佚乐之^①;民恶贫贱,我富贵之;民恶危坠,我存安之;民恶灭绝,我生育之。能佚乐之,则民为之忧劳;能富贵之,则民为之贫贱;能存安之,则民为之危坠;能生育之,则民为之灭绝。故刑罚不足以畏其意^②,杀戮不足以服其心。故刑罚繁而意不恐,则令不行矣;杀戮众而心不服,则上位危矣！故从其四欲^③,则远者自亲;行其四恶,则近者叛之。故知予之为取者,政之宝也。

右"四顺"。

【注释】 ①我佚乐之:君主要使百姓安逸快乐。我,指君主。佚,使安逸。②畏其意:心生畏惧。意,心意。③四欲:即上文所说的佚乐、富贵、存安和生育等四方面内容。

【译文】 政治兴盛,在顺应民心;政治衰颓,在忤逆民心。百姓厌恶忧劳,君主可以让他们感到安乐;百姓憎恶贫贱,君主可以使他们富贵;百姓担心灾祸降临,君主可以让他们得到保全和安顿;百姓害怕家族灭绝,君主可以使他们生殖繁育。能让百姓安乐的人,百姓必然愿为他忧劳;能够让百姓富贵的人,百姓必定愿为他忍受贫贱;能够保全安顿百姓的人,百姓也愿为他赴汤蹈火;能使百姓生养的人,百姓也愿为他赴死。所以,仅靠刑罚是不能让百姓感到畏惧的,杀戮也不足以使他们服帖。刑罚太滥百姓反而不害怕,法令就更难以推行;杀人太多而民心不服,君主地位就危险了！所以,顺从了百姓上述四种欲望,疏远的人会自动变得亲近;如果忤逆民意,亲近的人也会背叛国家。所以,懂得给予百姓正是为了向他们索取,才是掌握了国家政治的法宝。

以上为"四顺"的内容。

【原文】 错国于不倾之地①,积于不涸之仓,藏于不竭之府②,下令于流水之原③,使民于不争之官④,明必死之路,开必得之门,不为不可成,不求不可得,不处不可久,不行不可复⑤。错国于不倾之地者,授有德也⑥;积于不涸之仓者,务五谷也⑦;藏于不竭之府者,养桑麻育六畜也⑧;下令于流水之原者,令顺民心也;使民于不争之官者,使各为其所长也;明必死之路者,严刑罚也;开必得之门者,信庆赏也;不为不可成者,量民力也;不求不可得者,不强民以其所恶也;不处不可久者,不偷取一世也⑨;不行不可复者,不欺其民也。故授有德,则国安;务五谷,则食足;养桑麻、育六畜,则民富;令顺民心,则威令行;使民各为其所长,则用备;严刑罚,则民远邪;信庆赏,则民轻难;量民力,则事无不成;不强民以其所恶,则诈伪不生;不偷取一世,则民无怨心;不欺其民,则下亲其上。

右“士经”⑩。

【注释】 ①错:通“措”,安放、放置。②府:古代收藏财政文书的地方,引申为收藏东西的地方。③流水:在此指民众顺从。原:通“源”。④使:使用,劳作。官:在此为职位、岗位的意思。⑤复:可以重复的事情,在此指不欺诈民众的意思。⑥有德:能躬行实践而有所得的,称为“有德”。也可以理解为泛指有德行的人。⑦五谷:五种谷物,一般指稻、粟、麦、菽、黍,也可以泛指各种粮食。⑧六畜:马、牛、羊、鸡、狗、猪,在此泛指各种牲畜。⑨一世:一代,此处的意思犹如说“短期行为”。⑩士经:当作“十一经”,古代竖写,十一并作“士”,指上文所说的治国十一要略。

【译文】 将国家安放在不倾斜的地基上,将国家粮食存放在取之不尽的仓里,将国家的财物贮藏在用之不竭的库中,政令的下达永远像源畅流通的水流,使用百姓都处在没有争执的岗位上,向百姓指明什么是必死的路途,什么是必有所得的大门,不做不可能成功的事情,不追求不应该得到的东西,不留在不可久停的地方,不要干那些欺骗民众一锤子买卖的事。所谓把国家建立在稳固的地基上。是指把政权交给有德才的人;所谓把粮食存放在取之不尽的仓里,是指大力发展五谷生产;所谓把财物贮藏在用之不竭的库中,是指普遍种植桑麻、饲养六畜;所谓政令下达如源畅流通的水流,是说使国家政策顺应民心;所谓把百姓使用在没有争执的岗位,是说让他们各尽其长;所谓向人们指明必死的路途,是说要申明刑罚;所谓敞开必得的大门,是说要做到奖赏信实;所谓不做不可能成功的事情,是说要考虑百姓的承受能力;所谓不追求不应该得到的东西,是说不强迫百姓做他们不乐意的事情;所谓不留在不可久停的地方,是说不贪图一时的侥幸;所谓不干那些不可重复的事,是说不欺骗自己的百姓。把政权交给有德才的人,国家就安定;大力生产五谷,食物就充足;广种桑麻、饲养六畜,百姓就富裕;政令顺应民心,君主威信和命令就能得到执行;让人民各尽所长,各种用度就齐备;刑罚严明,百姓就不生邪念;奖赏诚信,百姓就不怕为国死难;考虑百姓的承受力,就事无不成;不强迫百姓做他们不乐意的

事,欺诈虚伪的行为就不会产生;不贪图一时侥幸,百姓就没有怨恨;不欺诈百姓,百姓就会亲近君上。

以上是"十一经"的内容。

【原文】 以家为乡①,乡不可为也;以乡为国,国不可为也;以国为天下②,天下不可为也。以家为家,以乡为乡,以国为国,以天下为天下。毋曰不同生③,远者不听;毋曰不同乡,远者不行;毋曰不同国,远者不从。如地如天,何私何亲?如月如日,唯君之节④。御民之辔⑤,在上之所贵;道民之门⑥,在上之所先;召民之路,在上之所好恶。故君求之,则臣得之;君嗜之,则臣食之;君好之,则臣服之;君恶之,则臣匿之。毋蔽汝恶⑦,毋异汝度,贤者将不汝助。言室满室,言堂满堂⑧,是谓圣王。城郭沟渠,不足以固守;兵甲强力,不足以应敌;博地多财,不足以有众。惟有道者,能备患于未形也,故祸不萌。天下不患无臣,患无君以使之;天下不患无财,患无人以分之。故知时者,可立以为长;无私者,可置以为政;审于时而察于用,而能备官者,可奉以为君也。缓者后于事,吝于财者失所亲,信小人者失士。

右"六亲五法"。

【注释】 ①以家为乡:按照家族的格局治理乡里。为,理。②以国为天下:古代春秋以前,是列国体制,多邦林立,"国"指邦国,"天下"则指全部受王朝统治的各个邦国。《管子》将"国"与"天下"相对而言,根据的正是这样的背景。③生:通"姓"。④节:节度。以上四句是说,君主的节度应该像天地日月那样具有包容性。⑤辔:驾驭马的缰绳,引申为治理百姓的手段。⑥道:同"导",引导。门:门径。⑦蔽:隐藏。汝:指君主。⑧言室满室,言堂满堂:这两句言外之意是说,君主发令不应有所隐蔽。

【译文】 照着治理家族的格局治理乡里,乡里是治理不好的;照着治理乡里的格局治理国家,国家是治理不好的;照着治理国家的格局治理天下,天下是治理不好的。正确的办法是,以家的格局治家,以乡的格局治乡,以国的格局治国,以天下的格局治天下。不要把别人当外姓,那样人家就不听从你了;不要把人家当不同乡,那样人家就不遵从你了;不要把不同国当外国,那样远方的人就不追随你了。要像天地对待万物,有什么好偏私?有什么好偏爱?像日月普照大地,这才是君主该有的气度。驾驭百姓的缰绳,在于君主重视什么;引导百姓的法门,在于君主提倡什么;号召百姓的路途,在于君主喜好、憎恶什么。君主想追求的,一定是臣尽力得到的;君主爱吃的,一定成为臣下的美食;君主喜欢的,臣下都愿意实施;君主厌恶的,臣下都想隐藏掉。所以,作为君主,不要掩藏你的过失,不要擅改你的法度,否则贤能的人将无法帮助你。在室内讲话,就让全室的人都听到;在堂上讲话,就让满堂人都听清,开诚布公才是圣明君主。护城的沟渠,不足以坚守国家;强大的武力装备,不足以应付敌人;地多财博,不一定能得到群众拥护。唯有有道

的君主,才能防患于未然,祸害不生。天下不怕没有贤臣,就怕没有君主任用他们;天下不怕没有财富,就怕无人使之得到公平分配。所以,通晓天时的人,可以任用为长官;没有私心的人,可以令其处理政务;通晓天时精于地利并能知人善任的人,可以拥戴他为君主。做事迟钝的人总是落后于形势,吝啬钱财的人一定失去亲近者,偏信小人的人一定失去贤士。

以上是"六亲五法"的内容。

形势

【题解】

任何事物都有其存在的状态和道理,都有其发展的态势和能量。《老子》说:"道生之,德畜之,物形之,势成之。"文章开头说:山形只要高,自然就可招来敬供的羊,"山高"即是"形",能招敬供之羊,就是"势"。本篇名"形势",其宗旨就在于说明君主如何利用自己特有的权势,巧妙而"自然"地驾驭大臣,统治万民。从学术源流上说,本文深受《老子》哲学影响,应属于战国时期的黄老文献。其文字也简明扼要,富于哲理趣味。选文有删节。

【原文】 山高而不崩,则祈羊至矣①。渊深而不涸,则沉玉极矣②。天不变其常,地不易其则,春秋冬夏,不更其节,古今一也。蛟龙得水,而神可立也;虎豹得幽③,而威可载也④。风雨无乡⑤,而怨怒不及也。贵有以行令,贱有以忘卑,寿夭贫富,无徒归也。衔命者⑥,君之尊也;受辞者,名之运也⑦。上无事,则民自试。抱蜀不言而庙堂既修⑧。鸿鹄锵锵⑨,唯民歌之;济济多士⑩,殷民化之,纣之失也。飞蓬之问⑪,不在所宾;燕雀之集,道行不顾。牺牲圭璧⑫,不足以飨鬼神⑬。主功有素⑭,宝币奚为?羿之道⑮,非射也;造父之术⑯,非驭也;奚仲之巧⑰,非听也。召远者使无为焉,亲近者言无事焉,唯夜行者独有也。

【注释】 ①祈羊:祭祀山神时用以献祭的羊。②沉玉:投入水中以祭河神的玉石。古礼,以玉沉河祭神。极:到来。③得幽:凭借深山幽谷。得,一本作"托"。④载:运行,在此有保持、持有的意思。"载"或为"栽"字之误,竖立的意思。⑤无乡:没有固定的方向。乡,同"向"。⑥衔命:发号施令。衔,口含。⑦名:君主的号令,君臣的名分,都可以成为名。运:起作用。⑧抱蜀不言而庙堂既修:抱着祭祀之器,无须多言,就可以治理天下,"无为而治"的意思。蜀,祭祀的器皿,象征最高权力。⑨锵锵:形容鸿鹄鸣叫声的象声词。⑩济济:众多貌。语出《诗经·大雅·文王》"济济多士,文王以宁"。"纣之失也"一句为衍文。⑪飞蓬之问:比喻没有根据的事物。飞蓬,随风飘动的蓬草。问,言论。⑫

牲牲：用以祭祀的牲口。圭璧：用于祭祀的玉器。⑬飨：进献神灵食物。⑭素：平素。此处指平日的积累。⑮羿：后羿，古之善射者。⑯造父：为周穆王驾车之人，善驾。⑰奚仲：传说中发明造车之人，任姓，黄帝之后，居于薛（今山东滕州境内），春秋时薛国即为其后裔。

【译文】　山势高峻而不崩塌，祈祷的祭羊就来了。渊潭深邃而不枯竭，祭祀的沉玉就到了。天不改换其常规，地不变更其法则，春夏秋冬不错乱节令，从古到今都是这样。蛟龙得到了水，可以树立神灵；虎豹凭借深山幽谷，可以拥有神威。风雨没有既定的方向。人们对它们就不会有怨愤。贵者所以发号施令，平民所以忘记自己的卑贱，寿命或长或短，身家或贫或富，都不是无因而至的。口含命令，是君主的尊严；接受君命，是名分起的作用。君主不事事亲为，老百姓就会自动去做事。抱着祭器不说话，朝廷清静政治就得到实施。鸿鹄铿锵的鸣叫，可以让百姓同声唱和；周文王的子孙人才济济，连商朝遗民也会被感化。对那些没有根据的言论，完全不必在意；燕雀聚集之类的小事，连路上的行人也不会看。用牛羊玉器作贡品，未必能求得鬼神的保佑。君主之功靠平时的积德才有根基，何必把钱币当作珍宝？后羿射箭之道，并不在于射箭的动作；造父的驾车之术，并不在于趋驾马匹；奚仲造车的巧妙，也不在于木料的砍削。招徕远方的人，靠的无为；亲赴近前的人，靠的是少言。只有懂得暗自行道的人，才能独有这样的作为。

【原文】　平原之隰①，奚有于高？大山之隈②，奚有于深？訾讆之人③，勿与任大。讹臣者可与远举④，顾忧者可与致道⑤。其计也速而忧在近者，往而勿召也。举长者可远见也，裁大者众之所比也。美人之怀，定服而勿厌也。必得之事，不足赖也；必诺之言，不足信也。小谨者不大立，訾食者不肥体⑥。有无弃之言者，必参于天地也。坠岸三仞⑦，人之所大难，而猿猱饮焉⑧。故曰伐矜好专，举事之祸也。

【注释】　①隰：低湿之地。②隈：山的弯曲处。③訾：诋毁贤人。讆：称赞恶人。④讹：同“谟”，谋划。举：任用贤才。⑤顾：思考，思虑。致道：犹言入道、合道。⑥訾：厌恶。⑦坠岸三仞：能从很高的河岸跳下去。仞：古代长度单位，周代以八尺为一仞。⑧猿猱：猿猴。

【译文】　平原上的低湿之地，对高度形成有什么帮助呢？大山的弯曲对深渊的形成，又有什么干系呢？诋毁贤人称赞恶人的人，不要让他任大事。有谋略的人，可以干远大的事；顾虑忧患的人，可通于大道。那些计谋短浅的人，请他走开不可招用。做事求长利的人能深谋远虑；能裁断大事的人，大家才亲近他。意别人感怀自己为美，那得安服他人而且行至不倦。看似稳拿的事情，不一定就牢靠；允诺的言语，不一定可信。谨谨慎慎是拘泥，成不了大事；厌食的人不能胖。有谁能信守上面这些言语，就必定能参天而立。从三仞之高的河岸上跳下去，对人来说是大困难，可猴子却能这样来喝水。所以说骄傲

自负,是做事情的大害。

【原文】 道之所言者一也,而用之者异。有闻道而好为家者,一家之人也;有闻道而好为乡者,一乡之人也;有闻道而好为国者,一国之人也;有闻道而好为天下者,天下之人也;有闻道而好定万物者,天下之配也。道往者,其人莫来;道来者,其人莫往。道之所设,身之化也。持满者与天①,安危者与人。失天之度,虽满必涸;上下不和,虽安必危。欲王天下,而失天之道,天下不可得而王也。得天之道,其事若自然;失天之道,虽立不安。其道既得,莫知其为之。其功既成,莫知其释之。藏之无形,天之道也。疑今者,察之古。不知来者,视之往。万事之生也②,异趣而同归③,古今一也。

【注释】 ①与:顺从。②生:通"性"。③趣:同"趋",趋向,方向。

【译文】 道的内涵是一样的,用道却各有不同;有的人得道而好用之持家,便是治家的人才;有的人得道而好用之治乡,便是治乡的人才;有的得道而好用之治国,便是治国的人才;有的人得道而好用以治理天下,便是全天下的人才;有的人得道而能安定万物,那就是与天地同等的伟大的人才了。所行的道是推开他人的,他人就不肯前来投顺。所行的道是使人前来的,人们就不会离去。想行道而真有所确立,就得亲身遵行之。想保持圆满,就取法上天;要使危亡者安定,就亲近众人。违背天的法度,即使很满也会枯竭;上下不和,暂时安定最终也会危亡。想要称王于天下,却违背天的大道,天下就是不可获得的。遵从了天道,做事情仿佛是天然而成;违背天道,即使有所确立,也不能持久。做事情符合道,事情的成功不知不觉。成功以后,不居其功,自然而然能放下。无穷伟力而隐藏于无形,正是天道的特征。对于当今有疑虑的人,可以考察历史。不知道未来的人,也可以考察往事。万事万物的性质,虽各有不同,但道理却无异,这是古今一样的。

【原文】 生栋覆屋①,怨怒不及;弱子下瓦②,慈母操箠③。天道之极,远者自亲;人事之起,近亲造怨。万物之于人也,无私近也,无私远也。巧者有余,而拙者不足。其功顺天者天助之,其功逆天者天违之。天之所助,虽小必大;天之所违,虽成必败。顺天者有其功,逆天者怀其凶,不可复振也。乌鸟之狡④,虽善不亲。不重之结,虽固必解。道之用也,贵其重也。毋与不可⑤,毋强不能,毋告不知。与不可,强不能,告不知,谓之劳而无功。见与之交⑥,几于不亲;见哀之役,几于不结;见施之德,几于不报。四方所归,心行者也。独王之国⑦,劳而多祸;独国之君,卑而不威;自媒之女,丑而不信⑧。未之见而亲焉,可以往矣;久而不忘焉,可以来矣。日月不明⑨,天不易也;山高而不见,地不易也。言而不可复者,君不言;行而不可再者,君不行也。凡言而不可复,行而不可再者,有国者之大禁也。

【注释】 ①生栋覆屋:用新伐的生木作屋梁,日久干裂变形,造成房屋倒塌。②弱子:未成年的孩子。③箠:棍棒,古代惩治人的木制工具。④狡:通"交",一说猜忌。⑤

345

与:参与,辅助。⑥见与之交:见人有用而与之交往。与,赞同。⑦独王:君王什么事情都自己做。⑧丑:被视为丑女。⑨日月不明:日月本来应该明,所以不明,是因为有云雾之类的遮挡。

【译文】 用新砍伐的生木做栋梁致使房屋倒塌,人们不会抱怨木材;小孩拆下屋上的瓦片,慈爱的母亲也会拿着打人的棍子。顺应天道做到极致,疏远的人也自然亲近;做事情违背自然的人为干预,哪怕近亲也要产生怨恨。万物对于人们来说,没有远近亲疏之分。灵巧的人有余裕,笨拙的人则常不足。做事顺天,天必定帮他;做事逆天,天一定会违背他。得到上天帮助,即使弱小,也可以变得强大;遭到上天的背弃,就是成了,也必定失败。顺应天道的人享有成功,违背天道的人则要招祸惹灾,终归无法振作。乌鸦和鸟交好,看上去关系好,内心却不亲近。只打了一个结的绳子,再坚固也拴不住东西。道的作用,贵在慎重。不要参与那些不可能的事情,也不要强人所难,不要告诉不明事理的人。参与不可能的事、强人所难或告诉不明事理的人,都是劳而无功。见人有用而来的交好,到头来也不会亲;见人可怜而为之做事,到头来关系也不会牢靠;出于恩惠而来的感激,到头来也不会回报。四方之民的归顺,最终还是靠真心诚意。所以,天下的王事必躬亲,一定是劳累却多灾多难;一国之君事必躬亲,也必然声誉扫地没有威望;自己议定婚姻的妇女,只会被人嫌恶得不到信任。对没有见面就近乎的人,应该离他远点;对长期分别却不忘故人的人,可以和他接近。日月有不明的时候,是因天不平易(意思是有云雾之类的遮挡);山高有看不见的时候,是因为地不平整。说了却不能实践的话,君主就不说;做了却不可再重复的事,君主就不做。凡不可兑现的话、不可重复的事,都是君主的大忌。

权修

【题解】

修权,顾名思义即修治权力,加强君主统治。不过文章谈得多的是如何凝聚民众、富国强兵以达到称霸天下的问题。文章指出,国家要做到外可应敌、内可固守,必须开垦田野、禁止末业、爱惜民力、奖赏分明。要做到这些,君主必须善守法度;同时,还应该重视从细微处培育国民的礼义廉耻。这一点又与《牧民》篇所说颇为相近。重法而又强调道德,是本篇在思想上的特点,这应是儒法融合的产物。文中"一年之计,莫如树谷;十年之计,莫如树木;终身之计,莫如树人"的言论,很富哲理。

【原文】 万乘之国①,兵不可以无主;土地博大,野不可以无吏;百姓殷众,官不可以无长。操民之命,朝不可以无政。地博而国贫者,野不辟也;民众而兵弱者,民无取也②。

故末产不禁③，则野不辟。赏罚不信，则民无取。野不辟，民无取，外不可以应敌，内不可以固守。故曰有万乘之号，而无千乘之用，而求权之无轻，不可得也。

【注释】 ①乘：古时四马拉的战车为一乘。②取：取法，即民众所应当遵照而行的法则。③末产：指工商业，古代以农业为根本，所以称工商业为末产。但在《管子》中对工商业的禁止，远不像商鞅法家那样严厉，只是强调把农业放在首位而已

【译文】 有万辆战车的大国，军队不能没有统帅；国土辽阔，地方治理不能没有官吏；人口众多，官府不能没有政长。掌握民众的命运，朝廷不能没有政令。土地广博而国家贫困的，是因为田野没有得到开垦；百姓众多而军力虚弱的，是因为人民无所取法，不知道怎样行事。所以，不抑制工商业，田野就得不到开垦。赏罚不诚信，百姓就不知道怎么做。田野没有开垦，人民没有准则，对外就不能抵御敌人，对内就不能固守。所以说，虽有万辆战车的虚名，却没有千乘战车的费用，要求得国家权力的不虚弱，那是不可能的。

【原文】 地辟而国贫者，舟舆饰、台榭广也①。赏罚信而兵弱者，轻用众，使民劳也。舟车饰，台榭广，则赋敛厚矣；轻用众，使民劳，则民力竭矣。赋敛厚，则下怨上矣；民力竭，则令不行矣。下怨上，令不行，而求敌之勿谋己，不可得也。

【注释】 ①舟舆：船和车，此处指代的是君主和权贵乘坐的舟船与车马。饰：装饰。榭：建在高台上的厅堂。

【译文】 田野开垦了而国家依然贫穷，是因为君主的车船装饰太华美，亭台楼阁太多太高大。赏罚诚信而兵力仍薄弱，是因为轻易兴师动众，使百姓太苦劳。车船华丽，楼台众多，赋税就一定繁重了；轻易兴师动众，劳苦百姓，民力就衰竭了。赋税繁重，百姓就要怨恨君上了；民力衰竭，国家政令就无法实行了。人民怨恨君上，政令无法实行，想要敌国不谋划侵害自己，是不可能的。

【原文】 欲为天下者①，必重用其国；欲为其国者，必重用其民；欲为其民者，必重尽其民力。无以畜之，则往而不可止也；无以牧之，则处而不可使也。远人至而不去，则有以畜之也；民众而可一，则有以牧之也。见其可也，喜之有征②；见其不可也，恶之有刑③。赏罚信于其所见，虽其所不见，其敢为之乎？见其可也，喜之无征；见其不可也，恶之无刑；赏罚不信于其所见，而求其所不见之为之化，不可得也。厚爱利，足以亲之；明智礼，足以教之。上身服以先之，审度量以闲之④，乡置师以说道之⑤。然后申之以宪令，劝之以庆赏，振之以刑罚⑥，故百姓皆说为善⑦，则暴乱之行无由至矣。

【注释】 ①为天下：争夺天下的意思。②喜之有征：国家喜爱的，就必须要有喜爱的表现。征，表现，征验，此处指实际的奖赏。③刑：通“形”，表现，此处指实际的惩罚。④度量：长短多少的标准，引申为法规，制度。闲：防范。⑤师：负责宣教的官员。说道：

教导。道,周"导"。⑥振:通"震",震慑。⑦说:通"悦",高兴。

【译文】 想要夺取天下,必须珍惜国力;想要治好国家,必须慎重用民;想要治好国民,必须爱惜他们的财力和劳力。君主不能养活国民,国民的离去就不可制止;不能统治国民,他们留下来也无法使其听从政令。远方人民来投奔而不离去,是因为君主有办法养活他们;人口众多而能齐心协力,是因为治理有方。国家见到人民做自己喜欢的事情,表达高兴应有实际的奖赏;见到做不喜欢的事,表达厌恶就应该有实际的惩罚。对见到的好事坏事,奖惩严明可信,那些见不到的坏事,人们还敢去做吗?见到有人做应做的事,喜爱却没有奖赏;见人做不好的事,厌恶却不能惩罚;对看到的好坏事不能真正做到奖惩分明,想要使人在不被看到的情况下去恶从善,是不可能的。君主付出厚爱厚利,就足以使人民亲近;申明知识和礼节,就足以教育人民。在上位的能以身作则起表率作用,审定制度来防范社会的不良现象,乡里设立教师教导人民。有了这样的基础,再向他们申明法度,用奖赏来鼓励他们,用刑法来威慑他们,百姓就都乐于行善,暴乱的事情就没有机会出现了。

【原文】 地之生财有时,民之用力有倦,而人君之欲无穷,以有时与有倦,养无穷之君,而度量不生于其间,则上下相疾也。是以臣有杀其君,子有杀其父者矣。故取于民有度,用之有止,国虽小必安;取于民无度,用之不止,国虽大必危。

【译文】 土地产生财富有时节限制,民众劳力也会困倦,君主的欲望却无穷无尽。以有时节和气力限制的土地和民力供养欲望无穷的君主,如果没有节制和分寸,就会导致上下之间彼此怨恨。于是,就会有臣子杀君、儿子杀父的现象。因此说,取财于民而有节制,使用民力有所克制,国家即使很小也能安定;相反,向人民征敛无度,耗费又毫无节制,那么国家即使强大,也必然灭亡。

【原文】 地之不辟者,非吾地也。民之不牧者,非吾民也。凡牧民者,以其所积者食之①,不可不审也。其积多者其食多,其积寡者其食寡,无积者不食。或有积而不食者,则民离上;有积多而食寡者,则民不力;有积寡而食多者,则民多诈;有无积而徒食者,则民偷幸②。故离上、不力、多诈、偷幸,举事不成,应敌不用。故曰,察能授官,班禄赐予③,使民之机也。

【注释】 ①积:通"绩",功劳。食:供给吃的。②偷幸:苟且,侥幸。③班:分赐。

【译文】 土地没有开垦,就等于不是自己的土地。人民没有治理,就等于不是自己的人民。凡对待行政官员,据其政绩颁给奖赏,这一点不可不认真从事。功绩大的俸禄多,功绩小的俸禄少,无功绩的不给俸禄。如果有功绩的不给禄赏,那么人们就会离心背德;如果功绩大而奖赏少,人们就不尽心尽力;功绩小而俸禄多,人们就弄虚作假;没有劳绩而白得禄赏,人们就会苟且侥幸。离心背德、不尽心尽力、弄虚作假、苟且侥幸,有了这

几种情况，做事不会成功，抵御敌人也将失败。所以说，考察一个人的才能然后授予官职。根据他的功绩赐予不同的赏赐，这才是驾驭臣民的关键。

【原文】 野与市争民①，家与府争货，金与粟争贵②，乡与朝争治。故野不积草，农事先也；府不积货，藏于民也；市不成肆③，家用足也；朝不合众，乡分治也。故野不积草，府不积货，市不成肆，朝不合众，治之至也！人情不二，故民情可得而御也。审其所好恶，则其长短可知也；观其交游，则其贤不肖可察也。二者不失，则民能可得而官也。

【注释】 ①野：田野，此处指农业。市：市场，此处指工商业。②金：货币。粟：小米。《管子》中常以粟指代粮食。③肆：本意是排列、展开，用来表示市场买卖店铺林立状况。

【译文】 农业与工商业会形成争夺民众的现象，私人富家与官府会形成争夺财货的现象，货币会与粮食形成互争贵重的现象，地方和朝廷会形成争执权利的现象。由此可以说，田野不积满杂草，是农业占先的表现；官府不积累大量的财货，是私人积累占先的表现；街市上没有店铺林立，是私家用度自给自足的表现；朝廷上不聚众做事，是乡里分权治理有效的表现。土地不长草，官府不积货，市场不设铺，朝廷不聚众，是国家大治的最高境界！人性没有什么不同，所以民众的真实情况是可以把握的。了解他喜欢什么，厌恶什么，就可以知道他的长处和短处；观察人们与什么人交往，就可以明白他贤能与否。懂得了这两点，就可以对臣民进行有效管制了。

【原文】 地之守在城，城之守在兵①，兵之守在人，人之守在粟。故地不辟，则城不固。有身不治，奚待于人②？有人不治，奚待于家？有家不治，奚待于乡？有乡不治，奚待于国？有国不治，奚待于天下？天下者，国之本也；国者，乡之本也；乡者，家之本也；家者，人之本也；人者，身之本也；身者，治之本也③。故上不好本事④，则末产不禁；末产不禁，则民缓于时事而轻地利⑤。轻地利，而求田野之辟，仓廪之实，不可得也。

【注释】 ①兵：兵器，此处指代军队。②待：对待，对付，引申为治理。③"人者"两句：意思是说有人才有人的身体，而人的身体是治理国家的先决条件。先秦诸子讲君主修养，往往强调先从"治身"开始，做到身心协调，不受外界或情绪干扰，如此才可以处理好国政。④本事：农事。古代将农耕生产视为本业，而将工商业等视为末业。⑤时事：指按照春耕秋收的时令进行的事，就是农事。

【译文】 国土的捍卫在城池，城池的捍卫在军队，捍卫军队的关键在人，守住人的根本则在粮食。所以说，土地没有开辟，城池就不牢固。自身不能治理，怎能治理别人？不能治别人，怎能治家？不能治家，怎能治乡？不能治乡，怎么治国？不能治国，何以治天下？天下是国的根本，国是乡的根本，乡是家的根本，家是个人的根本，人是身体的根本，身又是治的根本。所以，如果君主不重视农业，就无法禁止工商业；不禁止工商业，百姓就会延误农时农事，轻视土地之利。在这种情况下，指望土地开辟，仓廪充实，是不可能

的。

【原文】 商贾在朝①,则货财上流②;妇言人事③,则赏罚不信;男女无别,则民无廉耻。货财上流,赏罚不信,民无廉耻,而求百姓之安难④,兵士之死节⑤,不可得也。朝廷不肃,贵贱不明,长幼不分,度量不审⑥,衣服无等⑦,上下凌节,而求百姓之尊主政令,不可得也。上好诈谋闲欺⑧,臣下赋敛竞得,使民偷壹⑨,则百姓疾怨,而求下之亲上,不可得也。有地不务本事,君国不能壹民⑩,而求宗庙社稷之无危⑪,不可得也。

【注释】 ①商贾:商人的统称。古代把游走做买卖的称为商,把在商铺售货的称为贾,所谓行商坐贾。②货财上流:指财货通过贿赂流入朝廷或官僚手中。③妇言人事:当作"妇人言事"。古人认为妇女参与政治是非法的,会带来政治祸害,不当言事。这里的"妇"具体指的是后妃一类妇女。④安难:安于患难,使百姓在国家有危难时与君主一条心。⑤死节:为国尽忠。兵士的节操是捍卫国家安全,为国尽忠就是死于这样的节操。⑥度量:指国家制定的各种规范和度量衡。⑦衣服:与今天的"衣服"一词有区别,衣,衣服;服,衣服上的各种装饰佩戴。如玉器等。⑧闲:防范,在此有勾心斗角的意思。⑨偷壹:苟且于一时,不从长远打算。⑩君国:君临国家。⑪宗庙社稷:指国家政权。宗庙,指国君的祖庙。社稷,指土地神和农业神。古人用这两样东西来指代国家。

【译文】 买卖人在朝中掌权,就会使财货流向上层;妇人参与政事,赏罚就会无信用;男女没有界限,人们就不懂得廉耻。财富集中在少数人,赏罚没有信用,人民不知廉耻,有这些情况而希望百姓忍受苦难,士兵为国捐躯,是不可能的。朝廷不整肃,贵贱不明白,老少无分别,制度、规范不明确,衣服佩戴没有等级,上下等级无规矩,有这些情况而要求百姓尊重君主、安守法令,是不可能的。君主喜欢阴谋欺诈,臣下就争相横征暴敛,驱使人民只贪图一时利益,致使百姓痛恨,在这种情况下还指望他们亲近君上,是不可能的。拥有土地而不重视农业,治理国家却不能使人民精神一致,在这种情况下指望国家的宗庙社稷不出现危亡,那是不可能的。

【原文】 上恃龟筮①,好用巫医②,则鬼神骤祟。故功之不立,名之不章③,为之患者三:有独王者、有贫贱者、有日不足者。一年之计,莫如树谷④;十年之计,莫如树木;终身之计,莫如树人。一树一获者,谷也;一树十获者,木也;一树百获者,人也。我苟种之,如神用之。举事如神,唯王之门。

【注释】 ①龟筮:占卜。古代占卜,先卜后筮,卜用龟,筮用蓍草。②巫医:即巫术人员。古代巫和医不分,所以连言。③章:同"彰",彰显,显露。④树:培养,种植。

【译文】 君主做事好求神问卜,任用巫鬼人员,那么鬼神一定经常作怪。身为一国之君,功业不成,声名不显,将造成以下三种祸患:孤立无援,贫穷卑贱,可能入不敷出。作一年的打算,最好种植五谷;作十年的打算,最好种植树木;作终身的打算,最好是培养

人才。一种一收的,是种谷物;一种十收的,是种树木;一种百收的,是培养人才。我做君主的如能扶植人才,那效果就像有神在起作用。做这种有如神效的事情,才是打开了王业的大门。

【原文】 凡牧民者,使士无邪行,女无淫事。士无邪行,教也;女无淫事,训也。教训成俗而刑罚省,数也。凡牧民者,欲民之正也;欲民之正,则微邪不可不禁也。微邪者,大邪之所生也。微邪不禁,而求大邪之无伤国,不可得也。凡牧民者,欲民之有礼也;欲民之有礼,则小礼不可不谨也;小礼不谨于国,而求百姓之行大礼,不可得也。凡牧民者,欲民之有义也;欲民之有义,则小义不可不行;小义不行于国,而求百姓之行大义,不可得也。凡牧民者,欲民之有廉也;欲民之有廉,则小廉不可不修也;小廉不修于国,而求百姓之行大廉,不可得也。凡牧民者,欲民之有耻也;欲民之有耻,则小耻不可不饰也;小耻不饰于国,而求百姓之行大耻,不可得也。凡牧民者,欲民之修小礼、行小义、饰小廉、谨小耻、禁微邪,此厉民之道也①。民之修小礼、行小义、饰小廉、谨小耻、禁微邪,治之本也。

【注释】 ①厉:同"励",勉励,劝勉。

【译文】 凡是治理百姓的人,应当使男人没有邪恶的行为,使女人没有淫乱的事情。使男人不邪恶,靠教育;使女人不淫乱,靠训导。这种教育、训导蔚然成风,国家就可刑法减少,这是很自然的道理。凡所谓治民,就是使民众走正路;使民众走正路,微小的邪恶就不能不禁止。微小邪恶,是大邪大恶的根源。微小的邪恶不加以禁止,指望大邪大恶不危害国家,肯定是不可能的。凡所谓治理民众,是使他们守礼;想使他们守礼,那么微小的礼就不能不重视;如果小礼不重视,指望百姓信守大礼是不可能的。凡所谓之民众,是让民众守义;要使民众守义,那么微小的义不能不遵从;如果不遵从这种小义,而要求百姓守大义,那是不可能的。凡所谓治民众,是使民众有廉德;想使民众有廉德,那么微小的廉德就不能不讲究;如果不讲究小廉德,希望百姓有大廉德,那是不可能的。凡所谓治理民众,是使民众有耻辱感;想使他们有耻辱感,那么微小的耻辱感就不能不倡导;如果不倡导小的耻辱感,要求百姓知大耻,那是不可能的。所以,所谓治理民众,就是要求他们重视小礼、遵从小义、奉守小廉、杜绝小耻、禁止小邪,这是劝勉百姓的根本办法。只要做到了重视小礼、遵从小义、奉守小廉、杜绝小耻、禁止小邪,这就是治国的根本。

【原文】 凡牧民者,欲民之可御也①;欲民之可御,则法不可不审。法者,将立朝廷者也②;将立朝廷,则爵服不可不贵也③。爵服加于不义,则民贱其爵服;民贱其爵服,则人主不尊;人主不尊,则令不行矣。法者,将用民力者也;将用民力者,则禄赏不可不重也。禄赏加于无功,则民轻其禄赏;民轻其禄赏,则上无以劝民;上无以劝民,则令不行矣。法者,将用民能者也;将用民能者,则授官不可不审也。授官不审,则民闲其治;民闲其治④,则理不上通;理不上通,则下怨其上;下怨其上,则令不行矣。法者,将用民之死命者也;

用民之死命者,则刑罚不可不审。刑罚不审,则有辟就⑤;有辟就,则杀不辜而赦有罪;杀不辜而赦有罪,则国不免于贼臣矣!故夫爵服贱、禄赏轻、民闲其治、贼臣首难⑥,此谓败国之教也。

【注释】 ①可御:可以驾驭,也就是接受驾驭的意思。②将:扶持,确立。③爵服:爵位服饰。古代授官命爵,爵位不同,服饰也不同。贵:保持尊贵。④闲:非议,反对。⑤辟:同"避",回避,躲让。就:靠近。⑥首难:首先发难。

【译文】 凡治理百姓,都希望百姓服从管制;要百姓服从管制,法条规章就不能不审慎。法条规章,是确立朝廷权威的保证;树立朝廷权威,就必须重视爵位和相应的服饰制度。把爵服给了那些不义的人,人民就轻贱爵位;人民轻贱爵位,君主就得不到尊奉;君主得不到尊奉,国家法度就不能推行了。法条规章,是使用百姓的法宝;使百姓出力,俸禄奖赏就不能不重视。赏禄给没有功绩的人,人民就轻贱禄赏;人民轻贱禄赏,君主就无法劝勉百姓;君主不能劝勉百姓,也就不可能推行命令。法条规章,是使用人民才能的工具;使用人民的才能,任官授职就不能不慎重。任官授职不慎重,百姓就会阻碍官府的治理;百姓阻碍官府的治理就会导致下情不能上达;下情不能上达,人民怨恨君主;人民怨恨君主,国家政令就不能推行。法条规章,是决定人民生死存亡的典则;决定人民的生死,刑法一定要审慎。用刑不审慎,就会有施法不均现象;施法不均,就会有无辜者被杀,有罪者免刑的现象;无罪者被杀,有罪者得逃,国家就难免要被贼臣颠覆了!所以,爵服被轻贱、禄赏受蔑视、人民反对治理、贼臣发动叛乱,这是国家败亡的教训。

立政

【题解】 所谓立政,就是确立军职治国的基本政治原则。文章认为,国家单靠强制不足以立,重要的是对民众轻税薄敛,发展经济,在用人上做到德当其位、功当其禄。强调经济对国家安危的决定作用,强调德治和任贤的政治原则,这样的思想与《牧民》篇颇为接近,但在表达上则更为痛切。

【原文】 国之所以治乱者三,杀戮刑罚,不足用也。国之所以安危者四,城郭险阻,不足守也。国之所以富贫者五,轻税租,薄赋敛,不足恃也①。治国有三本,而安国有四固,而富国有五事。五事,五经也。

【注释】 ①恃:依靠。

【译文】 国家之所以治乱兴亡有三个原因,杀戮刑罚是不解决问题的。国家之所以安定危亡有四个原因,城郭险阻是靠不住的。国家之所以贫困或富裕有五种原因,轻徭

薄赋是不可靠的。治理国家有"三本",安定国家有"四固",使国家富裕则有"五事"。这五件事,是五项纲领。

【原文】 君之所审者三:一曰德不当其位,二曰功不当其禄,三曰能不当其官。此三本者,治乱之原也①。故国有德义未明于朝者,则不可加以尊位;功力未见于国者,则不可授以重禄;临事不信于民者,则不可使任大官。故德厚而位卑者,谓之过;德薄而位尊者,谓之失。宁过于君子,而毋失于小人。过于君子,其为怨浅;失于小人,其为祸深。是故国有德义未明于朝而处尊位者,则良臣不进;有功力未见于国而有重禄者,则劳臣不劝;有临事不信于民而任大官者,则材臣不用②。三本者审,则下不敢求;三本者不审,则邪臣上通,而便辟制威③。如此,则明塞于上,而治壅于下,正道捐弃,而邪事日长。三本者审,则便辟无威于国,道涂无行禽④,疏远无蔽狱⑤,孤寡无隐治⑥。故曰,刑省治寡,朝不合众。

右"三本"。

【注释】 ①原:根本。②材:同"才"。③便辟:帝王亲近宠爱的小臣。便,善于花言巧语取媚的人。辟,通"嬖",君主宠爱的人,指女人,也指男人。④涂:同"途",道路。行禽:道路上禽兽横行。这是对政治昏暗的比喻说法。⑤疏远:指那些没有权势可依靠的一般小民。蔽狱:冤狱。蔽,蒙蔽,舞弊。⑥隐治:苦痛的政治遭遇。

【译文】 君主必须在以下三点上慎重:一是德行与地位不相称,二是功劳与俸禄不相称,三是能力与官职不相称。以上三条原则,是国家治理与否的根本。所以,对于德行没有显露于朝廷的人,不能授给崇高的爵位;功劳没有表现于邦国的人,不能给予优厚的俸禄;主持政事而没有取信于民的人,不可以任命为重要官职。德行深厚而授爵卑微,这叫做过错;德行浅薄而地位崇高,这叫作失误。宁可对君子有过错,也不能对小人有失误。对君子有过错,招致的怨恨浅;对小人有失误,招致祸害深。所以,国家有德行未显露于朝廷而身居高位的现象,贤良的大臣就不会积极进取;有功劳未表现于国而享受厚禄的现象,有才干的大臣就不会奋发;有执政未取信于民却担任大官的现象,有才能的人就不会主动发挥作用。三个根本处理精当,臣下就不敢妄求什么;三个根本处理粗疏,奸邪大臣就会上来,宠佞们就会控制权力滥发权威。这样,上层的清明的政治被堵塞,下层的治理就被阻塞,正确治理被抛弃,而邪恶的事情日益增长。三个根本得到精心维持,君主宠佞的近臣不能作威作福,道路上就无禽兽横行现象,普通小民不蒙受冤枉,孤寡无依之人没有苦痛。所以说,刑罚减省,政务精简,朝廷上也就无须召集群臣议事了。

以上是"三本"。

【原文】 君之所慎者四:一曰大德不至仁①,不可以授国柄。二曰见贤不能让,不可与尊位。三曰罚避亲贵,不可使主兵。四曰不好本事,不务地利而轻赋敛,不可与都邑②。

此四务者,安危之本也。故曰:卿相不得众,国之危也;大臣不和同,国之危也;兵主不足畏,国之危也;民不怀其产,国之危也。故大德至仁,则操国得众;见贤能让,则大臣和同;罚不避亲贵,则威行于邻敌;好本事,务地利,重赋敛,则民怀其产。

右"四固"。

【注释】 ①大:尊崇,崇尚。②都邑:泛指城镇。都,古代划分行政区域,周代以四邑为丘,四丘为甸,四甸为县,四县为都。邑,本义是用土墙围起的城防。

【译文】 君主必须对以下四点慎重行事:一是尚德却未达仁爱的人,不能授予国家大权。二是见贤能者不能让位的人,不能赏赐尊贵的爵位。三是执行刑罚回避亲贵的人,不能任命他带兵。四是不重视农业,不开发地利又轻易征取赋税的人,不能任命为地方官。这四项原则关系国家安危的根本。所以说:卿相如果得不到民众拥护,国家就危险了;大臣之间不能同心协力,国家就危险了;军队统帅没有威望,国家就危险了;人民不安心于自己的产业,国家就危险了。所以,崇道德能至于仁爱的人执掌国政,就能得到民众拥护;能尊贤让能,大臣们就会同心协力;操刑罚不避亲贵,国家威严就可以传到敌对的邻国;重视农业,开发地利,慎重地赋税,人民就会安乐自己的产业。

以上是"四固"。

【原文】 君之所务者五:一曰山泽不救于火,草木不殖成,国之贫也。二曰沟渎不遂于隘①,障水不安其藏②,国之贫也。三曰桑麻不殖于野,五谷不宜其地,国之贫也。四曰六畜不育于家,瓜瓠荤菜百果不备具③,国之贫也。五曰工事竞于刻镂④,女事繁于文章,国之贫也。故曰:山泽救于火,草木殖成,国之富也。沟渎遂于隘,障水安其藏,国之富也。桑麻殖于野,五谷宜其地,国之富也。六畜育于家,瓜瓠荤菜百果备具,国之富也。工事无刻镂,女事无文章⑤,国之富也。

右"五事"。

【注释】 ①渎:小沟渠。遂:畅通。②障:堤坝、塘堰之类。藏:贮藏,储存。③瓠:葫芦。荤:葱蒜之类有特殊气味的蔬菜。④工事:指手工技艺之事,多指雕刻建筑的手艺。刻镂:雕刻,镂空,多指对房屋的梁木的装饰。⑤女事:指女红针黹之事。文章:服装上的纹样图案。

【译文】 君主必须注意以下五点:一是山林沼泽不能免于火灾,草木不能繁殖生长,国家要贫困。二是渠道有阻碍不能通畅,塘堰的蓄水不稳固,国家要贫困。三是田野里没有种植桑麻,五谷粮食没有因地制宜,国家要贫困。四是人们的家中没有饲养六畜,各类蔬菜瓜果也不齐全,国家要贫困。五是工匠争相刻意雕琢,女红力求文采,国家要贫困。所以,山泽防火,草木茂盛,国家就能富庶丰盛。渠道畅通,塘堰蓄水安稳,国家就能富庶丰盛。桑麻满布田野,五谷种于合适的土壤,国家就能富庶丰盛。家家饲养各种牲

畜,蔬菜瓜果百类俱全,国家就能富庶丰盛。工匠不过分雕琢,女红不过分追求花花绿绿,国家就能富庶丰盛。

以上是"五事"。

乘马

【题解】

乘即计算,马通码,乘马即运算、筹算。本文以乘马为题,旨在说明筹划国家一些重大的经济问题。涉及可利用土地的比例、市场和物价,以及如何组织民众积极开发地利等诸多方面。强调政府应调动民众有效利用土地发展经济,是本文的中心。充分认识到市场的作用,又是全文的精要之点。选文略有删节。

【原文】 凡立国都,非于大山之下,必于广川之上。高毋近旱,而水用足;下毋近水,而沟防省。因天材①,就地利,故城郭不必中规矩②,道路不必中准绳③。

右"立国"。

【注释】 ①因:凭借,借助。②规矩:校正圆形和方形的工具,后来引申为规则,法式。③准绳:测量物体平直的工具,后与准则同义。

【译文】 凡是营建国都,不在大山下,就在大河旁边。城址高不能高到受干旱,并且有充分水源;低不能低到太近河流,这样就可节省防水沟渠的费用。利用自然资源,依靠大地之利,因而城墙不一定非要方圆规矩,道路也不一定就要平直如绳。

以上是"立国"。

【原文】 市者,货之准也①。是故百货贱,则百利不得②。百利不得,则百事治。百事治,则百用节矣③。是故事者生于虑,成于务,失于傲。不虑则不生,不务则不成,不傲则不失。故曰,市者可以知治乱,可以知多寡,而不能为多寡。为之有道。

右"务市事"④。

【注释】 ①准:平,水平,古代商品交换的固定用语,给货物定价,叫作准;一个地方货物流通到另一地方,从而互通有无,填补物产地域性差别,也叫准。因此准就是商品在流通、交换中确定其价格的意思。②百利:指商人获得的暴利。③节:适度消费的意思,是《乘马》的重要概念。④务:从事。

【译文】 市场,是货物在交换中各自获得其应有价格的地方。所以各种货物如果价格低廉,商人就不能从各种货物牟取厚利。没有这样的牟取暴利,各种事业就都能得到发展。百业并兴,各种社会需求也就可以调节了。因此,任何事业都生于谋虑,成于努力,败于骄傲。不谋虑就事业无起点,不努力就不会成功,不骄傲就不会失败。所以说,

355

从市场可以了解国家的治乱兴亡,可以明晰社会财富的多少,只是不能通过它创造财富而已。这些,做起来都有规律可循。

以上是"务市事"。

【原文】 黄金者,用之量也①。辨于黄金之理,则知侈俭。知侈俭,则百用节矣。故俭则伤事②,侈则伤货③。俭则金贱,金贱则事不成,故伤事;侈则金贵,金贵则货贱,故伤货。货尽而后知不足,是不知量也;事已而后知货之有余,是不知节也。不知量,不知节,不可谓之有道。

【注释】 ①用:用度,费用。量:计量。②伤事:伤害各种事业。事,主要指宫殿、台榭、车舆等方面的建造,是上层的消费活动。③伤货:伤害财货的生产。价格太低,生产财货的积极性就会减低。

【译文】 黄金,是各种费用的计量。辨明黄金使用的道理,就可以了解消费的奢和俭。知道奢俭,就可以调节各项用度。用度过俭将妨碍各种事业,过奢则伤害财货生产。过俭使黄金价格低廉,金贱各种事业就因材货短缺办不成,所以说金贱妨碍事业;过于奢侈,使金价抬高,货物就低贱,所以对货物生产不利。各种物资用光了才知道不足,是因为不懂得计量;事情完毕才知道财货有余,是因为不懂得适度耗费。不知计量,不知适度耗费,不可以称之为懂得治国之道。

【原文】 天下乘马服牛①,而任之轻重有制。有壹宿之行,道之远近有数矣。是知诸侯之地千乘之国者②,所以知地之小大也,所以知任之轻重也。重而后损之,是不知任也;轻而后益之,是不知器也。不知任,不知器,不可谓之有道。

【注释】 ①服:驾驭。②千乘之国:国力强盛的大国。古代一辆四匹马拉的车称为一乘,千乘是大国的标志。

【译文】 天下事如同驾马驭牛,因而负担轻重要有限制。有一夜行程的多少,对道路的远近心中就有数了。所以,知道一个诸侯是一千乘战车的国家,就可以推知它的土地大小了,也可以知道它负担的轻重了。负担很重了才知道减轻它,是不了解其承受能力;负担很轻了才知道增加,是不了解承担的器量有多大。不知道能担当多少,不知道器量大小,不可以称为治国有道。

【原文】 地之不可食者,山之无木者,百而当一。涸泽,百而当一。地之无草木者,百而当一。樊棘杂处①,民不得入焉,百而当一。薮,镰缪得入焉②,九而当一。蔓山③,其木可以为材,可以为轴,斤斧得入焉,九而当一④。汜山⑤,其木可以为棺,可以为车,斤斧得入焉,十而当一。流水,网罟得入焉⑥,五而当一。林,其木可以为棺,可以为车,斤斧得入焉,五而当一。泽,网罟得入焉,五而当一。命之日地均⑦,以实数。

【注释】 ①樊:荆棘。字当作"楚"。②缪:绳索。③蔓山:连绵之山。④九:当作

"十"。⑤汜：古"盘"字，环绕的样子。⑥罟：渔网。⑦命：同"名"。地均：将所有国土面积折合成实际可生产财富土地面积的方法。

【译文】　不长粮食的地，不生树木的山，一百亩折合为一亩可耕地。干涸的沼泽，一百亩折合一亩。不生草木的荒地，也是百亩折一亩。荆棘丛生无法进入的土地，百亩折一亩。沼泽之地，镰刀绳索可以开采的，九亩折一。逶迤连绵的山脉，树木可作材料，可作车轴，斧头可以采伐的，十亩折合一亩。盘旋回环的山岭，树木可以做棺材，可以制造车辆，斧头可以采伐的，十亩折合一亩。活水的河流，可以下网捕捞的，五亩折一。林地树木可以做棺材，可以制造车辆，斧头可以开采的，五亩折一。水泽，可以下网捕捞的，五亩折一。这可以称之为"地均"，上述的国土经过折算，都可以计入国家实际田亩数中。

【原文】　方六里命之曰暴①，五暴命之曰部，五部命之曰聚。聚者有市，无市则民乏。五聚命之曰某乡，四乡命之曰方，官制也。官成而立邑。五家而伍，十家而连，五连而暴。五暴而长，命之曰某乡。四乡命之曰都，邑制也。邑成而制事②。四聚为一离，五离为一制，五制为一田，二田为一夫，三夫为一家，事制也。事成而制器。方六里，为一乘之地也。一乘者，四马也。一马其甲七，其蔽五③。一乘，其甲二十有八，其蔽二十，白徒三十人奉车辆④，器制也。

【注释】　①暴：古时户籍单位，五十家为暴。②制事：组织起来从事活动。③蔽：指防护战车的盾牌兵士。④白徒：战争中不拿武器、不穿铠甲的服务人员。奉车辆：当作"奉车一辆"，负责车辆杂务的意思。

【译文】　方圆六里的地区命名为一暴，五暴命名为一部，五部命名为一聚。聚要有集市，否则人们无法买到所需物品。五聚命名为一乡，四乡命名为一方，这是行政编制。这样的编制一经确定，就可以设立城邑了。以五家为伍，十家为连，五连为暴。五暴为长，命名为某乡。四乡命名为某都，这是居民编制。居民编制之后，就可以组织做事了。四聚为一离，五离为一制，五制为一田，二田为一夫，三夫为一家，如此，生产之类的事情就有底了。编制之后，就可以经营军事器物了。方圆六里的地区，就使出兵车一乘的单位。一乘，是四匹马的战车。每一匹马配备甲士七人，盾牌兵士五人。一乘共二十八名甲士，二十名盾兵，另外有三十人负责战车的杂务，如此，战争器物就备齐了。

【原文】　方六里，一乘之地也；方一里，九夫之田也。黄金一镒①，百乘一宿之尽也②。无金则用其绢，季绢三十三制当一镒③。无绢则用其布，绖暴布百两当一镒④。一镒之金，食百乘之一宿，则所市之地，六步一斗⑤，命之曰中。岁有市，无市则民不乏矣。方六里，名之曰社。有邑焉，名之曰央，亦关市之赋。黄金百镒为一箧⑥，其货一谷笼为十箧。其商苟在市者三十人⑦，其正月、十二月黄金一镒，命之曰正分⑧。春曰书比，立夏曰月程，秋曰大稽，与民数得亡⑨。

【注释】 ①镒:二十两或二十四两,古代钱币单位。②尽:通"赆",赠送别人的礼物、路费,此处作费用讲。③季绢:轻软的细绢。季:当作"穟",细绢。制:一丈八尺。④绖暴布:一种细白的上好布。两:匹。⑤斞:同"斗",古代容器单位。⑥箧:小箱子,这里为征税的单位。⑦商苟:非正式的商人,没有市籍的小贩之类。⑧正分:合理的征收。⑨与:通"举",记录,记载。得亡:有无。得,在此为"有"的意思,与"亡"相对;亡、无古通。

【译文】 方圆六里,是一乘之地;方圆一里,是九个农夫的土地。一镒黄金供应一百辆兵车一夜的费用。没有黄金就用绢,细软的绢三十三制折合黄金一镒。没有绢就用布,一百匹薄布折合黄金一镒。一镒黄金供应一百辆兵车一夜的费用,那么征收布匹的地方,就相当于六步土地征收一斗粮食,这是中等年岁的税率。一年之中必须有集市,否则百姓无从购买物品。方圆六里的地区命名为社。修建城镇,命名为央,也要征收关税和市税。以黄金百镒为一箧计算,一谷笼货物算作十箧。市场上的小贩每三十人在正月、十二月交纳黄金一镒,称之为合理的征税。春天公布税率,叫作"书比",夏天按月品量货物,叫作"月程",秋天则考察总的税收情况,叫作"大稽",同时,还能统计市场百姓人数的增减。

【原文】 三岁修封,五岁修界。十岁更制,经正也①。十仞见水不大潦②,五尺见水不大旱。十一仞见水轻征,十分去二三,二则去三四③,四则去四,五则去半,比之于山④。五尺见水,十分去一,四则去三,三则去二,二则去一⑤,三尺而见水,比之于泽。

【注释】 ①经正:正常的、制度性的做法。②仞:古代一仞为八尺或七尺。潦:涝。这句应是说池塘河岸的吃水线。③十一仞见水轻征,十分去二三,二则去三四:这几句错衍较多,当为:"一仞见水轻征,十分去一,二则去二,三则去三。"④比之于山:是说地势高难以灌溉,如同山地一样。下文"比之于泽"意思大同。⑤四则去三,三则去二,二则去一:当作"四则去二,三则去三,二则去四。"

【译文】 三年整修一次边界,五年修建一次地界,十年重新划定一次封、界,这是常规作法。十仞高的地方才见到水就不会有大洪涝,下掘五尺深就见水不会有大旱。一仞见水的土地。应该减少十分之一的租税,二仞见水的土地,减轻十分之二,三仞减少十分之三,四仞减少十分之四,五仞减半,比照于山地。五尺见水的地方,也减少十分之一的租税,四尺见水的土地,减少十分之二,三尺则减少十分之三,二尺减少十分之四,比照于沼泽。

【原文】 距国门以外,穷四竟之内①,丈夫二犁②,童五尺一犁,以为三日之功。正月,令农始作,服于公田农耕,及雪释,耕始焉,芸卒焉③。士闻见博学意察④,而不为君臣者,与功而不与分焉⑤。贾知贾之贵贱⑥,日至于市,而不为官贾者,与功而不与分焉。工治容貌功能⑦,日至于市,而不为官工者,与功而不与分焉。不可使而为工,则视贷离之实

而出夫粟⑧。是故智者知之，愚者不知，不可以教民；巧者能之，拙者不能，不可以教民。非一令而民服之也，不可以为大善；非夫人能之也⑨，不可以为大功。是故非诚贾不得食于贾，非诚工不得食于工，非诚农不得食于农，非信士不得立于朝。是故官虚而莫敢为之请，君有珍车珍甲而莫之敢有。君举事，臣不敢诬其所不能。君知臣，臣亦知君知己也，故臣莫敢不竭力俱操其诚以来。

【注释】　①竟：通"境"，边境。②二犁：两副犁的耕牛面积。③芸：同"耘"，锄草。④闲：当作"闲"，闲，通"娴"，熟练。意察：精明。⑤分：古通"颁"，此处为颁赐、赏赐的意思。⑥贾：本句第二个"贾"同"价"，价格。⑦工：即"功"，与上文"三日之功"同义，都是为国出力的意思。功能：技能，手艺。⑧贷离：家庭财产的差别。⑨夫人：众人，人人。

【译文】　从都城大门之外到全国境内，成年男子按两犁耕作面积的定额，身高五尺的未成年男童按一犁定额，为君主服役三天。正月，命令农民开始耕作，到公田服役，从雪化时，春耕开始，到夏天锄草为止。士见多识广，学问渊博精明，还没有成为君主的臣属，也要服役但不能接受赏赐。商人了解物价高低，每天在市场经商但不是官商的，也要服役但不能接受赏赐。工匠打扮好了摆出自己的手艺，每天到市场出卖但不是官方工匠的，也要服役但不能接受赏赐。至于那些不服劳役的，则要根据家产差别交纳粮食。只有聪明人明白而笨人不懂的事情，不能用来要求一般百姓；只有灵巧人能做到而笨拙人不能做到的，也不能要求于所有的百姓。命令不是一下达百姓就能遵从执行，就不可能实现大治；要求若不是人人都可做，就不可能建立大功。所以，不是诚信的商人，不得经商；不是诚信的工匠，不得做工；不是诚信的农民，不得务农；不是守信用的士人，不得在朝中任官。这样，就是官位空缺也无人敢于冒请，君主即使给予珍贵车甲的待遇，也无人敢于享用。君主想办什么事，臣下就不敢诬称他们不能做。君主了解臣下，臣下也知道君主了解自己，那么，臣下就不敢不尽心竭力，拿出真诚来为君服务了。

【原文】　道曰：均地分力①，使民知时也，民乃知时日之蚤晏②，日月之不足，饥寒之至于身也。是故夜寝蚤起，父子兄弟，不忘其功，为而不倦，民不惮劳苦。故不均之为恶也，地利不可竭，民力不可殚。不告之以时，而民不知；不道之以事，而民不为。与之分货，则民知得正矣③，审其分，则民尽力矣。是故不使而父子兄弟不忘其功。

右"士农工商"。

【注释】　①分力：公平地为国家出力。分，在此指平分、公平的意思。②蚤：通"早"。晏：晚。③得正：当作"得征"。得，民之所得。征，官之所征。

【译文】　有道是：把土地分给农民，公平地收取劳役，让他们抓紧农时，他们就懂得时令的早晚、光阴的紧迫和饥寒的威胁。因此百姓夙兴夜寐，父子兄弟，不忘记他们要做的事情，不知疲倦，不怕劳苦。如果土地分配不均，地利不能充分开发，民力不能充分使用。不告知农时,人们就不能按时耕种;不在农事上引导,百姓就不会有作为。讲明生产所得的分成,百姓知道自己的所得和国家的税收,百姓明确所知道自己的份额,就会尽力了。这样,即使国家不予督促,百姓也会父子兄弟尽心尽力地做好自己的事情。

以上是"士农工商"。

【原文】 圣人之所以为圣人者,善分民也①。圣人不能分民,则犹百姓也。于己不足,安得名圣?是故有事则用,无事则归之于民,唯圣人为善托业于民。民之生也②,辟则愚③,闭则类④。上为一,下为二。

右"圣人"。

【注释】 ①分:意思是将民分作士、农、工、商来管理,使各守其分。②生:通"性",本性。③辟:同"僻",邪恶。④闭:坚定,不受外恶的干扰、影响。类:本意是不有辱、违背前代贤哲,引申为善。

【译文】 圣人之所以成为圣人,是因为他善于使民各守其分。不能使民受分,就与普通百姓无异了。像小百姓那样,连自己都管不好,怎么能称为圣人?所以,国家有事就取用于民,无事就使民各归其事,只有这样的圣人才能把国家事业托付给百姓来做。百姓的本性是邪恶了就愚昧,坚定了就善良。在上位的做一分,下面的百姓就会以两倍的作为来回报。

以上是"圣人"。

【原文】 时之处事精矣,不可藏而舍也。故曰,今日不为,明日亡货①。昔之日已往而不来矣!

右"失时"。

【注释】 ①亡:无,没有。货:货物。

【译文】 时令对于事业太宝贵了,时间到了,是不可因为要暂时休息而将时光收藏起来的。所以说,今天不做事,明天就财富匮乏。过去的时光一去不复回啊!

以上是"失时"。

【原文】 上地方八十里,万室之国一①,千室之都四。中地方百里,万室之国一,千室之都四。下地方百二十里,万室之国一,千室之都四。以上地方八十里,与下地方百二十里,通于中地方百里。

右"地里"。

【注释】 ①室:古代一个家庭为一室。

【译文】 上等土地八十里就可以供应万户的邦国和四个千户的城市。中等土地则需一百里,才能供应一个万户的邦国和四个千户的城市。下等土地却需要一百二十里,才能养得起一个万户的邦国和四个千户的城市。所以,八十里的上等土地和一百二十里

的下等土地，与一百里中等土地是相当的。

以上是"地里"。

七法

【题解】　七法即七项法则，即则、象、法、化、决塞、心术、计数。本文阐明它们的含义和重要性。与此相关，文章还论述了下面三部分内容：一是"百匿"问题，指出藏在君主左右的各种坏人对治国用兵有四方面的伤害（威、法、教、众），名之为"四伤百匿"；二是论述了用兵以匡正天下的基本原则，名之为"为兵之数"；三是分析了如何安排战略进行攻伐，名之曰"选阵"。选文除了选取前四段之外，还选入讨论"四伤百匿"的第一段。

【原文】　言是而不能立，言非而不能废，有功而不能赏，有罪而不能诛，若是而能治民者，未之有也。是必立，非必废，有功必赏，有罪必诛，若是安治矣？未也。是何也？曰：形势、器械未具①，犹之不治也②。形势、器械具，四者备，治矣。不能治其民，而能强其兵者，未之有也；能治其民矣，而不明于为兵之数③，犹之不可。不能强其兵，而能必胜敌国者，未之有也；能强其兵，而不明于胜敌国之理，犹之不胜也。兵不必胜敌国，而能正天下者，未之有也；兵必胜敌国矣，而不明正天下之分④，犹之不可。故曰：治民有器，为兵有数，胜敌国有理，正天下有分。

【注释】　①形势、器械：指军事形势与军事装备。②犹之：依然。③数：指策略。④分：名分，这里指适当的方法。

【译文】　主张正确而不能采纳，主张错误而不能废除，有功劳而不予赏赐，有罪过而不予惩罚，像这样而能治理好人民的，向来没有过。正确的一定采用，错误的一定废止，有功必赏，有罪必罚，像这样就能治理好国家了吗？还不能。为什么？因为，军事力量和军事装备没有具备，仍然不能治理好国家。有了军事力量和军事装备，再具备上述四点，那就可以治理好国家了。人民不能治理好而能使其军队强大的，从来没有过；但是，即使能治其民而不懂用兵的策略，仍然不能使军队强大。不能壮大军队而能战胜敌国的，从来没有过；但是，即使能够壮大其军队而不明白战胜敌国的道理的，仍然不能获胜。兵力不能必胜敌国而能够征服天下的，从来没有过；即使兵力有了必胜的把握而不懂得匡正天下的名分的，仍然是不行的。所以说：治民要有凭借，用兵要有谋略，战胜敌国要有头脑，匡正天下要有名分。

【原文】　则、象、法、化、决塞、心术、计数①。根天地之气②，寒暑之和③，水土之性，百姓、鸟兽、草木之生，物虽甚多，皆均有焉，而未尝变也，谓之则。义也、名也、时也、似也、

类也、比也、状也④，谓之象。尺寸也、绳墨也、规矩也、衡石也、斗斛也、角量也⑤，谓之法。渐也、顺也、靡也、久也、服也、习也⑥，谓之化。予夺也、险易也、利害也、难易也、开闭也、杀生也，谓之决塞。实也、诚也、厚也、施也、度也、恕也，谓之心术。刚柔也、轻重也、大小也、实虚也、远近也、多少也，谓之计数。

【注释】 ①决塞：疏通堵塞。②根：根源，根本。③寒暑之和：寒暑协调。和，指交替往来，协调并存。④义：一说当作"仪"。⑤衡石：称量轻重的工具。斗斛：两种量器，此处泛指各种量器。角量：平斗斛的用具。⑥顺：通"驯"，驯服。靡，通"磨"，消磨。服：适应。

【译文】 则、象、法、化、决塞、心术、计数。源本于天地的气，寒暑的协调，水土的性质以及人类、鸟兽、草木的生长，事物虽多，却共同拥有的，而且未尝改变的，就是所谓的"则"。形状、名称、年代、相似、类属、依次、状态等等，是所谓的"象"。尺寸、绳墨、规矩、衡石、斗斛、角量等等，是所谓的"法"。渐进、顺服、消磨、浸淫、适应、习惯等等，是所谓的"化"。予夺、险易、利害、难易、开闭、死生等等，是所谓的"决塞"。老实、忠诚、宽厚、施舍、度量、宽恕等等，是所谓的"心术"。刚柔、轻重、大小、虚实、远近、多少等等叫作"计数"。

【原文】 不明于则，而欲出号令①，犹立朝夕于运均之上②，摇竿而欲定其末。不明于象，而欲论材审用，犹绝长以为短，续短以为长。不明于法，而欲治民一众③，犹左书而右息之。不明于化，而欲变俗易教，犹朝揉轮而夕欲乘车。不明于决塞，而欲驱众移民，犹使水逆流。不明于心术，而欲行令于人，犹倍招而必射之。不明于计数，而欲举大事，犹无舟楫而欲经于水险也。故曰：错仪画制，不知则不可；论材审用，不知象不可；和民一众④，不知法不可；变俗易教，不知化不可；驱众移民，不知决塞不可；布令必行，不知心术不可；举事必成，不知计数不可。

【注释】 ①出号令：据下文当为"错仪画制"。②夕：古代测日影以定方向的仪器。均：指制陶器所用的转轮。③一众：协调和统一民众。④和：据上文当为"治"。

【译文】 不明白事物的法则，而想要制定号令，如同在转动着的陶轮上用标杆测定时间，摇动竹竿却想稳定它的末端。不了解事物的象，而想量才而用，犹如把长的当短的来使，把短的当长的来用。不了解事物的规范，而想治理人民、调和民众，犹如用左手写字，而闲着右手。不明白变化的道理，而想移风易俗，如同早晨刚制造车轮，晚上就要乘车。不懂得疏通堵塞，而想驱使和调遣人民，如同使水倒流。不懂得心术，而想对民众发号施令，如同背对着靶子射箭而想命中。不懂得计数而想要兴办大事，如同想不用舟楫渡过险恶的河流。所以说：立法定制，不了解"则"不行；论材审用，不了解"象"不行；治理人民、调和民众，不了解法不行；移风易俗，不了解"化"不行；驱使和调遣民众，不疏通堵塞不行；发布命令、令出必行，不了解心术不行；举大事、事必成，不了解计数不行。

【原文】　百匿伤上威①,奸吏伤官法,奸民伤俗教,贼盗伤国众。威伤,则重在下②;法伤,则货上流;教伤,则从令者不辑③;众伤,则百姓不安其居。重在下,则令不行;货上流,则官徒废;从令者不辑,则百事无功;百姓不安其居,则轻民处而重民散④;轻民处、重民散,则地不辟;地不辟,则六畜不育;六畜不育,则国贫而用不足;国贫而用不足,则兵弱而士不厉⑤;兵弱而士不厉,则战不胜而守不固;战不胜而守不固,则国不安矣。故曰:常令不审,则百匿胜;官爵不审,则奸吏胜;符籍不审⑥,则奸民胜;刑法不审,则盗贼胜。国之四经败,人君泄见危。人君泄,则言实之士不进;言实之士不进,则国之情伪不竭于上。

【注释】　①百匿:指君主左右的各种坏人。匿,指邪恶。②重在下:权威下移。③辑:和睦顺从之意。④轻民:尹注“轻民谓为盗者”。重民:尹注“重民谓务农者”。⑤厉:张扬,强盛。⑥符籍:指通行凭证与户口簿册。符,凭证。籍,簿册。

【译文】　君王左右的各种坏人破坏君主的权威,奸诈的官吏破坏国家的法制,奸诈的国民伤害风俗教化,贼盗伤害国内的民众。君上的权威被伤害,权力就会下移;法制被破坏,财货就会集中到上层;教化被损害,臣民就不会和顺地听命;民众被伤害,百姓就不得安宁。权力下移,政令便难以推行;财货上流,官员就会腐坏;臣民不听命,凡事都难有功效;百姓不得安居,就会导致盗贼横行而农民离散;盗贼横行而农民离散,土地就得不到开辟;土地不开辟,则六畜得不到养育;六畜得不到养育,邦国就会财源不足;邦国财源不足则军队羸弱、士气不振;军队羸弱、士气不振,则不能胜战,也不能固守;战不胜而守不固,国家就无法安定了。所以说:常规法令不严明,君王左右的坏人就得逞;官爵制度不严明,奸诈的官吏就得逞;符籍制度不严明,奸诈之民就得逞;刑法不严明,盗贼就得逞。治国的四经(大法、官爵、符籍、刑法)败坏了,君主又轻慢懈怠,就会出现危机。这是因为人君不重视,说真话的人就不被任用;说真话的人不被任用,国家的真实情况就不能传到君主这里了。

版法

【题解】

所谓“版法”,即刻在版牍之上的法则。此篇短文实际上是为君主指明了保有国家的三项法则,概括起来就是:赏罚要公正,不要受到主观好恶的影响,即“正彼天植”;审用财物,慎用民力,要量力而行、适可而止;法度要正直,用法要严格有信。总之,此篇着重在说明君主如何把握施行法度的尺度问题,强调君主要依法公正、严格、诚信的办事,以确立权威。本文无疑是《管子》重法思想的重要体现。

【原文】　凡将立事,正彼天植①,风雨无违,远近高下,各得其嗣②。三经既饬③,君乃

有国。喜无以赏，怒无以杀。喜以赏，怒以杀，怨乃起，令乃废。骤令不行，民心乃外；外之有徒，祸乃始牙④。众之所恣，置不能图⑤。举所美，必观其所终；废所恶，必计其所穷。庆勉敦敬以显之⑥，富禄有功以劝之，爵贵有名以休之。兼爱无遗，是谓君心。必先顺教，万民乡风。旦暮利之，众乃胜任。

【注释】　①天植：指心。②嗣：通"司"，主持，掌管。③三经：指上面提到的正天植、无违风雨和各得其司三方面。④牙：通"芽"，萌生。⑤置：一说当为"寡"。⑥庆：奖赏。

【译文】　凡君主欲建立一番事业，首先要端正心志，其次是不违背风雨天时，第三是使远近高下的人们都得到治理。这三个方面都整饬完善以后，君主才能够保有其国家。不能因个人喜欢而行赏，不可因个人恼怒而杀戮。因喜而赏，因怒而杀，人民就会心生怨恨，政令就会废弛。政令不通的次数多了，人心就向外；有外心的人向外结党，祸乱就开始产生。众怒之下，少数人难以图谋应对的。兴办喜欢的事，一定要预计到事情的结局；废止厌恶的事，一定要考虑到事情的后果。赏赐敦厚之人以示表彰，把俸禄颁给有功的人以表鼓励，把爵位授予有名望的人以示美誉。兼爱而没有遗漏，这才是君主的胸怀。要先严格教诲，民众才趋从风化。经常给予利益，民众才会恪尽职守。

【原文】　取人以己①，成事以质②。审用财，慎施报，察称量③。故用财不可以啬，用力不可以苦④。用财啬则费⑤，用力苦则劳。民不足，令乃辱⑥；民苦殃，令不行。施报不得，祸乃始昌；祸昌不寤⑦，民乃自图。正法直度，罪杀不赦；杀僇必信，民畏而惧。武威既明，令不再行。顿卒怠倦以辱之⑧，罚罪宥过以惩之，杀僇犯禁以振之⑨。植固不动，倚邪乃恐。倚革邪化⑩，令往民移。法天合德，象地无亲，参于日月，佐于四时。悦在施，有众在废私，召远在修近，闭祸在除怨。修长在乎任贤，安高在乎同利。

【注释】　①取人以己：取用于人要比照自己。②成事以质：办事要量力而行。质，指实际。③称量：计量轻重的工具，这里指事物的分量、限度。④苦：指过头。⑤费：同"拂"，悖逆。⑥辱：指遭到违背或反对。⑦寤：同"悟"，醒悟。⑧顿卒：斥责。顿，挫折。卒，同"啐"，呵斥。⑨僇：同"戮"，杀戮。振：通"震"，震慑。⑩倚革邪化：指怪僻邪恶的行为。

【译文】　用人要比照一下自己，办事要根据实力。要详细审察各种用度，慎重处理施予和报酬，明察事物的限度。所以，用财于民不能太吝啬，征用民力不能太过头。用财吝啬则事情难办，用民力过头则民众疲劳。民众贫困，政令即使繁缛也没有功效；民众苦于劳役之灾，政令就无法贯彻。施予酬报不当，祸乱就开始萌发；祸乱萌发而人君还不觉悟，民众就自图造反了。法律公正，制度明确，有罪而杀，绝不宽赦；诚信执行杀戮，民众就会畏惧。权威明示于众，法令就不必一再重申。训斥懈怠的人使之感到羞辱，处罚有罪过之人予以惩戒，杀戮犯罪之人以示震慑。君主执法之心坚定而不动摇，怪僻邪恶之

人就会恐惧。怪僻邪恶的行为都有了改正,法令颁布下去,民众才能依法行事。君主应该取法于天,普遍施德;模仿地,对万物没有私亲;要与日月参齐,与四时并列。要取悦众人就要善于施予,要得民众拥护就要扫除私心;要招徕远方的人们,就要修好附近之人;要避免祸乱的发生,就要消除人怨。长远大计在于任用贤人,巩固高位在于与民同利。

五辅

【题解】

五辅,即执政治国的五个方面的内容。《五辅》主要论述了这五个方面:一是体现"德"的六项措施,改善民生、输导财货流通、改善交通、减税宽刑、救人之急、救济穷困之人;二是体现"义"的七项行为准则,即孝悌慈惠、恭敬忠信、公正友爱、端正克制、勤俭节约、敦厚朴实、和睦协调;三是保证八个方面有"礼",也就是上下有义、贵贱有分、长幼有等、贫富有度;四是五个不同地位的人即君主、大夫、官长、士、庶各尽其职;五是权衡考虑三方面的因素,即天时、地利、人和。综上可知,实际所谓"五辅",实际是《管子》给君主提供的一个施政纲领。不过,本文的内容还不仅如此,开头两段论述了得民心的重要性以及如何得民心(给予利益),末尾两段还讨论了控制意识形态、引导民风和重视农业、推行仁义等重要观点。如此种种体现了《管子》的儒家政治观念和政治精神。本书选取了中间五段。

【原文】　德有六兴,义有七体,礼有八经,法有五务,权有三度。所谓六兴者何?曰:辟田畴,制坛宅,修树艺,劝士民,勉稼穑,修墙屋,此谓厚其生。发伏利,输墆积①,修道途,便关市,慎将宿②,此谓输之以财。导水潦,利陂沟,决潘渚③,溃泥滞,通郁闭,慎津梁,此谓遗之以利。薄征敛,轻征赋,弛刑罚,赦罪戾,宥小过,此谓宽其政。养长老,慈幼孤,恤鳏寡,问疾病,吊祸丧,此谓匡其急。衣冻寒,食饥渴,匡贫窭④,振罢露⑤,资乏绝,此谓振其穷⑥。凡此六者,德之兴也。六者既布,则民之所欲,无不得矣。夫民必得其所欲,然后听上;听上,然后政可善为也。故曰德不可不兴也。

【注释】　①墆积:囤积,贮积。②将宿:指送迎。③潘渚:回流与浅滩。回旋水为"潘",水中小洲为"渚"。④贫窭:指贫穷的人。⑤罢露:疲惫、败坏。罢,同"疲"。露,败坏。⑥振,同"赈",救济。

【译文】　德有"六兴",义有"七体",礼有"八经",法有"五务",权有"三度"。什么叫六兴呢?是:开垦田野,建造住宅,研习种植,勉励士民,鼓励农耕,修缮房屋,这叫作改善民生。开发潜在的财源,疏通积滞的物产,修筑道路,便利贸易,重视迎送商旅往来,这叫输导财货流通。疏浚积水,修通沟渠,疏畅回流,清除淤泥,打通河道堵塞,注意渡口桥梁,这叫作便民以利。薄收租税,轻征捐赋,宽减刑罚,赦免罪犯,宽恕小过,这叫作从宽执政。敬养老人,慈恤幼孤,救济鳏寡,慰问疾病,吊唁祸丧,这叫作救人之急。给挨冻的人衣服穿,给饥渴的人饮食,救助贫陋,赈济破败人家,资助赤贫,这叫作救人之穷困。这六个方面都是兴举德政。这六项如能实行,则百姓的需求都得到满足了。只有人民的需求得到满足,然后才能够听从上面;只有百姓服从君上,政事才能办好。所以说德政是不可不兴的。

【原文】 曰民知德矣,而未知义,然后明行以导之义①。义有七体。七体者何?曰:孝悌慈惠,以养亲戚。恭敬忠信,以事君上。中正比宜②,以行礼节。整齐撙诎③,以辟刑戮④。纤啬省用⑤,以备饥馑。敦蒙纯固,以备祸乱。和协辑睦,以备寇戎。凡此七者,义之体也。夫民必知义然后中正,中正然后和调,和调乃能处安,处安然后动威,动威乃可以战胜而守固。故曰义不可不行也。

【注释】 ①明行:用行动彰明。导之义:以义导之。②比宜:亲爱。比,指亲。宜,同"谊",友爱。③撙诎:节制。撙,约束,即克制。诎,同"屈"。④辟:同"避"。⑤纤啬:节约之意。

【译文】 说是民众已经知道了"德",而还不懂得"义",然后就应以身示范、教民行义。"义"有七体。什么叫七体呢?回答是:以孝悌慈惠的态度来奉养亲属。以恭敬忠信的态度来侍奉君上。以公正友爱的态度来推行礼节。以端正克制的行为避免刑杀。以节约省用的方法来防备饥荒。以敦厚朴实的姿态来戒备祸乱。以和睦协调的关系来防止敌寇。这七个方面,都是义的内容。民众只有知义才能行为中正,行为中正然后才能关系协调,关系协调才能居处安定,居处安定才能行动威严,行动威严才能攻战胜利而防守稳固。所以说义是不可不推行的。

【原文】 曰民知义矣,而未知礼,然后饰八经以导之礼①。所谓八经者何?曰:上下有义,贵贱有分,长幼有等,贫富有度,凡此八者,礼之经也。故上下无义则乱,贵贱无分则争,长幼无等则倍,贫富无度则失。上下乱,贵贱争,长幼倍②,贫富失,而国不乱者,未之尝闻也。是故圣王饰此八礼,以导其民。八者各得其义,则为人君者,中正而无私;为人臣者,忠信而不党;为人父者,慈惠以教;为人子者,孝悌以肃;为人兄者,宽裕以诲;为人弟者,比顺以敬;为人夫者,敦蒙以固;为人妻者,劝勉以贞。夫然则下不倍上,臣不杀君,贱不踰贵,少不陵长,远不闲亲,新不间旧③,小不加大,淫不破义。凡此八者,礼之经也。夫人必知礼然后恭敬,恭敬然后尊让,尊让然后少长贵贱不相踰越,少长贵贱不相踰越,故乱不生而患不作。故曰礼不可不谨也。

【注释】 ①饰:同"饬",整饬。②倍:同"背",背离。③间:离间,妨碍。

【译文】 说是民众知道"义"后,还不懂得"礼",然后就应整饬"八经"、教民行礼。

什么是八经呢？回答是：上与下都各有礼仪，贵与贱都各有本分，长与幼都各有等级，贫与富都各有限度，这八个方面是礼的纲领。所以，上与下没有礼仪就要混乱，贵与贱不守本分就要相争，长与幼没有等差就要悖逆，贫与富没有限度就失控。上下乱，贵贱争，长幼悖，贫富无度，而国家没有不陷于混乱的，从来没听说过。因此，圣明君主总是整顿这八礼以教导民众。八方面都各得其宜，作君主的就公正而不偏私；作臣子的就忠诚而不结党；做父母的就慈惠而善教导；做子女的就恭肃而有孝心；作兄长的就宽厚而善教诲；做弟弟的就恭敬而和顺；做丈夫的就敦厚而专一；做妻子的就自勉而专贞。能如此则下不叛上，臣不弑君，贱不越贵，少不欺长，疏不间亲，新不厌旧，小不越大，淫荡不破坏礼义。这八项是礼的常规。所以，人只有知礼然后才能恭敬，恭敬然后才能尊让，尊让然后才能做到少长贵贱不相逾越，少长贵贱不相逾越，混乱就不会产生而祸患也不会发作了。因此说礼是不可不重视的。

【原文】 曰民知礼矣，而未知务，然后布法以任力。任力有五务，五务者何？曰：君择臣而任官，大夫任官辩事①，官长任事守职，士修身功材，庶人耕农树艺。君择臣而任官，则事不烦乱；大夫任官辩事，则举措时；官长任事守职，则动作和；士修身功材，则贤良发；庶人耕农树艺，则财用足。故曰凡此五者，力之务也。夫民必知务，然后心一，心一然后意专，心一而意专，然后功足观也。故曰力不可不务也。

【注释】 ①辩：治理。

【译文】 说是民众知道礼后，而还不懂得"务"，然后就该公布法令来安排人力。安排人力有"五务"。什么是五务呢？回答是：君主选择臣子来任命官职，大夫任官治事，官长负责其事而严守职责，士人修养德行而锻炼才艺，平民从事农耕种植。君主能够择臣而任官，政事就不烦乱；大夫任官办事，举措就可以及时；官长负责守时，行动就可以协调；士人能够修身学艺，贤良人才能产生；平民从事农耕种植，财用就能充足。所以说这五方面，正是人力专务的地方。民众必须意识到这些方面，才能统一心志，然后才能专心致志。思想统一而专心致志，然后功业就可观了。所以说安排人力是不可不有所专务的。

【原文】 曰民知务矣，而未知权，然后考三度以动之。所谓三度者何？曰：上度之天祥，下度之地宜，中度之人顺，此所谓三度。故曰：天时不祥，则有水旱；地道不宜，则有饥馑；人道不顺，则有祸乱。此三者之来也，政召之。曰：审时以举事，以事动民①，以民动国，以国动天下。天下动，然后功名可成也。故民必知权然后举错得②，举错得则民和辑③，民和辑则功名立矣。故曰权不可不度也。

【注释】 ①以事动民：以事件来发动民众。②权：判断，权衡。③和辑：即和睦。辑，和睦。

【译文】 说是民众知道务，还不懂得"权"，然后就该考究"三度"来使之行动。什么是三度呢？回答是：上考察天时，下考察地利，中考察人和，这就是所谓三度。所以说：天时不祥，就会有水旱；地利不宜，就会有饥荒；人道不和，就会有祸患。这三者如到来，都是执政不好招致的。所以说要审度时机来兴办大事，以兴办大事调动民众，通用民众发动国力，用一国调动天下。天下动员起来了，然后功业就可以有成就了。所以只有人民懂得权衡轻重，然后才举措得当；举措得当，人民才能和睦；人民和睦，则功业就建立起来了。所以说权衡轻重这一点，不可不考察。

宙合

【题解】

宙合意指合天地为宇宙，包罗万象。此篇文章的文体很奇特，第一段为经，其他段落为传，分别详解第一段的各个句子。文段内容比较繁杂，似乎并无统一的线索，但其内容不出这三个方面：一是论述君臣执政治国的一些原则，如"左操五音，右执五味"要求君臣各尽其职，"怀绳与准钩"一句论述重视法度，"毋访于侫"告诫毋近谄媚之人等等；二是一些为人处世的基本原则，既是针对执政者而言，又不仅限于统治者，如"春采生、秋采蔬、夏处阴、冬处阳"倡导因时而动，"奋乃苓，明哲乃大行"告诫盛极而衰，"鸟飞准绳"建议要有长远目光等等；三是带有超越现实的哲理意味的论断，如"夫天地一险一易，若鼓之有桴，擿挡则击"探讨万物共通的道理，"天地，万物之囊也，宙合有囊天地"追寻天地宇宙的存在方式等等。这些内容既表现了作者对治国的看法，也体现了他对人际关系和外在世界的思考。本书选取的是传的部分。

【原文】 "左操五音①，右执五味②"，此言君臣之分也。君出令佚，故立于左③；臣任力劳，故立于右。夫五音不同声而能调，此言君之所出令无妄也④，而无所不顺，顺而令行政成。五味不同物而能和，此言臣之所任力无妄也，而无所不得，得而力务财多。故君出令，正其国而无齐其欲⑤，一其爱而无独与是⑥，王施而无私，则海内来宾矣⑦。臣任力，同其忠而无争其利，不失其事而无有其名，分敬而无妒⑧，则夫妇和勉矣。君失音则风律必流⑨，流则乱败；臣离味则百姓不养；百姓不养，则众散亡。君臣各能其分，则国宁矣。故名之曰不德⑩。

【注释】 ①五音：古代音乐中的五个音级，即宫、商、角、徵、羽。②五味：指酸、辛、咸、苦、甘。③立：通"位"，下同。④无妄：不随意妄为。⑤齐：通"济"，满足。⑥独与是：即独自以为其是。与，同"为"。⑦宾：服从，归顺。⑧分敬：相互尊敬。⑨失音：即五音不协调。下文"离味"即五味不协调。⑩不德：即大德。不，即"丕"。

【译文】 "左操五音,右执五味",这是说君臣各自的名分。人君发号施令是安逸的,所以位于左;人臣分职办事是劳顿的,所以位于右。五音虽不同声却可以协调,这是说人君出令不是随意为之的(而是依法办事),因而才能无所不顺,顺则法令才能得到施行,政事才能有所成就。五味虽不相同却可以调和,这是说人臣出力办事也不是盲目为之的(而是依法办事),因而才能无所不得,才能劳力有所专务,财物有所增长。所以人君出令,为匡正国家而不为满足私欲,与民同爱而非独行其是,如此施德而无私,则四海归服。人臣出力办事,恪尽忠心而不争夺私利,不失本职而不争夺虚名,如此勤敬而无所忌妒,则天下男女都将和谐共勉。人君行事失调,则教化必然流败,教化流败则国家混乱;人臣行事失去协调,则不能供养百姓;百姓不得供养,从而离散逃亡。君臣各自胜任其本职,国家就安宁了。所以称之为"大德。"

【原文】 "怀绳与准钩^①,多备规轴^②,减溜大成^③,是唯时德之节^④。"夫绳扶披以为正^⑤,准坏险以为平,钩入枉而出直,此言圣君贤佐之制举也^⑥。博而不失^⑦,因以备能而无遗。国犹是国也,民犹是民也,桀纣以乱亡,汤武以治兴。章道以教^⑧,明法以期,民之兴善也如化,汤武之功是也。多备规轴者,成轴也。夫成轴之多也,其处大也不究^⑨,其入小也不塞,犹迹求履之宪也^⑩,夫焉有不适善?适善,备也,仙也^⑪,是以无乏。故谕教者取辟焉^⑫。天淯阳^⑬,无计量;地化生,无法厓^⑭。所谓是而无非,非而无是,是非有,必交来。苟信是,以有不可先规之,必有不可识虑之。然将卒而不戒^⑮。故圣人博闻多见,畜道以待物^⑯。物至而对形^⑰,曲均存矣。减,尽也。溜,发也。言偏环毕善,莫不备得,故曰减溜大成。成功之术,必有巨获^⑱。必周于德,审于时,时德之遇,事之会也,若合符然。故曰是唯时德之节。

【注释】 ①绳与准钩:比喻治国的法度。绳,取正的工具。准,取平的工具。钩,取直的工具。②规轴:圆规之轴,比喻法度。③减溜大成:指全面完备得宜。减,即"咸"。大成,完备之意。④时德:时机与德望。⑤披:偏斜的意思。⑥制举:制,指制度,法度。举,谓兴举,实行。⑦博而不失:指法度全面详尽而无所遗失。下文所谓"备能而无遗",即与此意相承,指法度功能完备无遗。⑧章道以教:即彰明治国之道以教民。章,同"彰"。⑨不究:"究"当为"窃",细、小之意。⑩宪:此处指鞋的模型。⑪仙:选择,选用。⑫取辟:即取法、借鉴。辟,通"譬",样式。⑬淯阳:一说"阳"当为"养",淯阳即育养。⑭法压:一说原为"泮厓",即畔崖,指边际。⑮卒而不戒:突然到来而不能戒备。卒,同"猝"。⑯畜:同"蓄",贮备,积累。⑰对形:即比照已有的范型。形,同"型"。模式,规范。⑱巨获:当为"矩矱",指规矩。

【译文】 "怀绳与准钩,多备规轴,减溜大成,是唯时德之节。"绳可以扶偏为正,准可以变陡为平,钩可以矫曲为正,这是说圣君贤臣对治国举措的运用。法度详备而没有缺

陷,其功能也就完备无缺。国家还是那个国家,民众还是那些民众,桀纣因为暴乱而灭亡,汤武却因为安定而兴盛。彰明治国之道来教民,申明治国之法让民众遵行,使民众从善成风,汤武的功绩就在这一点上。所谓"多备规轴",是指制成轴枢。成轴多了,把大的放在大的地方就不会松动,把小的放在小的地方就不会堵塞,就像按照足迹大小制鞋一样,怎么会不合适呢?之所以很合适,在于非常完备,因为挑选着使用,所以不会缺乏。所以主持教化的人可以取法于此。上天养育万物,是难以估量的;大地孕育万物,是没有边际的。所谓是就不是非,非就不是是,是非都存在,就必然会一起到来。如果认为某一事物为是,是因为先规定另一事物为非,并且这个为非的事物已经被认识到了。然而这些判断都是仓促到来,令人无法准备的。所以,圣人总是要博闻多见,积累知识以认识新事物。新事物一经出现,与旧有知识一参照,是非曲直就一目了然了。"减"是全部的意思,"溜"是发展的意思。说的是全局与局部都要完善,无不处理得宜,就是所谓"减溜大成"。成功之道,一定有方法可循。必须德行周全,明察天时,时机与德行结合,便是成事的机会,就像符契的相合无间。所以说最关键的是时与德的恰到好处的结合。

【原文】 "春采生,秋采蓏①,夏处阴,冬处阳。"此言圣人之动静、开阖、诎信、涅儒②,取与之必因于时也。时则动,不时则静,是以古之士有意而未可阳也③。故挚其治言,阴挚而藏之也。贤人之处乱世也,知道之不可行,则沉抑以辟罚④,静默以俟免⑤。辟之也犹夏之就清,冬之就温焉,可以无及于寒暑之灾矣。非为畏死而不忠也,夫强言以为僇⑥,而功泽不加,进伤为人君严之义⑦,退害为人臣者之生,其为不利弥甚。故退身不舍端⑧,修业不息版⑨,以待清明。故微子不与于纣之难,而封于宋,以为殷主。先祖不灭,后世不绝,故曰大贤之德长。"明乃哲,哲乃明,奋乃苓⑩,明哲乃大行。"此言擅美主盛自奋也,以琅汤凌轹人⑪,人之败也常自此。是故圣人着之简策,传以告后进,曰:"奋盛,苓落也。盛而不落者,未之有也。"故有道者,不平其称⑫,不满其量,不依其乐⑬,不致其度⑭。爵尊则肃士,禄丰则务施,功大而不伐,业明而不矜。夫名实之相怨久矣,是故绝而无交。惠者知其不可两守⑮,乃取一焉。

【注释】 ①蓏:指瓜类植物的果实。②诎信:同"屈伸"。涅儒,义不详。疑通"盈缩",即"盈缩"之意。③阳:意同"扬",张扬。④辟:同"避"。下文"辟之也"同。⑤俟:同"谋",谋取。⑥强言以为僇:即由于强言而遭受刑戮。僇,同"戮"。⑦严:疑是衍文。⑧端:通"专",指朝笏,大臣上朝所持的板子。⑨修:疑为"休",休业即解职或退休。版:版牍,写字用的木片。⑩奋乃苓:指兴盛就即将衰弱。奋,兴盛。苓,通"零",指衰落。⑪琅汤凌轹:指骄傲放荡、欺凌他人。轹,指欺凌。⑫不平其称:指不要使自己的分量十足,要保持谦虚的意思。称,同"秤"。下文"不满其量"同。⑬依:盛大。⑭致:同"至",达到极致。⑮惠:古通"慧",聪明。

【译文】 "春采生,秋采蓏,夏处阴,冬处阳。"这是说圣人的动静、开合、屈伸、取予,一定要因时制宜。合于时宜则动,不合时宜则静,所以,古代贤士有意图却不宣扬。他心藏其治世的言论,暗中收敛,注意隐藏自己。贤人处于乱世,知道治世之道行不通,就沉抑自己以躲避刑罚,静默以求免祸。其行为如夏天之就清凉,冬天之就温暖,才不会感染上寒热之害。他并不是怕死,也不是不忠,硬要强进谏言只会招致杀身之祸,对百姓却一点功德恩泽也没有施与,往积极方面说伤害了君主尊严的义理,往消极方面说伤害了人臣个人的生命,这都是极为不利的事情。因此,一个人在野却不肯扔掉笏板,退休也不停止版书,以等待政治清明。所以,微子并没有参与纣王之难,而是受封于宋国,充当殷遗民的封君。这样祖先不被湮灭,后代也不断绝,所以说大贤人的德泽是长远的。"明乃哲,哲乃明,奋乃苓,明哲乃大行。"这是说独擅其美,自我夸耀,自奋其能,以骄傲狂妄的态势去欺凌他人,人之失败常从此开始。所以圣人把这个道理写入简册,传给后来之人,说:"奋,是兴盛;苓,是衰落。只兴盛而不衰落的事,从来没有。"所以,有道之人表现得自己分量不足,尽其量却不自满,调子不高,气度不傲。爵位高就注意尊敬贤士,俸禄丰厚就注意广施财物,功劳大而不夸耀,事业盛而并不骄傲。名与实的互相矛盾由来已久,所以互相排斥而不能并有。明智的人知道不可能兼得两者,于是只取其一,弃名取实。

【原文】 "夫天地一险一易,若鼓之有桴①,摘挡则击②。"言苟有唱之,必有和之,和之不差,因以尽天地之道。景不为曲物直③,响不为恶声美。是以圣人明乎物之往者必以其类来也,故君子绳绳乎慎其所先④。"天地,万物之橐也⑤,宙合有橐天地。"天地苴万物⑥,故曰万物之橐。宙合之意,上通于天之上,下泉于地之下,外出于四海之外,合络天地,以为一裹。散之至于无闲,不可名而出。是大之无外,小之无内,故曰有橐天地,其义不传。一典品之,不极一薄⑦,然而典品无治也。多内则富,时出则当。而圣人之道,贵富以当。奚谓当?本乎无妄之治,运乎无方之事,应变不失之谓当。变无不至,无不有应当,本错不敢忿。故言而名之曰宙合。

【注释】 ①桴:鼓锤。②摘挡则击:鼓响是因为击打它。比喻事物有打击必有反响。摘挡,指鼓声。③景:通"影"。④绳绳乎:形容戒惧的样子。⑤橐:橐指口袋或包袱。有底称囊,无底称橐。⑥苴:一种草包,引申为包裹。⑦一典品之,不极一薄:即一旦整理起来,还不到一板。典品,指整理。薄,古代记事的木板。

【译文】 "夫天地一险一易,若鼓之有桴,撞挡则击。"说的是如有所唱,必有所和,所和不差,就能合天地之规律。影子不可能替弯曲的物体表现为笔直,回响不可能替粗恶的音响表现为美声。可见圣人懂得事物的特性是通过参照事物之类而得出的,所以君子戒惧地慎重对待先行之物。"天地,万物之橐也,宙合有橐天地。"天地包裹着万物,所以叫万物之橐。"宙合"的意思,是上通于天空之上,下深于土地之下,外出于四海之外,合

拢天地,成为一个包裹。把它散放开来,可以至于无限,简直都说不出名字。大到没有什么物体在其外,小到没有什么东西可以在其内了,所以说它能包藏天地,宙合的义理并没有传开。若一旦整理起来,其内容还不到一版,可惜整理之事没有人去做。容纳广博就内容丰富,发表适时就用之得当。而圣人之道,贵在丰富而且得当。何谓得当呢? 源于法则之理,用于没有固定范围的各类事物上,应机随变而没有差错就叫得当。事物的变化虽然无所不至,但没有不处理得当的,治事的本末不离。所以称呼它为"宙合"。

枢言

【题解】

枢言即非常关键的言论。此篇记录了关于治国、修身、为君、为臣的一些基本原则,如人主三慎(慎贵、慎民、慎富),国有三制(制人、为人所制、不能制人亦不为人所制),先王所贵(贵当、贵周、贵诚信、重荣辱等),重法度,重"无",五化以治天下,体、礼以取天下,等等。这些原则没有什么逻辑联系,但基本上是管子治国思想的体现。本书选取的是前面四段。

【原文】 管子曰:道之在天者,日也①;其在人者,心也②。故曰:有气则生,无气则死,生者以其气;有名则治③,无名则乱,治者以其名。枢言曰:爱之,利之,益之,安之,四者道之出,帝王者用之,而天下治矣。帝王者,审所先所后:先民与地则得矣,先贵与骄则失矣。是故先王慎所先所后。人主不可以不慎贵,不可以不慎民,不可以不慎富。慎贵在举贤,慎民在置官,慎富在务地。故人主之卑尊轻重在此三者,不可不慎。国有宝、有器、有用:城郭、险阻、蓄藏,宝也;圣智,器也④;珠玉,末用也⑤。先王重其宝器而轻其末用,故能为天下。

【注释】 ①道之在天者,日也:唐人尹知章注"日者万物由之以煦,万象由之以显,功莫大焉,故谓之道"。此句意思是太阳显示了上天之道。②心:心之为道,尹注"心者万物由之以虑,万理由之以断,云为莫大焉,故谓之道"。③名:指事物的名称和概念,与"实"相对。④圣智,器也:尹注:"圣无不通,智无遗策,二者可操以成事,故曰器。"⑤末:次等的,较轻的。

【译文】 管子说:道在天就是太阳,在人就是人心。所以说有气就生,无气则死,生命依靠气存在;有名分则治,无名分则乱,安定依靠名分实现。枢言认为:爱民、利民、益民、安民,这四方面都是由道决定的,帝王采用它们,天下便得安定了。帝王应当分清什么事情在先、什么事在后:以百姓和地利放为先就得当,以富贵和骄奢为先就失当了。所以,先代圣王总是慎重地处理何者为先、何者为后的问题。人君不可不慎重地对待何者

为"贵"的问题，不可不慎重地对待"民众"，不可不慎重地对待"富"的问题。慎重对待何者为"贵"，就要举用贤人；慎重对待民众，就要谨慎设置官吏；慎重对待"富"，就要注意开发地利。所以君主的尊卑轻重就取决于这三个方面，所以不可不慎。国要有宝、有器、有用：内城外郭、山川险地、财货贮备，这些是"宝"；圣明、智谋，是所谓的"器"；珍珠玉器，居末位，是所谓的"用"。先代圣王看重宝与器而看轻财用，所以能治理天下。

【原文】 生而不死者二①，立而不亡者四：喜也者、怒也者、恶也者、欲也者，天下之败也，而贤者寡之。为善者②，非善也，故善无以为也，故先王贵善。王主积于民，霸主积于将战士③，衰主积于贵人，亡主积于妇女珠玉。故先王慎其所积。疾之，疾之，万物之师也④。为之，为之，万物之时也。强之，强之，万物之指也⑤。

【注释】 ①生而不死者二：指上文提到的气与名；一说是宝与器。②为：通"伪"，伪装。③将战士："战"字疑衍。④师：众多。⑤指：同"旨"，意旨，含义。

【译文】 长存不灭的东西只有两样：气与名。消失以后就不再存在的东西有四样：喜、怒、厌恶与嗜好，这是天下败亡的原因，然而贤者很少有这些毛病。伪善不是真的善，所以善是无法伪装的，因而先代圣王看重"善"。成就王业的国君积聚民众，成就霸业的国君聚集武将和战士，衰亡的国君聚集官僚贵族，亡国之君则聚敛珠玉与妇女。所以，先代圣王总是慎重地处理积聚什么的问题。赶紧进行探索，赶紧进行探索，万物是如此众多。努力从事，努力从事，万物随时流逝。加强学习，加强学习，万物意旨是如此深奥。

【原文】 凡国有三制：有制人者①，有为人之所制者，有不能制人、人亦不能制者。何以知其然？德盛义尊，而不好加名于人；人众兵强，而不以其国造难生患；天下有大事，而好以其国后：如此者，制人者也。德不盛，义不尊，而好加名于人；人不众，兵不强，而好以其国造难生患；恃与国，幸名利②：如此者，人之所制也。人进亦进，人退亦退，人劳亦劳，人佚亦佚，进退劳佚，与人相胥：如此者，不能制人，人亦不能制也。

【注释】 ①制：宰制，领导。②幸：侥幸，非分地贪图。

【译文】 大凡一国有三种控制关系：控制别人，被别人控制，不能控制别人、也不为别人所控制。怎么知道是这样的呢？有的国家德义尊盛，但并不喜欢把自己的名位强加于他人；其人多兵强，却不喜好用国力制造危难和祸患；一旦天下有大的事变，也不愿意出头：这样的国家，一定是控制别人的。德不盛，义不高，却喜好强加名位于他人；其人不多，兵不强，却好用国力制造危难和祸患；并依仗同盟，偷取名利：这样的国家，一定是被人控制的。别人前进也跟着进，别人后退也跟着退，别人劳顿自己也劳顿，别人豫逸自己也豫逸，进退劳逸，总是与人相对而行：这样的国家，不能控制他人，也不为别人所控制。

【原文】 爱人甚，而不能利也①；憎人甚，而不能害也。故先王贵当，贵周②。周者，不出于口，不见于色；一龙一蛇，一日五化之谓周③。故先王不以一过二。先王不独举，不

擅功。

【注释】 ①不能:指不能随意。②贵周:尹注"深密不测则周也"。③一龙一蛇,一日五化之谓周:以龙蛇作为比喻,言其一日变化五次而不露形迹。一日五化,一日变化五次。

【译文】 即使非常喜欢一个人,也不能随便给予利益;非常憎恨一个人,也不能加害他。所以,先王注重分寸适当,注重周密。所谓周密,就是不说出口,不表现于神色;就像龙、蛇一天五变而无人察觉一样,才是所谓的周密。所以,先王不会说一大于二,也不会独自包办,或独擅功绩。

【原文】 先王不约束,不结纽①。约束则解,结纽则绝。故亲不在约束、结纽。先王不货交②,不列地③,以为天下。天下不可改也,而可以鞭箠使也④。时也,利也⑤,出为之也。余目不明,余耳不聪⑥,是以能继天子之容⑦。官职亦然。时者得天,义者得人。既时且义,故能得天与人。先王不以勇猛为边竟,则边竟安⑧;边竟安,则邻国亲;邻国亲,则举当矣。

【注释】 ①约束:结成束。结纽:打扣子。这都是比喻成心做某些事。②货交:即用财物外交。③列地:即割让土地。列,通"裂"。④鞭箠:鞭子和棍杖,引申为武力。⑤利也:据下文"利"当为"义"。⑥余目不明,余耳不聪:古人认为做君主的不能什么都看得清楚、听得明白,要会装糊涂,这样才能不受蒙蔽,所谓"不痴不聋,不做大家翁"。余,多余的,一说"余",我也。⑦容:形容,指天子的圣德,⑧竟:通"境"。

【译文】 先王既不会拉帮,也不结派。约结成邦终究会解散,结成派别终将会破裂。所以,建立亲善的关系不在于"约束"和"结纽"的拉帮结派。先王也不用财货建交,不会割地交好,以此治理天下。尽管天下格局不可轻易改变,却可以用鞭子和棍棒(即武力)来驾驭。把握天时,符合正义,就可以去做。虽有多余的跟却不看,多余的耳力却不听,这样才能够继承天子的圣明。官吏的职责也同样如此。把握天时就能得到自然优势,符合正义则得到民众的拥护。既占天时,又合正义,这就能把自然与人力的力量一并掌握起来了。先王不以武力解决边境问题,边境就会安宁;边境安定,则邻国亲善;邻国亲善,举措就得当了。

八观

【题解】

八观就是从八个方面考察一个国家。此篇先论述统治者应当落实各项管理措施,营造一个让百姓循规蹈矩的生活环境,从而创造安宁的统治局面。其次,它从八个方面分

析了一个国家是治是乱的衡量标准,概括起来即:一是田地耕耘和农业生产,以观饥饱;二是山林湖泽、种植畜牧,以观贫富;三是城市建筑、车马衣服,以观奢俭;四是灾荒、军队、财政开支,以观虚实;五是风俗、教化,以观治乱;六是朝廷君臣、上下贵贱,以观强弱;七是法令行赏、威严宽惠,以观兴废;八是敌国盟友、国本民产,以观存亡。这八个方面其实就是作者为统治者指引的强国之道,有纲有目,体现了作者的现实精神和治国才能。选文第一段是引子,第二段是对论述"八观"的八个段落的核心句的汇集。

【原文】 大城不可以不完,郭周不可以外通①,里域不可以横通②,闾闬不可以毋阖③,宫垣关闭不可以不修④。故大城不完,则乱贼之人谋;郭周外通,则奸遁逾越者作;里域横通,则攘夺窃盗者不止;闾闬无阖,外内交通,则男女无别;宫垣不备,关闭不固,虽有良货,不能守也。故形势不得为非⑤,则奸邪之人悫愿⑥;禁罚威严,则简慢之人整齐;宪令著明,则蛮夷之人不敢犯;赏庆信必⑦,则有功者劝;教训习俗者众,则君民化变而不自知也⑧。是故明君在上位,刑省罚寡,非可刑而不刑,非可罪而不罪也;明君者,闭其门,塞其涂,弇其迹⑨,使民毋由接于淫非之地,是以民之道正行善也若性然。故罪罚寡而民以治矣。

【注释】 ①郭周:城郭的四周。②横通:尹注"谓从旁横通也"。③闾闬:古代里巷的门。阖:闭合。④关闭:指门栓。⑤形势:这里可以理解为社会环境、整体风尚。⑥悫愿:安分、老实。悫,恭谨、朴实。⑦庆:赏。⑧君民化变:一说"君"字当删。⑨弇:同"掩",指消除。

【译文】 内城的城墙不可不完整,外城的四周不可以有通向外面的通道,城内不可以左右横通,闾门不可以不能关闭,门墙不可不注意整修。因为内城城墙不完整,作乱为害的人就会图谋不轨;城郭有向外的通道,奸邪逃遁越境的人就会猖獗;城内随意横通,抢劫盗窃的行为就不会停止;闾门不关,内外随意交往,男女之间就没有界限;门墙不修,门栓不牢,虽有宝贵的财货却无法保管。所以形势不利于为非作歹,奸邪的人才能够老实守法;禁律与刑罚威严,简傲散漫的人才能够齐整起来;法令严明,蛮夷之人就不敢触犯;奖赏信念坚定,有功的人就得到鼓励;受教育、守习俗的人多了,民众就会不知不觉地跟着潜移默化。因此英明的君主执政,刑罚很少,并不是该受刑的不用刑,该治罪的不治罪;而是英明之君关闭了犯罪的门户,阻断了犯罪的道路,消灭了犯罪的影响,使人民无从接触为非作歹的情况,因而人民走正道、做好事,犹如出自本性。所以,罪罚很少而民众生活安定。

【原文】 行其田野,视其耕芸,计其农事,而饥饱之国可以知也①。行其山泽,观其桑麻,计其六畜之产,而贫富之国可知也。入国邑,视宫室,观车马衣服,而侈俭之国可知也。课凶饥②,计师役,观台榭,量国费,而实虚之国可知也。入州里,观习俗,听民之所以

化其上,而治乱之国可知也。入朝廷,观左右,求本朝之臣,论上下之所贵贱者,而强弱之国可知也。置法出令,临众用民,计其威严宽惠行于其民与不行于其民③,兴废之国可知也。计敌与,量上意,察国本,观民产之所有余不足,而存亡之国可知也。故以此八者,观人主之国,而人主毋所匿其情矣。

【注释】 ①饥饱之国:倒装,指国之饥饱。下同。②课凶饥:即核查灾年饥馑的情况。课,指核查。③威严宽惠:威严,指刑罚。宽惠,指奖赏。

【译文】 途经一个国家的田野,了解它的耕耘情况,计算它的农事生产,这个国家是饥是饱,就可以区别出来了。途经一个国家的山林川泽,观察它的桑麻生长情况,计算它的六畜生产,这个国家是贫是富,就可以区别出来了。进入一个国家的城邑,观察它的宫室,看看它的车马、衣服,这个国家是侈是俭,就可以区别出来了。核查灾年饥饿的情况,计算从军服役的情况,看看楼台亭阁的修建,计算财政开支,这个国家是虚是实,就可以区别出来了。进入一国的州、里,观察那里的风俗习惯,了解它的民众是如何接受上层影响的,这个国家是治是乱,就可以区别出来了。进入一国的朝廷,观察其君主的左右,推求朝廷百官的情况,分析朝廷上下重视和轻视的东西,这个国家是强是弱,就可以区别出来了。确立法律、发号施令,调动和使用民力,考察其刑赏政策或威严或宽惠,是否贯彻于民,这个国家是兴是灭,就可以区别出来了。估量敌国和盟国的实力,了解君主的意图,考察民众的生产,看看人民财产是有余还是不足,这个国家是存是亡,就可以区别出来了。因此,从这八方面调查一个君主所统治的国家,这个君主就无法掩盖他的真实状况了。

法禁

【题解】

所谓"法禁",即确立法律以实现令行禁止。此篇首先强调了法制一旦确立就不可争议的重要性,其实就是强调法令的权威不可侵犯。这就有了两方面的要求,一是执法者不能将权力让度于人,更不能枉法徇私,而要严格执法、秉公执法;另一方面则是对官吏和民众要求遵纪守法,严禁触犯法令权威的行为。在第二点上,管子强调了君王治人首要在于使人"和同以听令",并列出了君主务必要严厉禁止的十八种行为,表现了明显的高压控制的色彩,反映了法家的特色。本书选取的是前三段。

【原文】 法制不议,则民不相私;刑杀毋赦,则民不偷于为善;爵禄毋假①,则下不乱其上。三者藏于官则为法,施于国则成俗,其余不强而治矣。君一置其仪②,则百官守其法;上明陈其制,则下皆会其度矣。君之置其仪也不一,则下之倍法而立私理者必多矣③。

是以人用其私，废上之制而道其所闻。故下与官列法，而上与君分威，国家之危必自此始矣。昔者圣王之治其民也不然，废上之法制者，必负以耻；厚财博惠以私亲于民者，正经而自正矣④。圣王既殁，受之者衰。君人而不能知立君之道⑤，以为国本，则大臣之赘下⑥而射人心者必多矣。君不能审立其法，以为下制，则百姓之立私理而径干利者必众矣。

【注释】　①假：假托，指将授予爵禄的权力假托于人。②一置其仪：一，即统一集中。仪，指仪法，法度。③倍：通"背"。④正经：即整顿国家常法。经，指常规，常法。⑤立君之道：指树立君主权威。立，即树立。⑥赘：同"缀"，连缀，指拉拢。

【译文】　法制不容疑义，民众就不敢相互营私；刑杀不容宽赦，民众就不敢苟且为善；爵禄的授予不假于人，臣下就不会作乱犯上。这三者如果实施于官府而成为法律，推行到全国民众而成为风俗，其他事情不用太费力就可以治理国家了。君主统一立法，百官就遵纪守法；君上公开表明制度，臣下就能领会其分寸。如果君主立法不能统一。臣下违反法律而徇私的行为就会多起来。从而人人都行其私心，废弃君上的法制而宣扬道听途说的东西。所以，百姓与官方各有法律，大臣与君主争权，国家的危机必然自此产生了。从前，圣王治理民众不是这样，对于废弃君上法制的，一定让他蒙受耻辱（给予惩处）；这样也就纠正了那种用丰厚钱财和较大的恩惠来收揽民心的行为。圣王既死，后代君主就差多了。作为统治者却不懂得为君之道，不懂得以此作为立国的根本，所以大臣们拉拢下级、收买人心的现象就多了。作为君主不能审定立法的，并以此为臣下的示范，所以百姓自立私理而追求私利的自然就多了。

【原文】　昔者圣王之治人也，不贵其人博学也，欲其人之和同以听令也①。《泰誓》曰："纣有臣亿万人，亦有亿万之心；武王有臣三千而一心。"故纣以亿万之心亡，武王以一心存。故有国之君，苟不能同人心，一国威，齐士义②，通上之治以为下法，则虽有广地众民，犹不能以为安也。君失其道，则大臣比权重以相举于国③，小臣必循利以相就也。故举国士以己党，行公道以为私惠，进则相推于君，退则相誉于民；各便其身，而忘社稷，以广其居；聚徒成群，上以蔽君，下以索民。此皆弱君乱国之道也，故国之危也。

【注释】　①和同：指与君上保持一致。②齐士义：统一士人的志义。③比：比附，勾结。

【译文】　以前圣王管理人才，不看重人是否学识渊博，而是希望其能听从君令而与君主保持一致。《泰誓》说："商纣王有亿万臣子，也就有亿万条心；周武王有臣三千人，却只有一条心。"所以，纣王因亿万心而亡，武王因一心而存。因此一国之君，如果不能合同人心，统一国威，整齐士人意志，将君上的治理措施贯彻为臣下的行为之法，那么即使拥有广大的国土，众多的民众，也不会安宁。君主如果统治失道，国中大臣们就会勾结权势

互相抬举,小臣们也必然为追逐私利而相互屈从。所以全国的士人就会兴起朋党,利用公法谋取私利,在朝就互相夸赞于君主之前,退朝就互相吹捧于民众之间;各图己便,忘掉国家,以扩大势力;结党成群,上以蒙骗君主,下以勒索百姓。这些都是削弱君主权力、破坏国家的做法,所以是国家的危险所在。

【原文】 乱国之道,易国之常①,赐赏恣于己者,圣王之禁也。擅国权以深索于民者,圣王之禁也。其身毋任于上者,圣王之禁也。进则受禄于君,退则藏禄于室,毋事治职,但力事属②,私王官,私君事,去非其人而人私行者③,圣王之禁也。修行则不以亲为本,治事则不以官为主,举毋能、进毋功者,圣王之禁也。交人则以为己赐,举人则以为己劳,仕人则与分其禄者,圣王之禁也。交于利通而获于贫穷④,轻取于其民而重致于其君,削上以附下,枉法以求于民者,圣王之禁也。交于利通而获于贫穷,用不称其人,家富于其列,其禄甚寡而资财甚多者,圣王之禁也。拂世以为行,非上以为名,常反上之法制以成群于国者,圣王之禁也。饰于贫穷而发于勤劳⑤,权于贫贱,身无职事,家无常姓⑥,列上下之间,议言为民者,圣王之禁也。壶士以为己资⑦,修甲以为己本,贼臣之养,私必死,然后失矫以深⑧,与上为市者⑨,圣王之禁也。审饰小节以示民,时言大事以动上,远交以逾群,假爵以临朝者,圣王之禁也。卑身杂处,隐行辟倚⑩,侧人迎远⑪,遁上而遁民者,圣王之禁也。诡俗异礼,大言澳行⑫,难其所为而高自错者,圣王之禁也。守委闲居,博分以致众,勤身遂行,说人以货财,济人以买誉,其身甚静,而使人求者,圣王之禁也。行辟而坚,言诡而辩,术非而博,顺恶而泽者,圣王之禁也。以朋党为友,以蔽恶为仁,以数变为智,以重敛为忠,以遂忿为勇者,圣王之禁也。固国之本⑬,其身务往于上⑭深附于诸侯者,圣王之禁也。

【注释】 ①易国之常:改变国家的常规、常法。②力事属:指用力于培植僚属。③去非其人:即排斥异己。人私行者:一说“人”字当删。④利通:通利之人,即有权势者。⑤饰:掩饰,装扮。发:通“废”。⑥家无常姓:言家无固定的产业。姓,通“生”,指产业。⑦壶士:指供养游士。⑧失矫以深:指顽固不化。⑨为市:指讨价还价。⑩辟倚:邪僻。辟,同“僻”,下“行辟而坚”同。倚,指不正行为。⑪侧入:即潜入。远:他国之人。⑫澳:通“傲”,高傲之意。⑬固:同“锢”,闭塞之意。⑭往:同“诳”,欺骗。

【译文】 破坏国家正道,改变国家常法,封赐与禄赏恣意妄为,是圣王所要禁止的。专擅国家大权以严厉搜刮人民,是圣王所要禁止的。自身不肯为朝廷任职做事,是圣王所要禁止的。在朝廷从君上那里领受俸禄,退朝就把俸禄藏于私室,不干自己职责内的事,却一心扶植僚属,私用国家官员,私决君主政事,排斥异己而私自行事,是圣王所要禁止的。进修德业不以事亲为根本,办事不以奉公为主旨,所举用的没有贤能之人,所推荐的乃无功之辈,是圣王所要禁止的。结交别人就以为是自己的恩赐,推荐人才就以为是

自己的功劳,任用人才又从中分取俸禄,是圣王所要禁止的。既巴结权势又收买穷人,轻取于民而重求于君,削弱上层趋就下层,枉法收买民心,是圣王所要禁止的。既巴结权势又收买穷人,财用与其身份不相称,家产多于其所处的爵位,俸禄很少而资财很多,是圣王所要禁止的。所作所为违背世情,以非议君上猎取名声,经常反对朝廷的法制,并以此聚结朋党于国内,是圣王所要禁止的。装扮成贫穷的样子,却不肯辛勤劳动,苟安于贫贱的处境,自身没有固定职业,自家没有长久的资产,处于上下之间而声称是为了民众,是圣王所要禁止的。供养游士作为自己的力量,修治武器作为自己的凭借,豢养贼臣,私藏亡命之徒,然后强直不让,顽固不化,与君主讨价争权,是圣王所要禁止的。文饰小节以显耀于人民,时常谈论大事以打动国君,广泛结交以凌驾群臣,凭借权势以控制朝政,是圣王所要禁止的。委屈自己杂处于人群之中,偷偷地做不正之事,叛逃别国或接纳外奸,欺瞒君主,欺瞒民众,是圣王所要禁止的。实行奇怪的风俗和反常的礼节,夸夸其谈,行为矜傲,夸大自己所做过的事的难度,借此以抬高自己,是圣王所要禁止的。守着积蓄而生活安逸,广施财物给民众,殷勤办事,顺从人意,用财货收买人心,以救济为手段沽名钓誉,行为娴静而使人主动拥护,是圣王所要禁止的。行为邪僻而顽固不化,言谈诡谲而博辩,办法虽错却有很多,支持邪恶而善于辩解,是圣王所要禁止的。以聚结朋党为友爱,以包庇罪恶为仁慈,以投机善变为智慧,以横征暴敛为忠君,以发泄私愤为勇敢,是圣王所要禁止的。闭塞国家根本,既蒙骗君主,又密切勾结敌国,是圣王所要禁止的。

重令

【题解】

重令即使法令得到尊重。此篇文段比较混乱,实际上论述"重令"的只有前两段,阐述了法令对于维护君主权威的重要,并且指出了三点来维护法令:一是法令不得增改和损害,二是法令一旦制定必须执行、没有讨论的余地,三是法令严禁被扣押和被违反。除了前两段之外,还分析所谓"逆",即有害于国的四个内容,分析了国要有经臣、经俗、百姓要有经产,论述了法令执行与百姓服从、军队强大、国家强盛的关系,分析了治国的三个手段即号令、刑罚和禄赏,并告诫统治者要注意盛极而衰的道理,等等。本书选取前两段和最后一段。

【原文】 凡君国之重器①,莫重于令。令重则君尊,君尊则国安;令轻则君卑,君卑则国危。故安国在乎尊君,尊君在乎行令,行令在乎严罚。罚严令行,则百吏皆恐;罚不严,令不行,则百吏皆喜②。故明君察于治民之本,本莫要于令。故曰:亏令者死③,益令者死,不行令者死,留令者死,不从令者死。五者死而无赦,唯令是视。故曰令重而下恐。

【注释】 ①重器:重要的手段、凭借。②喜:通"嬉",怠慢。③亏令:损害法令。

【译文】 凡属治理国家的重要工具,法令最为重要。法令受重视则君主就受尊敬,君主受尊敬则国家安定;法令不受重视则君主卑贱,君主卑贱则国家危险。所以,国家安定在于尊敬君主,尊敬君主在于施行法令,施行法令在于严明刑罚。刑罚严厉,法令施行,则百官畏惧;刑罚不严,法令不行,则百官怠慢。因此,英明的君主觉察到治民的原则没有比法令更重要的。所以说:损害法令者,处死;增添法令者,处死;不执行法令者,处死;扣压法令者,处死;不服从法令者,处死。这五种情况都应是不能赦免的死罪,一切唯法令是从。所以说法令威严臣下就畏惧了。

【原文】 为上者不明,令出虽自上,而论可与不可者在下①。夫倍上令以为威②,则行恣于己以为私③,百吏奚不喜之有?且夫令出虽自上,而论可与不可者在下,是威下系于民也。威下系于民,而求上之毋危,不可得也。令出而留者无罪,则是教民不敬也;令出而不行者毋罪,行之者有罪,是皆教民不听也;令出而论可与不可者在官,是威下分也;益损者毋罪,则是教民邪途也。如此,则巧佞之人,将以此成私为交;比周之人④,将以此阿党取与⑤;贪利之人,将以此收货聚财;懦弱之人,将以此阿贵事富便辟⑥;伐矜之人⑦,将以此买誉成名。故令一出,示民邪途五衢,而求上之毋危,下之毋乱,不可得也。

【注释】 ①论可与不可者:即论定是否可行。②倍:通"背",违背。③则:相当于"而"。④比周:拉拢勾结。⑤阿党取与:指勾结同党。与,相与,相好。⑥阿贵事富便辟:一说当为"阿贵富,事便辟"。便辟,指谄媚逢迎受君主宠信的近臣。⑦伐矜:自夸自骄。伐,自夸。

【译文】 统治者如果昏庸不开明,法令虽然由上面制定,但议断其法令可不可行的权力就落到下面了。只要有违背君上的法令以作威作福,为一己私利而肆意妄为的行为,百官哪有不玩忽怠慢的呢?况且,法令虽然由上面制定,但决定其是否可行却取决于下面,这样权威就掌控在下面的人的手里了。权威被下面的人控制,君上却想没有危险,是不可能的。法令发出,而扣压法令者却无罪,这是教人不敬法尊君;法令发出,而不执行者却无罪,执行的却有罪,这都是教民众不服从;法令发出,而决定法令是否可行之权在百官,这就是权力下分;增删法令者不治罪,这就是教人们走邪路。照此以往,取巧谄佞的人将因此勾结营私;拉帮结派的人将因此结党取与;贪图财利的人将因此收贿聚财;懦弱的人将因而阿谀权贵逢迎宠幸者;骄矜自夸的人将因而沽名钓誉浪得虚名。所以法令一出,等于敞开五条邪路,却想要君主不危亡,臣下不作乱,是不可能的。

【原文】 凡先王治国之器三,攻而毁之者六。明王能胜其攻①,故不益于三者,而自有国、正天下。乱王不能胜其攻,故亦不损于三者,而自有天下而亡。三器者何也?曰:号令也,斧钺也②,禄赏也。六攻者何也?曰:亲也,贵也,货也,色也,巧佞也,玩好也。三

器之用何也？曰：非号令毋以使下，非斧钺毋以威众，非禄赏毋以劝民。六攻之败何也^③？曰：虽不听，而可以得存者；虽犯禁，而可以得免者；虽毋功，而可以得富者。凡国有不听而可以得存者，则号令不足以使下；有犯禁而可以得免者，则斧钺不足以威众；有毋功而可以得富者，则禄赏不足以劝民。号令不足以使下，斧钺不足以威众，禄赏不足以劝民，若此，则民毋为自用。民毋为自用，则战不胜；战不胜，而守不固；守不固，则敌国制之矣。然则先王将若之何？曰：不为六者变更于号令，不为六者疑错于斧钺，不为六者益损于禄赏。若此，则远近一心；远近一心，则众寡同力，众寡同力，则战可以必胜，而守可以必固。非以并兼攘夺也，以为天下政治也，此正天下之道也。

【注释】　①胜其攻：即克服上述六方面的破坏。②斧钺：刑器，这里指刑罚大权。③六攻之败：指六个方面的破坏力。

【译文】　先代君王治理天下的方法有三，遇到破坏和毁灭国家的有六方面。英明的君主能够克服这六个方面，所以，治国方法虽然不超过三个，却能够保有国家、匡正天下。昏庸的君主不能克服这六个方面，所以，治国方法虽然不少于三个，却是拥有天下而终于灭亡。三种治国方法是什么？即号令、刑罚、禄赏。六个破坏因素是什么？即亲者、贵者、财货、美色、奸佞之臣和玩好之物。三种手段有何用？回答是：没有法令无法役使臣下，没有刑罚无法威慑民众，没有禄赏无法鼓励民众。六个破坏因素表现在哪里？回答是：虽不听君令，却可以平安无事；虽触犯禁律，却可以免于刑罚；虽没有功绩，却可以获得财富。一旦国家有不听君令而可以平安无事的，号令就不能役使臣民；有触犯禁律而免于刑罚的，刑罚就不能慑服群众；有无功而获得财富的，禄赏就不能鼓励人民。号令不能役使臣民，刑罚不能慑服民众，禄赏不能鼓励人民，这样的话，民众就不肯为君主所用。民众不肯为君主所用，攻战就不能取胜；攻战不胜，防守就不稳固；防守不稳固，就会受到敌国的牵制了。那么，先代君主是如何面对这种局面？回答是：不因为六个破坏因素而变更号令，不因为六个破坏因素而怀疑或废置刑罚，不因为六个破坏因素而增加或减少禄赏。这样的话，就可以做到远近团结一心了；远近团结一心，就可以达到众寡勠力同心了；众寡勠力同心，就可以做到攻战必胜、防守必固了。这些并不是为侵吞和掠夺别国，而是为把天下政事治理好，这才是匡正天下的原则。

法法

【题解】

法法，即取法于法律禁令。此篇内容丰富，实为管子最富法家色彩的一篇理论宣言。此篇不仅谈到要重视法，严格贯彻法，进而要求君主以身作则，要求执法从严，令行禁止，

惩治枉法徇私。而且,此篇实际上还谈到了"术"和"势",分析了君主驾驭大臣、控制百姓的策略,分析了君主手中所握的权势以及如何维持这一权势。法、术、势三者正是此文的核心,这都是战国法家的核心思想。此外,他还论述了如何运用赏罚手段,君主如何运用手中六种权力等等。本书选取的是前四段。

【原文】 不法法①,则事毋常;法不法,则令不行。令而不行,则令不法也;法而不行,则修令者不审也;审而不行,则赏罚轻也;重而不行,则赏罚不信也;信而不行,则不以身先之也。故曰:禁胜于身②,则令行于民矣。

【注释】 ①法法:取法于法,即依法办事。②禁胜于身:禁律胜于自身,即能让禁令管住自身。

【译文】 不依法推行法度,国事就没有常规;法度不依法推行,政令就不能施行。法令发布却得不到贯彻,是因为政令还没有成为法律;成为法律而不能贯彻,是因为政令的制定不够慎重;法令慎重制定而得不到贯彻,是因为赏罚太轻;赏罚重而法令得不到贯彻,是因为赏罚还不信实;赏罚信实而法令还得不到贯彻,是因为君上不以身作则。所以说:禁律能够管束君主自身,那么政令就可以行于民众。

【原文】 闻贤而不举,殆;闻善而不索①,殆;见能而不使,殆;亲人而不固②,殆;同谋而离,殆;危人而不能,殆;废人而复起,殆;可而不为,殆;足而不施,殆;几而不密③,殆。人主不周密,则正言直行之士危;正言直行之士危,则人主孤而毋内④;人主孤而毋内,则人臣党而成群。使人主孤而毋内、人臣党而成群者,此非人臣之罪也,人主之过也。

【注释】 ①索:寻找,指有了善就应寻找以表彰。②亲人:亲信于人。③几:同"机",机要。④内:亲近,亲信。

【译文】 知道有贤才而不举用,就危殆了;听到有好事而不索找(以表彰),就危殆了;见到能干的人而不任用,就危殆了;亲信于人而不坚定,就危殆了;共同谋事而有离心,就危殆了;想害人而不能办到,就危殆了;已废黜的人而再起用,就危殆了;事可为而不为,就危殆了;自己富足而不施与,就危殆了;机要而不能保密,也危殆了。君主行事不周密,正言直行的人就危险了;正言直行的人有危险,君主就孤立无援;君主孤立无援,臣下就会结党成群。君主之所以孤立无援,人臣之所以结党成群的原因不在人臣,而是君主自身的错误。

【原文】 民毋重罪,过不大也;民毋大过,上毋赦也。上赦小过,则民多重罪,积之所生也。故曰赦出则民不敬①,惠行则过日益。惠赦加于民,而囹圄虽实,杀戮虽繁,奸不胜矣。故曰:邪莫如蚤禁之②。赦过遗善,则民不励。有过不赦,有善不遗,励民之道,于此乎用之矣。故曰明君者,事断者也。

【注释】 ①敬:根据文意,字当为"傲"。②蚤:通"早"。

【译文】　不处重罪于民,是因为他们过失不大;民众不犯大过,是因为君主不会轻易赦免。君主赦免小过,则民众触犯重罪的就多了,这是逐渐积累所造成的。所以说赦免的命令发布了,民众就不加警惕;恩惠太多,过失也就随之增多。如果对民众施加了过多的恩惠和宽赦,那么即使监狱人满,杀戮繁多,奸邪也难以制止。所以说:奸邪的行为最好早早加以禁止。赦免有过之人而遗忘善人,就无法勉励民众。有过错就要追究,有善行不会遗忘,这才是勉励民众的办法。所以说英明君主是掌握裁决之权的人。

【原文】　君有三欲于民,三欲不节,则上位危。三欲者何也?一曰求,二曰禁,三曰令。求必欲得,禁必欲止,令必欲行。求多者,其得寡;禁多者,其止寡;令多者,其行寡。求而不得,则威日损;禁而不止,则刑罚侮;令而不行,则下凌上。故未有能多求而多得者也,未有能多禁而多止者也,未有能多令而多行者也。故曰:上苛则下不听,下不听而强以刑罚,则为人上者众谋矣①。为人上而众谋之,虽欲毋危,不可得也。号令已出又易之,礼义已行又止之,度量已制又迁之,刑法已错又移之②。如是,则庆赏虽重,民不劝也;杀戮虽繁,民不畏也。故曰:上无固植,下有疑心。国无常经,民力不竭,数也。

【注释】　①众谋:指众人谋算他。②错:通“措”。

【译文】　君主对民众有三项欲求,这三项要求不节制,君位就危险。这三项欲求是什么呢?一是索取,二是禁止,三是命令。索取希望能获得,禁止希望能阻止,命令希望能施行。但是索取太多,得到的反而少;禁止太多,停止的反而少;命令太多,得到施行的反而少。索取而不得,威信就日益降低;禁而不止,刑罚就会受到轻视;命令得不到施行,臣下就欺凌君上。所以从来没有人能多求而多得,多禁而多止,多令而多行的。所以说:上面过于苛刻,下面就不听从;下不听命而强加以刑罚,君主就会被众人谋算。君主被众人谋算,虽想没有危险也不可能了。号令已经发布又改变,礼仪已施行又废止,度量已制定又变换,刑法已实行又动摇。如果这样的话,赏赐虽多,民众也不会得到勉励;杀戮虽多,民众也不会畏惧了。所以说:君上意志不坚定,臣下就有疑心。国家没有常法,民众就不肯竭尽全力,这都是规则定数。

兵法

【题解】

　　此篇主要分析了用兵的一些方法和原则。在论述了用兵的重要性的基础上,文段首先提出了用兵作战的目标:不仅要胜利、没有伤亡,而且要不用尽国内之财、管理好所占领的敌国土地。那么,如何达到这个目标呢?有三个环节:一是作战准备上掌握情报、储蓄军粮、改进装备、赏罚严明,二是行军上章法严明,三是作战时迅捷、专心、勇猛。最后,

文段还论述了如何以道、德养兵，如何固守，如何使用战术的问题。总之，这些用兵方法展现了管子的兵法思想。本书选取的是前三段。

【原文】 明一者皇①，察道者帝②，通德者王，谋得兵胜者霸。故夫兵，虽非备道至德也，然而所以辅王成霸。今代之用兵者不然，不知兵权者也③。故举兵之日而境内贫，战不必胜，胜则多死，得地而国败。此四者，用兵之祸者也。四祸其国而无不危矣。

【注释】 ①一：尹注"一者，气质未分，至一者也"。古人认为一元之气是万物生成的根源。②帝：成就帝业。③兵权：用兵的权谋。

【译文】 通晓万物本质可以成就皇业，明察治世之道可以成就帝业，通达德义可以成就王业，谋略得当以获取军事胜利的可以成就霸业。因此，战争虽然不是最高尚、最完备的道德，却是辅助王业和成就霸业的凭借。如今用兵的人却不明白这一点，不知道用兵是要权衡得失的。所以一旦打起仗来，国内就越来越贫穷，打仗没有必胜的把握，打了胜仗则死亡太多，得了土地却大伤国家元气。这四种情况是用兵导致的祸害。四者害其国，没有不危亡的。

【原文】 大度之书曰①：举兵之日而境内不贫，战而必胜，胜而不死，得地而国不败。为此四者若何？举兵之日而境内不贫者，计数得也②。战而必胜者，法度审也。胜而不死者，教器备利，而敌不敢校也③。得地而国不败者，因其民也。因其民，则号制有发也④。教器备利，则有制也。法度审，则有守也。计数得，则有明也。治众有数，胜敌有理。察数而知理，审器而识胜，明理而胜敌。定宗庙，遂男女，官四分⑤，则可以定威德；制法仪，出号令，然后可以一众治民。

【注释】 ①大度之书：无考。大度，疑是人名。②计数：谋略权术。③校：对抗。④发：通"法"。⑤官四分：指士、农、工、商四民分业治事。官，指官能、职事。

【译文】 大度之书说：打仗的时候而国家不变穷，打仗有必胜把握，打了胜仗没有大的伤亡，获得土地而不伤元气。如何才能做到这四点呢？打仗而国内不穷，是因为筹划得当。战而必胜，是因为法度严明。战胜而没有大的伤亡，是因为军队训练有素、武器装备精良，敌人不敢抗拒。获得土地而不伤元气，是因为顺应民心。顺应民心，号令、制度就有法可依。训练有素、武器精良，就有控制力量。法度严明，军队就会遵循。筹算得当，就能洞明形势。治理兵众有其方法，战胜敌国也有其道理。明察治兵的方法就可以明白胜敌的道理，详查武器的状况就可以了解战胜原因，明白用兵作战的正理就可以战胜敌人。安定宗庙，养育儿女，四民分业治事，就可以树立德行和威望；制定仪法，发布号令，然后就可以统一和治理民众了。

【原文】 三官不缪，五教不乱，九章著明，则危危而无害①，穷穷而无难。故能致远以数，纵强以制②。三官：一曰鼓，鼓所以任也③，所以起也，所以进也；二曰金，金所以坐也，

所以退也,所以免也;三曰旗,旗所以立兵也,所以制兵也,所以偃兵也。此之谓三官。有三令,而兵法治也。五教:一曰教其目以形色之旗,二曰教其耳以号令之数,三曰教其足以进退之度,四曰教其手以长短之利,五曰教其心以赏罚之诚。五教各习,而士负以勇矣。九章:一曰举日章,则昼行;二曰举月章,则夜行;三曰举龙章,则行水;四曰举虎章,则行林;五曰举鸟章,则行陂;六曰举蛇章,则行泽;七曰举鹊章,则行陆;八曰举狼章,则行山;九曰举韬章④,则载食而驾。九章既定,而动静不过。三官、五教、九章,始乎无端,卒乎无穷。始乎无端者,道也;卒乎无穷者,德也。道不可量,德不可数也。故不可量,则众强不能图;不可数,则伪诈不敢向。两者备施,则动静有功。径乎不知,发乎不意。径乎不知,故莫之能御也;发乎不意,故莫之能应也。故全胜而无害。因便而教,准利而行。教无常,行无常。两者备施,动乃有功。

【注释】 ①危危:处于危险的境地。下文"穷穷"同。②纵强:总领众强国。③任:担任。这里指作战。④韬:本作"皋",古同"囊",指弓衣。

【译文】 "三官"无误,"五教"不乱,"九章"著明,这样即使处于非常危险的处境也无害,处于极度困乏的处境也不会有难。所以才能按章法进行远征,才有办法制约众强。所谓三官:一是鼓,鼓是用于指挥作战,鼓励士气和发动进攻的;第二是锣,锣是用于指挥防守,命令退兵和宣布停战的;第三是旗,旗是用于指挥出动军队,节制军队和驻扎军队的。这就是所谓三官。有此三令,兵法就发挥作用了。所谓五教:一是教兵士眼看各种形色的旗帜,二是教兵士耳听各种号令的规律,三是教兵士行走前进后退的步伐,四是教兵士使用长短不等的各种武器,五是教兵士相信赏罚制度的信行。这五个方面熟练了,兵士就有勇气作战了。"九章":一是举日章,白日行军;二是举月章,夜里行军;三是举龙章,水里行军;四是举虎章,林中行军;五是举鸟章,丘陵行军;六是举蛇章,沼泽行军;七是举鹊章,陆地行军;八是举狼章,山地行军;九是举弓衣之章,装载粮食驾车行马。这九章确立以后,军队的行动就不会越轨了。三官、五教和九章,起始于没有开端,结束于没有穷尽。始于无端,与"道"一样;终于无穷,与"德"一样。道是不可量度的,德是不可估算的。因为不可量度,所以敌军再强大不敢图谋我方;因为不可估算,所以敌军再诈伪也不敢对抗我方。两者兼而施之,无论发兵或息兵都有成效。过境敌军不知,发兵敌军不觉。过境敌军不知,敌人就无法抵御;发兵出敌不意,敌人就无法应对。所以能全胜而没有损伤。依据进军方便进行训练,按照利于作战而指挥行动。训练不拘常规,行动也不法常可。两者兼施,兴兵才能成功。

大匡

【题解】

此篇与《管子》中的《中匡》《小匡》文体类似。所谓"匡",据郭沫若《管子集校》为古代简书的尺寸,大匡为二尺四寸简书,中匡为一尺二寸简书,小匡为八寸简书。从内容上看,此篇近于史书,主要记载管仲辅佐桓公的史实,具体而言包括四个部分:一是桓公即位之前齐国诸公子争立,管仲、鲍叔各为其主以及桓公得立、不计前嫌纳管仲;二是桓公不听管仲之言,屡次兴兵,败于宋鲁;三是桓公开始采纳管仲建言,修内政、缮甲兵、赏诸侯,然后勤王事、伐狄人,从而成就霸业;四是补充记述了桓公按管仲建议任命鲍叔、晏子、高子、国子等人管理官吏、士农、工贾等阶层,选贤举能的史实。可见,本篇记载的是管仲如何进入桓公的宫廷并使桓公采纳建言的过程,富有历史意味。本书选取了后面两段。

【原文】 狄人伐,桓公告诸侯曰:"请救伐。诸侯许诺,大侯车二百乘,卒二千人;小侯车百乘,卒千人。"诸侯皆许诺。齐车千乘,卒先致缘陵①,战于后。故败狄。其车甲与货,小侯受之,大侯近者,以其县分之,不践其国。北州侯莫来,桓公遇南州侯于召陵,曰:"狄为无道,犯天子令,以伐小国;以天子之故,敬天之命,令以救伐。北州侯莫至,上不听天子令,下无礼诸侯,寡人请诛于北州之侯。"诸侯许诺。桓公乃北伐令支②,下凫之山,斩孤竹③,遇山戎④,顾问管仲曰:"将何行?"管仲对曰:"君教诸侯为民聚食,诸侯之兵不足者,君助之发。如此,则始可以加政矣。"桓公乃告诸侯,必足三年之食,安以其余修兵革⑤。兵革不足,以引其事告齐,齐助之发。既行之,公又问管仲曰:"何行?"管仲对曰:"君会其君臣父子⑥,则可以加政矣。"公曰:"会之道奈何?"曰:"诸侯毋专立妾以为妻,毋专杀大臣,无国劳毋专予禄;士庶人毋专弃妻,毋曲堤⑦,毋贮粟,毋禁材。行此卒岁,则始可以罚矣。"君乃布之于诸侯,诸侯许诺,受而行之。卒岁,吴人伐谷,桓公告诸侯未遍,诸侯之师竭至,以待桓公。桓公以车千乘会诸侯于竟⑧,都师未至,吴人逃。诸侯皆罢。桓公归,问管仲曰:"将何行?"管仲曰:"可以加政矣。"曰:"从今以往二年,嫡子不闻孝,不闻爱其弟,不闻敬老国良,三者无一焉,可诛也。诸侯之臣及国事,三年不闻善,可罚也。君有过,大夫不谏,士庶人有善,而大夫不进,可罚也。士庶人闻之吏贤、孝、悌,可赏也。"桓公受而行之,近侯莫不请事,兵车之会六,乘车之会三,缘国四十有二年。

【注释】 ①致:这里指使军队到达,即派遣到之意。②令支:古代北方族群之名。③孤竹:古代国名,在今河北青龙、卢龙一带。④遇:当为"遏",拦阻。山戎:北方族群,春秋时曾进犯燕国等中原邦国。⑤安:同"乃",虚词。⑥会:尹注"谓考合其君臣父子之宜",即考核、考察。⑦毋曲堤:不准到处筑堤,尹注"所谓无障碍"。⑧竟:通"境",边境。

【译文】 狄人来犯，桓公通告各国诸侯说："请出兵救助被进攻的国家。如各国同意，大国出兵车二百乘和士卒二千，小国出兵车百乘和士卒一千。"各国诸侯都同意了。齐国出了兵车一千乘，士卒提前到达缘陵，随后会集诸侯作战。打败了狄人。狄人的车甲与物资，由小国诸侯分享，邻近狄人的大国诸侯分得其郡县，不许军队践踏其都城。北方诸侯没有到，桓公在召陵遇到南方诸侯说："狄人无道，违背天子之命，擅自侵犯小国；我们从天子的立场出发，敬顺天命，下令援救被进犯的诸侯国。但北方之侯不到，一方面不听天子之令，另一方面无礼于诸侯，寡人建议大家惩罚北方之侯。"各诸侯都同意。桓公于是率师北伐令支国，攻克兔之山，攻取孤竹国，阻止了山戎的进攻，桓公回看管仲说："还要干什么？"管仲回答说："您可以让各国诸侯为民众积聚粮食，至于各国诸侯军备不足的时候，您就发兵相助。这样就可以对他们施加政令了。"桓公便通告各诸侯国，一定要储备三年的粮食，然后再用余力装备军队。军备不足，就把其情况报告齐国，齐国就会补助。这件事办了以后，桓公又问管仲说："还做什么？"管仲回答说："您能考察他们君臣父子的关系，就可以发布政令了。"桓公问："如何考察呢？"回答说："诸侯们不准擅自立妾为妻，不准擅自诛杀大臣，没有为国立功不准擅自赐予禄赏；士人和庶人不准擅自抛弃妻室，不准随处修筑堤坝，不准囤积粮食，不准霸占山林木材。实施满一年之后，不服从的就可以给予处罚。"桓公便把这些主张公布于诸侯，各国诸侯都同意，接受它们并实行。满一年，吴国侵略齐国的谷城，桓公还没有来得及通告诸侯，而各国诸侯的军队都全部赶到待命。桓公率兵车千乘在边境会合诸侯，齐国的军队还没有到达，吴兵就逃走了。于是各国诸侯都罢兵。桓公回来后问管仲说："还要做什么？"管仲说："可以对各国诸侯发号施令了。"还说："从今以往的两年中，诸侯世子不孝敬父母，不友爱兄弟，不敬老尊贤，三者有其一，就可以诛伐。诸侯之臣办理国事，三年不出成绩，可以给予处罚。国君有过失而大夫不进谏，士庶人表现良好而大夫不举荐，可以给予处罚。根据官吏的了解，土庶人中有贤而孝悌的，可以给予赏赐。"桓公接受并实行了这些建议，邻近的诸侯没有不主动侍奉的，有战事的会盟有六次，和平的乘车会盟有三次，享国达四十二年。

【原文】 桓公践位十九年，弛关市之征①，五十而取一。赋禄以粟②，案田而税。二岁而税一，上年什取三，中年什取二，下年什取一；岁饥不税，岁饥弛而税。

【注释】 ①征：尹注"赋也"，即税收。②禄：即"录"，登记，记录。

【译文】 桓公即位十九年，放宽了关市的征税，税率为五十分之一。租赋收取粮食，按田亩征收。两年收税一次，上等年景收十分之三，中等年景收十分之二，下等年景收十分之一，荒年不收税，待饥荒情况缓解后再收。

小匡

【题解】

　　此篇与《大匡》都记载了桓公和鲍叔如何运用计策从鲁国获得管仲的史实，但是，与后者不同的是，《小匡》主要篇幅是用于记述管仲辅佐桓公称霸的策略。此篇可以分为两个部分。第一部分以桓公设问、管仲回答的形式记载了管仲对成就霸业的长篇言论，其要点可以概括为：三分其国、五分其鄙，建立严整的军事化的行政体制；士农工商四者分而治之；推行爱民之道，安顿民心；修理内政，整顿军令；修德进贤，赏功罚罪；缮治甲兵；结交诸侯、巩固邻邦。第二部分追加记载了管仲告诫桓公不要称王，匡正天下诸侯，论定百官等等史实。此篇重在记载管仲的治国政策，与《国语·齐语》中记载管仲之处有共通之处。本书选取的是第四段，析为三小段。

【原文】　至于堂阜之上①，鲍叔祓而浴之三②。桓公亲迎之郊。管仲诎缨捷衽③，使人操斧而立其后。公辞斧三，然后退之。公曰："垂缨下衽，寡人将见。"管仲再拜稽首曰："应公之赐，杀之黄泉，死且不朽。"公遂与归，礼之于庙，三酌而问为政焉，曰："昔先君襄公，高台广池，湛乐饮酒，田猎罼弋④，不听国政。卑圣侮士，唯女是崇，九妃六嫔，陈妾数千。食必粱肉，衣必文绣，而戎士冻饥。戎马待游车之弊，戎士待陈妾之余。倡优侏儒在前⑤，而贤大夫在后。是以国家不日益，不月长。吾恐宗庙之不扫除，社稷之不血食，敢问为之奈何？"管子对曰："昔吾先王周昭王、穆王世法文武之远迹，以成其名。合群国，比校民之有道者，设象以为民纪⑥，式美以相应⑦，比缀以书⑧，原本穷末，劝之以庆赏，纠之以刑罚，粪除其颠旄⑨，赐予以镇抚之，以为民终始。"

【注释】　①堂阜：齐地名。②祓：尹注"除其凶邪之气"，即除灾仪式。③诎缨捷衽：把冠缨折起来，把衣襟披进衣带，表示自己为受刑做好了准备。诎，同"屈"。缨，帽穗。捷，插入。衽，衣襟。④罼弋：用长柄网捕取猎物。弋，指射取猎物。⑤侏儒：指个子矮小的杂技艺人。⑥设象以为民纪：象，典范。纪，规范。⑦式美：立为典范。式，式样，榜样。相应：相感化。⑧比缀：按顺序连缀在一起。⑨粪除：扫除。颠旄：顶发。这里指那些罪大恶极者。颠，头顶。旄，通"毛"，毛发。

【译文】　抵达堂阜，鲍叔为管仲举行除灾仪式并使他沐浴了三次。桓公亲自到郊外迎接。管仲折叠帽缨、收整衣襟，使人拿着斧子站在身后。桓公三次辞退执斧人，然后他们退出。桓公说："已经垂下帽缨、收整衣襟了，寡人将接见。"管仲叩头至地再拜说："承蒙您的恩赐，就是死在黄泉，也不朽了。"桓公便与管仲回到庙堂上，以礼接见，酒过三酌以后，桓公向管仲请教为政之道，说："以前先君襄公，建筑高台，修造大池，沉迷于饮酒游

玩,田猎捕射,不理国政。他不重视贤人,怠慢士子,只知道爱宠女色,九妃六嫔,宫女多达几千人。吃的是精美的膳食,穿的是华美的衣服,而兵士却挨饿受冻。用游车用完的老马补充战马,用宫女吃剩的东西补充战士的给养。歌舞、杂技的优人显得比贤大夫还重要。因而国家没有逐渐发展壮大。我担心宗庙将无人打扫,社稷无人祭祀,请问该怎么办呢?"管子回答说:"从前我们的先王周昭王和周穆王效法文王、武王遥远的事迹,以成就名望。聚集各邦国,将那些年高有德的老人推选出来,立为典型做百姓的示范。设立美好的典范作为民众的样板,使他们知道努力的方向,将这些典范的事迹有规则地记录在一起,使其原委清楚,以赏赐勉励人行好,用刑罚纠正人为恶,扫除那些罪大恶极者,以赏赐来安抚一般民众,这样就可以为民众树立遵循始终的规则。"

【原文】 公曰:"为之奈何?"管子对曰:"昔者圣王之治其民也,参其国而伍其鄙①,定民之居,成民之事,以为民纪。谨用其六秉②,如是而民情可得,而百姓可御。"桓公曰:"六秉者何也?"管子曰:"杀、生、贵、贱、贫、富,此六秉也。"桓公曰:"参国奈何?"管子对曰:"制国以为二十一乡:商工之乡六,士农之乡十五。公帅十一乡,高子帅五乡,国子帅五乡。参国故为三军。公立三官之臣③:市立三乡,工立三族,泽立三虞,山立三衡。制五家为轨,轨有长;十轨为里,里有司;四里为连,连有长;十连为乡,乡有良人;三乡一帅④。"桓公曰:"五鄙奈何?"管子对曰:"制五家为轨,轨有长;六轨为邑,邑有司;十邑为卒,卒有长;十卒为乡,乡有良人;三乡为属,属有大夫。五属五大夫。武政听属,文政听乡,各保而听,毋有淫佚者。"

【注释】 ①参其国而伍其鄙:把国分为三个部分,把鄙分为五个部分。国,指城邑。鄙,指城郊以外的地区。②秉:指权柄,方式,手段等。③三官:国分为三,各置官府,即成三官。官,官府。④三乡:一说当为"五乡"。

【译文】 桓公问:"还要怎么办?"管子回答说:"从前圣王治理人民,分国为三,划鄙为五,安定民众的居处,安排民众的职事,以此作为治民的体制。严格实行六秉之权,这样就可以了解民情、驾驭百姓了。"桓公说:"六秉是什么?"管子说:"杀、生、贵、贱、贫、富,就是六秉。"桓公说:"如何把国分为三?"管子回答说:"将全国分为二十一乡:商贾和工匠六个乡,士人和农民十五个乡。您统管十一个乡,高子统管五个乡,国子统管五个乡。三部分就相应有了三军。您还要设立这三部分的各级官吏:市场设立三乡,手工业设立三族,湖泽设有三虞,山林设有三衡。规定五家为一轨,轨设有长官;十轨为一里,里设有司之官;四里为一连,连设有长官;十连为一乡,乡设有良人之官;三乡设有一帅。"桓公说:"五鄙又怎么办?"管子回答说:"规定五家为一轨,轨设有轨长官;六轨为一邑,邑设有邑司之官;十邑为一卒,卒设有长官;十卒为一乡,乡有良人之官;三乡为一属,属设有大夫。五属设五个大夫。武事由属管理,文事由乡管理,各司其职各尽其责,不准淫佚懈怠。"

389

【原文】 桓公曰："定民之居，成民之事奈何？"管子对曰："士农工商四民者，国之石民也，不可使杂处，杂处则其言哤①，其事乱。是故圣王之处士必于闲燕②，处农必就田野，处工必就官府，处商必就市井。今夫士群萃而州处③，闲燕则父与父言义，子与子言孝，其事君者言敬，长者言爱，幼者言弟。旦昔从事于此④，以教其子弟，少而习焉，其心安焉，不见异物而迁焉。是故其父兄之教不肃而成；其子弟之学不劳而能。夫是故士之子常为士。今夫农群萃而州处，审其四时，权节具备其械器用⑤，比耒耜枷芟⑥。及寒击槁除田，以待时乃耕，深耕、均种、疾耰⑦。先雨芸耨，以待时雨。时雨既至，挟其枪刈耨镈⑧，以旦暮从事于田野，税衣就功⑨，别苗莠，列疏遬⑩。首戴苎蒲⑪，身服被襏⑫，沾体涂足，暴其发肤，尽其四支之力，以疾从事于田野。少而习焉，其心安焉，不见异物而迁焉。是故其父兄之教不肃而成；其子弟之学不劳而能。是故农之子常为农，朴野而不慝，其秀才之能为士者，则足赖也，故以耕则多粟，以仕则多贤，是以圣王敬农戚农。今夫工群萃而州处，相良材，审其四时，辨其功苦，权节其用，论比计制⑬，断器尚完利⑭。相语以事，相示以功，相陈以巧，相高以智。旦昔从事于此，以教其子弟。少而习焉，其心安焉，不见异物而迁焉。是故其父兄之教不肃而成；其子弟之学不劳而能。夫是故工之子常为工。今夫商群萃而州处，观凶饥，审国变，察其四时而监其乡之货，以知其市之贾。负任担荷，服牛辂马⑮，以周四方；料多少，计贵贱，以其所有，易其所无，买贱鬻贵。是以羽旄不求而至⑯；竹箭有余于国；奇怪时来，珍异物聚。旦昔从事于此，以教其子弟。相语以利，相示以时，相陈以知贾。少而习焉，其心安焉，不见异物而迁焉。是故其父兄之教不肃而成；其子弟之学不劳而能。夫是故商之子常为商。相地而衰其政⑰，则民不移矣。正旅旧⑱，则民不惰。山泽各以其时至，则民不苟。陵陆、丘井、田畴均，则民不惑。无夺民时，则百姓富；牺牲不劳，则牛马育。"

【注释】 ①哤：杂乱。②闲燕：指宁静、安宁的处所，尹注"谓学校之处"，可备一说。③萃：草丛生貌，这里是聚集之意。州处：居住集中。州，通"周"。④旦昔：当为"旦夕"，朝暮。⑤权节具备其械器用：疑有脱落讹误之处。一说为"权节其用，备其械器"。⑥耒耜枷芟：指各种农具。耒耜，翻土工具，枷芟，连枷与镰刀。⑦耰：种后覆土叫"耰"。⑧枪刈：割草的农具。耨镈：刺地除草的农具。⑨税：通"脱"，解下、脱下。⑩遬：通"数"，尹注"密也"。⑪苎蒲：用苎与蒲编的草笠。⑫被襏：蓑衣。⑬论比计制：论比，评论等级。计制，考计规格。⑭断器：裁断器物。⑮服牛辂马：驾牛驾马。服，本为车驾内两马。辂，本为马车。⑯羽旄：雉羽和旄牛尾，用来装饰军旗。⑰衰其政：衰，差别。政，通"征"，指税收。⑱正旅旧：当作"政不旅旧"，即施政不遗弃功臣故旧。旅，寄居他方，这里指遗弃。

【译文】 桓公说："如何安定民众居处、促成民众职事？"管子回答说："士农工商四者，是国家的柱石，不能让他们杂乱居处，杂居则言谈混乱、难以成事。因此，圣王一定会安排士人住于娴静之地，安排农民靠近田野居住，安排工匠住在靠近官府的地方，安排商人住在靠近市场

的地方。命令士人们集中居处,闲居的时候父与父谈论慈仁,子与子谈论孝道,事奉君上的谈论恭敬,长辈谈论慈爱,年幼的谈论孝悌。朝夕从事于此,以教导其子弟,这样他们从小就习惯了,他们心思安定,不会见异思迁。因而其父兄教导子弟不严也能教好;其子弟学习东西不必太费劲就能学好。所以士人的子弟便世代为士人。命令农家集中居住,详察四季农时,权衡安排,置备各种农具,备全耒耜枷镰等等。天冷的时候除草修整土地,以等待时节耕耘,深耕、均种、快速盖土。在降雨之前除草松土,以等待时雨。时雨一来,就带上枪刈耨镈等各种农具,早晚在地里从事农活,脱下衣服大干一场,分别禾苗的好坏,排好禾苗的疏密。他们头戴蒲笠,身披蓑衣,泥土沾满全身,头发肌肤暴露在外,竭尽其四肢之力,积极在地里劳动。少年从小就习惯了,所以心思安定,不会见异思迁。因此其父兄教导子弟不严也能教好;其子弟学习本领不费劲就能学会。所以,农家的子弟世代为农民,他们朴实而不奸恶,其中材质能够成为士人的,就可以信赖,让他们种地,粮食就多,让他们做官,贤人就多,所以,圣王总是敬农而爱农。命令工匠集中居处,挑选好的木材,审察四时活计,分辨质量优劣,安排各种用具,互相评比、制定规格、评估质量,崇尚的是齐全和精致。这样互相谈论工事,展示功效,展现技巧,互相提高以促进工事。他们整天从事于此,并且教给了子弟。他们从小就习惯了,所以心思安定,不会见异思迁。因而其父兄教导子弟,不严也能教好;其子弟学习本领,不费劲就能学会。所以,工匠的子弟世代为工匠。命令商人集中居处,他们观察年景凶饥,了解国内变化的情况,观察四时,注意本乡货物,掌握交易价格。他们肩挑背负,赶牛驾马,周游四方;预计物资多寡,估计商品贵贱,以其所有,易其所无,贱买贵卖。所以,像雉羽和旄尾一类的珍品,不用远道去买而能买到;竹箭一类的产品,国内还有盈余;奇怪的商品经常有,珍异的东西也不断增多。他们整天从事于此,并且教给了子弟。他们互相谈论利润,传告买卖时机,互相传达物价情况。他们从少年就习惯于此,心思安定,不会见异思迁。因此,其父兄教导子弟,不严也能教好;其子弟学习本领,不费劲就能学会。所以,商人的子弟世代为商人。按土地肥瘠而有差别地征收租税,民众就不会外流。执政不遗弃旧人,民众就不会懒惰。山林川泽按时开放,民众就不会苟且从事。平原、山地、耕地都能合理安排,民众就不会疑惑。不夺民众之时,则百姓富裕;祭祀所用的牺牲不妄取,则牛马繁殖。”

霸 形

【题解】

所谓“霸形”,指称霸天下的形势和气派。一说此篇名当为下一篇的篇名,而《霸言》乃此篇真正篇名,从内容上看颇有理。本篇主要内容是管仲与桓公关于如何成就霸业的对话。但是,这里并没有类似《小匡》的长篇大论,而只是简单地提到务本,即改善民生这一条措施。同时,记载了管仲如何辅佐桓公处理宋伐杞、狄伐邢和卫及楚国伐宋这几件

诸侯间的纠纷。其实,管仲的做法无非兼顾征伐的双方,既保护被打的一方,又不得罪打人的一方,其本质就是从齐国作为霸主的立场出发,最大程度上为齐国谋求利益。这些记载表现了管仲的政治外交才能。

【原文】 此其后,宋伐杞,狄伐邢、卫。桓公不救,裸体纫胸称疾①。召管仲曰:"寡人有千岁之食,而无百岁之寿,今有疾病,姑乐乎!"管子曰:"诺。"于是令之县钟磬之梪②,陈歌舞竽瑟之乐,日杀数十牛者数旬。群臣进谏曰:"宋伐杞,狄伐邢、卫,君不可不救。"桓公曰:"寡人有千岁之食,而无百岁之寿,今又疾病,姑乐乎!且彼非伐寡人之国也,伐邻国也,子无事焉。"宋已取杞,狄已拔邢、卫矣。桓公起,行笋虡之间③,管子从。至大钟之西,桓公南面而立,管仲北乡对之,大钟鸣。桓公视管仲曰:"乐夫,仲父?"管子对曰:"此臣之所谓哀,非乐也。臣闻之,古者之言乐于钟磬之间者不如此。言脱于口,而令行乎天下;游钟磬之间,而无四面兵革之忧。今君之事,言脱于口,令不得行于天下;在钟磬之间,而有四面兵革之忧。此臣之所谓哀,非乐也。"桓公曰:"善。"于是伐钟磬之县,并歌舞之乐④,宫中虚无人。桓公曰:"寡人以伐钟磬之县,并歌舞之乐矣,请问所始于国,将为何行?"管子对曰:"宋伐杞,狄伐邢、卫,而君之不救也,臣请以庆⑤。臣闻之,诸侯争于强者,勿与分于强。今君何不定三君之处哉⑥?"于是桓公曰:"诺。"因命以车百乘、卒千人,以缘陵封杞;车百乘、卒千人,以夷仪封邢;车五百乘、卒五千人,以楚丘封卫。桓公曰:"寡人以定三君之居处矣,今又将何行?"管子对曰:"臣闻诸侯贪于利,勿与分于利。君何不发虎豹之皮、文锦以使诸侯,令诸侯以缦帛鹿皮报⑦?"桓公曰:"诺。"于是以虎豹皮、文锦使诸侯,诸侯以缦帛、鹿皮报。则令固始行于天下矣。

【注释】 ①纫胸:印胸部缠绕上东西。纫,缝,佩带。②县:同"悬",悬挂。梪:悬挂钟磬的器具。③笋虡:古代悬挂钟磬的架子。横架为笋,直架为虡。④并:通"屏",撤去。⑤以:通"已",已经。⑥三君之处:据下文当补"居"字。⑦缦帛:无文采的帛,即素帛。

【译文】 在这之后,宋国攻打杞国,狄人侵扰邢国和卫国。桓公不出兵援救,光着身子用布缠着胸部声称有病。桓公召见管仲说:"我有千年的粮食,却没有百岁的寿命,现在又身患疾病,姑且享乐一下吧!"管子说:"好。"桓公于是下命令悬挂钟磬,吹竽鼓瑟,陈设歌舞,每天杀几十头牛,持续了几十天。群臣都来进谏说:"宋国进攻杞国,狄人进犯邢、卫,大王不能不出兵援救。"桓公说:"我拥有千年的粮食,却没有百岁的寿命,现在又身患疾病,姑且享乐吧!况且,它们并没有进攻我的国家,它们攻打的是邻国,你们会安全无事的。"宋国已经攻占杞国了,狄人也已经拿下邢、卫了。桓公起身,徘徊在钟磬的行列里,管子在后面跟着。走到大钟的西侧,桓公南面而立,管仲面北而对,大钟敲响起来了。桓公看着管仲说:"仲父,你快乐吗?"管子回答说:"我认为这是悲哀而不是快乐。我听说古人称所谓行乐于钟磬之间,并非这种情况。而是这样:话从口出,就作为命令推行于天下;行乐于钟磬之间的

时候，不用忧虑四面的兵革之灾。现在您的情况却是，话说出口，不能作为命令推行于天下；身在钟磬之间，却心存四面兵革的忧虑。这就是为什么以其为悲哀，而不以为快乐。"桓公说："好。"于是拆除悬挂的钟磬，撤掉歌舞音乐，宫中变得空虚无人了。桓公说："我已经拆除悬挂的钟磬，撤掉歌舞音乐了，请问重修国政要从何开始？"管子回答："宋国攻打杞国，狄人进犯邢、卫，您没有出兵援救，我是为您感到庆幸。我听说诸侯相争的时候，不要与之争胜。现在，您何不安顿一下杞、邢、卫三国国君的居处呢？"桓公说："好。"于是命令把百乘兵车、一千个士卒，连同缘陵之地封给杞国国君；把百乘兵车、一千个士卒，连同夷仪之地封给邢国国君；又把五百乘兵车、五千个士卒，连同楚丘之地封给卫国国君。桓公说："我已经安顿好三国国君的居处了，现在还要做什么？"管子回答说："我听说诸侯贪图利益的时候，不要与之分利。您何不送给各诸侯国虎皮、豹皮和有文饰的织锦，而只要求各诸侯国回报素帛、鹿皮呢？"桓公说："好。"于是就用虎皮、豹皮和有文饰的织锦出使各诸侯国，各诸侯国也只回报素帛和鹿皮。这样，齐国的命令由此开始通行天下。

【原文】 此其后，楚人攻宋、郑。烧炳熯焚郑地①，使城坏者不得复筑也，屋之烧者不得复葺也；令其人有丧雌雄②，居室如鸟鼠处穴。要宋田③，夹塞两川，使水不得东流，东山之西，水深灭垄④，四百里而后可田也。楚欲吞宋、郑而畏齐，思人众兵强能害己者，必齐也。于是乎楚王号令于国中曰："寡人之所明于人君者，莫如桓公；所贤于人臣者，莫如管仲。明其君而贤其臣，寡人愿事之。谁能为我交齐者，寡人不爱封侯之君焉⑤。"于是楚国之贤士皆抱其重宝币帛以事齐。桓公之左右，无不受重宝币帛者。于是桓公召管仲曰："寡人闻之，善人者人亦善之。今楚王之善寡人一甚矣，寡人不善，将拂于道⑥。仲父何不遂交楚哉？"管子对曰："不可。楚人攻宋、郑，烧炳熯焚郑地，使城坏者不得复筑也，屋之烧者不得复葺也，令人有丧雌雄，居室如鸟鼠处穴。要宋田，夹塞两川，使水不得东流，东山之西，水深灭垄，四百里而后可田也。楚欲吞宋、郑，思人众兵强而能害己者，必齐也。是欲以文克齐⑦，而以武取宋、郑也。楚取宋、郑而不知禁，是失宋、郑也；禁之，则是又不信于楚也。知失于内，兵困于外，非善举也。"桓公曰："善。然则若何？"管子对曰："请兴兵而南存宋、郑，而令曰：'无攻楚，言与楚王遇⑧。'至于遇上⑨，而以郑城与宋水为请。楚若许，则是我以文令也；楚若不许，则遂以武令焉。"桓公曰："善。"于是遂兴兵而南存宋、郑，与楚王遇于召陵之上，而令于遇上曰："毋贮粟，毋曲堤，无擅废嫡子，无置妾以为妻。"因以郑城与宋水为请于楚，楚人不许。遂退七十里而舍。使军人城郑南之地，立百代城焉。曰：自此而北至于河者，郑自城之，而楚不敢靡也。东发宋田，夹两川，使水复东流，而楚不敢塞也。遂南伐楚，逾方城，济于汝水，望汶山，南致吴越之君⑩。而西伐秦，北伐狄，东存晋公于南。北伐孤竹，还存燕公。兵车之会六，乘车之会三，九合诸侯，反位已霸，修钟磬而复乐。管子曰："此臣之所谓乐也！"

【注释】 ①烧焫爒焚：烧、焫、爒、焚，都是焚烧的意思。②有：通"又"。丧雌雄：指夫妻失散，家庭破败。③要：拦截，限制。④垝：坏损的墙。⑤封侯之君：身为一方诸侯的国君，这里指封赏土地。⑥拂：悖逆，违背。⑦文：指用政治守信言于楚。⑧遇：会见，会盟。⑨上：指会盟之地。⑩吴越：依《小匡》篇当为"楚越"。

【译文】 后来，楚国侵略宋国和郑国。火烧郑地，使城池毁坏得无法修复，房屋烧得无法修葺；民众妻离子散，居室如鸟巢鼠洞一样。楚国又拦截宋国农田的水源，堵塞两边河道，使河水不能东流，而在东山的西面却水没墙垣，距河四百里之外才能耕种。楚国想吞并宋、郑，又害怕齐国，知道人众兵强、有实力威胁自己的只有齐国。于是楚王在国内发布命令说："在诸侯国君中我认为没有比齐桓公更圣明的；在人臣中没有比管仲更贤能的。我称道齐国国君的圣明及其人臣的贤能，所以愿意待奉他们。谁能够为我交好齐国，我不会吝啬给予封侯之赏。"于是，楚国的贤能之士带着贵重的宝物和布帛来交好齐国。桓公左右的人都接受其贵重宝物和布帛。于是桓公召见管仲说："我听说，对人好的人别人也对他好。现在楚王对我太友善了，我不表示友善就不合情理了。仲父何不就此与楚国交好呢？"管子回答说："不能这样。楚国侵略宋国和郑国，火烧郑地，使城池毁坏得无法修复，房屋烧得无法修葺，民众妻离子散，居室如鸟巢鼠洞一样。楚国又拦截宋国农田的水源，堵塞两边河道，使河水不能东流，而在东山的西面却水没墙垣，距河四百里之外才能耕种。楚国想吞并宋、郑，又害怕齐国，知道人众兵强、有实力威胁自己的只有齐国。所以想要用'文'的手段战胜齐国，而用武力吞并宋、郑。楚国攻占宋、郑，而我们不予阻拦，就等于失去了宋国和郑国；予以阻拦，与楚国的关系就会破裂。如果国内计谋失误，军队就会在国外陷入困境，因而与楚交好不是一个好办法。"桓公说："好，那应该怎么办？"管子回答说："请发兵南下保全宋、郑，下令说：'不要进攻楚国，我将与楚王会谈。'等到与楚王会面的时候，就提出要解决郑城和宋水的问题。楚国如果答应，就相当于我们用'文'的方式命令他；楚国如果不答应，就使用武力手段。"桓公说："好。"于是就发兵南下保全宋国和郑国。在召陵与楚王相会，并在会谈的时候下令说："不准囤积粮食，不准随意修筑堤坝，不准擅自废黜嫡子，不准立妾为妻。"因而又提出解决郑城与宋水的问题，征询楚国，楚国没有同意。于是就后退七十里驻扎军队。下令军队在郑国的南边筑城，建立了可传百代的城池。说：从此处往北到黄河的地带，郑国自己建立城郭，而楚国不敢毁坏。东面开放了宋国的田地，从两面处理两道水流，重新使水向东流，而楚国也不敢堵塞。于是南伐楚国，越过方城，渡过汝水，遥望汶山，南下召见吴越的国君。且向西讨伐秦国，向北击退狄人，东进又保全晋文公于南部。北上讨伐孤竹，回师又保全燕召公。以武力会盟诸侯有六次，和平的乘车会盟诸侯有三次，共九次会盟诸侯，在桓公回国已确立霸业之后，修治钟磬乐器，重新行乐。管子说："这才是我认为的快乐啊！"

霸言

【题解】

一说此篇按内容应称为"霸形",因为篇中两次以"霸王之形"起头,其论述的中心正是指出作为一代霸主及其统治下的国家应该呈现的样子。文章并没有严谨的逻辑,而是零散、反复地论述一些原则:如必须有"道",必须抓住时机,要布施恩德、获取民心,霸主要有权力、智慧和判断能力,要重视主观上的经营和治理,要保持权力的统一,要竞争谋略和权势,等等。在倒数第三段,他集中讨论了霸业的伟大形势:行为方正、号令整齐、政策平易、举事合道、战无不胜、收容小国、征服近郊、威慑远方等等。综合来看,这些描述表达的是法家的功业理想。本书选取的是前二段。

【原文】 霸王之形:象天则地①,化人易代②,创制天下,等列诸侯,宾属四海,时匡天下;大国小之,曲国正之③,强国弱之,重国轻之;乱国并之,暴王残之:儽其罪,卑其列,维其民,然后王之。夫丰国之谓霸④,兼正之国之谓王。夫王者有所独明,德共者不取也,道同者不王也。夫争天下者,以威易危暴,王之常也。君人者有道,霸王者有时。国修而邻国无道,霸王之资也。夫国之存也,邻国有焉;国之亡也,邻国有焉。邻国有事,邻国得焉;邻国有事,邻国亡焉。天下有事,则圣王利也。国危,则圣人知矣⑤。夫先王所以王者,资邻国之举不当也⑥。举而不当,此邻敌之所以得意也。

【注释】 ①象天则地:取法天地。②化人易代:尹注"谓美教化、移风俗"。人,民。易代,改换时代。③曲:弯曲,不正。这里指不合道义之国。④丰国:尹注"自丰其国",即使自己的国家强大。⑤知:同"智",尹注"怀独见之明"。⑥资:借助,利用。

【译文】 霸王之业的形势是这样:取法上天,效法大地,教化民众,改换朝代,为天下创立制度,分列诸侯等次,臣服四海,适时匡正天下;缩小大国的版图,纠正邪曲的国家,削弱强国的实力,降低重国的地位;兼并乱国。推翻暴君:惩罚其罪恶,降低其地位,维护其民众,然后加以统治。能富强本国称之为"霸",能匡正天下诸侯称之为"王"。王者有其独见之明,有相同仁德的国家,他不去攻取;道义一致的国家,他不去控制。历来争夺天下的时候,王者常常是以威望推翻危乱的暴君。统治民众必须有道,建立王霸之业要等待时机。国内政治清明而邻国无道,这是成就霸王之业的有利条件。因为国家的存在与邻国密切相关;国家的败亡也与邻国密切相关。邻国有事,邻国可能有所得,也可以有所失。天下一旦起事端,对圣王是有利的。国家一旦危殆,圣人的明智就显示出来了。先代圣王能成其王业,往往是利用邻国的举措不当。邻国举措不当,是其敌人满意的原因。

【原文】 夫欲用天下之权者,必先布德诸侯①。是故先王有所取,有所与,有所诎②,有所信③,然后能用天下之权。夫兵幸于权④,权幸于地。故诸侯之得地利者,权从之;失地利者,权去之。夫争天下者,必先争人。明大数者得人⑤,审小计者失人。得天下之众者王,得其半者霸。是故圣王卑礼以下天下之贤而任之,均分以钓天下之众而臣之。故贵为天子,富有天下,而世不谓贪者,其大计存也。以天下之财,利天下之人;以明威之振⑥,合天下之权;以遂德之行,结诸侯之亲;以奸佞之罪,刑天下之心⑦;因天下之威,以广明王之伐;攻逆乱之国,赏有功之劳;封贤圣之德,明一人之行,而百姓定矣。夫先王取天下也,术术乎大德哉⑧!物利之谓也。夫使国常无患,而名利并至者,神圣也;国在危亡,而能寿者,明圣也。是故先王之所师者,神圣也;其所赏者⑨,明圣也。夫一言而寿国,不听而国亡,若此者,大圣之言也。夫明王之所轻者马与玉,其所重者政与军。若失主不然,轻予人政,而重予人马;轻予人军,而重予人玉;重宫门之营,而轻四境之守,所以削也。

【注释】 ①布德诸侯:施恩德于诸侯。②诎:同"屈"。③信:通"伸"。④幸:尹注"犹胜也",即取决于。⑤大数:指大的方面,关键之处。与"小计"相对,后者指眼前的小利益。⑥明威:即大威,极大的威力。⑦刑:通"型",规范。⑧术术乎:即形容丰盛的样子。术,事物兴作之貌。⑨赏:通"尚",赞赏。

【译文】 想要掌握天下的权力,首先必须对诸侯布施恩德。因此先王有取有予,能屈能伸,然后才能掌控天下的大权。作战能胜在于掌握权力,获得权力在于占有地利。因而诸侯占有地利的,权力也就随之而来;失去地利的,权力也就随之丧失。想要争夺天下,必须先争取人心。明悉天下大势的得人心,斤斤计较的失人心。得到天下大多数人拥护的能成就王业,得半数人拥护的能成就霸业。所以圣明君主谦恭地礼贤下士而加以任用,平均分配禄食来吸引天下民众归顺。所以,虽然贵为天子,富有天下,但世人不以为贪婪,因为他顺乎天下大势。用天下的财物,为天下人谋利;以权威的震慑作用,集中天下的权力;用合乎德政的行为,来取得诸侯的亲近;用惩治奸佞罪行的行动,来规正天下人;借助天下的威望,来扩大明王的功绩;攻取逆乱的国家,以赏赐有功有劳的大臣;树立圣贤的德望,来宣扬君王的道行,这样百姓就安宁了。先王借以获取天下的,乃兴盛的大德啊!也就是所谓的以物利人。使国家经常没有忧患而名利兼得的人,可称为神圣;国家在危亡之中而能使之长久保全的,可称为明圣。所以,先王所师法的是神圣;所赞赏的是明圣。一句话而能保全国家,不听的就会亡国,这是大圣人的话。英明君主最看轻的是骏马与宝玉,最看重的政权与军队。至于亡天下的君主就不这样了,他不重视教人统治之术,而重视予人骏马;轻视教人管理军队,而重视予人宝玉;重视营治宫门,而轻视边境的防务,所以国家就削弱了。

问

【题解】

问，是询问和调查的意思。此篇所谓问，实际上是站在执政者的立场，从建立国之常法、推行霸王之术的角度出发，提出的一个详细的施政调查问卷。文章文体奇特，其中主要的施政措施都是以问句的形式提出，共发问六十几次。这个施政报告涉及的方面包括民生、公共事务、社会保障、经济、政治、军事等等，其范围之广，了解之具体，令人惊叹。此外，文章末段还强调了要效法地德、轻徭薄赋、管理市场、守护边关、明确法度等等措施。本文表现了很高的执政水平。

【原文】 凡立朝廷①，问有本纪②。爵授有德，则大臣兴义；禄予有功，则士轻死节③。上帅士以人之所戴，则上下和；授事以能，则人上功④。审刑当罪，则人不易讼；无乱社稷宗庙，则人有所宗⑤。毋遗老忘亲⑥，则大臣不怨；举知人急⑦，则众不乱。行此道也，国有常经，人知终始，此霸王之术也。

【注释】 ①立朝廷：即主持政事。立，通"莅"。②问：即征询，掌握情况。本纪：根本纲纪。③轻死节：为了某种原因不惜赴死。死节，赴死的节制，即选择为何而死。④上：通"尚"，崇尚，追求。⑤宗：奉养祖宗。⑥遗老忘亲：老，指老臣。亲，指亲近之臣。⑦举知人急：举即尽，充分。急，尹注"困难也"。

【译文】 凡主持朝政，征询调查有一定法则。爵位授予有德的人，大臣们才会倡行仁义；禄赏赐予有功的人，兵士才不惧死难。君上任用兵士拥戴的将领治兵，军队上下就会和睦；按才能大小安排职事，民众才会追求功效。刑罚判处得当，民众就不会轻易诉讼；社稷宗庙不被扰乱，民众就有所宗奉。不遗忘老臣和宗亲，大臣就不会抱怨；全面了解百姓的急难，民众就不会作乱。执行这些做法，国家便有常法，民众也知道行为规范，这是创立霸王之业的方法。

【原文】 然后问事，事先大功，政自小始①。问死事之孤②，其未有田宅者有乎？问少壮而未胜甲兵者几何人③？问死事之寡，其饩廪何如④？问国之有功大者，何官之吏也⑤？问州之大夫也，何里之士也？今吏亦何以明之矣⑥？问刑论有常以行⑦，不可改也，今其事之久留也何若？问五官有度制，官都其有常断⑧，今事之稽也何待？问独夫、寡妇、孤寡、疾病者几何人也⑨？问国之弃人⑩，何族之子弟也？问乡之良家⑪，其所牧养者几何人矣⑫？问邑之贫人，债而食者几何家？问理园圃而食者几何家？人之开田而耕者几何家？士之身耕者几何家？问乡之贫人，何族之别也？问宗子之收昆弟者，以贫从昆弟者几何家？余子仕而有田邑⑬，今入者几何人？子弟以孝闻于乡里者几何人？余子父母存，

不养而出离者几何人⑭？士之有田而不使者几何人⑮？吏恶何事⑯？士之有田而不耕者几何人？身何事？君臣有位而未有田者几何人？外人之来从而未有田宅者几何家⑰？国子弟之游于外者几何人？贫士之受责于大夫者几何人⑱？官贱行书⑲，身出以家臣自代者几何人？官丞吏之无田饩而徒理事者几何人⑳？群臣有位事官大夫者几何人？外人来游在大夫之家者几何人？乡子弟力田为人率者几何人？国子弟之无上事，衣食不节，率子弟不田弋猎者几何人？男女不整齐，乱乡子弟者有乎？问人之贷粟米有别券者几何家㉑？

【注释】　①自小始：尹注"为政先小，从微而至著"。②死事：为王事而死难的人。③胜：服役，承担。④饩廪：泛指官方发给的口粮。饩，生食，廪，米粟。⑤官：指五官，本书指大行、大司田、大司马、大司理、大谏，下文"五官有度制"的"五官"同。⑥明：显明，奖赏，尹注"优赏厚禄"。⑦刑论：按罪判决。⑧官都：尹注"谓总摄诸司者也"，即统领五官的官员。⑨孤寡：一说为"孤穷"。⑩弃人：尹注"谓有过不齿，投之四裔者也"，即有重罪而遭流放的人。⑪良家：尹注"谓善营生以致富者"，即善于挣钱的富人家。⑫牧养：尹注"谓其人不能自存，良家全活之"，即富家奴役之人。⑬余子：与"昆弟"略同，嫡长子以外的子弟。⑭出离：尹注"谓父母在而分居"。⑮不使：尹注"不用"，即不任事为官。⑯吏恶何事：一说"吏"字衍，"恶何事"从上句。⑰外人：指其他诸侯国的人。⑱责：同"债"。⑲官贱行书：官，收养之意。官贱，即收养贱者。书，当为"贾"。⑳丞吏：指低级官吏。㉑别券：尹注"谓分契也"，指贷放粮食于人所握有的契券。

【译文】　然后调查各项事务，调查应先从大事开始，治理则从细微之处入手。调查为国而死的人的遗孤，有没有未得到田宅的？调查青壮年中未服兵役的有多少？调查为国而死的人的孀寡，应该得到的口粮领到了没有？调查是各级官吏中谁为国立了大功？调查各州的大夫，都是什么地方的人？现任官吏是凭什么条件被提拔的？调查判案有常法可循，不能改变，但现在案件却长期积压，为什么？调查五官各有制度，其长官断事有常法，如今事情却拖延不办，还等待什么？调查鳏夫、寡妇、孤儿、病犯各有多少？调查国中因罪被放逐的都是哪个家族的子弟？调查乡中富户所收养和使用的奴婢有多少？调查邑内借债度日的穷人有多少家？调查依靠经营园圃为生的有多少家？民众中开荒种田的有多少家？士人亲自耕种有多少家？调查乡中的穷人，都是哪个家族的？调查嫡长子收养兄弟的有多少家，因贫而寄食于兄弟之家者又有多少家？其他子弟作了官，有了田邑后，仍在交税的有多少人？以孝行闻名于乡里的子弟，有多少人？父母虽健在却无力赡养，而出赘为婿的非嫡长的子弟有多少人？有田禄而不服任使的士人有多少？官吏厌恶什么事情？有田产而不事耕作的士人有多少？他们在干什么？人臣中有爵位而无田禄的有多少人？从其他诸侯国来投奔而尚无田宅的人有多少家？国内出游别国的子弟有多少人？向大夫借债的贫困士人有多少？收养贱者以经商，自身出外，由家臣代理

家务的有多少人？官吏之中没有田禄而白白干事的有多少人？群臣之中有其职位且在大夫家做事的有多少人？外来人游于本国士大夫家里的有多少人？乡中子弟,力田耕作可为表率的有多少人？城中不务正业,衣食奢侈,带着青年弃农打猎取乐的有多少人？男女不守规矩,带坏乡中子弟有没有？调查贷出粮食,握有借券的有多少家？

戒

【题解】

戒,即进言以告诫。此篇首先记载了管仲进言以告诫桓公的几件史实,一是谏止桓公出游,教桓公保养心性、进修德行;一是进谏桓公不要因为有贤臣辅佐,就忘了在行政上下功夫,而建议施行宽政、轻赋税、举贤能。其次,此篇还记述了管仲临终嘱托、托人于桓公,然而桓公并无照办,最终落了个可悲下场的史实。从行文上看,此篇似乎重在描述管仲与桓公的行为,而不是他们的言论,具有史笔的特点。本书选取的是最后一段,析为三小段。

【原文】 管仲寝疾,桓公往问之,曰:"仲父之疾甚矣,若不可讳也。不幸而不起此疾①,彼政我将安移之?"管仲未对。桓公曰:"鲍叔之为人何如?"管子对曰:"鲍叔,君子也。千乘之国,不以其道予之,不受也。虽然,不可以为政。其为人也,好善而恶恶已甚,见一恶终身不忘。"桓公曰:"然则孰可?"管仲对曰:"隰朋可。朋之为人,好上识而下问②。臣闻之,以德予人者谓之仁,以财予人者谓之良。以善胜人者,未有能服人者也;以善养人者,未有不服人者也。于国有所不知政,于家有所不知事,必则朋乎!且朋之为人也,居其家不忘公门,居公门不忘其家,事君不二其心,亦不忘其身。举齐国之币,握路家五十室③,其人不知也。大仁也哉,其朋乎!"

【注释】 ①起:治愈。②上识:高明的见识。与"下问"相对为文。③握:当为"渥",意为沾润,此处指救济。路家:过路乞讨的穷困之家。

【译文】 管仲卧病在床,桓公去慰问,说:"仲父的病很重了,似乎不用讳言了。假设不幸而此病不愈,我该将政事转托给谁呢?"管仲没有回答。桓公说:"鲍叔怎样?"管仲回答说:"鲍叔是个君子。即使送千乘之大国给他,如果不合道义,他是不会接受的。尽管如此,不能把政事托付给他。他为人好善,但过于憎恶恶人,见一恶终身不忘。"桓公说:"那么谁可以呢?"管仲回答说:"隰朋行。隰朋为人,识见高远而又不耻下问。我听说给人德行叫作仁,给人财物叫作良。以做好事来与人争胜,不一定使人心服;用做好事来感染人,没有人不心服的。治国政事有些不用管,治家的家事有些不用知道,只有隰朋能明白这一点。而且隰朋为人,在家不忘公事,在公也不忘私事,事君忠贞不贰,也不忘其自身。他曾用齐国的钱，救济过路难民五十多户，而受惠者不知道是他。称得上大仁的不是隰朋是谁！"

【原文】 公又问曰："不幸而失仲父也，二三大夫者，其犹能以国宁乎？"管仲对曰："君请矍已乎①！鲍叔牙之为人也好直，宾胥无之为人也好善，宁戚之为人也能事，孙宿之为人也善言。"公曰："此四子者，其孰能一人之上也②？寡人并而臣之，则其不以国宁，何也？"对曰："鲍叔之为人好直，而不能以国诎③；宾胥无之为人也好善，而不能以国诎；宁戚之为人能事，而不能以足息；孙在之为人善言，而不能以信默。臣闻之，消息盈虚，与百姓诎信④，然后能以国宁勿已者⑤，朋其可乎？朋之为人也，动必量力，举必量技。"言终，喟然而叹曰："天之生朋，以为夷吾舌也，其身死，舌焉得生哉！"管仲曰："夫江、黄之国近于楚，为臣死乎，君必归之楚而寄之；君不归，楚必私之。私之而不救也，则不可；救之，则乱自此始矣。"桓公曰："诺。"

【注释】 ①矍：通"蒦"，规度，度量，这里指权衡。②一人之上：这里指超过其中一人。③诎：同"屈"。④诎信：同"屈伸"。⑤勿已：同"无已"，长久不停息。

【译文】 桓公又问："寡人要是不幸失去仲父，几位大夫还能使国家安宁吗？"管仲回答说："请衡量一下吧！鲍叔牙为人正直，宾胥无为人善良，宁戚很能干。孙宿善于谈吐。"桓公说："这四人有谁能超过他们？我让他们为我所用，却不能使国家安宁，那是为什么呢？"回答说："鲍叔为人好直，但不能为国委屈自己；宾胥无为人善良，但不能为国改变自己；宁戚很能干，但不能适可而止；孙宿善于谈吐，但不能适当保持沉默。我听说，根据消长盈亏的变化能与百姓共屈伸，才能使国家长久安宁，这样只有隰朋做得到吧？隰朋为人，量力而行，办事必考虑能力。"管仲说完，长叹一声说："上天生下隰朋，本是作为我的舌头，身体死了，舌头还能活着么！"管仲还说："江、黄两个诸侯国地近于楚，如我死了，您务必把它们归还给楚国；您如不归还，楚国一定要吞并它们。两小国被吞并而我不救，则不合道义；要去救，祸乱就从此开始了。"桓公说："好。"

【原文】 管仲又言曰："东郭有狗嘽嘽①，旦暮欲啮我，狋而不使也②。今夫易牙，子之不能爱③，安能爱君？君必去之。"公曰："诺。"管子又言曰："北郭有狗嘽嘽，旦暮欲啮我，狋而不使也。今夫竖刁，其身之不爱④，焉能爱君？君必去之。"公曰："诺。"管子又言曰："西郭有狗嘽嘽，旦暮欲啮我，狋而不使也。今夫卫公子开方，去其千乘之太子而臣事君，是所愿也得于君者是将欲过其千乘也。君必去之。"桓公曰："诺。"管子遂卒。卒十月，隰朋亦卒。桓公去易牙、竖刁、卫公子开方。五味不至⑤，于是乎复反易牙；宫中乱，复反竖刁；利言卑辞不在侧，复反卫公子开方。桓公内不量力，外不量交⑥，而力伐四邻。公薨，六子皆求立。易牙与卫公子内与竖刁，因共杀群吏，而立公子无亏。故公死七日不殓⑦，九月不葬。孝公奔宋，宋襄公率诸侯以伐齐，战于甗⑧，大败齐师，杀公子无亏，立孝公而还。襄公立十三年,桓公立四十二年。

【注释】　①喤喤:犬龀牙咧嘴貌。②羖:当为"枷",用木枷锁起来。下同。③子之不能爱:指易牙蒸子作为桓公食物的事情。④其身之不爱:指竖刁自宫为桓公治内的事情。⑤五味不至:即五味不能达到最美的程度。⑥量交:考虑邦交。⑦七:据《史记·齐世家》当为"六十七"。⑧嬴:齐国地名。

【译文】　管仲又说道:"东城有只狗,从早到晚磨牙砺齿想要咬我,我用木枷把它锁起来才没让它得逞。现在的易牙,连儿子都不爱,怎会爱戴君主?务必废黜他。"桓公说:"好。"管子又说:"北城有只狗,从早到晚磨牙砺齿想要咬我,我用木枷把它锁起来才没让它得逞。现在的竖刁,连自己的身体都不爱惜,怎会爱戴君主?务必废黜他。"桓公说:"好。"管子又说道:"西城有只狗,从早到晚磨牙砺齿想要咬我,我用木枷把它锁起来才没让它得逞。现在的卫公子开方,放弃做千乘之国的太子而臣服于您,这是因为他想从您身上得到的,不止一个千乘的国家。务必废黜他。"桓公说:"好。"管子随后死了。十个月后,隰朋也死了。桓公免去易牙、竖刁和卫公子开方。但从此吃饭五味不佳,所以又召回了易牙;宫中混乱,所以又召回了竖刁;身边没有了甜言蜜语,所以又召回卫公子开方。桓公在内不估量自己的国力,向外不考虑邦交,而大力征伐四邻。桓公死后,六个儿子都谋求立为国君。易牙和卫公子开方勾结竖刁,谋杀百官,拥立公子无亏为君。所以,桓公死后六十七天没有入殓,九个月没有安葬。齐孝公投奔宋国,宋襄公率诸侯攻打齐国,在嬴地会战,大败齐军,杀公子无亏,立齐孝公而回师。宋襄公当政十三年,齐桓公当政四十二年。

参患

【题解】

参患,即参透祸患产生的原因以求避免。此篇实际上是讨论君主如何才能够避免杀身之祸。一方面,文章先指出两类君主容易被杀:猛毅的君主和懦弱的君主。另一方面,它分析了君主要如何运用手中的力量避免祸患,它认为,最重要的手段莫过于军队,所以,君主要善于掌控军队。那么,如何掌控军队以获得作战胜利呢?它认为:一要警惕和定好计谋,二是统一军心,三要提高武器装备的水平。可见,此篇乃是人主统治之术的一个方面。

【原文】　凡人主者,猛毅则伐①,懦弱则杀②。猛毅者何也?轻诛杀人之谓猛毅③。懦弱者何也?重诛杀人之谓懦弱④。此皆有失彼此。凡轻诛者杀不辜⑤,而重诛者失有罪⑥。故上杀不辜,则道正者不安;上失有罪,则行邪者不变。道正者不安,则才能之人去

亡;行邪者不变,则群臣朋党。才能之人去亡,则宜有外难;群臣朋党,则宜有内乱。故曰,猛毅者伐,懦弱者杀也。

【注释】 ①伐:被杀伐。②杀:遭杀害。③轻:轻易,随便。④重:难,过分慎重地对待某事。⑤皋:同"罪"。⑥失有罪:姑息有罪之人。

【译文】 大凡君主为人猛毅的就会自夸,为人懦弱的就会被人谋杀。什么叫猛毅呢?杀人不以为意的,称为猛毅。什么是懦弱呢?不忍于杀人的,称为懦弱。这二者各有所失。凡不以杀人为意的,会伤害无辜;凡不忍于杀人的,会姑息罪人。君主杀害无辜,正直的人就会心怀不安;姑息罪人,走歪路的人就不改邪归正。正直的人不安心,有才能的人就会流亡;走歪路的人不改邪归正,群臣就会兴起朋党。人才流失,势必带来外患;群臣结党,势必带来内乱。所以说,君主猛毅就会为人讨伐,君主懦弱将被人谋杀。

【原文】 君之所以卑尊,国之所以安危者,莫要于兵①。故诛暴国必以兵,禁辟民必以刑②。然则兵者外以诛暴,内以禁邪。故兵者尊主安国之经也,不可废也。若夫世主则不然③,外不以兵,而欲诛暴,则地必亏矣;内不以刑,而欲禁邪,则国必乱矣。故凡用兵之计,三惊当一至④,三至当一军⑤,三军当一战。故一期之师,十年之蓄积殚;一战之费,累代之功尽。今交刃接兵而后利之⑥,则战之自胜者也。攻城围邑,主人易子而食之,析骸而爨之⑦,则攻之自拔者也。是以圣人小征而大匡⑧,不失天时,不空地利,用日维梦⑨,其数不出于计。故计必先定而兵出于竟。计未定而兵出于竟,则战之自败,攻之自毁者也。

【注释】 ①要:重要,关键。②辟民:指坏人。辟,同"僻"。③世主:当世之君。④惊:通"警",警戒,戒备。至:来犯。⑤军:指围击。⑥利之:指利于军队打仗的各种条件。⑦析骸而爨:用尸骨烧柴火。骸,尸骨。爨,烧柴火。⑧小征而大匡:即对小的征战持极大的警惕。匡,畏惧,警惕。⑨用日维梦:白天用兵,夜间就早计划好。日,白天。梦,夜间。

【译文】 决定君主尊卑、国家安危的因素中,军队最为关键。征讨残暴的国家得用军队,禁止坏人得用刑罚。所以军队对外用于征伐残暴之国,对内用于震慑坏人。因此,军队是使君主受尊崇、使国家安定的根本,不可废弃。如今君主则不是这样,对外不用军队却想征伐暴国,结果必然要丧失已国的土地;对内不用刑杀而想震慑坏人,结果国家必然混乱。所以计算用兵的消耗,三次警备相当于一次敌军来犯,三次来犯相当于一次围敌,三次围敌相当于一次交锋。所以,军队一年的给养,耗尽了十年的积蓄;一场战争的费用,用尽几代人的积累。如今如果等到双方交战以后才创造有利条件,那样的作战一定失败。如果等到攻城围邑以后,才知道城内易子而食,烧骨为炊,顽强抵抗,那样的进攻一定会失败。所以圣人对小的征战也高度警惕,不错失天时,不丧失地利,白天作战夜里就准备好,其措施都在计划之内。所以,一定要筹划得当之后再兴兵出境。没有筹划

得当而兴兵出境,则作战是自己使自己失败。进攻是自己毁灭自己。

【原文】 得众而不得其心,则与独行者同实①;兵不完利,与无操者同实;甲不坚密,与伐者同实②;弩不可以及远,与短兵同实;射而不能中,与无矢者同实;中而不能入,与无镞者同实;将徒人,与残者同实;短兵待远矢,与坐而待死者同实。故凡兵有大论③,必先论其器、论其士、论其将、论其主。故曰:器滥恶不利者,以其士予人也;士不可用者,以其将予人也;将不知兵者,以其主予人也;主不积务于兵者,以其国予人也。故一器成④,往夫具⑤,而天下无战心;二器成,惊夫具⑥,而天下无守城;三器成,游夫具⑦,而天下无聚众。所谓无战心者,知战必不胜,故曰无战心;所谓无守城者,知城必拔,故曰无守城;所谓无聚众者,知众必散,故曰无聚众。

【注释】 ①同实:一样,同样的实力。②低者:尹注"无甲单衣者"。③论:即评定、考评。④一器成:"器"指军队的武器。一说"成"当为"盛"。⑤往夫:尹注"敢往之夫",即敢于出征的兵士。⑥惊夫:尹注"惊敌之夫",即能惊摄敌人的兵士。⑦游夫:尹注"游务之夫",即善于言辞和外交的士人。

【译文】 拥有众多军队而不得军心,那就与单人行动一样;兵器不齐全精良,那就与不持兵器一样;盔甲不细密坚固,那就与不穿铠甲一样;弓弩射不远,那就与短兵器一样;射箭不能射中,那就与没有射箭一样;箭射中而不穿透铠甲,那就与没有箭头一样;以未经训练的人作战,那就与自我残杀一样;用短兵器对抗远射的弓箭,那就是坐而待毙。所以,凡用兵有很多要考虑的地方,首先必须考虑的是兵器、考虑兵士、考虑将领、考虑君主。所以说,兵器粗制滥造不够精良,无异于把士兵奉送给敌人;士兵不可用,无异于把主将送给敌人;主将不懂用兵,无异于把君主送给敌人;君主不能长期重视军事,就无异于把国家送给别人了。所以有一种最精良的兵器,再有敢于出征的战士,则天下无人敢攻打;有两种最精良的武器,再有神勇惊人的战士,则天下无城不破;有三种最精良的武器,再拥有游说的谋士,则天下连聚集兵众都难了。所谓无人敢打,是因为知道了战争一定无法取胜,所以不敢有战心;所谓无城不破,是因为守城人知道了城堡一定会被攻破,所以说无守住之城;所谓难以聚集兵众,是因为知道兵众必然逃散,所以说没有聚集的兵众。

制分

【题解】

制分,即控制天下的分寸和方法。本篇论述的是关于治国用兵的一些原则。其中着重讨论的是用兵的策略,它认为一要使将帅和兵士各尽其职,二要重视情报的收集,三要

严整行军、准备充足,四要攻打无道之国。在治国方面,认为要了解治国的手段、富国的办法、强国的策略、战胜敌国的思路,这样才能增强自己,掌控天下。这些内容反映了以兵治国的思想。

【原文】 凡兵之所以先争:圣人贤士,不为爱尊爵①;道术知能②,不为爱官职;巧伎勇力③,不为爱重禄;聪耳明目④,不为爱金财。故伯夷、叔齐非于死之日而后有名也,其前行多修矣;武王非于甲子之朝而后胜也⑤,其前政多善矣。故小征,千里遍知之。筑堵之墙,十人之聚,日五间之⑥。大征,遍知天下。日一间之,散金财用聪明也。故善用兵者,无沟垒而有耳目。兵不呼儆⑦,不苟聚,不妄行,不强进。呼儆则敌人戒,苟聚则众不用,妄行则群卒困,强进则锐士挫。故凡用兵者,攻坚则轫⑧,乘瑕则神⑨。攻坚则瑕者坚,乘瑕则坚者瑕。故坚其坚者,瑕其瑕者。屠牛坦朝解九牛⑩,而刀可以莫铁,则刃游间也。故天道不行,屈不足从⑪;人事荒乱,以十破百;器备不行,以半击倍。故军争者不行于完城池⑫,有道者不行于无君。故莫知其将至也,至而不可圉⑬;莫知其将去也,去而不可止。敌人虽众,不能止待。治者所道富也⑭,治而未必富也,必知富之事,然后能富。富者所道强也,而富未必强也,必知强之数,然后能强。强者所道胜也,而强未必胜也,必知胜之理,然后能胜。胜者所道制也,而胜未必制也,必知制之分,然后能制。是故治国有器,富国有事,强国有数,胜国有理,制天下有分。

【注释】 ①爱:吝啬,爱惜。②道术知能:指有道术、智慧、能力的人。③巧伎勇力:指有武艺勇猛之人。伎,通"技",技艺。④聪耳明目:指刺探情报的人。⑤甲子:武王伐纣大胜之日。⑥间:间候、侦察之意。⑦呼儆:即高声叫警。儆,同"警",警戒,警备。⑧轫:阻碍车轮之物为轫,引申为阻止,挫折。⑨瑕:瑕疵,引申为薄弱环节。⑩屠牛坦:人名,善分解牛。⑪屈:困穷。⑫完城池:指坚固的城池。完,完整、坚固。⑬圉:同"御",抵御、防御。⑭道:同"导",导向。

【译文】 大凡用兵所以能够争先的原因是:对圣人贤士不要吝惜尊贵的爵位;对有道术、有智能的人不要吝惜官职;对有巧技勇力的人不要吝惜优厚的俸禄;对耳聪目明的人才不要吝惜金钱和财货。伯夷、叔齐不是饿死才名扬天下的,而是生前就很注重修养德行;周武王的胜利不是在甲子那天获得的,而是之前就行政清明。所以,小规模的征战就要了解方圆千里的情况。即使一墙之隔只聚集有十个人,也要每天侦查五次。至于大规模的征战就需要了解天下的情况了。每天一次侦查,要花钱收买情报。所以,善用兵的没有沟垒的阻挡,却有侦察耳目的。调兵士不能高声呼警,不能草率集合,不能随便行军,不能勉强进攻。高声呼警,敌人就知道警惕;草率集合,兵众就难以发挥效用;随便行军,则士卒疲劳;勉强进攻,精兵就会受挫。所以,大凡用兵,攻坚则容易受挫,攻弱则获得神效。攻坚的话,其薄弱点也会变得加剧;攻弱的话,其坚固部分也会变弱。所以要巩

固其强势环节,削弱其薄弱环节。屠牛坦一天解九只牛而屠刀还能削铁,是因为刀刃活动于空隙之间。所以,不顺天道的话,即使敌人穷困,也不能追击;敌国人事荒乱,就可以以十破百;敌国兵器不备,就可以以一敌二。所以,用兵不打坚固的城池,有道义的人不在无君的国家行道。所以要使敌方不知我方将要来到,我方到了敌方就无法防御;要使敌方不知我将要离去,我方走了敌方便不能阻止。如果这样,敌人再多也不能阻拦和防御。安定是国家富裕的条件,但国家安定未必就能富裕,还必须懂得致富的道理,然后才能富国。富裕是国家强大的条件,但富裕了未必就能使国家强大,还必须懂得强国的道理,然后才能强国。强大是胜利的条件,但强大未必就能制胜,还必须懂得制胜的道理,然后才能制胜。战胜是控制天下的条件,但战胜别人未必就能控制别人,必须懂得控驭天下的道理,然后才能控制天下。所以,治理国家要有军备,使国致富要有生产,使国强大要有措施,使国战胜要有道理,控制天下则要有名分。

君臣

【题解】
　　所谓"君臣",指君道和臣道,即如何为君、如何为臣的法则。《君臣》分上、下两篇,上篇认为君臣之间不应当互相干涉,而应分工治事,尽好自己的职责,即:上有明法,下有常事;君主知人善任,臣下守职尽责;吏不可以上夺君权,人君也不可包办臣职。君主事必躬亲,反而不能照顾全局,造成不公。因此,它提出君依法而出令,有司奉命而行事,百姓顺上而成俗,以实现君明、相信、五官肃、士廉、农愚、商工愿的局面。此外,文章末尾还讨论了所谓"道"的普遍性,力图进一步为君道、臣道提供理据。本书选取的是上篇前四段。

【原文】　为人君者,修官上之道①,而不言其中②;为人臣者,比官中之事③,而不言其外。君道不明,则受令者疑;权度不一,则循义者惑。民有疑惑贰豫之心而上不能匡④,则百姓之与间⑤,犹揭表而令之止也⑥。是故能象其道于国家⑦,加之于百姓,而足以饰官化下者⑧,明君也。能上尽言于主,下致力于民,而足以修义从令者,忠臣也。上惠其道⑨,下敦其业,上下相希,若望参表⑩,则邪者可知也。

【注释】　①官上:处于众官之上,即领导和管理官吏。②其中:指职责之中,即各种官吏所负责的事情。③比:尹注"校次之也",引申为处理。④贰豫:犹豫,有二心。⑤与间:即与之产生隔阂。⑥揭表:高标,崇尚。⑦象:树立法度的意思。⑧饰:通"饬",管理、治理。⑨上惠其道:君上按君道办事。惠,顺从,实行。⑩参表:树立标尺以参验曲直。

【译文】　作为君主,领导官员要讲究方法,而不要干涉官员职责以内的事务;作为人臣,应该处理分内之事,而不要干预职责以外的事务。君道不明,接受命令的人就有疑

405

虑;权责法度不一贯,遵守道义的人就会感到迷惑。民众心中疑惑犹豫而国君不将其消除的话,那么百姓与君主就产生隔阂了,就像君主用高标某种事情的办法来阻止它一样不能奏效。所以,能为国家树立为君之道,并在百姓中施行,因而能够领导官员教化民众的,那就是明君。对上能对君主尽言,对下能为民众出力办事,因而能够修明道义服从命令的,那就是忠臣。君上施行君道,臣下恪守职责,上下相互呼应,就像观察测验日影的标杆一样,就可以明了奸邪之人了。

【原文】 吏啬夫任事,人啬夫任教①。教在百姓,论在不挠②,赏在信诚,体之以君臣,其诚也以守战③。如此,则人啬夫之事究矣。吏啬夫尽有訾程事律④,论法辟、衡权、斗斛、文劾⑤,不以私论,而以事为正。如此,则吏啬夫之事究矣。人啬夫成教、吏啬夫成律之后,则虽有敦悫忠信者不得善也⑥,而戏豫怠傲者不得败也。如此,则人君之事究矣。是故为人君者因其业,乘其事,而稽之以度。有善者,赏之以列爵之尊、田地之厚,而民不慕也。有过者,罚之以废亡之辱、僇死之刑,而民不疾也。杀生不违,而民莫遗其亲者,此唯上有明法,而下有常事也。

【注释】 ①人啬夫:当为"民啬夫",与"吏啬夫"俱为官名,其官职,尹注"谓检束群吏之官也,若督邮之比也。"②不挠:指不枉法。挠,枉曲。③诚:通"成",指成效,成就。④訾程事律:訾,计量,计算。程,规章法式。事律,根据法令行事。⑤辟:尹注"刑也",也是法。文劾:尹注"据文而举劾"。⑥善:同"缮",修补,引申为增补。

【译文】 吏啬夫掌管督察职事,民啬夫掌管教化百姓。教化应向百姓施行,论罪应当不徇私枉法,行赏应当信诚,体现出君臣之道,做得好的足以防守征战。这样的话民啬夫的职责就完成了。吏啬夫完全掌握着计量的章程和办事的律法,审议刑法、权衡、斗斛、文告与劾奏,不徇私论断,而是实事求是。这样的话,吏啬夫的职责也完成了。民啬夫完成教化、吏啬夫制定律令以后,那么即使是敦厚忠信的人也不许增益,玩忽怠惰的人更不许破坏。这样的话,君主的职责就完成了。所以,身为君主要依靠前二者的职事,依赖他们的努力,并且根据法度加以考核。表现良好的,就赏赐给尊贵的爵位和丰厚的田产,民众也不会对此有攀比美慕的心理。有过失的,就用撤职的耻辱和诛死的重刑以示处罚,民众也不会有嫉恨抱怨的情绪。生与杀不违背法度,民众也就没有抛弃父母的,这只有当君上有明确的法制、臣下有固定的职事的时候才能做得到。

【原文】 天有常象,地有常形,人有常礼,一设而不更,此谓三常。兼而一之,人君之道也;分而职之,人臣之事也。君失其道,无以有其国;臣失其事,无以有其位。然则上之畜下不妄,而下之事上不虚矣。上之畜下不妄,则所出法制度者明也;下之事上不虚,则循义从令者审也。上明下审,上下同德,代相序也①。君不失其威,下不旷其产,而莫相德也。是以上之人务德,而下之人守节②。义礼成形于上③,而善下通于民,则百姓上归亲于

主,而下尽力于农矣。故曰:君明、相信、五官肃、士廉、农愚、商工愿④,则上下体而外内别也,民性因而三族制也⑤。

【注释】 ①代相序:更相为序,即形成良好风气。代,更替。②节:指职责。③成形:形成典范、典型。④相:指辅佐的大臣,宰相。⑤性:通"生"。因:因依,有所依靠。三族:尹注"谓农工商也"。

【译文】 天有一定的气象,地有一定的形状,人有一定的礼制,一旦设立就不更改,这是所谓三常。兼顾和统一掌握全局,是君主的职责;分别承担各项职责的,是人臣的事。君主违背了君道,就不能够保有他的国家;人臣废弃了职事,就不能够保有他的官位。这样君上对待臣下真诚,臣服务君上也就老实。君上真诚畜养臣下,说明制定法律制度的君主是英明的;臣下老实服务君上,说明遵从道义、服从法令的臣子是审慎的。君上英明,臣下审慎,上下同心同德。就能形成良好的风气。君主不失其威信,臣下不玩忽职守,就用不着感恩怀德。所以在上的人追求德义,在下的人谨守本职。义礼由上面形成,善行贯彻到民众之中,这样百姓就都向上拥戴亲近君主,向下致力于农业了。所以说:君主英明,宰相诚信,五官严肃,士人廉直,农民愚朴,商人工匠谨厚,那么,上下就成为一体,内外有一定的分别,民众生活有了依靠,而农、商、工三民也都有所管理了。

【原文】 夫为人君者,荫德于人者也;为人臣者,仰生于上者也。为人上者,量功而食之以足①;为人臣者,受任而处之以敬。布政有均,民足于产,则国家丰矣。以劳受禄②,则民不幸生;刑罚不颇,则下无怨心;名正分明,则民不惑于道。道也者,上之所以导民也。是故道德出于君,制令传于相,事业程于官③,百姓之力也,胥令而动者也。是故君人也者,无贵如其言;人臣也者,无爱如其力。言下力上,而臣主之道毕矣。是故主画之④,相守之;相画之,官守之;官画之,民役之;则又有符节、印玺、典法、策籍以相揆也。此明公道而灭奸伪之术也。

【注释】 ①量功而食:尹注"量其功之多少,制禄以食之"。②受:同"授"。③程:呈上,上报。④画:尹注"谓分别其所授事"。

【译文】 身为君主,就是要用德泽来荫护臣下的;作为人臣,就是要仰靠君主生存的。身为君主的,要考量功绩而给予足够的俸禄;作为人臣,接受任务要认真地完成。行政注意保持公平,民众的产业能够自足,国家也就丰足了。按功劳授予俸禄,民众就不会侥幸为生;刑罚不失偏颇,臣下就不会抱怨;名义严正,职责明确,民众就不会对道义感到疑惑了。所谓"道",是君主用以引导人民的方式。所以,道与德出自君主,法制和命令由辅相传布,各种事务由官吏处理,百姓是等待命令而行动的。所以,身为君主,再没有比言语更重要的了;作为人臣,再没有比才力更令人珍爱的了。君主的言语下达于臣民,臣民的才力上报于君主,君臣之道就算完备了。所以,君主筹划,宰相遵守执行;宰相筹划,

官吏遵守执行;官吏筹划,民众去实现;又有符节、印玺、典章、律法、文书和书籍,加以考核管理。这都是用来辨明公道、消除奸伪的办法。

小称

【题解】

　　小称,即稍稍指出过错使其改正。本篇谈论的是统治者应当如何对待自身的过失的问题。文章分两个部分,第一部分是论证对错误的正确态度,即三点:一是民众的眼睛是雪亮的,不能指望躲避过失;二是有错要反省自身,有善归之于民;三是践行恭逊敬爱之道。第二部分是叙事,记述了管仲临终嘱托桓公要废黜易牙、竖刁、堂巫、公子开方等奸臣,桓公不听,最终不得善终。一个道理,一个事实,然而二者并非论点与论据的关系,二者似乎有拼凑痕迹。本书选取前三段。

【原文】　管子曰:"身不善之患①,毋患人莫己知。丹青在山,民知而取之;美珠在渊,民知而取之。是以我有过为②,而民毋过命③。民之观也察矣,不可遁逃以为不善。故我有善,则立誉我;我有过,则立毁我。当民之毁誉也,则莫归问于家矣,故先王畏民。操名从人,无不强也;操名去人,无不弱也。虽有天子诸侯,民皆操名而去之,则捐其地而走矣,故先王畏民。在于身者孰为利?耳与目为利。圣人得利而托焉,故民重而名遂。我亦托焉,圣人托可好,我托可恶,以来美名,又可得乎?我托可恶,爱且不能为我能也。毛嫱、西施④,天下之美人也,盛怨气于面,不能以为可好。我且恶面而盛怨气焉,怨气见于面,恶言出于口,去恶充以求美名⑤,又可得乎?甚矣,百姓之恶人之有余忌也⑥,是以长者断之,短者续之,满者洫之,虚者实之。"

【注释】　①身不善之患:即忧患自身不完善。②过为:即错误的行为,做错事。③过命:错误的评价。命,即名,评价之意。④毛嫱、西施:春秋时代越国的两个美女。毛嫱,越王爱姬。西施,越女,被献给吴王夫差。⑤恶充:即"恶之实",指丑恶的事实。充,即"实"。⑥余忌:较多的缺陷。忌,忌讳,这里是缺点之意。

【译文】　管子说:"要忧患的是自身不善,不用担心别人不了解自己。丹青藏在深山,人们知道把它取出来;美珠藏在深渊,人们也知道把它取出来。所以,我自己的行为可以有错误,民众的评价却不会有错。民众的眼睛是雪亮的,谁都不能瞒着他们为非作歹。所以,我有优点人们就立即表扬我,我有过失人们就会指责我。面对民众的指责和表扬,不用再回家去询问是非(一定是正确的),所以先王敬畏民众。拥有好名声而且听从民众,是最强大的;名声不好而且脱离民众,是最弱小的。即使是天子诸侯,如果民众都因其恶名而离去,也会失其领地而流亡了,所以先王是敬畏民众的。人身上什么最有

利于人？耳目最有利于人。圣人得到耳目之利以为依托，所以能得到民众的器重而名声远扬。我也依靠它，但圣人以行善得耳目之利，我则以行恶为手段，而想求美名，怎么能行呢？我以行恶，即使爱我的人也无法帮我得到美名的。毛嫱、西施是天下有名的美人，但是如果脸上满是怨色，也不美丽。我本姿色丑恶又满脸怨气。怨气表现在脸上，恶言又出于口中，以恶的内容而想获得美好的名声，能办到吗？百姓是非常憎恶有严重缺点的人的，所以，过长的要截短，过短的要续长，过满的要疏泄，空了要加以充实。”

【原文】　管子曰："善罪身者①，民不得罪也；不能罪身者，民罪之。故称身之过者，强也；治身之节者，惠也②；不以不善归人者，仁也。故明王有过则反之于身，有善则归之于民。有过而反之身则身惧，有善而归之民则民喜。往喜民，来惧身③，此明王之所以治民也。今夫桀纣不然，有善则反之于身，有过则归之于民。归之于民则民怒，反之于身则身骄。往怒民，来骄身，此其所以失身也。故明王惧声以感耳④，惧气以感目。以此二者有天下矣，可毋慎乎！匠人有以感斤欘⑤，故绳可得料也；羿有以感弓矢，故彀可得中也⑥；造父有以感辔策⑦，故钦兽可及⑧，远道可致。天下者，无常乱，无常治。不善人在则乱，善人在则治，在于既善，所以感之也。"

【注释】　①罪：本指罪过，这里意为寻找自身的过错。②惠：通"慧"，聪明。③往喜民，来惧身：根据上下文，"往"是指明王归善于民的行为，"来"是指过错降临。④声以感耳：即"以声感耳"。下句"气以感目"句式同。⑤斤欘：两种农具。斤指斧，欘指镵锄。⑥彀：张弓而射。⑦感：尹注"深得其妙"。⑧邀：同"速"。

【译文】　管子说："善于寻找自己的罪过的，民众就不会寻找他的罪过；不会寻找自己的罪过的，民众会寻找他的罪过。所以，承认自己错误的人是强大的；修养自身节操的人是明智的；不把不善之事归于人是'仁'的表现。所以，圣明君主有了过错就归之于己，有了善行则归之于民众。有过归之己则自身警戒，有善归之民则民众喜悦。一方面推善以取悦于民，另一方面反思过失以警戒自身，这是圣明君主治理民众的方式。至于桀、纣等暴君就不是这样，有了好事就归之于己，有了过错就归之于民。把过错归于民则民怒，把善归于己则己骄。一方面推托过错以激怒民众，另一方面独占好事以骄纵自身，这便是失败丧命的原因。所以圣明君主警戒恶声影响听闻。警戒恶气影响观看。这两者关乎得失天下，怎么能不谨慎呢！工匠有技术运用斤斧，所以用绳墨能裁定木材；羿因为有技术使用弓矢，所以张弓能射中标的；造父因为有方法使用辔鞭，所以能追赶快速的野兽，行驶遥远的路程。天下不会永远混乱，也不会永远安定。坏人当政则乱，善人当政则治，当政尽善，因而能把握局势。"

【原文】　管子曰："修恭逊、敬爱、辞让、除怨、无争以相逆也①，则不失于人矣。尝试多怨、争利，相为不逊，则不得其身。大哉！恭逊敬爱之道。吉事可以入祭，凶事可以居丧。大以理天下而不益也，小以治一人而不损也。尝试往之中国、诸夏、蛮夷之国②，以及禽兽昆虫，皆待此而为治乱。泽之身则荣③，去之身则辱。审行之身毋怠④，虽夷貉之民⑤，可化而使之爱；审去之身，虽兄弟父母，可化而使之恶。故之身者⑥，使之爱恶；名者，使之荣辱。此其变名物也，如天如地，故先王曰道。"

【注释】　①逆：迎接，对待。②中国：这里指京师，京都。诸夏：指中原之地。③泽：尹注"身之粉泽"，即润泽、感染之意。④审：果真，确实。⑤夷貉：边地无教养之人。贬称。⑥之身者："之"字疑衍。

【译文】　管子说："修养恭逊、敬爱、谦让、除怨、无争的心态以互相对待，就不会失去人心。尝试多怨、争利，相互对待不讲恭逊，则自身难保。恭逊敬爱的道理太伟大了！遇有吉事可依此主持祭礼，遇有凶事可依此主持丧事。从大的方面看可以治理天下而不会不够，从小的方面看可以完善一人而不会多余。实行于京都、中原、蛮夷之国以及禽兽昆虫的世界，都以它决定治乱。身上感染上它就有荣光，身上没有它就会受辱。认真地身体力行而不懈怠，即使是残戾凶暴的人也变化为相爱；确实抛弃了它，即使是兄弟父母也能变为相恶。所以，在身上使之或爱或恶，在名声上使之或荣或辱。其变化名物的作用，和天地一样大，所以先王称之为'道'"。

侈靡

【题解】

　　侈靡，这里指奢侈的消费。此篇标榜的观点十分奇特，即提倡大力扩大奢侈品的生产和消费，认为奢侈消费能够极大地促进劳动就业和改善底层民众的生活。因而主张饮食、车马、游乐、丧葬等生活消费，都应提倡奢侈、发展奢侈。它甚至提出把蛋品彩绘了然后煮食，把木柴雕刻了然后焚烧。这是一种古代极为罕见的经济学说，深刻地看到消费对促进经济社会发展的作用。当然，它已经混淆了合理消费与奢侈消费的界限，这种做法必然会造成生产力的浪费。此外，此篇篇幅冗长而内容繁多，采用一问一答的形式，借管仲之口广泛讨论了经济、政治、军事、外交、国防、哲学等各个领域的问题，是一篇奇文。本书选取谈论奢侈消费理论的三个段落。

【原文】　问曰："古之时与今之时同乎①？"曰："同。""其人同乎，不同乎？"曰："不同。可与政其诛②。尝尧之时，混吾之美在下③。其道非独出人也，山不童而用赡④，泽不弊而养足；耕以自养，以其余应良天子⑤，故平。牛马之牧不相及，人民之俗不相知，不出百里而求足。故卿而不理⑥，静也。其狱一踦腓一踦屦而当死⑦。今周公断指满稽，断首满稽⑧，断足满稽，而死民不服。非人性也，敝也⑨。地重人载⑩，毁敝而养不足，事末作而

民兴之⑪，是以下名而上实也⑫。圣人者，省诸本而游诸乐⑬，大昏也，博夜也⑭。"问曰："兴时化若何？""莫善于侈靡。贱有实，敬无用⑮，则人可刑也⑯。故贱粟米而敬珠玉，好礼乐而贱事业，本之始也。珠者，阴之阳也，故胜火；玉者，阳之阴也，故胜水⑰。其化如神。故天子臧珠玉，诸侯臧金石，大夫畜狗马，百姓臧布帛。不然，则强者能守之，智者能牧之，贱所贵而贵所贱⑱。不然，鳏寡独老不与得焉，均之始也！"

【注释】　①时：尹注"天地四时"，与下句"其人同乎"的"人"相对。②可与政其诛："其"疑衍，当删。"可与政诛"是说可以表现在政、诛两方面。诛，刑罚之意。③混吾：即昆吾，山名，传说出产美玉。④童：山无草木为童。⑤应良：奉养之意。良，当为"养"。⑥卿而不理：尹注："虽立公卿，不理其事。"即天下太平之意。⑦一踦腓一跨屦：一脚穿草鞋，另一脚则穿常履。踦，跛行，走路身体不平衡。腓，指草鞋。⑧稽：通"阶"，台阶。⑨敝：指社会破败贫穷。⑩地重人载：土地贵重，人口增多。一说"载"通"戴"，意为增多。⑪末作：即末业，所谓工商等行业，本文专指奢侈消费品的生产。⑫下名而上实：轻名重实，不重虚名而重实效之意。下，轻视。上，重视。⑬省诸本而游诸乐：省心省力于本业而游于欢乐之事。本，农业。乐，游乐之业。⑭大昏也，博夜也：即整日整夜之意。日暮为昏。大昏，指日之极暮。博夜，指夜之极深。⑮贱有实，敬无用：有实与无用二者相对。有实，指粮食之类的事物。无用，指珠玉、礼乐之类的东西。⑯刑：通"型"，取法、模范。⑰"珠者"六句：根据五行相克的道理，珠生于水从水，故能胜火，玉生于山从土，故能胜水。⑱贱所贵而贵所贱：即操纵价格。

【译文】　问道："古今的天时一样吗？"回答说："一样。""人事是否相同呢？"回答说："不同。表现在政与刑两个方面。帝喾、帝尧之时，昆吾山的宝物就埋藏在地下而无人开采。这并非用了什么独特的办法（管理），而是因为山上的木材不用砍光就已够用，河中水产不用打捞完就已够吃；民众耕种以自给自足，并用剩余的奉养天子，所以天下太平。民众放牧牛马不用相遇，习俗也互不了解，不出百里就可以满足各种需要。因而有公卿而无须忙于政事，天下是平静的。那时的罪刑，使犯罪者一脚穿草鞋一脚穿常履就可以充当死刑。然而到了周公的时代，断指、断头和断足积满台阶，被处死的人们还是不畏惧。这并不是人性不怕死，而是极度贫困的缘故。土地贵重，人口增多，生活贫困而食养不足，发展工商末业，民众生活才能振兴起来，这是不重虚名而注重实际的措施。圣明君主省心力于农耕之事而纵情于游乐事业，以至日夜忙碌。"问："如何根据时代变化而改变呢？"回答说："最好的办法是扩大侈靡消费。不看重实用之物，而看重'无用'之物，那么民众才能服从治理。所以不看重粮食而看重珠玉，重视礼乐而轻视生产，这就开始抓住了关键。珠是阴中之阳，所以胜过火；玉是阳中之阴，所以胜过水。它们变化如神。因此，天子应当储存珠玉，诸侯应当储存金石等乐器，大夫应当储存狗马等玩物，百姓应当

储存布帛等物资。否则，强有实力者占有珠玉，聪明的人将操纵珠玉买卖，使贵的变贱、贱的变贵。否则，鳏寡独老之人也就不得赈济了，这正是均平的起点啊！"

【原文】 "饮食者也，侈乐者也，民之所愿也。足其所欲，赡其所愿，则能用之耳。今使衣皮而冠角，食野草，饮野水，孰能用之？伤心者不可以致功。故尝至味而罢至乐[1]，而雕卵然后瀹之[2]，雕橑然后爨之[3]。丹沙之穴不塞，则商贾不处[4]。富者靡之，贫者为之，此百姓之怠生[5]，百振而食[6]。非独自为也，为之畜化[7]。"

【注释】 ①罢：同"疲"。即听最好的音乐至于疲倦腻烦。②雕卵然后瀹之：把蛋品雕画以后再煮食。瀹，煮。③雕橑然后爨之：把木材雕刻以后再当柴火烧。橑，木柴。④不处：不停留，尹注"趋丹穴而求利"。⑤怠生：读为"怡生"，有生计。⑥百振：即振作起来之意。⑦畜化：酝酿条件使之变化。畜，酝酿。化，变化。

【译文】 "改善饮食、奢侈逸乐是民众的欲望。满足他们的欲求和愿望，才能役使他们。假设只是让他们身披兽皮，头戴牛角，吃野草，喝野水，怎么能够役使他们呢？内心伤悲的人是无法获得功效的。所以要吃最好的饮食，听最好的音乐，把禽蛋雕画了再煮食，把木柴雕刻了再焚烧。挖掘丹砂的洞口不要堵塞，商贾贩运就不会停止。富人奢侈地消费，穷人才有事谋生，这样百姓将有生业，从而振奋起来而有生计。这不是百姓自身能做到的，而是要替他们培养条件。"

【原文】 "无事而总[1]，以待有事，而为之若何？""积者立余日而侈[2]，美车马而驰，多酒醴而靡，千岁毋出食[3]，此谓本事[4]。县入有主，入此治用，然而不治，积之市，一入积之下，一入积之上，此谓利无常。百姓无宝，以利为首。一上一下[5]，唯利所处。利然后能通，通然后成国。利静而不化，观其所出，从而移之。"

【注释】 ①总：尹注"收积也"，指积累财富。②立余日：此处指有余粮之时日。③出食：出外乞食。④本事：根本之事。⑤一上一下：这里指百姓到处奔波。

【译文】 "无事的时候积累财富，以防备有事，应该怎么做呢？""积累财富的人应该拿出余粮奢侈地挥霍，装饰车马尽情驰乐，多备酒醴尽情享用，这样的话才能一千年都不用外出乞食，这样做最为根本。县的收入有人掌管，然后将收入用以满足需用，如果不用就将其投入市场，但有时收入愈积愈少，有时愈积愈多，这叫做得利无常。百姓没有什么宝物，把求利看得最重。上下奔波，唯利是图。有财利然后才能流通，有流通然后形成都市。如果财利堵塞而不流动，就要查明原因，转移门路。"

【原文】 "众而约[1]，实取而言让，行阴而言阳，利人之有祸，害人之无患，吾欲独有是，若何？""是古之时，陈财之道可以行。今也利散而民察，必放之身然后行[2]。"公曰："谓何？""长丧以毁其时，重送葬以起其财，一亲往，一亲来，所以合亲也。此谓众约[3]。"问："用之若何？""巨瘗培[4]，所以使贫民也[5]；美垄墓[6]，所以使文明也[7]；巨棺椁，所以起

木工也;多衣衾,所以起女工也。犹不尽,故有次浮也⑧,有差樊⑨,有瘗藏⑩。作此相食,然后民相利,守战之备合矣。

【注释】 ①众而约:众为多,约为少。此句意为拥有的多而让人看到的少。②放:指放散财利,"必放之身"的"身"字疑衍。③众约:言亲往亲来,如众家所约。④瘗培:指坟坑或墓室。瘗,埋葬。培,土室。⑤使贫民:使贫民有事做。⑥垄:坟墓。⑦文明:指雕画的工匠。一说"明"为"萌"。⑧次浮:尹注"谓棺椁垄墓之外游饰也"。⑨差樊:指垄墓之外树立以表示尊卑的樊篱。⑩瘗藏:指金玉器物等陪葬物。

【译文】 "所拥有的多而示人的少,实际上取于人而表面上表示推让,行为诡谲而言语堂皇,从别人的灾祸中获利而嘴上却希望别人没有忧患,我想独有这些,该怎么办呢?"回答说:"这些生财之道,古时候还能推行。如今财利分散于天下,民众就能觉察,所以一定要放散资财才行。"桓公问:"这是什么意思?"回答:"延长丧期以消磨民众的时间,厚葬以消耗民众的钱财,使之亲切往来,以此增进和睦。这就是所谓约定俗成。"桓公又问:"具体该怎么做呢?"回答:"挖掘巨大的墓室,使穷人有工可做;装饰墓地,使雕、画工匠有工可做;制造巨大的棺椁,使木工发家;多用随葬的物品,使女工得利。这还不够,还有棺椁外饰、墓地樊篱以及各种殉葬物品。用这些办法使贫者维持生计,民众因而得到好处,于是国家的防守和攻战的储备就有了。"

心术

【题解】
心术,即心的功能。《心术》有上下篇,此为上篇。古人以心为思维器官,并认为它是人体的主宰,以心比君。本文的基本内容在于论述心的功能,但是,其内容又不仅限于此,而是往往以感官的功能为喻,进而讨论修养身心、为人处世以至于对自然、宇宙进行深刻的探讨。其中涉及的一些范畴如"心""道""智""虚""无为"等等都表现了道家的思维方式。本文前经后传,经与传各有六段文字,传文是对经文的说明和阐发。本书选取的是上篇经文。

【原文】 心之在体,君之位也;九窍之有职①,官之分也。心处其道,九窍循理;嗜欲充益,目不见色,耳不闻声。故曰上离其道,下失其事。毋代马走,使尽其力;毋代鸟飞,使弊其羽翼②;毋先物动,以观其则。动则失位,静乃自得。

【注释】 ①九窍:口、鼻、耳、目等人体器官的九个孔穴。②弊:废弃。

【译文】 心脏在人体的作用,犹如一国之君的地位;各种器官的功能,犹如百官的不同职分。心脏运转正常,各器官就能合理运作;如果心中充满欲望,人的眼睛就分不清颜

色,耳朵就听不清声音。所以说上面背离正道,下面就会丧失职事。不要代马行走,而要让其使用力气;不要替鸟飞翔,而要让它施展羽翼;不要先物而动,要观察其规律。躁动就会失掉本位,沉静才能得其规律。

【原文】 道,不远而难极也,与人并处而难得也。虚其欲,神将人舍①;扫除不洁,神乃留处。人皆欲智而莫索其所以智乎②。智乎,智乎,投之海外无自夺③,求之者不得处之者④。夫圣人无求之也,故能虚无。

【注释】 ①神:与"道"所指相同。②乎:此"乎"字为衍文。③投之海外无自夺:意思是有了智慧无论到了哪里,智慧都不会被夺取。④求之者不得处之者:指追求智慧的人不知道如何拥有智慧。

【译文】 道在不远的地方却难以企及,与人共处却难以获得。荡涤欲望,神奇的道将会来临;扫除欲念,神奇的道将会停驻。人们都想获得智慧,却没有探究过怎么获得智慧。智慧啊,智慧啊,有了你走到天涯海角别人就夺不走你,追求你的人却不知道如何拥有你。圣人正是没有追求它,所以能够达到虚静。

【原文】 虚无无形谓之道,化育万物谓之德,君臣父子人间之事谓之义①,登降揖让、贵贱有等、亲疏之体谓之礼,简物、小大一道,杀僇禁诛谓之法。

【注释】 ①义:尹注"人间各有宜也"。

【译文】 虚无没有形状的称之为道,孕育万物的称之为德,君臣父子之间的关系称之为义,升降礼让、贵贱等差、亲疏远近的关系称之为礼,繁简、大小的统一标准以及禁令杀戮的章程称之为法。

【原文】 大道可安而不可说。真人之言①,不义不顾②,不出于口,不见于色,四海之人,又孰知其则?

【注释】 ①真人:道家理想中得道的高人。②不义不顾:一说"义"当为"俄",意为偏斜。"顾"当为"颇",偏颇。

【译文】 大道只可安然处之而不可言说。合道之言既不固执也不偏颇,道说不出口,也不表现在形色上,四海之内有谁知道它的规律呢?

【原文】 天曰虚,地曰静,乃不伐①。洁其宫②,开其门③,去私毋言,神明若存。纷乎其若乱,静之而自治。强不能遍立,智不能尽谋。物固有形,形固有名,名当,谓之圣人。故必知不言④,无为之事,然后知道之纪。殊形异执⑤,不与万物异理,故可以为天下始。

【注释】 ①伐:当为"忒",据文意改。②宫:这里指心,尹注"宫者心之宅"。③门:尹注"谓口也"。④不言:一说当为"不言之言"。⑤执:同"势",形态,姿势。

【译文】 天是虚空的,地是沉静的,它们不会有差错。洁净内心,开放感官,去除私欲,不用言说,神奇的领悟仿佛出现了。万事万物纷纭烦乱,只有虚静才能使其有条不

素。再强大也不能解决所有事情，再聪明也难以考虑尽善尽美。事物有其本来的形状，其形状自有本来的名称，能使名称得当的就是圣人。所以，一定要领会不可言说的话语，以及不用去做的事情，才能知道道的本质。万物虽然千差万别，但是道理却没有什么不同，明白这一点才能治理天下。

【原文】　人之可杀，以其恶死也；其可不利①，以其好利也。是以君子不休乎好，不迫乎恶，恬愉无为，去智与故。其应也，非所设也②；其动也，非所取也。过在自用，罪在变化。是故有道之君③，其处也若无知，其应物也若偶之。静因之道也④。

【注释】　①其可不利：疑有讹误。大意是人可以不求利。②设：设想，谋求。③有道之君：据后文当为"有道之君子"。④静因之道：排除主观的嗜欲成见，完全依照客观事物自身的规律行事。静因，虚静与因依。

【译文】　有些人可以一时间不去求利，因为他们贪生怕死；有些人可以一时间不去求利，因为他们贪图私利。所以，君子不为喜好所诱惑，不为邪恶所威胁，恬淡无为，他荡涤了巧智与世故。他应对处事，不是为了有所谋求；他行动处事，并非为了有所获取。人的过失在于过于自负，人的罪过在于善变。所以有道的君子居处的时候无知无识，应对外物的时候好像再配合对方。这是虚静因循之道。

白心

【题解】

白心，即使内心纯洁。此篇与《心术上》篇所谓"洁其宫""虚其欲"含义略同，都是指扫除欲念，抱虚守静，修养内心。然而，本文谈论的远远超出纯洁内心的内容，它阐述了以虚静为本，符合常规、顺应万物规律的处世方法，讨论了对国家和战争无为而治的看法，并且非常细致地描述了所谓"道"的形态、运行和含义。所以，此篇实际上已经打通了政治理论和哲学主张的界限，表现了较强的黄老道家色彩，反映了战国时期道、法结合的趋势。

【原文】　建常立有①，以靖为宗②，以时为宝，以政为仪③，和则能久。非吾仪，虽利不为；非吾当，虽利不行；非吾道，虽利不取。上之随天，其次随人。人不倡不和，天不始不随。故其言也不废，其事也不随④。

【注释】　①常：指常规、常法。有：一说为"首"，与"道"古同音而通用，"立首"即"立道"。②靖：通"静"，虚静。③政：通"正"，正确。④随：当为"堕"，失败。

【译文】　建立常规之道，应当以虚静为本，以合于时宜为贵，以正确不偏为准，与此相合才能持久。不符合我的原则，虽有利可图也不做；不符合我的道义，虽有利可图也不

实行;不符合我的常道,虽有利可图也不采用。首先是顺应天道,其次是合乎人心。人们不提倡的事不去应和,天不曾开创的事不去听从。因而其言论不会失效,其事业不会失败。

【原文】 原始计实①,本其所生。知其象则索其形,缘其理则知其情,索其端则知其名。故苞物众者②,莫大于天地;化物多者,莫多于日月;民之所急,莫急于水火。然而,天不为一物枉其时,明君圣人亦不为一人枉其法。天行其所行而万物被其利③,圣人亦行其所行而百姓被其利。是故万物均、百姓平矣。是以圣人之治也,静身以待之,物至而名自治之④。正名自治之,奇身名废⑤。名正法备,则圣人无事。不可常居也,不可废舍也⑥。随变断事也,知时以为度。大者宽,小者局⑦,物有所余有所不足。

【注释】 ①计:探讨。②苞:通"包"。③被:同"披",得到、承受。④名自治之:意即有了正确的名称和法度,万事就纳入相应法度照章行事而已。名,指名称,名分。⑤奇身名废:言名不正就会被废弃。奇,通"畸",指邪或不正之行。⑥废舍:意即无所留止或不稳定。舍,停留。⑦局:尹注"局则不足"。

【译文】 追索事物的来源,探讨事物的实质,追溯事物生成的根据。了解事物的现象就可以探索形体,根据肌理就可以了解实情,找到事物的始末,就知道怎么命名它了。广泛包罗万物的,莫大于天地;孕育众多物类的,莫甚于日月;民众最迫切需要的,莫过于水火。但是,天不会因为任何事物改变它的节令,明君圣人也不会因为某个人屈枉了他的法度。天按照它自己的规律运行,万物因而都获得它的好处;圣人也按照他的法度行事,百姓也因而得到他的好处。因此,万物平衡发展,百姓也就安居乐业。所以,圣人治世,虚静无为地对待一切,一遇到事物就实至名归而自然地获得治理。名正自然治理得好,名不正自然会被淘汰。只要是名称正确法度完备,圣人是碌碌无为的。名称与法度不可永远不变,也不能没有延续性。要适应变化来裁断事物,把握时机以确定法度。范围偏大则过宽,偏小则局限,事物发展参差不齐。

【原文】 道者,一人用之,不闻有余;天下行之,不闻不足。此谓道矣。小取焉则小得福,大取焉则大得福,尽行之而天下服,殊无取焉则民反①,其身不免于贼。左者,出者也;右者,入者也②。出者而不伤人,入者自伤也。不日不月③,而事以从;不卜不筮,而谨知吉凶。是谓宽乎形④,徒居而致名。出善之言,为善之事,事成而顾反无名。能者无名⑤,从事无事⑥。审量出入,而观物所载。

【注释】 ①殊:完全。②"左者"四句:尹注"左为阳,阳主生,故为出也","右为阴,阴主死,故为入也"。出,出生。入,死亡。③不日不月:尹注"但循道而在,不计日月,事已从而成也。"即不选择良辰吉日。④宽乎形:尹注"守道者静默而已,故其身宽",即身心宽裕。⑤无名:不追求出名。⑥从事:尹注"从事安然闲暇,故无事。"

【译文】　所谓道的东西，一个人使用也没有听说有余，天下人都来实行也没有听说不足。这就是道。微微取法于道，就能稍得其福；较多地取法于道，就能得到大福；完全按道行事，就得到天下的信从；完全不取法于道，则民众逆反，自身不免被害。左的方位是出生，右的方位是死亡。出生的方位不伤人，死亡的方位自然会伤人。不必选择什么日期，依道行事就可以得遂心愿；不用求问鬼神，依道行事就可以了解吉凶。这叫作身心宽裕，闲居而可得名。说了好话，做了好事，事成后返回到无名的状态。有才能的不求出名，真干事的显得无事。审察和考量出入的情况，观测事物的承载能力。

【原文】　孰能法无法乎①？始无始乎？终无终乎？弱无弱乎？故曰：美哉嵒嵒②。故曰不中有中，孰能得夫中之衷乎③？故曰功成者隳，名成者亏。故曰，孰能弃名与功而还与众人同？孰能弃功与名而还反无成？无成有贵其成也，有成贵其无成也④。日极则仄，月满则亏。极之徒仄，满之徒亏，巨之徒灭。孰能亡己乎？效夫天地之纪。

【注释】　①法无法：一说当为"治无治"。②嵒嵒：尹注："兴起貌。谓能为而不为，有契于道。如此则功美日兴。故曰：美哉嵒嵒。"③中之衷：中正的关键。④无成：这里指虚静无为的心态。

【译文】　谁能做到取法于无法(虚静无为)？起始于没有开始？在没有结束的地方终结？在没有行动的情况下削弱别人？能这样是多么美妙兴盛的事。所以说，不追求中正反而获得中正，谁能领会获得中正的关键呢？所以说，功成就会有所毁坏，名成就会有所亏缺。所以说，谁能放弃功业与名声而回到普通人中间呢？谁能做到放弃功业名声而回到一无所成的状态呢？没有成就者看重成就，有成就者看重无成的心态。太阳升到最高点之后，便会偏斜下来；月亮到了最满之后，便走向亏缺。最高的要偏斜，最满的要亏缺，最巨大也将消失。谁能忘掉自己呢？取法天地的运行法则吧。

【原文】　道之大如天，其广如地，其重如石，其轻如羽。民之所以①，知者寡。故曰，何道之近而莫之与能服也②，弃近而就远何以费力也？故曰：欲爱吾身，先知吾情，周视六合，以考内身。以此知象，乃知行情③。既知行情，乃知养生。左右前后，周而复所。执仪服象，敬迎来者。今夫来者，必道其道，无迁无衍④，命乃长久。和以反中⑤，形性相葆，一以无贰⑥，是谓知道。将欲服之，必一其端⑦，而固其所守。责其往来，莫知其时，索之于天，与之为期。不失其期，乃能得之。故曰：吾语若大明之极⑧，大明之明，非爱人不予也⑨。同则相从，反则相距也。吾察反相距，吾以故知古从之同也⑩。

【注释】　①以：同"与"。②莫之与能服也："与"字衍，当删。服，实行。③行情：可行之情。④衍：同"延"。⑤反中：反归中理。⑥一以无贰：一以贯之，没有逆反。⑦一其端：开端专一。⑧大明：指日月。⑨爱：通"薆"，隐藏。⑩古从：据上文当为"同从"。

【译文】　道，跟天一样大，跟地一样广，跟石头一样重，跟羽毛一样轻。人们与它共

处,但对它却了解很少。所以说,为什么道离人如此之近而人们却不实行呢,弃近而就远以求道,人们又何必浪费力气呢? 所以说:要珍爱自身,先了解自身情况,普遍观察宇宙事物,来参验身体内部。以此了解象,才能了解是否可行。既知道可行之事,就懂得修养生命。要左右前后一遍遍寻找。然后就遵从礼节,穿上礼服,恭敬地迎接来者。这个来者,一定按它自己的规律行事,不改变也不拖延,所以生命能长久。和谐以返于正中,形体与精气相保,专一无二,这样才是懂得"道"。要行道,首先必须专一,然后坚定地贯彻下去。探求道的往来,虽然不知其时,却可以索之于天,与苍天约定时间。只要不失约期,就能得到它。所以说:我所说的就像日月最亮的时候一样,像日月之明那样没有隐藏,只是人们不愿意索取而已。与道相同的就跟从,与道相反的就拒绝。我领会到反则相距,因而明白了同则相从的"同"。

水地

【题解】

本篇提出了地与水为"万物本原"的观点。文章通篇论水,大致分水为万物之本原与水的性质两部分。第一部分从植物、动物、玉石、人类与水的关联来阐释水为万物之本原。第二部分对比论证水的各种性质,着力阐释了各地水性与人性的对应;后一方面的阐释并不是很恰当。总体而言,文章对水与各类事物的关系作了独到的分析,篇名定为《水地》,但观其论述,实以"水"为主。

【原文】 地者,万物之本原,诸生之根菀也①;美恶、贤不肖、愚俊之所生也。水者,地之血气,如筋脉之通流者也。故曰水,具材也②。何以知其然也? 曰:夫水淖弱以清③,而好洒人之恶,仁也。视之黑而白,精也④。量之不可使概⑤,至满而止,正也。唯无不流,至平而止,义也。人皆赴高,己独赴下,卑也。卑也者,道之室,王者之器也,而水以为都居⑥。

【注释】 ①根菀:犹言"根系"。菀,或作"苑"。②具材:具备各种材美。③淖弱:犹言"绰约",姿态柔美貌。④精:诚实。⑤概:古代的一种衡准器。古人用斗斛出纳粮米时,用一个长形的器物贴着斗斛的口平抹一下,使粮米不留尖,不缺欠,达到均平。⑥都:聚。居:停。

【译文】 地,是万物的本原,是一切生命的根源;美与丑、贤与不肖、愚蠢无知与才华出众都是由它产生的。水,是地的血气,就像人身的筋脉一样,在大地里流通着。所以说,水是具备一切材美的东西。何以知道水是这样的呢? 回答说:水是柔美而清亮,善于洗涤人的秽恶,这是它的仁。看水的颜色,黑白分明,这是它的诚实。计量水不必使用

概，满了就自动停止，这是它的正。不拘什么地方。它都可以流去，直到流布平衡而止，这是它的义。人皆攀高。水独向下流，这是它的谦卑。谦卑是道的所在，是帝王的气度，而水就是以卑下之地作为自己的聚积之处。

【原文】　准也者，五量之宗也。素也者，五色之质也。淡也者，五味之中也。是以水者，万物之准也，诸生之淡也，违非得失之质也①。是以无不满，无不居也。集于天地而藏于万物。产于金石，集于诸生，故曰水神。集于草木，根得其度，华得其数，实得其量。鸟兽得之，形体肥大，羽毛丰茂，文理明著。万物莫不尽其几②，反其常者，水之内度适也。

【注释】　①违非：即"是非"。"违"，当作"韪"。②几：精微。

【译文】　准是五种量器的根据。素是五种颜色的基础。淡是五种味道的中和。水则是万物的"根据"，一切生命的"中心"，一切是非得失的基础。所以，水，没有什么不可以被它充满，也没有什么可以让它停留。它可以聚集在天地，包藏在万物的内部。它产生于金石之中，又集合在一切生命的身上，所以说，水比于神。当水集合在草木上，根就能长到相当的深度，花朵就能开出相当的数目，果实就能收到合适的数量。鸟兽得到水，形体就能肥大，羽毛就能丰满，毛色花纹鲜明而显著。万物没有不充分发展他的精微，而能回到水的常态，是因为它们内部含藏的水分都有相当分量的缘故。

【原文】　夫玉之所贵者，九德出焉。夫玉温润以泽，仁也。邻以理者①，知也②。坚而不蹙，义也。廉而不刿，行也。鲜而不垢，絜也。折而不挠，勇也。瑕适皆见，精也③。茂华光泽④，并通而不相陵，容也。叩之，其音清抟彻远⑤，纯而不杀，辞也。是以人主贵之。藏以为宝，剖以为符瑞，九德出焉。

【注释】　①邻：字当作"粼"，清澈有波纹的样子。②知：同"智"。③精：即"情"，诚实。④茂华：英华。⑤抟：专一。

【译文】　玉所以贵重，是因为它表现有九种品德。温润而有光泽，是它的仁。清澈而有纹理，是它的智。坚硬而不屈缩，是它的义。清正而不伤人，是它的品节。鲜明而不纳垢污，是它的纯洁。受挫折而不屈挠，是它的勇。缺点与优点都可以表现在外面，是它的诚实。华美与光泽相互渗透而不互相侵犯，是它的宽容。敲击起来，它的声音清扬远闻，纯而不乱，是它的有条理。所以君主总是把玉看得很贵重。收藏它作为宝贝，制造它成为符瑞，玉的九种品德就全表现出来了。

【原文】　人，水也。男女精气合而水流形。三月而咀①。咀者何？曰五味。五味者何？曰五藏。酸主脾，咸主肺，辛主肾，苦主肝，甘主心。五藏已具，而后生五内。脾生隔，肺生骨，肾生脑，肝生革，心生肉。五内已具，而后发为九窍。脾发为鼻，肝发为目，肾发为耳，肺发为窍。五月而成，十月而生。生而目视，耳听，心虑。目之所以视，非特山陵之见也，察于荒忽。耳之所听，非特雷鼓之闻也，察于淑湫②。心之所虑，非特知于麤粗

也③,察于微眇。

【注释】　①咀:《说文》:"咀,含味也。"指三月而精气成形,能含受五味之气,而生五藏。②淑湫:细小声音。③麤:与"粗"意思大同而微有区别,指行为上的粗略,粗粗拉拉。"麤粗"一词,与下文"微眇"相对成文。

【译文】　人,也是水生成的。男女精气相合而由水流布成人的形体。胎儿满三个月就能够含味。什么是含味呢?含味就是含收五味。什么是五味呢?五味就是生成五脏的。酸主于脾脏,咸主于肺脏,辣主于肾脏,苦主于肝脏,甜主于心脏。五脏都已具备,然后才生出五种内部组织。脾生膈膜,肺生骨骼,肾生脑,肝生革,心则生肉。五种内部组织都已具备,然后发生成九窍。从脾发生鼻,从肝发生目,从肾发生耳,从肺发生其他的孔窍。满五个月,形体完成,满十个月,婴孩就降生了。孩子生下来后,目就能看,耳就能听,心就能思虑。目所能看到的,不仅是山岳丘陵,也能看到荒忽细小的东西。耳所能听到的,不仅是雷鸣鼓响,也能听到细小的声音。心所能想到的,也不仅是大的事物,还有各种细微的情况。

【原文】　故修要之精①。是以水集于玉而九德出焉。凝蹇而为人②,而九窍五虑出焉。此乃其精麤浊蹇能存而不能亡者也③。伏暗能存而能亡者,蓍龟与龙是也。龟生于水,发之于火,于是为万物先,为祸福正。龙生于水,被五色而游,故神。欲小则化如蚕蠋,欲大则藏于天下,欲上则凌于云气,欲下则入于深泉,变化无日,上下无时,谓之神。龟与龙,伏暗能存而能亡者也。

【注释】　①此五字为衍文。②凝蹇:犹言凝结。③原文作"此乃其精也。麤浊蹇能存而不能亡者也",据王引之说改。蹇,滞涩。

【译文】　所以,水聚集在玉中就生出玉的九种品德。水凝聚留滞而变成人,就生出九窍和五虑。这就是水的精、粗、浊、滞,它们能存而不能亡。隐伏在幽暗中既能存而又能亡的,是老龟和龙。龟生在水里,占卜时用火烤灼龟甲,便成为万物的先知、祸福的证验。龙生在水里,身披五色而泛游,因此能成为神。它要变小,就变得像蚕和蠋,变大就包含着天和地,它向上就可升入云气之中,向下就潜入深泉之中,变化起来没有固定的日期,上下没有规定的时限,便是神。龟和龙是隐伏在幽暗之处,能存而又能亡。

【原文】　或世见,或世不见者,生蚳与庆忌①。故涸泽数百岁。谷之不徙,水之不绝者,生庆忌。庆忌者,其状若人,其长四寸,衣黄衣,冠黄冠,戴黄盖,乘小马,好疾驰,以其名呼之,可使千里外一日反报。此涸泽之精也。涸川之水生蚳②。蚳者,一头而两身,其形若蛇,其长八尺,以其名呼之,可以取鱼鳖。此涸川水之精也。

是以水之精粗浊蹇、能存而不能亡者,生人与玉。伏暗能存而能亡者,蓍龟与龙。或世见或不见者,蚳与庆忌。故人皆服之,而管子则之。人皆有之,而管子以之。

【注释】 ①蚖：神话中的一种爬虫生物，一首两身，长八尺，为干涸的河川精灵。②原文作"涸川之精者，生于蚖"，据郭沫若《管子集校》改。

【译文】 有的在某个时代出现，有的在某个时代不出现，因而产生了蚖和庆忌。所以水泽干枯数百年，而山谷不移位，水源不断绝的地方，就可产生庆忌。庆忌的形状像人，他的身长只有四寸，穿着黄衣，戴着黄帽，打着黄色的华盖，骑着小马而喜欢奔驰，要是叫着它的名字，可以使它跑千里之外而一日往返。这就是干枯水泽之中的精怪。至于干枯河川中的精怪，则是从虫蚖产生的。蚖一头两身，它的形状像蛇，身长八尺，要是叫着它的名字就可使它捉取鱼鳖。这是干枯河川里面的一种水精。

所以，无论水的精粗浊滞和能存不能亡的，就会产生人和玉。隐伏在幽暗中既能存又能亡的，是老龟和龙。有的在某个时代出现，有的在某个时代不出现的，就是蚖和庆忌。所以人人都习惯了水，可是只有管子能了解它的法则。人人都有水，只有管子能够掌握利用它。

【原文】 是故具者何也？水是也。万物莫不以生，唯知其托者能为之正。具者，水是也。故曰：水者何也？万物之本原也，诸生之宗室也；美恶、贤不肖、愚俊之所产也。何以知其然也？夫齐之水道躁而复[1]，故其民贪麤而好勇。楚之水淖弱而清，故其民轻票而贼[2]。越之水浊重而洎[3]，故其民愚疾而垢[4]。秦之水泔冣而稽[5]，淤滞而杂，故其民贪戾罔而好事齐。晋之水枯旱而运[6]，淤滞而杂，故其民谄谀葆诈，巧佞而好利。燕之水萃下而弱，沉滞而杂，故其民愚戆而好贞，轻疾而易死。宋之水轻劲而清，故其民间易而好正[7]。是以圣人之化世也，其解在水。故水一则人心正，水清则民心易。一则欲不污，民心易则行无邪。是以圣人之治于世也，不人告也，不户说也，其枢在水。

【注释】 ①道躁：据王引之说当作"道躁"，指急躁。复：回旋深厚。②票：轻佻，躁动。③洎：浸。④愚疾：奸邪恶毒。垢：一说作"妒"。⑤泔冣而稽：淘米汁汇聚停留。泔，淘米水。冣，聚集。⑥枯旱而运：苦涩而浑浊。⑦间易：简易。

【译文】 因此，具备一切的是什么？水就是具备一切的。万物没有不靠水生存，只有了解万物的寄托才能知道其中的法则。具备一切材美的，就是水。所以说：水是什么？水是万物的本原，是一切生命的植根之处；美和丑、贤和不肖、愚蠢无知和才华出众的人都是由水产生的。怎样知道其中的原则呢？齐国的水湍急而往复，而齐国人就贪婪粗暴而好勇。楚国的水柔弱而清白，因此楚国人就轻捷果断而敢为。越国的水浊重而浸蚀土壤，因而越国人就愚蠢、妒忌而污秽。秦国的水浓聚而迟滞、淤浊而混杂，因此秦国人就贪婪、残暴、狡猾而好生事。晋国的水苦涩而浑浊，因而晋国人就谄谀而包藏伪诈，巧佞而贪好财利。燕国的水深聚而柔弱，沉滞而混杂，所以燕国人就愚戆而坚贞，轻急而不怕死。宋国的水轻劲而清激，因而宋国人就纯朴平易而喜欢公正。因此，圣人改造世俗的

根本在于知悉水的情理。水若纯洁则人心正,若清明则人心平易。人心正就没有污秽的欲望,人心平易就没有邪恶的行为。因此,圣人治世而不告诫每个人,不去劝说每一户,做事的关键,在于掌握着水的性质。

四时

【题解】

本篇结合阴阳五行阐述春夏秋冬四时的特质、品格,明确指出每一时节应当实施的具体政治措施,强调了遵循四时规律对于治理国家的重要意义和违背此规律的危害。文章体现了"天人合一"的思想。

【原文】 管子曰:令有时。无时则必视顺天之所以来①。五漫漫、六惛惛②,孰知之哉?唯圣人知四时。不知四时,乃失国之基。不知五谷之故,国家乃路③。故天曰信明,地曰信圣④,四时曰正。其王信明圣,其臣乃正。何以知其王之信明信圣也?曰:慎使能而善听信之。使能之谓明,听信之谓圣,信明圣者,皆受天赏。使不能为惛,惛而忘也者⑤,皆受天祸。是故上见成事而贵功,则民事接劳而不谋⑥。上见功而贱,则为人下者直⑦,为人上者骄。是故阴阳者天地之大理也,四时者阴阳之大径也,刑德者四时之合也。刑德合于时则生福,诡则生祸⑧。

【注释】 ①视顺:"顺"为衍文。②五漫漫、六惛惛:犹今言乱七八糟。③路:通"露",败坏。④据王引之说,当作"故天曰明,地曰圣"。本段"信"字皆因两"听信"衍。⑤忘:通"妄"。⑥民事接劳而不谋:民众之事虽接续劳苦而无不轨之心。⑦直:疑当作"惰"。⑧诡:违背,不合。

【译文】 管子说:发布政令要讲时节。不得时,就必须视察天时的由来。对日、星、岁、辰、月茫然无知,对阴、阳、春、夏、秋、冬糊里糊涂,怎能了解客观世界?只有圣人才能了解四时。不了解四时,就将失掉立国的根本。不知道五谷的生长规律,国家就会败坏。天叫作明,地叫作圣,一年四季叫作正。当王的认识到天地生明圣,臣下才会守正。怎样知道一个君王真正英明圣智呢?答案是:慎重使用能臣而又善于听取真诚的意见。能任用贤能叫作英明,善于听取实情叫作圣智,真正英明圣智的人,都能得到上天的赏赐。使用无能的臣下就是昏庸,昏庸而虚妄的人,都会受到上天的惩罚。因此,人君看到臣民有成就就赏赐他,那么臣民虽然辛劳不断而无他谋。人君轻视臣下的功劳,臣下就会怠惰,人君也会随之而骄肆。因此,阴阳学说是天地的根本道理,四时的观点是阴阳学说的基本规则,刑政和德政与四时配套。刑德适应四时就降生福祉,否则就会产生祸害。

【原文】 然则春夏秋冬将何行?东方曰星,其时曰春;其气曰风,风生木与骨。其德

喜嬴①,而发出节时。其事:号令修除神位,谨祷弊梗②,宗正阳,治堤防,耕芸树艺,正津梁,修沟渎,墼屋行水③,解怨赦罪,通四方。然则柔风甘雨乃至,百姓乃寿,百虫乃蕃,此谓星德。星掌发,发为风。是故春行冬政则雕④,行秋政则霜,行夏政则欲⑤。是故春三月以甲乙之日发五政。一政曰:论幼孤,舍有罪。二政曰:赋爵列,授禄位。三政曰:冻解修沟渎,复亡人。四政曰:端险阻,修封疆,正千伯⑥。五政曰:无杀麑麇⑦,毋蹇华绝萼⑧。五政苟时,春雨乃来。

【注释】 ①嬴:盈满。②弊梗:指以币祷祭。弊,同"币"。梗,祷祭。③墼:修理,整治。本义是修治坏的井壁。④雕:同"凋"。⑤欲:通"溽",溽湿。⑥千伯:阡陌,田野纵横交错的道路。⑦麇:幼鹿。⑧蹇:拔。萼:花萼。

【译文】 那么,春夏秋冬四时应做些什么呢?东方是星,它的时令是春;它的气是风,风产生木和骨。它的德性是喜欢生长盈满,而万物按时节出生。春日之事是:发布命令修理、清扫神位,用币祈祷神灵。以正阳为宗,修治堤防,耕田植树,修筑桥梁渡口,疏通渠道,整修屋顶以便行水,解仇怨,赦罪人,修睦四方邻国。这样和风甘雨就会到来,人民长寿,动物繁殖,这叫作星德。星,掌管发生,发生属于风。春天如果实行冬天的政令,就将草木凋零;实行秋天的政令,就将出现霜杀;实行夏天的政令,就会出现溽热。因此,春季三月中,选择甲乙之日来发布五项政令。第一项为:照顾幼孤,赦免罪人。第二项为:赋予官爵,授予禄位。第三项为:冰雪消化,修治沟渠,扫墓修坟。第四项为:平整险道,修整田地,清除阡陌田埂。第五项为:禁杀幼鹿,不准折花断萼。五项政令如能按时实行,春雨就会降下。

【原文】 南方曰日,其时曰夏,其气曰阳,阳生火与气。其德施舍修乐。其事:号令赏赐赋爵,受禄顺乡①,谨修神祀,量功赏贤,以助阳气。九暑乃至②,时雨乃降,五谷百果乃登,此谓日德。中央曰土,土德实辅四时入出,以风雨节土益力。土生皮肌肤。其德和平用均,中正无私,实辅四时:春嬴育,夏养长,秋聚收,冬闭藏。大寒乃极,国家乃昌,四方乃服,此谓岁德。日掌赏,赏为暑。岁掌和,和为雨。夏行春政则风,行秋政则水,行冬政则落。是故夏三月以丙丁之日发五政。一政曰:求有功发劳力者而举之③。二政曰:开久坟④,发故屋,辟故窌以假贷⑤。三政曰:令禁扇去笠⑥,毋扱免⑦,除急漏田庐⑧。四政曰:求有德赐布施于民者而赏之。五政曰:令禁罝设禽兽⑨,毋杀飞鸟。五政苟时,夏雨乃至也。

【注释】 ①受:即授。顺:通"巡",巡视。②九暑:同"大暑"。③发:通"伐",功劳。④坟:疑当作"积"。⑤窌:窖。⑥禁扇去笠:禁止不闭门户。⑦扱免:"扱衽免冠"的简语,把衣襟掖在衣袋里为扱,摘下帽子为免。古人视为不敬的表现。⑧急漏:积水处。⑨罝:捕兽网。设:取。

【译文】 南方为日，它的时令为夏，它的气是阳，阳生火和气。它的德性是施惠与修乐。这个季节的事情是：命令进行赏赐、授爵、授禄，巡视各乡劝农，做好祭神之事，量功赏贤，以帮助阳气发展。于是大暑就将到来，时雨就将下降，五谷百果也将丰收，这就叫作日德。中央是土，土的德性是辅佐四时运行，以使风雨适时，地力增长。土生长皮肤肌肉。它的德性表现为和平而均匀，中正而无私，实实在在辅助着四时：春天生育，夏天长养，秋天聚集收成，冬天积储闭藏。最后大寒来到，国家昌盛，四方顺从，这叫作"岁德"。日掌管赏赐，赏赐就是"暑"。岁掌管阴阳调和，阴阳调和就是雨。如果夏天实行春天的政令，则起大风；实行秋天政令，则多水；实行冬天政令，则草木凋落。所以，夏季三个月用丙丁的日子来发布五项政令。第一项政令是：调查有功和为国出力的人们，把他们提拔起来。第二项政令是：开用长期储备，打开老仓、老窖，把粮食贷给人民。第三项政令是：禁止敞门不关，不准撅起衣襟、不戴帽子，清除地沟与田舍。第四项政令是：访求曾经布德施惠于民者，对他们进行奖赏。第五项政令是：下令禁止设网捕捉禽兽，不准杀害飞鸟。这五项政令如果按时节颁行，夏雨就会到来。

【原文】 西方曰辰，其时曰秋，其气曰阴，阴生金与甲。其德忧哀、静正、严顺，居不敢淫佚。其事：号令毋使民淫暴，顺旅聚收[1]，量民资以畜聚。赏彼群干，聚彼群材，百物乃收，使民毋怠。所恶其察，所欲必得，我信则克[2]，此谓辰德。辰掌收，收为阴。秋行春政则荣，行夏政则水，行冬政则耗。是故秋三月以庚辛之日发五政。一政曰，禁博塞[3]，围小辩，斗译诟[4]。二政曰，毋见五兵之刃。三政曰，慎旅农，趣聚收。四政曰：补缺塞坼。五政曰，修墙垣，周门闾[5]。五政苟时，五谷皆入。

【注释】 ①顺：通"慎"，谨慎。②我：通"义"。③博塞：博戏赌赛。④斗译诟：因言语犯忌讳而争斗。⑤周：字又作"谨"，加固。

【译文】 西方是辰，它的时节称为秋，它的气是阴，阴产生金和甲。它的德性是忧虑哀伤、平静公正而严肃谨慎，居住而不许做淫佚之事。这个季节的事情是：命令人民不准有淫暴行为，谨慎督促旅居田野的农民进行秋收，计量民财以进行征集。砍伐树木，收聚木材，百物皆收，使人民不敢怠惰。所厌恶的事情应当考察，要求的事情必须做到，保持义信则诸事可成，这就叫作辰德。辰主管收敛，收敛就是阴。秋天如实行春天当行的政令则草木反而发荣；如实行夏天当行的政令，则将多水；如实行冬天当行的政令，那么国家就有损伤。所以，秋季三个月用庚辛的日子发布五项政令。第一项政令是：禁赌博，防止小事之争，禁止因言语忌讳而生的争斗。第二项政令是：不得出师征伐。第三项政令是：重视安排旅居在野的农民，督促秋收。第四项政令是：修补仓房的缺漏。第五项政令是：修理墙垣，还要加固门户。五项政令若能按时进行，五谷就会丰收。

【原文】 北方曰月，其时曰冬，其气曰寒，寒生水与血。其德淳越、温怒、周密[1]。其

事:号令修禁徙民,令静止,地乃不泄。断刑致罚,无赦有罪,以符阴气。大寒乃至,甲兵乃强,五谷乃熟,国家乃昌,四方乃备②,此谓月德。月掌罚,罚为寒。冬行春政则泄,行夏政则雷,行秋政则旱。是故春凋,秋荣,冬雷,夏有霜雪,此皆气之贼也。刑德易节失次,则贼气遬至③;贼气遬至,则国多灾殃。是故圣王务时而寄政焉,作教而寄武焉,作祀而寄德焉。此三者圣王所以合于天地之行也。日掌阳,月掌阴,星掌和。阳为德,阴为刑,和为事。是故曰食,则失德之国恶之;月食,则失刑之国恶之;彗星见,则失和之国恶之;风与日争明,则失生之国恶之。是故,圣王日食则修德,月食则修刑,彗星见则修和,风与日争明则修生。此四者,圣王所以免于天地之诛也。信能行之,五谷蕃息,六畜殖而甲兵强。治积则昌,暴虐积则亡。是故冬三月以壬癸之日发五政。一政曰:论孤独,恤长老。二政曰:善顺阴,修神祀,赋爵禄,授备位。三政曰:效会计④,毋发山川之藏。四政曰:摄奸遁⑤,得盗贼者有赏。五政曰:禁迁徙,止流民,圉分异⑥。五政苟时,冬事不过,所求必得,所恶必伏。

【注释】　①温怒:以温和节制怒气。②备:通"服"。③遬:同"速"。④效:考。⑤摄:执。⑥圉:禁止。分异:分居。

【译文】　北方是月,它的时令称为冬,它的气是寒,寒产生水和血。它的德性是淳厚而清扬、宽恕而周密。这个时节要办的事情是:命令禁止迁居,尽量让人们安静稳定,地气才不会流泄。判刑定罚,不要宽赦罪人,以适应阴气要求。于是大寒来到,甲兵强劲,五谷成熟,国家昌盛,四方臣服,这叫作月德。月掌管刑罚,刑罚就是寒。冬天如实行春天政令,则地气流泄;如实行夏天政令,则天空有雷;如实行秋天政令,则发生干旱。所以,春日草木凋零,秋日草木发荣,冬日有雷,夏日有霜有雪,这都是天气的贼害。刑罚和德政变易了常规,失去了次序,"贼气"就迅速来到;"贼气"迅速来到。国家就多灾多祸。所以,圣王总是按照时节来推行政令,制作教令来推行武事,设置祭祀来显示德行。这三项都是圣王为着配合天地的运行而采取的。日主阳,月主阴,星主和调。阳是德惠,阴是刑罚,和调是政事。所以,遇到日食,德惠失修的国家就厌恶它;遇到月食,刑罚失当的国家就厌恶它;遇到彗星出现,失和的国家就厌恶它;风与日争明,百姓无生计的国家就厌恶它。所以,圣明君主遇到日食,就注意施德;遇到月食,就改进刑罚;彗星出现,就注重和调;遇到风与日争明的现象,就整顿民生。这四者,都是圣明君主为着避免天地的诛罚而采取的。真正能够实行这些,五谷就将繁茂,六畜就将繁殖,而军备也能增强。治绩积累多了,国家就能昌盛;正如暴虐积累多了,国家就会灭亡一样。所以,冬季三个月用壬癸的日子来发布五项政令。第一项政令是:评定孤寡,抚恤老人。第二项政令是:小心适应阴气,做好祭神之事,颁赐爵禄,授予并配备官位。第三项政令是:考核会计收支,不要开发山川的宝藏。第四项政令是:拘捕逃犯,得盗贼者有赏。第五项政令是:禁止迁移,

防止流民，限制分居。五项政令若能按时而行，冬天应做的事情就没有失误，那么，所要求的一定可以得到，所厌恶的一定可以制伏。

【原文】 道生天地，德出贤人。道生德，德生正①，正生事。是以圣王治天下，穷则反，终则始。德始于春，长于夏；刑始于秋，流于冬②。刑德不失，四时如一。刑德离乡，时乃逆行，作事不成，必有大殃。月有三政，王事必理，以为必长。不中者死，失理者亡。国有四时，固执王事，四守有所，三政执辅。

【注释】 ①正：通"政"。下同。②流：移动。

【译文】 "道"产生天地，"德"产生自贤人。道产生德，德产生政令，政令产生事功。所以，圣明君主治天下，事情到了极端就反过头来，走到终了就重新开始。施德开始在春天，增长在夏天；刑罚开始在秋天，发展在冬天。只要刑罚没有失误，四时就能如一地发展。若是刑与德偏离正确的方向，四时便要逆行，行事不成，就一定会遭遇大祸。国家每月都有三种政事，国家的事情一定要治理，国家必须遵照它来治理，这才可以久长。不适应的话就会遭到死灭，不治理的话就会遭到败亡。国家有四时的不同政令，坚决执行着圣王的政事，那么，春夏秋冬四时应做的事情就要安排得各得其所，还要同时以上述三政作为必要的辅助。

五行

【题解】

本篇总结天地因五行变化而变化的规律，详细论述了人们在金木水火土每一行主宰下所应执行的政策，认为唯有如此，才可以合乎天道，取得成功，避免灾祸。文中所提到的一些措施，如保护植被，不违时狩猎等，至今仍有意义。

【原文】 一者本也，二者器也，三者充也，治者四也，教者五也，守者六也，立者七也，前者八也①，终者九也，十者然后具五官于六府也②，五声于六律也③。六月日至④，是故人有六多⑤，六多所以街天地也。天道以九制，地理以八制，人道以六制。以天为父，以地为母，以开乎万物，以总一统。通乎九制、六府、三充，而为明天子。修概水土以待乎天堇⑥，反五藏以视不亲⑦。治祀之下以观地位，货晖神庐⑧，合于精气。已合而有常，有常而有经。审合其声，修十二钟，以律人情。人情已得，万物有极，然后有德。故通乎阳气，所以事天也，经纬日月，用之于民；通乎阴气，所以事地也，经纬星历，以视其离。通若道然后有行，然则神筮不灵，神龟不卜，黄帝泽参⑨，治之至也。

【注释】 ①前：通"剪"，齐。②五官：指东、南、西、北、中。六府：指子午、丑未、寅申、卯酉、辰戌、巳亥。③五声：指宫、商、角、徵、羽，古代的五个声调。六律：古代节制声调的

单位名称,指太簇、姑洗、蕤宾、夷则、无射、黄钟。④六月日至:夏至和冬至,相距六个月。⑤六多:意思是人禀纯阴纯阳而生。阴阳发展到极致,都需要六个月,所以称"六多"。⑥堇:通"馑",饥馑。⑦五藏:五谷仓廪。⑧货:珍宝。�窅:陈列东西的位置。神庐:庙祠。⑨泽参:择而参之。泽,通"择"。

【译文】 第一是农事,第二是器用,第三是人力与生产相称,治理是第四件事,教化是第五件事,守护是第六件事,建立事业为第七,修剪整齐为第八,终止结束为第九,到十者为具备五官于六府之中,就像配五声于六律之中一样。每年经六个月为冬、夏至,因此,人禀有纯阳纯阴之最多,这是可以通乎天地的。天道以九数为制,地道以八数为制,人道以六数为制。以天为父,以地为母,借此以开发万物,总于一统。能通晓九功、六府、三充的人,就可以成为明哲的天子。要修平水土,以防备凶年饥饿;发放粮食,以救济没有亲戚关系的民众。祭祀土地,来观察土地财利;陈列珍宝于祠庙,来合于精气要求。合精气要求,又能保持恒常的原则,有了恒常的原则,也就有了规范。要审核音声,研究十二钟的音律,使之反映人情。如果人情已经明白通晓,那么万物即可尽知,然后就可以称为有德之君了。所以,通晓阳气,是为服侍天下,即掌握日月运行规律,以用于人民;通晓阴气,是为了服侍地事,即掌握星历节气,以明确其运行次序。通晓这些学问然后付诸实践,那么,神筮就不必显灵,神龟不必卜卦,黄帝择取于此,治理就能到达很好的水平。

【原文】 昔者黄帝得蚩尤而明于天道,得大常而察于地利,得奢龙而辩于东方①,得祝融而辩于南方,得大封而辩于西方,得后土而辩于北方。黄帝得六相而天地治,神明至。蚩尤明乎天道,故使为当时;大常察乎地利,故使为廪者;奢龙辩乎东方,故使为土师;祝融辩乎南方,故使为司徒;大封辩于西方,故使为司马;后土辩乎北方,故使为李。是故春者土师也,夏者司徒也,秋者司马也,冬者李也。昔黄帝以其缓急作立五声②,以政五钟③。令其五钟,一曰青钟大音,二曰赤钟重心,三曰黄钟洒光,四曰景钟昧其明,五曰黑钟隐其常。五声既调,然后作立五行以正天时,五官以正人位。人与天调,然后天地之美生。

【注释】 ①奢龙:一本作"苍龙"。②作立五声:原文作"作五声",据王念孙说补。作立,始立。③政:即"正"。

【译文】 从前,黄帝有蚩尤的帮助,而明察天道,得大常的帮助,而明察地利,得苍龙的帮助而明察东方,得祝融的帮助而明察南方,得大封的帮助而明察西方,得后土的帮助而明察北方。黄帝得六相而天地得治,可以说神明到极点了。蚩尤通晓天道,所以黄帝任命他作"当时";大常通晓地利,所以黄帝任命他作"廪者";苍龙明察东方,所以黄帝任命他作"土师";祝融明察南方,所以黄帝任命他作"司徒";大封明察西方,所以黄帝任命他作"司马";后土明察北方,所以黄帝任命他作"李"。因此,春是土师,夏是司徒,秋是司

中华传世藏书——国学经典文库 管子——图文珍藏版

427

马,冬天的性质则相当于理狱的官职。从前,黄帝根据缓急差别制定五声,用五声来规正五钟的音调。命名这五钟音调的名称,第一叫作青钟大音,第二叫作赤钟重心,第三叫作黄钟洒光,第四叫作景钟昧其明,第五叫作黑钟隐其常。当五声调整好了,就开始确定五行来规正天时季节,确定五官来规正人们地位。人事与天道相协调则天地的美好事物就产生了。

【原文】 日至睹甲子木行御①,天子出令,命左右士师内御②。总别列爵,论贤不肖士吏,赋秘赐③。赏于四境之内,发故粟以田数。出国衡④,顺山林⑤,禁民斩木,所以爱草木也。然则冰解而冻释,草木区萌。赎蛰虫,茆菱春辟勿时⑥,苗足本⑦。不疠雏鷇⑧,不夭麛麑庚⑨,毋傅速⑩,亡伤襁葆。时则不凋。七十二日而毕。

【注释】 ①木行御:五行中的"木"德主宰一切。御,宰制。②内御:在王宫内值班任事。③秘:国家的秘藏之物。④国衡:国家管理林木山泽的官员。⑤顺:通"巡"。⑥茆:春天生的菜。辟:开垦种植。勿时:不要等待。⑦苗足本:以土拥春苗根。足,拥。⑧鷇:幼鸟。⑨麛麑:年幼的麋鹿。麑,鹿的幼子。⑩傅:迫近。速:鹿的足迹。

【译文】 冬至后从遇到甲子日开始,要按照木的德性应时治事,天子发出命令,命左右士师宫内听差。汇合分别各级官爵,评定贤与不肖的官吏,赐百官秘藏之物。赏全国各地,按农家种田之数,把国家的陈粮发放给他们。初冬管理山泽的官员,巡视山林,禁止百姓砍伐树木,这是为了爱护草木。如此一来,冰冻化开,草木就能顺利萌生。此时购买一些有用的蛰虫,春天生长的菜蔬春天要多种植,不可拖延时间,春苗的根部要培土充足。不残害雏鸟,不使麋鹿夭折,也不伤害在襁褓的婴儿。按这样做则草木繁茂而不凋零。这些措施要持续七十二日才能结束。

【原文】 睹丙子火行御,天子出令,命行人内御,令掘沟浍,津旧涂,发臧①,任君赐赏。君子修游驰以发地气。出皮币,命行人修春秋之礼于天下,诸侯通,天下遇者兼和。然则天无疾风,草木发奋,郁气息,民不疾而荣华蕃。七十二日而毕。

【注释】 ①臧:同"藏"。

【译文】 从遇到丙子之日开始,要按照火的德性应时治事,天子发出命令,命行人内侍,令其挖掘田间排水的沟渠,在旧道上修筑津梁,发放国家积藏,作为国君赏赐之用。君子游乐驰马,以发泄地气。还要拿出皮币,命使臣在天下诸侯那里奉行春秋之礼,通好各国,使各个国家都和睦。这样,天无暴风,草木生长奋发,郁蒸之气生长出来,百姓就没有疾病而富贵多子。这些措施要持续七十二日才能结束。

【原文】 睹戊子土行御,天子出令,命左右司徒内御。不诛不贞,农事为敬。大扬惠言,宽刑死,缓罪人。出国,司徒令命顺民之功力,以养五谷。君子之静居,而农夫修其功力极。然则天为粤宛①,草木养长,五谷蕃实秀大,六畜牺牲具,民足财,国富,上下亲,诸

侯和。七十二日而毕。

【注释】　①粤:通"越",发散。宛:通"苑""菀",郁结。

【译文】　从遇到戊子之日开始,要按照土的德性应时治事,天子发出命令,命左右司徒内侍。这时不要诛杀不正的人,要敬慎对待农事。要弘扬仁惠的言论,宽于死刑,缓处罪人。走出城外,司徒要下令巡视农民种田用工、出力的情况,来蓄育五谷。君子宜安静而居,而农民则需极力讲求农业的用工与出力。这样,天发散其所郁结之气,草木发育生长,五谷蓄实秀大,用于祭祀的六畜牺牲也都齐备,百姓财用多,国家富有,君臣上下相亲,各国诸侯也都和睦。这些措施要持续七十二日才能结束。

【原文】　睹庚子金行御,天子出令,命祝宗选禽兽之禁①,五谷之先熟者,而荐之祖庙与五祀,鬼神飨其气焉,君子食其味焉。然则凉风至,白露下,天子出令,命左右司马衍②,组甲厉兵,合什为伍,以修于四境之内,諜然告民有事③,所以待天地之杀敛也。然则昼炙阳,夕下露,地竞环④,五谷邻熟,草木茂实,岁农丰,年大茂。七十二日而毕。

【注释】　①祝宗:负责宗教事务的官员。禁:牢,养牲畜之所。②衍:据文例当为"内御"。③諜然:警惕貌。④环:井田沟渠环绕。

【译文】　从遇到庚子之日开始,要按照金的德性应时治事,天子发出命令,要求司祝之官选择圈养中合用的禽兽,以及秋日里先熟的五谷,到祖庙及五祀之神那里祭祀,使鬼神享用它的气,让君子宴食它的味。这时,凉风已至,白露已下,天子还要下达命令,让左右司马筹措铠甲兵器,组织军人队伍,在全国各地加强备战,告诫百姓有作战之事,并准备天地秋时所行的杀戮。这时,白天太阳甚热,夜间凉露已降,井田环绕,五谷逐次成熟,草木丰实,不仅农业增产,各业都同庆丰年。这些措施要持续七十二日才能结束。

【原文】　睹壬子水行御,天子出令,命左右使人内御,其气足则发而止,其气不足则发捆渎盗贼①。数剕竹箭②,伐檀柘,令民出猎,禽兽不释巨少而杀之,所以贵天地之所闭藏也。然则羽卵者不孵③,毛胎者不膹,臕妇不销弃④,草木根本美。七十二日而毕。

【注释】　①气:指天的寒气。古人称之为闭藏之气。发捆渎:"发"字为衍文。捆渎,在沟中窥伺他人。捆,通"阋",窥伺。渎,沟。②剕:同"剸"。③膹:卵不成鸟。④臕:古"孕"字。

【译文】　从遇到壬子之日开始,要按照水的德性应时治事,天子发出命令,命左右派人到内宫侍奉,此时冬寒之气若足,则发奸捕盗之事可以停止,若是冬寒之气不足,则窥伺抓捕盗贼。还要多多砍削竹类以制造箭支,伐取檀柘之木以制弓,命令百姓出猎野生禽兽,不论任何大小一律捕杀,以适应天地闭藏的要求。这样,卵生的鸟类没有孵化不成的,胎生的兽类没有中途流产的,怀孕的妇女没有胎儿夭死的,草木的根本也都是闭藏完好的。这样的措施持续七十二日才能结束。

【原文】 睹甲子木行御，天子不赋不赐赏，而大斩伐伤，君危，不觳①，太子危，家人夫人死，不然则长子死。七十二日而毕。睹丙子火行御，天子敬行急政，旱札、苗死、民厉②。七十二日而毕。睹戊子土行御，天子修宫室，筑台榭，君危；外筑城郭臣死。七十二日而毕。睹庚子金行御，天子攻山击石，有兵作战而败，士死，丧执政。七十二日而毕。睹壬子水行御，天子决塞，动大水，王后夫人薨，不然则羽卵者段，毛胎者牍，魔销弃，草木根本不美。七十二日而毕也。

【注释】 ①觳：衰减。②札：夭死。

【译文】 从遇到甲子之日开始，须按照木的德性应时治事，如果天子不收赋，就不能行赏赐，而进行大斩伐伤，这样国君就会危险，不然，则是太子危险，或者是家人、夫人死亡，不然，则长子死亡。这种灾祸将有七十二日才结束。从遇到丙子之日开始，须按照火的德性应时行事，如果天子屡行急政，则有"旱札"之灾，禾苗枯死，人遭瘟疫。这种灾祸将延长七十二日才结束。从遇到戊子之日开始，须按照土的德性应时治事，如果天子修筑宫室台榭，那么国君就危险；如在外修筑城郭，那么就是大臣死亡。这种灾祸将延续七十二日才能结束。从遇到庚子之日开始，须按照金的德性应时治事，不然天子如果开山动石，那么战争失败，战士死，而执政者丧亡。这种灾祸将延续七十二日才能结束。从遇到壬子之日开始，须按照水的德性应时治事，如果天子决开或堵塞大河，动了大的治水工程，那么王后夫人就会死亡，不然，则国中卵生的鸟类孵化不成，胎生的兽类中途流产，怀孕的妇女胎儿夭死，草木的根本也不完好。这种灾祸也将延续七十二日才能结束。

任法

【题解】

本文集中体现法治思想。指出前人治理之功，都是因为善明法治，而仁义礼乐无不生于法，故此当"任法而不任智"。文章还批评了当时因不善守法而导致的民劳、君苦、国危的状况，并比较了任法之君与乱法之君的不同，探讨了君与法、臣与法、民与法关系，详尽指出求得"法治"的途径。文章从理论与实用两方面，阐释了依法治国的道理。

【原文】 圣君任法而不任智，任数而不任说①，任公而不任私，任大道而不任小物，然后身佚而天下治。失君则不然，舍法而任智，故民舍事而好誉；舍数而任说，故民舍实而好言；舍公而好私，故民离法而妄行；舍大道而任小物，故上劳烦，百姓迷惑而国家不治。圣君则不然，守道要，处佚乐，驰骋弋猎，钟鼓竽瑟，宫中之乐，无禁圄也。不思不虑，不忧不图，利身体，便形躯，养寿命，垂拱而天下治。是故人主有能用其道者，不事心，不劳意，不动力而土地自辟，囷仓自实②，蓄积自多，甲兵自强，群臣无诈伪，百官无奸邪，奇术技艺

430

之人莫敢高言孟行以过其情以遇其主矣③。

【注释】 ①数:法度、政策。说:议论,说道。②囷:圆形仓库。③孟行:孟浪的表现自己的行为。

【译文】 圣明的君主是依靠法度而不依靠智谋,依靠政策而不依靠议论,依靠公而不依靠私,依靠大道而不依靠小事,这样就会自身安闲而又天下太平。失国的国君就不是这样,不靠法度而靠智谋,因此百姓也就丢开生产而追逐虚名;不靠政策而靠议论,因此百姓也就丢开实际而好说空话;弃公而依靠私,因此百姓就背离法度而胡作妄为;弃大道而依靠小事,所以君主劳烦忙乱,人民迷惑不清,而国家不得安定。而圣明的君主就不这样,他只掌握国家的主要原则,过着安闲快乐的生活,跑马打猎,鸣钟击鼓,吹竽奏瑟,宫中的娱乐没有什么拘束。他不思不虑,不忧不谋,利其身体,适其形躯,保养其寿命,垂衣拱手安坐而天下太平。所以,君主能够运用这个原则的,就不操心,不劳神,不费力,而土地自会开辟了,仓廪自能充实了,积蓄自就丰富了,兵力也因此强大,群臣不诈伪,百官无奸邪,有特殊技艺的人也都不用浮夸的语言、表现自己的行为来夸大个人,对待君主。

【原文】 昔者尧之治天下也,犹埴已埏也①,唯陶之所以为,犹金之在炉,恣冶之所以铸。其民引之而来,推之而往,使之而成,禁之而止。故尧之治也,善明法禁之令而已矣。黄帝之治天下也,其民不引而来,不推而往,不使而成,不禁而止。故黄帝之治也,置法而不变,使民安其法者也。所谓仁义礼乐者,皆出于法。此先圣之所以一民者也。《周书》曰:"国法,法不一,则有国者不祥;民不道法,则不祥;国更立法以典民,则祥。群臣不用礼义教训,则不祥;百官服侍者离法而治,则不祥。"故曰:法者不可恒也,存亡治乱之所从出,圣君所以为天下大仪也。君臣上下贵贱皆发焉②,故曰法古之法也,世无请谒任举之人,无间识博学辩说之士③,无伟服,无奇行,皆囊于法以事其主。

【注释】 ①埴:烧制陶器的粘土。埏:和。②发:实行,遵守。③间:通"娴"。

【译文】 从前尧治理天下,像是粘土已经和好一样,任凭陶工去随意制作,就像金属在炼炉里一样,任凭冶工去随意铸造。因此人民真是招之就来,推之即去,使役他们就能够完成任务,禁戒他们就能够及时制止。尧的治理方法,不过是善于明确地发布该怎么办和不要怎么办的法令罢了。黄帝治理天下,人民不用招引就来,不用推动就去,不用役使就能够自成其事,不用禁戒就能够自行停止。黄帝的治理方法,那就是定了法就不改变,让人民习惯于依法行事。所谓仁义礼乐,都是从法里产生的。这法是先圣用来统一人民行动的。《周书》上说:"国家必须有法律,如果法不统一,那么国君就会不吉祥;人民不守法,也是不吉祥;国家改革法度来管理人民,就是吉祥。大臣们不用礼节和法制来教育百姓,就是不祥;大小百官管理国事的人脱离法度办事,就是不祥。"所以说:法律虽然难以长久恒定,但是它是存亡治乱的根源,是圣明君主用来作为天下最高标准的。无论君主或群臣、上层或下层、贵者或贱者，都必须一律遵守，所以要师法古时的法治，使社会上没有私自请托保举的人，也没有那种多识、博学和善辩的人，没有特异的服饰，没有奇怪的行动，所有的人都被规范限定到法的范围里为君主服务。

【原文】 故明王之所恒者二：一曰明法而固守之，二曰禁民私而收使之。此二者主之所恒也。夫法者，上之所以一民使下也；私者，下之所以侵法乱主也。故圣君置仪设法而固守之，然故堪材习士闻识博学之人不可乱也①，众强富贵私勇者不能侵也，信近亲爱者不能离也，珍怪奇物不能惑也，万物百事非在法之中者不能动也。故法者，天下之至道也，圣君之实用也。

【注释】 ①堪材：指材力强盛能任事的人。下同。

【译文】 所以圣明君主必须永远坚持的有两条：一是明确宣布法度而坚定地执行它，二是禁止人民行私而管束役使他们。这两条是君主应当永远坚持的。法，是君主用来统一人民行动使用属下的；私，是属下用来侵犯法度扰乱君主的。所以，圣明君主立下法度而坚定地执行着它，这样，那么所谓能干的人、懂法的人、多识博学的人们，就不可能扰乱法度了；人多势强、富贵而有私勇的人们，就不可能侵犯法度了；君主的亲信、近臣、亲属和宠爱的人们，就不可能违背法度了；珍奇宝物就不可能惑乱君主执法之心了；对任何事物的处理，不在法度之中，也都不可能行得通了。所以，法是天下的最高准则。是圣明君主的法宝。

【原文】 今天下则不然，皆有善法而不能守也。然故堪材习士闻识博学之士能以其智乱法惑上，众强富贵私勇者能以其威犯法侵陵，邻国诸侯能以其权置子立相，大臣能以其私附百姓，剪公财以禄私士。凡如是而求法之行，国之治，不可得也。圣君则不然，卿相不得剪其私，群臣不得辟其所亲爱，圣君亦明其法而固守之。群臣修通辐凑以事其主，百姓辑睦①，听令道法以从其事。故曰：有生法，有守法，有法于法。夫生法者，君也，守法者，臣也，法于法者，民也。君臣上下贵贱皆从法，此谓为大治。

【注释】 ①辑睦：和睦。

【译文】 现在天下的情况就不是如此，本来有良好的法度却不能坚持。因此，所谓能干的、懂法律的和多识博学的人们就运用他们的智谋来扰乱法度，迷惑君主；人多势强、富贵而有私勇的人们，就运用他们的威势来破坏法度，侵害君主；邻国诸侯能够运用他们的权力来废置太子，任用辅相；国内大臣能够运用他们的行私来拉拢百姓，并克扣公财豢养私党。在这种情况下，希求法度通行，国家太平，那是不可能的。圣明君主就不是这样，不允许国家卿相克扣公财豢养私党，群臣不能任用自己亲昵的人为官，君主自身也明确宣布制度而坚定地执行它。这样，群臣协力同心，围绕着君主来为他服务；百姓也团结和睦，听令守法，做他们应做的事情。所以说：有创制法度的，有执行法度的，有遵照法

度行事的。创制法度的是君主,执行法度的是大臣官吏,遵照法度行事的是人民。君臣、上下、贵贱都遵从法律,这就叫作大治。

【原文】 故主有三术:夫爱人不私赏也,恶人不私罚也,置仪设法以度量断者,上主也。爱人而私赏之,恶人而私罚之,倍大臣,离左右,专以其心断者,中主也。臣有所爱而为私赏之,有所恶而为私罚之,倍其公法①,损其正心,专听其大臣者,危主也。故为人主者,不重爱人,不重恶人。重爱曰失德,重恶曰失威。威德皆失,则主危也。

【注释】 ①倍:通"背",背离。

【译文】 所以,君主有三种不同的做法:喜爱某人却不进行私赏,厌恶某人却不进行私罚,确立仪法制度,以法律断事的,是上等的君主。喜爱某人就进行私赏,厌恶某人就进行私罚,既不听大臣忠言,又脱离左右属下,专凭个人之心断事的,是中等的君主。大臣喜爱某人,就替他进行私赏;大臣憎恶某人,就替他进行私罚;违背公法,丧失正心,一味听大臣摆布的,是危险的君主。所以作君主的,不可注重私爱于人,也不可注重私恶于人。注重私爱,叫作错用恩德,注重私恶,叫作错用刑威。刑威和恩德都用错,君主就危险了。

【原文】 故明王之所操者六:生之、杀之、富之、贫之、贵之、贱之。此六柄者,主之所操也。主之所处者四:一曰文,二曰武,三曰威,四曰德。此四位者,主之所处也。藉人以其所操,命曰夺柄。藉人以其所处,命曰失位。夺柄失位,而求令之行,不可得也。法不平,令不全,是亦夺柄失位之道也。故有为枉法,有为毁令,此圣君之所以自禁也。故贵不能威,富不能禄①,贱不能事,近不能亲,美不能淫也。植固而不动,奇邪乃恐,奇革而邪化,令往而民移。

【注释】 ①禄:施以财富。

【译文】 因此,英明君主所要掌握的有六项:使人活,使人死,使人富,使人贫,使人贵,使人贱。这六种权柄,是君主所要掌握住的。君主所要占据的也有四方面:一是文治,二是武事,三是刑威,四是施德。这四个领域,是君主所要占据住的。把自己掌握的权力交给别人,叫作"失权"。把自己占据的领域交给别人,叫作"失位"。处在失权失位的状态,还希望法令能够推行,是办不到的。法度不公平,政令不完备,也是导致"失权""失位"的原因。所以,有时歪曲法度,有时毁弃政令的事情,从来是圣明君主自己禁止自己去做的。因此,贵臣不能威胁他,富人不能施以财货,贱者不能讨好他,近臣不能亲昵他,美色不能迷惑他。执法之心坚定而不动摇,乖戾邪僻的人就自然恐惧,乖戾邪僻的人们都有了改变,法令一颁布下去,民众就跟着行动了。

【原文】 故圣君矢度量①,置仪法,如天地之坚,如列星之固,如日月之明,如四时之信,然故令往而民从之。而失君则不然,法立而还废之,令出而后反之,枉法而从私,毁令而不全。是贵能威之，富能禄之，贱能事之，近能亲之，美能淫之也。此五者不禁于身，是以群臣百姓人挟其私而幸其主。彼幸而得之，则主日侵；彼幸而不得，则怨日产。夫日侵而产怨，此失君之所慎也②。

【注释】　①矢：布陈。②慎：同"循"，遵循。

【译文】　所以，圣明君主设立制度仪法，像天地那样的坚定，像列星那样的稳固，像日月那样的光明，像四时运行那样准确，这样，那么法令一出人民就会听从。失国之君就不是这样，法度立下以后又废除了，命令发出以后又收回了，歪曲公法而使之迁就私意，毁坏政令而使之残缺不全。于是权贵就能威胁他了，富人就能贿赂他了，贱者就能讨好他了，近臣就能亲昵他了，美色也就能迷惑他了。这五方面，君主不能自己禁止自己，那么群臣百姓就人人怀着私意来讨好君主。他们讨好达到了目的，君主的权力就天天受到侵害；他们讨好达不到目的，就天天产生着怨恨。天天被侵害，又产生着怨恨，这就是失国之君所走的道路。

【原文】　凡为主而不得用其法，不能其意①，顾臣而行，离法而听贵臣，此所谓贵而威之也。富人用金玉事主而来焉，主离法而听之，此所谓富而禄之也。贱人以服约卑敬悲色告愬其主，主因离法而听之，此所谓贱而事之也。近者以偪近亲爱有求其主，主因离法而听之，此所谓近而亲之也。美者以巧言令色请其主，主因离法而听之，此所谓美而淫之也。

【注释】　①能：任。

【译文】　凡是身为君主而不能运用自己的法度，也不能任由自己的意愿，只是看着贵臣的颜色，离开法度而听从贵臣摆布，这种状况，就称作贵臣能够威胁他。富人用金珠宝玉侍奉君主而提出要求，君主就背离法度而听从这些要求，这种状况，就称作富人能够贿赂他。贱者做出一副驯顺屈服、卑敬、可怜的样子哀告了君主，君主就背离法度听从了他们的哀告，这种状况，就称作贱者能够讨好他。近臣利用他和君主亲密的关系恳求于君主，君主就背离法度听从了他们的恳求，这种状况，就称作近臣能够亲昵他。美人用花言巧语和谄媚之态请托于君主，君主就背离法度听从了她的请托，这种状况，就称作美色能够迷惑他。

【原文】　治世则不然，不知亲疏远近、贵贱、美恶，以度量断之。其杀戮人者不怨也，其赏赐人不德也。以法制行之，如天地之无私也。是以官无私论，士无私议，民无私说，皆虚其匈以听其上①。上以公正论，以法制断，故任天下而不重也。今乱君则不然，有私视也，故有不见也；有私听也，故有不闻也；有私虑也，故有不知也。夫私者，壅蔽失位之道也。上舍公法而听私说，故群臣百姓皆设私立方以教于国，群党比周以立其私，请谒任举以乱公法，人用其心以幸于上。上无度量以禁之，是以私说日益而公法日损，国之不

治,从此产矣。

【注释】 ①匈:同"胸",心胸。

【译文】 治世的情况就不是这样,不分亲疏、远近、贵贱和美丑,一切都用法度来判断。定罪杀人而人不怨恨,按功行赏而人也不必感激。全凭法制办事,就如同天地对万物那样没有私心。所以官吏没有私人的政见,士人没有私人的议论,民间没有私人的主张,大家都虚心听从君主。君主凭公正原则来考论政事,凭法制来裁断是非,所以担负治理天下的大任而不感到沉重。但现在的昏君就不是如此,用私心来看事物,所以就有看不见的地方;用私心来听情况,所以就有听不见的地方;用私心来考虑问题,所以就有认识不到的地方。这私心正是遭受蒙蔽、造成失位的原因。君主离开了公法而去听信私说,那么,群臣和百姓都将创立自己的一套学说和主张,在国内到处宣扬;还将勾结徒党,来建立私人势力;还将请托保举,来扰乱国家公法;还将用尽心机,来骗取君主的宠信。君主若没有法度来禁止这些现象,于是私说一天比一天增多,公法一天比一天削弱,国家的不安定,就将从此产生了。

【原文】 夫君臣者,天地之位也。民者,众物之象也。各立其所职以待君令,群臣百姓安得各用其心而立私乎?故遵主令而行之,虽有伤败,无罚;非主令而行之,虽有功利,罪死。然故下之事上也,如响之应声也;臣之事主也,如影之从形也。故上令而下应,主行而臣从,此治之道也。夫非主令而行,有功利,因赏之,是教妄举也;主令而行之,有伤败,而罚之,是使民虑利害而离法也。群臣百姓人虑利害,而以其私心举措^①,则法制毁而令不行矣。

【注释】 ①举措:行事。

【译文】 君和臣好比天和地的位置。老百姓好比万物并列的样子。各自按其职务听候君主的命令,群臣百姓怎么可以各自用心谋取私利呢?所以,遵从君主的命令去办事,虽遭到挫折失败,也不应处罚;不遵从君主的命令办事,虽然取得功利,也要处死罪。这样,那么下对上,就像回响反应声音一样;臣事君,就像影子跟着形体一样。所以上面发令,下面就贯彻;君主行事,臣民就遵从,这是天下太平的道路。如果不按君主命令行事,取得了功利便进行赏赐,这等于教导人妄自行事;按照君主命令行事,遭到了挫折失败,就加以处罚,这等于使人们考虑利害背离法度。群臣百姓若是人人都考虑利害而按其私意行事,法制也就归于毁灭,命令也就不能推行了。

正 世

【题解】

本文阐释君主当如何依据民风而调整政策。指出必先了解百姓疾苦,而后可以立法

行政。在不同情况下，君主都必须有统治威权，从而根据时俗变化制定政策。最可贵者，文章明确提出"不慕古，不留今"的通变思想。

【原文】 古之欲正世调天下者，必先观国政，料事务，察民俗，本治乱之所生，知得失之所在，然后从事。故法可立而治可行。夫万民不和，国家不安，失非在上，则过在下。今使人君行逆不修道，诛杀不以理，重赋敛，得民财，急使令，罢民力，财竭则不能毋侵夺，力罢则不能毋堕倪①。民已侵夺堕倪，因以法随而诛之，则是诛罚重而乱愈起。夫民劳苦困不足，则简禁而轻罪，如此，则失在上。失在上而上不变，则万民无所托其命。今人主轻刑政，宽百姓，薄赋敛，缓使令，然民淫躁行私而不从制，饰智任诈，负力而争，则是过在下。过在下，人君不廉而变②，则暴人不胜，邪乱不止。暴人不胜，邪乱不止，则君人者势伤而威日衰矣。

【注释】 ①罢：同"玻"，疲惫。倪：怠慢。②廉：察。

【译文】 古代想要匡正世务、调理天下的人，一定会先了解国政，审核国务，观察民俗，探究治乱的根源，明确得失之所在，然后才着手工作。因此法度建立，政令才能施行。民众不和谐，国家不安定，过失不在君主，就在下面。假使君主倒行逆施而不循正道，诛杀百姓却不依法理，加重赋税，搜刮民财，急于发出政令，疲困民力，这样一来，民财枯竭就不免发生侵夺，民力疲困就不免急惰轻慢。民众已经到了互相侵夺、急惰轻慢的地步，再用刑法来惩戒，那么刑法越重而祸乱越起。人民陷于劳苦穷困，就会无视禁令轻视罪行，那么这种情况是过错在君主。过在君主而君主又不改，万民就不能指望安身立命。假如君主本来就轻刑简政，宽待百姓，薄赋轻徭，缓于使令，而人民却放纵行私，不听节制，巧取豪夺，暴力相争，那么过失就在下面了。过在下面而君主不能明察纠正，那就会暴力不断，邪乱不止。暴力不断，邪乱不止，那么统治民众的君主，其权势就将受到伤害，其权威也就一天天下降了。

【原文】 故为人君者，莫贵于胜。所谓胜者，法立令行之谓胜。法立令行，故群臣奉法守职，百官有常。法不繁匿，万民敦悫①，反本而俭力。故赏必足以使，威必足以胜，然后下从。故古之所谓明君者，非一君也。其设赏有薄有厚，其立禁有轻有重，迹行不必同，非故相反也，皆随时而变，因俗而动。夫民躁而行僻，则赏不可以不厚，禁不可以不重。故圣人设厚赏，非侈也；立重禁，非戾也。赏薄则民不利，禁轻则邪人不畏。设人之所不利，欲以使，则民不尽力；立人之所不畏。欲以禁，则邪人不止。是故陈法出令而民不从。故赏不足劝，则士民不为用；刑罚不足畏，则暴人轻犯禁。民者，服于威杀然后从，见利然后用，被治然后正，得所安然后静者也。

【注释】 ①敦悫：敦厚纯朴。悫，质朴。

【译文】 因此作为君主。最宝贵的莫过于胜。所谓胜，就是法度屹立，政令通行，这

就能统御一切。法度屹立，政令通行，群臣就守法尽职，百官就有规则秩序。法度不许奸邪滋长，万民就会敦厚朴实，安心农事而俭朴勤劳。所以行赏一定要起到激励的作用，立威一定要起到制服的作用，然后下面才会服从统治。古代的所谓明君，并非只有一人。他们设下赏赐的时候，有薄有厚，立定禁令的时候，也有轻有重，事情都不尽相同，但也不是故意相反，这些都是根据当时的实际而有所变化，依据当时的习俗而更易。民众躁动，行为险僻，那么行赏不可以不厚，立禁不可以不重。所以圣人设重赏，并非奢侈；立下重禁，也并非残暴。赏薄则人们都不以为利，禁轻则奸邪的人无所畏惧。设立人们不以为利的奖赏，而想要人们出力，那么人们自然不会尽力；规定人们不以为惧的刑罚，而要禁止奸人作恶，那么奸邪自然不会停止。这样颁布法令，人们不会听从。所以，行赏不足以激励人，士民就不会为君主出力；刑罚不足以使人畏惧，坏人就会轻易地违法犯罪。人们总是畏于威杀然后才服从，得到实惠然后才听用，被统治然后才趋于规范，安居乐业然后才平静无事。

【原文】　夫盗贼不胜①，邪乱不止，强劫弱，众暴寡，此天下之所忧，万民之所患也。忧患不除，则民不安其居。民不安其居，则民望绝于上矣。夫利莫大于治，害莫大于乱。夫五帝三王所以成功立名，显于后世者，以为天下致利除害也。事行不必同，所务一也。夫民贪行躁，而诛罚轻，罪过不发，则是长淫乱而便邪僻也。有爱人之心，而实合于伤民。此二者不可不察也。夫盗贼不胜则良民危，法禁不立则奸邪繁。故事莫急于当务，治莫贵于得齐。制民急则民迫，民迫则窘，窘则民失其所葆。缓则纵，纵则淫，淫则行私，行私则离公，离公则难用。故治之所以不立者，齐不得也。齐不得则治难行。故治民之齐，不可不察也。圣人者，明于治乱之道，习于人事之终始者也。其治人民也，期于利民而止。故其位齐也②，不慕古，不留今③，与时变，与俗化。夫君人之道，莫贵于胜④。胜故君道立，君道立，然后下从；下从，故教可立而化可成也。夫民不心服体从，则不可以礼义之文教也。君人者不可以不察也。

【注释】　①盗贼不胜：犹言不胜盗贼。②位齐：立法令。位，通"立"。齐，同"剂"，法令，约定。③留：滞留，拘泥。④胜：服从的意思。

【译文】　盗贼得不到镇压，邪乱就不会停止，强梁欺负弱小，仗势压迫孤寡，这就是社会所忧虑、百姓所担心的事情。忧患不除，民众就不能安居。民众不能安居，他们对君主就绝望了。国家最大的利莫过于安定，最大的祸害莫过于动乱。五帝三王之所以成功扬名，成为后世的榜样，就在于他们能为天下兴利除害。他们设赏立禁的做法不一定相同，但治国安民的目标是一致的。民众贪婪而行为险躁，而刑罚又太轻，罪过不被举报，就会助长淫乱而鼓励邪僻。即使有爱人之心，实际上却正好伤害了老百姓。因此这两方面不可不仔细察思。盗贼不被镇压，良民就不安，法禁不能确立，奸邪就盛行。所以做事

最要紧的是解决当前急务,治国最可贵的是掌握轻重缓急。管制过急,民众就会觉得紧迫;民众紧迫,就会出现困窘;民众困窘,生活就失去保障。管制过缓,民众就会放纵;放纵则会产生淫僻,淫僻则会行私,行私则背公,背公就难以为用。所以政策不能确立,关键在于管理的力度是否适中。如果管理不适中,那么政策就难以推行。所以说,统治天下,政策适中,是不可不认真体察的。所谓圣人,就是懂得治乱规律、熟悉人事终始的人。他治理人民,只求有利于人民。所以他设立的法令,不盲从古人,也不拘泥于今人,而是随着时代的变化而变化,随着习俗的更移而更移。治理民众的原则,没有比令人服从更重要的。令人服从,君道才能确立;君道确立,然后下面才会跟从;下面跟从,教化才能进行而又取得成效。如果人民不是思想和行动上都服从,就不可能用礼义来教化他们。统治者对这些东西不可不体察。